साठ दिवसीय कोर्स

डायनैमिक मैमरी

इंग्लिश स्पीकिंग कोर्स

मैमरी गुरु
बिस्वरूप राय चौधरी

फ्यूज़न बुक्स

Nobody should endeavour to copy it in any get up, make up, or language, confusingly under similar to it failing, legal action will be taken against such unscrupulous people.

—Publisher

ISBN : 81-89182-95-1

प्रकाशक : फ्यूजन बुक्स
X-30, ओखला इंडस्ट्रियल एरिया,
फेज-II, नई दिल्ली-110020
फोन : 011-41611861
फैक्स : 011-41611866
ई-मेल : sales@dpb.in
वेबसाइट : www.dpb.in

संस्करण : 2023

मुद्रक Young Art Press, Delhi

Dynamic Memory English Speaking Course
By Biswaroop Roy Chowdhury

दो शब्द

'डायनैमिक मैमरी इंग्लिश स्पीकिंग कोर्स' आपके हाथों में हैं।

मैमरी गुरु बिस्वरूप राय चौधरी और अंग्रेजी भाषा के प्रसिद्ध विद्वानों द्वारा तैयार यह कोर्स कुछ ही दिनों के निरंतर अभ्यास से धारा-प्रवाह अंग्रेजी बोलने, पढ़ने और लिखने के लिए सीखाने वाला अद्वितीय कोर्स है, जो औरों से अलग व प्रभावी पद्धति पर आधारित है। यह कोर्स आपको कुछ शब्द और वाक्य ही नहीं सिखाएगा वरन् अंग्रेजी भाषा की गहराई तक पहुंचाने में मदद करेगा। साथ ही अंग्रेजी सीखने की आधुनिक तकनीक और स्मृतिवर्धक टिप्स आपमें आत्मविश्वास के साथ-साथ अंग्रेजी सीखने की ललक पैदा करेगी।

अधिकाधिक लोग मैट्रिक, हायर सेकेंड्री, स्नातक की डिग्री लेने के बाद भी शुद्ध अंग्रेजी नहीं बोल पाते, अटक-अटक कर बोलते हैं तो खुद को बुरा लगता है, सामने वाले व्यक्ति पर विपरीत प्रभाव पड़ता है। नौकरी, काम-धंधे और अन्य महत्त्वपूर्ण अवसरों पर अपना प्रभाव नहीं छोड़ पाते, क्योंकि उन्हें सही प्रकार से अंग्रेजी बोलना नहीं आता। आप भी अंग्रेजी में बात करने से अनेक महत्त्वपूर्ण स्थानों पर बहुत अच्छा प्रभाव छोड़ सकते हैं।

जैसा कि आप जानते हैं अंग्रेजी भाषा अंतरराष्ट्रीय भाषा बन चुकी है, इस भाषा का अधिक विस्तार देखते हुए विचार किया गया है कि सरल से सरल विधि अनुसार अंग्रेजी सीखाने वाली पुस्तक 'डायनैमिक मैमरी इंग्लिश स्पीकिंग कोर्स' तैयार की जाए जिसे पढ़कर सामान्य विद्यार्थी, कर्मचारी अथवा व्यापारी भी थोड़े अभ्यास द्वारा फर्राटेदार अंग्रेजी बोल सकें।

प्रस्तुत संस्करण को नौ भागों में दिया गया है। पहले भाग से लेकर छठे भाग को 60 दिवसीय कोर्स में रखा गया है। सातवें, आठवें और नौवें भाग को परिशिष्ट में रखा गया है ताकि पाठक अधिकाधिक जानकारी प्राप्त कर सकें। इसके एक-एक भाग अत्यंत महत्त्वपूर्ण हैं। आपके वार्तालाप की शैली को प्रभावी बनाने, बातचीत को उपयोगी बनाने व बेअटक अंग्रेजी बोलने का प्रवाह बनाने के सरल से सरल तरीके प्रयोग में लाए गए हैं। आठवें भाग में स्मृतिवर्धक टिप्स दिए गए हैं, जिससे आपकी मैमरी पावर (स्मृतिशक्ति) की बढ़ोतरी हो सके ताकि अधिक से अधिक शब्दों का संग्रह हो, जिससे आपको वाक्य बनाने और बेरोक-टोक धाराप्रवाह वार्तालाप करने में बहुत ही सहायता मिल सके।

प्रायः देखा गया है कि हिंदी माध्यम से पढ़ने वाले छात्रों को आगे चलकर अंग्रेजी सीखने में थोड़ी बहुत कठिनाई जरुर होती है, उनको ध्यान में रखकर प्रयास किया गया है कि इस विधि से आप जो कुछ भी पढ़ें वह आपकी मैमरी में बैठ जाए और आपको कोई कठिनाई भी न हो और आप बेअटक अंग्रेजी बोलने में कामयाब हो सकें।

आपको इस पुस्तक के साथ एक VCD फ्री दी जा रही है, जिससे आपको अंग्रेजी बोलने में अधिक सहायता मिलेगी। इसमें प्रेरणादायक आवश्यक जानकारी भी दी गई है। निश्चय ही आप इसे देखें, सुनें, पढ़ें और भरपूर लाभ उठाएं।

'डायनैमिक मैमरी इंग्लिश स्पीकिंग कोर्स' आपमें ऐसे क्षमता उत्पन्न करेगा, जिससे आप अंग्रेजी भाषा के मर्म को समझकर अंग्रेजी बोलना सीख सकेंगे। बाजार में उपलब्ध सभी कोर्सों से भिन्न इस कोर्स को अपनाकर आपको महसूस होगा कि आपने वही पाया, जिसकी आपको वर्षों से तलाश थी।

-लेखक

CONTENTS

PART FIRST पहला भाग (दस दिवसीय कोर्स)

PART SECOND दूसरा भाग (पच्चीस दिवसीय कोर्स)

PART THIRD तीसरा भाग (आठ दिवसीय कोर्स)

PART FOURTH चौथा भाग (दस दिवसीय कोर्स)

PART FIFTH पाँचवां भाग (पाँच दिवसीय कोर्स)

PART FIRST
पहला भाग

आप इसमें पाएंगे–

- दस दिवसीय कोर्स
- अंग्रेजी बोलने की प्रारंभिक (Basic) जानकारी।
- अभिवादन और शिष्टाचार की विविध जानकारी।
- लिखावट की, उच्चारण की, संख्याओं की तथा दिन-महीनों की जानकारी।

आवश्यक बातें

अंग्रेजी बोलने के लिए अब आप तैयार हो जाइए, दृढ़ निश्चय करिए और सर्वप्रथम प्रस्तुत भाग की जानकारी व उनके प्रयोग किए जाने के तरीके को सदैव याद रखिए। यह भाग सबसे महत्त्वपूर्ण है। इस भाग के 10 पाठों में अभिवादन, शिष्टाचार, भावबोधक शब्द, अधिकांश प्रयोग किए जाने वाले वाक्यांश, लिखावट, उच्चारण, संख्याएं, दिन-सप्ताह और वर्ष-महीनों की सरल व ठोस जानकारी दी गई है। इनके अभ्यास से आप कहीं भी बेहिचक अंग्रेजी बोल सकेंगे।

LESSON ONE

पाठ एक

Salutation Words in English

(सेल्यूटेशन वर्ड्स इन इंग्लिश)

अंग्रेजी में अभिवादन के प्रचलित वाक्य

जब आप बड़े व्यक्तियों, मित्रों, परिचितों अथवा अधिकारियों से मिलिए तो नम्रतापूर्वक निम्नलिखित अभिवादन के वाक्य / शब्द बोलिए और इन्हें सदैव याद रखिए-

	Hindi Words (हिंदी वर्ड्स) हिंदी शब्द	English Words (इंगलिश वर्ड्स) अंग्रेजी शब्द	Pronunciation in Hindi (प्रॅनन्सिएशन इन हिंदी) हिंदी उच्चारण
1.	हैल्लो	Hello	हैलो
2.	आप का क्या हाल है?	How do you do?	हाउ डू यू डू
3.	सुबह की नमस्ते	Good morning	गुड मार्निंग
4.	दोपहर की नमस्ते	Good afternoon	गुड आफ्टरनून
5.	शाम की नमस्ते	Good evening	गुड ईवनिंग
6.	शुभ दिन	Good day	गुड डे
7.	शुभ रात्रि	Good night	गुड नाइट
8.	विदा / विदाई	Farewell	फेयरवेल
9.	फिर मिलेंगे	See you again	सी यू अगेन
10.	सुहानी नींद सोओ	Sweet dreams	स्वीट ड्रीम्स
11.	हाय	Hi	हाई

आइए, अब बोलना शुरू करें-

प्रातः 4 बजे से लेकर बारह बजे दोपहर तक

	हिंदी में	अंग्रेजी में	हिंदी उच्चारण
(i)	नमस्ते, श्रीमान्!	Good morning, Sir!	गुड मॉर्निंग, सर!
(ii)	नमस्ते, दादाजी!	Good morning, Grandpa!	गुड मॉर्निंग, ग्रैंडपा!
(iii)	नमस्ते, पिताजी!	Good morning, Dad!	गुड मॉर्निंग, डैड!
(iv)	नमस्ते, माताजी!	Good morning, Mummy!	गुड मॉर्निंग, मम्मी!

बारह बजे दोपहर से शाम पाँच बजे तक

(i)	नमस्ते, दादीजी!	Good afternoon, Grandma!	गुड आफ्टरनून, ग्रैंडमां!
(ii)	नमस्ते, बहन!	Good afternoon, Sister!	गुड आफ्टरनून, सिस्टर!
(iii)	नमस्ते, भैया!	Good afternoon, Brother!	गुड आफ्टरनून, ब्रदर!

सायं पाँच बजे के बाद

(i) नमस्ते, बेटे!	Good evening, dear!	गुड ईवनिंग, डियर!
(ii) नमस्ते, चाचाजी!	Good evening, Uncle!	गुड ईवनिंग, अंकल!
(iii) नमस्ते, चाचीजी!	Good evening, Auntie!	गुड ईवनिंग, आन्टी!

रात को विदा होते हुए या सोते समय

(i) शुभ रात्रि	Good night!	गुड नाइट!

दिन में कभी भी

(i) अच्छा सर, चलते हैं।	Good day to you, Sir!	गुड डे टु यू, सर!

मुलाकात होने पर

(i) आपसे मिलकर बहुत खुशी हुई!	Pleased to meet you!	प्लीज़्ड टु मीट यू!

अपने मित्रों व परिचितों के साथ कभी भी (Informal greetings) बोल सकते हैं-

1. हैलो मिस गोयल!	Hello Miss Goyal!	हैलो मिस गोयल!
2. हाय मोहन!	Hi Mohan!	हाय मोहन!
3. हैलो श्याम!	Hello Shyam!	हैलो श्याम!
4. हैलो ब्रदर!	Hello Brother!	हैलो ब्रदर!
5. हाय रीता!	Hi Rita!	हाय रीता!
6. हैलो मोहित!	Hello Mohit!	हैलो मोहित!

ध्यान दें: 'हैलो' और 'हाइ' का प्रयोग अपने से बड़ों के साथ भी किया जा सकता है।

विदाई के समय बोलें-

1. अच्छा चलते हैं, मित्रों!	Goodbye, Friends!	गुडबाइ, फ्रैंड्स!
2. अच्छा!	Bye, bye!	बाइ-बाइ!
3. अच्छा चलें, बच्चो!	Ta-Ta, Children!	टा-टा चिल्ड्रेन!
4. चलते हैं, प्रिय!	Farewell, dear!	फ़ेयरवेल, डियर!
5. अच्छा फिर मिलेंगे!	Bye, see you/so long!	बाइ, सी यू./सो लौंग!

Points to Remember
स्मरण संकेत

1. Grandfather (दादाजी) को Grandpa भी कहते हैं।
2. Father (पिताजी) को Dad या Daddy भी कह सकते हैं।
3. Grandmother (दादीजी) को Grandma भी कहते हैं।
4. Mother (माताजी) को Mom या Mummy भी कह सकते हैं।
5. मामा, मौसा, चाचा, काका, फूफा - सभी को अंकल (Uncle) कहा जाता है।
6. मामी, मौसी, चाची, ताई, बूआ - सभी को आंट या आंटी (Aunt, Aunty or Auntie) कहा जाता है।
7. किसी भी पुरुष के लिए आदरसूचक 'सर' (Sir) शब्द का भाव के लिए प्रयोग किया जाता है।
8. 'मैडम' (Madam) शब्द का प्रयोग किसी भी महिला के लिए आदरसूचक भाव के लिए किया जाता है।
9. 'कज़न' (Cousin) शब्द का प्रयोग चचेरे, ममेरे, मौसेरे या फुफेरे भाई या बहिन, किसी के लिए करें, कज़न ब्रदर या कज़न सिस्टर (Cousin Brother/Cousin Sister) नहीं।
10. अविवाहित महिला के लिए मिस (Miss) का प्रयोग करें। विवाहित महिला के लिए मिसेज़ (Mrs.) का प्रयोग करें। किसी भी महिला के लिए मिस (Ms) का प्रयोग करें।

Note: प्रस्तुत पाठ में दिए गए अंग्रेजी शब्दों को याद रखकर समयानुकूल प्रयोग करने से आप कहीं भी अपना अच्छा व्यवहार बना सकते हैं साथ ही आपमें अंग्रेजी बोलने की आदत पड़ेगी।

LESSON TWO
पाठ दो

Good Manner Words in English
(गुड मैनर वर्ड्स इन इंग्लिश)
अंग्रेजी में शिष्टाचार के कुछ वाक्य

ध्यान रखिए! अंग्रेजी भाषा में बात करने के लिए अथवा सीखने के लिए सर्वप्रथम शिष्टाचार सीखना आवश्यक है। आपके व्यवहार में तहज़ीब का होना बहुत जरूरी है। आइए! जानें कि कौन शब्द और किस तरह के वाक्य को कहां प्रयोग करें-

Hindi Words (हिंदी वर्ड्स) हिंदी शब्द	English Words (इंगलिश वर्ड्स) अंग्रेजी शब्द	Pronunciation in Hindi (प्रॅनन्सिएशन इन हिंदी) हिंदी उच्चारण
1. शुभागमन	Welcome	वेलकम
2. कृपया/कृपा करके	Please	प्लीज़
3. दयालुतावश	Kindly	काइंडली
4. धन्यवाद	Thanks	थैंक्स
5. आपका धन्यवाद	Thanks you	थैंक यू
6. खेद या अफ़सोस है	Sorry	सौरी
7. मुझे क्षमा करें	Excuse me	एक्सक्यूज मी
8. क्षमा कीजिए	Pardon	पार्डन
9. कोई बात नहीं	No mention	नो मेन्शन
10. बड़ी खुशी या बड़े शौक से	With great pleasure	विद ग्रेट प्लेज़र
11. नहीं, धन्यवाद	No, thanks	नो, थैंक्स
12. आपके बाद	After you	आफ्टर यू
13. आपसे मिलकर खुशी हुई	Glad to meet you	ग्लैड टू मीट यू
14. कृतज्ञ	Grateful	ग्रेटफुल
15. आपकी बहुत मेहरबानी	Very kind of you	वेरी काइंड ऑफ यू
16. कोई परवाह नहीं	Never mind	नेवर माइंड
17. आभारी	Obliged	ओबलाइज्ड

अंगेजी में please, thanks, sorry, excuse me, beg pardon, no mention आदि इसी तरह के विनम्रता और शिष्टता सूचक शब्द हैं। किसी से समय पूछना हो तो कहते हैं-Time please (टाइम प्लीज) और समय जान लेने के बाद कहते हैं thanks या thank you. दो व्यक्ति बातें कर रहे हैं और आप उनमें से किसी को कोई जरूरी बात कहना

चाहते हैं तो आप Excuse me (एक्स्क्यूज़ मी) कहकर प्रारंभ कर सकते हैं और तब किसी को भी बुरा नहीं लगेगा। इसी तरह किसी स्थान पर आप आगे बढ़ना चाहते हैं और रास्ते में कोई खड़ा है, तो आप इसका प्रयोग कर अपना रास्ता बड़ी सहजता से साफ कर सकते हैं। कक्षा में अध्यापक को कोई बात समझ न आने पर आप कह सकते हैं- beg your pardon अर्थात् कृपया दोहरा दीजिए, समझ में नहीं आई।

आपसे किसी व्यक्ति ने पता पूछा और आपने बता दिया। वह व्यक्ति शिष्टता के नाते आपको कहता है-thank you so much तो आप प्रतिक्रिया में no mention (नो मेंशन) अवश्य कहेंगे। आप बस में जा रहे हैं या मित्रों के साथ बैठे हैं और तभी आपको छींक या जंभाई आ जाती है तो आप sorry कहना नहीं भूलेंगे। आप से कोई समाचार-पत्र या कोई चीज़ मांगता है तो आपको कहना चाहिए-with great pleasure, अर्थात बड़ी प्रसन्नता से।

कितने प्राणवान और जादूभरे हैं ये शब्द। जो काम आप लाख प्रयत्न से नहीं कर सकते वह इन शब्दों के उचित प्रयोग से कर सकते हैं। लेकिन इनके बोलने में आवश्यक लहजा, स्वर का उतार-चढ़ाव और शारीरिक हावभाव बहुत जरूरी है। यदि कोई अंग्रेजी न जानने वाला व्यक्ति इंग्लैंड चला जाए और यदि उसे केवल अंग्रेजी के दो ही शब्द 'please' or 'thanks' भी आते हों तो मैं समझता हूं वह अपना काम चला सकता है। अब हम यहां परिचय और शिष्टाचार संबंधी कुछ सामान्य किंतु महत्त्वपूर्ण वाक्य दे रहे हैं।

1. आपका शुभ नाम?	Your good name please. (योर गुड नेम प्लीज।)
2. क्या मैं आपका परिचय पा सकता हूं?	May I have the pleasure of your introduction? (मे आइ हैव द प्लेजर ऑफ योर इनट्रोडक्शन?)
3. मुझे आपसे परिचय कराने का सौभाग्य मिला है।	I have the pleasure to introduce to you. (आइ हैव द प्लेजर टू इन्ट्रोड्यूज टू यू।)
4. मैं अपना परिचय स्वयं दे दूं।	Let me introduce myself. (लैट मी इन्ट्रोड्यूस माईसैल्फ।)
5. इनके परिचय की शायद ही कोई आवश्यकता हो।	He hardly needs any introduction. (ही हार्डली नीड्स एनी इन्ट्रोडक्शन।)
6. हम एक-दूसरे से अच्छी तरह परिचित हैं।	We are well known to each other. (वी आर वैल नोन टू ईच अदर।)
7. उनसे मेरा थोड़ा-बहुत परिचय है।	I have a little acquaintance with him. (आइ हैव ए लिटिल अॅक्वेन्-टेंस विद हिम।)
8. धीरे-धीरे परिचय घनिष्ठता में बदल गया।	Gradually, the acquaintance changed into intimacy. (ग्रैड्युअलि द अॅक्वेन्-टेंस चेंज्ड इन्टु इन्टिमेसि।)
9. क्या आप अपना परिचय पत्र लाये हैं?	Have you brought your introduction letter? (हैव यू ब्रॉट युअर इन्ट्रोडक्शन लैटर?)
10. उन्होंने ही मेरा आप से परिचय कराया था।	He only introduced me to you. (ही ओन्लि इन्ट्रोड्यूज्ड मी टू यू।)
11. मैं आपका बड़ा आभारी हूं।	I am very much grateful to you. (आइ एम वेरी मच ग्रेटफुल टू यू।)
12. क्या आप मुझ पर एक कृपा कर सकते हैं?	Can you do me a favour? (कैन यू डू मी ए फैवर?)
13. आपकी बड़ी मेहरबानी।	It's very kind of you. (इट्स वैरी काइन्ड ऑफ यू।)

14. क्षमा कीजिए, देर हो गई।	Excuse me for being late. (एक्सक्यूज मी फॉर बिइंग लेट।)
15. मुझे इसके लिए बड़ा अफसोस है।	I am very sorry for it. (आइ एम वैरी सौरी फार इट।)
16. आप मेरे प्रति इतने कृतज्ञ क्यों हैं?	Why are you so much obliged to me? (वाय आर यू सो मच ओबलाइज्ड टू मी?)
17. मेरा नाम राजकुमार है।	My name is Rajkumar. (माई नेम इज राजकुमार।)
18. मेरी ओर से क्षमा मांग लीजिए।	Beg my apologies. (बेग माई एपोलोजीस।)
19. क्या आप मेरे भाई से परिचित हैं?	Are you acquainted with my brother? (आर यू अक्वेन्टड विद माई ब्रदर?)
20. मुझे आपसे परिचय का अवसर ही नहीं मिला।	I did not have the opportunity of your introduction. (आइ डिड नॉट हैव द ओपोरचुनिटि ऑफ योर इन्ट्रोडक्शन।)
21. कृपया बिल्कुल आराम से बैठिए।	Please be seated and feel at home. (प्लीज बी सीटेड एंड फील एट होम।)
22. मैं आपकी कृपा के लिए आभारी हूं।	I am grateful for your kindness. (आइ एम ग्रेटफुल फॉर योर काइन्डनैस।)
23. थोड़ी-सी कृपा और करिए।	Do me a little more favour. (डू मी ए लिटिल मोर फेवर।)
24. कष्ट के लिए धन्यवाद।	Thank you for the trouble. (थैंक यू फार द ट्रबल।)
25. कष्ट के लिए मुझे खेद है।	I am sorry for the trouble. (आइ एम सॉरी फॉर द ट्रबल।)
26. कोई बात नहीं।	No mention please. (नो मेन्शन प्लीज।)
27. क्या बजा है?	What's the time please? (वाट्स द टाइम प्लीज?)
28. क्या मैं आपकी पत्रिका देख सकता हूं?	May I have your magazine please? (मे आइ हैव योर मैगजीन, प्लीज?)
29. अवश्य खुशी से।	Sure, by all means. (श्योर, बाइ आल मीन्स।)
30. क्या आप महिलाओं का स्थान खाली करेंगे?	Would you mind vacating the lady's seat? (वुड यू माइन्ड वेकेटिंग द लेडीज सीट?)
31. कृपया ध्यान दीजिए।	Your attention please. (योर अटेंशन प्लीज।)

32. क्षमा करें मुझे तनिक विलम्ब हो सकता है। Excuse me, I may be a bit late.
(एक्सक्यूज मी, आइ मे बी ए बिट लेट।)

33. क्या आप थोड़ा खिसकने का कष्ट करेंगे? Would you mind moving a bit?
(वुड यू माइन्ड मूविंग ए बिट?)

34. क्षमा करें, गलती हो गई। Excuse me, it is by mistake.
(एक्सक्यूज मी, इट इज बाइ मिसटेक।)

35. माफ करना, देर हो गई। Excuse me, for not being in time.
(एक्सक्यूज मी, फार नॉट बिइंग इन टाइम।)

36. क्या आप यह कर देंगे? Would you mind doing it?
(वुड यू माइन्ड डूइंग इट?)

37. यह मिठाई की तश्तरी इधर कर दीजिए। Please pass on this sweet dish.
(प्लीज पास आन दिस स्वीट डिश।)

38. अंदर पधारिए, आपका स्वागत है। Please come in, you are welcome.
(प्लीज कम आन, यू आर वैलकम।)

39. मैं अन्दर आ सकता हूं? May I come in?
(मे आई कम इन?)

40. नमस्कार, क्या हालचाल है? Good morning, how do you do ?
(गुड मोर्निंग, हाअ डू यू डू?)

41. श्रीमान नमस्कार। Good-day to you, Sir.
(गुड-डे टू यू, सर।)

42. अच्छा, विदा। Well, good-bye.
(वैल, गुड-बाय।)

43. सबसे विदा। Good-night everybody.
(गुड-नाइट एवरिबॉडी।)

44. इस रंगारंग कार्यक्रम में आपका स्वागत है। You are welcome to this variety programme.
(यू आर वेलकम टू दिस वेराइटी प्रोग्राम।)

45. अच्छा, अलविदा। O.K. bye-bye.
(ओ.के. बाइ-बाइ।)

46. अच्छा, कोई बात नहीं। Well, never mind.
(वैल, नेवर माइन्ड।)

47. मेरे योग्य कोई सेवा? Any service for me?
(एनी सर्विस फॉर मी?)

Points to Remember
स्मरण संकेत

1. प्राय: देखा जाता है कि शिष्टाचार प्रकट करने के लिए हिन्दी में किसी व्यक्ति के नाम के बाद 'जी' लगाते हैं, बड़ों को आदर देने के लिए बहुवचन का प्रयोग भी करते हैं, जबकि अंग्रेजी भाषा में सम्मानवाची शब्द के लिए एकवचन का ही प्रयोग करते हैं; जैसे-
   श्री मनोहर लाल घर जा रहे हैं। Mr. Manohar lal is going home. (मि. मनोहर लाल इज गोईंग होम)
2. अक्सर मध्यम पुरुष में आदर प्रकट करने के लिए 'तुम' की जगह 'आप' का प्रयोग होता है, परंतु अंग्रेजी में 'तुम' और 'आप' दोनों के लिए 'यू' (You) का प्रयोग होता है; जैसे-
   तुम कहां जा रहे हो?
   आप कहां जा रहे हैं? } Where are you going?
3. हिन्दी में अन्यपुरुष में सम्मान के लिए 'वह' के स्थान पर 'वे' का प्रयोग होता है, जबकि अंग्रेजी में एकवचन का प्रयोग होता है; जैसे-
   वे शाम में ही आ सकते हैं। He may come at evening. (ही मे कम ऐट ईवनिंग)

अंग्रेजी में क्षमा मांगने के शब्द-

1. Excuse – क्षमा करना।
2. Please excuse me – मुझे माफ करें।
3. Sorry – मुझे अफसोस है।
4. I am sorry for being late – मुझे देर से आने का अफसोस है।
5. Pardon – गलती के लिए माफ करना अथवा वार्तालाप के मध्य शब्द दोहराने के लिए कहना।
6. Please pardon me for my mistake – मेरी गलती के लिए मुझे क्षमा करें।
7. Mistake – गलत समझना।
8. Don't mistake me for a teacher – गलती से आप मुझे अध्यापक समझ रहे हैं।
9. Forgive – बदले की भावना को सदा के लिए मन से निकाल देना, हृदय से क्षमा कर देना।

Note :जब आपको टेलिफोन पर साफ आवाज न सुनाई दे तो नम्रतापूर्वक बोलें- I beg your pardon या pardon तो इसका अर्थ हुआ - आपकी आवाज साफ-साफ सुनाई नहीं दे रही है, दोबारा बोलिए। Please repeat it यह भी बोल सकते हैं।

LESSON THREE
पाठ तीन

Exclamation Words in English
(ऐक्सक्लेमेशन वर्ड्स इन इंगलिश)
अंग्रेजी में भावबोधक शब्द

जब भी आप अधिक प्रसन्न, दुखी, हैरानी या सुंदरता महसूस करते हैं तो झट से कोई-न-कोई शब्द मुंह से निकल पड़ते हैं। आप अभ्यास करें कि आपको वे शब्द जो आपने महसूस किए हैं उन्हें उन्हीं भाव से अंग्रेजी में बोलने का प्रयास करें-

	हिंदी में	अंग्रेजी में	हिंदी उच्चारण
1.	आपका स्वागत है!	Welcome Sir!	वेल्कम सर!
2.	हे भगवान!	My/Oh God!	माइ/ओ गॉड!
3.	बहुत खूब!	Wonderful!	वन्डरफुल!
4.	वास्तव में!	Of course!	ऑफ कोर्स!
5.	ईश्वर का धन्यवाद!	Thank God!	थैंक गॉड!
6.	ईश्वर की कृपा से	By God's grace!	बाइ गॉड्स ग्रेस!
7.	खुदा आपको सलामत रखें!	May God bless you!	मे गॉड ब्लेस यू!
8.	आपको भी!	Same to you!	सेम टु यू!
9.	वाह, वाह!	Marvellous!	मार्वलस!
10.	शाबाश!	Well done!	वेल डन!
11.	अति सुन्दर!	Beautiful!	ब्यूटिफुल!
12.	अरे!	Hey!	हे!
13.	वाह!	Wow!	वाउ!
14.	बहुत बढ़िया!	Excellent!	एक्सीलेन्ट!
15.	बड़े दुख का समाचार!	How sad!	हाउ सैड!
16.	बड़ी खुशी का समाचार!	That is a good news!	दैट इज अ गुड न्यूज!
17.	कितनी बड़ी विजय!	What a great victory!	वॉट ए ग्रेट विक्ट्री!
18.	प्रभु मेरे! (आश्चर्य में)	Good heavens!	गुड हेवन्ज़!
19.	सुनिए!	Hello! Listen!	हलो! लिसिन!
20.	कितना सुन्दर!	How lovely!	हाउ लवली!
21.	ऐसा न कहो!	How dare you say that!	हाउ डेयर यू से दैट!
22.	प्यारे!	Oh dear!	ओ डियर!
23.	जल्दी चलो!	Hurry up! Walk fast!	हरी अप! वॉक फास्ट!
24.	जल्दी आना	Hurry come!	हरी कम!
25.	चुप रहिए।	Quiet, please/Please keep quiet!	क्वायट प्लीज! प्लीज कीप क्वायट!

26. फटाफट करिए!	Hurry up, please!	हरी अप, प्लीज!
27. कितनी बुरी बात!	How terrible!	हाउ टैरिबल!
28. कितने अपमान की बात है!	How disgraceful!	हाउ डिसग्रेसफुल!
29. बेकार की बात है!	How absurd!	हाउ एब्सर्ड!
30. उसकी इतनी हिम्मत!	How dare he!	हाउ डेयर ही!
31. क्या खूब!	How sweet!	हाउ स्वीट!
32. हां, ऐसा ही!	Yes, it is!	येस इट इज!
33. सचमुच!	Really!	रियली!
34. सच!	Is it!	इज इट!
35. धन्यवाद!	Thanks!	थैंक्स!
36. आपका धन्यवाद!	Thank you!	थैंक यू!
37. भगवान का लाख शुक्र है।	Thank God!	थैंक गॉड!
38. यह दिन बार-बार आए!	Many happy returns of the day!	मैनी हैपी रिटर्न्ज ऑफ द डे!
39. आहा! तुमने मैच जीत लिया!	Hurrah! you have won the match!	हुर्रे, यू हैव वन द मैच!
40. आपके स्वास्थ्य के लिए!	For your good health!	फॉर योर गुड हेल्थ!
41. बधाई!	Congratulations!	कौंग्रेच्युलेशन्ज!
42. कितनी बेहूदगी है!	What nonsense!	वॉट नॉनसेन्स!
43. कितने दुख की बात है!	What a pity!	वॉट अ पिटी!
44. कितनी शर्म की बात है।	What a shame!	वॉट अ शेम!
45. कितना दुखद बात है!	How tragic!	हाउ ट्रैजिक!
46. कितना सुखद आश्चर्य!	What a pleasant surprise!	वॉट अ प्लेजेन्ट सरप्राइज!
47. आश्चर्यजनक!	Wonderful!	वन्डरफुल!
48. छिः छिः!	How disguising!	हाउ डिस्गाइजिंग!
49. खबरदार!	Beware!	बीवेअर!
50. कितनी बढ़िया सूझ है!	What an idea!	वॉट ऐन आइडिया!
51. आपके स्वागत के लिए!	Cheers!	चिअर्ज!
52. क्या मुसीबत है!	What a bother!	वॉट अ बॉदर!
53. संभल कर!	Watch out!	वॉच आउट!
54. कहीं नजर न लगे!	Touch wood!	टच वुड!
55. अब चाहे जो हो!	Come what may!	कम वॉट मे!
56. आप जैसा चाहें	As you like it!	एज यू लाइक इट!
57. धिक्कार है।	Shame! a curse on!	सेम! ए कोर्स आन!

Points to Remember स्मरण संकेत

1. आश्चर्य, प्रसन्नता, क्रोध, लज्जा, दुःख आदि भावों को प्रकट करने के लिए What, How आदि शब्दों का प्रयोग होता है। जैसे- What a shame! How wonderful! आदि।
2. साधारण वाक्यों में जहां अर्धविराम (;), अल्पविराम (,) या पूर्ण विराम (।) लगता है, वहां भावबोधक वाक्य में विस्मयादि बोधक चिह्न (!) Exclamatory sign लगता है, जैसे- Of course! Wonderful! आदि।
3. Exclamatory sentence (विस्मयादिबोधक वाक्य) बोलते समय आवाज में आश्चर्य आदि भावों का स्वर (Tone) जरूर दें।

LESSON FOUR
पाठ चार

Frequently used phrases
(फ्रिक्यूएंटलि यूज्ड फ्रेजेज)
अधिकांश प्रयोग किए जाने वाले वाक्यांश

अंग्रेजी बातचीत में अक्सर अधोलिखित वाक्यों का प्रयोग होता है। ये वाक्य आदेशात्मक और निवेदनात्मक हैं। यदि ये वाक्य तैयार हो जाएं तो बात-बात में इनके प्रयोग से वार्तालाप की भाषा-शैली अच्छी लगती है। आप खुद को अंग्रेजी बोलने के लिए तैयार हो जाते हैं। अब आप इन वाक्यों को रट लीजिए और बोलिए-

	हिंदी में	अंग्रेजी में	हिंदी उच्चारण
1.	सावधान रहो।	Be careful. / Be cautious.	बी केअरफुल / बी कॉशस
2.	धीरे चलो।	Go slowly. / Walk slowly.	गो स्लोली/वॉक स्लोली
3.	तुरंत जाओ।	Go at once.	गो एट वन्स
4.	यहां रुको।	Stop here.	स्टॉप हिअर
5.	सीधे जाओ।	Go straight.	गो स्ट्रेट
6.	चले जाओ/निकल जाओ।	Go away. / Get out.	गो अवे / गेट आउट
7.	मैं अभी आ रहा हूं।	Just coming.	जस्ट कमिंग
8.	रुको।	I say stop.	स्टॉप.
9.	बोलो।	Speak.	स्पीक
10.	सुनो।	Listen.	लिसन
11.	यहां ठहरो।	Wait here.	वेट हिअर
12.	इधर आओ।	Come here.	कम हिअर
13.	इधर देखो।	Look here.	लुक हिअर
14.	यह लो।	Take it.	टेक इट
15.	पास आओ।	Come here.	कम हिअर
16.	बाहर इंतजार करो।	Wait outside.	वेट आउटसाइड
17.	ऊपर जाओ।	Go up.	गो अप
18.	नीचे जाओ।	Go down.	गो डाउन
19.	उतर जाओ।	Get off.	गेट ऑफ
20.	तैयार हो जाओ।	Be ready. / Get ready.	बी रेडी / गेट रेडी
21.	चुप रहो।	Keep quiet.	कीप क्वायट
22.	बहुत अच्छा।	Very well.	वेरी वेल

23. अच्छी बात है।	Fine/Very good.	फाइन / वेरी गुड
24. जैसी आपकी मर्जी	As you like / As you please.	ऐज यू लाइक/ऐज यू प्लीज
25. और कुछ	Anything else?	एनीथिंग एल्स?
26. बस, रहने दो।	That's enough.	दैट्स एनफ
27. इस सम्मान के लिए धन्यवाद	Thanks for this honour.	थैंक्स फार दिस ऑनर
28. अच्छा	O. K.	ओ. के.
29. क्यों नहीं?	Why not?	वाइ नॉट?
30. थोड़ा-सा भी नहीं।	Not a bit.	नॉट अ बिट
31. ध्यान रखना।	Take care.	टेक केअर
32. कल मिलेंगे।	See you tomorrow.	सी यू टुमॉरो
33. हां, जरूर!	Yes, by all means!.	येस, बाइ ऑल मीन्ज!
34. बहुत है।	That is too much.	दैट इज टू मच
35. हां, श्रीमान जी।	Yes, Sir!	येस, सर!
36. नहीं, कभी नहीं।	No, not at all.	नो, नॉट ऐट ऑल
37. कोई बात नहीं।	Never mind. / Doesn't matter.	नेवर माइंड / डजन्ट मैटर
38. और कुछ नहीं।	Nothing else.	नथिंग एल्स
39. कोई खास बात नहीं।	Nothing special.	नथिंग स्पेशल
40. आइए!	Welcome.	वेल्कम
41. भरोसा रखें।	Rest assured.	रेस्ट अश्योर्ड
42. बहुत दिन से देखा नहीं।	Long time no see.	लौंग टाइम नो सी
43. अच्छा चलते हैं / गुड बाइ।	Goodbye!	गुड बाइ।
44. आपको भी विदा।	Bye bye!	बाइ बाइ।
45. जरा-सा भी नहीं।	Not the least!	नॉट द लीस्ट!
46. कोई बात नहीं।	No mention!	नो मेन्सन!
47. याद रखें।	Remember!	रीमेम्बर!
48. छोड़िए / रहने दो।	Let it go!	लेट इट गो!

Points to Remember
स्मरण संकेत

1. आप चाहे तो उपरोक्त वाक्यांशों के आगे Please/Kindly लगा सकते हैं, अथवा वैसे भी बोल सकते हैं।
2. इनमें दो तरह के वाक्य मिलेंगे- आदेशात्मक और निवेदनात्मक। अवसर देखकर इनका प्रयोग करें।

LESSON FIVE
पाठ पाँच

Alphabet
(अल्फाबेट)
अक्षरमाला

वस्तुत: भाषा बोलने और सुनने की चीज है, यानी भाषा का आधार ध्वनि है। भाषा तभी सुनी जाती है जब बोली जाती है और उतनी ही दूर तक सुनी जाती है जहां तक आवाज पहुंचती है। समय और स्थान की इस सीमा को तोड़ने के लिए लिपि और लिखावट का जन्म हुआ। भाषा के विकास के बहुत समय बाद लिपि आई। इस तरह लिपि या लिखावट भाषा-ध्वनियों को रेखाओं में बांधने और प्रकट करने का एक माध्यम है।

हिंदी देवनागरी लिपि में लिखी जाती है और अंग्रेजी रोमन में। हिन्दी शिरोरेखा के साथ लाइन के नीचे और अंग्रेजी ऊपर लिखी जाती है।

अक्षरमाला (वर्णमाला) वर्णों या अक्षरों का एक समूह है। अक्षर विशेष ध्वनि या ध्वनियों को दर्शाता है। हिन्दी में तैंतीस व्यंजन और तेरह स्वर, कुल जमा छियालिस अक्षर हैं। अंग्रेजी में पांच स्वर और इक्कीस व्यंजन, कुल मिलाकर छब्बीस अक्षर (वर्ण) हैं।

अंग्रेजी अक्षरमाला में दो प्रकार के अक्षर हैं–1. **बड़े अक्षर (Capital Letters)** और 2. **छोटे अक्षर (Small Letters)**। इनके भी दो वर्ग हैं–

1. बड़े अक्षर **(Capital Letters)**

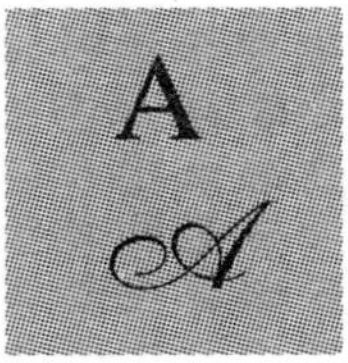

(a)
छापे और लिखावट के बड़े अक्षर

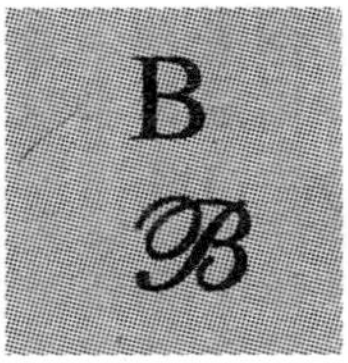

(b)
छापे और लिखावट के बड़े अक्षर

2. छोटे अक्षर **(Small Letters)**

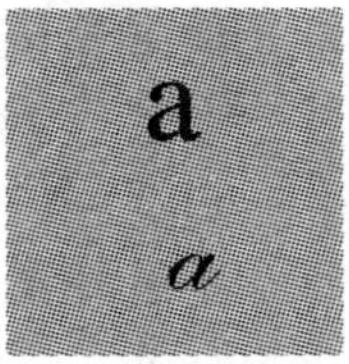

(a)
छापे और लिखावट के छोटे अक्षर

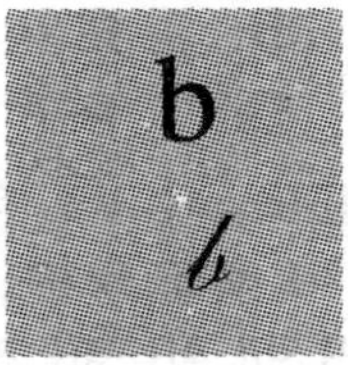

(b)
छापे और लिखावट के छोटे अक्षर

1 (a) **छापे और लिखने के बड़े अक्षर**

A	**B**	**C**	**D**	**E**	**F**	**G**	**H**	**I**	**J**	**K**	**L**	**M**
ए	बी	सी	डी	इ	एफ	जी	एच	आई	जे	के	एल	एम
N	**O**	**P**	**Q**	**R**	**S**	**T**	**U**	**V**	**W**	**X**	**Y**	**Z**
एन	ओ	पी	क्यू	आर	एस	टी	यू	वी	डब्ल्यू	एक्स	वाई	जैड

(b) **लिखावट के बड़े अक्षर**

A	*B*	*C*	*D*	*E*	*F*	*G*	*H*	*I*	*J*	*K*	*L*	*M*
ए	बी	सी	डी	इ	एफ	जी	एच	आई	जे	के	एल	एम
N	*O*	*P*	*Q*	*R*	*S*	*T*	*U*	*V*	*W*	*X*	*Y*	*Z*
एन	ओ	पी	क्यू	आर	एस	टी	यू	वी	डब्ल्यू	एक्स	वाई	जैड

2 (a) **छापे के छोटे अक्षर**

a b c d e f g h i j k l m n o p q r s t u v w x y z

(b) **लिखने के छोटे अक्षर**

a b c d e f g h i j k l m n o p q r s t u v w x y z

(i) अंग्रेजी के निम्नलिखित चौदह अक्षर चार समांतर रेखाओं के मध्य दो में लिखे जाते हैं–

a, c, e, i, m, n, o, r, s, u, v, w, x, z

(ii) ऊपर की तीन रेखाओं में लिखे जाने वाले छह अक्षर हैं–

b, d, h, k, l, t

(iii) चारों रेखाओं में लिखा जाने वाला एकमात्र अक्षर है–

f

(iv) नीचे की तीन लाइनों में लिखे जाने वाले पाँच अक्षर हैं–

g j p q y

(v) Capital Letters चाहे छापे के हों या लिखावट के, हमेशा ऊपर की तीन रेखाओं में लिखे जाते हैं–

A B C D E F G H I J K L M

N O P Q R S T U V W X Y Z

लिखावट और छापे के अक्षरों में वस्तुतः कोई खास फर्क नहीं है। लिखते समय प्रवाह, गति और घसीट के कारण छापे के बड़े अक्षर परस्पर सूत्र की तरह मिलकर ऐसा स्वरूप ले लेते हैं। इसे शीघ्रता और सुगमता से लिखा जा सकता है। कलम को बार-बार उठाना नहीं पड़ता।

इस तरह छापे और लिखावट के Capital Letters में कोई विशेष अंतर नहीं है। छापे के बड़े अक्षरों की रेखाओं के अंत को एक कलात्मक घुमाव और गोलाई प्रदान कर दी जाती है। इससे अक्षर देखने में आकर्षक, सुघड़, सुंदर और कलात्मक हो जाते हैं।

सच तो यह है कि सभी तरह के अंग्रेजी अक्षर रोमन 'कैपिटल अक्षरों' के विकसित रूप और कलम की करामात हैं। ये प्राचीन रोमन अक्षरों के गति से लिखे जाने के परिणामस्वरूप प्राप्त परिष्कृत रूपों से अधिक कुछ नहीं हैं।

Calligraphy (कैलिग्राफी) सुलेखन

सुंदर लिखाई में बड़ा आकर्षण होता है। सुलेख को देखकर पढ़ने वाले का मन प्रसन्न हो जाता है और वह प्रभावित हुए बिना नहीं रह सकता। सुलेखन लेखक के व्यक्तित्व की सुंदरता में वृद्धि करता है। सुंदर लिखाई के लिए अक्षरों

की बनावट और बनाने के ढंग पर ध्यान देते हुए अभ्यास करना चाहिए। **अभ्यास चार लाइनों वाली पुस्तिका में करना चाहिए।** कुछ समय पश्चात् इसकी आवश्यकता नहीं रहेगी और आप बिना लाइनों के भी सुगमता से सुंदर लिख पाएंगे।

सुलेखन कला तो है ही, अपने आप में एक इनाम (Reward) भी है। लेखन सही होने के साथ-साथ रूप और आकार में आकर्षक होना चाहिए। पठनीयता में हाथ की सफाई और नजाकत सोने में सुहागा जैसी चीज है। वर्ण-शिल्प (Letter Craft) अच्छा ही नहीं, आवश्यक है, लेकिन यह इतना कठिन नहीं है जितना समझा जाता है। थोड़े से कष्ट और 'पेनमेनशिप' (Penmanship) से यह सहज संभव है।

प्रारंभ में लिखने का अभ्यास समतल टेबल के बजाय ढालू (Slopy) डेस्क पर किया जाए तो अच्छा रहे। यह ढलान 40° की हो सकती है। अपने हाथ के अंगूठे और तर्जनी का छल्ला-सा बनाते हुए निब के थोड़ा ऊपर से कलम का होल्डर धीरे से थाम लीजिए और उसे नीचे से मध्यमा का सहारा देते हुए अनामिका और कनिष्ठिका को अंदर को ओर मोड़ लीजिए। याद रखिए कलम को गलत ढंग से पकड़ने पर वर्णों के सही रूप नहीं उभर सकते। निब को कम से कम दबाव के साथ फिसलने दें। कलम हलके हाथ से पकड़ते हुए महीन, सुंदर, पतले क्षैतिज (Horizontal) तथा स्वच्छ, मोटे खड़े (Vertical) स्ट्रोक्स (Strokes) का प्रयोग करें। पहले वर्णों को अलग-अलग लिखें और फिर मिलाकर अभ्यास करें। लिखने के उपरांत इसका ध्यानपूर्वक निरीक्षण करें। हां, हो सके तो 'मैगनिफाइंग लेन्स' (Magnifying Lens) से। इससे वर्णों में परस्पर उचित अनुपात, समरूपता (Evenness) आदि होने और सही-गलत बनावट का सरलता से पता लग जाएगा। वक्र और गोलाई वाले अक्षरों को तनिक पास-पास और खड़े रेखीय अक्षरों को परस्पर उचित दूरी पर लिखिए। प्रतिदिन एक पृष्ठ नियमित रूप से लिखें। बॉलपेन का प्रयोग न करें।

Points to Remember स्मरण संकेत

1. अंग्रेजी में Capital और Small दो तरह के अक्षर होते हैं।
2. f चारों लाइनों में, b, d, h, k, l, t ऊपर की तीन लाइनों में और g, j, p, q, y नीचे की तीन लाइनों में लिखे जाते हैं, शेष सभी वर्ण बीच की दो लाइनों को छूते हैं।
3. Capital Letters छापे और सजावट दोनों तरह के ऊपर की तीन लाइनों में लिखे जाते हैं।
4. सुलेखन एक कला है। यह आवश्यक भी है। इसके लिए निम्न बातें ध्यान में रखें–
   (a) अच्छे निब वाले पेन से चार लाइनों वाली पुस्तिका में नियमित अभ्यास करें। **(b)** लिखने के बाद निरीक्षण अवश्य करें। **(c)** कलम हलके हाथ से पकड़ें और निब पर दबाव न डालें। उसे सरलता से फिसलने दें। **(d)** गोल और घुमावदार अक्षरों और खड़े रेखीय अक्षरों में परस्पर अनुपात, समरूपता और दूरी का ध्यान रखें। **(e)** बॉलपेन से न लिखें।

Exercise for Revision अभ्यास करने योग्य

1. छापे और सजावट Capital Letters लिखने का अच्छी तरह अभ्यास कीजिए।
2. वर्णों के उच्चारण जबानी याद कीजिए।
3. लिखने के छोटे वर्णों को पहले अलग-अलग (a b c d e f) और फिर मिलाकर (abcdef) कम से कम दस बार लिखिए।
4. निम्नलिखित शब्दों की नकल सुन्दरता से कई बार कीजिए– Matters, Temper, Remember, Hungry, Friends, Hunting, Nothing, Between (मिलाकर लिखे जाने वाले वर्णों का अभ्यास करते समय पेन को बराबर चलने दें, कहीं कहीं हल्की-सी उठानी पड़े तभी उठाएं और पुनः आगे की अक्षरों को लिखते जाएं)।

LESSON SIX

पाठ छः

Pronunciation of Alphabet

(प्रॅनन्सिएशन ऑफ अल्फाबेट)

अक्षरों का उच्चारण

विकसित भाषा एक बहुत बड़ी नियामत और मानवीय विशेषता है। यही मानव को पशुओं और दूसरे प्राणियों से अलग करती है। हमारी सभ्यता और विकास की यह एक कुंजी है। भाषा मुख्य रूप से बोलने-सुनने के लिए है। भाषा का सही शुद्ध धारा प्रवाह उच्चारण बहुत जरूरी है।

अंग्रेजी में अकेले वर्ण का उच्चारण अलग होता है और दूसरे वर्णों के साथ मिलकर शब्द रूपों में अलग। यह इस प्रकार है–

वर्ण : उच्चारण

A a ए शब्द रूपों में उच्चारण–आ–Smart (स्मार्ट) तेज, बना-ठना; Palm (पाम) हथेली; Dark (डार्क) अंधेरा; Fast (फास्ट) उपवास, तेज।

ए– Safe (सेफ) सुरक्षित, Aid (एड) सहायता; Bail (बेल) जमानत; Grave (ग्रेव) कब्र; Save (सेव) बचाना।

अॅ– Addition (अॅडिशन) जोड़; Rascal (रॉस्कल) गुंडा; Ago (अॅगो) पहले।

ऐ– Sac (सैक) बोरा; Sad (सैड) उदास; Add (ऐड) जोड़ना; Badge (बैज) बिल्ला; Bad (बैड) बुरा; Gravitation (ग्रैविटेशन) गुरुत्वाकर्षण।

ऑ– All (ऑल) सब; Ball (बॉल) गेंद; Small (स्मॉल) छोटा; Fall (फॉल) गिरना; Pall (पॉल) कपड़ा; Call (कॉल) पुकार, बुलाहट।

B b बी ब– Book (बुक) पुस्तक; Absorb (अबसौर्ब/अबजौर्ब) सोख लेना; Tub (टब) नाँद; Cub (कब) शेर का बच्चा।

C c सी क– Cat (कैट) बिल्ली; Coal (कोल) कोयला; Can (कैन) बाल्टी, पात्र; Clever (क्लेवर) चालाक; Clean (क्लीन) साफ।

स– Cent (सैंट) शत, सौ, शतांश; Cedar (सीडॅर) देवदार; Cement (सीमैंट) सीमेंट; Certain (सर्टेन) निश्चित; Certificate (सर्टिफिकेट) प्रमाण-पत्र।

D d डी ड– Did (डिड) किया; Daughter (डॉटर) पुत्री; Bad (बैड) बुरा; Bond (बॉन्ड) बंधन, Dog (डॉग) कुत्ता; Doctor (डॉक्टर) चिकित्सक।

E e इ इ– Here (हिअर) यहां; Near (नियर) पास; Before (बिफोर) पहले।

ई– She (शी) वह स्त्री; Be (बी) होना; Me (मी) मुझे; Detailed (डीटेल्ड) विस्तार से।

अ– Herd (हर्ड) झुण्ड; Interim (इन्टरिम) अंतरिम; Term (टर्म) नियम।

ए– Egg (एग) अंडा; Men (मेन) लोग; Pebble (पेबॅल) कंकड़; Peck (पेक) चोंच मारना; Bent (बेन्ट) मोड़ा।

F f एफ	फ–	Fan (फैन) पंखा; Leaf (लीफ) पत्ता; Infant (इन्फैंट) शिशु; Rifle (राइफल) बंदूक; Fate (फेट) भाग्य; First (फर्स्ट) प्रथम।
G g जी	ग–	Good (गुड) अच्छा; God (गॉड) ईश्वर; Rug (रग) कम्बल; Bag (बैग) थैला; Gorge (गॉर्ज) तंग घाटी।
	ज–	Geometry (जिऑमेट्रि) रेखागणित; Gentle (जैन्टल) सज्जन; Badge (बैज) बिल्ला; Regiment (रेजिमेंट) सैनिक टुकड़ी।
H h एच	ह–	Hat (हैट) टोप; Enhance (इन्हान्स) बढ़ाना; Horse (हॉर्स) घोड़ा; Heel (हील) ऐड़ी।
I i आई	इ–	India (इंडिया) भारत; Bit (बिट) थोड़ा; Fit (फिट) दौरा; Lily (लिली) एक फूल; Inept (इनेप्ट) अकुशल।
	आई–	Bite (बाइट) काटना; Light (लाइट) प्रकाश; Right (राइट) उचित; Sight (साइट) दृष्टि।
J j जे	ज–	Joke (जोक) मजाक; Join (ज्वाइन) मिलाना; Rejoice (रिजॉइस) आमोद-प्रमोद; Deject (डिजेक्ट) उदास।
K k के	क–	Rock (रॉक) चट्टान; King (किंग) राजा; Kite (काइट) पतंग; Kiss (किस) चुंबन।
L l एल	ल–	Lame (लेम) लंगड़ा; Delete (डिलीट) मिटाना; Meal (मील) भोजन; Pull (पुल) खींचना; Lull (लल) शांति; Dull (डल) सुस्त।
M m एम	म–	Man (मैन) आदमी; Reform (रिफॉर्म) सुधार; Seminar (सेमिनार) गोष्ठी।
N n एन	न–	Name (नेम) नाम; Sense (सेन्स) ज्ञान; Ban (बैन) प्रतिबंध; Run (रन) दौड़ना।
O o ओ	ओ–	Open (ओपन) खुला; Bone (बोन) हड्डी; Mango (मैंगो) आम का फल; Probe (प्रोब) जांच।
	ऑ–	Problem (प्रॉबलम) समस्या; Prodigal (प्रॉडिगल) खर्चीला; Tolerance (टॉलरेन्स) सहनशीलता।
P p पी	प–	Gap (गैप) अंतर; Rope (रोप) रस्सा; Open (ओपन) खुला; Pen (पेन) कलम; Push (पुश) धकियाना।
Q q क्यू	क–	Mosque (मौस्क) मस्जिद; Queue (क्यू) पंक्ति; Banquet (बैंक्वेट) भोज; Quick (क्विक) जल्दी।
R r आर	र–	Rest (रेस्ट) आराम; Bar (बार) छड़; Surprise (सरप्राइज) आश्चर्य; Room (रूम) कमरा।
S s एस	स–	Sun (सन) सूरज; Bus (बस) बस; Sister (सिस्टर) बहन; Soap (सोप) साबुन।
	ज–	Drowsy (ड्राउजि) निद्रालु; Feasible (फीजिबल) संभव; Reason (रीजन) तर्क, दलील।
T t टी	ट–	Master (मास्टर) मालिक; Tea (टी) चाय; Button (बटन) बटन; Pot (पॉट) बर्तन।
	श–	Initial (इनिशियल) प्रारंभिक; Portion (पोर्शन) भाग; Patient (पेशेंट) बीमार; Station (स्टेशन) स्टेशन।
U u यू	उ–	Bull (बुल) सांड; Push (पुश) धकेलना; Put (पुट) रखना।
	अ–	But (बट) लेकिन; Shut (शट) बंद करना; Up (अप) ऊपर; Sun (सन) सूरज।
V v वी	व–	Vague (वेग) अस्पष्ट; Wave (वेव) लहर; River (रिवर) नदी; Brave (ब्रेव) बहादुर।
Ww डब्ल्यू	व–	War (वार) युद्ध; Widow (विडो) विधवा; Power (पावर) शक्ति; Want (वांट) चाह।
X x एक्स	ज–	Examination (इग्जैमिनेशन) परीक्षा; Example (इग्जाम्पल) उदाहरण; Exuberance (एग्ज्यूबरैन्स) आधिक्य, अधिकता।
	एक्स	Excreta (एक्सक्रीटा) मलमूत्र; X-ray (एक्स-रे) एक्सरे; Exclude (एक्सक्ल्यूड) सम्मिलित न करना Exhale (एक्सहेल) श्वांस छोड़ना
Y y वाई	य–	Yes (येस) हां; Yoga (योगा) योग।
	आई–	By (बाइ) पास; Cry (क्राइ) रोना; My (माइ) मेरा।
	ई–	Bury (बरी) दफनाना; Worry (वरी) चिंता।
Z z जैड	ज–	Zoo (जू) चिड़ियाघर; Zebra (जीबरा) जेब्रा; Blaze (ब्लेज) ज्वाला; Lazy (लेजी) सुस्त; Lizard (लिजार्ड) छिपकली।

संयुक्त व्यंजन (Compound Letters) (कंपाउंड लेटर्स)

ch च– Church (चर्च) गिरजाघर; Batch (बैच) टोली; Bunch (बंच) गुच्छा।
ख– Clachan (क्लेखन); Choronch (कौरोनैख);
क– Chaos (केओस) अव्यवस्था; Chemistry (केमिस्ट्री) रसायन शास्त्र; Character (कैरेक्टर) गुण, चरित्र।

gh घ– Ghost (घोस्ट) प्रेत; Aghast (अघास्ट) आतंकित।

ph फ– Phew (फ्यू) छी; Phone (फोन) दूरभाष; Sophisticated (सॉफिस्टकेटेड) परिष्कृत।

sh श– Shawl (शॉल) शाल; Shake (शेक) हिलाना; Rash (रैश) जल्दबाज; Shrink (श्रिन्क) सिकुड़ना।

th थ– Thin (थिन) पतला; Thick (थिक) मोटा; Breadth (ब्रेड्थ) चौड़ाई; Breath (ब्रेथ) सांस।
द– Thine (दाइन) तेरा; With (विद) साथ; This (दिस) यह; That (दैट) वह।

संयुक्त स्वर (Diphthong) (डिफ्थांग)

अंग्रेजी के संयुक्त स्वरों के उच्चारण में बड़ी कठिनाई का सामना करना पड़ता है। इसलिए इस संबंध में विशेष जानकारी और ध्यान की जरूरत है। संयुक्त स्वरों के उच्चारण के सामान्य उदाहरण इस प्रकार हैं।

ae ई– Encyclopaedia (एनसाइक्लोपीडिया) विश्वकोश; Aesthetic (ऐस्थैटिक) सौन्दर्यवादी।

au ऑ– Daughter (डॉटर) बेटी; Caught (कॉट) पकड़ा; Audio (ऑडियो) सुना जाने वाला।

ea ई– Clean (क्लीन) स्वच्छ; Mean (मीन) तुच्छ; Dean (डीन) पद, Yeast (यीस्ट) खमीर।

ei आई– Either (आइदर/ईदर) दोनों में से एक; Neither (नाइदर) दोनों में से कोई नहीं; Height (हाइट) ऊंचाई।
ए– Eight (एट) आठ; Freight (फ्रेट) भाड़ा; Weight (वेट) वजन; Straight (स्ट्रेट) सीधा।

eo इऑ– Peon (पिऑन) चपरासी; Neon (निऑन) एक रासायनिक तत्व; Geography (जिऑग्राफी) भूगोल।

eu यू– Eucalyptus (यूकलिप्टस) यूकेलिप्टस वृक्ष; Eunuch (यूनक) हिजड़ा; Europe (यूअरप) यूरोप।

ew इयू– Mew (म्यू) म्यांव-म्यांव; New (न्यू) नया; View (व्यू) दृष्य।

ei ई– Receive (रिसीव) प्राप्त करना; Deceit (डिसीट) धोखा; Reiterate (रिइटरेट) दोहराना।

ie ई– Grieve (ग्रीव) दुःख मनाना; Sieve (सीव) छलनी; Field (फील्ड) खेत; Fiend (फीन्ड) राक्षस।

io आई– Ion (आइअन) आयन; Iota (आइओटा) कण, अत्यल्प; Iodine (आइडीन) आयोडीन।

ia आइ– Diameter (डायमीटर) व्यास; Diamond (डायमंड) हीरा; Bias (बाइस) पूर्वाग्रह।

oo उ– Look (लुक) देखना; Book (बुक) किताब; Nook (नुक) कोना
ऊ– Broom (ब्रूम) झाड़ू; Room (रूम) कमरा; Spoon (स्पून) चम्मच; Moon (मून) चांद; Soon (सून) जल्दी।

oe ऊ– Shoe (शू) जूता।
ई– Oedipus (ईडिपस) नाम विशेष; Foetus (फीटस) भ्रूण।
ओ– Roe (रो) मृगी, हिरनी।

oa ओ– Goat (गोट) बकरी; Moan (मोन) विलाप; Oath (ओथ) शपथ; Oak (ओक) बांज का पेड़।

oi आई– Join (जॉइन) जोड़ना; Loin (लॉइन) कमर; Noise (नॉइज) शोर; Loiter (लॉइटर) मटरगश्ती; Coin (क्वॉइन) सिक्का।

ou आऊ–Shout (शाउट) चिल्लाना; Bough (बाउ) शाखा; Gout (गाउट) बीमारी; Out (आउट) बाहर।
uu यूअ– Vacuum (वैक्यूअम) शून्य।

सभी 'डेस्क' और बड़े शब्दकोशों के प्रारंभ में फोनेटिक (ध्वन्यात्मक) वर्णमाला के आधार पर कुछ चुने हुए शब्दों के मानक उच्चारण दिए होते हैं। इसे Pronunciation Key (प्रोनन्सिएशन की) उच्चारण कुंजी कहा जाता है। ये उच्चारण पढ़े-लिखे और शिष्ट लोगों में प्रचलित होते हैं। इसके अध्ययन मनन पर थोड़ा समय व्यतीत करना सचमुच बड़ा लाभदायक होता है। पुस्तक के अंत में दिए गए शब्दकोश का इसके लिए यथासंभव बार-बार उपयोग कीजिए। इसे हॉबी (शौक) ही बना लीजिए और फिर देखिए कि आप क्या कमाल करते हैं।

रोमन लिपि में हिंदी

विश्व की अनेक भाषाएं रोमन लिपि में लिखी जाती हैं। अंग्रेजी के अतिरिक्त फ्रांसीसी, स्पेनी, इतालवी, पुर्तगाली, रुमानियन, जर्मन, चैक, पोलिश, तुर्की आदि भाषाएं इसी लिपि में थोड़े-बहुत परिवर्तन-परिवर्द्धन के साथ प्रयोग में ली जाती हैं। एक नई आविष्कृत भाषा–एसपेरेण्टो (Esparanto) भी इसी लिपि में लिखी जाती है। हिन्दी को भी इसी लिपि में लिखने के सुझाव रखे गये हैं। डॉ. सुनीति कुमार चटर्जी इस पक्ष में थे। लेकिन परम्परा और इतिहासप्रिय हिन्दी भाषियों को यह शायद ही कभी मान्य हो सके। भारतीय भाषाओं को नागरी लिपि में लिखने का भी सुझाव कई बार उभरा है। बहुत-सी कमियों के बावजूद रोमन लिपि वर्णनात्मक होने के कारण आसानी से समझ में आ जाती है।

हिन्दी वर्णमाला को रोमन लिपि में इस प्रकार लिखा जाता है।

1. स्वर (Vowel)

अ	आ	इ	ई	उ	ऊ	ऋ	ए	ऐ	ओ	औ	अं	अः
A	Ā	I	Ī	U	Ū	R	E	AI	O	AU	AN	AH
a	ā	e	ē	u	ū	r	e	ai	o	au	an	ah

2. व्यंजन (Consonants)

क्	ख्	ग्	घ्	ङ्	च्	छ्	ज्	झ्	ञ्
k	kh	g	gh	n	ch	chh	j	jh	n
ट्	ठ्	ड्	ढ्	ण्	त्	थ्	द्	ध्	न्
t	th	d	dh	n	t	th	d	dh	n
प्	फ्	ब्	भ्	म्	य्	र्	ल्	व्	
p	ph	b	bh	m	y	r	l	v	
श्	ष्	स्	ह्						
sh	shh	s	h						

3. संयुक्त अक्षर (Compound Letters)

क्ष	त्र	ज्ञ
ksh	tr	jn

नीचे कुछ हिंदी के वाक्य रोमन लिपि में दिए गए हैं। इनको ध्यानपूर्वक पढ़कर स्वयं लिखने का अभ्यास कीजिए।

1. क्या तुम्हारा नाम रामनारायण है? — Kya tumhara nam Ramnarayan hai?
2. क्या समय हो गया होगा? — Kya samay ho gaya hoga?
3. यही कोई चार बजे का वक्त है। — Yahi koi char baje ka vakt hai.
4. वह बाजार गया है। — Vah bazar gaya hai.
5. अचार खाने में बढ़िया लगता है। — Achar khane main badhiya lagta hai.

6. रामायण हिन्दुओं का एक पवित्र ग्रंथ है। — Ramayan Hinduon ka ek pavitra granth hai.
7. कोई-कोई लोग तो कितने अच्छे होते हैं। — Koi-koi log to kitne acche hote hain.
8. आम के आम गुठलियों के दाम। — Am ke am guthliyon ke dam.
9. वह स्त्री ज्ञानवती प्रतीत होती है। — Vah stri jnanavati pratit hoti hai.
10. क्षत्रिय महिलाओं ने जौहर किया था। — Kshatriya mahilaon ne jauhar kiya tha.

Points to Remember स्मरण संकेत

1. वर्ण का स्वतंत्र उच्चारण दूसरे वर्णों के साथ मिलकर होने वाले उच्चारण से भिन्न होता है।
2. संयुक्त वर्णों का विशेष रूप से संयुक्त स्वरों का उच्चारण विशेष कंठिनाई उपस्थित करता है। अत: विशेष ध्यान की जरूरत है।
3. संलग्न शब्दकोश बार-बार प्रयोग कीजिए। खाली समय में उसे देखने-समझने का शौक पैदा कीजिए। बड़ा आनन्द आयेगा।
4. हिन्दी के वर्णों–अ, आ (Å, Ā); इ, ई (I, Ī); उ, ऊ (U, Ū); ङ, ञ, ण्, न् (N); ट, त (T) ठ्, थ् (TH); ड्, द् (D); ढ्, ध् (DH); ऋ, र् (R) के लिए एक समान वर्ण हैं। उनमें बिन्दु और लाइन द्वारा अंतर किया गया है। इस अंतर को अच्छी तरह समझ लीजिए।

Exercise for Revision
अभ्यास करने योग्य

1. **प्रस्तुत शब्दों का सही-शुद्ध उच्चारण कीजिए और संदेह होने पर संलग्न शब्दकोश की सहायता लीजिए।**
Accord, Admit, Assist, Audience, Bail, Badge, Bad, Ball, Book, Bite, Beautiful, Cat, Coal, Clean, Chaos, Chord, Daughter, Dog, Eat, Encyclopaedia, Eon, Fate, Fan, Good, Horse, Heat, Hut, Inept, Mosque, Queen, Surprise, Shake, Shrink, Straight, Took, Tea, Teak, Up, Under, Vacuum, Window, Waste, X-ray, X-mas, Yeats, Yes, Zebra, Zeal.
2. **संयुक्त व्यंजन CH, TH और SH जिन शब्दों में आते हैं उनके पांच-पांच उदाहरण लिखिए।**
3. **निम्नलिखित हिन्दी शब्दों/वाक्यांशों को रोमन लिपि में लिखिए।**
कृष्णलाल, भागीरथी, भाषा की समस्या, सूर्योदय से पूर्व, रात होने के बाद, तंत्रमंत्र और जादू टोना, मेरा तो ख्याल है, गुणवती स्त्री, रामलीला का अभ्यास, सुरेन्द्रमोहन सन्याल, पानी पिलाओ, बातचीत शुरू करो, फुर्सत नहीं है, क्या बज़ा है, कौन हंस रहा है, कहां से आवाज आई?
4. **निम्नलिखित रोमन में लिखे हिन्दी वाक्यों को नागरी लिपि में लिखिए।**
(a) Are bhai tumhara ghar kahan hai?
(b) Soot-boot pahankar kidhar chal diye?
(c) Kya karun meri to kisine jeb kat li.
(d) Main kabse use idhar udhar dhundh raha hun.
(e) Varnon aur akshron ki banavat par dhyan do.
(f) Hamare ghar to aj mehman aye hain.
(g) Bair chhor kar apas main pyar aur bhaichare se raho to accha hai.
(h) Gandhiji ki shikshayen apne aap mein kitni acchi hain.
(i) Mera to dam hi nikal gaya.

LESSON SEVEN
पाठ सात

Mute Letters and Capitals
(म्यूट लेटर्स एंड कैपिटल्स)
मूक और बड़े अक्षर

इंग्लैंड में लगभग 5वीं शती के उत्तरार्ध में तीन ट्यूटॉनिक आदिम जातियां–जूट्स, सेक्सन्स और ऐंग्ल्स निवास करती थीं। इनमें अंतिम जाति सर्वाधिक प्रभावशाली थी। इसी आदिम जाति के नाम पर ब्रिटेन का नाम इंगलैण्ड और यहां की भाषा का नाम इंगलिश पड़ा। 1000 ई. सन् में ब्रिटेन ऐंग्ला-लैंड और वहां की भाषा ऐंग्ल+इस कहलाती थी। ये दोनों शब्द कालांतर में इंग्लैड और इंगलिश में रूपांतरित हो गए।

वर्तमान अंग्रेजा एक लम्बे इतिहास और रिवाजों-परम्पराओं का परिणाम है। अंग्रेज लोग हैं भी अत्यन्त परम्परा प्रिय और किसी हद तक पुरातनपंथी। यही कारण है कि अंग्रेजी भाषा में शब्दों के उच्चारण और वर्तनी (स्पेलिंग) इतने असंगत, जटिल और उलझे हुए लगते हैं। उदाहरण के लिए Doubt (डाउट), Debt (डेट), Colonel (कर्नल), Right (राइट), Wife (वाइफ), Comb (कॉम) और Often (ऑफन) शब्द लिए जा सकते हैं। लिखा कुछ है और पढ़ा कुछ जाता है। Doubt और Debt में b मूक है। Colonel में r न जाने कहां से आ टपका। Right में 'gh', 'Wife' में e, Comb में b और Often में t उच्चारण की दृष्टि से अनावश्यक हैं। फिर भी ये लिखे जाते हैं। क्यों? क्योंकि सदियों से ऐसा ही होता आ रहा है।

इसलिए अंग्रेजी शब्दों के हिज्जों और उच्चारण की ओर खास ध्यान देना बहुत जरूरी है। दोनों का परस्पर घनिष्ठ संबंध है। प्रयत्न और अभ्यास प्रधान हैं। इससे कोई भी काम सरल किया जा सकता है। वैसे तो एक ही शब्द को बोलने में हवा, पानी और जमीन के हिसाब से थोड़ा-बहुत अंतर हो सकता है। लेकिन प्रत्येक भाषा का एक मानक स्वरूप और स्तर होता है। इसकी सही जानकारी आवश्यक है। सुविधा और सरलता की दृष्टि से 'स्पेलिंग्स' में कुछ सुधार के प्रयत्न भी हुए हैं। इसका उदाहरण अमेरिकन अंग्रेजी में देखने को मिलता है। समझने के लिए यहां अमेरिकन और ब्रिटिश अंग्रेजी के कुछ शब्द दिये गये हैं। भारत में ब्रिटिश इंग्लिश ही प्रचलित है। अत: इसी को सीखने पर बल दिया जाना चाहिए।

अंग्रेजी शब्द	**अमेरिकन शब्द**
Vigour (विगर) ओजस्वी	Vigor
Colour (कॅलर) रंग	Color
Enquiry (इन्क्वाइरी) पूछताछ	Inquiry
Foetus (फीटस) भ्रूण	Fetus
Centre (सेंटर) केन्द्र	Center
Theatre (थियेटर) रंगशाला	Theater
Mould (मॉल्ड) सांचा	Mold (ou-o)
Acknowledgement (अॅक्नॉलिजमेंट) प्राप्ति सूचना	Acknowlegment
Judgement (जज्मेंट) निर्णय	Judgment

अब हम उन वर्णों को लेते हैं जो विशेष स्थितियों, स्थानों पर उपस्थित तो होते हैं, किंतु मूक (mute) बने रहते हैं–

MUTE–C

Scent (सेंट) गंध

Science (साइंस) विज्ञान

Scene (सीन) दृश्य

Scion (साइअॅन) वंशज

MUTE–D

Sledge (स्लेज) बर्फ की गाड़ी

Knowledge (नॉलिज) ज्ञान

Bridge (ब्रिज) पुल

Ridge (रिज) पर्वत

MUTE–G

Sign (साइन) चिह्न

Design (डिजाइन) खाका

Resign (रिजाइन) इस्तीफा

Foreign (फॉरिन) विदेश

Reign (रेन) राज्य

MUTE–H

Hour (आवर) घंटा

Honour (ऑनर) सम्मान

Thames (टेम्स) नदी का नाम

Thomas (टॉमस) व्यक्ति का नाम

MUTE–K

Knock (नॉक) खटखटाना

Knowledge (नॉलिज) ज्ञान

Knife (नाइफ) चाकू

Knit (निट) बुनना

Knoll (नोल) टीला

Knob (नॉब) घुंडी

Half (हाफ) आधा

Balm (बाम) मरहम

MUTE–L

Folk (फोक) लोक, लोकनृत्य

Walk (वॉक) चलना

Chalk (चॉक) खड़िया

Talk (टॉक) बातचीत

Could (कुड) सका

Calm (काम) शांत

MUTE–N

Hymn (हिम) भजन, स्तोत्र

Column (कॉलम) स्तंभ

Autumn (ऑटम) पतझड़

Condemn (कन्डेम) निंदा

MUTE–P

Psychology (साइकोलोजी) मनोविज्ञान

Pneumonia (न्यूमोनिया) ज्वर

Pneumatic (न्यूमैटिक) वायवीय

Psalm (साम) भजन

Pseudo (स्यूडो) छद्म, जाली

Receipt (रिसीट) रसीद

MUTE–S

Island (आइलैंड) द्वीप, टापू

Viscount (वायकाउंट) पद

MUTE–T

Often (ऑफ़न) प्राय:

Soften (सॉफन) मुलायम करना

Hasten (हेसन) जल्दी करना

Listen (लिसन) सुनना

Jostle (जॉसेल) धकापेल

Waist-coat (वेसकोट) वास्केट (एक वस्त्र)

MUTE–U

Guard (गार्ड) रक्षक

Guarantee (गारन्टी) गारंटी

Guest (गेस्ट) मेहमान

Mosque (मौस्क) मस्जिद

Rogue (रोग) शैतान

Vague (वेग) अस्पष्ट

MUTE–Gh

Right (राइट) उचित

Bright (ब्राइट) चमकीला

High (हाइ) ऊंचा

Through (थ्रू) में होकर

Thigh (थाइ) जांघ

Knight (नाइट) उपाधि

Weight (वेट) भार

Eight (एट) आठ

MUTE–E

अंग्रेजी में अनेक ऐसे शब्द हैं जिनका अन्त 'E' वर्ण से होता है, लेकिन यह वर्ण अनुच्चरित रहता है। ऐसे शब्दों के साथ Suffix (सफिक्स) प्रत्यय लगाकर नया शब्द बनाते समय प्राय: 'E' को हटा देते हैं। यदि प्रत्यय Vowel (वॉवल) स्वर से शुरू न हो Consonant (कॉन्सनेन्ट) व्यंजन से प्रारंभ हो, तो मूल 'इ' को रहने देते हैं–

Love	Loving, Lovable	Change	Chang-ing
Mile	Mile-age	Trace	Trace-able
Excite	Excit-able	Judge	Judge-ment
Due	Du-ly	True	Tru-ly
Whole	Whole-y		

CAPITALS (कैपिटल्स)

बड़े अक्षरों का प्रयोग

अंग्रेजी में लिखते समय 'कैपिटल लैटर्स' का निम्न स्थानों पर प्रयोग करते हैं–

1. ईश्वर, उसके सर्वनाम और पवित्र धार्मिक वस्तुओं के लिए–
   God, His Grace, Heavenly Father, The Virgin
2. वाक्य का प्रथम अक्षर–
   He was born with a silver spoon.
3. कविता की प्रत्येक पंक्ति का प्रथम अक्षर–
   All work and no play
   Makes Jack a dull boy.
4. सभी व्यक्तिवाचक संज्ञाएं और उनसे बने विशेषण, पदनाम, उपाधियां आदि–
   Delhi, Africa, India, Indian, Dr. R. Sharma, Professor Nilmani, President Reagan, Mr. James Spencer, Shakespearean.
5. सर्वनाम 'I' (मैं) और विस्मयबोधक 'O' के लिए–
   Come and do what I say.
6. डायरेक्ट स्पीच में उद्धरण चिह्न के भीतर के वाक्य को प्रारम्भ करने के लिए–
   The teacher said, "Do not read so fast".
7. शब्दों के संक्षेप के लिए–
   W.H.O. (World Health Organisation)

Points to Remember
स्मरण संकेत

1. अंग्रेजी शब्दों में अनेक वर्ण या उनके जोड़े लिखे तो जाते हैं, लेकिन उच्चरित नहीं होते। ऐसे शब्दों को ध्यान में रखिए।
2. Capital Letters के प्रयोग को पुस्तक आदि पढ़ते समय ध्यान से नोट कीजिए तथा लिखते समय यथास्थान उपयोग कीजिए।

Exercise for Revision
अभ्यास करने योग्य

1. निम्नलिखित शब्दों को जोर-जोर से उच्चारित कीजिए, अनुच्चरित अंश को रेखांकित कीजिए तथा उच्चारण के साथ अर्थ भी लिखिए। उदाहरण Sovereign (सोवरिन) संप्रभु; Knowledge (नॉलिज) ज्ञान।

1. Island, 2. Mosque, 3. Bridge, 4. Knight, 5. Often, 6. Soften, 7. Column, 8. Receipt, 9. Psychology, 10. Pneumonia, 11. Salm, 12. Autumn, 13. Thomas, 14. Foreign, 15. Reign, 16. Scene, 17. Folk 18. Calm, 19. Half, 20. Resign.

2. निम्नलिखित गद्यांशों में उचित स्थानों पर Capital Letters का प्रयोग कीजिए।

(i) gandhiji, the father of the nation, lived and died for india.
(ii) whenever i approached mr. ramesh chand, the president of the board, he helped me.
(iii) god saved her, he was kind to her.
(iv) he said, "i am unwell and therefore i am not able to help hari".
(v) gopi said to archna, "go to ram and borrow the gita from him."

LESSON EIGHT
पाठ आठ

Numerals
(न्यूमॅरल्स)
संख्याएं

Cardinals प्रधान अंक	Ordinals क्रम सूचक अंक	Abbreviation संक्षिप्त रूप	Roman रोमन अंक
Zero/nought (जीरो/नॉट) शून्य			
1. One (वन) एक	First (फर्स्ट)	1st	I
2. Two (टू) दो	Second (सैकण्ड)	2nd	II
3. Three (थ्री) तीन	Third (थर्ड)	3rd	III
4. Four (फोर) चार	Fourth (फोर्थ)	4th	IV
5. Five (फाइव) पांच	Fifth (फिफ्थ)	5th	V
6. Six (सिक्स) छह	Sixth (सिक्स्थ)	6th	VI
7. Seven (सेवन) सात	Seventh (सैवन्थ)	7th	VII
8. Eight (एट) आठ	Eighth (एट्थ)	8th	VIII
9. Nine (नाइन) नौ	Ninth (नाइन्थ)	9th	IX
10. Ten (टेन) दस	Tenth (टेन्थ)	10th	X
11. Eleven (इलैवन) ग्यारह	Eleventh (इलैवन्थ)	11th	XI
12. Twelve (ट्वैल्व) बारह	Twelfth (ट्वैल्फ्थ)	12th	XII
13. Thirteen (थर्टीन) तेरह	Thirteenth (थर्टीन्थ)	13th	XIII
14. Fourteen (फोर्टीन) चौदह	Fourteenth (फोर्टीन्थ)	14th	XIV
15. Fifteen (फिफ्टीन) पंद्रह	Fifteenth (फिफ्टीन्थ)	15th	XV
16. Sixteen (सिक्सटीन) सोलह	Sixteenth (सिक्सटीन्थ)	16th	XVI
17. Seventeen (सैवनटीन) सत्रह	Seventienth (सैवनटीन्थ)	17th	XVII
18. Eighteen (एटीन) अठारह	Eighteenth (एटीन्थ)	18th	XVIII
19. Nineteen (नाइनटीन) उन्नीस	Nineteenth (नाइनटीन्थ)	19th	XIX
20. Twenty (ट्वैन्टी) बीस	Twenteeth (ट्वैन्टियथ)	20th	XX
21. Twenty-one (ट्वैन्टि-वन) इक्कीस	Twenty-first (ट्वेन्टि-फस्ट)	21st	XXI
22. Twenty-two (ट्वैन्टि-टू) बाईस	Twenty-second (ट्वेन्टि-सैकेंड)	22nd	XXII
23. Twenty-three (ट्वैन्टि-थ्री) तेईस	Twenty-third (ट्वेन्टि-थर्ड)	23rd	XXIII
24. Twenty-four (ट्वैन्टि-फोर) चौबीस	Twenty-fourth (ट्वैन्टि-फोर्थ)	24th	XXIV

25.	Twenty-five (ट्वैन्टि-फाइव) पच्चीस	Twenty-fifth (ट्वैन्टि-फिफ्थ)	25th	XXV
26.	Twenty-six (ट्वैन्टि-सिक्स) छब्बीस	Twenty-sixth (ट्वैन्टि-सिक्स्थ)	26th	XXVI
27.	Twenty-seven (ट्वैन्टि-सेवन) सत्ताईस	Twenty-seventh (ट्वैन्टि-सेवंथ)	27th	XXVII
28.	Twenty-eight (ट्वैन्टि-एट) अठाइस	Twenty-eighth (ट्वैन्टि-एट्थ)	28th	XXVIII
29.	Twenty-nine (ट्वैन्टि-नाइन) उन्नतीस	Twenty-ninth (ट्वैन्टि-नाइंथ)	29th	XXIX
30.	Thirty (थर्टी) तीस	Thirtieth (थर्टिइथ)	30th	XXX
40.	Forty (फॉर्टि) चालीस	Fortieth (फोर्टीइथ)	40th	XL
50.	Fifty (फिफ्टि) पचास	Fiftieth (फिफ्टीइथ)	50th	L
60.	Sixty (सिक्सटि) साठ	Sixtieth (सिक्सटिइथ)	60th	LX
70.	Seventy (सैवन्टि) सत्तर	Seventieth (सेवन्टिइथ)	70th	LXX
80.	Eighty (एटि) अस्सी	Eightieth (एटिइथ)	80th	LXXX
90.	Ninety (नाइन्टि) नब्बे	Ninetieth (नाइनटिइथ)	90th	XC
100.	Hundred (हन्ड्रैड) सौ	Hundredth (हंड्रैड्थ)	100th	C
500.	Five hundred (फाइव हन्ड्रैड) पांच सौ	Five Hundredth (फाइव हंड्रैड्थ)	500th	D
1000.	Thousand (थाउजैंड) हजार	Thousandth (थाउजैंड्थ)	1000th	M

Multiplicable Numbers
(मल्टिप्लिकॅबल नम्बर्स)
गुणात्मक संख्याएं

Single (सिंगल) एक गुना, इकहरा
Double (डबल) दुगुना, दुहरा
Threefold (थ्रीफोल्ड) तिगुना, तिहरा
Fourfold (फोरफोल्ड) चौगुना, चौहरा
Fivefold (फाइवफोल्ड) पंचगुना
Sixfold (सिक्सफोल्ड) छहगुना
Sevenfold (सैवनफोल्ड) सातगुना
Eightfold (एटफोल्ड) आठगुना
Ninefold (नाइनफोल्ड) नौगुना
Tenfold (टेनफोल्ड) दसगुना

Fractional Numbers
(फ्रैक्शनल नम्बर्स)
अंशवाचक संख्याएं

1/2 Half (हाफ) आधा
1/4 One-fourth (वन-फोर्थ) एक-चौथाई
3/4 Three-fourth (थ्री-फोर्थ) तीन-चौथाई
2/3 Two-third (टू-थर्ड) दो-तिहाई
1/5 One-fifth (वन-फिफ्थ) पाँचवां भाग
1/6 One-sixth (वन-सिक्स्थ) छठा भाग
1/7 One-seventh (वन-सैवन्थ) सातवां भाग
1/8 One-eighth (वन-एट्थ) आठवां भाग
1/9 One-ninth (वन-नाइन्थ) नौवां भाग
1/10 One-tenth (वन-टैन्थ) दसवां भाग

Points to Remember स्मरण संकेत

1. रोमन शब्दों में वास्तविक संख्या प्राप्त करने के लिए हम पास-पास रखे अंकों को जोड़ते हैं या फिर घटाते हैं। उदाहरणार्थ जब छोटी संख्या दाईं ओर होती है तो जोड़ते हैं–XII का मतलब है 10+2 = 12 जब संख्या बाईं ओर होती है तो घटाते हैं–IX का मतलब है 10 -1 = 9
2. रोमन अंकों में मुख्य अंक 7 हैं। I (1), V (5), X (10), L (50), C (100), D (500) और M (1000)। शेष सभी संख्याएं बड़े अंक के दाएं, बाएं रखकर लिखी जाती हैं–CD = 400, MDCLXVI = 1000 + 500 + 100 + 50 + 10 + 5 + 1 = 1666
3. किसी भी संख्या का क्रम सूचक अंक प्राप्त करने के लिए 1, 2 और 3 वाली संख्याओं को छोड़कर उसके साथ 'th' लगा देते हैं उदाहरण–Twenty-four– Twenty-fourth = चौबीसवां, Forty–Fortieth = चालीसवां; Twelve–Twelfth बारहवां; लेकिन One–first = पहला; Thirty-one–Thirty-first = इक्तीसवां; Thirty-two–Thirty-second = बत्तीसवां।
4. इसी तरह गुणात्मक संख्याओं में एक और दो को छोड़कर बाकी सबके साथ–'fold' लगा देते हैं। उदाहरण–Twelvefold (ट्वेल्वफोल्ड) बारहगुना; Twentyfold (ट्वैन्टिफोल्ड) बीसगुना, लेकिन Twenty-one-fold (ट्वैन्टि-वन-फोल्ड) इक्कीस गुना, Twofold (टूफोल्ड) दुगुना।

Exercise for Revision अभ्यास करने योग्य

1. निम्न संख्याओं को शब्दों (words) में लिखिए–

(a) 44 forty-four (b) 56 (c) 75 (d) 91
(e) 101 (f) 500 (g) 999 (h) 1005
(i) 279 (j) 2560 (k) 12 (l) 89

2. इनको रोमन में लिखिए–

(a) 105 CV (b) 200 (c) 119 (d) 50
(e) 59 (f) 60 (g) 13 (h) 500
(i) 1010

3. इनको Cardinal संख्याओं में लिखिए–

(a) D L X I = 500 + 50 + 10 + 1 = 561
(b) M D X C I I I =
(c) D C L I V =
(d) XC = (e) C X=
(f) C D = (g) CM =

4. निम्नलिखित की क्रमसूचक संख्याएं लिखिए–

(a) One first 1st (b) Two (c) Three (d) Fifty-five
(e) Twenty (f) Thirty-one (g) Eighty (h) Sixty
(i) Seventy (j) Hundred

5. निम्नलिखित की गुणात्मक संख्याएं दीजिए–

(a) 1 Single (b) 2 Double (c) 4 Fourfold (d) 5
(e) 7 (f) 8 (g) 10 (h) 3
(i) 15 (j) 20 (k) 25 (l) 30

6. निम्नलिखित अंशवाचक संख्याओं को शब्द में लिखिए–

(a) 3/4 Three-fourth (b) 2/3 (c) 1/2 (d) 1/8
(e) 2/5 (f) 9/10 (g) 5/6 (h) 4/10
(i) 2/4

LESSON NINE
पाठ नौ

Days and Week
(डेज़ एंड वीक)
दिन और सप्ताह

1. सप्ताह में सात दिन होते हैं। — There are seven days in a week. (देअर आर सेवन डेज़ इन ए वीक।)
2. सप्ताह के दिन हैं-रविवार, सोमवार, मंगलवार, बुधवार, बृहस्पतिवार, शुक्रवार और शनिवार। — The days of the week are - Sunday, Monday, Tuesday, Wednesday, Thursday, Friday and Saturday. (द डेज ऑफ द वीक आर-सनडे, मनडे, ट्यूजडे, वेड्नसडे, थर्सडे, फ्राईडे, एन्ड सैटर्डे।)
3. सप्ताह का पहला दिन रविवार है। — The first day of the week is Sunday. (द फर्स्ट डे ऑफ द वीक इज सनडे।)
4. सप्ताह का आखिरी दिन शनिवार है। — The last day of the week is Saturday. (द लास्ट डे आफ द वीक इज़ सैटर्डे।)
5. रविवार को छुट्टी रहती है। — Sunday is holiday. (सनडे इज होलीडे।)
6. उस दिन स्कूल, दफ्तर आदि बंद रहते है। — Schools, offices etc. remain closed on that day. (स्कूल, ऑफिसेज इट्सेट्राज रिमेन क्लोज्ड ऑन दैट डे।)
7. रविवार को बच्चे स्कूल नहीं जाते। — Children do not go to school on Sunday. (चिल्ड्रेन डू नॉट गो टू स्कूल ऑन सनडे।)
8. हम हमेशा सप्ताह के दिनों के नाम बड़े अक्षरों में लिखते हैं। — We always write the names of the days of the week with capital letters. (वी आलवेज राइट द नेम्स ऑफ द डेज ऑफ द वीक विद कैपिटल लैटर्स।)
9. कई दफ्तरों में 5 दिन का सप्ताह होता है। — In many offices is observed a five day week. (इन मेनी ऑफिसेज इज ऑबजर्व्ड ए फाइव डे वीक।)
10. वहां शनिवार और रविवार दोनों दिन अवकाश होता है। — There it is closed on both days Saturdays and Sundays. (देअर इट इज क्लोज्ड ऑन बोथ डेज सटरडेज एंड सनडे।)

11. बुधवार को हम प्रदर्शनी देखने गए थे। We had gone to visit the exhibition on Wednesday.
(वी हैड गौन टू विजिट द एक्सिबिशन आन वेडनसडे।)

12. कुछ लोग मंगल को व्रत रखते हैं, कुछ शुक्रवार को और कुछ शनिवार को। Some people keep fast on Tuesday, some on Friday and some on Saturday.
(सम पीपल कीप फास्ट आन ट्यूजडे, सम आन फ्राइडे एंड सम आन सैटर्डे।)

13. एक जनवरी को कौन-सा दिन है? What day is it on the first of January?
(वाट डे इज इट आन द फर्स्ट ऑफ जैनुअरी?)

14. शायद सोमवार। Perhaps Monday.
(परहेप्स मनडे।)

15. मैं समझता हूं, बृहस्पतिवार तक वह अपना काम समाप्त कर लेगा। I think he will finish his work by Thursday.
(आइ थिंक ही विल फिनिश हिज वर्क बाइ थर्सडे।)

16. सोमवार तक अवश्य लौट आना। Do return by Monday.
(डू रिटर्न बाइ मनडे।)

17. वह बुधवार से तुम्हारी प्रतीक्षा कर रही है। She has been waiting for you since Wednesday.
(शी हैज बीन वेटिंग फार यू सिंस वेडनसडे।)

18. पिछले सोमवार से बड़ा भारी पानी बरस रहा है। It has been raining cats and dogs since Monday.
(इट हेज बीन रेनिंग कैट्स एन्ड डॉग्स सिंस मनडे।)

19. क्या तुम्हें पता है महीने में कितने सप्ताह होते हैं? Do you know how many weeks are there in a month?
(डू यू नो हाउ मैनी वीक्स आर देअर इन ए मन्थ?)

20. और साल में कितने सप्ताह होते हैं? And how many weeks are there in a year?
(एण्ड हाउ मैनी वीक्स आर देअर इन ए यीअर?)

21. एक महीने में पूरे चार सप्ताह और कुछ दिन होते हैं। There are full four weeks and a few days in a month.
(देअर आर फुल फोर वीक्स एन्ड ए फ्यू डेज़ इन ए मन्थ।)

22. एक साल में 52 सप्ताह होते हैं। There are fifty-two weeks in a year.
(देअर आर फिफ्टी-टू वीक्स इन ए यीअर।)

23. पिछले सप्ताह तुम कहां गए थे? Where had you been in the last week?
(वेअर हैड यू बीन इन द लास्ट वीक?)

24. मैं मुंबई सैर को गया था। I had been on a pleasure trip to Mumbai.
(आइ हैड बीन आन ए प्लेजर ट्रिप टु मुंबई।)

25. सप्ताह के सातों दिनों के नाम सात ग्रहों पर हैं। The seven days of the week are after the sun planets.
(द सेवन डेज ऑफ द वीक आर आफ्टर द सन प्लानेट्स।)

26. रविवार का नाम सूरज पर पड़ा है। Sunday is named after the sun.
(सनडे इज नेम्ड आफ्टर द सन।)

27. सोमवार का नाम चन्द्रमा पर पड़ा है।

Monday is named after the moon.
(मनडे इज नेम्ड आफ्टर द मून।)

28. मंगलवार का नाम मंगल ग्रह पर पड़ा है और इसी तरह अन्य।

Tuesday is named after planet Mars and so on and so forth.
(ट्यूजडे इज नेम्ड आफ्टर प्लानेट मार्स एण्ड सो ऑन एण्ड सो फोर्थ।)

Exercise for Revision
अभ्यास करने योग्य

इन प्रश्नों के उत्तर दीजिए–

1. How many days are there in a week?
2. In a year?
3. How many weeks are there in a month?
4. In a year?
5. What is the first day of the week?
6. What is the second day of the week?
7. The third day?
8. The fourth day?
9. The fifth?
10. What is the day which comes before Sunday but after Friday?
11. Does Monday come before or after Sunday?
12. Does Thursday come before or after Friday?
13. What day comes after Wednesday?
14. What day comes before Saturday?
15. Is Sunday the last day or first of the week?
16. On what days students go to school?
17. Are there classes in the school on Sunday?
18. Today is Sunday, what day was yesterday?
19. What day was the day before yesterday?

LESSON TEN
पाठ दस

Year and Months
(यिअर एंड मंथ्स)
वर्ष और महीने

1. एक वर्ष में 12 महीने होते हैं: जनवरी, फरवरी, मार्च, अप्रैल, मई, जून, जुलाई, अगस्त, सितंबर, अक्तूबर, नवम्बर और दिसम्बर।	There are twelve months in a year: January, February, March, April, May, June, July, August, September, October, November and December. (देअर आर ट्वेल्व मन्थ्स इन ए यिअर: जैनुअरी, फैबरूअरी, मार्च, एप्रल, मे, जून, जुलाई, अगस्त, सैप्टैम्बर, ऑक्टूबर, नवम्बर, एण्ड डिसेम्बर।)
2. जनवरी साल का पहला महीना है।	January is the first month of the year. (जैन्यूअरि इज द फर्स्ट मन्थ ऑफ द यिअर।)
3. फरवरी दूसरा और दिसम्बर वर्ष का अंतिम महीना है।	February is the second month and December is the last month of the year. (फेवरूअरी इज द सेकण्ड मंथ एण्ड डिसेम्बर इज द लास्ट मंथ ऑफ द यिअर।)
4. यह मार्च का महीना है।	This is the month of March. (दिस इज द मंथ ऑफ मार्च।)
5. पिछला महीना फरवरी था।	The last month was February. (द लास्ट मंथ वाज फैबरुअरि।)
6. अगला महीना अप्रैल होगा।	The next month will be April. (द नैक्स्ट मन्थ विल बी अप्रैल।)
7. आज मार्च की 30 तारीख है।	Today is 30th March. (टुडे इज थर्टीइथ मार्च।)
8. नवम्बर से पूर्व अक्तूबर और बाद में दिसम्बर आता है।	Before November comes October and after it December. (बिफोर नवम्बर कम्स अक्टूबर एंड आफ्टर इट दिसम्बर।)
9. मेरा जन्म सितम्बर की 27 तारीख को हुआ था।	I was born on 27th of September. (आइ वाज बान ऑन ट्वेन्टि सेवन्थ ऑफ सेप्टेम्बर।)
10. अगस्त वर्ष का आठवां महीना है।	August is the 8th month of a year. (अगस्त इज द ऐट्थ मन्थ ऑफ ए यिअर।)

11. फरवरी का महीना 28 या 29 दिन का होता है।	The month of February is either of twenty-eight days or twenty-nine days. (द मन्थ ऑफ फेबरूअरी इज आइदर ऑफ ट्वेन्टि-एट डेज ओर ट्वेन्टि-नाइन डेज।)
12. अप्रैल, जून, सितम्बर, और नवम्बर 30 दिन के होते हैं।	April, June, September and November are of thirty days. (अप्रैल, जून, सेप्टेम्बर एंड नवम्बर आर ऑफ थर्टी डेज।)
13. जुलाई और अगस्त दोनों महीने 31 दिन के होते हैं।	Both July and August months are of thirty-one days. (बोथ जुलाई एंड अगस्त मंथ्स आर आफ थर्टी-वन डेज।)
14. नवम्बर माह से जाड़े का मौसम शुरू हो जाता है।	Winter season sets in from the month of November. (विंटर सीजन सेट्स इन फ्रॉम द मन्थ ऑफ नवम्बर।)
15. अप्रैल, मई और जून गरमी के महीने हैं।	April, May and June are summer months. (अप्रैल, मे एंड जून आर समर मन्थ्स।)
16. जुलाई से वर्षा शुरू हो जाती है।	Rains begin from the month of July. (रैन्स बिगिन फ्रॉम द मन्थ ऑफ जुलाई।)
17. मार्च का महीना बड़ा सुहावना होता है।	The month of March is very pleasant. (द मंथ ऑफ मार्च इज वैरी प्लेजेंट।)
18. होली का त्योहार इसी माह में मनाते हैं।	The festival of Holi is celebrated in this very month. (द फेस्टिवल ऑफ होली इज सेलूइब्रेटेड इन दिस वेरी मंथ।)
19. लोग एक दूसरे पर रंग डालते, नाचते और गाते हैं।	People throw colours on one another, dance and sing. (पीपुल थ्रो कलर्स आन वन अनदर, डान्स एंड सिंग।)
20. दीवाली कभी अक्तूबर में आती है, कभी नवम्बर में।	Diwali comes sometime in October and sometime in November. (दीवाली कम्स समटाइम इन अक्टूबर एंड समटाइम इन नवम्बर।)
21. दीवाली प्रकाश और दीयों का त्योहार है।	Diwali is the festival of light and lamps. (दीवाली इज द फेस्टिवल आफ लाइट एंड लेम्प्स।)
22. पिछले महीने तुम कहाँ थे?	Where were you during the last month? (ह्वेअर वर यू ड्यूरिंग द लास्ट मंथ?)
23. क्या तुम अपने गाँव गए थे?	Had you been to your village? (हैड यू बीन टू योअर विलेज?)
24. नहीं, मैं अपने गाँव नहीं गया, मैं मामा के यहाँ गया था।	No, I did not go to my village, I had been to my maternal uncle's. (नो, आई डिड नॉट गो टू माई विलेज, आई हेड बीन टू माई मैटरनल अंकल्स।)

25. वहाँ अप्रैल में एक बड़ा भारी मेला लगता है।

A huge fair is held there in the month of April.
(ए ह्यूज फेयर इज हेल्ड देअर इन द मन्थ ऑफ अप्रैल।)

26. मुझे अगले महीने फिर अपने मामा के यहाँ जाना है।

I have to go to my maternal uncle's again the next month.
(आइ हैव टू गो टू माई मेटरनल अंकल्स अगेन द नेक्स्ट मंथ।)

27. अभी कौन-सा महीना चल रहा है?

What month is running now?
(ह्वाट मन्थ इज रनिंग नाउ?)

Exercise for Revision
अभ्यास करने योग्य

1. इन प्रश्नों के उत्तर दीजिए–

(a) How many months are there in a year?
(b) What are the twelve months of the year?
(c) What is the first month of the year? The second month? The third month?
(d) What month comes before March?
(e) What month comes after March?
(f) Is this the month of March? What was before last?
(g) What month is running now?
(h) When does Holi come? And Diwali?
(i) What are the months of summer?
(j) When does winter set in?
(k) How many days are there in January?
(l) What's the last month of the year?
(m) In which month were you born?
(n) Where were you during the last month?

2. रिक्त स्थान भरिए–

(a) January is the ....month of the year
(b) February is the ....month of the year.
(c) ....is the fourth month of the year.
(d) ....is the ....of the year.
(e) May comes ....April, but.........June.
(f) There are ....days in the month of August.
(g) Diwali comes either ....or..........
(h) September is the ....month of the year.
(i) Rains begin from the month of.............
(j) October is the ....month of the year.
(k) January comes ....the month of December.
(l) Gandhiji died in the month of ....
(m) Pt. Nehru was born on.............
(n) April ....is a fool's day.
(o) India became independent on 15th...........
(p) The Republic Day is celebrated on 26th ....

PART SECOND
दूसरा भाग

आप इसमें पाएंगे–

- ❑ पच्चीस दिवसीय कोर्स
- ❑ सभी दिवसीय कोर्स बेअटक अंग्रेजी भाषा बोलने के लिए अनिवार्य
- ❑ अंग्रेजी व्याकरण (English Grammar) की सरल विधि से अच्छी तैयारी
- ❑ वाक्य निर्माण के विविध तरीके।

आवश्यक बातें

अंग्रेजी भाषा बोलने के लिए बेसिक ज्ञान (मूलभूत जानकारी) का होना बहुत जरूरी है। प्रस्तुत भाग के 25 पाठों को पच्चीस दिवसीय कोर्स के रूप में तैयारी के लिए रखा गया है। आप इसमें अंग्रेजी भाषा के व्याकरण (Grammar) और उनके प्रयोग को अच्छी तरह सीख सकेंगे।

LESSON ONE
पाठ एक

Noun (नाउन)
संज्ञा

Noun उस शब्द को कहते हैं जिससे किसी व्यक्ति, वस्तु, स्थान आदि का नाम सूचित हो।

वस्तु से यहां तात्पर्य उन वस्तुओं से भी है जिसकी हम कल्पना कर सकते हैं।

अंग्रेजी में Noun के पांच भेद इस प्रकार दिए जाते हैं–

1. **Proper Noun-** किसी विशेष व्यक्ति, प्राणी, स्थान या वस्तु को Proper Noun (व्यक्तिवाचक संज्ञा) कहते हैं, जैसे- Ram, Rahim, Delhi, Ganga, Himalaya, Ramayana.
   Proper Noun का पहला अक्षर हमेशा Capital में लिखा जाता है।
2. **Common Noun-** जो नाम साधारण जाति का बोध कराये उसे Common Noun (जातिवाचक संज्ञा) कहते हैं। जैसे- student, boy, man, book, king, city.
3. **Collective Noun-** वस्तुओं, व्यक्तियों आदि का समूह जब एक नाम का बोध कराये तो Collective Noun (समूहवाचक संज्ञा) कहलाते हैं, जैसे- crowd, mob, flock, herd, army, family, nation.
4. **Abstract Noun-** जो नाम गुण-दोष, स्वभाव, दशा आदि का बोध कराये उसे Abstract Noun (भाववाचक संज्ञा) कहते हैं, जैसे- bravery, goodness, darkness, honesty, wisdom, theft, laughter, hatred, death, poverty, childhood.
5. **Material Noun-** जिन वस्तुओं से अन्य पदार्थों का निर्माण किया जाता है उन्हें Material Noun (द्रव्यवाचक संज्ञा) कहते हैं, जैसे- iron, gold, stone, sand.

Note- हिन्दी में Collective Noun और Material Noun को Common Noun के अंतर्गत ही गिनते हैं, अलग नहीं। कुछ लोग अंग्रेजी में भी Material Noun को अलग से नहीं गिनते।

Number (नम्बर)
वचन

अंग्रेजी में दो वचन होते हैं, एकवचन (Singular) और बहुवचन (Plural) A Singular (सिन्ग्युलर) एक का बोध कराता है। और Plural (प्लुअरल) एक से अधिक वस्तुओं का। एकवचन कर्ता के साथ एकवचन की क्रिया और बहुवचन कर्ता के साथ बहुवचन की क्रिया का प्रयोग करते हैं–

1. The boy is playing. (दि बॉय इज प्लेइंग)– लड़का खेल रहा है।
2. The boys are playing. (द बॉय्ज आर प्लेइंग)– लड़के खेल रहे हैं।

Both (बोथ), Either (आइदर), Neither (नाइदर) दो के संदर्भ में प्रयुक्त होते हैं। अत: इन्हें dual number (ड्यूअल नम्बर) द्विवचन कह सकते हैं।

1. Both the students passed. (बोथ द स्टूडेन्ट्स पास्ड) – दोनों विद्यार्थी पास कर गए।

2. Either Rita or Sita has done it. (आइदर रीता और सीता हैज डन इट)– या तो रीता या सीता ने यह किया है।
3. Neither Anil nor Amit has come. (नाइदर अनिल नॉर अमित हैज कम)–न अनिल और न अमित आया है।

1. (a) सामान्यत: एकवचन संज्ञा के साथ -s लगाकर बहुवचन बनाते हैं।

boy	=	boys	stool	=	stools
girl	=	girls	paper	=	papers
pen	=	pens	book	=	books
bird	=	birds	rat	=	rats
cow	=	cows	thing	=	things

(b) लेकिन जिन संज्ञाओं के अंत में -o, -s, -sh, -ch या -x होता है उनका बहुवचन रूप -es जोड़कर बनाते हैं–

class	=	classes	dish	=	dishes
glass	=	glasses	rich	=	riches
grass	=	grasses	gas	=	gases
brush	=	brushes	bunch	=	bunches
branch	=	branches	mango	=	mangoes
porch	=	porches	match	=	matches
bush	=	bushes	tax	=	taxes
hero	=	heroes	box	=	boxes
cargo	=	cargoes	echo	=	echoes
church	=	churches			

इस नियम के अपवाद हैं–

piano	=	pianos	canto	=	cantos
dynamo	=	dynamos	quarto	=	quartos
bamboo	=	bamboos			

(ब) जिन संज्ञाओं के अंत में -y और इससे पूर्व व्यंजन हो तो बहुवचन बनाने में -y के स्थान पर -ies जोड़ते हैं–

baby	=	babies	pony	=	ponies
lady	=	ladies	story	=	stories
city	=	cities	fly	=	flies
cry	=	cries			

(क) बहुत सी संज्ञाओं जिनके अंत में -f, fe होता है, वे अपने बहुवचन रूपों में -f, fe की जगह -v लेकर -es लगा लेती हैं–

thief	=	thieves	knife	=	knives
calf	=	calves	elf	=	elves
self	=	selves	shelf	=	shelves
life	=	lives	wolf	=	wolves
loaf	=	loaves	leaf	=	leaves
half	=	halves			

इस नियम के अपवाद हैं–

chief	=	chiefs	serf	=	serfs
roof	=	roofs	hoof	=	hoofs
gulf	=	gulfs	belief	=	beliefs

dwarf	=	dwarfs	cliff	=	cliffs
safe	=	safes	proof	=	proofs

(e) कुछ संज्ञाओं के बहुवचन बनाते समय अंदर स्वर में परिवर्तन आ जाता है–

foot	=	feet	mouse	=	mice
tooth	=	teeth	man	=	men
goose	=	geese	woman	=	women
louce	=	lice			

कुछ संज्ञाएं ऐसे भी हैं जिनके बहुवचन रूप -en से बनते हैं–

child	=	children	ox	=	oxen

2. (a) कुछ संज्ञाएं एकवचन और बहुवचन रूपों में एक सी रहती है–

deer	=	deer	sheep	=	sheep
fish	=	fish	swine	=	swine

यदि pair, dozen, score, gross, hundred, thousand, million, head संख्याओं के साथ आते हैं तो एकवचन में प्रयुक्त होते हैं–

two dozen mangoes.	dozens of mangoes
several hundred men.	hundreds of men
many thousand rupees.	thousands of rupees
five million people.	millions of people
a billion star	billions of stars
several head of cattle	ten gross of cigarettes

(b) संख्या, मात्रा और परिणाम बताने वाली वे संज्ञाएं जिनमें एक (a) का भाव होता है एकवचन होती है–

a ten-rupee note	a two-engine plane	a twelve-inch ruler
a ten-minute run	a ten-metre piece	a two-hour business
a four-foot road	a ten-second pause	a six-mile walk

(c) भाव वाचक संज्ञाओं के बहुवचन नहीं होते– hope, charity, love, kindness, etc.

(क) धातुओं, खनिज पदार्थों के भी बहुवचन नहीं होते, यदि इनका बहुवचन में प्रयोग करते हैं तो अर्थ बदल जाते हैं–

copper	=	तांबा	coppers	=	सिक्के
wood	=	लकड़ी	woods	=	जंगल
iron	=	लोहा	irons	=	बेड़ियां
tin	=	टीन	tins	=	कनस्तर

I. Give the beggar a few coppers. (गिव द बेगर अ फ्यू कॉपर्स) भिखारी को कुछ पैसे दे दो।

II. The thief was in irons. (द थीफ वाज इन आइरन्स) चोर-बेड़ियों में था।

III. How many tins are there? (हाउ मेनी टिन्स आर देयर?) वहां कितने कनस्तर हैं?

IV. He lost his way in the woods. (ही लॉस्ट हिज वे इन द वुड्स) वह जंगल में भटक गया।

3. (a) कुछ संज्ञा शब्द केवल बहुवचन रूप में ही प्रयुक्त होते हैं–

binoculars (बाईनोक्यूलर्स)	spectacles (स्पक्टिकल्स)	bellows (बेलोज)	knickers (निकर्स)
scales (स्केल्स)	pants (पैंट्स)	shears (शीयर्स)	pyjamas (पायजामा)
tongs (टोंग्स)	shorts (शॉर्ट्स)	trousers (ट्राउजर्स)	

लेकिन इनके पहले a pair लगाकर उन्हें एकवचन में भी प्रयोग कर सकते हैं–

I. A pair of scissors is lying there. (ए पेअर ऑफ सिजर्स इज लाइंग देअर) वहां एक कैंची पड़ी है।

II. A pair of trousers is lost. (ए पेअर ऑफ ट्राउजर्स इज लॉस्ट) एक पतलून खो गई है।

(b) दूसरी बहुवचन में प्रयुक्त होने वाली संज्ञाएं हैं–

annals (एनेल्स)	manners (मैनर्स)	amends (अमेण्ड्स)	pairs (पेयर्स)
archives (आरकाइव्ज)	particulars (परटीकुलर्स)	arms (आर्म्स)	ashes (एशेज)
quarters (क्वार्टर्स)	arrears (एरियर्स)	regards (रिगार्ड्स)	spirits (स्पिरिट्स)
dregs (ड्रेग्स)	tails (head or tails) (टेल्स)	earnings (अरनिंग्स)	troops (ट्रूप्स)
goods (गुड्स)	valuables (वेल्यूएबल्स)	looks (लुक्स)	wages (वेजेज)

(c) कुछ संज्ञा शब्द रूप में बहुवचन दिखाई देते हैं लेकिन वास्तव में होते एकवचन हैं–

News (न्यूज)	It's a good news.
Civics (सिविक्स)	Civics is an easy subject.
Athens (एथेन्स)	Athens is a beautiful city.
Wales (वेल्स)	Wales is in England.

(d) Means शब्द साधन के अर्थ में बहुवचन है और धन के अर्थ में एकवचन–

I. His means are limited. (हिज मीन्स आर लिमिटेड) उसके साधन सीमित हैं।

II. He is a man of means. (ही इज ए मैन ऑफ मीन्स) वह धनी व्यक्ति है।

(e) People राष्ट्र के अर्थ में एकवचन और लोगों के अर्थ में बहुवचन है–

I. People of the world unite. (पीपल ऑफ द वर्ल्ड युनाइट) विश्व के राष्ट्रों एक हो जाओ।

II. The People of India are religious. (द पीपल ऑफ इंडिया आर रिलीजस) भारत के लोग धार्मिक हैं।

(f) कुछ समूहवाचक संज्ञाएं बहुवचन में प्रयुक्त होती हैं। संज्ञा शब्द रूप में एकवचन दिखाई देते हैं लेकिन वास्तव में होते बहुवचन हैं–

I. Cattle are grazing in the field. (केटल आर ग्रेजिंग इन द फील्ड) पशु खेत में चर रहे हैं।

II. There were present gentry of the city. (देअर वर प्रैजेन्ट जेन्ट्री ऑफ द सिटी) शहर के भद्र लोग वहां उपस्थित थे।

(g) The rich, the poor, the helpless, and the needy शब्द बहुवचन में प्रयोग होते हैं। The rich should help the poor, the helpless and the needy, (द रिच शुड हेल्प द पुअर, द हेल्पलेस एंड द नीडी) धनी वर्ग को गरीबों, असहायों और जरूरतमंदों की सहायता करनी चाहिए।

(h) कुछ संज्ञा शब्दों के अंतिम व्यंजन बहुवचन रूपों में double हो जाते हैं–

I. quiz (क्विज) = quizzes

II. bus (बस) = busses (buses)

III. इसी तरह कुछ शब्द संक्षेप में भी लिखे जाते हैं

pages	=	pp.
lines	=	ll
manuscripts	=	MSS

(i) कुछ में बहुवचन के लिए 's प्रयोग होता है

I. Dot your i's and cross your t's.

II. Many Ph.D's, M.P's, M.L.A's were there.

4. **समास से बनी संज्ञाओं (Compound Nouns) के बहुवचन प्राय: दो रूपों से बनते हैं। कभी पहले घटक तथा कभी दूसरे घटक से बहुवचन लगाकर–**

पहला रूप	दूसरा रूप	पहला रूप	दूसरा रूप
Passer-by	Passers-by	assistant doctor	assistant doctors
man-of-war	men-of-war	boy-friend	boy-friends
coat-of-arm	coats-of-arm	fountain-pen	fountain-pens
gentleman-farmer	gentlemen-farmer	sit-in	sit-ins
man-servent	men-servant	grown-up	grown-ups
woman-doctor	women-doctor	mouth-ful	mouth-fuls
grant-in-aid	grants-in-aid	hand-ful	hand-fuls
mother-in-law	mothers-in-law		

Exercise for revision अभ्यास करने योग्य

1. **बहुवचन दीजिए–**
Brush, ass, book, lamp, grass, class, girl, boy, half, calf, baby, lady, story, pony, city, ox, child, woman, tooth, food, fool, self, knife, copper, iron, 1980, M.L.A., Ph. D., grant-in-aid, man-servant, sister-in-law, boy-friend.

2. **वाक्यों में प्रयोग कीजिए–**
1. a hundred-rupee note
2. five dozen mangoes
3. a two-hour job
4. a ten-minute walk
5. a twelve-inch rule.

3. **रिक्त स्थानों में दिए गये शब्दों में से जो उचित हो भरिए–**
(a) The news.........good. (is, are)
(b) Mathematics ....a difficult subject. (are, is)
(c) India..........a great nation. (are, is)
(d) The Hindus...........religious people. (are, is)
(e) West Indies............a name of the country. (is, are)
(f) Cattle...........grazing in the field. (is, are)
(g) The gentry of the town...........present. (was, were)
(h) Alms......... given to the poor. (was, were)
(i) Riches..........wings. (have, has)
(j) He helped the............ . (poor, poors)
(k) Where..........my trousers? (is, are)
(l) My spectacles........been broken. (has, have)

LESSON TWO
पाठ दो

Genitive (जेन्इटिव)
संबंधकारक

अंग्रेजी में अधिकार, स्वत्व और संबंध दो तरह से दिखाया जा सकता है–of के द्वारा और 's के द्वारा। पहले का प्रयोग प्राय: निम्न प्राणियों और निर्जीव वस्तुओं के लिए करते हैं और अपॉसट्राफी एस (s) का प्रयोग मनुष्यों और दूसरे प्राणियों के लिए। दोनों में से कौन–सा उपयुक्त रहेगा इसका निर्णय इस बात पर निर्भर करता है कि यह संबंध व्यक्ति–नाम, सर्वनाम, जीवित प्राणी के लिए किया जा सकता है या किसी निम्न प्राणी, निर्जीव वस्तु के लिए–

The boy's book	the book of the boy
The children's toys	toys of the children
Hari's application	application of Hari
My parent's consent	consent of my parent
My son's wife	wife of my son
Mr Salim's passport	passport of Mr. Salim
A women's college	college for women
A lion's tail	tail of the lion
The cat's paw	paw of the cat
The President's bodyguard	bodyguard of the President

संबंध 'whose' (हूज – किसका?) का उत्तर बताता है whose book? किसकी पुस्तक? The boy's book, लड़के की पुस्तक। The children's toys, बच्चों का खिलौना

जिन संज्ञाओं के बहुवचन -s, es में अंत होते हैं या जिनके अंत में वैसे ही 's' आता है उनका संबंध दर्शाने में अपॉसट्राफी तो लगाते हैं लेकिन -s नहीं लगाते–

Socrates' wife	boys' college	Euripides' plays	for goodness' sake
Dickens' novels	for Jesus' sake	Burns' poems	horses' tail
girls' school	ass' ears		

's का प्रयोग कुछ निर्ज़ीव वस्तुओं के साथ भी होता है–

Europe's future	a moment's thought	India's development	India's heroes
Delhi's electric supply	nature's law	the earth's interior	a stone's throw
the sun's sports	a month's leave	a day's work	a foot's length
a week's time	the town's taxpayers		

कुछ मुहावरों में भी यह प्रयोग देखा जा सकता है–

within arm's reach	at wit's end	for finger's ends	a ship's crew
for mercy's sake	at arm's length	to heart's content	

मानव महत्व की कुछ विशेष संज्ञाओं के साथ–

the brain's weight | science's influence | the mind's development
love's spirit | the nation's history | money's worth
the body's needs | the country's population | the life's aim

सामासिक शब्दों में–'s अंत में लगाते हैं–

my son-in-law's house | the assembly of people's chairman
somebody-else's responsibility | an hour and a half's walk
in a year or two's period

कुछ स्थानों–निवास, संस्था और व्यवसाय की जगह के लिए भी–'s काम में लेते हैं–

my aunt's | Birla Temple's | his uncle's
the barber's | St. Paul's | the grocer's

जब दो या अधिक नाम साथ-साथ हो तो–'s अंत वाले नाम के साथ लगाते हैं–

the Governor of Rajasthan's residence
the poet Ghalib's monument
President Reagan's House

जब एक साथ दो अलग-अलग नाम हों तो अलग-अलग–'s का प्रयोग करते हैं–

Kalidas' and Ban's works | Premchand's and Jainendra's novels

जब दुविधा हो तो–'s की जगह of का प्रयोग करना अधिक सुरक्षित है क्योंकि यह सभी के लिए समान रूप से प्रयोग में लाया जा सकता है–

My friend's mother सही है, लेकिन संदेह की दशा में the mother of my friend लिखना अधिक अच्छा है।

निर्जीव वस्तुओं के of द्वारा संबंध दिखाने के कुछ उदाहरण हैं–

The window of the house, the headlights of the car, the title of the book, the people of the city, the hub of the wheel, the leg of the chair, a page of the book, a leaf of the tree, a product of West, the lid of the pot, the cover of the bed.

Exercise for Revision
अभ्यास करने योग्य

1. तिरछे शब्दों को संबंधकारक में बदलिए–

(a) This is *the book of Rahim.* (This is Rahim's book)
(b) The *wife of my friend* is ill.
(c) He is the principal of the *college for boys.*
(d) The *tail of the lion* is long.
(e). He lives near the *school of girls.*
(f) The *farm of my friend* is not very far.
(g) The *influence of science* is known to all.
(h) The *development of his mind* has stopped.
(i) He has been to the *house of his uncle.*

LESSON THREE
पाठ तीन

Pronouns (प्रोनाउन्स)
सर्वनाम

संज्ञा शब्दों के स्थान पर आने वाले शब्दों को सर्वनाम कहते हैं। इनमें संज्ञा शब्दों की तुलना में कई विशेषताएं पाई जाती हैं। पुरुषवाचक सर्वनाम की एक मुख्य विशेषता यह है कि इसके कर्मवाची और संबंधवाची रूप भी होते हैं–

	1st person		2nd person	3rd person
(Subjective) कर्तावाची	I	We	you	he / she / it / they
(Objective) कर्मवाची	me	us	you	him / her / it / them
(Genitive) संबंधवाची	my / mine	our / ours	your / yours	his / her / hers / its / their / theirs

It भी एक सर्वनाम है।

(i) इसका प्रयोग निर्जीव वस्तुओं के लिए होता है–
Give me my pen. I love *it* so much.

(ii) जानवरों के लिए भी *It* का प्रयोग करते हैं यदि हम उस जानवर का लिंग बताना नहीं चाहते तो–
The cow is a useful animal. *It* gives us milk.

(iii) बच्चों के लिए भी, यदि हम यह स्पष्ट नहीं करना चाहते कि लड़का है या लड़की, तो *It* का प्रयोग करते हैं–
I saw the child there. *It* was playing alone.

(iv) पहले कहे गये किसी कथन के लिए भी *It* का प्रयोग करते हैं–
He was there at the time of theft. He knows *it*.

(v) आने वाले संज्ञा या सर्वनाम शब्द पर बल देने के लिए–
1. *It* was he who did this. 2. *It* is I who saved him.

(vi) Impersonal Pronoun के रूप में भी *It* का प्रयोग होता है–
1. *It* was raining 2 *It* is fine.
3. *It* is three o'clock. 4. *It* is noon now.

Personal Pronoun पुरुषवाचक सर्वनाम–I, me, we, us, you, he, him, she, her, they, them वैयक्तिक या पुरुषवाचक सर्वनाम कहलाते हैं। इनके वाक्यों में प्रयोग के उदाहरण नीचे दिए जाते हैं–

I went there. *He* gave me a pen.
We are learning English. *He* gave *us* a book.
He is a gentleman. Everybody likes *him*.
She has been a housewife. *Her* work is very good.
They come here daily. I offer *them* tea.

Possessive Pronoun संबंधवाचक सर्वनाम– My / mine, our, ours, your / yours his, her / hers, their / theirs संबंधवाचक या स्वत्वबोधक सर्वनाम हैं। इनका वाक्य-प्रयोग इस प्रकार है–

Where is *my* book? It is *mine*.
Take *your* books. These books are *yours*.
This is *our* house. This is *ours*.
He stood at the door with the cap in *his* hands.
This is *her* coat. This coat is *hers*.
Their idea was liked. *Theirs* was an excellent idea.

Reflexive Pronoun आत्मवाचक सर्वनाम–आत्मवाचक सर्वनाम (रीफ्लेक्सिव प्रोनाउन्स) यदि एकवचन में हो तो अंत में self आता है, यदि बहुवचन हो तो–selves

He could not come *himself*.
She always prides *herself* on her beauty.
We enjoyed *ourselves* well.
I stood for ten minutes looking at *myself* in the mirror.
They *themselves* are responsible.
You availed *yourself* of ten days leave.

Relative Pronoun संबंधवाचक सर्वनाम– Who / whom / whose / which / that इस वर्ग के अंतर्गत आते हैं–

This is the boy *whom* you should know.
The book *which* is lying on the table is mine.
This is the lady to *whom* you spoke.
The boy *whose* book is with me is my friend.
I would like to see the car *that* you bought last night.

Interrogative Pronoun प्रश्नवाचक सर्वनाम– wh से प्रारंभ होते हैं। इनका प्रयोग प्रश्नवाचक वाक्यों को बनाने में, जैसा कि हम पहले देख चुके हैं, करते हैं। यहां कुछ उदाहरण प्रस्तुत हैं–

What is your name?
Who is there?
Which is your car?
Whose is this pen?
With *whom* did you stay?

Demonstrative Pronoun संकेतवाचक सर्वनाम– This / that और these / those संकेतवाचक सर्वनाम हैं। प्रथम दो एकवचन में और अंतिम दो बहुवचन में प्रयुक्त होते हैं–

Of all the books I like *this* is one.
That is my friend Vinay.
Those who work hard will succeed.
These are my plants.

Each / every / all / much / more / most / little / less / few / several / enough / one / some / somebody / both / any / none / nobody

Each / all / every इत्यादि universal सर्वनाम कहलाते हैं, much / more / both आदि संख्या और भाववाचक सर्वनाम कहे जा सकते हैं, any / none तथा nobody नकारात्मक सर्वनाम हैं। इनके प्रयोग इस प्रकार हैं–

Every boy was given an apple. *Each* of the students did his work.

All the boys were present in the class.
Give me some *more* milk.
Most of the property was destroyed.
Now I need *less* milk.
He had *enough* money.
One should do one's duty.
Somebody shut the windows.
Did you buy *any* mangoes?
Gandhiji did more than *anybody* else.
None of the students has failed.

Much money is wasted on useless things.
Many men were hurt.
Few persons were present.
He is a man of *few* words.
Did I make *several* mistakes?
Only *some* boys understood my meaning.
Both the pens are good.
You are too lazy to read *anything*.
Nobody has come yet.
It is *none* of your business.

Exercise for Revision

अभ्यास करने योग्य

रिक्त स्थानों पर सर्वनाम भरिए–

1. Rama is a good boy.......is liked by all.
2. Sita works hard.......will surely succeed.
3. Both Gopal and Govind are good friends.......... study together.
4. He is not careful about.......duty.
5. You must mind.......own business.
6. ....should do ones duty.
7. The books are for you and.......
8. I have done.......job.
9. We enjoyed.......very much.
10. She saw a snake and jumped upon....... feet.
11. The horse fell down and broke.......leg.
12. He is taller than.......am.
13. You.......can best do it.
14. She.......is to blame.
15. That pen is.......
16. ....of the boys was given a prize.
17. The two friends quarreled with....... other.
18. They quarreled with.......another.
19. I met Gangesh.......is my friend.
20. Where is the book......................... I bought yesterday?
21. This is the teacher.......all admire.
22. Take any book.......you like.
23. All is not gold.......glitters.
24. ....the gods love, die young.
25. ....is there in the room?
26. They.......work hard will succeed.
27. I don't like the people................ are dishonest.
28. I need some...................... money.
29. ....did you meet?
30. ....is knocking at the door?
31. ....book is mine.

LESSON FOUR
पाठ चार

Contraction (कॅन्ट्रैक्शन)
संकुचन

जीवन में सुन्दरता, सरलता, शीघ्रता और संक्षेप के लिए मनुष्य न जाने क्या-क्या साधन अपनाता है। शकुन्तला को 'शकुन', अनुराधा को 'अनु', भुवनेश्वर को 'भुवन' और देवेन्द्र को 'देवेन' कहकर बुलाने में यही प्रवृत्ति काम करती दिखाई देती है।

कम से कम शक्ति, साधन और समय से मानव अधिक से अधिक आनन्द और लाभ लेना चाहता हैं। वह सब जगह 'शार्टकट' तलाशता है। भाषा में इसके उदाहरण कई जगह दिखाई देते हैं, कहीं संकेताक्षरों के रूप में, तो कहीं शब्द संकोच के रूप में। इस तरह के उदाहरण परस्पर बातचीत में विशेष रूप से देखने को मिलते हैं।

शब्द संकुचन के कुछ रूपों को इस तरह रखा जा सकता है।

Affirmative (स्वीकारात्मक)		**Negative (नकारात्मक)**	
I am	I'm (आयम)	I am not	I aren't (आइ ऐंट) I'm not (आयम नॉट)
He is	He's (हीज)	He is not	He isn't (ही इजण्ट) He's not (हीज नॉट)
She is	She's (शीज)	She is not	She isn't (शी इजण्ट) She's not (शीज नॉट)
It is	It's (इट्स)	It is not	It isn't (इट इजण्ट) It's not (इट्स नॉट)
We are	We're (वी आर)	We are not	We aren't (वी आरण्ट) We're not (वीर नॉट)
You are	You're (यूआर)	You are not	You aren't (यू आरण्ट) You're not (यूर नॉट)
They are	They're (देआर)	They are not	They aren't (दे आरण्ट) They're not (देर नॉट)

Note- aren't, am not का संकुचित रूप है और प्राय: प्रश्नवाचक वाक्यों में ही प्रयुक्त होता है, जैसे–Aren't I right? (आरनॉट आइ राइट)

Has / Have / Had

I have	I've (आइव)	I have not	I've not (आइव नॉट) I haven't (आइ हैवण्ट)

We have	We've (वीव)	We have not	We've not (वीव नॉट) We haven't (वी हैवण्ट)
You have	You've (यूव)	You have not	You've not (यूव नॉट) You haven't (यू हैवण्ट)
They have	They've (देव)	They have not	They've not (देव नॉट) They haven't (दे हैवण्ट)
She has	She's (शीज)	She has not	She's not (शीज नॉट) She hasn't (शी हैजण्ट)
It has	It's (इट्स)	It has not	It's not (इट्स नॉट) It hasn't (इट हैजण्ट)
We had	We'd (वीड)	We had not	We'd not (वीड नॉट) We hadn't (वी हैडण्ट)
They had	They'd (देड)	They had not	They'd not (देड नॉट) They hadn't (दे हैडण्ट)
You had	You'd (यूड)	You had not	You'd not (यूड नॉट) You hadn't (यू हैडण्ट)
He/She had	He/She'd (ही/शीड)	He/She had not	He/She'd not (ही/शीड नॉट) He/She hadn't (ही/शी हैडण्ट)
It had	It'd (इटड)	It had not	It'd not (इटड नॉट) It hadn't (इट हैडण्ट)

Will / Would

I will	I'll (आइल)	I will not	I'll not (आइल नॉट) I won't (आइ वोण्ट)
I would	I'd (आइड)	I would not	I'd not (आइड नॉट) I would't (आइ वुडण्ट)

Note- दूसरे सर्वनामों के साथ भी will और would के I वाले रूप ही लगाते हैं और is और has के संकुचित रूप समान होते है–

He is = He's; She has = She's

इसी तरह had और would के संकुचित रूप एक ज़ैसे हैं–

I had = I'd; I would = I'd

अन्य सहायक क्रियाओं ***(helping verb)*** के नकारात्मक संकुचित रूप इस प्रकार हैं–

do not	don't (डोण्ट)	need not	needn't (नीडण्ट)
does not	doesn't (डजण्ट)	shall not	shan't (शाण्ट)
did not	didn't (डिडण्ट)	should not	shouldn't (शुडण्ट)
can not	can't (काण्ट)	ought not to	oughtn't to (अटण्ट टु)
could not	couldn't (कुडण्ट)	dare not	daren't (डेअरण्ट)
may not	mayn't (मेयण्ट)	used not	usedn't (यूजण्ट)
must not	mustn't (मस्टण्ट)	did not use to	didn't use to (डिडण्ट यूज टु)

Exercise for Revision
अभ्यास करने योग्य

निम्नलिखित वाक्यों में रेखांकित शब्दों के संकुचित रूप दीजिए–

उदाहरण– (i) Am not I right? (Ain't I) (ii) He is not a good worker. (He isn't)

1. We are not sure of his work.
2. He does not work hard.
3. You are not so late.
4. Ramesh did not come.
5. I have not seen him.
6. He cannot walk straight.
7. You have not been allowed.
8. Shiela may not do well.
9. She has not given me a pen.
10. Raman must not argue like this.
11. They had not done their work.
12. You need not worry.
13. It had not rained.
14. Karan dare not challenged me.
15. I will go tomorrow.
16. You ought not to disobey your parents.
17. I will not go tomorrow.
18. They should not have gone there.
19. I do not like it all.
20. She may not come today.

LESSON FIVE
पाठ पाँच

The Sentences (सेन्टेन्सेज)
वाक्य

हम बोलने और लिखने-पढ़ने में वाक्यों का प्रयोग करते हैं। ये वाक्य ऐसे शब्द-समूह होते हैं जिनका पूरा-पूरा अर्थ निकलता है, तथा जिसमें एक निश्चित शब्द-क्रम होता है–

He is reading a book.	वह पुस्तक पढ़ रहा है।
Come here.	यहां आओ।
What is your name?	तुम्हारा नाम क्या है?
Today is Sunday.	आज रविवार है।
Stop writing.	लिखना बन्द करो।
Listen.	सुनो।
Thank you.	आपको धन्यवाद।

कुछ वाक्यों में कर्ता लुप्त होते हुए भी स्पष्ट है, अत: ये पूरे वाक्य हैं। किसी भी वाक्य में कर्ता और क्रिया होना आवश्यक है। किसी एक वाक्य में एक से अधिक कर्ता और क्रिंया भी हो सकते हैं। इस तरह वाक्य अपने आप में पूरा और आत्मनिर्भर होता है। वाक्य भाषा की इकाई है।

वाक्य चार प्रकार के होते हैं।

1. Statements (स्टेटमेंट्स) कथनात्मक–ये वे वाक्य हैं जिनमें किसी चीज का सामान्य कथन हो या कोई बात कही गई हो–

(a) Ram is a boy.
(b) India is a great nation.
(c) He runs fast.
(d) I do not like him.
(e) He has no money.
(f) Nobody was there.

ये वाक्य एक प्रकार के कथन हैं लेकिन इन्हें भी दो वर्गों में रखा जा सकता है–1. स्वीकारात्मक (affirmative – अफर्मेटिव) और 2. नकारात्मक (negative – नेगेटिव)। स्वीकारात्मक वाक्यों में किसी बात को स्वीकार किया जाता है, जैसे वाक्य a, b और c में। नकारात्मक वाक्य में किसी चीज की मनाही होती है, जैसे वाक्य d, e और f में।

2. Interrogative (इन्टरॉगेटिव) प्रश्नवाचक–ये वे वाक्य हैं जिनमें प्रश्न किये जाते हैं। ये भी स्वीकारात्मक और नकारात्मक दोनों प्रकार के होते हैं–

(a) What's your name? (वाट्स युअर नेम?)	तुम्हारा नाम क्या है?
(b) Why are you late? (वाई आर यू लेट?)	तुम्हें देर क्यों हो गई?
(c) Are you in time? (आर यू इन टाइम?)	क्या आप समय पर हैं?
(d) Is she not pretty? (इज शी नाट प्रिटि?)	क्या वह सुन्दर नहीं है?

(e) Have you not done your work? (हैव यू नाट डन युअर वर्क?) क्या तुमने अपना काम नहीं किया?
(f) Was he not present there? (वॉज ही नॉट प्रेजेण्ट देअर?) क्या वह वहां उपस्थित नहीं था?

3. Imperative (इम्पेरेटिव) आदेशात्मक–इन वाक्यों में आज्ञा, प्रार्थना, निवेदन, निर्देश आदि का भाव रहता है। इसमें भी स्वीकारात्मक और नकारात्मक होते हैं–

(a) Bring the book. (ब्रिंग द बुक।) पुस्तक लाओ।
(b) Get yourself ready. (गेट युअर सेल्फ रेडी।) तैयार हो जाओ।
(c) Please do me a favour. (प्लीज डू मी ए फेवर।) मेरे पर एक कृपा कीजिए।
(d) Don't make a noise. (डोण्ट मेक ए नॉइज।) शोर मत करो।
(e) Be silent. (बी साइलेंट) शांत रहिए।
(f) Don't tread on the grass. (डोण्ट ट्रीड ऑन द ग्रॉस।) घास पर मत चलो।

4. Exclamatory (इक्सक्लेमेटरी) विस्मयादिबोधक- ये वे वाक्य हैं जिनमें किसी तीव्र भावना और विस्मय का भाव विद्यमान रहता है–

(a) How beautiful! (हाउ ब्यूटीफुल!) कितना सुन्दर!
(b) What a surprise! (वाट ए सरप्राइज!) कितना आश्चर्यजनक!
(c) Oh! how tragic! (ओह! हाउ ट्रेजिक!) हाय! कितना दुखद!
(d) Alas! he is dead! (अलास! ही इज डेड!) हाय! वह मर गया!

Points to Remember

स्मरण-संकेत

1. सभी वाक्यों के अंत में कोई न कोई विराम चिह्न अवश्य होता है। वाक्य की प्रकृति और प्रकार के अनुसार यह पूर्णविराम (.), प्रश्नचिह्न (?) या सम्बोधन चिह्न (!) हो सकता है।
2. विस्मयादिबोधक वाक्य प्रश्नवाचक शब्दों से भी प्रारम्भ होते हैं। इन्हें प्रश्नवाचक वाक्य नहीं समझ लेना चाहिए।

Exercise for Revision

अभ्यास करने योग्य

निम्नलिखित वाक्यों में आवश्यकतानुसार विरामचिह्न लगाइए–

1. What a shame 2. Let me go 3. How nice of you 4. Where is my pen 5. I see a bird flying 6. Don't cry like this 7. How beautiful it looks 8. Where do you come from 9. Run fast 10. Write your name here 11. O that I was present there 12. Please do me a favour 13. Who has done it 14. May I come in 15. Oh how sad 16. If I were the king 17. Get me a glass of water 18. What a shameless person 19. Is it yours 20. None but you can save 21. Who is there in the room.

LESSON SIX

पाठ छः

Negative Sentences (निगेटिव सेन्टेन्सेज)

नकारात्मक वाक्य

नकारात्मक वाक्य रचना के लिए सहायक क्रियाओं–can, do, did, is, am, are आदि के पीछे not लगा देते हैं। सहायक क्रियाएं आमतौर पर मुख्य क्रिया के साथ प्रयोग में आती हैं। ये संख्या में 24 हैं–

Present tense	Past tense	Present tense	Past tense
		can	could
is, am, are	was, were	may	might
has, have	had	must	—
do, does	did	need	–
		will	would
		shall	should
		ought	—
		dare	—
		used to	—

उपर्युक्त सहायक क्रियाओं के साथ 'not' लगाकर नकारात्मक वाक्य बनाते हैं–

1. बस अब नहीं आ रही है। The bus is not coming now. (द बस इज नॉट कमिंग नाउ।)
2. आप यहां नहीं ठहर सकते। You can't stay here. (यू काण्ट स्टे हियर।)
3. मैं तुम्हें नहीं जानता। I don't know you. (आई डोण्ट नो यू।)
4. वह आज नहीं जा सकती। She can't go today. (शी काण्ट गो टुडे।)
5. वह पत्र नहीं लिख रहा है। He is not writing a letter. (ही इज नाट राइटिंग ए लेटर।)
6. वे अच्छे मित्र नहीं है। They are not good friends. (दे आर नाट गुड फ्रेंड्स।)
7. आज रविवार नहीं है। Today is not Sunday. (टुडे इज नाट सनडे।)
8. पुस्तक मेज पर नहीं है। The book is not on the table. (द बुक इज नाट ऑन द टेबुल।)
9. मैं यह सवाल नहीं निकाल सकता। I cannot do this sum. (आइ कैन नॉट डू दिस सम।)
10. डॉक्टर अभी नहीं आ सकता। The doctor can not come now. (द डॉक्टर कैन नॉट कम नाउ।)
11. सुरेश दिल्ली में नहीं था। Suresh was not in Delhi. (सुरेश वाज नॉट इन डेल्हि।)
12. यह प्रश्नावली मुश्किल नहीं है। This exercise is not difficult. (दिस एक्सरसाइज इज नॉट डिफिकल्ट)
13. कल सोमवार नहीं था। Yesterday was not Monday. (यस्टरडे वाज नॉट मनडे।)
14. दीवार पर तसवीर नहीं थी। There was no picture on the wall. (देअर वाज नो पिक्चर ऑन द वाल।)
15. नये शब्द अधिक नहीं थे। There were no many new words. (देअर वर नॉट मेनी न्यू वर्ड्स)

16. वे हमारी प्रतीक्षा नहीं करेंगे।	They will not wait for us. (दे विल नॉट वेट फॉर अस।)
17. मैं बस में नहीं जाऊंगा।	I shall not go by bus. (आइ शैल नॉट गो बाई बस।)
18. वह तुम्हें रुपये उधार नहीं देगा।	He will not lend you money. (ही विल नॉट लेंड यू मनी।)
19. वह बुरा नहीं मानेगा।	He will not take ill of it. (ही विल नॉट टेक इल ऑफ इट।)
20. वे मेले में नहीं गये।	They didn't go to the fair. (दे डिडण्ट गो टू द फेअर।)
21. तुम कल नहीं आये।	You didn't come yesterday. (यू डिडण्ड कम यस्टरडे।)
22. मैं चाय नहीं पीता।	I don't take tea. (आई डोण्ड टेक टी।)
23. लड़कियों को मत छेड़ो।	Don't tease the girls. (डोंट टीज द गर्ल्स।)
24. मेरी तबीयत ठीक नहीं है।	I'm not well. (आयम नॉट वैल।)
25. वह कठोर परिश्रम नहीं कर रही है।	She's not working hard. (शीज नॉट वर्किंग हार्ड।)
26. मेरा आने का इरादा नहीं है।	I don't intend to come. (आइ डोंट इन्टेंड टु कम।)
27. वे भूखे नहीं थे।	They were not hungry. (दे वर नॉट हंगरी।)
28. उनके पास अच्छे वस्त्र नहीं हैं।	She hasn't a good dress. (शी हैजण्ट ए गुड ड्रेस।)
29. मेरे बड़े भाई नहीं हैं।	I don't have an elder brother. (आइ डोंट हैव एन एल्डर ब्रदर।)
30. हमारे पास पालतू कुत्ता नहीं था।	We didn't have a pet dog. (वी डिड्ण्ट हैव ए पेट डॉग।)
31. अब वह यहां काम नहीं करती।	Now she doesn't work here. (नाउ शी डजण्ट वर्क हिअर।)
32. मैं उसे नहीं जानता।	I don't know him. (आइ डोंट नो हिम।)
33. तुम अब नहीं जा सकते।	You may not leave now. (यू मे नॉट लीव नाउ।)
34. मुझे तैरना नहीं आता।	I don't know how to swim. (आइ डोंट नो हाउ टू स्विम।)
35. तुम्हें उन्हें नहीं कहना चाहिए।	You ought not to tell them. (यू ऑट नॉट टू टैल देम।)
36. वह यहां आने का साहस नहीं कर सकता।	He daren't to come here. (ही डेअरण्ट टु कम हिअर।)
37. तुमने शेक्सपियर नहीं पढ़ा है।	You haven't read Shakespeare. (यू हैवण्ट रैड शेक्सपियर।)
38. तुम्हारे पास बहुत-सा रुपया नहीं है, है क्या?	You don't have a lot of money, have you? (यू डोंट हैव अ लॉट ऑफ मनी, हैव यू?)
39. मैं सच नहीं बोल रहा, बोल रहा हूं क्या?	I am not speaking the truth, am I? (आइ एम नॉट स्पीकिंग द ट्रूथ, एम आइ?)
40. क्या तुमने अभी तक खाना नहीं खाया?	Haven't you taken your food yet? (हैवण्ट यू टेकन युअर फूड यट?)
41. मुझे पक्का पता है वह नहीं आयेगा।	I'm dead sure he won't come. (आयम डेड स्यूअर ही वोण्ट कम।)
42. तुम्हें माता-पिता का कहना नहीं टालना चाहिए।	You ought not to disobey your parents. (यू ऑट नॉट टु डिसओबे युअर पेरेन्ट्स)
43. अब तुम्हें नहीं जाना चाहिए।	Now, you shouldn't go. (नाउ, यू शुडण्ट गो।)
44. राष्ट्र एक दिन में नहीं बनते।	Nations aren't built in a day. (नेशन्स आरण्ट बिल्ट इन ए डे।)
45. तुम वहां जाने को बाध्य नहीं हो।	You need not go there. (यू नीड नॉट गो देअर।)
46. उसे रुपयों की जरूरत नहीं है।	He does not need money. (ही डज नॉट नीड मनी।)
47. आपको यह नहीं करना चाहिए था।	You should not have done it. (यू शुड नॉट हैव डन इट।)

Points to Remember

स्मरण संकेत

1. अंग्रेजी में, विशेष रूप से वार्तालाप में, कुछ शब्दों का संकुचित रूप में प्रयोग किया जाता है जैसे–I am, I'm (आयम), I do not, I don't (आइ डोंट); you have not, you haven't (यू हैवण्ट); I will not, I won't (आइ वोण्ट) आदि।
2. प्रश्नवाचक वाक्यों में am not के लिए aren't (आरन्ट) का प्रयोग होता है, जैसे Aren't? स्वीकारात्मक वाक्यों में am not का कोई सर्वमान्य और स्वीकृत रूप नहीं मिलता।
3. Is और has का संकुचित रूप समान होता है–He is = He's; He has = He's इसी तरह had और would का संकुचित रुप भी समान है–I had =I'd; I would=I'd.

Note- शब्द संकुचन पर आप विस्तार से पिछले पाठ 8 में पढ़ चुके हैं।

Exercise for Revision

अभ्यास करने योग्य

निम्नलिखित के नकारात्मक वाक्य लिखिए–

1. He is a good boy.
2. He lived many years in India.
3. He is tall to his age.
4. They are reading together.
5. I am ready to go.
6. He was on leave.
7. He's come by bus.
8. You're a bad boy.
9. He had done his work.
10. Jyoti was present in the class.
11. You must go now.
12. Rakesh should finish his work.
13. He made many mistakes.
14. I would oblige you.
15. He can lend you a book.
16. We live to eat.
17. He is making a fool of you.
18. Ashok laughs loudly.
19. Show me your teeth.
20. The sun has risen.

LESSON SEVEN

पाठ सात

Question Form (क्वेशचन फार्म)

प्रश्नवाचक वाक्य

स्वीकारात्मक (affirmative) वाक्य के पश्चात् महत्व की दृष्टि से प्रश्नवाचक वाक्यरूप (question form) का ही स्थान आता है। स्वीकारात्मक सबसे महत्वपूर्ण है तो विस्मयादिबोधक सबसे कम।

प्रश्नवाचक वाक्य रचना को प्रश्न की प्रकृति और उसके संभावित उत्तर की दृष्टि से निम्न वर्गों में विभाजित किया जा सकता है–

1. **Yes-no type** हां-ना प्रकार
2. **W-group** डब्ल्यू ग्रुप
3. **Alternative type** विकल्पी प्रकार
4. **Tag-type** टैग प्रकार
5. **Declarative type** घोषणात्मक

प्रश्न में प्रश्नकर्ता अपने प्रश्न द्वारा किसी चीज के बारे में न जानने या शंका का भाव प्रकट करता है और उत्तरदाता से उसके बारे में सूचना प्राप्त करने तथा शंका-समाधान की आशा करता है। कई बार वाक्य रचना में प्रश्नवाचक होते हुए भी प्रकृति में स्वीकारात्मक हो सकता है या रूप की दृष्टि से प्रश्न होकर अर्थ की दृष्टि से स्वीकारात्मक या संबोधन। उदाहरणार्थ ये वाक्य देखिए–

I would like a cup of tea. मैं एक प्याला चाय पीना चाहूंगा। (आइ वुड लाइक ए कप ऑफ टी।)

एक रूप में यह वाक्य स्वीकारात्मक है क्योंकि एक बात की सूचना दी गई है। दूसरे रूप में यह आदेशात्मक है क्योंकि इसमें चाय बनाने के लिए आदेश या प्रार्थना का भाव भी है। तीसरे रूप में यह विस्मयबोधक है, क्योंकि इसमें वक्ता की इच्छा प्रकट हुई है। इसी तरह यह वाक्य–

What on earth are you doing? यह तुम क्या कर रहे हो? (वॉट ऑन अर्थ आर यू डूइंग?)

यह एक ही साथ प्रश्न भी है और विस्मयबोधक भी। एक ओर–तुम क्या कर रहे हो? (प्रश्न) का भाव है, तो दूसरी ओर विस्मय का भाव। प्रश्नकर्ता जानता है कि दूसरा क्या कर रहा है। वह तो प्रश्न द्वारा किये जाने वाले कार्य के प्रति अपना आश्चर्य प्रकट करना चाहता है–अरे भाई, यह क्या कर रहे हो!

अत: किसी भी वाक्य का निर्धारण कि वह प्रश्न है या स्वीकारात्मक, संबोधन या विस्मयबोधक उस प्रश्न के संदर्भ, बोलने वाले के उतार-चढ़ाव और भावभंगिमा द्वारा किया जा सकता है। यह विभाजन मोटे तौर पर है और सामान्य आधार पर है। अब हम एक-एक कर प्रश्नवाचक वाक्य के पांचों वर्गों को लेते हैं–

1. Yes-no type– इसमें वे प्रश्न आते हैं जिनका उत्तर 'हां' या 'ना' में हो सकता है और प्रश्नकर्ता इसे भलीभांति जानता है। आजकल प्रतियोगी परीक्षाओं में प्राय: ऐसे ही प्रश्न पूछे जाते हैं। इस तरह के प्रश्नों में सहायक क्रिया (helping verb) को वाक्य में सबसे पहले रखते हैं–

1.	Is he writing a letter?	(इज ही राइटिंग ए लैटर?)	क्या वह पत्र लिख रहा है?
2.	Has the train left?	(हैज द ट्रैन लेफ्ट?)	क्या गाड़ी चली गई?
3.	Was he defeated?	(वाज ही डिफीटेड?)	क्या वह हार गया?
4.	Did he come?	(डिड ही कम?)	क्या वह आया?
5.	Will you wait for me?	(विल यू वेट फॉर मी?)	क्या आप मेरी प्रतीक्षा करेंगे?
6.	May I come in?	(मे आई कम इन?)	क्या मैं अंदर आ सकता हूं?
7.	Should I go?	(शुड आइ गो?)	क्या मैं जाऊं?
8.	Are they coming?	(आर दे कमिंग?)	क्या वे आ रहे हैं?
9.	Is it raining?	(इज इट रेनिंग?)	क्या वर्षा हो रही है?
10.	Do you like the pen?	(डू यू लाइक द पेन?)	क्या तुम्हें कलम पसंद है?
11.	Does he come daily?	(डज ही कम डेली?)	क्या वह रोज आता है?

Yes-no प्रकार के प्रश्न positive और negative हो सकते हैं। ऐसे प्रश्न जिनमें शतप्रतिशत हां उतर की आशा हो स्वीकारात्मक प्रश्न कहे जा सकते हैं, जैसे–

Question - Did anyone call yesterday? क्या कोई कल मिलने आया?
(डिड एनीवन कॉल यस्टरडे?)

Answer - Yes, someone called yesterday. हां, कल मिलने आया था।
(येस, समवन कॉल्ड यस्टरडे)

Question - Has the train left?

Answer - Yes, the train has left.

Question - Do you live somewhere near Ajmeri gate?

Answer - Yes, I live somewhere near there.

अब इन प्रश्नों को देखिए जिनमें प्रश्नकर्ता शतप्रतिशत 'ना' की आशा करता है।

Question - Can't you help me?

Answer - No, I can't.

Question - Don't you believe me?

Answer - No, I don't believe you.

2. W-group– इस वर्ग में वे प्रश्न आते हैं जिनका प्रारम्भ Wh से होता है–Who / which / what / whose / when / how से या फिर whom / where / why से–

1.	Who opened my letter?	(हू ओपन्ड माइ लेटर?)	किसने मेरा पत्र खोला?
2.	Who is coming?	(हू इज कमिंग?)	कौन आ रहा है?
3.	Which books do you like?	(विच बुक्स डू यू लाइक?)	तुम्हें कौन-सी किताबें पसंद है?
4.	What's your opinion?	(वाट्स युअर ओपिनियन?)	तुम्हारी क्या राय है?
5.	When will you return?	(वेन विल यू रिटर्न?)	तुम कब लौटोगे?
6.	Where shall I stay there?	(वेयर शैल आइ स्टे देयर?)	वहां मैं कहां ठहरूंगा?
7.	Why are they always late?	(वाइ आर दे ऑलबेज लेट?)	वे हमेशा देर क्यों करते हैं?
8.	Whom did you stay with?	(हूम डिड यू स्टे विद?)	तुम किसके साथ ठहरे?
9.	How did you mend it?	(हाउ डिड यू मेंड इट?)	तुमने यह कैसे किया?
10.	How much do you want?	(हाउ मच डू यू वॉन्ट?)	तुम्हें कितना चाहिए?
11.	Who is there?	(हू इज देयर?)	वहां कौन है?
12.	Whom do you want?	(हूम डू यू वॉन्ट)	तुम किसे चाहते हो?

इस प्रकार प्रश्नों में प्रश्नात्मक शब्द (question word) सर्वप्रथम आता है और कर्त्ता तथा सहायक क्रिया का क्रम बदल जाता है, अर्थात् पहले सहायक क्रिया और फिर कर्ता–

When will you return ? यहां when प्रश्नवाचक शब्द सर्वप्रथम, फिर सहायक क्रिया will और फिर कर्त्ता you आया है।

Who / whom / whose का प्रयोग केवल पुरुषवाचक संदर्भ में होता है और what तथा which का व्यक्ति तथा वस्तु दोनों के लिए–

What girls do you like?
Which books

जब प्रश्नात्मक शब्द preposition (पूर्व सर्ग) के साथ आता है तो वाक्य औपचारिक नहीं रहता, बोलचाल की घनिष्ठता का रूप ले लेता है।

With whom do you live?–अनौपचारिक
Whom do you live with?–औपचारिक

3. Alternative-type विकल्प प्रकार– इस तरह के प्रश्नों में प्रश्नकर्ता दो या अधिक विकल्प उत्तरदाता के सामने रखता है, जिसमें से एक चुनना होता है–

1. Would you like milk or coffee? (वुड यू लाइक मिल्क ऑर कॉफी?) — आप दूध पसंद करेंगे या कॉफी?
2. Which balloon do you choose, green, red, yellow or blue? (विच वैलून डू यू चूज, ग्रीन, रेड, यलो ऑर ब्लू?) — तुमने कौन-सा गुब्बारा चुना है, हरा, लाल, पीला या नीला?
3. Shall we go by bus, taxi or train? (शैल वी गो बाइ बस, टैक्सी ऑर ट्रैन?) — क्या हम बस से चलेंगे, टैक्सी या गाड़ी से?
4. Which book do you choose, this or that or neither? (विच बुक डू यू चूज, दिस ऑर दैट ऑर नाइदर?) — आपको कौन-सी पुस्तक पसंद है, यह या वह या दोनों ही नहीं?
5. Are you coming or not? (आर यू कमिंग ऑर नॉट?) — आप आ रहे हैं या नहीं?
6. Did India or Pakistan win the match? (डिड इण्डिया ऑर पाकिस्तान विन द मैच?) — मैच किसने जीता, भारत या पाकिस्तान ने?
7. Did you do it or your sister? (डिड यू डू इट ऑर यूअर सिस्टर?) — क्या यह तुमने किया या तुम्हारी बहिन ने?

4. Tag-type– इस वर्ग में वे वाक्य आते हैं जिनके अंत में प्रश्न टैग या पूंछ की तरह जुड़े रहते हैं–

1. The train has already gone, hasn't it? (द ट्रेन हैज ऑलरेडी गॉन, हैजण्ट इट?) — गाड़ी पहले ही जा चुकी है, है ना?
2. You aren't going to leave us, are you? (यू आरण्ट गोइंग टु लीव अस, आर यू?) — आप हमें छोड़ तो नहीं रहे, हैं क्या?
3. I have met you before, have not I? (आइ हैव मेट यू बिफोर, हैव नॉट आइ?) — मैं आपसे पहले मिल चुका हूं, नहीं क्या?
4. He knows you, doesn't he? (ही नोज यू, डजन्ट ही?) — वह तुम्हें जानता है, नहीं क्या?

5. He likes the girl, doesn't he? (ही लाइक्स द गर्ल, डजन्ट ही?) — उसे लड़की पसंद है, नहीं क्या?
6. He didn't live long here, did he? (ही डिडन्ट लिव लांग हियर, डिड ही?) — वह यहां ज्यादा समय नहीं रहा, रहा क्या?

5. Declarative-type - घोषणात्मक प्रश्नसूचक वाक्य स्वीकारात्मक वाक्यों की तरह ही होते हैं, अंतर केवल यह है कि ऐसे वाक्यों के अंत में प्रश्नात्मक लहजे का आरोह (आवाज का ऊंचा जाना) साफ सुनाई-दिखाई पड़ता है–

1. You have got the tickets? (यू हैव गॉट द टिकिट्स?) — तुम्हारे पास टिकटें हैं (ना)?
2. You have told him in clear terms? (यू हैव टोल्ड हिम इन क्लियर टर्म्स?) — तुमने उसे साफ-साफ बता दिया है (ना)?
3. She would be already there, I suppose? (शी वुड बी ऑलरेडी देयर, आइ सपोज?) — मैं समझता हूं वह पहले से ही वहां होगी।
4. There is something to eat? (देयर इज समथिंग टु ईट?) — खाने को कुछ है (ना)?
5. You didn't complete the answer. (यू डिडण्ट कम्पलीट द आन्सर?) — तुमने उत्तर पूरा नहीं किया (ना)?
6. You realize your mistake now? (यू रीअलाइज युअर मिस्टेक नाउ?) — तुम्हें अब अपनी गलती का एहसास हो रहा है (ना)?
7. You will not leave me in the lurch? (यू विल नॉट लीव मी इन द लर्च?) — तुम मुसीबत में मेरा साथ नहीं छोड़ोगे (ना)?
8. I have told you the secret? (आइ हैव टोल्ड यू द सीक्रेट?) — मैंने तुम्हें रहस्य बता दिया है (ना)?
9. You drink sometimes? (यू ड्रिंक समटाइम्स?) — तुम कभी-कभी पीते हो (ना)?
10. She wants my help? (शी वान्ट्स माई हैल्प?) — उसे मेरी मदद चाहिए (ना)?
11. You are all ready now to fire? (यू आर ऑल रेडी नाउ टु फायर?) — अब तुम सब गोली चलाने को तैयार हो (ना)?

Points to Remember
स्मरण-संकेत

1. टैग प्रकार के प्रश्नों में कर्ता सर्वनाम होता है और दो बार आता है, जैसे–I haven't met you, have I? यहां सर्वनाम दो बार आया है।
2. यदि कथन स्वीकारात्मक (positive) होता है तो टैग (पूंछ) नकारात्मक और कथन नकारात्मक है तो टैग स्वीकारात्मक, जैसे–He likes the girls, doesn't he? इसमें कथन He likes the girl स्वीकारात्मक है और टैग–doesn't he? नकारात्मक। I am not willing to go, am I? यह कथन नकारात्मक है–I am not willing to go और टैग स्वीकारात्मक am I?

वस्तुतः इनमें दो वाक्य होते हैं एक कथन के रूप में और दूसरा टैग या पुछल्ले के रूप में, जैसे–

He is not going, is he?

1 2

3. who / whom / whose केवल व्यक्ति के लिए प्रयोग होते हैं जबकि which और what का प्रयोग वस्तु और व्यक्ति दोनों के लिए होता है।

4. Where स्थान बोधक है, when समय बोधक, how रीति बोधक और why कारक बोधक–

Where did you see him? I saw him (where?) at the place he was sleeping *(place)*.
When did you see him? I saw him (when?) at noon *(time)*.
How did you see him? I saw him (how) by going there *(manner)*.
Why did you see him? Because I wanted (why) to meet him *(reason)*.

Exercise for Revision

अभ्यास करने योग्य

I. निम्नलिखित को प्रश्नसूचक वाक्यों में बदलिए–

1. The bus is coming. 2. She must leave now. 3. He can do this exercise. 4. The students are writing in their copy-books. 5. They are sisters. 6. They both are brothers. 7. I can see you in the evening. 8. Suresh and Shyam both are absent from the class. 9. There was a map on the wall. 10. There were two men on the road. 11.They will wait for us outside. 12. He will go by plane tomorrow. 13. He will feel much better now. 14. He has to go to office. 15. Rita had to leave at noon. 16. You will come back. 17. It is raining there.

II. इन प्रश्नात्मक शब्दों को वाक्यों में प्रयोग कीजिए–

Where / when / who / whom / whose / why / what and how. उदाहरण—how–How are you?

III. निम्नलिखित प्रश्नों के उत्तर हां और ना में दीजिए–

1. Has he come? 2. Are you ready to go? 3. Did you wait for Radha? 4. May I come in? 5. Are they coming in a bus? 6. Do you like Lucknow? 7. Did Gita call on me? 8. Do you come from Banaras? 9. Were you present when the chief guest came? 10. How is Meena now? 11. Will you be there when I call on you? 12. Will they help us in time? 13. Do you know his home address? 14. Is it right not to disclose this to him? 15. Ought not he obey his parents? 16. Would Vimla come? 17. Is not Vinod dirty? 18. Aren't we right?

IV. इन वाक्यों से प्रश्न बनाइये–

जैसे यह वाक्य है– They made him the king last year. इससे निम्न चार प्रश्न बनते हैं—who / whom / what / when लगाकर–

Who made him the king last year? Whom did they make the king last year?
What did they make him last year? When did they make him the king?

वाक्य हैं–

The public elected him president then.
They presented him a medal last year.
They will construct a school building for the students next year.
Girish gave her sister a beautiful sari on Diwali.
I shall visit the Taj with you next month.

LESSON EIGHT
पाठ आठ

Imperative Sentences (इम्परेटिव सेन्टेन्सेज)
आदेशात्मक वाक्य

स्वीकारात्मक, नकारात्मक और प्रश्न के बाद महत्व की दृष्टि से आदेशात्मक वाक्यों का स्थान है। ये वाक्य आज्ञा, निर्देश, प्रार्थना, निवेदन आदि का बोध कराते हैं। इन वाक्यों को निम्नलिखित वर्गों में रखा जा सकता है–

1. कर्त्ता-विहीन आदेश (Commands without subjects)
2. कर्ता-सहित आदेश (Commands with Subject)
3. लैट (Let) सहित आदेश (Command with Let)
4. नकारात्मक आदेश (Negative commands) and
5. प्रेरणात्मक आदेश (Persuasive Commands)

1. **कर्ता-विहीन आदेश** (Command without subject): इसमें कर्ता का लोप रहता है। इसका कर्मवाच्य (Passive voice) नहीं बन सकता और न इनमें वे सहायक क्रियाएं जो मोडल (modal) कहलाती हैं–can, will, shall, could should, would आदि प्रयोग में आती है। शेष बातों में ये निश्चयात्मक वाक्यों की तरह ही होते हैं–

Go now. (गो नाउ।)	अब जाओ।
Be reasonable. (बी रीजनेबल।)	समझदारी से काम लो।
Come here. (कम हिअर।)	यहां आओ।
Open the window. (ओपन द विन्डो।)	खिड़की खोलो।

इन रूखे और शिष्टताहीन लगने वाले वाक्यों को 'प्लीज' लगाकर सुन्दर और लुभावना बनाया जा सकता है–

Please go now.	प्लीज गो नाउ।
Be reasonable, please.	बी रीजनेबल, प्लीज।
Please, come here.	प्लीज कम हिअर।
Open the window, please.	ओपन द विंडो, प्लीज।

इन्हीं वाक्यों को और अधिक विनम्र और औपचारिक इस तरह बनाया जा सकता है, यद्यपि ये देखने में प्रश्नवाचक जैसे ही लगेंगे–

Will you please go now?	Will you be reasonable please?
I would wonder whether you would mind coming here?	Would you mind opening the window?

2. **कर्ता-सहित आदेश** (Commands with subject) : कर्ताहीन उपर्युक्त वाक्यों में द्वितीय पुरुष सर्वनाम–You (तुम/आप) एक प्रकार से समाविष्ट रहता है। कुछ आदेशात्मक वाक्यों में कर्ता साथ भी रहता है–

You be quiet. (यू बी क्वाइट।)	आप शांत रहिए।
You mind your own business. (यू माइंड युअर ओन बिजनिस)	आप अपना काम कीजिए।

ऐसे वाक्य स्वर में बड़े रुखे और डांट-फटकार वाले होते हैं। इनको भी चसमेंम शब्द साथ जोड़कर थोड़ा विनम्र बनाया जा सकता है–

You please be quiet. You please mind your own business.

तृतीय पुरुष कर्ता वाले आदेशात्मक वाक्यों के उदाहरण इस प्रकार हैं–

Somebody shut the door. (समबॉडि शट द डोर) कोई दरवाजा बन्द कर दो।

Everybody stand up. (एबरीबॉडि स्टेंड अप) सब खड़े हो जाओ।

Govind and Gita stand over there. (गोविन्द एण्ड गीता स्टैंड ओवर देयर) गोविन्द और गीता वहां खड़े हो जाएं।

3. **लैट *(Let)* सहित आदेश** (Command with let): Let के साथ प्रथम पुरुष I/we और तृतीय पुरुष *he/she/they* वाले वाक्य तो संभव हैं, लेकिन द्वितीय पुरुष लवन वाले वाक्य संभव नहीं हैं।

Let us work hard. (लैट अस वर्क हार्ड।) आओ कठिन परिश्रम करें।

Let me have a look. (लैट मी हैव ए लुक।) मुझे देखने दो।

Let each of them decide for himself. (लैट ईच ऑफ देम डिसाइड फॉर हिमसेल्फ।) उसमें से प्रत्येक को अपना निर्णय लेने दो।

Let us enjoy ourselves. (लैट अस इन्जॉय अवरसेल्वज।) आओ हम आनन्द लें।

4. **नकारात्मक आदेश** (Negative commands) : आदेशात्मक वाक्यों को नकारात्मक बनाने के लिए वाक्य के प्रारंभ में don't (डोण्ट) शब्द का प्रयोग किया जाता है–

Don't open the door / Don't you open the door.

Don't anyone open the door.

Don't let us open the door / Let us not open the door.

5. **प्रेरणात्मक आदेश** (Persuasive Commands) : इन वाक्यों में आदेश देने वाला व्यक्ति दूसरे व्यक्ति को उसका आदेश मानने के लिए प्रेरणा देता है, प्रभावित करता है। मुख्य क्रिया के साथ 'do' लगाकर ऐसे वाक्य बनाए जाते हैं–

Do have some more tea. (डू हैव सम मोर टी।) थोड़ी और चाय लीजिए या थोड़ी और चाय चलेगी।

Do let us go to the theatre. (डू लैट अस गो टु द थियेटर।) हमें थियेटर चलना चाहिए।

Do this in time. (डू दिस इन टाइम।) यह समय पर कर देना।

6. **विस्मयादिबोधक वाक्य** (Exclamation) : रूप की दृष्टि से ये वाक्य प्रायः प्रश्नवाचक वाक्यों जैसे ही होते हैं और wh से शुरू होते हैं, लेकिन इनके अंत में प्रश्न चिह्न के स्थान पर संबोधन चिह्न (!) लगा होता है–

How delightful it was! (हाउ डिलाइटफुट इट वाज!) कितना मजेदार था यह!

What an enormous crowd! (वाट एन एनॉर्मस क्राउड!) क्या विशाल भीड़ थी!

What a long queue! (वाट ए लॉन्ग क्यू!) कितनी बड़ी लाइन!

How many years, I have waited for! (हाउ मेनी यिअर्स आई हैव वेटेड फार!) कितने वर्षों से इंतजार में हूं।

What a terrible fall! (वाट ए टेरिबल फाल!) कैसा भयानक पतन!

LESSON NINE
पाठ नौ

Miscellaneous Model Sentences
(मिसलेनियस मॉडल सेन्टेन्सेज)
विविध नमूने के वाक्य

1. I write with pen. (आइ राइट विद पेन।) — मैं कलम से लिखता हूं।
2. Write the address on the envelope. (राइट द एड्रेस ऑन द एन्वॅलॅप।) — लिफाफे पर पता लिख दो।
3. Two plus two is four. (टू प्लस टू इज फॉर।) — दो और दो चार होते हैं।
4. I have a beautiful wrist watch. (आई हैव ए ब्युटिफुल रिस्ट वाच।) — मेरे पास एक सुन्दर कलाई घड़ी है।
5. I sleep eight hours daily. (आइ स्लीप एट आवर्स डेली।) — मैं प्रतिदिन आठ घंटे सोता हूं।
6. That bus goes to 31st Avenue. (देट बस गोज टू थर्टीफस्ट एवेन्यू।) — वह बस इक्तीसवें एवेन्यू जाती है।
7. There are many kinds of fruits. (देयर आर मेनी कांइड्स ऑफ फ्रूट।) — फल कई तरह के होते हैं।
8. I like orange, banana, grapes and apple. (आई लाइक ऑरिन्ज, बनाना, ग्रैप्स ऐण्ड ऐपल।) — मुझे संतरा, केला, अंगूर और सेब पसंद है।
9. I don't like pineapples, plums and peaches. (आइ डोण्ट लाइक पाइनऐपल्स, प्लम्स एण्ड पीचेज।) — मुझे अनानास, आलूबुखारे और आड़ू नहीं भाते।
10. Do you like to eat pears? (डू यू लाइक टु ईट पीअर्स?) — क्या तुम्हें नाशपाती खाना पसंद है?
11. Do you know what is the opposite of day? (डू यू नो वॉट इज द अपोजिट ऑफ डे?) — क्या तुम जानते हो दिन का विलोम क्या है?
12. The opposite of the day is night. (द अपोजिट ऑफ डे इज नाइट।) — दिन का विलोम रात है।
13. Do people in India eat much fruit? (डू पिपुल इन इंडिया ईट मच फ्रूट?) — क्या भारत के लोग फल बहुत खाते हैं?
14. What fruit do you eat for breakfast every morning? (वॉट फ्रूट डू यू ईट फॉर ब्रेकफास्ट एवरी मार्निंग?) — प्रत्येक सुबह तुम नाश्ते में कौन-सा फल खाते हो?
15. Are you writing a long letter to your sister? (आर यू राइटिंग ए लॉन्ग लैटर टु योर सिस्टर?) — क्या तुम अपनी बहिन को एक लम्बा खत लिख रहे हो?

16. Didn't you hear this very sad news?
(डिडन्ट यू हियर दिस वेरी सैड न्यूज?)
क्या तुमने यह दु:खभरा समाचार नहीं सुना?

17. It is likely to rain, isn't it?
(इट इज लाइकली टु रेन, इजन्ट इट?)
वर्षा होने की संभावना है, क्या नहीं है?

18. You have read my novel, haven't you?
(हैव यू रैड माई नॉवल, हैवण्ट यू?)
तुमने मेरा उपन्यास पढ़ा है, क्या नहीं पढ़ा?

19. You can't speak English so well, can you?
(यू काण्ट स्पीक इंग्लिश सो वैल, कैन यू?)
तुम इतनी अच्छी तरह से अंग्रेजी नहीं बोल सकते, क्या बोल सकते हो?

20. This is an excellent book for learning English, isn't it?
(दिस इज एन एक्सीलेन्ट बुक फॉर लर्निंग इंगलिश, इजण्ट इट?)
अंग्रेजी सीखने के लिए यह उत्तम पुस्तक है, नहीं है क्या?

21. What was she doing when you met her?
(वॉट वाज शी डूइंग वैन यू मेट हर?)
जब तुम उससे मिले वह क्या कर रही थी?

22. Are you vacating this house very soon?
(आर यू वेकेटिंग दिस हाउस वेरी सून?)
क्या आप यह मकान बहुत जल्दी खाली कर रहे हैं?

23. Last night, Girish and Suresh made a plan to study together.
(लास्ट नाइट गिरीश एंड सुरेश मेड ए प्लान टु स्टडी टुगैदर।)
गत रात गिरीश और सुरेश ने साथ-साथ पढ़ने की योजना बनाई।

24. Is this man putting on his shirt or taking it off?
(इज दिस मैन पुटिंग आन हिज शर्ट ऑर टेकिंग इट आफ?)
वह आदमी कमीज पहिन रहा है या उतार रहा है?

25. Yesterday Mr. Kishan needed a camera so he came to me in the night.
(यस्टरडे मिस्टर किशन नीडेड ए कैमरा सो ही केम टु मी इन द नाईट।)
कल श्रीमान किशन को एक कैमरे की जरूरत पड़ी इसलिए वे रात को मेरे पास आए।

26. I am fed up with this dishonest servant.
(आइ एम फेडअप विद दिस डिसऑनेस्ट सरवेंट।)
मैं इस बेइमान नौकर से तंग हूं।

27. Don't open the window, it is biting cold.
(डोंट ओपन द विन्डो, इट इज बाइटिंग कोल्ड।)
खिड़की मत खोलो, बड़े कड़ाके की सर्दी है।

28. Please tell me what is the time by your watch?
(प्लीज टैल मी वॉट इज द टाइम बाई युअर वाच।)
कृपया बताएं कि आपकी घड़ी में क्या बजा है।

29. Come, we are getting late. (कम, वी आर गेटिंग लेट।)
चलो, देर हो रही है।

30. Let us work hard, lest we should fail.
(लैट अस वर्क हार्ड, लेस्ट वी शुड फेल।)
हम कठोर परिश्रम करें, ऐसा न हो कि हम फेल हो जाएं।

31. We enjoyed ourselves in Kashmir to our content.
(वी एन्जॉइड अवरसेल्स इन कश्मीर टु अवर कन्टेंट।)
हमने कश्मीर में जी भरकर आनन्द मनाया।

32. You mind your own business and let me be alone.
(यू माइन्ड युअर ओन बिजनिस एंड लेट मी बी अलोन।)
आप अपना काम कीजिए और मुझे अकेला रहने दीजिए।

33. Would you mind coming over here?
(वुड यू माइंड कमिंग ओवर हिअर?)
क्या आप यहां आयेंगे?

34. How long have you been in this city? आप इस शहर में कब से हैं?
(हाउ लोंग हैव यु वीन इन दिस सिटी?)

35. How much did the house cost you? इस मकान में कितना खर्च आया?
(हाउ मच डिड दिस हाउस कॉस्ट यू?)

36. What a beautiful starry night! क्या खूबसूरत तारों भरी रात!
(वॉट ए ब्यूटीफुल स्टारी नाइट!)

37. Oh God! I am undone! (ओह गॉड! आइ एम अनडन!) हे भगवान! मेरा नाश हो गया।

38. How nice you acted! (हाउ नाइस यू एक्टेड!) कितना सुन्दर था तुम्हारा अभिनय!

39. What a lovely sight to look at! देखने में कितना सुन्दर दृश्य!
(वॉट ए लवली साइट टु लुक एट!)

LESSON TEN
पाठ दस

Articles
(आर्टिकल्स)

विशेषण 'a', 'an' और 'the' ही आर्टिकल्स कहलाते हैं।

आर्टिकल्स दो तरह के होते हैं–definite (डेफनिट) निश्चित और indefinite (इनडेफनिट) अनिश्चित। a और an अनिश्चित आर्टिकल्स हैं तथा the निश्चित आर्टिकल।

'A', 'an' अनिश्चित व्यक्ति, वस्तु के साथ एक अर्थ में प्रयुक्त होते हैं, जैसे– a cow अर्थात् कोई भी गाय (काउ)

'The' निश्चित आर्टिकल (definite article) कहलाता है क्योंकि यह निश्चित और विशेष व्यक्ति या वस्तु का बोध कराता है, जैसे–He saw the cow. अर्थात् कोई विशेष गाय (काउ)।

आर्टिकल्स के साथ एक सामान्य नियम यह भी है कि इनका प्रयोग जातिवाचक, एकवचन संज्ञा के साथ होता है, जैसे–

1. This is a mango. (दिस इज ए मेंगो) — यह आम है।
2. Bring a book. (ब्रिंग ए बुक।) — पुस्तक लाओ।
3. Here comes an elephant. (हिअर कम्स एन एलिफॅन्ट) — हाथी आता है।
4. Give me an apple. (गिव मी एन ऐपल।) — मुझे सेव दो।
5. The dog watches the house. (द डॉग वाचज द हाउस) — कुत्ता घर की रखवाली करता है।

A. A और an का अर्थ है एक। अतः इनका प्रयोग गणनीय एकवचन संज्ञा के साथ होता है। A का प्रयोग हमेशा व्यंजन (consonant) से प्रारम्भ होने वाले शब्दों के साथ होता है–

He saw a cow. (ही सॉ ए काउ)
She is eating a cake. (शी इज इटिंग ए केक)
There is a man on the road. (देयर इज ए मैन ऑन द रोड)
Have you seen a monkey? (हैव यू सीन ए मन्की?)
He is a man from Africa. (ही इज ए मैन फ्रॉम अफ्रीका।)

B. An का प्रयोग हमेशा स्वर-ध्वनि (vowel sound) से प्रारम्भ होने वाले शब्दों के साथ एक के अर्थ में होता है। अंग्रेजी में a, e, i, o और u पांच vowel (स्वर) हैं।

An elephant is a big animal. (एन एलिफेंट इज ए बिग एनिमल।)
There is an egg in the basket. (देयर इज एन एग इन द बास्केट।)
He works in an office. (ही वर्क्स इन एन ऑफिस।)
Come after an hour. (कम आफ्टर एन आवर।)
He gave the boy an apple. (ही गेव द ब्वॉय एन एपल।)

हम an का प्रयोग उन शब्दों के साथ भी करते हैं जो 'h' से प्रारम्भ होते हैं लेकिन जिनमें 'h' मूक रहता है और उसके पीछे का vowel बोला जाता है, जैसे– He will come in an hour. यहां hour में 'h' silent है और आवर पढ़ा जाता है, इसी प्रकार–

Ram is an honest person. (राम इज एन ऑनेस्ट परसन।) राम एक ईमानदार आदमी है।
He is an honorary secretary. (ही इज़ एन ऑनरेरी सेक्रेटरी।) वह एक अवैतनिक सचिव है।
He gets an honorarium. (ही गेट्स एन ऑनरेरियम।) उन्हें मानदेय मिलता है।
Our guest is an honourable person. हमारा अतिथि एक सम्मानित व्यक्ति है।
(अवर गेस्ट इज एन ऑनरेबल परसन।)

इसी प्रकार an ass / an enemy / an inkpot / an orange / an umbrella आदि, क्योंकि इन शब्दों के प्रारंभ में vowel sound है। लेकिन a European / a uniform / a university इत्यादि। यद्यपि ये सारे शब्द स्वर (vowel) 'u' और 'e' से प्रारंभ होते हैं, लेकिन उच्चारण में स्वर के स्थान पर व्यंजन की ध्वनि है–ए यूरोपियन/ए यूनीफार्म/ए यूनियन/ए यूनिवर्सिटी। इसी तरह–a one-rupee note (ए वन-रुपी नोट) / such a one (सच ए वन) a one-eyed man (ए वन-आइड मैन)।

C. आर्टिकल 'the' का प्रयोग निम्नलिखित स्थानों पर होता है–

(1) जब किसी निश्चित व्यक्ति, वस्तु अथवा पहले से कहे गये व्यक्ति का बोध कराना हो–

The book I took from you is stolen. वह पुस्तक जो मैंने तुमसे ली थी चुरा ली गई है।
(द बुक आइ टुक फ्रॉम यू इज स्टोलन।)
I dislike the fellow. (आई डिसलाइक द फेलो।) मुझे यह व्यक्ति नापसंद है।
Let us go to the club.(लेट अस गो टु द क्लब।) आओ क्लब चलें।

(2) जब व्यक्ति या वस्तु अपनी पूरी जाति या वर्ग का बोध कराते हों–

The cow is a useful animal. गाय लाभप्रद पशु है।
(द काउ इज ए यूजफुल एनीमल।)
The cat loves places. (द कैट लव्स प्लेसेज।) बिल्ली को स्थानों से प्यार है।
The monkey is always full of mischief. बंदर हमेशा शैतानी से भरा होता है।
(द मंकी इज ऑलवेज फुल ऑफ मिसचीफ।)
The rose is a beautiful flower. गुलाब का फूल सुन्दर होता है।
(द रोज इज ए ब्यूटीफूल फ्लावर।)

लेकिन 'man' और 'women' के साथ जब ये सामान्य अर्थ में प्रयुक्त होते हैं, तो 'the' का प्रयोग नहीं किया जाता है।

Man is mortal. (मैन इज मोरटल।) मनुष्य मरणशील है।
Woman is beautiful to look at. (वूमन इज ब्यूटीफुल टु लुक एट।) स्त्री देखने में सुंदर लगती है।

(3) नदियों, खाड़ियों, समुद्रों, द्वीप समूहों, पर्वत श्रेणियों, नहरों, रेगिस्तानों आदि के साथ 'the' का प्रयोग होता है–

The Himalayas are the highest mountains in the world. हिमालय पर्वत श्रेणी विश्व की सर्वोच्च पर्वत श्रेणी है।
(द हिमालयाज आर द हाइएस्ट माउन्टेन्स इन द वर्ल्ड)
लेकिन हम Mount Everest कहते हैं the Mount Everest नहीं।
The Ganga is a holy river. (द गंगा इज ए होली रिवर।) गंगा एक पवित्र नदी है।
The Dal Lake is in Kashmir. (द डल लेक इज इन कश्मीर।) डल झील कश्मीर में है।
The Suez Canal is in Egypt. (द स्वेज कनैल इज इन इजिप्ट।) स्वेज नहर मिस्र में है।

The Indian Ocean	(द इंडियन ऑशन)	हिन्द महासागर।
The Lacadive Islands	(द लेकेडाइव आइलैंड्स।)	लक्षद्वीप समूह
The Punjab	(द पंजाब)	
The U.S.A.	(द यूनाइटेड स्टेट्स ऑफ अमेरिका)	
The U.S.S.R.	(यू युनियन ऑफ सोवियत सोशलिष्ट रिपब्लिक)	

(4) *प्रसिद्ध, पवित्र और महान पुस्तकों, पत्र-पत्रिकाओं आदि के साथ–* The Vedas (द वेदाज), The Ramayana (द रामायण), The Bible (द बाइबिल), The Indian Express (द इंडियन एक्सप्रेस), The Time Magazine (द टाइम मैगजीन), The Kamayani (द कामायनी) आदि।

(5) *मंत्रालयों, विभागों, संस्थाओं, प्रसिद्ध भवनों, वायुयानों आदि के साथ–* The W. H. O. (द वर्ल्ड हैल्थ ऑरगेनाइजेशन), The Taj Express (द ताज एक्सप्रेस), The Department of Education (द डिपार्टमेंट ऑफ एड्यूकेशन) (शिक्षा विभाग), The Taj Mahal (द ताज महल) आदि।

(6) *किसी देश के लोगों और जातियों के साथ–*

The Hindus are tolerant people.	(द हिन्दूज आर टॉलरेंट पीपुल।)	हिन्दू सहनशील लोग होते हैं।
The English speak English.	(द इंग्लिश स्पीक इंग्लिश।)	अंग्रेज अंग्रेजी बोलते हैं।
The French live in France.	(द फ्रेंच लिव इन फ्रांस)	फ्रांसीसी लोग फ्रांस में रहते हैं।

इसी तरह The Indians, The Mohammadans, The Turks, The Russians, The Jats.

(7) *प्राकृतिक और अपनी तरह की एक ही वस्तु के साथ–* the sun, the moon, the earth, the tea, the sky.

(8) *उन व्यक्तिवाचक संज्ञाओं के साथ जिनके पहले विशेषण हों–*

The great Ashok (द ग्रेट अशोक)	अशोक महान्।
The immortal Kalidas (द इमार्टल कालिदास)	अमर कालिदास।

(9) *विशेषण के तीसरे रुप superlative (सुपरलेटिव) के साथ–*

Akbar is one of the greatest of kings. (अकबर इज वन ऑफ द ग्रेटेस्ट ऑफ किंग्स।)	अकबर महान सम्राटों में से एक हैं।
This is the best book available. (दिस इज द बेस्ट बुक अवेलेबल।)	उपलब्ध पुस्तकों में यह सर्वश्रेष्ठ है।

(10) *विशेषण के दूसरे रूप Comparative (कम्पैरटिव) के साथ–*

The more the better. (द मोर द बैटर)	जितना ज्यादा उतना अच्छा।
The heavier the rains the greater the chances of floods. (द हैविअर द रेन्स, द ग्रेटर द चांसेज ऑफ फ्लड्स।)	जितनी अधिक वर्षा, उतने ही अधिक बाढ़ के आसार।
The more you read the better you achieve. (द मोर यू रीड द बैटर यू अचीव।)	जितनी ज्यादा पढ़ाई उतनी ही ज्यादा सफलता।

(11) *पारिवारिक नामों के साथ–* The Mughals, The Tughlaqs, The Nehrus, The Chauhans.

(12) *अन्य उदाहरण–* the rich, the poor, the dead, the deaf, the weak, the living.

D. Omission of the article (ओमिशन आफ द आर्टिकल) आर्टिकल का लोप

1. *उन जातिवाचक संज्ञाओं के साथ जो व्यापक अर्थ का बोध कराती है–*

Man is mortal.	(मैन इज मॉर्टल।)	मानव मरणशील है।
What kind of plant it is?	(वाट काइन्ड आफ प्लांट इट इज?)	यह किस किस्म का पौधा है?

2. *धातुओं के साथ–*

Gold is a precious metal. (गोल्ड इज ए प्रेशस मेटल।) सोना बहुमूल्य धातु है।

Iron is cheap. (आइरन इज चीप।) लोहा सस्ता है।

3. *Phrases (फ्रेजेज) मुहावरों के साथ–*

I go to school on foot. (आई गो टु स्कूल ऑन फुट।) मैं पैदल स्कूल जाता हूं।

But, Mohan comes by bus. (बट, मोहन कम्स बाई बस।) लेकिन मोहन बस में आता है।

He travelled by ship. (ही ट्रेवल्ड बाई शिप।) उसने जलयान से यात्रा की।

4. *Festivals (फेस्टिवल्स) त्योहारों के नामों के साथ–*

Christmans comes in December. (क्रिसमस कम्स इन दिसम्बर) क्रिसमस दिसम्बर में आता है।

Diwali is a festival of lamps. (दिवाली इज ए फेस्टिवल ऑफ लैम्प्स।) दीवाली दीपों का त्योहार है।

लेकिन–The Diwali festival, The Christmas holidays.

5. *Abstract noun (एब्स्ट्रक्ट नाउन) भाववाचक संज्ञा के साथ–*

Virtue is its own reward. (वरट्च्यू इज इट्स ओन रिवार्ड।) सद्‌गुण स्वयं में एक पुरस्कार है।

Honesty is the best policy. (ऑनेस्टी इज द बेस्ट पॉलिसी।) ईमानदारी सर्वोत्तम नीति है।

Falsehood is not desirable. (फाल्सहुड इज नॉट डिजाइरेबल।) झूठ अवांछनीय है।

6. *Illness (इलनैस) बीमारियों के साथ–*

She has high fever. (शी हैज हाइ फीवर।) उसे तेज बुखार है।

He has been suffering from malaria. वह मलेरिया से पीड़ित है।
(ही हैज बीन सफरिंग फ्रॉम मलेरिया।)

लेकिन सामान्य (विशेष नहीं) शिकायतों के साथ 'a' का प्रयोग करते हैं–

I have a bad cold. (आई हैव ए बैड कोल्ड।) मुझे जुकाम है।

She has cough. (शी हैज कफ।) उसे खांसी है।

My brother has a sore throat. (माइ ब्रदर हैज ए सोर थ्रोट) मेरे भाई का गला खराब है।

Exercise for Revision

अभ्यास करने योग्य

(1) रिक्त स्थानों में 'a' या 'an' भरिए–

.....bus is coming. He teaches in.....university. Sohan is.....honest man. I met.....European today. There was.....Indian with him. Teaching is.....good job. It is not.....easy work. Here is .....good book. He is.....new corner. Give me.....exercise book. This is.....pear and that is.....apple. He gave the boy.....orange. He is.....old friend of Shyam. This is.....very sweet fruit. Mr. John is.....English teacher. This is not.....difficult task. Give me.....one rupee coin. Copper is.....useful metal. He returned after.....hour.

(2) रिक्त स्थानों में a / an / the भरिए–

Do you see.....sun? Man has reached.....moon......earth is round. I saw.....man going on road. Suddenly.....begger came before.....bus. He is not.....honourable man. Honest man speaks.....truth. .....office will close after lunch. I saw him.....year ago. Don't forget to take.....umbrella. Wanted.....M.A. in history. Hindi is.....easy language. Latin is.....dead language. Ganges is.....sacred river. German defeated.....French. Hindus are tolerant people. Have you seen.....owl? English is.....language of.....English. .....more your work.....better. He is.....best player. Which is .... highest mountain in the world? Let us form.....union. What.....ugly sight! He wants to be.....engineer. Speak one.....time. Arrange.....things on.....table. .....moon is behind.....clouds. Let us meet.....principal. I can't carry such.....heavy load.

LESSON ELEVEN
पाठ ग्यारह

Some Auxiliary Verbs
(सम आग्ज़िल्यरि वर्ब्स)
कुछ सहायक क्रियाएं

क्रियाएं दो तरह की होती हैं–एक *Principal Verb* (मुख्य क्रिया) और दूसरी *Auxiliary Verb* (सहायक क्रिया)। मुख्य क्रिया का अपना स्वतंत्र और पूर्ण अर्थ होता है, लेकिन सहायक क्रिया जिसे helping verb भी कहते हैं, मुख्य क्रिया की सहायक के रूप में होती है। कभी-कभी इनका मुख्य रूप से भी प्रयोग देखा जा सकता है। जैसे–

I have a camera. They do their work. Do as I tell you.

सहायक क्रियाएं संख्या में 24 हैं–

Primary (प्राइमरी)	is, am, are	was, were
	has, have	had
	do, does	did
Auxiliary Verbs (ऑग्ज़िल्यरि वर्ब्स)	can	could
	may	might
	shall	should
Modal (मोडाल)	—	used to
	must	—
	ought	—
	need	—
	dare	—

ये सहायक क्रियाएं प्रश्नवाचक और नकारात्मक वाक्य रचना के अतिरिक्त अन्य वाक्यों में भी प्रयुक्त होती हैं। अब हम यहां उन सहायक क्रियाओं को लेते हैं जो modal (मॉडल) कहलाती हैं क्योंकि ये क्रियाएं समझने और प्रयोग करने में कुछ मुश्किल हैं। अत: इन पर विशेष ध्यान देने की जरूरत है–

Can/Could

ये दोनों सहायक क्रियाएं सामर्थ्य, शक्ति, अनुमति और संभावना को प्रकट करती हैं। could, can का भूतकालिक रूप है।

(i) सामर्थ्य शक्ति–

He can swim, but he cannot run fast. (ही कैन स्विम बट ही कैन नॉट रन फास्ट।)

He could speak English well, but could not write. (ही कुड स्पीक इंग्लिश वैल बट कुड नॉट राइट।)

प्रथम वाक्य का अर्थ है–वह तैर सकता है लेकिन दौड़ नहीं सकता।

दूसरे वाक्य का अर्थ है–वह अंग्रेजी अच्छी तरह बोल सका पर लिख न सका।

यहां 'can' व्यक्ति की एक काम की योग्यता और दूसरे काम में अयोग्यता अथवा असमर्थता दर्शाता है।

(ii) अनुमति–

Can I smoke here? (कैन आई स्मोक हिअर?)

Could I smoke here? (कुड आई स्मोक हिअर?)

यहां व्यक्ति धुम्रपान की अनुमति चाहता है। यह ध्यान रखना चाहिए कि 'may' अधिक औपचारिक है, 'can' नहीं, जैसे–

May I come in? (मे आई कम इन?) क्या मैं अंदर आ सकता हूं?

(iii) संभावना–

Who cannot commit a mistake? (हू कैननॉट कमिट ए मिस्टेक?) गलती कौन नहीं कर सकता?

अर्थात् सभी कर सकते हैं, सभी की संभावना है। इसी तरह यह वाक्य–

That could be my horse. (दैट कुड बी माई हॉर्स।) यह मेरा घोड़ा हो सकता है।

May/might

May और इसका भूतकालिक रूप might अनुमति (permission) और संभावना (possibility) को प्रकट करते हैं। लेकिन इनका प्रयोग प्राय: औपचारिक (formal) होता है–

I may be granted leave. (आइ मे बी ग्रांटेड लीव।) मुझे छुट्टी दी जाए।

What you say may be right. (वॉट यू से मे बी राइट) आपका कहना सही हो सकता है।

अब इन दो वाक्यों को लीजिए–

He may not be serious. (ही मे नॉट बी सीरियस।)

He can not be serious. (ही कैननॉट बी सीरियस।)

पहले वाक्य का अर्थ हुआ–लगता है वह संजीदा (serious) नहीं है लेकिन चाहे तो हो सकता है। दूसरे का अर्थ हुआ–वह संजीदा हो ही नहीं सकता (वह चाहे तो भी नहीं।)

Shall/Should

Shall का प्रयोग सामान्य भविष्यत् (simple future) में प्रथम पुरुष I और we के साथ करते हैं जैसे–

I **shall** go tomorrow. We **shall** do it.

यदि shall का प्रयोग द्वितीय और तृतीय पुरुष–you, they, he, she आदि के साथ हो, तो इसका मतलब होगा बात पर बल। जैसे She shall do it. अर्थात् वह यह कार्य (जरूर) करेगी।

प्रश्नवाचक वाक्य में जब shall का प्रयोग होता है तो वह प्रार्थना और अनुमति दर्शाता है, जैसे–

Shall I do it for you? (शैल आई डू इट फॉर यू?) क्या मैं यह आपके लिए करूं?

Should का प्रयोग 'चाहिए' के साधारण अर्थ में होता है। must और ought का अर्थ भी 'चाहिए' होता है, लेकिन must के पीछे कोई कानूनी, वैधानिक या अन्य शक्ति होती है तथा ought के पीछे नैतिक, राजनीतिक शक्ति। ये उदाहरण देखिए–

1. You should work hard. (यू शुड वर्क हार्ड।)
2. You must obey the order. (यू मस्ट ऑबे द ऑर्डर।)
3. You ought to obey your father. (यू ऑट टु ऑबे योर फादर।)

पहले वाक्य में 'चाहिए' का सामान्य अर्थ है–तुम्हें कठोर परिश्रम करना चाहिए, लेकिन नहीं भी करो तो जोर-जबरदस्ती नहीं है। दूसरे वाक्य में 'चाहिए' का सशक्त रूप दिखाई देता है–तुम्हें आज्ञा माननी चाहिए, नहीं तो दण्ड मिल सकता है। आदेश मानने या दण्ड भुगतने के अलावा कोई विकल्प (चारा) नहीं है। तीसरे वाक्य में समाज स्वीकृत नैतिक बल 'चाहिए' के पीछे है। नैतिकता कहती है कि तुम्हें अपने पिता का कहना मानना चाहिए। न मानने पर विधान द्वारा दंडित तो नहीं किया जा सकता, लेकिन समाज लानत तो भेज ही सकता है।

Will/would

सामान्य भविष्यत् (simple future) में द्वितीय और तृतीय पुरुष —you / he / she / it / they के साथ will का प्रयोग 'इच्छा, इरादे और आग्रह' के लिए करते हैं–

1. **Will** you help yourself? (विल यू हेल्प योरसेल्फ?)
2. We **will** not stay here any longer. (वी विलनॉट स्टे हिअर एनी लॉन्गर।)
3. He **shall** do it whatever you say. (ही शैल डू इट वॉटएवर यू से।)
4. I **will** go come what may. (आई विल गो कम ह्वाट मे।)

जब प्रथम पुरुष के साथ will का प्रयोग होता है, तो कही गई बात पर बल होता है, जैसे कि ऊपर के अंतिम दो वाक्यों में है–(i) तुम कुछ भी कहो वह यह करेगा (जरुर)। (ii) मैं जाऊंगा चाहे कुछ भी हो जाए।

1. He **would** read in the library instead of loitering in the streets. (ही वुड रीड इन द लाइब्रेरी इन्स्टेड ऑफ लॉइटरिंग इन द स्ट्रीट्स।) गलियों में आवारागर्दी के बजाय वह पुस्तकालय में अध्ययन करेगा।
2. She will sit in her chair and knit all day long. (शी वुड सिट इन हर चेअर एंड निट ऑल डे लांग।) वह दिन भर अपनी कुर्सी में बैठी बुनती रहेगी।

Would का प्रयोग शिष्टाचार और औपचारिकता दर्शाने में भी करते हैं–Would you mind doing it? (वुड यू माइन्ड डूइंग इट?) क्या आप यह करने का कष्ट करेंगे?

Must / ought to / used to

Must का प्रयोग 'चाहिए' के अर्थ में दबाव, आवश्यकता और अनिवार्यता प्रकट करने के लिए किया जाता है। इसका प्रयोग केवल वर्तमान काल में करते हैं। इससे प्रश्नवाचक वाक्य की रचना नहीं होती–

I must reach home by 10 o'clock. (आई मस्ट रीच होम बाइ 10 ओ क्लॉक) मुझे 10 बजे तक घर पहुंचना चाहिए।

You must join today. (यू मस्ट ज्वाइन टुडे।) तुम्हें आज ज्वाइन करना चाहिए।

There must be a mistake. (देअर मस्ट बी ए मिस्टेक।) कोई गलती जरूर है।

Ought to का प्रयोग 'चाहिए' के अर्थ में नैतिक, सामाजिक बंधन, आभार (obligation) दर्शाने के लिए करते हैं। इसका भी केवल वर्तमान काल में ही प्रयोग होता है।

You ought to look after your poor sister. (यू ऑट टु लुक आफ्टर यूअर पूअर सिस्टर।) तुम्हें अपनी गरीब बहिन की देखभाल करनी चाहिए।

He ought to come before the ceremony begins. (ही ऑट टु कम बिफोर द सेरमनि बिगिन्स।) अनुष्ठान कार्यक्रम प्रारंभ होने से पहले ही उसे आ जाना चाहिए।

Used to का प्रयोग किसी के ऐसी आदत और अभ्यास के लिए किया जाता है जो कभी था पर अब नहीं है–

He used to walk for miles. (ही यूज्ड टू वॉक फॉर माइल्स।) वह मीलों सैर किया करता था।

He used to be an expert cricketer. — वह क्रिकेट का माना हुआ खिलाड़ी हुआ करता था।
(ही यूज्ड टू बी एन एक्सपर्ट क्रिकेटर।)

I used to meet him daily. — मैं उससे रोज मिला करता था।
(आइ यूज़्ड टू मीट हिम डेली।)

Dare / dare say / need

डेअर (साहस करना) के वाक्य प्रयोग इस प्रकार हैं–

He dare not fight me. — वह मुझसे लड़ने का साहस नहीं कर सकता।
(ही डेअर नॉट फाइट मी।)

She dare not contradict me. — वह मेरी बात का खण्डन नहीं कर सकती।
(शी डेअर नॉट कॉन्ट्रेडिक्ट मी।)

He dared to challenge me. — उसने मुझे चैलेंज (चुनौती) करने की हिम्मत की।
(ही डेअॅर्ड टू चैलेंज मी।)

Note- I dare say (आई डेअर से) का सीधा सादा अर्थ होता है **'शायद'** (probably)।

I dare say, it will be alright. — शायद यह सब ठीक हो जायेगा।
(आई डेअर से इट विल वी ऑलराइट।)

जब आवश्यकता (necessity) और बाध्यता (obligation) के लिए 'need' का प्रयोग करते हैं तो वर्तमानकाल तृतीय पुरुष, एकवचन के साथ 's' नहीं लगाते और न अनियत क्रिया (infinitive) के साथ 'to' लगाते हैं।

He need not go there. — वह जाने को बाध्य नहीं है।
(ही नीड नॉट गो देअर)

लेकिन जब need का प्रयोग आवश्यकता के अर्थ में होता है तो वर्तमानकाल, तृतीय पुरुष, एकवचन में 's' लगाते हैं–

He needs help. (ही नीड्स हेल्प।) — उसे सहायता की जरूरत है।

It needs to be done with care. — इसे संभाल कर रखने की जरूरत है।
(इट नीड्स टु बी डन विद केअर।)

The plants need to be pruned. — पौधों को छंटाई की जरूरत है।
(द प्लांट्स नीड टु बी प्रून्ड)

Infinitive (अनियत क्रिया) उसे कहते हैं जिसका कोई कर्ता न हो। अतः वचन और पुरुष दोनों दृष्टियों से यह क्रिया असीमित और अनियत होती है। इसके साथ प्रायः 'to' का प्रयोग होता है लेकिन बिना 'to' के भी प्रयुक्त होती है, जैसे– I will play में play अनियत क्रिया है। वाक्य का आशय है I am determined to play.

अन्य उदाहरण हैं–

Mangoes are sweet to eat. — He is ready to learn.
To err is human. — This is not the time to play.

उपरोक्त वाक्य में to eat / to learn / to err तथा to play 'infinitive' हैं।

Exercise for Revision
अभ्यास करने योग्य

1. रिक्त स्थानों में आवश्यकतानुसार shall/will भरिए–

(a) We.....go tomorrow positively. (b).....you lend me some book? (c) .....we go to see your friend? (d) He.....do it, come what may. (e) If you don't work hard you.....fail. (f) He.....be surprised to see you here. (g) The school.....remain closed tomorrow. (h) They.....certainly come. (i) She.....be obliged if I visit her. (j) An obedient student.....never disobey his teacher. (k) The time.....come when you.....realize your mistake. (l) He is afraid that he.....be caught. (m) I don't think he.....get first division.

2. रिक्त स्थानों में आवश्यकतानुसार should/would भरिए–

(a) You.....go immediately. (b) .....you do me a favour? (c) You.....keep your promise. (d) She.....do it because it is in her interest. (e) I.....die in the attempt but I.....do it. (f) .....you mind shutting the door? (g) He.....play cricket with his friends instead of reading at home. (h) .....I not work hard? (i) They.....have come by now. (j) You.....walk to the left. (k) .....that I was present in the meeting? (l) Leela.....reach there in time. (m) Ram.....go for a walk in the morning. (n) You.....not hesitate to advise me. (o) Who.....not like such a beautiful place to live in. (p) Who are you that you.....advise me. (q) I.....like to know her name. (r) He.....gladly help her. (s) It.....be unwise on your part to leave that job now.

3. कोष्ठक में दी गई सहायक क्रिया में से उचित क्रिया रिक्त स्थान में भरिए–

(1) .....I come in? (may/can) (2) You.....do it easily. (shall/will) (3) He.....work hard to win the match. (should/must) (4) You.....obey your parents. (must/ought to) (5) They.....reach in time there. (should/must) (6) She.....not contradict me. (dare/dare say) (7) I.....it will be alright by tomorrow. (dare/dare say) (8) He.....not go there. (need/needs) (9) Sita.....help immediately. (need/needs).

LESSON TWELVE
पाठ बारह

Verbs and Their Three Forms
(वर्ब्स एंड देयर थ्री फॉर्म्स)
क्रियाएं और उनके तीन रूप

अंग्रेजी में तीनों क्रिया-रूपों (verb forms) का प्रयोग होता है। अलग-अलग tense में अलग-अलग क्रिया रूप प्रयुक्त होते हैं। इन क्रिया-रूपों को दो वर्गों में रखा जा सकता है-(i) *strong verbs*, और (ii) *weak verbs*.

Strong verbs वे क्रियाएं हैं जो अपनी second form अपने अंदर के स्वर को बदलने से बनती हैं, इनके अन्त में कुछ नहीं लगता। जैसे-eat, ate होगा।

Weak verbs वे क्रियाएं जो अपनी second form यानी भूतकाल-ed, d या t के साथ बनाती हैं। इनके आंतरिक स्वर में परिवर्तन हो भी सकता है और नहीं भी। उदाहरण के लिए sell / bring / catch और teach शब्द लिए जा सकते हैं। इसकी second form क्रमश: sold / brought / caught और taught होंगी। इसमें आंतरिक स्वर परिवर्तन भी हुआ है लेकिन इनके अंत में d और t लगाये गये हैं। अत: ये weak verbs के उदाहरण हैं।

किसी भी क्रिया के strong या weak होने का निर्धारण उसके दूसरे रूप के आधार पर ही किया जा सकता है। strong verb की second form बनाते समय उसमें आंतरिक स्वर-परिवर्तन तो होता है लेकिन अंत में कुछ जुड़ता नहीं है। यदि अंत में t, d या ed लग गया हो तो स्वर परिवर्तन के बावजूद वह एक weak verb है।

	I Form (प्रथम रूप)	II Form (द्वितीय रूप)	III Form (तृतीय रूप)
1. Abide	(अबाइड) मान लेना	abode	abode
2. Arise	(अराइज) उठना	arose	arisen
3. Bear	(बेअर) जन्म देना	bore	born
4. Bear	(बेअर) ले जाना, सहना	bore	borne
5. Beat	(बीट) मारना, पीटना	beat	beaten
6. Be	(बी) होना	was/were	been
7. Become	(बिकम) हो जाना	became	become
8. Beget	(बिगेट) पैदा करना	begot	begotten
9. Begin	(बिगिन) प्रारंभ करना	began	begun
10. Behold	(बिहोल्ड) देखना	beheld	beheld
11. Bid	(बिड) आदेश देना	bade	bidden
12. Bid	(बिड) बोली लगाना	bid	bid
13. Bind	(बाइंड) बांधना	bound	bound
14. Bite	(बाइट) काटना	bit	bitten
15. Blow	(ब्लो) बहना, फूंक मारना	blew	blown
16. Break	(ब्रेक) टूटना, तोड़ना	broke	broken

17. Chide	(चाइड) झिड़कना	chid	chidden
18. Choose	(चूज) चुनना	chose	chosen
19. Cleave	(क्लीव) चीरना, फाड़ना	clove	cleft
20. Cling	(क्लिग) चिपकना	clung	clung
21. Come	(कम) आना	came	come
22. Dig	(डिग) खोदना	dug	dug
23. Do	(डू) करना	did	done
24. Draw	(ड्रा) खींचना	drew	drawn
25. Drink	(ड्रिंक) पीना	drank	drunk
26. Drive	(ड्राइव) हांकना, चलाना	drove	driven
27. Eat	(ईट) खाना	ate	eaten
28. Fall	(फॉल) गिरना, पतन होना	fell	fallen
29. Fight	(फाइट) लड़ना	fought	fought
30. Find	(फाइंड) पाना, ढूंढ़ना	found	found
31. fling	(फ्लिग) फेंकना	flung	flung
32. Fly	(फ्लाइ) उड़ना	flew	flown
33. Forget	(फॉरगेट) भूलना	forgot	forgotten
34. Freeze	(फ्रीज) जमना (बर्फ का)	froze	frozen
35. Get	(गेट) पाना	got	gotten/got
36. Give	(गिव) देना	gave	given
37. Go	(गो) जाना	went	gone
38. Grind	(ग्राइन्ड) पीसना	ground	ground
39. Grow	(ग्रो) उगना, बढ़ना	grew	grown
40. Hide	(हाइड) छिपना	hid	hid/hidden
41. Hold	(होल्ड) पकड़ना	held	held
42. Know	(नो) जानना, ज्ञान होना	knew	known
43. Lie	(लाइ) लेटना	lay	lain
44. Ride	(राइड) सवारी करना	rode	ridden
45. Ring	(रिंग) बजाना (घंटी आदि)	rang	rung
46. Run	(रन) दौड़ना	ran	run
47. See	(सी) देखना	saw	seen
48. Shake	(शेक) हिलाना	shook	shaken
49. Shine	(शाइन) चमकना	shone	shone
50. Shoot	(शूट) गोली मारना	shot	shot
51. Shrink	(श्रिंक) सिकुड़ना	shrank	shrank
52. Sing	(सिंग) गाना	sang	sung
53. Sink	(सिंक) डूबना	sank	sunk
54. Sit	(सिट) बैठना	sat	sat
55. Slay	(स्ले) कत्ल करना, वध करना	slew	slain
56. Slide	(स्लाइड) फिसलना	slid	slid
57. Sling	(स्लिग) फेंकना, लटकाना	slung	slung

58. Smite	(स्माइट) मारना-	smote	smitten
59. Speak	(स्पीक) बोलना	spoke	spoken
60. Spin	(स्पिन) घूमना, कातना	spun	spun
61. Spring	(स्प्रिंग) उछलना	sprang	sprung
62. Stand	(स्टैण्ड) खड़े होना	stood	stood
63. Steal	(स्टील) चुराना	stole	stole
64. Stick	(स्टिक) चिपकना, ठहरना	stuck	stuck
65. Sting	(स्टिंग) डंक मारना	stung	stung
66. Stink	(स्टिक) सड़ना, बदबू मारना	stank	stunk
67. Stride	(स्ट्राइड) लम्बे डग भरना	strode	stridden
68. Strike	(स्ट्राइक) मारना, हड़ताल करना	struck	struck/stricken
69. String	(स्ट्रिंग) तार बांधना	strung	strung
70. Strive	(स्ट्राइव) प्रयास करना	strove	striven
71. Swear	(स्वेअर) शपथ खाना	swore	sworn
72. Swim	(स्विम) तैरना	swam	swam
73. Swing	(स्विंग) झूलना	swung	swung
74. Take	(टेक) लेना	took	taken
75. Tear	(टियर) फाड़ना	tore	torn
76. Throw	(थ्रो) फेंकना	threw	thrown
77. Tread	(ट्रीड) पैर रखना	trod	trodden
78. Wear	(वीयर) पहनना	wore	worn
79. Weave	(बीव) बुनना	wove	woven
80. Win	(विन) जीतना	won	won
81. Wind	(वाइन्ड) घुमाव, मोड़, लपेटना	wound	wound
82. Wring	(रिंग) निचोड़ना	wrung	wrung
83. Write	(राइट) लिखना	wrote	written

नीचे कुछ ऐसी weak verb की तालिका है जिनके अंत में ज या क लगता है और अंदर स्वर-परिवर्तन भी होता है।

	I Form (प्रथम रूप)	**II Form (द्वितीय रूप)**	**III Form (तृतीय रूप)**
1. Bereave	(बिरीव) साथ छोड़ देना	bereft	bereft
2. Bleed	(ब्लीड) रक्त बहना	bled	bled
3. Breed	(ब्रीड) पालन करना	bred	bred
4. Bring	(ब्रिंग) लाना	brought	brought
5. Build	(बिल्ड) बनाना, रचना	built	built
6. Burn	(बर्न) जलना	burnt	burnt
7. Buy	(बाइ) खरीदना	bought	bought
8. Catch	(कैच) पकड़ना	caught	caught
9. Creep	(क्रीप) रेंगना	crept	crept
10. Deal	(डील) संबंध रखना, देना	dealt	dealt
11. Dwell	(ड्वेल) रहना, बसना	dwelt	dwelt
12. Feed	(फीड) खिलाना	fed	fed

13. Feel	(फील) महसूस करना	felt	felt
14. Flee	(फ्ली) भाग जाना	fled	fled
15. Have	(हैव) रखना, पास होना	had	had
16. Keep	(कीप) रखना, पास रखना	kept	kept
17. Kneel	(नील) घुटने टेकना	knelt	knelt
18. Lay	(ले) रख देना, लगा देना	laid	laid
19. Learn	(लर्न) सीखना	learnt	learnt
20. Leave	(लीव) छोड़कर जाना	left	left
21. Lend	(लेन्ड) उधार लेना	lent	lent
22. Lose	(लूज) खोना	lost	lost
23. Make	(मेक) बनाना	made	made
24. Mean	(मीन) अर्थ होना	meant	meant
25. Meet	(मीट) मिलना	met	met
26. Pay	(पे) देना, पैसा आदि	paid	paid
27. Say	(से) कहना	said	said
28. Seek	(सीक) तलाशना	sought	sought
29. Sell	(सैल) बेचना	sold	sold
30. Send	(सैन्ड) भेजना	sent	sent
31. Shoe	(शू) जूता पहनना, नाल लगाना	shod	shod
32. Sleep	(स्लीप) सोना	slept	slept
33. Smell	(स्मेल) बदबू देना	smelt	smelt
34. Spell	(स्पेल) जादू करना, हिज्जे करना	spelt	spelt
35. Spend	(स्पेन्ड) बिताना	spent	spent
36. Sweep	(स्वीप) बुहारना	swept	swept
37. Teach	(टीच) पढ़ाना	taught	taught
38. Tell	(टेल) कहना	told	told
39. Think	(थिंक) सोचना	thought	thought
40. Weep	(वीप) रोना	wept	wept

	I Form (प्रथम रूप)	II Form (द्वितीय रूप)	III Form (तृतीय रूप)
1. Burst	(बर्स्ट) फूट पड़ना	burst	burst
2. Cast	(कास्ट) फेंकना	cast	cast
3. Cost	(कॉस्ट) कीमत	cost	cost
4. Cut	(कट) काटना	cut	cut
5. Hit	(हिट) मारना, किसी चीज से	hit	hit
6. Hurt	(हर्ट) चोट पहुंचाना	hurt	hurt
7. Put	(पुट) रखना	put	put
8. Read	(रीड) पढ़ना	read	read
9. Rid	(रिड) छुटकारा पाना	rid	rid
10. Set	(सेट) जड़ना	set	set
11. Shed	(शैड) बहाना	shed	shed

12. Shut	(शट) बंद करना	shut	shut
13. Split	(स्प्लिट) चीरना	split	split
14. Thrust	(थ्रस्ट) धकेलना	thrust	thrust
15. Wed	(वैड) शादी करना	wed	wed

नोट– कुछ क्रियाएं ऐसी हैं जिनके तीनों रूप समान हैं। कुछ ऊपर दी गई हैं। उदाहरण के लिए put क्रिया ली जा सकती है–

1. (You) put the book here.	(तुम) पुस्तक यहां रख दो।
2. You put the book here.	तुमने पुस्तक यहां रखी।
3. You have put the book here.	तुम यहां पुस्तक रख चुके हो।

यहां एक ही क्रिया शब्द put के अलग-अलग कालों में अलग-अलग अर्थ हो गए हैं–रखना, रखा और रख चुकना।

अन्य weak verbs की तालिका इस प्रकार हैं–

	I Form (प्रथम रूप)	II Form (द्वितीय रूप)	III Form (तृतीय रूप)
1. Allow	(अलाउ) अनुमति देना	allowed	allowed
2. Appear	(अपियर) प्रकट होना	appeared	appeared
3. Borrow	(बॉरो) उधार लेना	borrowed	borrowed
4. Boil	(व्वाइल) उबालना	boiled	boiled
5. Copy	(कॉपी) नकल करना	copied	copied
6. Carry	(कैरी) ले जाना	carried	carried
7. Clean	(क्लीन) साफ करना	cleaned	cleaned
8. Climb	(क्लाइम्ब) चढ़ना	climbed	climbed
9. Close	(क्लोज) बंद करना	closed	closed
10. Cook	(कुक) पकाना	cooked	cooked
11. Care	(केयर) देखभाल करना	cared	cared
12. Cross	(क्रॉस) पार करना	crossed	crossed
13. Complete	(कम्पलीट) पूरा करना	completed	completed
14. Deceive	(डिसीव) धोखा देना	deceived	deceived
15. Decorate	(डेकॉरेट) सजाना	decorated	decorated
16. Die	(डाइ) मरना	died	died
17. Divide	(डिवाइड) बांटना	divided	divided
18. Earn	(अर्न) कमाना	earned	earned
19. Enter	(एंटर) घुसना	entered	entered
20. Finish	(फिनिश) समाप्त करना	finished	finished
21. Fear	(फीयर) भय खाना	feared	feared
22. Hang	(हैंग) फांसी पर लटकना	hanged	hanged
23. Hang	(हैंग) लटकना	hung	hung
24. Hire	(हायर) किराये पर लेना	hired	hired
25. Iron	(आयरन) लोहा करना	ironed	ironed
26. Invite	(इनवायट) निमंत्रण देना	invited	invited
27. Jump	(जम्प) कूदना	jumped	jumped
28. Knock	(नॉक) खटखटाना	knocked	knocked
29. Kick	(किक) लात मारना	kicked	kicked

30. Marry	(मैरी) विवाह करना	married	married
31. Move	(मूव) हिलना, चलना	moved	moved
32. Open	(ओपन) खोलना	opened	opened
33. Obey	(ओबे) आज्ञा	obeyed	obeyed
34. Order	(ऑर्डर) आज्ञा	ordered	ordered
35. Pick	(पिक) उठाना, चुनना	picked	picked
36. Pray	(प्रे) प्रार्थना करना	prayed	prayed
37. Pull	(पुल) खींचना	pulled	pulled
38. Punish	(पनिश) दण्ड देना	punished	punished
39. Prepare	(प्रिपेअर) तैयार करना	prepared	prepared
40. Plough	(प्लाउ) हल चलाना	ploughed	ploughed
41. Please	(प्लीज) प्रसन्न करना	pleased	pleased
42. Push	(पुश) धकेलना	pushed	pushed
43. Quarrel	(क्वैरल) लड़ना	quarrelled	quarrelled
44. Rain	(रेन) बरसना	rained	rained
45. Reach	(रीच) पहुंचना	reached	reached
46. Refuse	(रिफ्यूज) इंकार करना	refused	refused
47. Ruin	(रुइन) नाश करना	ruined	ruined
48. Tie	(टाइ) बांधना)	tied	tied
49. Test	(टेस्ट) जांच करना	tested	tested
50. Wait	(वेट) प्रतीक्षा करना	waited	waited
51. Work	(वर्क) काम करना	worked	worked
52. Wish	(विश) चाहना	wished	wished
53. Weigh	(वे) तौलना	weighed	weighed
54. Yield	(यील्ड) समर्पित होना, पैदा करना	yielded	yielded
55. Yoke	(योक) जोतना, जुए में लगाना	yoked	yoked

Exercise for Revision अभ्यास करने योग्य

निम्नलिखित वाक्यों में रिक्त स्थानों पर कोष्ठक में दी गई क्रियाओं के सही रूप भरिए–

Have you......my new book? (see) Didn't you......his beautiful tie? (see) Hindi is......in most of the Indian towns. (speak) He has......me a long letter. (write) Who......up my shirt? (tear) Ranu has been......by a snake. (sting) He......as fast as could. (run) The tiger......upon the hunter and wounded him. (spring) I really......your name at that time. (forget) He......to see me from such a long distance. (come) The teacher asked the student if he had......his homework. (do) When I reached the class lecture had already...... (begin) He......us good bye (bid). He......me a hearty good morning. (wish) Did you......the bell? (ring) Lata......a beautiful song. (sing) He......me by the hand and asked my name. (shake) It was cold season and the river was completely......(freeze). The hunter ......the beast to death (strike). The policemen......hold of the thief and took him to the police station (catch). Had the train......before you reached (leave)? She......tears and wept (shed). I have never......him (know). He......behind me in the queue (stand). I......left alone in the forest (be). He......forth past me (drive). Who has......this cup? (break) The wind and storm......the boat ashore (blow). Have you......your lunch? (eat)

LESSON THIRTEEN
पाठ तेरह

Present Tense
(प्रेजेन्ट टेन्स)
वर्तमान काल

काल तीन प्रकार के होते हैं–

Present Tense	Past Tense	Future Tense
वर्तमान काल	भूत काल	भविष्यत् काल

क्रिया का काल क्रिया के होने या किसी घटना के समय का बोध कराता है–

I write. मैं लिखता हूं। I wrote. मैंने लिखा। I shall write. मैं लिखूंगा।

Present Tense *(प्रेजेन्ट टेन्स) वर्तमान काल*

वर्तमान काल की क्रिया वर्तमान समय का बोध कराती है। वर्तमान काल की क्रिया के चार रूप हैं–

I write. मैं लिखता हूं।	*Present Indefinite*
I am writing. मैं लिख रहा हूं।	*Present Continuous*
I have written. मैं लिख चुका हूं।	*Present Perfect*
I have been writing. मैं लिखता रहा हूं।	*Present Perfect Continuous*

Present Indefinite (प्रेजेन्ट इनडेफनिट) अनियत वर्तमान काल–इसमें क्रिया वर्तमान में होते हुए भी किसी निश्चित समय का बोध नहीं कराती। I write. मैं लिखता हूं, में 'लिखना' निश्चित है परन्तु कब, किस समय यह अनिश्चित है।

A. I / we / you / they write.
He / she / writes. *Positive* स्वीकारात्मक

B. I / we / you / they don't write.
He / she does not write. *Negative* नकारात्मक

C. Do I / we / you / they / write?
Does he / she write?
Don't I / we / you / they write ?
Doesn't he / she write ? *Interrogative-negative* नकारात्मक-प्रश्नवाचक

D. I / we / you / they write, don't I / we / you they?
He / she writes, doesn't he / she? Tags

(A) ऊपर के वाक्यों से स्पष्ट हो जाता है कि अनियत/अनिश्चित वर्तमानकाल के हिन्दी वाक्यों के अंत–ता है, ते हैं, ती हैं, ती हैं में होता है। अंग्रेजी में ऐसे वाक्य बनाते समय एकवचन कर्ता he, she, it के साथ -s या es लगाते हैं और बहुवचन की क्रिया के साथ क्रिया का पहला रूप ही रहने देते हैं–

He writes.	वह लिखता है।
Sita writes.	सीता लिखती है।
Ram reads.	राम पढ़ता है।
Hari goes.	हरी जाता है।
Leela weeps.	लीला रोती है।
They read.	वे पढ़ते हैं।
Govind and Ganesh run.	गोविन्द और गणेश दौड़ते हैं।
You play.	तुम खेलते हो।
We go to school.	हम स्कूल जाते हैं।
I know the answer.	मुझे उत्तर आता है।
The sun sets in west.	सूरज पश्चिम में छिपता है।
Two and three make five.	दो और तीन पांच होते हैं।

इन वाक्यों को negative नकारात्मक बनाने के लिए बहुवचन I, we, you, they आदि की क्रिया के साथ don't (do not) का और एकवचन he, she, it आदि का क्रिया के साथ doesn't (does not) का प्रयोग करते हैं–

I do not write.	मैं नहीं लिखता।
Sita does not write.	सीता नहीं लिखती।
They don't work.	वे काम नहीं करते।
The sun does not rise in the west.	सूरज पश्चिम में नहीं उगता।
They don't know the way.	उन्हें रास्ता पता नहीं है।
Ram, Shyam and Jadu don't work hard.	गम, श्याम और जदु कठोर परिश्रम नहीं करते।
We don't go to the market.	हम बाजार नहीं जाते।
You do not sleep.	तुम नहीं सोते।
Now the birds do not fly.	अब पक्षी नहीं उड़ते।
The child does not weep.	बच्चा नहीं रोता।
The dogs don't bark.	कुत्ते नहीं भौंकते।
She does not bring water for me.	वह मेरे लिए पानी नहीं लाती है।

प्रश्नवाचक वाक्यों में एक वचन कर्त्ता का does और बहुवचन कर्ता का do बाहर निकालकर कर्ता के पहले रख देते हैं तथा अंत में प्रश्नवाचक चिह्न लगा देते हैं। यदि वाक्य निषेधात्मक प्रश्नवाचक हो, तो does not (doesn't) या do not (don't) बाहर आ जाता है–

Do you think you can write?	क्या आप सोचते हैं कि आप लिख सकते हैं?
Does Hari work hard?	क्या हरि कठोर परिश्रम करता है?
Do I read a book?	क्या मैं एक पुस्तक पढ़ता हूं?
Does she go to school?	क्या वह स्कूल जाती है?
Do we sleep?	क्या हम सोते हैं?

Does the sun rise in the east?	क्या सूरज पूर्व में उगता है?
Doesn't Shalini write a letter?	क्या शालिनी एक पत्र नहीं लिखती है?
Don't they help you?	क्या वे तुम्हारी सहायता नहीं करते हैं?
Don't we allow you to play here?	क्या हम तुम्हें यहां नहीं खेलने देते?
Don't they both study together?	क्या वे दोनों साथ नहीं पढ़ते?
Cann't we come in?	क्या हम अंदर नहीं आ सकते?
Cann't she help Hari?	क्या वह हरि की सहायता नहीं कर सकती?

'टैग्स' वाले वाक्यों के अंत में कर्ता के अनुसार don't (do not) या doesn't (does not) लगाकर कर्ता की आवृत्ति करते हैं और प्रश्न चिह्न लगा देते हैं। यदि वाक्य स्वीकारात्मक (positive) है तो अंत में don't या doesn't का प्रयोग करते हैं अन्यथा केवल do या does का।

I write a letter, don't I?	मैं पत्र लिखता हूं, नहीं क्या?
They work hard, don't they?	वे कठोर परिश्रम करते हैं, क्या नहीं करते?
Nalini walks fast, doesn't she?	नलिनी तेज चलती है, क्या नहीं चलती?
Vinita comes, doesn't she?	विनीता आती है, क्या नहीं आती?
He goes daily to school, doesn't he?	वह रोज स्कूल जाता है, क्या नहीं जाता?
They get up early in the morning everyday, don't they?	वे रोज प्रातः जल्दी उठते हैं, क्या नहीं उठते?
My watch runs fast, doesn't it?	मेरी घड़ी तेज है, क्या नहीं है?
We cook nice things, don't we?	हम अच्छी चीजें पकाते हैं, क्या नहीं?

Present Continuous *(प्रेजेन्ट कॉन्टिनुअस) अपूर्ण वर्तमान काल*

(A) अपूर्ण वर्तमान काल में क्रिया समाप्त नहीं होती, काम का होना या किया जाना जारी रहता है। हिन्दी में ये वाक्य रहा है, रहे हैं, रहा हूं से समाप्त होते हैं। इस क्रिया में I के साथ am, you, we, they और बहुवचन कर्ता के साथ are तथा he, she, it एकवचन कर्ता के साथ is का प्रयोग होता है तथा क्रिया के साथ-ing लगाते हैं। नकारात्मक (negative) वाक्य बनाने के लिए कर्ता के अनुसार प्रयुक्त क्रिया के साथ not का प्रयोग करते हैं।

	Positive	**Negative**
I	am	am not writing a letter.
We / you / they	are	are not eating apples.
He / she / it	is	is not going to school.

(B) प्रश्नवाचक वाक्य बनाते समय is / am / are को वाक्य में सबसे पहले रखते हैं। यदि वाक्य नकारात्मक हो तो is / am / are बाहर निकाल not को कर्ता के पश्चात अपने स्थान पर ही रहने देते हैं तथा क्रिया के प्रथम रूप के साथ ing भी रहने देते हैं–

Positive Interrogative	**Negative Interrogative**	
Am I	Am I not	writing a letter?
Are we / you / they	Are we / you / they not	eating apples?
Is he / she	Is he / she not	going to school?

कुछ अन्य उदाहरण यहां दिये जाते हैं–

Is she reading a story book now?	क्या अब वह एक कहानी की पुस्तक पढ़ रही है?
Are you going to your office?	क्या आप अपने दफ्तर जा रहे हैं?

Is the wind not blowing?	क्या हवा नहीं चल रही है?
Am I looking sad?	क्या मैं उदास दिख रहा हूं?
Are we going slow?	क्या हम धीरे चल रहे हैं?
Why are you fighting?	तुम क्यों लड़ रहे हो?
Why is he going so fast?	वह इतना तेज क्यों जा रहा है?
Are you not looking at the rising sun?	क्या तुम उगते हुए सूर्य की तरफ नहीं देख रहे?
What questions are rising in your mind?	तुम्हारे मस्तिष्क में कौन से प्रश्न उठ रहे हैं?

Present Perfect *(प्रैजेन्ट परफैक्ट) पूर्ण वर्तमान काल*

(A) इस काल की क्रिया से वर्तमान समय में कार्य पूरा होने का बोध होता है। हिन्दी में पूर्ण वर्तमानकाल के वाक्यों का अंत 'चुका हैं', 'चुकी है', 'चुके हैं' से होता है। अंग्रेजी वाक्यों में I, we, you, they और बहुवचन कर्ताओं के साथ have तथा क्रिया की तीसरी फॉर्म (third form of the verb) का प्रयोग करते हैं। He, she, it एकवचन कर्ता के साथ has और क्रिया का तीसरा रूप प्रयुक्त होता है। नकारात्मक वाक्यों में have / has के साथ not लगा देते हैं।

	Positive	**Negative**	
I / we / you / they	have	have not	written a letter. eaten lunch.
He / she / it	has	has not	read the novel. taken tea.

(B) प्रश्नवाचक वाक्यों में have / has प्रारंभ में आ जाता है, यदि वाक्य निषेधात्मक हो तो क्रिया के तीसरे रूप से पहले not भी लगाते हैं तथा अंत में प्रश्नवाचक चिह्न–

Have I / we / you / they written a letter?
Have I / we / you / they not written a letter?
Has he / she written a letter?
Has he / she not written a letter?

Present Perfect Continuous *(प्रैजेन्ट परफैक्ट कॉन्टिनुअस)*

पूर्णात्मक अपूर्ण वर्तमानकाल

(A) इस काल के हिन्दी वाक्यों का अन्त 'रहा है', 'रही है', 'रहा हूं' से होता है। साथ ही काम के आरम्भ होने का समय होता है। अंग्रेजी वाक्यों में बहुवचन कर्ता I, we, you, they और क्रिया के साथ-ing लगाते हैं। एकवचन he, she, it के साथ has been और क्रिया के साथ-ing लगाते हैं। निश्चित समय (point of time) के लिए 'Since' तथा अनिश्चित समय (period of time) के लिए 'For' का प्रयोग करते हैं। प्रश्नवाचक वाक्यों में have / has को वाक्य के प्रारम्भ में रखते हैं और निषेधात्मक वाक्यों में have / has के साथ not का प्रयोग करते हैं।

(B) निश्चित समय से तात्पर्य है Since Monday / Since 1957 / Since 2 o'clock / Since evening / Since morning / Since night / Since January.

(C) अनिश्चित समय से तात्पर्य for four months / for two hours / for ten days / for one year / for three seasons.

1. He has been writing a letter since morning. वह सुबह से पत्र लिख रहा है।
(ही हैज बीन राइटिंग ए लैटर सिंस मॉर्निंग)

2. They have been running for 15 minutes. — वह 15 मिनटों से दौड़ रहा है।
(दे हैव बीन रनिंग फॉर 15 मिनिट्स।)

3. I have been living in this city since 1964. — मैं 1964 से इस नगर में रह रहा हूं।
(आइ हैव बीन लिविंग इन दिस सिटी सिन्स 1964।)

4. He has been waiting for me since yesterday. — वह कल से मेरी प्रतीक्षा कर रहा है।
(ही हैज बीन वेटिंग फॉर मी सिंस यस्टरडे।)

5. Have you been reading in this school since last three years? — क्या तुम पिछले तीन साल से इस स्कूल में पढ़ रहे हो?
(हैव यू बीन रीडिंग इन दिस स्कूल सिन्स लास्ट थ्री यिअर्स?)

6. We have not been waiting for the train for two hours. — हम दो घण्टे से गाड़ी का इंतजार नहीं कर रहे हैं।
(वी हैव नॉट बीन वेटिंग फॉर द ट्रेन फार टू आवर्स)

7. It has been raining continuously since morning. — सुबह से लगातार वर्षा हो रही है।
(इट हैज बीन रेनिंग कन्टिनुअसलि सिंस मार्निंग।)

8. Have they not been revising their lessons for four days? — क्या वे चार दिन से अपने पाठ नहीं दोहरा रहे हैं?
(हैव दे नॉट बीन रिवाइजिंग देअर लेसन्स फॉर फोर डेज?)

9. Have I not been coming regularly since 1961? — क्या मैं 1961 से बराबर नहीं आ रहा हूं।
(हैव आई नॉट बीन कमिंग रेगुलरलि सिंस 1961?)

10. The girls have been singing songs for one hour. — लड़कियां एक घंटे से गीत गा रही हैं।
(द गर्ल्स हैव बीन सिंगिग सांग्स फॉर वन आवर।)

11. Rakesh has been working in this office since last year. — राकेश इस दफ्तर में पिछले वर्ष से कार्य कर रहा है।
(राकेश हैज बीन वर्किंग इन दिस ऑफिस सिन्स लास्ट यिअर।)

Exercise for Revision अभ्यास करने योग्य

1. निम्नलिखित वाक्यों में दी गई क्रियाओं में से सही क्रिया भरिए–

(a) Ram......to school everyday. .... (go/goes)
(b) When......he come from his office? ....(do/does)
(c) ......they playing football in the field? .... (Are/is)
(d) She......running fast. .... (is/are)
(e) They......taken their lunch. .... (has/have)
(f) Mohan......done his work. .... (Has/have)
(g) He has......to the club. .... (go/gone)
(h) ......you sent him the message? .... (Have/has)
(i) The sun......not rise in the west. ....(do/does)
(j) Naresh......work hard. .... (don't/doesn't)
(k) He goes to the shop daily......he? .... (don't/doesn't)
(l) Your watch is running slow......it? .... (isn't/aren't)
(m) They......up early in the morning. ....(gets/get)
(n) ......you think you are right? ....(do/does)
(o) ......I not yet written to her? .... (Have/has)
(p) Sheela has been waiting for me......2 o'clock. .... (for/since)
(q) It......raining for 2 hours. ...... (has been/have been)
(r) Gita has been living here......1921. .... (since/for)
(s) Have they not been reading the newspaper......one hour? .... (for/since)

2. निम्नलिखित वाक्यों को नकारात्मक बनाइए–

(a) The birds fly. (b) They are working hard. (c) Why do you go there? (d) I am a shopkeeper. (e) He has done his work. (f) It has been raining since evening. (g) This girl has done her school work. (h) You are walking slowly. (i) I have been studying since 4 o'clock. (j) Vandana has cooked nice food. (k) Have you finished your work? (l) Has Savita been knitting her sweater for a month? (m) Are they doing my work now? (n) You have kept your promise. (o) They have gone to Simla. (p) The moon has been shining for three hours. (q) He has been known to me since partition. ....

3. निम्नलिखित का अंग्रेजी में अनुवाद कीजिए–

(a) रीता फूल तोड़ती है (to pluck flower.) (b) वह कभी झूठ नहीं बोलता? (to tell a lie.) (c) वे कपड़े नहीं धोते हैं। (d) क्या वे तालाब में तैरते हैं? (pond, to swim) (e) क्या तुम घुमने नहीं जा रही हो? (f) क्या तुमने नाश्ता कर लिया है? (to take breakfast) (g) मैं अपना काम समाप्त कर चुका हूं। (h) क्या वह यहां प्रतिदिन आता है? (i) मैं रोज सैर को नहीं जाता। (j) मैं पहले ही तुमसे कह चुका हूं। (already) (k) क्या तुमने यहां अपने मित्र को कोई समाचार भेजा है? (any) (l) क्या मैंने तुम्हारे पत्र का उत्तर नहीं दिया है? (to reply the letter) (m) तुमने मेरे प्रश्न का जवाब नहीं दिया है। (to answer) (n) क्या आपके भाई परीक्षा दे रहे है? (to take the examiniation) (o) दो घंटे से लगातार वर्षा हो रही है। (p) मैं कई दिनों से तुम्हारा इंतजार कर रहा हूं। (q) आप मेरे से क्यों नाराज हैं? (r) क्या तुम पुस्तक समाप्त कर चुके हो? (s) मैं अब वहां नहीं जा रहा। (t) तुम मुझसे पता पूछ सकते हो। (u) राधा तो शाम को रोज मंदिर जाती है। (v) हमें रास्ते का पता नहीं है। (w) तुम रोज कहां जाते हो? (x) गंगा एक पवित्र नदी है। (y) तुम्हारी कलम कहां है? (z) मैं उसका नाम जानता हूं।

4. इनके प्रश्नवाचक रूप लिखिए–

(a) I am right. (b) You are in the wrong. (c) He tells a lie. (d) He speaks the truth. (e) The sun sets in the west. (f) You live somewhere near his house. (g) The stars are shining. (h) Mohan is my brother. (i) They study together. (j) He has been waiting for you. (k) Call him immediately. (l) He is fast asleep in his chair. (m) Come to me in difficulty. (n) The cow has been grazing since evening. (o) The horse has been drawing the cart for five hours. (p) He is lame. (q) You can give me this book for two days. (r) You know his home address. (s) The vegetables are fresh. (t) These tomatoes are rotten.

LESSON FOURTEEN
पाठ चौदह

Past Tense
(पास्ट टेन्स)
भूतकाल

वर्तमान काल की तरह भूतकाल की क्रिया के भी चार रूप हैं–

Past Indefinite *(पास्ट इनडेफनिट) अनियत/अनिश्चित भूतकाल*

हिन्दी में भूतकालिक वाक्यों का अंत 'या', 'ए', 'ई', 'थी', 'थे', 'था' में होता है। अंग्रेजी में प्रत्येक कर्त्ता के साथ चाहे वह एकवचन हो या बहुवचन, क्रिया की दूसरी फॉर्म का प्रयोग करते हैं। नकारात्मक वाक्यों में सब कर्त्ताओं के साथ did not और क्रिया के प्रथम रूप का प्रयोग करते हैं। प्रश्नवाचक वाक्यों में did को वाक्य के सर्वप्रथम रखकर प्रश्नचिह्न लगा देते हैं–

I / we / you / he / she / they	wrote	a letter.
	sang	a song.
	played	a game.
	went	home.

Negative नकारात्मक

I / we / you / he / she / they	did not	write a letter.
		sing a song.
		play a game.
		go home.

Interrogative-Negative नकारात्मक-प्रश्नवाचक

Did	I / we / you / he / she / they	not	write a letter?
			sing a song?
			play a game?
			go home?

Past Continuous *(पास्ट कान्टिनुअस) अपूर्ण भूतकाल–*

अपूर्ण भूतकाल में क्रिया भूतकाल में कार्य जारी होने का ज्ञान कराती है। हिन्दी वाक्यों का अंत इस काल में 'रहा था', 'रही थी', 'रहे थे' में होता है। अंग्रेजी में वाक्य बनाते समय एकवचन He / she / it के साथ was और क्रिया के प्रथम रूप के साथ ing लगाते हैं। बहुवचन I / we / you / they के साथ were और क्रिया के प्रथम रूप के साथ ing लगाते हैं। नकारात्मक वाक्यों में were / was के बहुवचन I / we / you / they के साथ were और क्रिया के प्रथम रूप के साथ ing लगाते हैं। नकारात्मक वाक्यों में were/was के साथ not लगा देते हैं। प्रश्नवाचक वाक्यों में were/was को वाक्य के आरम्भ में रखकर अंत में प्रश्नचिह्न लगाते हैं–

He / she / it / Ram	was	writing a letter. singing a song. playing a game. going home.

Negative नकारात्मक

I / you / we / they	was / were not	writing a letter. singing a song. playing a game. going home.

Interrogative-Negative नकारात्मक-प्रश्नवाचक

Was	he / she / it / Ram not	writing a letter? singing a song? playing a game? going home?
Was / Were	I / you / we / they not	writing a letter? singing a song? playing a game? going home?

Past Perfect (पास्ट परफैक्ट) पूर्ण भूतकाल

इस काल में क्रिया कार्य के भूतकाल में हो चुकने का बोध कराती है। हिन्दी वाक्य चुका था/थी, चुके थे, लिया/था, लिये थे से समाप्त होते हैं। एकवचन और बहुवचन सब कर्ताओं के had और क्रिया का तीसरा रूप प्रयोग करते हैं। नकारात्मक वाक्यों में had not लगाते हैं। प्रश्नवाचक वाक्यों में had को वाक्य के प्रारम्भ में रखकर अंत में प्रश्नवाचक चिह्न लगाते हैं–

I / we / you / they / he / she / Ram	had	written a letter. sung a song. played a game. gone home.

Negative नकारात्मक

I / we / you / they / he / she / Ram	had not	written a letter. sung a song. played a game. gone home.

Interrogative-Negative नकारात्मक-प्रश्नवाचक

Had	I / we / you / they / he / she / Ram not	written a letter. sung a song. played a game. gone home.

Past Perfect Continuous (पास्ट परफैक्ट कॉन्टिनुअस) पूर्णात्मक अपूर्ण भूत

इस काल में क्रिया से कार्य के भूतकाल में प्रारम्भ होकर भूतकाल में ही जारी रहने का बोध होता है। हिन्दी वाक्यों के अंत में रहा था, रहीं थी, रहे थे आते हैं। अंग्रेजी वाक्यों में had been और क्रिया के प्रथम रूप के साथ ing का प्रयोग सभी वचनों में होता है तथा दिए गए निश्चित समय के लिए since और अनिश्चित समय के लिए for का प्रयोग

होता है। नकारात्मक वाक्यों में had और been के बीच not लगाते हैं। प्रश्नवाचक वाक्यों में had वाक्य के सबसे पहले स्थान पर रखकर अंत में प्रश्न चिह्न लगाते हैं।

		writing a letter	since morning
I / we / you / they	had been	singing a song	
he / she / it / Ram		playing a game	for 2 hours.
		going home	

Negative नकारात्मक

		writing a letter	since morning.
I / we / you / they	had not been	singing a song	
he / she / it / Ram		playing a game	for 2 hours.
		going home	

Interrogative-Negative प्रश्नवाचक-नकारात्मक

			writing a letter	since morning.
Had	I / we / you / they	not been	singing a song	
	he / she / it / Ram		playing a game	for 2 hours.
			going home	

अब नीचे भूतकाल के चारों प्रकार के मिले-जुले वाक्य दिए जाते हैं। इनका ध्यानपूर्वक मनोयोग से अध्ययन कीजिए–

(1) Hari helped me a lot. (हरि हैल्प्ड मी ए लॉट।)	हरी ने मेरी बड़ी मदद की।
(2) They went straight there. (दे वेंट स्ट्रेट देअर।)	वह सीधे वहां गए।
(3) Did you not hear the bell? (डिड यू नॉट हिअर द बेल?)	क्या तुमने घंटी नहीं सुनी?
(4) Did they ask you your address? (डिड दे आस्क यू योर एड्रेस?)	क्या उन्होंने तुमसे तुम्हारा पता पूछा?
(5) Why did you not go there? (व्हाइ डिड यू नाट गो देअर?)	तुम वहां क्यों नहीं गए?
(6) Did you go for a walk in the morning? (डिड यू गो फॉर ए वॉक इन द मॉर्निंग?)	क्या तुम प्रातः सैर को गए?
(7) Did Sarla not wash her clothes? (डिड सरला नॉट वॉश हर क्लॉथ्ज?)	क्या सरला ने अपने कपड़े नहीं धोये?
(8) Did Ratan abuse me before you? (डिड रतन एब्यूज मी बिफोर यू?)	क्या रतन ने मुझे तुम्हारे सामने गाली दी?
(9) He was going to college in the evening. (ही वाज गोइंग टु कॉलेज इन द इवनिंग।)	वह संध्या को कॉलेज जा रहा था।
(10) Were you taking rest at that time? (वर यू टेकिंग रेस्ट ऐट दैट टाइम?)	क्या उस समय तुम आराम कर रहे थे?
(11) They were busy with their work. (दे वर बिजि विद देअर वर्क।)	वे अपने काम में व्यस्त थे।
(12) I was looking for your father. (आइ वाज लुकिंग फॉर योर फादर।)	मैं आपके पिताजी को तलाश कर रहा था।

(13) The dogs were barking at the beggar. कुत्ते भिखारी पर भूंक रहे थे।
(द डॉग्स वर बार्किंग ऐट द बेगर।)

(14) They had gone for tea before you came. तुम्हारे आने से पहले वे चाय के लिए जा चुके थे।
(दे हैड गोन फॉर टी बिफोर यू केम।)

(15) I had not seen this girl before. मैंने यह लड़की पहले नहीं देखी थी।
(आई हैड नॉट सीन दिस गर्ल बिफोर।)

(16) Had you reached the station before the train left? क्या तुम गाड़ी छूटने से पहले स्टेशन पहुंच चुके थे?
(हैड यू रीच्ड द स्टेशन बिफोर द ट्रेन लैफ्ट?)

(17) My mother had got up before the cock crew. मेरी मां मुर्गे के बांग देने से पहले उठ चुकी थी।
(माई मदर हैड गॉट अप बिफोर द कॉक क्रू।)

(18) You had been playing football since 3 o'clock. तुम तीन बजे से फुटबॉल खेल रहे थे।
(यू हैड बीन प्लेइंग फुटबॉल सिंस 3 'ओ क्लॉक।)

(19) Had the kites been flying in the sky since morning? क्या आकाश में सुबह से पतंगें उड़ रही थीं?
(हैड द काइट्स बीन फ्लाईंग इन द स्काई सिंस मार्निंग?)

(20) Latif had not been living in Delhi since 1970. 1970 से लतीफ दिल्ली में नहीं रह रहा था।
(लतीफ हैड नॉट बीन लिविंग इन डेल्ही सिंस 1970.)

(21) Had he not been playing on flute since night? क्या वह रात से बंशीवादन नहीं कर रहा था?
(हैड ही नॉट बीन प्लेइंग ऑन फ्लूट सिंस नाइट?)

(22) Jai had lived in England for ten years. जय इंग्लैंड में दस वर्ष रह चुका था।
(जय हैड लिव्ड इन इंग्लैंड फॉर टेन ईयर्स।)

(23) His sister had been invalid all her life. उसकी बहिन जीवनभर बीमार रही थी।
(हिज सिस्टर हैड बीन इनवेलिड ऑल हर लाइफ)

(24) Had you not gone to the library in the afternoon? क्या तुम दोपहर पुस्तकालय नहीं गये?
(हैड यू नाट गॉन टु द लाइब्रेरी इन द आफ्टरनून?)

(25) Had he closed his shop before time? क्या उसने समय से पूर्व दुकान बन्द कर दी थी?
(हैड ही क्लोज्ड हिज शॉप बिफोर टाइम?)

Exercise for Revision अभ्यास करने योग्य

1. रिक्त स्थानों में उचित क्रियारूप भरिए–

The cold wind......(to blow) (b)......he present in the class? (to be) (c) ......you busy in your work yesterday? (to be) (d) I did not......there in the night. (to go) (e) ......you sing loudly in the room? (do) (f) ......you not go to see the match? (do) (g) Were they not......in the ground? (to play) (h) What......you reading then? (to be) (i) Had you not......to your aunt's house? (to be) (j) Had he not......you till Tuesday? (to meet) (k) He had already......for the job. (to apply) (l) I......not......any letter from him. (to receive) (m) Had you not......your lunch when I came? (to take) (n) The thief had......before the police came. (to flee) (o) He......to see her yesterday. (to go.) (p) Did you...... milk before going to bed? (to take)

LESSON FIFTEEN
पाठ पन्द्रह

Future Tense
(फ्यूचर टेन्स)
भविष्यत् काल

Future Indefinite *(फ्यूचर इनडेफनिट) अनिश्चित भविष्यत् काल*

इस काल के हिन्दी वाक्यों के अंत में गा, गे, गी आते हैं। प्रथम पुरुष I और we के साथ shall, द्वितीय और तृतीय पुरुषों के साथ चाहे कोई भी वचन हो, will का प्रयोग करते हैं तथा क्रिया का प्रथम रूप काल में लेते हैं। यदि निश्चयात्मक और अनिवार्यता प्रकट करनी हो तो I, we के साथ will और you / he / she / they के साथ shall का प्रयोग करते हैं। नकारात्मक वाक्यों में shall और will के साथ not लगा देते हैं। प्रश्नवाचक बनाने के लिए कर्ता से पहले shall और will वाक्य के प्रारंभ में रखते हैं–

I / we	shall	go tomorrow. write a letter. sing a song.
You / he / she / they	will	go tomorrow. write a letter. sing a song.

Negative नकारात्मक

I / we	shall not	go tomorrow. write a letter. sing a song.
You / he / she / they	will not	go tomorrow. write a letter. sing a song.

Interrogative-Negative नकारात्मक-प्रश्नवाचक

Shall	I / we	not	go tomorrow. write a letter. sing a song.
Will	You / he / she / they	not	go tomorrow. write a letter. sing a song.

Future Continuous *(फ्यूचर कांटिनुअस) अपूर्ण भविष्य*

इस काल के हिन्दी वाक्यों के अंत में 'रहा होगा', 'रही होगी', 'रहे होंगे', 'हूंगा' शब्द आते हैं। इनमें आने वाले समय में कार्य का जारी रहना प्रकट होता है। अंग्रेजी वाक्यों में I और we के साथ shall be तथा you, he, she, they के साथ will be, यदि वाक्य नकारात्मक हुआ तो shall not be / will not be का प्रयोग करते हैं। प्रश्नवाचक वाक्यों में shall / will को वाक्य के प्रथम स्थान पर रखकर अंत में प्रश्न चिह्न लगाते हैं। क्रिया का ing रूप ही यहां प्रयुक्त होता है–

I / we	shall be	going tomorrow. writing a letter. singing a song.
You / he / she / they	will be	going tomorrow. writing a letter. singing a song.

Negative नकारात्मक

I / we	shall not be	going tomorrow. writing a letter. singing a song.
You / he / she / they	will not be	going tomorrow. writing a letter. singing a song.

Interrogative-Negative नकारात्मक-प्रश्नवाचक

Shall	I / we	not be	going tomorrow? writing a letter? singing a song?
Will	you / he / she / they	not be	going tomorrow? writing a letter? singing a song?

Future Perfect (फ्यूचर परफैक्ट) पूर्ण भविष्यत् काल

इस काल के हिन्दी वाक्यों के अंत में 'चुकेगा', 'चुकेगी', 'चुकेंगे' आते हैं। इसमें भविष्य में दिए हुए समय पर कार्य समाप्त होना दर्शाया जाता है। इस काल में अंग्रेजी वाक्यों में I / we के साथ shall have तथा you / he / she / they के साथ will have लगा कर क्रिया third form (तृतीय रूप) का प्रयोग करते हैं।

नकारात्मक वाक्यों में will / shall के बाद लेकिन have से पहले not लगाते हैं। प्रश्नवाचक वाक्यों में will / shall को वाक्य के प्रारम्भ में प्रयोग करते हैं।

I / we	shall have	gone by tomorrow. written a letter. sung a song.
You / he / she / they	will have	gone by tomorrow. written a letter. sung a song.

Negative नकारात्मक

I / we	shall not	have	gone by tomorrow. written a letter. sung a song.
You / he / she / they	will not	have	gone tomorrow. written a letter. sung a song.

Interrogative नकारात्मक

Shall	I / we	have	gone by tomorrow. written a letter. sung a song.
Will	you / he / she / they	have	gone by tomorrow. written a letter. sung a song.

Future Perfect Continuous (फ्यूचर परफेक्ट कांटिनुअस)

पूर्णात्मक अपूर्ण भविष्यत् काल

इस काल के हिन्दी वाक्यों के अंत में 'रहा हूंगा', 'रहे होंगे', 'रही होगी' आते हैं। इस काल की क्रिया से प्रकट होता है कि कार्य भविष्य में प्रारम्भ होकर कुछ काल तक जारी रहेगा।

अंग्रेजी वाक्यों में I / we के साथ shall have been और you / he / she / they के साथ will have been का प्रयोग करते हैं तथा क्रिया का–ing स्वरूप उपयोग करते हैं। निश्चित समय (Point of time) के लिए since और अनिश्चित समय (period of time) के लिए for का प्रयोग करते हैं।

नकारात्मक वाक्यों में will / shall के पश्चात् और have been से पहले not लगाते हैं।

प्रश्नवाचक वाक्यों में will / shall को वाक्य के प्रारम्भ में रखकर अंत में प्रश्नचिह्न लगा देते हैं।

I / we	shall have been	going tomorrow. writing a letter. singing a song.
You / he / she / they	will have been	going tomorrow. writing a letter. singing a song.

Negative नकारात्मक

I / we	shall not have been	going tomorrow. writing a letter. singing a song.
You / he / she / they	will not have been	going tomorrow. writing a letter. singing a song.

Interrogative नकारात्मक

Shall	I / we	have been	going tomorrow. writing a letter. singing a song.
Will	you / he / she / they	have been	going tomorrow. writing a letter. singing a song.

नीचे भविष्यत्काल के कुछ मिले-जुले नमूने के वाक्य दिए गए हैं। इनका मनोयोग से अध्ययन कीजिए–

He will go. (ही विल गो)	वह जाएगा।
I will write a letter to my mother. (आइ विल राइट्ट ए लेटर टु माई मदर।)	मैं अपनी मां को पत्र लिखूंगा।

They will sing a song. (दे विल सिंग ए सोंग।) — वे एक गीत गायेंगे।

Gopal will always speak the truth. (गोपाल विल ऑलवेज स्पीक द टूथ।) — गोपाल हमेशा सच बोलेगा।

We shall never tell a lie. (वी शैल नेवर टैल ए लाइ।) — हम कभी झूठ नहीं बोलेंगे।

Will they come today? (विल दे कम टुडे?) — क्या वे आज आएंगे?

Will you not write to me? (विल यू नॉट राइट टू मी?) — क्या तुम मुझे नहीं लिखोगे?

Shall we not invite him? (शैल वी नॉट इनवाइट हिम?) — क्या हम उसे आमन्त्रित नहीं करेंगे?

Will you not finish it in two hours? (विल यू नॉट फिनिश इट इन टू आवर्स?) — क्या तुम इसे दो घण्टों में समाप्त नहीं कर लोगे?

We shall be flying kites. (वी शैल बी फ्लाइंग काइट्स।) — हम पतंग उड़ा रहे होंगे।

The child will be crying. (द चाइल्ड विल बी क्राइंग।) — बच्चा रो रहा होगा।

He will be going home tomorrow. (ही बिल बी गोइंग होम टुमारो।) — वह कल घर जा रहा होगा।

Will Ram be looking for me in the crowd? (विल राम बी लुकिंग फार मी इन द क्राउड?) — क्या राम भीड़ में मुझे तलाश कर रहा होगा?

Will my servant not be sweeping the room? (विल माई सरवेंट नॉट बी स्वीपिंग द रुम?) — क्या मेरा नौकर कमरे में झाड़ू नहीं लगा रहा होगा?

Where will they be going tomorrow with them? (वेअर बिल दे बी गोइंग टुमारो विद दैम?) — वे कल उनके साथ कहां जा रहे होंगे?

I shall not be reading a newspaper. (आई शैल नाट बी रीडिंग ए न्यूजपेपर।) — मैं समाचारपत्र नहीं पढ़ रहा हूंगा।

Will you not be playing cricket? (विल यू नॉट बी प्लेइंग क्रिकेट?) — क्या तुम क्रिकेट नहीं खेल रहे होगे?

I shall have finished writing a story. (आइ शैल हैव फिनिश्ड राइटिंग ए स्टोरी।) — मैं कहानी लिखना समाप्त कर चुका हूंगा।

I shall have read this novel by 2 o'clock. (आई शैल हैव रैड दिस नॉवल बाई टू ओ क्लॉक।) — दो बजे तक मैं यह उपन्यास पढ़ चुका हूंगा।

Will you have taken tea by that time? (विल यू हैव टेकन टी बाई दैट टाइम?) — क्या आप उस समय तक चाय पी चुके होंगे?

Will he have come home before the sunset? (विल ही हैव कम होम बिफोर द सन सैट?) — क्या सूरज छिपने से पूर्व वह घर आ चुका होगा?

He will have been playing for two hours. (ही विल हैव बीन प्लेइंग फॉर टू आवर्स) — वह दो घंटे से खेल रहा होगा।

Shall I have been waiting for you since morning? (शैल आई हैव बीन वेटिंग फॉर यू सिंस मार्निंग?) — क्या मैं सुबह से तुम्हारी प्रतीक्षा कर रहा हूंगा?

Will it not have been raining since evening? (विल इट नॉट हैव बीन रेनिंग सिंस इवनिंग?) — क्या शाम से वर्षा नहीं हो रही होगी?

Alok will not have been singing for half an hour.
(आलोक विल नॉट हैव बीन सिंगिंग फॉर हाफ एन आवर)

आलोक आधे घंटे से नहीं गा रहा होगा।

Will the dog not have been barking at the stranger for 15 minutes?
(विल द डॉग नॉट हैव बीन बारकिंग एट द स्ट्रेंजर फॉर 15 मिनिट्स?)

क्या कुत्ता अजनबी की ओर 15 मिनटों से नहीं भौंक रहा होगा?

Exercise for Revision अभ्यास करने योग्य

1. निम्नलिखित का अंग्रेजी में अनुवाद कीजिए–

1. वह तुम्हारे पास आएगा। 2. तुम कल वहां जाओगे। 3. क्या वह तुम्हारी सहायता करेगा? 4. तुम मुझसे कब मिलोगे? 5. मैं वहां नहीं जाऊंगा। 6. रीता कभी देर से नहीं आएगी। 7. क्या हम सैर को जाएंगे? 8. तुम बाग में से फूल नहीं तोड़ेगे (to pluck flowers)। 9. वे यह काम नहीं करेंगे। 10. क्या तुम सभा में भाषण नहीं दोगे? 11. क्या हम खाना नहीं खाएंगे? 12. पक्षी उड़ रहे होंगे। 13. वे सब बातें कर रहे होंगे। 14. मेरा भाई बाजार जा रहा होगा। 15. मैं कल इस समय जयपुर जा रहा हूंगा। 16. क्या तुम पत्र लिख रहे होगे? 17. वे इस समय क्या कर रहे होंगे? 18. बच्चा नींद का आनन्द ले रहा होगा। 19. तुम अपना काम समाप्त कर चुके होगे। 20. क्या मेरे आने से पहले वह नाश्ता कर चुका होगा?

2. निम्नलिखित प्रश्नों का हां में उत्तर दीजिएठ–

Question: Will you come tomorrow? — *Answer:* Yes, I shall come tomorrow.

Will they play the match? — *Answer:*
Will you see your friend tomorrow? — *Answer:*
Shall I go with you? — *Answer:*
Will they be flying kite at this time? — *Answer:*
Shall we be coming from Kashmir on 15th Nov.? — *Answer:*
Will your sister return from the movie? — *Answer:*
Will the play be over by that time? — *Answer:*
Will your sister have gone home? — *Answer:*

LESSON SIXTEEN
पाठ सोलह

Active and Passive Voice
(ऐक्टिव एंड पेसिव वॉइस)
कर्तृ और कर्मवाच्य

1. Rama killed Ravana.

2. Ravana was killed by Rama.

ऊपर एक ही बात को दो तरह से कही गई है–राम ने रावण को मारा और रावण राम द्वारा मारा गया।

लेकिन दोनों में कुछ अंतर स्पष्ट है। पहले वाक्य में कर्ता 'राम' पर बल है और दूसरे में 'रावण' पर। दूसरे वाक्य को इस तरह भी कहा जा सकता है–Ravana was killed रावण मारा गया। यहां रावण का मारा जाना महत्वपूर्ण है, यह नहीं कि किसने मारा।

पहला वाक्य *Active Voice* में है अर्थात् कर्ता राम ने कुछ कार्य किया (रावण को मारा)। दूसरा वाक्य *Passive Voice* में है अर्थात् स्वयं कर्ता passive (निष्क्रिय) है, उसके लिए जैसे कुछ किया गया है।

A. Voice (वाक्य) क्रिया वह रूप है जो यह दर्शाता है कि कर्ता कार्य कर रहा है अथवा वह निष्क्रिय (passive) है। वाक्य का परिवर्तन करने के लिए subject (कर्ता) को object (कर्म) में और object (कर्म) को Subject (कर्ता) में बदल देते हैं। तात्पर्य यह है कि कर्तृ वाच्य (Active Voice) में कर्ता प्रधान होता है और कर्म वाच्य (Passive Voice) में कर्म प्रधान हो जाता है।

B. कर्तृ से कर्म वाच्य बनाते समय क्रिया का तीसरा रूप प्रयुक्त होता है। नए object के साथ by का प्रायः प्रयोग करते हैं। ऐसा करते समय एक अतिरिक्त सहायक क्रिया भी प्रायः वाक्य में और आ जुड़ती है। continuous tense में सहायक क्रिया और मुख्य क्रिया के बीच being शब्द का प्रयोग करते हैं, जैसे–

1. He is playing football. (Active Voice)
   Football is being played by him. (Passive Voice)
2. Malti was writing a letter. (Active Voice)
   A letter is written by Malti. (Passive Voice)

C. यदि कर्म (object) दो हो तो कोई भी कर्म कर्ता के रूप में बदला जा सकता है, जैसे–

1. English is taught to us by him. (Active Voice)
   We are taught English by him. (Passive Voice)

D. जब वाक्य who-whom से प्रारम्भ हो तो Passive Voice में who को By whom में और whom को who में बदल देते हैं, जैसे–

1. Who teaches you English? (Active Voice)
   By whom are you taught English? (Passive Voice)
2. Whom do you consider fit? (Active Voice)
   Who is considered fit by you? (Passive Voice)

E. कई बार by के स्थान पर preposition का प्रयोग होता है, जैसे–

1. His attitude irritates me. (Active Voice)
   I am irritated at his attitude. (Passive Voice)

F. आदेशात्मक और प्रार्थनापरक वाक्यों को (Passive Voice) में बदलते समय वाक्य की प्रकृति एवं अर्थ के अनुसार let, requested, advised, should शब्दों का प्रयोग करते हैं, जैसे–

(Active Voice)	*(Passive Voice)*
Order a dish.	Let a dish be ordered.
Do this work.	Let this work be done.
Enter by this door.	You are requested to enter by this door.
Don't believe a liar.	A liar should not be believed.
Obey your elders.	You are advised to obey your elders.

अब नीचे दिए वाक्यों को ध्यानपूर्वक पढ़कर Change of Voice (वाच्य परिवर्तन) का अभ्यास कीजिए, फिर कहीं भी पीछे नहीं रहेंगे।

	Active Voice	***Passive Voice***
1.	The people chose him leader. (द पीपुल चोज हिम लीडर) लोगों ने उसे नेता चुना।	He was chosen leader by the people. (ही वाज चोजन लीडर बाई द पीपुल) वह लोगों द्वारा नेता चुना गया।
2.	Who taught you to sing? (हू टॉट यू टु सिंग?) तुम्हें गाना किसने सिखाया?	By whom were you taught to sing? (बाई हूम वर यू टॉट टु सिंग?) किसके द्वारा तुम्हें गाना सिखाए गए?
3.	The President gave him a reward. (द प्रेसिडेंट गेव हिम ए रिवार्ड) प्रधान ने उसे पुरस्कार दिया।	He was given a reward by the President. (ही वाज गिवन ए रिवार्ड बाई द प्रेसिडेंट) उसे प्रधान द्वारा पुरस्कार दिया गया।
4.	I bought my sister a book. (आइ बॉट माई सिस्टर ए बुक) मैंने अपनी बहिन के लिए एक पुस्तक खरीदी।	A book was bought by me for my sister. (ए बुक वाज बॉट बाई मी फॉर माई सिस्टर) मेरी बहिन के लिए मेरे द्वारा एक पुस्तक खरीदी गई।
5.	He invited us to a party. (ही इनवाइडेड अस टु ए पार्टी) उसने हमें एक पार्टी में आमंत्रित किया।	We were invited to a party by him. (वी वर इनवाइटेड टु ए पार्टी बाई हिम।) हम उसके द्वारा एक पार्टी में आमंत्रित थे।
6.	Pay the amount today. (पे द अमाउण्ट टुडे) आज वह राशि दे देना।	Let the amount be paid today. (लेट द अमाउण्ट बी पेड टुडे।) आज राशि दे दी जाए।
7.	We admire the honest. (वी एडमायर द ऑनेस्ट।) हम ईमानदार की प्रशंसा करते हैं।	The honest is admired by us. (द ऑनेस्ट इज एडमायर्ड बाई अस।) ईमानदार हमारे द्वारा प्रशंसित होता है।
8.	Punish the thief. (पनिश द थीफ।) चोर को दंड दो।	Let the thief be punished. (लेट द थीफ बी पनिश्ड।) चोर को दंड दिया जाय।

9. Summon the witness.
(सॅमन द विटनिस)
गवाह को बुलाओ।

Let the witness be summoned.
(लेट द विटनिस बी समंड।)
गवाह को बुलाया जाए।

10. She enjoys singing.
(शी इन्जॉयज सिंगिंग।)
वह गाने का आनन्द लेती है।

Singing is being enjoyed by her.
(सिंगिंग इज बीइंग इन्जॉयड बाइ हर।)
उसके द्वारा गाने का आनन्द लिया जा रहा है।

11. Who taught you such tricks as these?
(हू टॉट यू सच ट्रिक्स एज दीज?)
ये चालाकियां तुम्हें किसने सिखाई?

By whom were you taught such tricks as these?
(बाई हूम वर यू टॉट सच ट्रिक्स एज दीज?)
तुम्हें ये चालाकियां किसके द्वारा सिखाई गई?

12. The boy is climbing the tree.
(द बॉय इज क्लाइम्बिंग द ट्री)
लड़का पेड़ पर चढ़ रहा है।

The tree is being climbed by the boy.
(द ट्री इज बीइंग क्लाइम्ब्ड बाइ द बॉय।)
लड़के द्वारा पेड़ पर चढ़ा जा रहा है।

13. He made his wife do the work.
(ही मेड हिज वाइफ डू द वर्क)
उसने उसकी पत्नी को काम में लगाया।

His wife was made to do the work by him.
(हिज वाइफ वाज मेड टु डू द वर्क बाइ हिम।)
उसकी पत्नी उसके द्वारा काम में लगाई गई।

14. We expect good news.
(वी एक्सपेक्ट गुड न्यूज।)
हम अच्छे समाचार की आशा करते हैं।

Good news is expected by us.
(गुड न्यूज इज एक्सपेक्टेड बाइ अस।)
हमारे द्वारा अच्छे समाचार की आशा की जाती है।

15. I offered him a cup of tea.
(आइ ऑफर्ड हिम ए कप ऑफ टी।)
मैंने उसे एक चाय की प्याली दी।

A cup ot tea was offered to him by me.
(ए कप ऑफ टी वाज ऑफर्ड टु हिम बाइ मी।)
मेरे द्वारा उसे एक चाय की प्याली दी गई।

16. He showed me the greatest respect.
(ही शोड मी द ग्रेटेस्ट रिस्पेक्ट।)
उसने मुझे सर्वाधिक सम्मान दिया।

The greatest respect was shown to me by him.
(द ग्रेटेस्ट रिस्पेक्ट बाज शोन टु मी बाई हिम।)
मुझे उसके द्वारा सर्वाधिक सम्मान दिया गया।

17. It is the time to stop the writing.
(इट इज द टाइम टु स्टॉप द राइटिंग।)
लिखना बंद करने का समय हो गया है।

It is the time for the writing to be stopped.
(इट इज टाइम फॉर द राइटिंग टु बी स्टॉप्ड।)
समय हो गया है लिखाई बंद करने का।

18. Someone has picked my pocket.
(समवन हैज पिक्ड माई पॉकेट)
किसी ने मेरी जेब काट ली है।

My pocket has been picked by someone.
(माई पॉकेट हैज बीन पिक्ड बाइ समवन।)
किसी के द्वारा मेरी जेब काट ली गई है।

19. They found him guilty of murder.
(दे फाउण्ड हिम गिल्टी ऑफ मर्डर।)
उन्होंने उसे हत्या का दोषी पाया।

He was found guilty of murder.
(ही वाज फाउण्ड गिल्टी ऑफ मर्डर।)
वह हत्या का दोषी पाया गया।

20. The hunter shot dead the bird.
(द हन्टर शॉट डेड द बर्ड)
शिकारी ने पक्षी को मार गिराया।

The bird was shot dead by the hunter.
द बर्ड वाज शॉट डेड बाइ द हन्टर।)
पक्षी शिकारी द्वारा मार गिराया गया।

21. Who opened this window?
(हू ऑपन्ड दिस विन्डो?)
यह खिड़की किसने खोली?

By whom was this window opened?
(बाई हूम वाज दिस विन्डो ऑपन्ड?)
यह खिड़की किसके द्वारा खोली गई?

22. The boys laughed at the beggar.
(द बॉयज लाफ्ड एट द बैगर।)
लड़के भिखारी पर हंसे।

The beggar was laughed at by the boys.
(द बेगर वाज लॉफ्ड एट वाइ द बॉयज)
लड़कों द्वारा भिखारी पर हंसा गया।

23. Why you should suspect me?
(वाइ यू शुड सस्पेक्ट मी?)
तुम मुझ पर शक क्यों करते हो?

Why should I be suspected by you?
(वाई शुड आई बी सस्पेक्टेड बाइ यू?)
मुझ पर तुम्हारे द्वारा शक क्यों किया जाना चाहिए?

24. I shall be obliged to bow down.
(आइ शैल बी ऑब्लाइज्ड टु बो डाउन।)
मैं झुकने के लिए विवश हो जाऊंगा।

Circumstances will oblige me to bow down.
(सरकमृस्टेन्सॅज विल ऑब्लाइज मी टु बो डाउन।)
परिस्थितियां मुझे झुकने को विवश कर देंगी।

25. May God grant you long life.
(मे गॉड ग्राण्ट यू लांग लाइफ।)
ईश्वर तुम्हें लम्बी आयु दे।

It is prayed that long life may be granted to you by God. (इट इज प्रेड दैट लांग लाइफ मे बी ग्रांटेड टू यू बाई गॉड।)
प्रार्थना की जाती है कि तुम्हें ईश्वर द्वारा लम्बी आयु दी जाय।

26. What does this pot contain?
(वॉट डज दिस पॉट कन्टेन?)
इस पात्र में क्या है?

What is contained in this pot?
(वॉट इज कन्टेन्ड इन दिस पॉट?)
इस पात्र में क्या रखा है?

27. Call the bearer at once.
(कॉल द बेअरर एट वन्स।)
बैरा को तुरन्त बुलाओ।

Let the bearer be called at once.
(लेट द बेअरर बी कॉल्ड एटवन्स।)
बैरा तुरन्त बुलाया जाना चाहिए।

28. God helps those who help themselves.
(गॉड हैल्पस दोज हू हैल्प देमसेल्वज।)
ईश्वर उन्हीं की सहायता करता है
जो अपनी सहायता स्वयं करते हैं।

Those who are helped by themselves are helped by God.
(दोज हू आर हैल्प्ड बाई देमसेल्व्ज आर हैल्प्ड बाइ गॉड।)
वे जो अपने द्वारा सहायता किए जाते हैं
उनकी ईश्वर द्वारा सहायता की जाती है।

29. Please repeat the question.
(प्लीज रिपीट द क्वेश्चन)
कृपया प्रश्न दोहरायें।

You are requested to repeat the question.
(यू आर रिक्वेस्टेड टु रिपीट द क्वेश्चन।)
आपको प्रश्न दोहराने की प्रार्थना की जाती है।

30. Do you not like it?
(डू यू नॉट लाइक इट?)
क्या आपको यह पसंद नहीं है?

Is it not liked by you?
(इज इट नॉट लाइक्ड बाई यू?)
क्या यह तुम्हारे द्वारा पसंद नहीं किया गया?

31. Why do you make a noise?
(वाइ डू यू मेक ए नॉइज?)
आप शोर क्यों मचाते हैं?

Why is noise made by you?
(वाइ इज नॉइज मेड बाइ यू?)
आप द्वारा शोर क्यों मचाया जाता है?

32. Was he speaking the truth?
(वाज ही स्पिकिंग द ट्रूथ?)
क्या वह सच बोल रहा था?

Was the truth being spoken by him?
(वाज द ट्रूथ बीइंग स्पोकन बाइ हिम?)
क्या उसके द्वारा सत्य बोला जा रहा था?

Exercise for Revision
अभ्यास करने योग्य

1. निम्नलिखित को Passive Voice में लिखिए–

1. She is singing a song.
2. They will play football.
3. Who will teach you Civics?
4. Are you doing sums?
5. Have you done your work?
6. Help the poor.
7. Chide the naughty boy.
8. Please don't smoke in the room.
9. Offer him a chair to sit on.
10. Do you know him?
11. It is time to shut the shop.
12. Our teacher taught us this.
13. They had lost their way in the forest.
14. Who teaches you?
15. May I help you?
16. You need not see her.
17. Why has he called you?
18. My aunt told me an interesting story.
19. The cat killed the mouse.
20. Somebody has stolen my book.
21. They say it.
22. They are building a dam.
23. He gave me a pen.
24. Prasad wrote Kamayani.
25. My brother saw her.
26. Who invented radio.

2. निम्नलिखित को Active Voice में लिखिए–

1. The book was written by Sukhbir.
2. I was influenced by his hard work.
3. He was made monitor by the teacher.
4. By whom was this watch stolen?
5. The Taj was built by Shahjahan.
6. The electric lamp was invented by Edison.
7. I was laughed at by him.
8. Was that name never heard by you?
9. Let the weak be not insulted.
10. Let the bill be paid.
11. He will be elected President.
12. Promises should be kept.
13. A reward was given to him by me.
14. Why is he laughed at by you?
15. Honey was collected by them.

LESSON SEVENTEEN
पाठ सत्रह

Some Adverbs and Conjunctions
(सम ऐडवर्ब्स एण्ड कन्जंक्शन्स)
कुछ क्रिया विशेषण और समुच्चयबोधक

कुछ क्रियाविशेषण 'समुच्चयबोधक' आदि शब्द प्रयोग में कठिनाई पेश करते हैं। प्राय: इनको लेकर बड़ी गलतियां होती देखी जाती हैं। अत: इन्हें यहां विशेष रूप से विद्यार्थियों, पाठकों के लाभ के लिए लिया गया है।

(a) Also/only

इन तीनों शब्दों को लेकर बड़ी गड़बड़ और भ्रम है। इनके उचित उपयोग के अभाव में वांछित अर्थ को बड़ी क्षति पहुंचती है। उदाहरण के लिए ये वाक्य लीजिए–

1. Jogen also wrote a letter to her today.
2. Jogen wrote a letter also to her today.
3. Jogen wrote a letter to her also today.
4. Jogen wrote a letter to her today also.

यहां 'आल्सो' शब्द की भिन्न-भिन्न स्थितियों के कारण एक ही वाक्य के भिन्न-भिन्न अर्थ निकलते हैं। पहले वाक्य का तात्पर्य है–जोगेन ने भी उसे आज एक पत्र लिखा (अर्थात् किसी और ने भी लिखा)। दूसरे का आशय हुआ–जोगेन ने उसे आज एक पत्र भी लिखा (यानी और काम भी किया)। तीसरे का आशय हुआ–जोगेन ने आज उसे भी पत्र लिखा (यानी किसी और को भी।) चौथे का आशय हुआ–जोगेन ने आज भी उसे पत्र लिखा (यानि किसी और दिन भी लिखा था।)

कभी-कभी also का प्रयोग and के अर्थ में करते देखा गया है जो गलत है–We packed shoes, medicine, clothes also our umbrella.

यदि also का प्रयोग ठीक उस शब्द के बाद में किया जाए जिसे वह मॉडिफाई (अर्थ में सीमित) करना है, तो अशुद्धि नहीं होगी। उपर्युक्त वाक्यों में also क्रमश: Jogen / a letter / to her / और today को modify करता है।

इसके विपरीत only (ओन्लि) का प्रयोग उस शब्द से जिसे मॉडिफाई किया जाता है, पहले होना चाहिए–

1. Only Gulshan gave me a book, अर्थात् केवल गुलशन ने मुझे पुस्तक दी (किसी अन्य व्यक्ति ने नहीं)।
2. Gulshan only gave me a book, गुलशन ने मुझे केवल दी एक किताब; (दी, बेची नहीं)
3. Gulshan gave only me a book, गुलशन ने केवल मुझे पुस्तक दी (किसी और को नहीं)।
4. Gulshan gave me only a book, गुलशन ने मुझे केवल एक पुस्तक दी (पुस्तक के अलावा और कुछ नहीं)।

(b) Even / too

Even (ईवन) और too (टू) दोनों 'इसके अतिरिक्त' और 'भी' के अर्थ में प्रयोग किये जाते हैं। लेकिन दोनों में एक सूक्ष्म अन्तर है जिसे समझ लेना आवश्यक है। even में 'इसके अतिरिक्त' के साथ-साथ एक आश्चर्य का भाव भी विद्यमान रहता है। कुछ ऐसा जो अप्रत्याशित है, जिसकी आशा नहीं थी–

1. Even Sheela was there. अर्थात् शीला भी अन्य व्यक्तियों के अतिरिक्त वहां पर उपस्थित थी और इसकी कोई आशा नहीं थी। अत: आश्चर्य की बात है। इसी तरह ये वाक्य–

2. Ramesh will even sing a song if you ask, रमेश अन्य काम करने के अतिरिक्त तुम्हारे कहने पर गायेगा भी, यह तुम्हारे लिए आश्चर्य की बात हो सकती है।

'ईवन' जिस शब्द को रेखांकित करता है उससे पहले आता है और 'टू' सामान्यत: बाद में। Too में 'इसके अतिरिक्त' का भाव तो होता है लेकिन अप्रत्याशित और आश्चर्य का नहीं–

3. We too will do what we can for you. (वी टू विल डू वॉट वी कैन फॉर यू) हम भी तुम्हारे लिए जो कुछ कर सकते हैं करेंगे और लोग तो करेंगे ही।
4. They brought their families too. (दे ब्राट देअर फैमिलीज टू) वे अपने परिवारों को भी ले आए। अपने दोस्तों वगैरह को तो लाये ही।
5. The children read the play. They acted it too. (द चिल्ड्रेन रैड द प्ले। दे एक्टेड इट टू)। बच्चों ने नाटक पढ़ा। उन्होंने इसे खेला भी।

(c) Either...or

Either ... or अन्योन्याश्रयी (co-relatives) है और दो विकल्पों के बीच चुनाव पेश करते हैं। जब दो एकवचन के कर्त्ता इनसे जुड़े हों तो एकवचन की क्रिया होती है, जब दो बहुवचन के कर्त्ता, तो क्रिया बहुवचन। लेकिन जब दोनों कर्त्ताओं में से एक एकवचन और दूसरा बहुवचन, तो क्रिया बाद वाले कर्त्ता के अनुसार होता है।

1. Either the President or his Cabinet-members are to blame. — या तो राष्ट्रपति या उसके मंत्रिमंडलीय सदस्यों का दोष है।
(आइदर द प्रेसिडेन्ट ऑर हिज केबिनेट मैम्बर्स आर टु ब्लेम)
2. Either the doctor or the nurse should be there. — या तो डाक्टर या नर्स वहां होनी चाहिए।
(आइदर द डॉक्टर और द नर्स शुड बी देअर।)
3. Either the teacher or the students know it. — या तो अध्यापक या विद्यार्थियों को इसका पता है।
(आइदर द टीचर ऑर द स्ट्यूडेन्ट्स नो इट।)

(d) Neither...nor

Neither ... or स्वीकारात्मक वाक्य बनाते हैं तो neither ... nor नकारात्मक। इसमें दूसरे नकारात्मक शब्द वाक्यों का एक समूह होता है। Neither ... nor वाले वाक्यों में कर्ता और सहायक क्रिया का क्रम दूसरे वाक्यांशों में आकर उलट जाता है।

1. Saguni has neither long hair, nor does he smoke. — सगुनी के न तो लम्बे बाल हैं और न वह धूम्रपान करता है।
(सगुनी हैज नाइदर लांग हेअर नॉर डज ही स्मोक।)
2. Neither did he touch it, nor did he taste it. — न तो उसने इसे छुआ, और न ही उसने चखा।
(नाइदर डिड ही टच इट, नॉर डिड ही टेस्ट इट।)

ऊपर के दोनों वाक्यों के दूसरे वाक्यांशों में कर्त्ता और क्रिया (सहायक) का क्रम बदल गया है। पहले सहायक क्रियाएं does और did आए हैं और बाद में कर्त्ता he जहां सहायक क्रिया नहीं होती यह परिवर्तन नहीं होता।

3. Neither Suresh nor his friend plays in this match. — न सुरेश और न उसका मित्र इस मैच में खेल रहा है।
(नाइदर सुरेश नॉर हिज फ्रेन्ड प्लेज इन दिस मैच।)
4. Neither you, nor I, nor anyone else knows the answer. — न तुम, न मैं, न और कोई इसका उत्तर जानता है।
(नाइदर यू, नॉर आई, नॉर एनीवन एल्स नोज द आन्सर।)

5. Neither my wife, nor I am going. (नाइदर माई बाइफ नॉर आई एम गोइंग।) — न तो मेरी पत्नी, न मैं जा रहा हूं।

(e) Whether... or

जब Whether ... or का प्रयोग करते हैं तो or के बाद प्राय: not आता है–

1. I don't know whether he will come or not. (आई डॉण्ट नो वेअदर ही विल कम ऑर नॉट।) — मुझे पता नहीं वह आएगा या नहीं।
2. I must start whether it rains or not. (आई मस्ट स्टार्ट वेअदर इट रेन्स ऑर नॉट।) — वर्षा होती है या नहीं मुझे रवाना होना चाहिए।
3. He will reach there whether they come or not. (ही विल रीच देअर वेअदर दे कम और नॉट।) — वह वहां पहुंचेगा चाहे वे आते हैं या नहीं।

(f) Not only ... but also

Not only... but also दो वाक्यों को जोड़ते हैं। इनसे वाक्य में आश्चर्य-भावना का समावेश हो जाता है। दूसरे वाक्यांश में also द्वारा यह स्पर्श और ज्यादा होता है। Not only को वाक्य के पहले रखकर नाटकीय प्रभाव प्राप्त किया जा सकता है। ऐसी दशा में कर्ता सहायक क्रिया के बाद आता है–

1. Not only did Ranjan insult him, but he also slapped him. (नॉट ओनली डिड रंजन इनसल्ट हिम, बट ही आल्सो स्लेप्ड हिम।) — रंजन ने उसका अपमान ही नहीं किया बल्कि उसने उसे चांटा भी मारा।
2. He is not only rich, but he is also wise. (ही इज नॉट ओन्ली रिच, बट ही इज ऑल्सो वाइज।) — वह केवल धनी ही नहीं, बुद्धिमान भी है।
3. Randhir has been outstanding not only in games, but also he has been so in his studies. (रणधीर हैज बीन आउटस्टैंडिंग नॉट ओन्ली इन गेम्स, बट ऑल्सो ही हैज बीन सो इन हिज स्टडीज।) — रणधीर केवल खेलों में ही बढ़ा-चढ़ा नहीं रहा, बल्कि वह अपनी पढ़ाई में भी ऐसा ही रहा।

(g) Hardly / scarcely

दोनों नकारात्मक शब्द हैं और इनके साथ किसी नकारात्मक शब्द का प्रयोग नहीं किया जाना चाहिए। जब ये वाक्य के प्रारंभ मे आते हैं, तो सहायक क्रिया कर्ता से पहले आती है। दोनों के साथ when, before लगाते हैं!

1. Hardly had I left before it rained. (हार्डली हैड आई लेफ्ट बिफोर इट रेन्ड।) — अभी मैं गया ही था कि वर्षा हो गई।
2. They had scarcely reached the station before the train left. (दे हैड स्केर्सली रीच्ड द स्टेशन विफोर द ट्रेन लेफ्ट।) — वे अभी स्टेशन पहुंचे ही थे कि गाड़ी छूट गई।
3. I can scarcely ignore his views. (आई कैन स्केर्सली इगनॉर हिज व्यूज।) — मैं उसके विचारों की अनदेखी नहीं कर सकता।

वह कठोर परिश्रम करता है के लिए– He works hardly कहना सर्वथा गलत है। इसका मतलब तो हुआ वह परिश्रम नहीं करता है। सही वाक्य है–He works hard.

(h) And so forth/ and so on/ etc.

Etc, (et cetera) का मतलब भी 'and so forth', 'and the rest', और 'others' ही होता है। And so forth और and so on का मिला-जुला रूप है– and so on and so forth. वाक्य के अन्त में जहां यह दर्शाना हो कि वाक्य में आये शब्दों, उदाहरणों की सूची समाप्त नहीं हो गई है, इन शब्दों का उपयोग किया जाता है। (Et cetera) (इट्सेटरा) इत्यादि के साथ and का प्रयोग अशुद्ध है। यह वाक्य–

He took his clothes, books, papers and etc. गलत है। यह इस प्रकार होना चाहिए–

He took his clothes, books, papers etc.

And so on and so forth का प्रयोग etc. की अपेक्षा अधिक औपचारिक है और प्राय: बातचीत में प्रयोग होता है।

(i) Let alone

Let alone (लैट अलोन) रहने देने के पहले नकारात्मक शब्द का प्रयोग करते हैं–

1. I have not even seen her, let alone talking. — मैंने उसे देखा भी नहीं है, बात करने की तो जाने दो।
   (आइ हैव, नॉट ईवन सीन हर, लैट अॅलोन टाकिंग।)

(j) No sooner ... than although...yet lest... should/rather than/ no less than/ too... to

उपर्युक्त परस्पर पूरक और अन्योन्याश्रित (co-relatives) शब्द-प्रयोगों के उदाहरण यहां दिए जाते हैं। इन्हें ध्यान से पढ़कर अभ्यास कीजिए–

1. No sooner did the teacher leave than the students started making a noise. — ज्योंहि अध्यापक गया विद्यार्थियों ने शोर मचाना शुरू किया।
   (नो सूनर डिड द टीचर लीव दैन द स्ट्यूडैन्ट्स स्टार्टेड मेकिंग ए नॉइज।)
2. Although, he is hardworking yet he is dull. — यद्यपि वह परिश्रमी है, लेकिन मंदबुद्धि है।
   (ऑलदो ही इज हार्डवर्किंग यट ही इज डल।)
3. Work hard lest you should fail. — कठोर परिश्रम करो, ऐसा न हो कि तुम असफल रहो।
   (वर्क हार्ड लेस्ट यू शुड फेल।)
4. No less a person than the head of the firm has seen him doing it. — फर्म के प्रधान जैसे व्यक्ति ने उसे ऐसा करते देख लिया है।
   (नो लैस ए परसन दैन द हेड ऑफ द फर्म हैज सीन हिम डूइंग इट।)
5. He is too weak to walk. — वह इतना कमजोर है कि चल नहीं सकता।
   (ही इज टू वीक टु वाक।)
6. He would rather starve than beg. — वह भूखे मर जायेगा पर मांगेगा नहीं।
   (ही वुड रादर स्टार्व दैन बेग।)

Exercise for Revision
अभ्यास करने योग्य

कोष्ठक में दिए गए शब्दों में से उचित शब्द रिक्त स्थान में भरिए–

1. I was surprised to see that .... she was present. (too/even)
2. He gave the boy a pen and pencil .... (too/even)
3. Either he .... his sister will come. (or/nor)
4. .... you or your servent will do this. (Either/Neither)
5. He has .... book nor a pen to write with. (either/neither)
6. Do you know .... he is honest or not. (whether/nor)
7. .... it rains or not who can say. (whether/either)
8. They are .... hard working but also regular. (not only/rather than)
9. You had .... come when it started raining. (hardly/shortly)
10. He had hardly reached the bus-stop .... the bus left. (when/ than/before)
11. Although he is rich .... he is unhappy. (yet/but)
12. Work carefully lest .... you make mistakes. (should/would)
13. Be quick .... you should miss the bus. (least/lest)
14. He is .... young to do such a crime. (too/to)
15. I .... rather resign than submit. (should/would)
16. He neither speaks .... writes. (or/nor)
17. He is working .... to get first division. (hard/hardly)
18. Hardly had he reached home .... his father came. (when/then/before)
19. No sooner did the mother go .... the child began. (then/than)

LESSON EIGHTEEN
पाठ अठारह

Preposition
(प्रीपोजिशन)
पूर्वसर्ग

अंग्रेजी वाक्य-रचना Preposition का बड़ा महत्व है। Preposition वे शब्द हैं जो संज्ञा या सर्वनाम या संज्ञार्थक अन्य शब्द में संबंध दर्शाते हैं। प्राय: इनका प्रयोग संज्ञा, सर्वनाम आदि के पहले किया जाता है लेकिन अंत में या पहले भी आ सकते हैं। Preposition शब्द का अर्थ ही है पहले रखा गया-पूर्व सर्ग।

पूर्वसर्ग मोटे तौर पर दो तरह के होते हैं– **Simple** (सरल) और **Complex** (जटिल) Above/after/ among/ as/at/before/behind/below/beside/between/beyond/but/by/down/for/from/in/inside/of/off/on/upon/out/ over/past/since/then/through/to/towards/under/until/till/up/with/within/without कुछ महत्वपूर्ण Simple Prepositions हैं।

कुछ Complex Prepositions हैं– Out of/ together with/ up to/ due to/ because of/ by means of/ instead of / in the light of/ as a result of/ in case of/ in view of/ inspite of/ in front of / in favour of/ in place of/ in contact with/ by means of/ on account of/ on behalf of/ in addition to/ for the sake of etc.

Simple prepositions बहुत महत्वपूर्ण हैं। इनके बिना तो काम चलना असंभव ही है। इनको इनकी प्रकृति और कार्य के अनुसार समय, स्थान, विधि, कारण, स्थिति सूचक वर्गों में भी रखा जा सकता है।

स्थान-सूचक

across/ among/ at/ before/ behind/ below/ beside/between/ by/ from/ into/ on/ through to/ towards/ under/ up etc.

(a) He ran **across** the road in hurry. — वह उतावली में सड़क के उस पार भागा।
(ही रेन एक्रॉस द रोड इन हरि।)

(b) They divided the things **among** themselves. — उन्होंने चीजें आपस में बांट लीं।
(दे डिवाइडेड द थिंग्स अमांग देमसेल्व्ज।)

(c) Shyam stood **at** the door. — श्याम दरवाजे पर खड़ा था।
(श्याम स्टुड एट द डोर।)

(d) Don't stand **behind** me. — मेरे पीछे मत खड़े रहो।
(डोण्ट स्टेण्ड बिहाइन्ड मी।)

(e) Water is found **below** the surface of the earth. — पानी पृथ्वी की सतह के नीचे पाया जाता है।
(वाटर इज़ फाउण्ड बिलो द सरफेस ऑफ द अर्थ।)

(f) Sita sat **beside** Ram. — सीता राम की बगल में बैठी थी।
(सीता सैट बिसाइड राम।)

(g) **Between** Delhi and Chandigarh is Ambala. — दिल्ली और चंडीगढ़ के बीच में अम्बाला है।
(बिटवीन डेल्ही एण्ड चण्डीगढ़ इज़ अम्बाला।)

(h) He was standing **by** his brother. — वह अपने भाई के पास खड़ा था।
(ही वाज़ स्टेंडिंग बाइ हिज़ ब्रदर।)

(i) Apples come **from** Simla and Kashmir. — सेब शिमला और कश्मीर से आते हैं।
(ऐपल्स कम फ्रॉम शिमला एण्ड कश्मीर।)

(j) The ball fell **into** the well. — गेंद कुएं में जा गिरी।
(द बॉल फैल इनटु द वैल।)

(k) The book was found **on** the table. — पुस्तक मेज पर पाई गई।
(द बुक वॉज फाउण्ड ऑन द टेबल)

(l) The procession marched **through** the lanes of the twon. — जुलूस शहर की गलियों में होकर मार्च करता हुआ गया।
(द प्रोसेशन मार्च्ड थ्रू द लेन्स आफ द टाउन।)

(m) His house stands **at** the end of the town. — उसका मकान कसबे के छोर पर है।
(हिज हाउस स्टेंड्स ऐट द एण्ड आफ द टाउन।)

(n) The child was hiding **under** the table. — बच्चा मेज के नीचे छिपा हुआ था।
(द चाइल्ड वाज़ हाइडिंग अन्डर द टेबल।)

(o) He climbed **up** the tree. — वह पेड़ पर चढ़ गया।
(ही क्लाइम्ब्ड अप द ट्री।)

(p) The monkey jumped **upon** the roof. — बन्दर छत पर कूद गया।
(द मंकी जम्प्ड अपॉन द रूफ।)

समय-सूचक

after/ at/ before/ behind/ by/ during/ for/ from/ in/ on/ since/ throughout/ till/ towards/ until/ with/ within.

(a) **After** his defeat he was not seen. — उसकी हार के पश्चात् वह नहीं देखा गया।
(आफ्टर हिज़ डिफीट ही वाज़ नॉट सीन।)

(b) I shall see you **at** the weekend. — मैं तुमसे सप्ताह के अन्त में मिलूंगा।
(आइ शैल सी यू ऐट द वीकएन्ड।)

(c) He reached there **before** me. — वह मेरे से पहले वहाँ पहुँचा।
(ही रीच्ड देअर बिफोर मी।)

(d) The train is running **behind** me. — गाड़ी समय से पीछे चल रही है।
(द ट्रेन इज रनिंग बिहाइन्ड मी।)

(e) **By** the time we were there he had run away. — जब तक हम वहाँ पहुँचे वह भाग चुका था।
(बाइ द टाइम वी वर देअर ही हेड रन अवे।)

(f) I visited Kashmir **during** the summer vacation. — गर्मी के अवकाश में मैं कश्मीर गया था।
(आइ विजिटेड काश्मीर डूरिंग द समर वेकेशन।)

(g) They have settled in America **for** ever. (दे हेव सेटेल्ड इन अमेरिका फॉर एवर।) — वे हमेशा के लिए अमेरिका में बस गए।

(h) I shall be on leave **from** 1st of March. (आइ शैल बी ऑन लीव फ्रॉम फर्स्ट ऑफ मार्च।) — मैं पहली मार्च से अवकाश पर रहूंगा।

(i) In summer, it is pleasant **at** Simla. (इन समर इट इज प्लीसेन्ट एट शिमला।) — ग्रीष्म ऋतु में शिमला बड़ा मजेदार होता है।

(j) My birthday is **on** Monday. (माइ बर्थडे इज ऑन मनडे।) — सोमवार को मेरा जन्मदिन है।

(k) It has been snowing **since** last Tuesday. (इट हेज़ बीन स्नॉइंग सिन्स लास्ट ट्यूज़डे।) — पिछले मंगलवार से बर्फ गिर रही है।

(l) This candle can't last **through** the night. (दिस केन्डल काण्ट लास्ट थ्रू द नाइट।) — यह मोमबत्ती सारी रात नहीं चल सकती।

(m) Deposit the money **till** tomorrow. (डिपोजिट द मनी टिल टूमारो।) — कल तक पैसा जमा करा दें।

(n) Come **towards** evening. (कम टुवार्ड्स ईवनिंग।) — संध्या के समय आना।

(o) He remained king **until** the fall of his empire. (ही रिमेन्ड किंग अन्टिल द फॉल ऑफ हिज एम्पायर।) — वह साम्राज्य के पतन होने तक सम्राट रहा।

(p) He rises from his bed **with** the sun. (ही राइज़ेज फ्रॉम हिज़ बैड विद द सन।) — वह सूरज के साथ ही अपने बिस्तर से उठ खड़ा होता है।

(q) Pay my rent **within** this week. (पे माइ रेन्ट विदीन दिस वीक।) — इस सप्ताह के अन्दर-अन्दर मेरा किराया अदा कर देना।

हेतु, कारण, उद्देश्य-सूचक

for/ of/ from/ through/ with/ etc.

(a) Gandhiji lived and died **for** the good of humanity. (गांधीजी लिव्ड एन्ड डाइड फॉर द गुड ऑफ ह्यूमेनिटी।) — गांधीजी मानवता की भलाई के लिए जिए और मरे।

(b) Many persons died **of** malaria. (मेनी परसन्स डाइड ऑफ मलेरिया।) — बहुत से लोग मलेरिया से मर गये।

(c) He suffers **from** cough. (ही सफर्स फ्रॉम कफ।) — वह खांसी से पीड़ित है।

(d) Did he die **from** fatigue? (डिड ही डाइ फ्रॉम फटीग।) — क्या वह थकान से मर गया?

(e) He did so **through** fear of punishment. (ही डिड सो थ्रू फीयर ऑफ पनिशमेंट।) — उसने दण्ड के भय से ऐसा किया।

(f) We lost the match **through** negligence. (वी लॉस्ट द मैच थ्रू नेगलिजेन्स।) — हम लापरवाही के कारण मैच हार गये।

(g) The child was shivering **with** cold. (द चाइल्ड वाज़ शिवरिंग विद कोल्ड।) — बच्चा सर्दी से कांप रहा था।

साधन, विधि आदि सूचक

at/ by/ through/ with etc.

(a)	I bought this house **at** auction. (आई बाउट दिस हाउस ऐट ऑक्शन।)	मैंने यह घर नीलामी में खरीदा।
(b)	Send it **by** post. (सेन्ड इट बाइ पोस्ट।)	इसे डाक द्वारा भेज दो।
(c)	I usually go **to** office **by** bus. (आई यूजवली गो टू आफिस बाइ बस।)	मैं आमतौर पर दफ्तर बस से जाता हूं।
(d)	He died **by** inches **in** poverty. (ही डाइड बाइ इन्चेज़ इन पॉवर्टी।)	वह गरीबी में तिल-तिल कर मर गया।
(e)	He caught the ball **with** left hand. (ही कॉट द बॉल विद लेफ्ट हैन्ड।)	उसने बाएं हाथ से गेंद पकड़ ली।
(f)	He hit him **with** a stone. (ही हिट हिम विद ए स्टोन।)	उसने उसे पत्थर से मारा।
(g)	The thief killed him **with** an axe. (द थीफ किल्ड हिम विद एन एक्स।)	चोर ने उसकी कुल्हाड़ी से हत्या की।
(h)	I came to know it **through** a friend. (आइ केम टू नो इट थ्रू ए फ्रेंड।)	एक मित्र के द्वारा मुझे इसका पता चला।
(i)	The Rajputs always fought **with** courage. (द राजपूत्स ऑलवेज फॉट विद करेज।)	राजपूत हमेशा हिम्मत से लड़े।
(j)	Work **with** earnestness. (वर्क विद अर्नेस्टनैस।)	मन लगाकर काम करो।
(k)	I drew the map **without** a ruler. (आइ ड्रू द मैप विदाउट ए रूलर।)	बिना पटरी के ही मैंने मानचित्र बना दिया।

संबंध, माप-तौल, दर, मूल्य सूचक

at/ by/ of/ with

(a)	The interest is **at** the rate of five percent. (द इंटरेस्ट इज ऐट द रेट ऑफ फाइव परसेन्ट।)	ब्याज की दर पाँच प्रतिशत है।
(b)	There was no money **on** him. (देअर वाज़ नो मनी ऑन हिम।)	उसके पास बिल्कुल पैसा नहीं था।
(c)	Liquid is sold **by** the litre. (लिक्विड इज सोल्ड बाइ द लीटर।)	द्रव लीटर से बिकता है।
(d)	He is senior to me **by** one year. (ही इज सीनियर टू मी बाइ वन यीअर।)	वह मुझसे एक साल वरिष्ठ है।
(e)	It was ten **by** the tower clock. (इट वाज़ टैन बाइ द टावर क्लाक।)	घंटाघर की घड़ी के हिसाब से दस बजे थे।
(f)	He reached there **by** means of the train. (ही रिच्ड देअर बाइ मीन्स आफ दा ट्रेन।)	वह गाड़ी के माध्यम से वहां पहुंचा।
(g)	The tomb **of** Humayun is a historical place. (द टाम्ब आफ हूमायूं इज ए हिस्टॉरिकल प्लेस।)	हुमायूं का मकबरा एक ऐतिहासिक स्थान है।

(h) The boy **with** the red shirt is my brother. (दा बॉय विद द रेड शर्ट इज माइ ब्रदर।) — लाल कमीज वाला लड़का मेरा भाई है।

(i) The girl **with** the shining face is my friend. (द गर्ल विद द शाइनिंग फेस इज माइ फ्रेन्ड।) — दमकते चेहरे वाली लड़की मेरी मित्र है।

विरोध, छूट, निष्कर्ष, स्रोत, आशयसूचक

after / for/ from/ with etc.

(a) **After** all his efforts he failed. (आफ्टर ऑल हिज एफर्ट्स ही फेल्ड।) — सारे प्रयत्नों के बावजूद वह असफल रहा।

(b) **For** all his wealth he is not happy. (फॉर ऑल हिज वैल्थ ही इज नॉट हैप्पी।) — अपनी सारी संपत्ति के बावजूद वह सुखी नहीं है।

(c) **From** what I know of him, I can say that he is an honest man. (फ्रोम वॉट आइ नो ऑफ हिम, आइ कैन से दैट हि इज एन ओनेस्ट मैन।) — मुझे उसके बारे में जो कुछ पता है, उसके आधार पर मैं कह सकता हूं कि वह एक ईमानदार आदमी है।

(d) Energy comes **from** the sun. (एनर्जी कम्स फ्राम द सन।) — ऊर्जा सूर्य से मिलती है।

(e) This is a line **from** Ramayana. (दिस इज़ ए लाइन फ्राम रामायण।) — यह पंक्ति रामायण से है।

(f) One gains **from** practice. (वन गेन्स फ्रॉम प्रेक्टिस।) — अभ्यास से लाभ होता है।

(g) He comes **from** Bengal. (ही कम्स फ्रॉम बेंगाल।) — वह बंगाली है।

(h) I borrowed the book **from** Gopal. (आइ बोरोड् द बुक फ्रॉम गोपाल।) — मैंने गोपाल से पुस्तक उधार ली।

(i) I am **from** England. (आइ एम फ्रॉम इंगलैंड।) — मैं इंगलैंड से आया हूं।

(j) He will do everything **for** money. (ही विल डू एवरीथिंग फार मनी।) — वह पैसे के लिए सब कुछ कर सकता है।

(k) Everyone ran **for** safety. (एवरीवन रेन फार सेफ्टी।) — प्रत्येक सुरक्षा के लिए भागा।

(l) We took food **for** the journey. (वी टुक फूड फार द जरनी।) — यात्रा के लिए हमने भोजन लिया।

away from/ off/ of/ against/ in spite of/ with reference to/ with regard to/ with the exception of/ but/ about.

(a) Arun is away **from** the city. (अरुण इज अवे फ्रॉम द सिटी।) — अरुण शहर में नहीं है।

(b) The bus is **off** the road. (द बस इज ऑफ द रोड।) — बस सड़क पर नहीं है।

(c) He is out **of** the office. (ही इज़ आउट ऑफ द आफिस।) — वह दफ्तर से बाहर है।

(d) Are you **against** the proposal? — क्या तुम प्रस्ताव के खिलाफ हो?
(आर यू अगेन्स्ट द प्रपोजल?)

(e) I admire him **in spite of** his faults. — उसकी कमियों के बावजूद मैं उसकी प्रशंसा करता हूं।
(आइ एडमायर हिम इन स्पाइट ऑफ हिज फाल्ट्स।)

(f) **With reference to** your letter of 12.XI. 81, I am to say. — आपके 12.XI. 81 के पत्र के संदर्भ में मुझे कहना है।
(विद रेफ्रेंस टु यूअर लैटर आफ 12. XI. 81, आई एम टू से।)

(g) **With regard to** education we have made a great progress. — जहां तक शिक्षा का संबंध है हमने बड़ी उन्नति कर ली है।
(विद रिगार्ड टू एजूकेशन वी हैव मेड ए ग्रेट प्रोग्रेस।)

(h) **With the exception of** Ramesh everyone was present. — वहाँ सब उपस्थित थे, एक रमेश ही अपवाद था।
(विद द एक्सप्शेन ऑफ रमेश एवरीवन वाज प्रैजेंट।)

(i) Everyone was happy **but** he. — उसके अलावा सब प्रसन्न थे।
(एवरीवन वाज हैप्पी बट ही।)

(j) He was telling **about** his journey. — वह अपनी यात्रा के बारे में बता रहा था।
(ही वाज़ टेलिंग अबाउट हिज जर्नी।)

Exercise for Revision अभ्यास करने योग्य

I. रिक्त स्थानों पर सही Preposition भरिए–

(a) Are you satisfied ......my work. (b) We should all aim .... success. (c) I am grateful ... you. (d) Don't associate... him. (e) He proved false.... his friend. (f) This book is full ..... interesting stories. (g) I am quite aware ... his faults. (h) Drinking is injurious .... health. (i) He reminds me.....his brother. (j) They divided the mangoes...... themselves. (k) Divide the sweet ....you two. (l) I have a great regard .... my teachers. (m) He has great influence......the public. (n) You are responsible .....your work. (o) The cat jumped ...... the tub. (p) The book is.... the table. (q) The rat is.....the box. (r) I am prepared......do everything. (s) He will come.....8 o'clock. (t) I acted according........his advice. (u) Have trust.....God and do the right. (v) Let us talk not .....him. (w) He does not care ......his health. (x) Children depend.....their parents. (y) The house was allotted.... me. (z) He is very eager.....promotion.

II. निम्नलिखित का वाक्यों में प्रयोग कीजिए–

(i) famous for (ii) desire (iii) relation with (iv) want of (v) access to (vi) attachment to (vii) objection to (viii) limit to (ix) escape from (x) acceptable to (xi) beneficial to (xii) entitled to (xiii) obedient to (xiv) true to (xv) backward in (xvi) involved in (xvii) accused of (xviii) innocent of (xix) fond of (xx) greedy of (xxi) weary of (xxii) worthy of (xxiii) attend to (xxiv) yield to (xxv) differ from (xxvi) protect from (xxvii) disagree with (xxviii) sympathise (xxix) beware of.

LESSON NINETEEN
पाठ उन्नीस

Comparative and Superlative Words
(कम्पैरेटिव एंड सुपरलेटिव वर्ड्स)
तुलना और सर्वश्रेष्ठता-सूचक/शब्द

विशेषण (adjective) शब्दों को तुलना और सर्वश्रेष्ठता सूचक शब्दों में बदला जा सकता है। इन शब्दों का तुलनात्मक रूप **Comparative** और सर्वश्रेष्ठता सूचक रूप **Superlative** कहलाता है। विशेषणों का मूल रूप **Positive** कहलाता है। हिन्दी में, हम इनको विशेषणों की तीन अवस्थाएं कहकर पुकार सकते हैं।

1. अधिकांश विशेषणों को Positive (प्रथम अवस्था) से Comparative (द्वितीय अवस्था) में बदलने के लिए -er जोड़ा जाता है तथा Superlative (तृतीय अवस्था) में बदलने के लिए -est जोड़ते हैं।

Positive (प्रथम अवस्था)	**Comparative** (द्वितीय अवस्था)	**Superlative** (तृतीय अवस्था)
Bold (बोल्ड) निडर	bolder	boldest
Brave (ब्रेव) साहसी	braver	bravest
Clever (क्लेवर) चालाक	cleverer	cleverest
Fine (फाइन) अच्छा	finer	finest
Great (ग्रेट) महान	greater	greatest
High (हाई) ऊँचा	higher	highest
Kind (काइन्ड) सदय	kinder	kindest
Large (लार्ज) बड़ा	larger	largest
Long (लॉंग) लम्बा	longer	longest
Noble (नॉबल) सज्जन	nobler	noblest
Sweet (स्वीट) मधुर	sweeter	sweetest
Small (स्मॉल) छोटा	smaller	smallest
Tall (टॉल) ऊंचा, लम्बा	taller	tallest
White (वाइट) सफेद	whiter	whitest
Wise (वाइज) बुद्धिमान	wiser	wisest
Young (यंग) जवान, छोटा	younger	youngest
Able (एबल) योग्य	abler	ablest

2. यदि किसी विशेषण के अंत में –y हो और इससे पूर्व व्यंजन हो, तो -y को -i में बदलकर बाद में द्वितीय अवस्था में -er तथा तृतीय अवस्था में -est लगाते हैं।

Easy (ईजी) सरल	easier	easiest
Happy (हैपी) प्रसन्न	happier	happiest

Heavy (हैवी) भारी	heavier	heaviest
Lazy (लेज़ी) आलसी	lazier	laziest
Merry (मैरि) प्रमुदित	merrier	merriest
Wealthy (वेल्दी) धनी	wealthier	wealthiest

3. कुछ विशेषणों में द्वितीय और तृतीय अवस्था के अंतिम वर्ण (व्यंजन) double हो जाता है। यह तब होता है जब अन्तिम वर्ण व्यंजन से पूर्व स्वर हो।

Big (बिग) बड़ा	bigger	biggest
Fat (फैट) मोटा	fatter	fattest
Hot (हॉट) गरम	hotter	hottest
Red (रेड) लाल	redder	reddest
Sad (सैड) उदास	sadder	saddest
Thin (थिन) पतला	thinner	thinnest

4. कुछ विशेषणों को द्वितीय अवस्था में रूपांतरित करने के लिए उनके पहले more लगाते हैं और तृतीय अवस्था में रूपांतरित करने के लिए most.

Beautiful (ब्यूटिफुल) सुन्दर	more beautiful	most beautiful
Courageous (करेजस) साहसी	more courageous	most courageous
Difficult (डिफिकल्ट) मुश्किल	more difficult	most difficult
Industrious (इंडस्ट्रिअस) परिश्रमी	more industrious	most industrious
Learned (लर्नेड) विद्वान	more learned	most learned
Proper (प्रोपर) उचित	more proper	most proper
Splendid (स्प्लेंडिड) शानदार	more splendid	most splendid

5. निम्नलिखित विशेषणों की द्वितीय और तृतीय अवस्थाएं उनकी प्रथम अवस्था के आधार पर नहीं बनती।

Good/well (गुड/वेल) अच्छा	better	best
Bad/evil/ill (बैड/ईविल/इल) बुरा	worse	worst
Little (लिटिल) थोड़ा	less/lesser	least
Much (मच) ज्यादा, मात्रा के लिए	more	most
Many (मेनि) अनेक, संख्या के लिए	more	most
Late (लेट) देर से	later/latter	latest
Old (ओल्ड) पुराना	older/elder	oldest/eldest
Far (फार) दूर	farther	farthest
Fore (फॉर) आगे, सामने (क्रियाविशेषण)	former	foremost
In (इन) अन्दर (क्रियाविशेषण)	inner	innest
Up (अप) ऊपर (क्रियाविशेषण)	upper	uppest
Out (आउट) बाहर (क्रियाविशेषण)	outer/utter	utmost/uttermost/

A. Much/ many/ less/ few Much और less मात्रावाचक शब्द हैं, many और few संख्यावाचक-

How much water is there in the tank? — तालाब में कितना पानी है?
(हाउ मच वाटर इज देअर इन द टेन्क?)

There is less water in the tank. — तालाब में कम पानी है।
(देअर इज लेस वाटर इन द टैंक।)

How many men were present in the meeting? — सभा में कितने आदमी उपस्थित थे?
(हाउ मेनी मेन वर प्रैजेंट इन द मीटिंग?)

Only a few men were present. — केवल थोड़े से आदमी उपस्थित थे।
(ओन्ली ए फ्यू मेन वर प्रैजेंट।)

B. Elder/older; eldest/oldest—Elder और oldest केवल मनुष्य के लिए प्रयुक्त होते हैं। Elder एक ही परिवार के व्यक्तियों के लिए आता है। Elder के बाद than नहीं लगाते-

She is my elder sister. (शी इज माइ एल्डर सिस्टर।) — वह मेरी ज्येष्ठ बहिन है।

Ram is my eldest brother. (राम इज माई एल्डस्ट ब्रदर।) — राम मेरा सबसे बड़ा भाई है।

C. Older और oldest व्यक्ति और वस्तुओं दोनों के लिए प्रयोग में आते हैं-

This is the oldest monument in Delhi. — यह दिल्ली की सबसे पुरानी इमारत है।
(दिस इज द ओल्डेस्ट मोन्यूमेन्ट इन देहली।)

Gauri is older than my sister. — गौरी मेरी बहिन से बड़ी है।
(गौरी इज ओल्डर दैन माई सिस्टर।)

Who is the older man in the village? — गांव में सबसे बूढ़ा कौन है?
(हू इज द ओल्डर मैन इन द विलेज?)

D. Latter/later; latest/last Latter और last का संबंध स्थिति से है। Latter और latest का समय से।

I haven't read the latter poems. — बाद की कविताएं मैंने नहीं पढ़ी।
(आई हैवन्ट रेड द लैटर पोयम्स।)

Last poem was easy. (लास्ट पोइम वाज इजी।) — अंतिम कविता सरल थी।

He came later than I expected. — मैंने जो आशा की थी उससे वह देर से आया।
(ही केम लेटर दैन आइ एक्सपेक्टिड)

What is the latest position? (वॉट इज द लेटेस्ट पोजीशन?) — ताजा स्थिति क्या है?

E. Farther/further/nearest/next Farther और अधिक दूरी का बोध कराता है, further वृद्धि का। Nearest दूरी दर्शाता है, next स्थिति–

He is my next door neighbour. — वह मेरा समीपस्थ पड़ोसी है।
(ही इज माइ नेक्स्ट डोर नैबर।)

The nearest station is five miles away. — निकटतम स्टेशन पांच मील दूर है।
(द नियरेस्ट स्टेशन इज फाइव माइल्स अवे।)

Go farther. (गो फारदर) — और दूर जाओ।

The teacher further said. (द टीचर फर्दर सेड।) — अध्यापक ने आगे कहा।

Exercise for Revision अभ्यास करने योग्य

रिक्त स्थानों में उचित शब्द भरिए। कोष्ठक में दिए गए शब्द/शब्दों का प्रयोग संकेत रूप में कीजिए–

1. June is the......month of the year (hot). 2. How do you do? I am quite.......(good). 3. Iron is...... than any other metal (useful). 4. He is ...... of the two boys. (tall). 5. Gold is......than silver (precious). 6. He departed without saying anything ......(farther/further). 7. This is the ....point. (farther/farthest). 8. Her ....brother studies with me (older/elder). 9. This is the ....monument. (eldest/oldest) 10. Your father is .....than my father. (older/elder) 11. What is the ......news? (last/latest) 12. This is the ....question. (last/latest) 13. Who is ......you or he? (later/latter) 14. Ram and Shyam are brothers. ....is elder to former. (Ram/Shyam).

LESSON TWENTY
पाठ बीस

Transformation of Sentences
(ट्रांसफार्मेशन ऑफ सेन्टेन्सेज)
वाक्य-रूपांतरण

मनुष्य जन्मजात सुन्दरता प्रेमी है। सुन्दरता का एक आधार विविधता भी है। नवीनता में सुन्दरता और आकर्षण दोनों होते हैं। इसीलिए वह अपनी बात नये-नये ढंग से कहता है। एक ही बात को अलग-अलग ढंग से कहने के लिए ही Transformation of sentences जैसी युक्ति का जन्म हुआ। अर्थ वही रहता है लेकिन बाहरी रूप बदल जाता है, जैसे आदमी वही रहे केवल वस्त्र आदि बदल जाय। जिस व्यक्ति को अपनी बातें कहने के लिए जितने ढंग आते हैं वह अपनी बात को उतनी ही आकर्षक, विविध और सुन्दर बना सकता है। पीछे हमने Voice (वाच्य) का परिवर्तन देखा है। हम जानते हैं कि कैसे Active से Passive Voice में वाक्य बदलते हैं। यह भी वाक्य रूपांतरण या वाक्य-परिवर्तन का ही एक ढंग है। अब हम कुछ और वाक्य-रूपांतरण के तरीकों को लेते हैं।

आप जानते हैं कि वाक्य चार तरह के होते हैं-एक वह जिसमें कोई बात कही गई होती है। दूसरा वह जिसमें प्रश्न किया गया है। तीसरा वह जिसमें प्रार्थना, आदेश आदि का भाव होता है, और अंतिम वह जिसमें किसी तीव्र भावना को प्रकट किया जाता है। इसके अतिरिक्त वाक्य स्वीकारात्मक और नकारात्मक भी होता है। इन वाक्यों को आपस में एक दूसरे रूप में बदला जा सकता है बिना अर्थ में कोई परिवर्तन किए। अब हम एक-एक कर इनको लेते हैं।

Interchange of Assertive and Interrogative sentences.

निश्चय और प्रश्नवाचक वाक्यों में परस्पर अदला-बदली

	Assertive	**Interrogative**
(I)	Nobody will come now. (नोबॉडी विल कम नाउ।) अब कोई नहीं आएगा।	Who will come now? (हू विल कम नाउ?) अब कौन आएगा?
(II)	They can never be defeated. (दे कैन नेवर बी डिफिटेड।) वे कभी नहीं हराए जा सकते।	Can they ever be defeated? (कैन दे एवर बी डिफिटेड?) क्या वे कभी हराए जा सकते हैं?
(III)	His behaviour was childish. (हिज बिहेवियर वाज चाइल्डिश।) उसका बर्ताव बचकाना था।	Was not his behaviour childish? (वाज नॉट हिज बिहेवियर चाइल्डिश?) क्या उसका बर्ताव बचकाना नहीं था?
(IV)	I enjoy myself. (आइ एन्जॉय माइसैल्फ) मैंने आनन्द उठाया।	Did I not enjoy myself? (डिड आइ नॉट एन्जॉय माइसैल्फ?) क्या मैंने आनन्द नहीं उठाया?

(V) Prices are rising high. (प्राइसेज आर राइजिंग हाई।) कीमतें बढ़ रही हैं। — Are prices not rising high? (आर प्राइसेज नॉट राइजिंग हाई?) क्या कीमतें नहीं बढ़ रही हैं?

(VI) His attitude was insulting. (हिज ऐटिट्यूड वाज इंसल्टिंग।) उसका रुख अपमानजनक था। — Was not his attitude insulting? (वाज नॉट हिज ऐटिट्यूड इंसल्टिंग?) क्या उसका रुख अपमानजनक नहीं था?

(VII) He was not sent there for this. (ही वाज नॉट सेंट देअर फार दिस।) उसे इसलिए वहाँ नहीं भेजा गया था। — Was he sent there for this? (वाज ही सेंट देअर फार दिस?) क्या उसे इसलिए वहाँ भेजा गया था?

Note- *यदि निश्चयात्मक वाक्य में not हो तो प्रश्नवाचक वाक्य में उसे हटा देते हैं, नहीं हो तो लगा देते हैं।*

Interchange of Affirmative and Negative Sentences
स्वीकारात्मक और नकारात्मक वाक्यों में परस्पर अदला-बदली

	Affirmative	Negative
(I)	Only the rich can afford it. (ओनली द रिच कैन अफॉर्ड इट।) केवल धनवान ही इसका खर्च उठा सकते हैं।	None but the rich can afford it. (नन बट द रिच कैन अफॉर्ड इट।) धनवानों के सिवाय कोई इसका खर्च नहीं उठा सकता।
(II)	I have little money. (आइ हेव लिटिल मनी।) मेरे पास थोड़ा-सा रुपया है।	I don't have much money. (आइ डोन्ट हैव मच मनी।) मेरे पास ज्यादा रुपया नहीं है।
(III)	As soon as, he came I closed my book. (एज सून एज ही केम आइ क्लोज्ड माइ बुक।) जैसे ही वह आया मैंने पुस्तक बंद कर दी।	No sooner did he come than I closed my book. (नो सूनर डिड ही कम दैन आइ क्लोज्ड माई बुक।) वह आया ही था कि मैंने अपनी पुस्तक बंद कर दी।
(IV)	She is taller than I. (शी इज टालर दैन आई।) वह मेरे से लम्बी है।	I am not as tall as she. (आइ एम नॉट एज टॉल एज शी।) मैं उतनी लम्बी नहीं हूं जितनी वह है।
(V)	I was doubtful of his success. (आइ वाज डाउटफुल ऑफ हिज सक्सेस।) मुझे उसकी सफलता में अनिश्चितता थी।	I was not sure of his success. (आइ वाज नॉट श्योर ऑफ हिज सक्सेस।) मुझे उसकी सफलता में निश्चय नहीं था।
(VI)	She is always punctual. (शी इज आल्वेज पंकट्यूअल।) वह हमेशा समय पर आती है।	She is never late. (शी इज नेवर लेट।) वह कभी देर से नहीं आती।

Note- सामान्य नियम यह है कि दो 'निगेटिव' शब्द एक दूसरे को काट देते हैं और वाक्य स्वीकारात्मक ही रहता है। जैसे ऊपर अंतिम वाक्य में यह प्रभाव always के विपरीत शब्द never और punctual के विपरीत शब्द late द्वारा लाया गया है। इसके ऊपर वाले वाक्य में doubtful के विलोम शब्द sure के साथ not लगाकर यह काम किया गया है।

Interchange of Assertive and Exclamatory Sentences
निश्चयात्मक और विस्मयादिबोधक वाक्यों की परस्पर अदला-बदली

	Assertive	Exclamatory
(I)	I wish man had wings. (आई विश मैन हैड विंग्स।) मन चाहता है कि आदमी के पंख होते!	If man had wings! (इफ मैन हैड विंग्स!) यदि आदमी के पंख होते!

(II) It is a very beautiful sight.
(इट इज ए वैरी ब्यूटिफुल साइट।)
यह बहुत सुन्दर दृश्य है।

What a beautiful sight!
(वॉट ए ब्यूटीफुल साइट!)
क्या सुन्दर है दृश्य!

(III) You are very sweet.
(यू आर वैरी स्वीट।)
तुम बड़ी मधुर हो।

How sweet you are!
(हाउ स्वीट यू आर!)
कितनी मधुर हो तुम!

(IV) I wish I was young again.
(आइ विश आइ वाज यंग अगेन।)
मैं चाहता हूं मैं फिर से जवान होता!

Oh! I were young again!
(ओह आइ वर यंग अगेन!)
हाय मैं फिर जवान होता!

(V) It was a great fall.
(इट वाज ए ग्रेट फाल।)
यह एक बहुत बड़ा पतन था।

Oh! what a fall it was!
(ओह वॉट ए फाल इट वाज!)
ओह क्या पतन था!

(VI) Man is a wonderful creation.
(मैन इज ए वन्डरफुल क्रिएशन।)
आदमी एक आश्चर्यजनक रचना है।

What a creation is man!
(वॉट ए क्रिएशन इज मैन!)
आदमी भी क्या रचना है!

Note- निश्चयात्मक वाक्य में किसी तीव्र इच्छा, भावना, अतिशयता आदि को प्रकट किया जाता है। विस्मयादिबोधक वाक्य में परिवर्तन करते समय इसके स्थान पर आवश्यकतानुसार किसी विस्मयबोधक शब्द, How/what/oh आदि शब्द का प्रयोग प्रारम्भ करते समय इसके स्थान पर आवश्यकतानुसार किसी विस्मयबोधक शब्द, आदि शब्द का प्रयोग प्रारम्भ में करते हैं, तथा अंत में संबोधन चिह्न लगा देते हैं। देखने में यह रूपांतरित वाक्य प्रश्नवाचक जैसा लगता है लेकिन अर्थ में और वैसे भी होता विस्मयादिबोधक है।

Removal of "too (रिमूवल ऑफ टू)

A. कुछ वाक्य ऐसे होते हैं जिनमें 'too...to' का प्रयोग किया जाता है। ऐसे वाक्यों का भी रूपांतरण संभव है। 'Too...to' वाले वाक्यों को बदलते समय 'too' के स्थान पर 'so' और 'to' के स्थान पर 'that' रख देते हैं। यदि मूल वाक्य नकारात्मक (Negative) हो तो उसे स्वीकारात्मक (positive) बना देते है, यदि स्वीकारात्मक (positive) हो तो नकारात्मक (negative) बना देते हैं। हिन्दी में इस तरह के वाक्य नहीं होते और न इनका ठीक प्रकार से अनुवाद हो संभव है। अत: इन्हें यहां बिना अनुवाद के ही पेश किया जा रहा है।

	With "too"	Without "too"
I.	This news is too good to be true.	This news is so good that it cannot be true.
II.	He is too proud to beg.	He is so proud that he cannot beg.
III.	You are too small to be selected.	You are so small that you cannot be selected.
IV.	The sand is too hot to walk.	The sand is so hot that one cannot walk on it.
V.	It is too difficult to solve.	It is so difficult that it cannot be solved.
VI.	It is never too late to mend.	It is never so late that it cannot be mended.

B. कुछ वाक्य ऐसे भी होते हैं जिनमें 'too' के बाद 'to' नहीं होता। ऐसी हालत में रूपांतरण करते समय वाक्य के अर्थ के अनुसार 'too' के स्थान पर 'so' का प्रयोग न करके Very/beyond a proper limit, more than enough शब्दों का प्रयोग करते हैं, जैसे-

You are too fond of money.	You are fond of money beyond a proper limit.
Too many cooks spoil the broth.	More than enough cooks spoil the broth.
He is too cruel.	He is very cruel.

Interchange of the Degrees of Comparison

तुलनात्मक अवस्थाओं (Degrees) की अदला-बदली

तुलना वाले शब्दों की तीन अवस्थाएं (degree) होती हैं। इसको बदलकर, बिना अर्थ में परिवर्तन किए, वाक्य-रूपांतरण किया जा सकता है। यह तो आप पहले देख ही चुके हैं कि Degrees (अवस्थाएं) तीन होती हैं-पहली अवस्था Positive, दूसरी Comparative, और तीसरी Superlative, जैसे- Sweet (Positive), sweeter (Comparative), sweetest (Superlative).

जहाँ तुलना दो वस्तुओं, व्यक्तियों में होती है वहां पहली दो अवस्थाओं का उपयोग होता है और जहाँ तुलना दो से अधिक वस्तुओं, व्यक्तियों में हो तो तीनों अवस्थाएं उपयोग में आती हैं। नीचे दिये गये उदाहरणों को ध्यान से पढ़ें और फिर स्वयं अभ्यास करें।

I. Ram is stronger than Shyam. (Comparative Degree)
(राम इज स्ट्रांगर दैन श्याम।)
राम श्याम के जितना बलवान है। (दूसरी अवस्था)
Shyam is not as strong as Ram. (Positive Degree)
(श्याम इज नाट एज स्ट्रांग एज राम।)
श्याम इतना बलवान नहीं है जितना राम। (पहली अवस्था)

II. This is a better book than that. (Comparative Degree)
(दिस इज ए बैटर बुक दैन दैट।)
यह पुस्तक उससे बेहतर है। (दूसरी अवस्था)
That book is not so good as this. (Positive Degree)
(दैट बुक इज नॉट सो गुड एज दिस।)
वह पुस्तक इतनी अच्छी नहीं है जितनी यह। (पहली अवस्था)

III. I am taller than he. (Comparative Degree)
(आइ एम टॉलर दैन ही।)
मैं उससे अधिक लम्बा हूं। (दूसरी अवस्था)
He is not as tall as I am. (Positive Degree)
(ही इज नॉट एज टॉल एज आइ एम।)
वह इतना लम्बा नहीं है जितना मैं। (पहली अवस्था)

IV. This dog is better trained than that. (Comparative Degree)
(दिस डॉग इज बैटर ट्रेंड दैन दैट।)
यह कुत्ता उससे बेहतर सिखाया हुआ है। (दूसरी अवस्था)
That dog is not so well trained as this. (Positive Degree)
(दैट डॉग इज नॉट सो वैल ट्रेंड एज दिस।)
वह कुत्ता इतना अच्छा सिखाया हुआ नहीं है जितना यह। (पहली अवस्था)

V. Mumbai is the largest city in India. (Superlative Degree)
(मुंबई इज द लारजेस्ट सिटी इन इन्डिया।)
मुंबई भारत में सबसे बड़ा नगर है। (तीसरी अवस्था)
Mumbai is larger than anyother city in India. (Comp. Degree)
(मुंबई इज लार्जर दैन एनीअदर सिटी इन इन्डिया।)

मुंबई भारत के किसी भी दूसरे नगर से ज्यादा बड़ा है। (दूसरी अवस्था)
No other city in India is as big as Mumbai. (Positive Degree)
(नोअदर सिटी इन इन्डिया इज एज बिग एज मुंबई।)
भारत में कोई भी दूसरा नगर इतना बड़ा नहीं है जितना मुंबई। (पहली अवस्था)

VI. This building is the tallest in Delhi. (Superlative Degree)
(दिस बिल्डिंग इज द टालेस्ट इन डेल्ही।)
यह भवन दिल्ली में सबसे ऊंचा है। (तीसरी अवस्था)
This building is taller than any other in Delhi. (Comp. Degree)
(दिस बिल्डिंग इज टालर दैन एनीअदर इन डेल्ही।)
यह भवन दिल्ली के किसी भी दूसरे भवन से ऊंचा है। (दूसरी अवस्था)
Noother building in Delhi is as tall as this. (Positive Degree)
(नो अदर बिल्डिंग इन डेल्ही इज एज टाल एज दिस।)
दिल्ली में कोई भी दूसरा भवन इतना ऊंचा नहीं है जितना यह। (पहली अवस्था)

VII. He is the wisest man. (Superlative Degree)
(ही इज द वाइजेस्ट मैन।)
वह सबसे बुद्धिमान आदमी है। (तीसरी अवस्था)
He is wiser than anyother man. (Comparative Degree)
(ही इज वाइजर दैन एनी अदर मैन।)
वह किसी भी दूसरे आदमी से अधिक बुद्धिमान है। (दूसरी अवस्था)

VIII. Mahatma Gandhi was one of the greatest men. (Superlative Degree)
(महात्मा गांधी वाज वन आफ द ग्रेटेस्ट मेन।)
महात्मा गांधी महानतम व्यक्तियों में से एक थे। (तीसरी अवस्था)
Mahatma Gandhi was greater than most other men. (Comparative Degree)
(महात्मा गांधी वाज ग्रेटर दैन मोस्ट अदर मैन।)
महात्मा गांधी अधिकांश मनुष्यों से अधिक महान थे। (दूसरी अवस्था)
Very few men were as great as Mahatma Gandhi. (Positive Degree)
(वैरी फ्यू मेन वर एज ग्रेट एज महात्मा गांधी।)
बहुत कम लोग इतने महान थे जितने महात्मा गांधी। (पहली अवस्था)

IX. Mumbai is one of the largest cities. (Superlative Degree)
(मुंबई इज वन आफ द लार्जेस्ट सिटीज।)
मुंबई सबसे बड़े नगरों में से एक है। (तीसरी अवस्था)
Mumbai is larger than most other cities. (Comparative Degree)
(मुंबई इज लार्जर दैन मोस्ट अदर सिटीज।)
मुंबई अधिकांश नगरों से बड़ा है। (दूसरी अवस्था)
Very few cities are as large as Mumbai. (Positive Degree)
(वैरी फ्यू सिटीज आर एज लार्ज मुंबई।)

बहुत कम नगर इतने बड़े है जितना मुंबई। (तीसरी अवस्था)

X. Iron is the most useful metal. (Superlative Degree)
(आइरन इज द मोस्ट यूजफुल मेटल।)
लोहा सबसे उपयोगी धातु है। (तीसरी अवस्था)
Iron is more useful than anyother metal. (Comparative Degree)
(आइरन इज मोर यूजफुल दैन एनीअदर मेटल।)
लोहा किसी भी धातु से अधिक उपयोगी धातु है। (दूसरी अवस्था)
No other metal is as useful as iron. (Positive Degree)
(नो अदर मेटल इज एज यूजफुल एज आइरन।)
कोई भी दूसरी धातु इतनी उपयोगी नहीं है जितनी लोहा। (पहली अवस्था)

Exercise for Revision
अभ्यास करने योग्य

I. निम्नलिखित वाक्यों को बिना अर्थ बदले तुलनात्मक अवस्थाओं में परिवर्तन द्वारा रूपांतरण कीजिए–

(a) Ravi is as tall as he. (b) He is stronger than I. (c) This knife is sharper than that. (d) Today is more warm than yesterday. (e) He is the tallest boy. (f) Vishnu got the highest marks among all the boys. (g) Akbar was one of the greatest of kings. (h) Very few people were as wise as Socrates. (i) Tulsidas is one of the greatest poets. (j) The Red Fort is one of the most popular historical buildings. (k) No other tree is as big as banyan.

II. निम्नलिखित वाक्यों को नकारात्मक रूप में बदलिए–

(a) I am taller than he. (b) As soon as the teacher came in, the students became silent. (c) Everyone makes mistakes. (d) Man is mortal. (e) She is always punctual. (f) Only the brave deserve our praise. (g) I care very little about what he says. (h) He was more cruel than his brother. (i) We shall always remember those happy days.

III. इन वाक्यों में से too हटाकर बिना अर्थ बदले रूपांतरण कीजिए–

(a) It is too good to be. (b) He is too honest to become rich. (c) He is too weak to walk. (d) This news is too good to be true. (e) These apples are too cheap to be good. (f) You are too miser. (g) He is too honest to become a successful leader. (h) It is never too late to mend.

IV. निम्नलिखित वाक्यों को प्रश्नवाचक रूपों में बदलिए–

(a) Nobody can tolerate such things. (b) I am not ignorant of the fact. (c) He knows his weakness for girls. (d) Health is wealth. (e) I came to see you there. (f) They will never forget their stay here. (g) It is of no use to wait here. (h) He will never be forgotten. (i) It is not the way to do things. (j) Nobody is so shameless as to insult the weak and the poor.

V. निम्नांकित को विस्मयादिबोधक वाक्यों में रूपांतरित कीजिए–

(a) I wish, I was the Prime Minister. (b) The night is very beautiful. (e) The rose smells so sweet. (d) It is sad to think that oneday I shall die. (e) I wish that I was young again. (f) These apples have very pleasing smell. (g) The moon is shining so brightly.

LESSON TWENTY ONE
पाठ इक्कीस

Spelling
(स्पेलिंग)
वर्तनी/हिज्जे

भाषा वाक्यों से बनती है और वाक्य शब्दों से। शब्द अक्षरों से बनते हैं। इस तरह वर्ण या अक्षर भाषा की लघुत्तम (सबसे छोटी) इकाई ठहरती है। किसी शब्द के सही वर्णों को उनके सही क्रम में लिखना वर्तनी, हिज्जे या वर्णक्रम कहलाता है। वर्तनी का महत्व किसी भी प्रकार कम नहीं है। अशुद्ध वर्णक्रम लापरवाही, निरक्षरता, मूर्खता और गंवारूपन की स्पष्ट निशानी है। गलत spelling से अर्थ का अनर्थ हो सकता है। अंग्रेजी में तो वर्णक्रम पर ज्यादा ध्यान देना जरूरी है, क्योंकि यहाँ उच्चारण और हिज्जों में परस्पर ठीक तालमेल नहीं है। बोला कुछ जाता है, लिखा कुछ और। उदाहरण के लिए–ough वाले ये छह शब्द देखिए–bough, cough, dough, rough, slough, और sough अब इनके उच्चारण देखिए– बाउ = शाखा / कॉफ = खांसी / डो = गुंथा आटा / रफ = रूखा / स्लफ = सांप की केंचुल और सफ = सरसराहट। slough का एक उच्चारण और भी है–'स्लाउ', तब इसका अर्थ होगा दलदल। कितनी उच्चारण भिन्नता है। इसलिए वर्तनी और उच्चारण की तरफ बड़ा ध्यान देने की जरूरत है।

हम प्राय: शब्दों को पढ़ते हैं, अक्षरों को नहीं। एक तरह से यह अच्छा है, तो दूसरी तरह से बुरा। शीघ्रता से पढ़ा जाता है लेकिन लिखने में अशुद्धियां हो सकती हैं। सही स्पेलिंग सीखने के कोई कठोर नियम नहीं हैं। व्यक्ति अपनी सुविधानुसार उपाय अपना सकता है। बार-बार शब्दकोश देखना, अपने लिखे को ध्यान से पढ़ना, कठिन और नए शब्दों की लिस्ट को दोहराना, पढ़ते समय शब्दों में अक्षर-क्रम पर ध्यान देना आदि कुछ सामान्य उपाय सबके लिए उपयोगी हो सकते हैं।

शब्द में वर्णक्रम को याद करने के कुछ नियम नीचे दिए जाते हैं। इनसे बड़ी सहायता मिलेगी–

1. -e से अन्त होने वाले शब्दों में से -e हटा देते हैं यदि इसके साथ जुड़ने वाला सफिक्स (प्रत्यय) स्वर से प्रारम्भ होता है। उदाहरणार्थ admire शब्द का अंत -e में होता है। अब यदि इसमें -ation प्रत्यय जोड़ा जाए तो, -e हट जाएगा– admire+ation=admiration.

1.	admire	(एडमायर = प्रशंसा करना) +ation	=admiration
2.	admire	(एडमायर = प्रशंसा करना) +able	=admirable
3.	allure	(अॅल्युअर = लुभाना) +ing	=alluring
4.	arrange	(अरेंज = संजोना) +ing	=arranging
5.	arrive	(अराइव = आना) +ing	=arriving
6.	care	(केअर = परवाह) +ing	=caring
7.	come	(कम = आना) +ing	=coming
8.	deplore	(डिप्लॉर = खेद प्रकट करना) +able	=deplorable
9.	desire	(डिजायर = चाहना) +ous	=desirous
10.	dine	(डाइन = भोजन करना) +ing	=dining

11. explore (इक्स्प्लोर = खोज) +ation = exploration
12. fame (फेम = यश) +ous = famous
13. imagine (इमैजिन = कल्पना करना) +ary = imaginary
14. imagine (इमैजिन = कल्पना करना) +able = imaginable
15. love (लव = प्यार) +able = lovable
16. lose (लूज = खोना) +ing = losing
17. move (मूव = हिलाना) +able = movable

2. लेकिन c और g के साथ -e यदि हो और सफिक्स (प्रत्यय) a या o से शुरू हो, तो -e नहीं हटाते–

1. advantage (एड्वान्टेज = लाभ) +ous = advantageous
2. change (चैंज = बदलना) +able = changeable
3. courage (करैज = साहस) +ous = courageous
4. notice (नोटिस = सूचना) +able = noticeable
5. service (सरविस = सेवा) +able = serviceable

3. -e उस समय भी नहीं हटाया जाता जब सफिक्स (प्रत्यय) व्यंजन से प्रारंभ होता हो–

1. arrange (अरेंज = संजोना) +ment = arrangement
2. care (केअर = परवाह) +ful = careful
3. force (फोर्स = बल) +ful = forceful
4. hate (हेट = घृणा) +ful = hateful
5. like (लाइक = समान) +ness = likeness
6. move (मूव = हिलाना) +ment = movement

4. जिन शब्दों में ई (ee) की ध्वनि हो वहां संयुक्त स्वर 'ie' का प्रयोग होता है। जैसे field (फील्ड) शब्द है। इसमें 'ई' ध्वनि (फ+ई+ल्ड) अत: 'ie' संयुक्त स्वर आएंगे। नीचे दिए गए उदाहरणों पर ध्यान दीजिए–

1. ach-ie-ve (अचीव) पाना, प्राप्त करना
2. bel-ie-f (बिलीफ) विश्वास
3. bel-ie-ve (बिलीव) विश्वास करना
4. br-ie-f (ब्रीफ) संक्षेप
5. ch-ie-f (चीफ) प्रधान
6. cash-ie-r (केशिअर) खजांची
7. f-ie-ld (फील्ड) मैदान
8. f-ie-rce (फीअर्स) खूंखार
9. gr-ie-f (ग्रीफ) विषाद
10. n-ie-ce (नीस) भतीजी
11. p-ie-ce (पीस) टुकड़ा
12. pr-ie-st (प्रीस्ट) पुरोहित
13. rel-ie-ve (रिलीव) आराम देना, छुटकारा देना
14. retr-ie-ve (रिट्रीव) पुन: प्राप्त करना
15. sh-ie-ld (शील्ड) ढाल, आड़, ओट
16. shr-ie-k (श्रीक) चीख
17. th-ie-f (थीफ) चोर
18. w-ie-ld (वील्ड) चलाना, संभालना
19. y-ie-ld (यील्ड) पैदा करना, फसल देना, समर्पण करना

5. लेकिन जहां 'c' के साथ "ee" (ई) की ध्वनि हो वहां 'ei' प्रयोग करते हैं–

cei-li-ng (सील्-इन्ग)	छत
con-cei-t (कन्सीट)	अहंकार, घमंड
con-cei-ve (कन्सीव)	कल्पना, गर्भ धारण करना
de-cei-ve (डिसीव)	धोखा देना
per-cei-ve (परसीव)	समझना, महसूस करना
re-cei-ve (रिसीव)	रसीद प्राप्त करना
re-cei-pt (रिसीट)	रसीद

6. निम्नलिखित शब्द 'seed' (सीड) वर्ड्स कहलाते हैं क्योंकि इनका अंत ceed या ced में होता है। इन्हें इस प्रकार याद रखा जा सकता है।

1. Ex-ceed (एक्सीड)	अत्यधिक होना
2. pro-ceed (प्रोसीड)	आगे बढ़ना
3. suc-ceed (सकसीड)	सफल होना
4. con-cede (कनसीड)	मान लेना, प्रदान कर देना
5. pre-cede (प्रिसीड)	आगे-आगे चलना
6. re-cede (रिसीड)	पीछे हटना, नीचे जाना

केवल अपवाद एक शब्द है जिसका 'sede' से अंत होता है super-sede (स्यूपर्सीड), इसका अर्थ है स्थान लेना, हटा देना।

7. कई शब्द ऐसे हैं जिनका अंत व्यंजन में होता है और ये व्यंजन double हो जाते हैं क्योंकि इनके पीछे आने वाला प्रत्यय (सफिक्स) स्वर (वावेल) से शुरू होता है, जैसे–

(i) drag+ing (स्वर से शुरू होने वाला प्रत्यय) =dragging

(ii) drop+ed (स्वर से शुरू होने वाला प्रत्यय) =dropped

1. cut	+ing=cutting	(कटिंग)	कतरन
2. bid	+ing=bidding	(बिडिंग)	बोली (नीलामी में)
3. get	+ing=getting	(गेटिंग)	पाने की क्रिया
4. plan	+ing=planning	(प्लेनिंग)	नियोजन, योजना करना
5. sin	+ing=sinning	(सिनिंग)	पाप करना
6. stop	+ed=stopped	(स्टॉप्ड)	रुक गया
7. quit	+ing=quitting	(क्विटिंग)	छोड़ना, त्यागना
8. rob	+ed=robbed	(रॉब्ड)	लूटा
9. stab	+ed=stabbed	(स्टेब्ड)	छूरा घोंपा, प्रहार करना
10. whip	+ed=whipped	(विप्ड)	चाबुक मारा
11. glad	+est=gladdest	(ग्लेडैस्ट)	सर्वाधिक प्रसन्न
12. admit	+ed=admitted	(एडमिटेड)	प्रवेश किया, दाखिल किया
13. begin	+ing=beginning	(बिगनिंग)	प्रारंभ
14. commit	+ed=committed	(कमिटेड)	प्रतिबद्ध, वचनबद्ध, वादे में बंधा
15. submit	+ed=submitted	(सबमिटेड)	दिया, समर्पित किया
16. compel	+ed=compelled	(कम्पेल्ड)	बाध्य, मजबूर

अपवाद रूप में इन शब्दों को देखिए–

1. prefer+ence=preference	(प्रफरेन्स)	वरीयता, रुचि
2. happen+ed=happened	(हैपन्ड)	होना, घटना
3. benefit+ed=benefited	(बेनेफिटड)	लाभान्वित
4. equip+ment=equipment	(इक्विप्मेंट)	साज-सामान
5. profit-able=profitable	(प्रोफिटेबल)	लाभदायक
6. marvel+ous=marvelous	(मार्बलस)	अद्भुत, आश्चर्यजनक

8. जहां सफिक्स (प्रत्यय) स्वर न होकर व्यंजन से शुरू हो वहाँ अंतिम अक्षर (व्यंजन) 'डबल' नहीं होता–

1. glad+ness=gladness	(ग्लेडनैस)	प्रसन्नता
2. fat+ness=fatness	(फैटनैस)	मोटापा
3. man+hood=manhood	(मैनहुड)	पुरुषत्व, पुरुषार्थ, साहस
4. sin+ful=sinful	(सिनफुल)	पापपूर्ण
5. profit+less=profitless	(प्रोफिटलैस)	लाभहीन

9. कोई भी संज्ञा जिसके अंत का अक्षर -y हो और उससे पहले व्यंजन हो, तो उसका बहुवचन -y के स्थान पर -ies लगाकर करते हैं, जैसे copy-copies, यहां copy के अंत में -y है और -y से पहले -p व्यंजन है। अत: ies लगाकर बहुवचन (plural) बनाया गया।

1. baby-babies	(बेबीज)	बच्चे
2. marry-marries	(मेरीज)	विवाह
3. sky-skies	(स्काइज)	आकाश
4. fairy-fairies	(फेअरीज)	परियां
5. fly-flies	(फ्लाईज)	मक्खियां

लेकिन यदि -y से पहले स्वर हो तो बहुवचन में मात्रा -s लगाते हैं, और -y रहने देते हैं–

1. valley-valleys	(वेलिज़)	घाटियां
2. enjoy-enjoys	(इन्जॉयज)	आनन्द उठाना
3. delay-delays	(डिलेज)	देरी
4. chimney-chimneys	(चिमनीज)	चिमनियां

Note:- जिस अक्षर या अक्षर समूह से स्वतंत्र अर्थ नहीं निकलता वह Prefix (उपसर्ग) या Suffix (प्रत्यय) होता है। उपसर्ग मूल शब्द के पहले और प्रत्यय बाद में लगता है, जैसे -ing, -ment, -ed, -ness आदि प्रत्यय है।

Exercise for Revision
अभ्यास करने योग्य

नीचे दिए गए शब्दों के उच्चारण, हिज्जे और अर्थ अच्छी तरह याद कीजिए–

absence	(एबसेन्स)	अनुपस्थिति
accommodate	(अकॉमोडेट)	अनुकूल बनाना, मेल-मिलाप
achievement	(अचीवमेंट)	सफलता
acknowledge	(अकनालेज)	स्वीकार करना, कबूलना, पावती
acquaint	(अक्वेन्ट)	परिचय प्राप्त करना, जानकारी
across	(अक्रॉस)	पार, आरपार
address	(अड्रैस)	पता, भाषण
although	(ऑल्दो)	यद्यपि
among	(अमोन्ग)	में, में से, बीच में, मिलकर
annual	(एन्युअल)	सालाना, वार्षिक
apology	(अपॉलॉजी)	क्षमा-याचना, खेद प्रकट करना
argument	(आरग्यूमेंट)	तर्क, दलील, युक्ति
attendance	(अटेण्डेंस)	उपस्थिति, हाजरी
bachelor	(बैचलेर)	कुमार, अविवाहित, स्नातक
becoming	(बिकम-इंग)	होना
beginning	(बिगनिंग)	प्रारंभ
benefited	(बेनिफिटेड)	लाभान्वित, लाभ-प्राप्त
brilliant	(ब्रिलियेंट)	चमकीला, प्रतिभाशाली
business	(बिजनिस)	व्यापार, व्यवसाय, कारोबार
category	(कैटिगॅरि)	श्रेणी, वर्ग
changeable	(चैंजेबल)	परिवर्तनीय, बदलने योग्य
committee	(कमेटी)	सभा
conscious	(कॉन-शॅस)	चेतना, होश, बोध
criticise	(क्रिटिसाइज)	आलोचना करना, भला-बुरा कहना
decision	(डिसिजन)	निर्णय, फैसला
definitely	(डेफिनेटली)	निश्चित रूप से, स्पष्ट तौर से
describe	(डिसक्राइब)	वर्णन करना, खींचना
disappear	(डिसॅपिअर)	गायब होना, लुप्त होना
eighth	(एट्थ)	आठवां
eligible	(एलीजिबल)	पात्र, उपयुक्त, योग्य
environment	(इन्वाइरमेंट)	वातावरण, पर्यावरण, परिसर
existence	(एगजिस्टेन्स)	अस्तित्व, सत्ता भाव होना
experience	(इक्सपिअर-इ-अंस)	तजुरबा, अनुभव
February	(फेब्रू-अरि)	फरवरी
foreign	(फॉरेन)	विदेशी, बाहरी
guard	(गार्ड)	रक्षक, पहरा, चौकी
guidance	(गाइडेंस)	रास्ता दिखाना, निरीक्षण

height	(हाइट)	ऊंचाई
illiterate	(इलिटरेट)	अनपढ़, निरक्षर, बेपढ़
immediately	(इमिड्येटलि)	तुरंत, तत्काल, उसी समय
intelligence	(इन्टेलिजेन्स)	बुद्धि, समझ,
interesting	(इन्टरेस्टिन्ग)	दिलचस्प, रुचिपूर्ण
knowledge	(नालिज्)	ज्ञान, विद्या, जानकारी
literature	(लिटरेचर)	साहित्य
loneliness	(लोन्लिनैस)	एकांत, अकेलापन, सूनापन
maintenance	(मेन्टिनेन्स)	रख-रखाव, पालन
marriage	(मैरिज)	विवाह, शादी
mathematics	(मैथिमेट-इक्स)	गणित
necessary	(नेसिसरि)	आवश्यक, जरूरी
now-a-days	(नाउ-ए-डेज)	आजकल
occasion	(ऑकेजन)	अवसर, संयोग
occasionally	(ऑकेजनलि)	कभी-कभी, समय-समय पर
occurred	(अकर्ड)	घटा, घटित हुआ
original	(ऑरिजनल)	मूल, प्रारंभ, आदि, नया
parallel	(पेरेलल)	समानांतर, तुल्य, समकक्ष, बराबर के
permissible	(परमिसेबल)	इजाजत योग्य, अनुमेय
physically	(फिज-इकलि)	प्रकृति के अनुसार, शारीरिक दृष्टि से
prejudice	(प्रेज-उडिस)	पूर्ण धारणा, पूर्णाग्रह, पक्षपात, द्वेष
prevalent	(प्रेवलेंट)	चालू, प्रचलित, उपयोग में होना
privilege	(प्रिविलेज)	सुविधा, अधिकार, सौभाग्य
prominent	(प्रॉम-इनेन्ट)	मुख्य, प्रमुख, विशेष
quantity	(क्वान्टिटि)	राशि, मात्रा, ढेर, परिमाण
recommend	(रेकमेंड)	सौंपना, सिफारिश करना
referred	(रेफर्ड)	के पास जाना, सौंपा, सुपर्द किया
repetition	(रेपिटिशन)	दोहराई
rhythm	(रिद्म)	लय, ताल
secretary	(सेक्रिटरि)	सचिव, मंत्री
separate	(सेपरेट)	अलग, पृथक
similar	(सिम-इलर)	समान, मिलता-जुलता, समरूप
surprise	(सरप्राइज)	अचरज, ताज्जुब, आश्चर्य
temperature	(टेम्प्रेचर)	ताप, तापमान, टेंप्रेचर
through	(थ्रू)	में होकर, के आर-पार
tries	(ट्राइज)	प्रयत्न करता है
truly	(ट्रूलि)	सचमुच, वास्तव में, भवदीय
unanimous	(यूनैन-इमस)	सर्वसम्मति से
undoubtedly	(अनडाउटेडलि)	नि:संदेह, बेशक
whether	(वेदर)	चाहे

LESSON TWENTY TWO

पाठ बाइस

What Time is it?

(ह्वाट टाइम इज़ इट)

क्या बज़ा है?

1. आपकी घड़ी में क्या बजा है?	What is the time by your watch? (ह्वाट इज द टाइम बाय योर वाच?)
2. दो बजे हैं।	It is two o'clock. (इट इज टू ओं' क्लॉक।)
3. तीन बजे है।	It is three o'clock. (इट इज थ्री ओं' क्लॉक।)
4. मैं प्रतिदिन सुबह पांच बजे उठता हूं।	I get up every morning at five o'clock. (आइ गेट अप ऐवरी मोर्निंग एट फाइव ओं' क्लॉक।)
5. छह बजे मैं चाय लेता हूं।	I take tea at six O'clock. (आइ टेक टी एट सिक्स ओं' क्लॉक।)
6. सात बजे मेरे नाश्ते का समय होता है।	It is time for my breakfast at seven o'clock in the morning. (इट इज टाइम फार माई ब्रेकफास्ट एट सेवन ओं' क्लॉक इन द मोर्निंग।)
7. नौ बजे से थोड़ा पहले मैं स्कूल पहुंच जाता हूं।	I reach school a little before nine. (आइ रिच स्कूल ए लिटिल बिफोर नाइन।)
8. हमारे विद्यालय में प्रातः नौ बजे क्लास शुरू हो जाती है।	Classes in our school begin at nine o'clock in the morning. (क्लासेज इन ऑवर स्कूल बिगीन एट नाइन ओं' क्लॉक इन द मोर्निंग।)
9. और दोपहर तीन बजे समाप्त हो जाती है।	And end at three o'clock in the afternoon. (ऐन्ड एन्ड एट थ्री ओं' क्लॉक इन द आफ्टरनून।)
10. मैं साढ़े तीन बजे तक घर लौट आता हूं।	I return home by half past three. (आइ रिटर्न होम बाय हाफ पास्ट थ्री।)
11. रात को मैं प्रतिदिन दस बजे सो जाता हूं।	I go to bed every night at 10 o'clock. (आइ गो टू बैड एवरी नाइट एट टेन ओक्लॉक।)

12. इससे पहले मैं नौ बजे रात का भोजन कर लेता हूं।
Before this, I have dinner at nine o'clock.
(बिफोर दिस आई हैव डिनर एट नाइन ओक्लॉक।)

13. तीन बजकर दस मिनट हो गए हैं।
It is ten past three.
(इट इज टेन पास्ट थ्री।)

14. सवा तीन बजे हैं।
It is quarter past three.
(इट इज क्वाटर पास्ट थ्री।)

15. साढ़े तीन बजे हैं।
It is half past three.
(इट इज हॉफ पास्ट थ्री।)

16. चार बजने में 20 मिनट है।
It is twenty minutes to four.
(इट इज ट्वेन्टि मिनिट्स टू फोर।)

17. पौने चार बजे हैं।
It is a quarter to four.
(इट इज ए क्वाटर टू फोर।)

18. वह प्रतिदिन काम पर कार से जाता है।
Everyday he drives to work.
(एवरिडे ही ड्राइब्ज टू वर्क।)

19. वह साढ़े आठ बजे घर से चल देता है।
He leaves home at half past eight.
(ही लीव्स होम एट हाफ पास्ट एट।)

20. उसकी सेक्रेटरी आमतौर पर पौने नौ बजे दफ्तर आ जाती है।
His secretary usually gets to the office about a quarter to nine.
(हिज सेक्रिटरि युजुअलि गेट्स टु द ऑफिस अबाउट ए क्वाटर टू नाइन।)

21. वह बारह बजे या फिर सवा बारह बजे लंच करने जाता है।
He goes for lunch at twelve o'clock or a quarter after twelve.
(ही गोज फॉर लंच एट ट्वेल्व ओक्लॉक और ए क्वाटर आफ्टर ट्वेल्व।)

22. साढ़े पांच बजे के लगभग वह दफ्तर से चला जाता है।
Around half past five he leaves his office.
(अराउन्ड हाफ पास्ट फाइव ही लीव्स हिज ऑफिस।)

23. यदि ट्रैफिक बहुत न हो तो वह सामान्यत: छह बजे घर पर होता है।
If the traffic is not too heavy, he usually gets home before six o'clock.
(इफ द ट्रैफिक इज नॉट टू हैवी, ही यूजुअली गेट्स होम बिफोर सिक्स ओं'क्लॉक।)

24. गाड़ी पूर्वाह्न 11 बजे छूटती है।
The train departs at 11 a.m.
(द ट्रेन डिपाट्र्स एट इलेवन ए.एम.)

25. उसका जहाज अपराह्न 3.30 बजे उड़ता है।
His aeroplane takes off at 3.30 p.m.
(हिज ऐरोप्लेन टेक्स ऑफ एट थ्री थर्टी पी.एम.।)

26. डाक गाड़ी दो घंटे देर से स्टेशन पहुंच रही है।
The mail train is reaching the station late by two hours.
(द मेल ट्रैन इज रिचिंग द स्टेशन लेट बाय टू आवर्स।)

27. गाड़ी स्टेशन के 3 नं. प्लेटफार्म पर पहुंच रही है।

The train is arriving at platform no. 3 of the station.
(द ट्रैन इज अराइविंग एट प्लेटफॉर्म न. 3 ऑफ द स्टेशन।)

28. 3 अप पैसेंजर गाड़ी प्लेटफार्म नं. 9 से 15.30 पर रवाना होती है।

The 3 up passenger train departs from platform no. 9 at 15.30 hours.
(द थ्री अप पैसेंजर ट्रेन डिपार्ट्स फ्रॉम प्लेटफॉर्म न. नाइन एट 15.30 आवर्स।)

29. मुझे 14.20 तक उसे लेने स्टेशन पर पहुंचना है।

I have to reach the station by 14.20 hours to receive him.
(आइ हैव टू रीच द स्टेशन बाइ 14.20 आवर्स टू रिसीव हिम।)

30. सुबह 10 बजे मुझे ड्यूटी ज्वाइन करनी है।

I have to join duty at 10 a.m.
(आइ हैव टू जॉइन ड्यूटी एट 10 ए.एम।)

31. नाटक सायं ठीक 6.30 बजे प्रारम्भ हो जाता है।

The play starts at 6.30 p.m. sharp.
(द प्ले स्टार्ट्स एट 6.30 पी.एम. शार्प।)

32. दोपहर दो बजे से वर्षा हो रही है।

It has been raining since 2 p.m.
(इट हैज बीन रेनिंग सिन्स 2 पी.एम.।)

33. मैं अपरान्ह 3 बजे से तुम्हारा इंतजार कर रही हूं।

I have been waiting for you since 3 p.m.
(आइ हैव बीन वेटिंग फार यू सिन्स थ्री पी.एम.)

34. उसने कहा था कि वह पौने दो बजे आएगा।

He had said that he would come at quarter to two.
(ही हैड सेड दैट ही वुड कम एट क्वाटर टु टू।)

35. छह बजते ही तुम चल देना।

As soon as it strikes six you start.
(एज सून एज इट स्ट्राइक्स सिक्स यू स्टार्ट।)

36. बारह बजे के बाद डॉक्टर आता है।

The doctor comes after 12 o'clock.
(द डॉक्टर कम्स आफ्टर 12 ओ'क्लॉक।)

a.m. और p.m. क्रमशः लैटिन शब्द ante meridiem और post meridiem के संक्षिप्त रूप हैं। पहले का अर्थ है before noon पूर्वाह्न दोपहर से पहले और पिछले का अर्थ है after noon अपरान्ह, दोपहर के बाद। दिन के 12 बजे के बाद से रात के 12 बजे तक का समय after noon p.m. और रात के बारह बजे के बाद से दिन के 12 बजे तक का समय before noon a.m. कहलाता है। रेल आदि विभागों में a.m. और p.m. द्वारा उत्पन्न उलझाव और अस्पष्टता को दूर करने के लिए 24 घंटे का कालमान रखा है। दिन के 2 बजने का तात्पर्य है 14 hours और रात के दो बजने का तात्पर्य है 02 hours. मैं दोपहर को जाऊंगा के लिए यह कहना I shall go in the p.m. या अपरान्ह के नमस्ते के लिए good p.m. कहना गलत है। a.m. और p.m. से पहले कोई संख्या अवश्य होती है।

Points to Remember

स्मरण संकेत

समय बताते समय यदि 'बजकर' बताना हो तो 'past' शब्द का प्रयोग करते हैं, जैसे दो बजकर दस मिनट, ten minutes past two, तीन बजकर बीस मिनट–twenty minutes past three. यदि 'बजने में' बताना हो तो 'to' शब्द का प्रयोग करते हैं, जैसे दो बजने में दस मिनट, ten minutes to two, तीन बजने में बीस मिनट, twenty minutes to three.

लिखा quarter जाता है लेकिन बोलते क्वाटर हैं, पहला 'r' शांत रहता है। इसी तरह लिखा half जाता है लेकिन बोलते हाफ हैं, 'I' शांत रहता है–ढाई बजे हैं–It is half past two. (इट इज हाफ पास्ट टू)। पौने तीन बजे हैं-It is quarter to three. (इट इज क्वाटर टु थ्री।) सवा चार बजे हैं-It is quarter past four. (इट इज क्वाटर पास्ट फोर।)

Exercise for Revision

अभ्यास करने योग्य

I. निम्नलिखित का हिन्दी में अनुवाद कीजिए–

1. It is 4.30 by my watch. 2. Do come at quarter to two. 3. I shall reach there at half past three. 4. The train arrives at quarter to one. 5. The office opens at 9.30 a.m. 6. The minister will inaugurate the function at 7 o'clock. 7. I am late by an hour. 8. Perhaps, the plane lands at 6.30 hours. 9. My aeroplane takes off at 21.30 hours. 10. As it struck nine I started my work. 11. The train is arriving late by an hour and ten minutes. 12. What time is it? 13. What is the time by your watch?

II. अंग्रेजी में अनुवाद कीजिए–

1. मैं सुबह 7 बजे उठ गया था। 2. क्या तुम रात को दस बजे आए? 3. मैं आठ बजे से इंतजार कर रहा हूं। 4. गाड़ी 19.20 पर छूटती है। 5. पिताजी साढ़े चार बजे आएंगे। 6. दुकानें सुबह नौ बजे खुलती हैं और सायं 7 बजे बंद होती है। 7. मेरी घड़ी 5 मिनट सुस्त है। 8. क्या तुम्हारी घड़ी तेज चल रही है। 9. हाँ, यह 8 मिनट आगे चल रही है। 10. ग्यारह बजे हैं। 11. आठ बजे से थोड़ा पहले आ जाना। 12. दस बजे तक मेरा इंतजार करना। 13. छह बजे नाटक शुरू होता है। 14. नौ बजे गए, अब वह नहीं आयेगा। 15. तीन बजे आठवां पीरियड लगता है।

LESSON TWENTY THREE
पाठ तेईस

Idioms
(इडिअम्स)
मुहावरे

मुहावरे, सुभाषित सूक्तियों आदि किसी भी भाषा की विशेष संपत्ति होते हैं। गागर में सागर की बात ये चरितार्थ करते हैं। इनमें जीवन का गहरा अनुभव और सच्चाई भरी होती है। किसी भी जाति और देश का सांस्कृतिक इतिहास मुहावरों में बोला व सुना जा सकता है। मुहावरों के प्रयोग से भाषा रोचक और धारदार हो जाती है। इनके सहारे कम-से-कम शब्दों में बहुत कुछ कहा जा सकता है। किसी भी जाति, राष्ट्र, भाषा और साहित्य में इनका विशेष महत्व और मूल्य होता है। इनका अर्थ शाब्दिक न होकर खास होता है। इनके उपयोग से रोजमर्रा की बातचीत में एक खास स्वाद और जायका आ जाता है। हमारे जीवन के अनुभव बड़े गहरे होते हैं। उनको साधारण भाषा में प्रकट करना कठिन है। मुहावरे, लोकोक्तियां ही वे साधन हैं जिनके जरिए इनको कुछ सीमा तक बेहतर तरह से दूसरों पर प्रकट कर सकते हैं। ये लोकजीवन के बड़े निकट होते हैं। जीवन में पग-पग पर कभी उदाहरण देने के लिए, कभी शिक्षा के लिए, तो कभी अपना मतलब साफ करने के लिए हम इनका प्रयोग करते हैं।

प्राय: मुहावरों का अपना जीवन और इतिहास होता है, कभी-कभी वह बड़ा ही रोचक होता है। उदाहरण के लिए अंग्रेजी का मुहावरा **White elephant** लिया जा सकता है। बर्मा में सफेद हाथी होते थे। जब राजा किसी से नाराज होता, तो वह एक सफेद हाथी उसे दे देता। उस हाथी की देखभाल और रख-रखाव बड़ा खर्चीला होता था। इससे व्यक्ति बड़ी मुश्किल में पड़ जाता था। इस प्रसंग को लेकर यह मुहावरा चल पड़ा। किसी भी अनावश्यक, दिखावटी और बहुत खर्चीली योजना, वस्तु आदि के लिए इस मुहावरे का उपयोग करते हैं।

अंग्रेजी भाषा मुहावरों की दृष्टि से बड़ी सम्पन्न है। अच्छी और असरदार अंग्रेजी के ज्ञान के लिए मुहावरों का ठीक-ठीक प्रयोग करना आना बड़ा जरूरी है। अंग्रेजी में अनेक ऐसे मुहावरे हैं जिनमें emphasis (जोर) के लिए दो शब्द आदतन साथ-साथ रख दिए गए हैं–

1. **At beck and call** — इशारे पर नाचना।
   (ऐट बेक एण्ड कॉल)
   He is at his wife's beck and call. — वह अपनी पत्नी के इशारे पर नाचता है।
   (ही इज ऐट हिज वाइफ्स बेक एण्ड कॉल।)
2. **Enough and to spare** — आवश्यकता से अधिक।
   (इनफ एण्ड टू स्पेयर)
   The landlord has money enough and to spare. — मकान मालिक के पास प्रचुर धन है।
   (दा लैंडलोर्ड हैज मनी इनफ एण्ड टू स्पेयर।)
3. **Far and away** (फार एण्ड अवे) — सुदूर
   A prince from far and away city came to marry the princess. — सुदूर नगर से एक राजकुमार राजकुमारी से विवाह करने आया।
   (ए प्रिंस फ्रॉम फार एण्ड अवे सिटी केम टू मैरी द प्रिंसेस।)

4. **Fits and starts** (फिट्स एण्ड स्टार्ट्स) — अनियमित
You will fail if you work by fits and starts. — यदि तुम अनियमित काम करोगे तो असफल हो जाओगे।
(यू विल फेल इफ यू वर्क बाइ फिट्स एण्ड स्टार्ट्स।)

5. **Hard and fast** (हार्ड एण्ड फास्ट) — निश्चित और नपा तुला
There is no hard and fast way to success. — सफलता का कोई निश्चित और नपा तुला मार्ग नहीं है।
(देअर इज नो हार्ड एण्ड फास्ट वे टू सक्सेस।)

6. **Heart and soul** (हार्ट एण्ड सोल) — पूरी शक्ति से।
My friend helped me heart and soul. — मेरे मित्र ने पूरी शक्ति से मेरी सहायता की।
(माई फ्रेंड हेल्प्ड मी हार्ट एण्ड सोल।)

7. **Hue and cry** (ह्यू एण्ड क्राई) — शोरगुल, हंगामा
What was that hue and cry? — वह हंगामा किसलिए था?
(वाट वाज दैट ह्यू एण्ड क्राई?)

8. **By leaps and bounds** — दिन दूनी रात चौगुनी उन्नति।
(बाय लीप्स एण्ड बाउण्ड्स)
Our country is developing by leaps and bounds. — हमारा देश दिन दूना रात चौगुना विकास कर रहा है।
(आवर कंट्री इज डवेल्पिंग बाइ लीप्स एण्ड बाउण्ड्स)

9. **Null and Void** (नल एण्ड वॉइड) — रद्द, अमान्य।
The court has decided that rule null and void. — न्यायालय ने वह नियम रद्द करार दिया है।
(द कोर्ट हेज डिसाइडेड दैट रूल नल एण्ड वॉइड)

10. **Over head and ears.** (ऑवर हैड एण्ड ईयर्स) — पूरी तरह
He is in debt over head and ears. — वह पूरी तरह कर्ज़ में है।
(ही इज इन डैब्ट ऑवर हैड एण्ड ईयर्स।)

11. **Stuff and nonsense** (स्टफ एण्ड नानसैंस) — बकवास
What stuff and nonsense you are talking! — तुम बड़ी बकवास मार रहे हो।
(वाट स्टफ एंड नॉनसैंस यू आर टाकिंग!)

12. **Tooth and nail** (टूथ एंड नैल) — पूरी ताकत के साथ।
They are fighting tooth and nail for their rights. — वे अपने अधिकारों के लिए पूरी शक्ति से लड़ रहे हैं।
(दे आर फाइटिंग टूथ एंड नैल फॉर देअर नाइट्स।)

13. **Well and good** (वैल एण्ड गुड) — बहुत अच्छा।
You made a sacrifice for the nation, that's well and good. — तुमने देश के लिए त्याग किया है, यह बहुत अच्छा है।
(यू मेड ए सैक्रिफाइस फॉर द नेशन, दैट्स वैल एंड गुड।)

कुछ मुहावरे तो ऐसे हैं जिनसे ज़ोर देने के लिए बस शब्द का दोहराव मात्र हैं–

14. **Again and again** (अगेन एंड अगेन) — बार-बार।
You need not go to him again and again. — तुम्हें उसके पास बार-बार जाने की जरूरत नहीं है।
(यू नीड नॉट गो टू हिम अगेन एंड अगेन।)

15. **One by one** (वन बाइ वन) — एक-एक करके।
Come one by one and take your prizes. — एक-एक करके आओ और अपना पुरस्कार लो।
(कम वन बाइ वन एंड टेक युअर प्राइजेज।)

16. Out and out (आउट एंड आउट) — पूरी तरह से, बिल्कुल।

I didn't know that he was out and out a cheat. — मुझे पता नहीं था कि वह बिल्कुल धोखेबाज है।

(आई डिडण्ट नो दैट ही वाज आउट एंड आउट ए चीट।)

17. Through and through (थ्रू एंड थ्रू) — पूरी तरह से।

He is an honest man through and through.

(ही इज एन ऑनेस्ट मैन थ्रू एंड थ्रू।) — वह पूरी तरह से ईमानदार है।

कुछ मुहावरों में यह emphasis (ज़ोर) अनुप्रास (एक ही अक्षर के दोहराव) से लाया गया है–

18. Bag and baggage (बैग एण्ड बैगेज) — बोरिया बिस्तर समेत।

Sohan had to leave the place bag and baggage. — सोहन को यह स्थान बोरिया बिस्तर सहित छोड़ना पड़ा।

(सोहन हैड टु लीव द प्लेस बैग एंड बैगेज)

19. Might and main (माइट एंड मैन) — पूरी शक्ति के साथ।

They opposed the bill might and main. — उन्होंने अपनी पूरी शक्ति के साथ बिल का विरोध किया।

(दे अपोज्ड द बिल माईट एंड मेन।)

20. Part and parcel (पार्ट एंड पार्सल।) — अभिन्न अंग।

The army is part and parcel of a nation. — सेना देश का अभिन्न अंग है।

(द आर्मी इज पार्ट एंड पार्सल ऑफ ए नेशन।)

21. Safe and sound (सेफ एंड साउण्ड) — पुरी तरह सुरक्षित।

She reached home safe and sound. — वह सुरक्षित घर पहुंच गई।

(शी रीच्ड होम सेफ एंड साउण्ड।)

22. At sixes and sevens. (एट सिक्सेज एण्ड सेवन्स) — अव्यवस्थित।

When I entered my room, I found my things at sixes and sevens. — जब मैं अपने कमरे में घुसा तो मैंने अपनी चीजें अस्त-व्यस्त पायीं।

(वैन आई एंटर्ड माइ रूम आई फाउण्ड माइ थिंग्स एट सिक्सेज एंड सेवन्स।)

23. Slow and sure. (स्लो एंड श्योर) — निश्चित रूप से।

He will win the election slow and sure. — वह निश्चित रूप से चुनाव जीतेगा।

(ही विल विन द इलेक्शन स्लो एण्ड श्योर।)

24. Spick and Span (स्पिक एंड स्पैन) — साफ-सुथरा।

Dinesh is liked by all for his spick and span habits. — दिनेश को सब उसकी साफ-सुथरी आदतों के लिए पसंद करते हैं।

(दिनेश इज लाइक्ड बाइ आल फॉर हिज़ स्पिक एंड स्पैन हैबिट्स।)

25. Then and there (देन एंड देअर) — तुरंत, उसी समय।

He was picking my pocket, but my friend caught him then and there. — वह मेरी जेब काट रहा था, लेकिन मेरे मित्र ने उसे उसी समय पकड़ लिया।

(ही वाज पिकिंग माइ पॉकेट बट माइ फ्रेंड कॉट हिम देन एंड देअर।)

कभी-कभी तुक भी मुहावरों को बनाने में सहायक होती है–

26. Fair and square (फेअर एंड स्क्वेअर) — खरा।

One should be fair and square in one's dealings. — आदमी को लेन-देन में खरा होना चाहिए।

(वन शुड बी फेयर एंड स्क्वेयर इन वन्स डिलिंग्स।)

27. High and dry (हाइ एंड ड्राइ) — झगड़े-झंझटों से मुक्त।

Mukesh was perfectly high and dry after settling his debts.
(मुकेश वाज परफेक्टली हाई एंड ड्राई आफ्टर सेटलिंग हिज डेट्स।)
अपने सब कर्जे उतारकर मुकेश पूरी तरह से झगड़े-झंझटों से मुक्त हो गया।

28. By hook or by crook (बाइ हुक ऑर बाइ क्रुक) — किसी भी प्रकार।

One should not aim at gaining things by hook or by crook.
(वन शुड नॉट ऐम ऐट गेनिंग थिंग्स बाइ हुक ऑर बाई क्रुक।)
आदमी का उद्देश्य जैसे भी बने चीजें प्राप्त करना नहीं होना चाहिए।

29. Wear and tear (वीअर एण्ड टीअर) — घिसना, टूट-फूट।

Who will pay for the wear and tear of the machine?
(वू विल पे फॉर द वीअर एंड टीअर ऑफ द मशीन।)
मशीन की टूट-फूट कौन भरेगा?

30. Without rhyme or reason (विदाउट राइम ऑर रीजन) — बिना कारण।

He was punished without rhyme or reason
(ही वाज पनिश्ड विदाउट राइम ऑर रीजन।)
उसे अकारण ही दण्ड दिया गया।

31. Now or never (नाउ ऑर नेवर) — अभी या कभी नहीं।

The opposition should unite now or never.
(द अपॉजिशन शुड युनाइट नाउ ऑर नेवर।)
विरोधी पक्ष को अभी संगठित होना चाहिए फिर अवसर नहीं है।

32. Sooner or later (सूनर ऑर लेटर) — देर-सबेर।

Sooner or later he will agree with me.
(सूनर ऑर लेटर ही विल एग्री विद मी।)
देर-सबेर वह मेरे से सहमत हो जाएगा।

33. Fast and loose (फास्ट एंड लूज) — कहना कुछ करना कुछ।

Don't trust him, he plays fast and loose.
(डोण्ट ट्रस्ट हिम, ही प्लेज फास्ट एंड लूज।)
उस पर विश्वास मत करना, वह कहता कुछ है और करता कुछ और है।

34. Ins and outs (इन्स एंड आउट्स) — ब्योरा, विवरण

I know the ins and outs of the matter.
(आइ नो दा इन्स एण्ड आउट्स ऑफ द मैटर।)
मुझे मामले का सारा ब्योरा पता है।

35. The long and short of (द लोन्ग एंड शॉर्ट ऑफ) — संक्षेप में।

The long and short of the story is that the boy has stolen the watch.
(द लोन्ग एण्ड शोर्ट ऑफ द स्टोरी इज दैट द ब्वॉय हैज स्टोलन द वाच।)
संक्षेप में कहानी यह है कि लड़के ने घड़ी चुराई है।

36. Off and on (ऑफ एंड ऑन) — कभी-कभी

He comes to the club off and on.
(ही कम्स टू द क्लब ऑफ एंड ऑन।)
वह कभी-कभी क्लब आता है।

37. Ups and downs (अप्स एंड डाउन्स) — उतार-चढ़ाव।

I have seen many ups and downs in life.
(आइ हैव सीन मैनी अप्स एंड डाउन्स इन लाइफ।)
मैंने जीवन में बड़े उतार-चढ़ाव देखे हैं।

बहुत-सी लोकोक्तियां भी हमारे लोक जीवन और अनुभव की देन है–

38. **All's well that ends well.** (आल्स वैल दैट एंड्स वैल) — अंत भले का भला।
39. **Better late than never.** (बेटर लेट दैन नेवर) — देर आया दुरुस्त आया।
40. **A friend in need is a friend indeed.** (ए फ्रैंड इन नीड इज ए फ्रैंड इनडीड।) — जरूरत में काम आये वही सच्चा मित्र।
41. **Handsome is he who handsome does.** (हैन्डसम इज ही हू हैन्डसम डज।) — सुन्दर वह जो सुन्दर काम करे।
42. **Seeing is believing.** (सीइंग इज बिलीविंग।) — आंखों देखी कभी न झूठी।
43. **A burnt child drads the fire.** (ए बर्न्ट चाइल्ड ड्रेड्स द फायर।) — दूध का जला छाछ को फूंक मार कर पीता है।
44. **All that glitters is not gold.** (ऑल दैट ग्लिटर्स इज नॉट गोल्ड।) — जो चमके वह सब सोना नहीं है।
45. **As you sow, so shall you reap.** (एज यू सो, सो शैल यू रीप।) — जैसी करनी वैसी भरनी।
46. **Blood is thicker than water.** (ब्लड इज थिकर दैन वाटर) — खून का रिश्ता होता सच्चा।
47. **Carrying coals to new castle.** (कैरिइंग कोल्स टु न्यू कैस्ल।) — उल्टे बाँस बरेली को।
48. **Coming events cast their shadows.** (कमिंग इवेन्ट्स कास्ट देअर शेडोज।) — होनहार बीरवान के होत चीकने पात।
49. **Empty vessel makes much noise.** (एम्पटी वैसल मेक्स मच नायज।) — थोथा चना बाजे घना।
50. **From frying pan to fire.** (फ्रॉम फ्राइंग पैन टु फायर।) — आसमान से गिरा खजूर में अटका।
51. **Cut your coat according to your cloth.** (कट युअर कोट एकोरडिंग टु युअर क्लोथ।) — तेते पांव पसारिए जेती लंबी सौर।
52. **A bird in hand is worth two in the bush.** (ए बर्ड इन हैन्ड इज वर्थ टू इन द बुश।) — नौ नकद, न तेरह उधार।
53. **Health is wealth.** (हैल्थ इज वैल्थ।) — तन्दुरूस्ती हजार नियामत।
54. **Honesty is the best policy.** (ओनेस्टी इज द बैस्ट पॉलिसी।) — ईमानदारी उत्तम नीति।
55. **To cry over spilt milk.** (टु क्राई ओवर स्पिल्ट मिल्क।) — अब पछताए होत क्या जब चिड़िया चुग गई खेत।
56. **It takes two to quarrel.** (इट टेक्स टू टु क्वैरल।) — एक हाथ से ताली नहीं बजती।
57. **Money makes the mare go.** (मंकी मैक्स द मेयर गो।) — दाम बनाए काम।
58. **Slow and steady wins the race.** (स्लो एण्ड स्टेडी विन्स द रेस।) — सहज पके सो मीठा होय।
59. **To cast pearls before a swine.** (टू कास्ट पर्ल्स बिफोर ए स्वाइन।) — भैंस के आगे बीन बजाना।

60. Only the wearer knows where the shoe pinches. — जाके फटी पैर बिवाई सो ही जाने पीर पराई।
(ओनली द वेअरर नोज वेअर द शू पिंचेज।)

ब्रिटेन एक द्वीप है और अनेक शताब्दियों तक महान नौ सैनिक शक्ति रहा है। अतः अंग्रेजी में समुद्र और नौसेना संबंधी अनेक सुन्दर मुहावरे हैं–

61. To be in the same boat. (टु बी इन द सेम वोट।) — एक सी ही परिस्थिति में होना।
You are unemployed and I have left the job, we are in the same boat. — तुम बेरोजगार हो और मैंने काम छोड़ दिया है, हम दोनों के एक से ही हालात हैं।
(यू आर अनएम्पलॉयड एण्ड आइ हैव लेफ्ट द जॉब, वी आर इन द सेम बोट।)

62. At sea (एट सी) — उलझन में होना।
He is quite at sea and does not know what to do. — वह उलझन में है कि क्या करें।
(ही इज क्वाइट एट सी एण्ड डज नॉट नो वॉट टू डू।)

63. To sink or swim. (टु सिंक ऑर स्विम) — डूबना या तैरना।
We shall sink or swim together. — हम साथ-साथ ही जीएंगे-मरेंगें।
(वी शैल सिंक ऑर स्विम टुगेदर।)

64. To tide over. (टु टाइड ओवर।) — पार पाना।
It seems difficult to tide over the crisis. — संकट से पार पाना मुश्किल लगता है।
(इट सीम्स डिफिकल्ट टु टाइड ओवर द क्राइसस।)

65. At a low ebb. (एट ए लो एब।) — धीमा होना, उतार पर होना।
Now, his activities are at a low ebb. — अब उसकी गतिविधियाँ उतार पर हैं।
(नाउ हिज एक्टीविटीज आर एट ए लो एब)

66. To pour oil on troubled waters. — उपद्रव को मिठास से शांत करना।
(टू पोर आइल आन ट्रबल्ड वाटर्स।)
His presence poured oil on troubled waters. — उसकी उपस्थिति ने उपद्रव की आग को ठंडा कर दिया।
(हिज प्रैजेन्स पोर्ड ऑयल ऑन ट्रबल्ड वाटर्स।)

67. A sheet anchor. (ए शीट एन्कर।) — आखिरी सहारा।
In his death, the family has lost its sheet anchor. — उसकी मृत्यु में परिवार ने अपना आखिरी सहारा गंवा दिया है।
(इन हिज डैथ द फेमिली हैज लॉस्ट इट्स शीट एन्कर।)

68. To pull together. (टु पुल टुगेदर।) — सहयोग से रहना।
I think the wife and husband can't pull together now. — मेरा ख्याल है पति-पत्नी अब सहयोग से नहीं रह सकते।
(आइ थिंक द वाइफ एण्ड हस्बेन्ड कान्ट पुल टुगेदर नाउ।)

69. On the look out. (आन द लुक आउट।) — सावधान रहना।
Shrewd men are always on the lookout for opportunity. — सावधान, चौकस-चालाक व्यक्ति सदैव अवसर के प्रति सावधान रहता है।
(श्रूड मैन आर आलवेज़ ऑन द लुकआउट फॉर ओपोरच्युनिटी।)

70. To break the ice (टु ब्रेक द आइस।) — चुप्पी तोड़ना, लज्जा त्यागना।
For first 15 minutes the bride did not break the ice. — पहले 15 मिनटों तक दुल्हन ने चुप्पी नहीं तोड़ी।
(फॉर फर्स्ट 15 मिनट्स द ब्राइड डिड नॉट ब्रेक द आइस।)

71. To take easy. (टु टेक इजी।) — सहज रूप में लेना।
Take it easy and don't bother yourself. — इसे सहज रूप में लो और परेशान मत होओ।
(टेक इट इजी एंड डोन्ट बोदर युअरसेल्फ।)

72. To hold water. (टु होल्ड वाटर।) — ठोस होना, विश्वसनीय होना।
Your theory doesn't hold much water. — तुम्हारे सिद्धांत ज्यादा ठोस नहीं हैं।
(युअर थ्योरी डजन्ट होल्ड मच वाटर।)

73. In smooth waters. (इन स्मूथ वाटर्स।) — आराम से, निश्चिन्त।
Now, the girl is in smooth waters. — अब लड़की निश्चिन्त है।
(नाउ, द गर्ल इज इन स्मूथ वाटर्स।)

74. To keep one's head above water. — आर्थिक तबाही से बचे रहना।
(टु कीप वन्स हेड एबव वाटर।)
He is in debt and can't keep his head above water. — वह कर्ज में है और अब आर्थिक तबाही से नहीं बच सकता है।

75. Into hot water. (इनटू हॉट वाटर।) — मुसीबत में।
By speculating, he has got himself into hot water. — सट्टे से उसने अपने आपको मुसीबत में फंसा लिया है।
(बाइ स्पेक्यूलेटिंग ही हैज गॉट हिमसेल्फ इनटू हॉट वाटर।)

76. The tug of war. (द टग ऑफ वार।) — रस्साकशी।
The tug of war between the two officers gave us matter for laughter. — दोनों अधिकारियों की रस्साकशी ने हमें हंसने का मसाला दिया।
(द टग ऑफ वार बिटवीन द टू आफीसर्स गेव अस मैटर फॉर लाफ्टर।)

शिकार, शिकारी कुत्तों, घोड़ों आदि ने भी अनेक मुहावरे अंग्रेजी को दिए हैं–

77. To be dog cheap. (टु बी डॉग चीप।) — बिल्कुल सस्ता।
I have bought this almirah dog cheap. — यह आलमारी बड़े सस्ते में खरीदी है।
(आइ हैव बॉट दिस एलमीरा डॉग चीप।)

78. To die like a dog. (टु डाइ लाइक ए डॉग।) — कुत्ते की मौत मरना।
If you don't heed my advice you will die like a dog. — अगर तुमने मेरी सलाह नहीं मानी तो कुत्ते की मौत मरोगे।
(इफ यू डॉन्ट हीड माई एडवाइस यू विल डाइ लाइक ए डॉग।)

79. Go to the dogs. (गो टु द डॉग्स।) — भाड़ में जाना, नाश होना।
The whole economy of the country is going to the dogs. — देश की सारी अर्थव्यवस्था चौपट हो रही है।
(दो होल इकानामी आफ द कन्ट्री इज गोइंग टू द डाग्स।)

80. Let sleeping dogs lie. — उपद्रवी को मत छेड़ो।
(लेट स्लीपिंग डॉग्स लाइ।)
Why did you tease him, let the sleeping dog lie. — उसको तुमने क्यों चिढ़ाया, उपद्रवी को कभी मत छेड़ो।
(वाइ डिड यू टीज हिम, लेट द स्लीपिंग डॉग लाइ।)

कुत्तों से संबंधित कुछ अन्य मुहावरे हैं–

81. Rain cats and dogs. (रेन कैट्स एंड डॉग्स।) — मूसलाधार बारिश।

82. Dog ear. (डॉग ईअर) — मुड़ा हुआ पृष्ठ।

83. **Dog tired.** (डॉग टायर्ड।) बहुत थका हुआ।
84. **Not a dog's chance.** (नॉट ए डॉग्स चान्स) थोड़ी भी आशा नहीं।
85. **Love me, love my dog.** (लव मी, लव माई डॉग) मुझे चाहो तो मेरे मित्रों को भी चाहो।
86. **A bone of contention.** (ए बोन ऑफ कन्टेन्शन।) झगड़े की जड़।

घोड़ों से संबंधित मुहावरे हैं—

87. **To flog a dead horse.** (टु फ्लॉग ए डेड हॉर्स।) व्यर्थ प्रयत्न।
88. **Horse laugh.** (हॉर्स लाफ) कर्कश हंसी।
89. **Horse play.** (हॉर्स प्ले।) गुल गपाड़ा, ऊधम।
90. **To keep pace with.** (टु कीप पेस विद।) कदम से कदम मिलाकर चलना।
91. **In the saddle.** (इन द सैडल) पदासीन होना।
92. **To win one's purse.** (टु विन वन्स पर्स) प्रशंसा प्राप्त करना।
93. **A mare's nest.** (ए मेयर्स नेस्ट) असंभव बात।
94. **Money makes the mare go.** (मनी मेक्स द मेयर गो।) दाम बनाए काम।
95. **To carry weight.** (टू कैरी वैट।) महत्व होना।
96. **To die in harness.** (टू डाइ इन हार्नेस।) काम करते-करते मरना।
97. **A dark horse.** (ए डार्क होर्स।) छिपा रुस्तम।
98. **To put the cart before the horse.** (टू पुट द कार्ट बिफोर द हॉर्स।) उल्टी गंगा बहाना।
99. **From start to finish.** (फ्राम स्टार्ट टू फिनिश।) प्रारंभ से अंत तक।
100. **You can take the horse to the water, but you cannot make him drink.** (यू कैन टेक द हॉर्स टू द वाटर, बट यू कैननॉट मेक हिम ड्रिंक।) अनिच्छुक से काम नहीं करवा सकते।

इस तरह जीवन के अनेक क्षेत्रों से सैकड़ों मुहावरे अंग्रेजी में आए हैं। कुछ महत्वपूर्ण मुहावरे इस प्रकार हैं—

101. **Black sheep** (ब्लैक शीप।) बुरा आदमी।
There are many black sheep among the people.
102. **To talk shop** (टू टॉक शॉप।) अपनी-अपनी हांकना।
People who talk shop are not liked.
103. **A man of word.** (ए मैन ऑफ वर्ड।) भरोसे का आदमी।
You can very well trust him, he is a man of word.
104. **A wild goose chase.** (ए वाइल्ड गूज चेज।) मूर्खतापूर्ण कार्य।
The search for treasure proved a wild goose chase.
105. **A hard nut to crack.** (ए हार्ड नट टू क्रैक।) मुश्किल काम।
The problem of employment is a hard nut to crack.
106. **To split hairs.** (टू स्प्लिट हेअर्स।) बाल की खाल निकालना।
Why do you split hairs?
107. **A dead letter** (ए डेड लेटर।) अमान्य होना।
(That rule is now a dead letter.)
108. **To fall flat.** (टु फाल फ्लैट।) असर न होना।
My advice fell flat on him.

109. To cut a poor figure. (टू कट ए पूअर फिगर।) प्रभाव न छोड़ना।

He cut a poor figure before the interviewers.

110. At arm's length. (एट आर्म्स लैन्थ।) दूर रखना।

Keep that naughty boy at arm's length.

111. Red handed. (रेड हैन्डेड।) रंगे हाथ।

He was caught red handed while taking bribe.

112. To blow one's own trumpet. (टु ब्लो वन्स ओन ट्रम्पेट।) अपनी-अपनी डफली अपना-अपना राग।

After Independence, the leaders began to blow their own trumpets.

113. Out of pocket. (आउट ऑफ पॉकेट।) पास पैसा न होना।

Can you lend him some money, he is out of pocket these days?

114. Neither head nor tail. (नाइदर हेड नॉर टेल।) कुछ भी समझ न आना।

I could make neither head nor tail of the lecture.

115. To end in smoke. (टू एन्ड इन स्मोक।) कुछ भी परिणाम न निकलना।

All his scheme ended in smoke.

116. To leave no stone unturned. (टू लीव नो स्टोन अनटर्न्ड।) कोई भी कसर न छोड़ना।

He did not leave any stone unturned to secure a job.

117. To take a task. (टू टेक ए टास्क) भला-बुरा कहना।

He was taken to task for coming late.

118. In full swing. (इन फुल स्विंग।) पूरे जोर पर होना।

Now, the fair is in full swing.

119. To nip in the bud. (टु निप इन द बड।) प्रारम्भ में ही कुचल देना।

Nip your bad habits in the bud.

120. Bad blood. (बैड ब्लड) दुर्भावना।

The property created bad blood among the brothers.

121. Within a stone's throw. (विदीन ए स्टोन्स थ्रो।) बिल्कुल समीप।

My house is within a stone's throw of the station.

122. To coin money. (टु कॉइन मनी।) खूब धन कमाना।

He is coining money in cement business.

123. From hand to mouth. (फ्रॉम हैंड टु माउथ।) गुज़र बसर करना।

Many persons in India live from hand to mouth.

LESSON TWENTY FOUR
पाठ चौबीस

Direct and Indirect Speech
(डाइरेक्ट एंड इनडाइरेक्ट स्पीच)
प्रत्यक्ष और परोक्ष कथन

किसी व्यक्ति द्वारा कहे गए शब्द दो तरह से रखे जा सकते हैं–(1) **Direct speech** द्वारा उनके शब्दों को ज्यों का त्यों रखकर, और (2) **Indirect speech** द्वारा उनमें कुछ परिवर्तन करके। दोनों ही हालातों में शब्दों का अर्थ वही रहता है, रूप बदल जाता है, जैसे–

(1) Shiela said to me, "I am with you now." **(Direct speech)**
(2) Shiela told me that she was with me then. **(Indirect speech)**

A. Assertive Sentences

दूसरे वाक्य में, जो परोक्ष कथन में है, कई परिवर्तन साफ नजर आते हैं। said का told हो गया है। अवतरण चिह्न के पहले आया comma हटकर that लग गया है। अवतरण चिह्न भी हट गये हैं और अवतरण चिह्न के भीतर का I, she में; am, was में; you, me में और now, then में बदल गए हैं। यह सारा परिवर्तन अवतरण चिह्न के बाहर प्रयुक्त शब्दों के अनुसार हुआ है। इन परिवर्तनों को अध्ययन की सुविधा के लिए इस प्रकार रखा जा सकता है, अर्थात् direct से indirect में बदलते समय निम्नलिखित नियम ध्यान में रखे जाने चाहिए–

1. (a) जब बाहर वाली क्रिया (reporting verb) Past Tense में हो यानी said, told, asked, advised आदि शब्दों द्वारा व्यक्त हो तो अन्दर की क्रिया भी उसी के अनुसार बदल जाती है।
Present Indefinite बदलकर Past Indefinite हो जाता है।
Present Continuous बदलकर Past Continuous हो जाता है।
Present Perfect बदलकर Past Perfect हो जाता है।
Present Perfect Continuous बदलकर Past Perfect Continuous हो जाता है।

(b) यदि reporting verb Present या Future Tense में हो तो अंदर की क्रिया नहीं बदलती, जैसे–
Maya says, "I am well". (Direct speech)
Maya says that she is well. (Indirect speech)

(c) यदि वक्ता के शब्दों (Reported speech) में कोई शाश्वत सत्य हो तथा reporting verb किसी भी tense में हो तो reported speech का tense नहीं बदलता, जैसे–
The teacher said, "The sun sets in the west."" (Direct speech)
The teacher said that the sun sets in the west. (Indirect speech)
The preacher said, "Honesty is the best policy." (Direct speech)
The preacher said that honesty is the best policy. (Indirect speech)

(d) Will बदलकर would हो जाता है।

Shall	बदल कर	should	हो जाता है।
may	"	might	"
can	"	could	"
do/does	"	did	"

(e) निकटता दर्शाने वाले शब्द दूरी दर्शाने वाले बन जाते हैं–

now	बदल कर	then	हो जाता है।
this	"	that	"
these	"	those	"
here	"	there	"
ago	"	before	"
thus	"	so	"
today	"	that day	"
tomorrow	"	the next day	"
yesterday	"	the day before	"
last night	"	the night before	"
next day	"	the following day	"
hence	"	thence	"
just	"	then	"

(f) यदि बाहर reporting verb के पश्चात् कोई object हो तो said के स्थान पर told कर देते हैं, जैसे–

Ram said to me, "I am reading a book". (Direct speech)

Ram told me that he was reading a book. (Indirect speech)

2. (a) कथन में आये Pronouns और उनके Possessions बाहर वाले Person के अनुसार बदल दिए जाते हैं–

He said, "I know you well but not your father." (Direct speech)

He said that he knew him well but not his father. (Indirect speech)

He said to her, "This thing belongs to you." (Direct speech)

He told her that that thing belonged to her. (Indirect speech)

Shiela said to me, "I will help you now." (Direct speech)

Shiela told me that she would help me then. (Indirect speech)

(b) यदि जिस व्यक्ति से कहा गया है वही कथन को report करा रहा है. तो द्वितीय पुरुष तृतीय में बदलने के स्थान पर प्रथम में बदलता है, जैसे–

Neera said to me, "You must work hard." (Direct speech)

Neera told me that I should work hard. (Indirect speech)

B. Interrogative Sentences

प्रश्नों को indirect speech में बदलते समय said/told आदि reporting verb के स्थान पर asked/enquired of का प्रयोग करते हैं। यदि प्रश्न किसी helping verb से प्रारंभ हुआ हो, तो reporting verb के बाद if/whether लगाते हैं और प्रश्न चिह्न हटा देते हैं–

(1) He said to me, "What is your name?" (Direct speech)

He asked me what my name was. (Indirect speech)

(2) "Where are you going?" said the watchman. (Direct speech)

The watchman asked where he was going (Indirect speech)

(3) The old man said to Gopal, "Can you help me?" (Direct speech)
The old man asked Gopal if he could help him. (Indirect speech)
(4) The teacher said to the boy, "Have you done your home work?" (Direct speech)
The teacher asked the boy if he had done his home work. (Indirect speech)

C. Imperative Sentences

इन वाक्यों में आदेश, निर्देश, प्रार्थना आदि भाव होते हैं। इन वाक्यों में said आदि reporting verb के स्थान पर कथन के अर्थ के अनुसार command, request आदि शब्दों का प्रयोग करते हुए verb की पहली अवस्था के साथ 'to' लगा देते हैं–

(1) The master said to the servant, "Go and bring me a glass of water." (Direct speech)
The master ordered his servant to go and bring him a glass of water. (Indirect speech)
(2) "Call the witness," said the judge. (Direct speech)
The judge ordered to call the witness first. (Indirect speech)
(3) "Pay attention to what I say," shouted the Captain. (Direct speech)
The Captain commanded his men to pay attention to what he said. (Indirect speech)
(4) The teacher said, "Don't make a noise." (Direct speech)
The teacher ordered the boy not to make a noise. (Indirect speech)
(5) "Please wait for me," he said to me. (Direct speech)
He requested me to wait for him. (Indirect speech)

D. Exclamations

ऐसे वाक्यों में आश्चर्य और तीव्र भावनाओं को प्रकट किया जाता है। इनको indirect speech में बदलते समय मूल reporting verb के स्थान पर भावना बोधक शब्द लगाकर अंत में सम्बोधन चिह्न हटा देते हैं–

(1) He said, "How nice of you!" (Direct speech)
He exclaimed with pleasure that it was very nice of him. (Indirect speech)
(2) He said, "Hurrah! I have won!" (Direct speech)
He exclaimed with joy that he had won. (Indirect speech)
(3) She said to her son, "May you live long!" (Direct speech)
She wished that her son might live long. (Indirect speech)
(4) The audience clapped and said, "Bravo! Well done!" (Direct speech)
The audience exclaimed with clapping that they had done very well. (Indirect speech)
(5) He angrily said, "What a fool you are!" (Direct speech)
He angrily remarked that he was quite a fool. (Indirect speech)
(6) He said, "May his soul rest in peace!" (Direct Speech)
He prayed that his soul might rest in peace. (Indirect speech)

अब निम्नलिखित वाक्यों के रूपांतरण को ऊपर सीखे गये नियमों के प्रकाश में ध्यानपूर्वक पढ़कर अभ्यास बढ़ाइये–

	Direct	Indirect
1.	"I am now 10 years old." said he.	He said that he was then 10 years old.
2.	Gita said, "I am not interested in games."	Gita said that she was not interested in games.
3.	The monkey said to the cat, "This is my house and I live in it."	The monkey told the cat that that was his house and he lived in it.
4.	"I will certainly help you," he said to me.	He told me that he would certainly help me.

5. The teacher said to the boys, "I am on leave tomorrow".	The teacher told the boys that he was on leave the next day.
6. She said, "I am too weak to walk."	She said that she was too weak to walk.
7. Mohan said to me, "Thank you very much for your kindly help."	Mohan thanked me very much for my kindly help.
8. He said, "How is your health now?"	He asked how his health was then.
9. "Are you going to school today?" said the mother.	The mother asked her son if he was going to school.
10. "What is your name and your address?" asked the policeman.	The policeman enquired of him what his name and address was.
11. "Did you really want to see my master?" said the servant.	The servant asked him if he really wanted to see his master.
12. "Are you hungry?" I said.	I asked him if he was hungry.
13. "Have you any message for your father?" the traveller said.	The traveller asked if he had any message for his father.
14. "Who are you to talk like this?" I said to the stranger.	I asked the stranger who he was to talk like that.
15. "What is that white thing on the hill top?" said the boy to his mother.	The boy asked his mother what that white thing on the hill top was.
16. "How did you spend your vacation?" I said to Hari.	I asked Hari how he had spent his vacation.
17. "Where did you find the girl my friend?" said my father.	My father asked his friend where he had found the girl.
18. I said, "Let us go to see the match."	I proposed that we should go to see the match.
19. He said, "Come tomorrow in the evening."	He ordered him to come the next day in the evening.
20. "Please give me some milk and a piece of cake," I said to my daughter.	I requested my daughter to give me some milk and a piece of cake.
21. The officer shouted, "Get you out of my office."	The officer ordered him to get out of his office.
22. "Let me go," he said.	He told them to let him go.
23. "Don't move till I say," the commander said.	The commander commanded the soldiers not to move till he said.
24. "Go down to him and bring the things I want," the master said.	The master ordered his servant to go down to him and to bring the things he wanted.
25. "Would you mind shutting the door?" said he.	He asked him if he would mind shutting the door.
26. "Don't smoke here in the room," the mother said to her son.	The mother ordered her son not to smoke there in the room.
27. "Be quiet my boys and listen to what I have to say," the teacher said.	The teacher ordered his boys to be quite to listen to what he had to say.
28. The team said, "Hurrah! We have won!"	The team exclaimed with joy that they had won.
29. He said, "No I am not to blame."	He denied that he was to blame.
30. She said, "What a beautiful flower!"	She exclaimed with pleasure that the flower was beautiful.

31. "Oh! for wings of a bird!" he said.	He wished for wings of a bird.
32. "Had you been to Darjeeling?" said he.	He asked him if he had been to Darjeeling.
33. "How do you like the place?" asked my friend.	My friend asked how he liked the place.
34. "I like the place but not the people", said Ram.	Ram told my friend that he liked the place but not the people.
35. "Alas! he is no more alive!" she said sorrowfully.	She exclaimed sadly that he was no more alive.
36. "Ah, I am undone!" she cried.	She exclaimed crying that she was undone.
37. "May God grant you long life and health," said the Swami.	The Swami prayed that God might grant him long life and good health.
38. "How foolish I have been!" said Neeru.	Neeru confessed that she had been very foolish.
39. "What a joy to meet you again here!" said Rita	Rita exclaimed that it was a great joy to meet him there.
40. "Are you not ashamed to tease a poor girl?" said an elderly lady.	An elderly lady asked him whether he was not ashamed to tease a poor girl.
41. The lecturer said, "Socrates was one of the greatest men ever born."	The lecturer told his students that Socrates was one of the greatest men ever born.

Exercise for Revision अभ्यास करने योग्य

निम्नलिखित को indirect speech में रूपांतरित कीजिए–

1. "Two plus three is five," the teacher said.
2. "That bus goes to Rouse Avenue," the bus conductor said.
3. Rita said to Anita, "I have a beautiful wrist watch."
4. "I don't like plums and peaches," Murli said to me.
5. "Do you know what is the opposite of small?" I said.
6. "Yes I know. The opposite of small is big." I said.
7. "Do Indians travel much!" the foreigner said.
8. "Who built the Taj?" the visitor asked the guide.
9. "Where do you come from?" the stranger said to him.
10. "It is Sunday today," the child said to his mother.
11. I said to him, "Please tell me what's the time by your watch?"
12. "Would you mind coming over here?" he said to the guest.
13. "Oh God! I am undone!" he cried.
14. "How nice you acted," she told her.
15. "Don't open the window," the mother said to the child.
16. "Come, we are getting late," I told them.
17. "What a lovely thing!" she said.
18. "Have you finished your work? "the wife asked her husband."
19. "Don't make a noise children," the elderly man said.
20. "Please wait till I come," he said to me.
21. "Didn't you hear this news?" Meena said to Sita.
22. "Which book do you like?" the bookseller said.
23. "Let us move a bit", said the boy to his friends.
24. "Which is the highest mountain?" the teacher said.
25. "Can you tell me the way to the college?" the newcomer said to the youngman.

LESSON TWENTY FIVE
पाठ पच्चीस

Punctuation
(पंक्चयूएशन)
विरामचिह्न

शब्दों और वाक्यों का आपस में संबंध बताने के लिए जिन संकेतों/चिह्नों का प्रयोग किया जाता है उन्हें विराम चिह्न कहते हैं। इनके अनुसार बोलने या पढ़ने वाला व्यक्ति ठहरता हुआ आगे बढ़ता है और सही अर्थ को ग्रहण करता है। इन संकेतों के सही प्रयोग के बिना अर्थ का अनर्थ हो जाने की पूरी-पूरी संभावना रहती है। हिन्दी और अंग्रेजी में एक जैसे ही विरामचिह्न प्रयोग में आते हैं, केवल पूर्णविराम में अंतर है। अब तो कई लोग हिन्दी में पूर्ण विराम के लिए (।) के स्थान पर (.) का प्रयोग भी करने लगे हैं। मुख्य अंतर यह है कि जिस नियमशीलता से इनका प्रयोग अंग्रेजी में किया जाता है वह हिन्दी में आवश्यक नहीं मानी जाती। मुख्य विरामचिह्न इस प्रकार हैं–

1. अल्पविराम (,) Comma
2. अर्धविराम (;) Semicolon
3. पूर्णविराम (.) Full stop/Period
4. प्रश्नचिह्न (?)Mark of Interrogation
5. आश्चर्य/संबोधन चिह्न (!)Mark of Exclamation
6. निर्देशक (–) Dash
7. योजक (-) Hyphen
8. कोष्ठक () Parenthesis/Bracket
9. अवतरण चिह्न ("") Quotation Marks
10. अपूर्ण विराम (:) Colon
11. लोप/संबंध चिह्न (') Apostrophe

The Comma (द कॉमा) अल्पविराम

कॉमा सबसे कम ठहरने का संकेत देता है। इसके प्रयोग इस प्रकार हैं–

(a) एक ही साथ आए एक जैसे शब्दों को अलगाने के लिए, जैसे–
It was a land of beauty, honey, lakes, and mountains.
His writing was round, neat, correct and attractive.

(b) and द्वारा जुड़े शब्द-युग्मों के अलगाने के लिए, जैसे–
The rich and the poor, the humble and the low, the weak and the wealthy all adored him.

(c) लुप्त क्रिया के स्थान पर, जैसे–
Krishna was a king, Sudama a pauper.
I received a book and he, a pen.

(d) संयुक्त वाक्य (Compound sentence) में आये सह-वाक्यों को अलगाने के लिए–
The bird came, and started singing.
The test was difficult, and time short.

(e) उद्धृत शब्दों (words quoted) को शेष वाक्य से अलग करने के लिए–
He said, "The sun rises in the east."
"Come and listen," said the Guru.

(f) कर्त्ता का बोध कराने वाले शब्दों को क्रिया से अलग करने के लिए–
All the people assembled there, were from far and near.

(g) संयुक्त वाक्य (Complex Sentence) में उपवाक्यों को मुख्य वाक्य से अलग करने के लिए–
The boy, who won the prize, is my friend.
The exercise, which the teacher gave, was difficult.
When I was young, I used to fly kites.

(h) उन शब्दों और वाक्यांशों के साथ जो वाक्य में अलग से डाल दिए गये हैं–
Ram, however, did not come.
His story, in several ways, is interesting.
It is the father, after all, who heads the family.

(i) दो संज्ञा-शब्दों या वाक्यांशों को, जो साथ-साथ आये हों, अलग करने के लिए–
Gandhi, the father of the nation, died for us.
Rose, the sweetest flower, is my favourite.
Kalidas, the greatest Sanskrit dramatist, was born in Kashmir.

The Semicolon (द सेमिकोलन) अर्द्ध विराम

अर्द्ध विराम पर अल्पविराम से ज्यादा और पूर्ण विराम से आधे समय ठहरते हैं। इसका निम्न स्थानों पर प्रयोग करते हैं–

(a) मिश्रित वाक्यों में सहायक वाक्यों को अलगाने के लिए यदि उनमें अल्पविराम का प्रयोग हुआ हो–
Gandhiji was a father figure, a brave man; whom the whole nation loved.

(b) जब संयुक्त वाक्यों में आये उपवाक्यों में खास संबंध नहीं होता–
His life was pure; his courage high.

The Full Stop (द फुल स्टॉप) पूर्ण विराम

पूर्ण विराम सबसे अधिक ठहराव को बताता है। इसका प्रयोग निम्न स्थितियों में होता है–

(a) कथानक और आदेशात्मक वाक्यों के अन्त में–
She is girl from Russia.

(b) शब्दों के संक्षिप्त रूप दर्शाने के लिए–
M.P., M.L.A., W.H.O., A.M., P.M., Mr. R.L. Gupta.

The Mark of Exclamation (द मार्क ऑफ एक्सक्लेमेशन), आश्चर्य चिह्न

यह विस्मयादिबोधक वाक्यों और शब्दों के अन्त में लगाया जाता है–

Oh! well done!
How sweet the baby is!

The Dash (द डैश) निर्देशक

(a) डैश का प्रयोग किसी वाक्य में भाव के अचानक परिवर्तन पर करते हैं–
Remember me nicely to them, give my letter and-and what more.

(b) छूटे हुए सूत्र को फिर से पकड़ने के लिए–
Friends, relatives–they all left her in the lurch.

The Hyphen (द हाइफन) योजक

योजक डैश से थोड़ी छोटी रेखा होती है और संयुक्त शब्दों में काम आती है। इसका प्रयोग मूलशब्द को उपसर्ग से अलग दिखाने के लिए भी करते हैं, विशेष रूप से जब मूल शब्द बड़े वर्ण (capital letter) से प्रारम्भ होता हो। पंक्ति के अंत में आये विभाजित शब्द जोड़ने में भी योजक का प्रयोग किया जाता है।

Co-operation, Jack-of-all-trades, Un-Indian, Non-American.

The Parenthesis (परेन्थिसिस) कोष्ठक

इसे ब्रेकेट (bracket) भी कहते हैं। इसका प्रयोग वाक्य में आये उन वाक्याशों/शब्दों को अलग करने के लिए किया जाता है जिनका मूल वाक्य से सीधा रचनात्मक संबंध नहीं होता। कभी-कभी कोष्ठक के स्थान पर double dashes का प्रयोग भी किया जाता है। नाटक आदि में संवाद के बीच पात्र के हाव-भाव दिखाने के लिए भी इसका प्रयोग होता है–

He died peacefully (it was his sole desire) and in harness.

The mob suddenly changed its mind–god knows for what reason–set the factory on fire.

The Quotation Marks (द कोटेषन मार्क्स) अवतरण चिह्न

अवतरण चिह्न इकहरे और दुहरे दोनों रूपों में प्रयुक्त होते हैं। इनका प्रयोग किसी के शब्द उद्धृत करने के लिए किसी शब्द या अक्षर को रेखांकित करने के लिए करते हैं।

The Colon (द कोलन) अपूर्ण विराम

अपूर्ण विराम, पूर्ण विराम से कम किन्तु अर्ध विराम से अधिक ठहराव का बोध कराता है। कभी-कभी कोलन का प्रयोग डैश के साथ (:–) भी करते हैं। इसका प्रयोग उद्धरण से पूर्व, उदाहरण देते समय तथा ऐसे दो वाक्यों को अलग करने के लिए जो अर्थ में परस्पर जुड़े होते हैं, लेकिन रचना में स्वतंत्र होते हैं, किया जाता है–

The man was drunk: this was the cause of his unsteady walk.

Someone has aptly said: "Slow and steady wins the race."

Attach the following certificates:—

The Apostrophe (द अपॉस्ट्रफि) लोप संबंध चिह्न

अपॉस्ट्रफि का प्रयोग संबंध बताने के और किसी अक्षर या अक्षरों के लोप अथवा शब्द संकुचन दर्शाने के लिए किया जाता है–

I'm not aware of it.
Aren't we to blame for it?
There are many t's in the sentence.
During the 1950's he wrote the novel.
The country's development depends on so many factors.
Dot your i's and cross your t's.
We are approaching Tarun's house.
It is Ram's book.

PART THIRD
तीसरा भाग

आप इसमें पाएंगे–

- ❑ वार्तालाप अथवा भाषण के लिए वाक्य तैयार करना।
- ❑ रोजमर्रा के जीवन में व्यवहार और लेन–देन में अंग्रेजी भाषा का धारा–प्रवाह प्रयोग।

आवश्यक बातें

अपनी बातों को वाक्यों के रूप में सुंदर ढंग से प्रस्तुत करने के लिए सटीक शब्दों का संयोजन होना अधिक आवश्यक है। अक्सर आपकी पूरी बातें कई वाक्यों में खत्म होती हैं, तो आवश्यकता होती है कि उन वाक्यों का सही–सही एक–दूसरे से तालमेल बैठाना। प्रस्तुत भाग में सटीक वाक्यों का संकलन है, जिसे याद करके आप कहीं भी बेअटक अंग्रेजी बोलकर स्वयं को गौरवान्वित महसूस कर सकते हैं।

Varied Sentences
(वैरीड सेन्टेन्सेज)
विविध वाक्य

समाज में जो कार्य पुलिस का होता है वही भाषा के क्षेत्र में व्याकरण का होता है। व्याकरण सही और शुद्ध भाषा प्रयोग सिखाती है, अनुशासन कायम करती है और भाषा को गलत रास्तों में भटकने से रोकती है। पहले भाषा का विकास होता है फिर व्याकरण का। व्याकरण अर्थात् भाषा के नियमों और अनुशासन का ज्ञान एक समाज स्वीकृत भाषा-प्रयोग के लिए बहुत जरूरी है। लेकिन मात्र नियमों के जान लेने से भाषा नहीं आ जाती। इसके लिए व्यावहारिक अभ्यास की जरूरत है। प्रथम भाग में हमने अंग्रेजी व्याकरण का अच्छी प्रकार अध्ययन कर लिया है। हम जानते हैं कि वाक्य क्या है, कितने प्रकार का होता है, कैसे वाक्य को दूसरे रूपों में रूपांतरित किया जा सकता है आदि। अब हम इस ज्ञान के व्यावहारिक रूप और प्रयोग की तरफ आते हैं। नियमों का ज्ञान एक साधन है साध्य नहीं। हमारा उद्देश्य तो रोजमर्रा के जीवन में, व्यवहार और लेनदेन में अंग्रेजी का धाराप्रवाह प्रयोग करना और सीखना है। आएं, हम अपने लक्ष्य की ओर आगे बढ़ें–

My Motherland मेरी मातृभूमि

1. भारत मेरी मातृभूमि है।	India is my motherland. (इन्डिया इज माइ मदरलैंड।)
2. उसका मधुर और मुस्कराहटपूर्ण चेहरा हमेशा मेरे सामने रहता है।	Her sweet and smiling face is always before me. (हर स्वीट एण्ड स्माइलिंग फेस इज़ आल्वेज़ बिफोर मी।)
3. भारत एक महान देश है।	India is a great country. (इन्डिया इज ए ग्रेट कन्ट्री।)
4. वह अनेकता में एकता का एक बेजोड़ उदाहरण है।	She is a unique example of unity in diversity. (शी इज़ ए यूनिक एक्जाम्पल ऑफ यूनिटी इन डाइवरसिटि।)
5. कश्मीर से कन्याकुमारी तक भारत एक है।	From Kashmir to Kanyakumari India is one. (फ्रॉम कश्मीर टु कन्याकुमारी इन्डिया इज वन।)
6. उत्तर में हिमालय पर्वत श्रेणी है।	In the north is the Himalayan range. (इन द नोर्थ इज द हिमालयन रेन्ज।)
7. हिमालय पर्वत श्रेणी विश्व में सबसे ऊंची है।	The Himalayas are the highest mountains in the world. (द हिमालयाज आर द हाईएस्ट माउन्टेन्स इन द वर्ल्ड।)
8. गंगा, सिंधु और ब्रह्मपुत्र हिमालय से निकलने वाली प्रमुख नदियां हैं।	The Ganges, the Indus and the Brahmaputra are the main rivers coming from the Himalayas. (द गैन्जेस, द इन्डस एण्ड द ब्रह्मपुत्र आर द मेन रिवर्स कमिंग फ्रॉम द हिमालयाज़।)

9. दूसरी कई नदियां भी हिमालय से निकलती हैं।
Many other rivers also come from the Himalayas.
(मैनी अदर रिवर्स ऑल्सो कम फ्रॉम द हिमालयाज़।)

10. यमुना इलाहाबाद के पास गंगा में मिल जाती है।
The Yamuna joins the Ganges near Allahabad.
(द यमुना जॉइन्स द गैन्जेस नियर इलाहाबाद।)

11. हमारी विरासत बहुत पुरानी है और हमें इस पर गर्व है।
Our heritage is very old and it gives us a sense of pride.
(आवर हेरिटिज इज वैरी ओल्ड एण्ड इट गिव्ज अस ए सेन्स ऑफ प्राइड।)

12. भारत ने कई महान व्यक्ति उत्पन्न किए हैं।
India has produced many great men.
(इन्डिया हैज प्रोड्यूज्ड मेनी ग्रेट मेन।)

13. अशोक, अकबर, राणा प्रताप, शिवाजी आदि महान शासक हुए हैं।
Ashoka, Akbar, Rana Pratap, Shivaji etc. have been great rulers.
(अशोक, अकबर, राणा प्रताप, शिवाजी, एटसेट्रा हैव बीन ग्रेट रूलर्स।)

14. गांधीजी महानतम व्यक्तियों में से एक हैं।
Gandhiji is one of the greatest men ever born.
(गांधीजी इज वन ऑफ द ग्रेटेस्ट मेन एवर बोर्न।)

15. 15 अगस्त 1947 को भारत ब्रिटिश शासन से मुक्त हुआ।
India became free from British rule on the 15th of August, 1947.
(इन्डिया बीकेम फ्री फ्रॉम ब्रिटिश रूल ऑन द 15 ऑफ अगस्त, 1947।)

16. वहां ऐतिहासिक महत्त्व के अनेक स्थान और स्मारक हैं।
There are many places and monuments of historical interest.
(देअर आर मैनी प्लेसिस ऐण्ड मोन्यूमेंट्स ऑफ हिस्टोरिकल इंटरेस्ट।)

17. अजंता की गुफाएं अपनी सुन्दर चित्रकारी के लिए प्रसिद्ध हैं।
The Ajanta caves are famous for their beautiful paintings.
(द अजन्ता केव्स आर फेमस फॉर देअर ब्यूटिफुल पेंटिंग्स।)

18. कुतुबमीनार दिल्ली में स्थित एक प्रसिद्ध टावर है।
The Qutab Minar is a famous tower in Delhi.
(द कुतुब मीनार इज ए फैमस टॉवर इन डेलही।)

19. ताजमहल सारे संसार में प्रसिद्ध है।
The Taj Mahal is famous all over the world.
(द ताज महल इज फेमस ऑल ओवर द वर्ल्ड।)

20. हमारे कई राष्ट्रीय त्यौहार हैं।
We have many national festivals.
(वी हैव मैनी नेशनल फैस्टीवल्स।)

21. 15 अगस्त स्वतंत्रता दिवस है।
15th August is Independence Day.
(फिफ्टीन्थ अगस्त इज इन्डिपेंडेंस डे।)

22. हर वर्ष हम 26 जनवरी को गणतंत्र दिवस मनाते हैं।
We celebrate Republic Day on January 26, every year.
(वी सेलिब्रेट रिपब्लिक डे ऑन जैनुअरि 26, एवरि यिअर।)

23. हमारे राष्ट्रीय प्रतीक में शीर्षफल पर तीन शेर खड़े हैं।
Our National Emblem has three lions standing on an abacus.
(आवर नेशनल एमब्लम हैज थ्री लॉइअन्स स्टैंडिंग ऑन एन ऐबकॅस।)

24. फलक के केन्द्र में एक चक्र है। In the centre of abacus, there is a wheel. (इन द सेन्टर ऑफ ऐबकस देअर इज ए व्हील।)

25. हमारे राष्ट्रीय झंडे के केन्द्र में भी एक चक्र है Our National Flag also has a wheel in the centre. (आवर नेशनल फ्लैग आल्सो हैज ए व्हील इन द सेन्टर।)

26. हमारे राष्ट्र गीत को रवीन्द्रनाथ टैगोर ने लिखा था। Our National Anthem was composed by Ravindranath Tagore. (आवर नेशनल ऐन्थम वाज कम्पोज्ड बाइ रवीन्द्रनाथ टैगोर।)

27. जब राष्ट्रगीत गाया या बजाया जाता है तो हम सावधान की स्थिति में खड़े होते हैं। We stand at attention when the national anthem is played or sung. (वी स्टैन्ड ऐट अटेंशन वेन द नेशनल ऐन्थम इज़ प्लेड ऑर संग।)

28. भारत के चारों ओर कई देश हैं। There are a number of countries around India. (देअर आर ए नम्बर ऑफ कंट्रीज अराउण्ड इंडिया।)

29. ये राष्ट्र हमारे पड़ोसी हैं। These nations are our neighbours. (दीज नेशन्स आर ऑवर नेबर्स।)

30. हमारा देश एक शांतिप्रिय राष्ट्र है। Our country is a peace loving nation. (ऑवर कंट्री इज़ ए पीस लविंग नेशन।)

31. हमारा पड़ोसियों से दोस्ताना संबंध है। We have friendly relations with our neighbours. (वी हैव फ्रेण्डली रिलेशन्स विद आवर नेबर्स।)

32. हम उन्हें अधिक मज़बूत बनाने का प्रयत्न कर रहे हैं। मुझे अपने देश पर गर्व है। We are trying to make them more strong. I am very proud of my country. (वी आर ट्राइंग टु मेक देम मोर स्ट्रॉन्ग। आइ एम वेरी प्राउड ऑफ माइ कंट्री।)

Politeness and Etiquette विनम्रता और शिष्टाचार

1. सुनिए श्रीमान (जनाब) क्या आप मुझे अस्पताल जाने का रास्ता बता सकते हैं? Please sir, can you tell me the way to the hospital? (प्लीज सर, कैन यू टैल मी द वे टु द हॉस्पिटल?)

2. कहिए, आपकी तबियत कैसी है? Hello, how are you? (हैलो! हाउ आर यू?)

3. मैं ठीक हूं, शुक्रिया। I'm O.K., thanks. (आइ एम ओ.के. थैंक्स)

4. माताजी कैसी हैं? How is your mother? (हाउ इज युअर मदर?)

5. ठीक है। She is fine. (शी इज फाइन।)

6. घर में सब ठीक है? Is everyone O.K. at your house? (इज़ एवरीवन ओ.के एट युअर हाउस?)

7. आपकी टाई बड़ी सुन्दर है। Your tie is very nice. (युअर टाई इज वैरी नाइस।)

8. धन्यवाद, यह नई है, फ्रांस की है। Thank you, it's new, it is from France. (थैंक यू, इट्स न्यू, इट इज़ फ्रॉम फ्रान्स।)

9. आपकी कृपा के लिए बहुत-बहुत शुक्रिया। Many-many thanks for your kindness. (मैनी-मैनी थैंक्स फॉर युअर काइन्डनैस।)

10. नमस्ते, आपका शुभ नाम? Hello! your good name?
(हैलो! युअर गुड नेम?)

11. आप कैसे हैं? How do you do?
(हाउ डू यू डू?)

12. आप ही नारायण स्वामी हैं? Are you Mr. Narain Swami?
(आर यू मि. नारायण स्वामी?)

13. मैं ठीक हूं, आप ठीक हैं? I am well, how are you?
(आइ एम वैल, हाउ आर यू?)

14. जी हां, बिल्कुल ठीक हूं। Yes, I am quite well.
(येस, आइ एम क्वाइट वैल)

15. आप बाजार जा रहे हैं? Are you going to the market?
(आर यू गोइंग टु द मार्केट?)

16. हां, आप भी चल रहे हैं? Yes, are you also coming ?
(येस, आर यू ऑल्सो कमिंग?)

17. कृपया जाने से पहले मुझसे मिलकर जाइए। Please go after having met me.
(प्लीज़ गो आफ्टर हैविंग मैट मी।)

18. कृपया अंदर पधारिए। Please, step in.
(प्लीज़ स्टेप इन।)

19. क्या आप वह कुर्सी खींचने का कष्ट करेंगे? Would you mind drawing that chair?
(वुड यू माइंड ड्राइंग दैट चेयर?)

20. कृपया थोड़ी चाय पीकर जाइए। Please, have some tea before you go.
(प्लीज हैव सम टी बिफोर यू गो।)

21. जो आज्ञा। As you please.
(ऐज यू प्लीज़)

22. मेरा एक काम कर दीजिएगा? Will you please do me a favour?
(विल यू प्लीज़ डू मी ए फेवर?)

23. कहिए क्या काम है? Well, what's that?
(वैल, वाट्स दैट?)

24. अच्छा, कृपया इसे स्वीकार कीजिए। Well, please accept this.
(वैल, प्लीज एक्सेप्ट दिस।)

25. साहब! कुछ पैसे दे दीजिए। Please Sir! Give me some money.
(प्लीज सर! गिव मी सम मनी।)

26. मैं अंदर आ सकता हूं? May I come in please?
(मे आइ कम इन प्लीज?)

27. हां आइए, आपको किससे काम है? Yes please, whom do you want to see?
(यस प्लीज, हूम डू यू वांट टु सी?)

28. हो सके तो मेरा एक काम कर दीजिए। If possible do me a favour.
(इफ पॉसिबल डू मी ए फेवर।)

29. अजी भाई-साहब! आप किसे ढूंढ रहे हैं? Well brother! whom do you want?
(वैल ब्रदर! हूम डू यू वांट?)

30. अगर आपके पास कुछ रुपये हों तो दे दीजिए। Please give me some money, if you have on you.
(प्लीज़ गिव मी सम मनी, इफ यू हैव आन यू।)

31. क्षमा करें इस समय तो नहीं है। Please excuse me, I don't have right now.
(प्लीज़ एक्स्क्यूज मी, आइ डॉण्ट हैव राइट नाउ।)

32. क्या आप मुझे अपने स्कूटर पर ले जा सकते हैं? Could you please give me a lift on your scooter?
(कुड यू प्लीज गिव मी ए लिफ्ट ऑन युअर स्कूटर?)

33. कष्ट के लिए मुझे खेद है। I'm sorry to have troubled you.
(आयम सॉरि टु हैव ट्रबल्ड यू।)

34. नमस्कार, आपको क्या परेशानी है? Good morning, what's the trouble with you?
(गुड मॉर्निंग, वाट्स द ट्रबल विद यू?)

35. नमस्कार, मैं आपकी क्या सेवा कर सकता हूं? Good morning, what can I do for you?
(गुड मॉर्निंग, वाट कैन आइ डू फॉर यू?)

36. भोजन पर निमंत्रण के लिए आपका धन्यवाद। Thanks for your invitation to lunch.
(थैंक्स फॉर योर इन्विटेशन टु लंच।)

37. आपका परिचय पाकर मुझे बड़ी प्रसन्नता हुई। I am very glad to have your introduction.
(आइ एम वैरी ग्लैड टु हैव योर इंट्रोडक्शन।)

38. माताजी पिताजी से मेरा नमस्कार कहिएगा। Please give my compliments to your parents.
(प्लीज गिव माई कम्प्लीमैंट्स टु योर पेरेन्ट्स।)

39. नव वर्ष की शुभकामनाएं A very happy new year!
(ए वैरी हैप्पी न्यू यिअर।)

40. जन्मदिन पर हार्दिक बधाइयां। Hearty congratulations on your birthday.
(हार्टी कांगरैचुलेशन्स ऑन योर बर्थडे।)

41. आपके सुखद भविष्य की कामना करता हूं। Wish you the best of luck.
(विश यू द बेस्ट ऑफ लक।)

42. आपकी घड़ी में क्या बजा है? What's the time by your watch?
(वाट्स द टाइम बाइ योर वाच?)

43. क्या मैं आपको डिस्टर्ब कर सकता हूं? May I disturb you?
(मे आई डिस्टर्ब यू?)

44. अच्छा, अब आज्ञा दीजिए। Well, now allow me to go.
(वैल, नाउ अलाउ मी टु गो।)

45. आप बहुत समय के बाद दिखाई दे रहे हैं। I am seeing you after a long time.
(आइ एम सीइंग यू आफ्टर ए लांग टाइम।)

46. आपके आने का धन्यवाद। Thanks for your visit.
(थैंक्स फॉर योर विज़िट।)

47. शायद आप गलती पर हैं। Perhaps, you are mistaken.
(परहेप्स यू आर मिस्टेकन।)

48. नमस्ते, फिर मिलेंगे। Good-bye, see you again.
(गुड बाई, सी यू अगेन।)

49. कभी भी आइए आपका हमेशा स्वागत है। Come in any time, you are always welcome.
(कम इन एनी टाइम, यू आर आलवेज वैलकम।)

50. तकल्लुफ की क्या जरूरत है, आपका ही घर है। Don't stand on formalities, it's your home.
(डोन्ट स्टैण्ड ऑन फार्मेलिटीज, इट्स युअर होम।)

51. आपसे पुनः मिलकर बड़ी प्रसन्नता हुई। I am glad to see you again.
(आइ एम ग्लैड टू सी यू अगेन।)

Body, Health and Beauty शरीर, स्वास्थ्य और सौन्दर्य

1. हमारा शरीर हमारी आत्मा का मंदिर है। — Our body is the temple of our soul. (आवर बॉडी इज द टेम्पल ऑफ आवर सोल।)
2. शरीर की अच्छी तरह देखभाल करना हमारा प्रथम कर्तव्य है। — To look after the body well is our primary duty. (टु लुक आफ्टर द बॉडी वैल इज आवर प्राइमरी ड्यूटी।)
3. मानव शरीर शायद सबसे पेचीदा और अद्‌भुत चीज़ है। — Perhaps, the human body is the most complex and wonderful thing. (परहेप्स द ह्यूमन बॉडी इज द मोस्ट काम्प्लेक्स एण्ड वंडरफुल थिंग।)
4. दुर्बल शरीर अभिशाप है। — A weak body is a curse. (ए वीक बॉडि इज ए कर्स।)
5. स्वस्थ शरीर में ही स्वस्थ मन निवास करता है। — Healthy mind lives in a healthy body. (हैल्दि माइंड लिव्ज इन ए हैल्दि बॉडि।)
6. स्वस्थ शरीर एक नियामत है। — Healthy body is a boon. (हैल्दि बॉडि इज ए बून।)
7. अच्छा स्वास्थ्य ही सुन्दरता का आधार है। — Good health is the basis of beauty. (गुड हैल्थ इज द बेसिस ऑफ ब्यूटी।)
8. हमारा शरीर अपना ही नहीं है, राष्ट्रीय संपत्ति भी है। — Our body is not only our own, it's also a national wealth. (आवर बाडि इज नॉट ओन्ली आवर ओन, इट्स आल्सो ए नेशनल वैल्द।)
9. हमारे शरीर को भोजन की ज़रूरत होती है। — Our body needs food. (आवर बॉडि नीड्स फूड।)
10. भोजन हमें ऊर्जा देता है। — Food provides us energy. (फूड प्रोवाइड्स अस एनर्जी।)
11. यह ऊर्जा शारीरिक विकास, मरम्मत और कार्य के लिए आवश्यक है। — This energy is necessary for bodily growth, repair and work. (दिस एनर्जी इज नेसेसरी फॉर बाडिली ग्रोथ, रिपेयर ऐण्ड वर्क।)
12. अच्छे स्वास्थ्य के लिए संतुलित आहार आवश्यक है। — Balanced diet is necessary for good health. (बेलेन्सड डाइट इज नेसेसरी फॉर गुड हेल्थ।)
13. संतुलित आहार में प्रोटीन, खनिज, विटामिन आदि होते हैं। — A balanced diet contains proteins, minerals, vitamins etc. (ए बैलेंस्ड डाईट कनटैन्स प्रोटीन्स, मिनरल्स, विटामिन्स इटसैट्रा।)
14. स्वास्थ्य एक साधन है, साध्य नहीं। — Health is a means and not an end. (हैल्थ इज ए मीन्स ऐण्ड नॉट एन एन्ड।)
15. अच्छा स्वास्थ्य और अच्छी समझ दो सर्वोत्तम वरदान है। — Good health and good understanding are the two finest gifts. (गुड हैल्थ एण्ड गुड अन्डरस्टेंडिंग आर द टू फाइनेस्ट गिफ्ट्स।)
16. हमारा शरीर बंधन है तो मुक्ति द्वार भी। — If our body is a bondage, it is also a gate way to freedom. (इफ आवर बाडि इज ए बोन्डेज, इट इज आल्सो ए गेट वे टु फ्रीडम।)

17. मनुष्य तन अच्छे भाग्य का ही परिणाम है। The human body is the result of good fortune.
(द हयूमेन बॉडि इज द रिजल्ट आफ गुड फार्च्यून।)

18. वह मलेरिया से पीड़ित है। He has been suffering from Malaria.
(ही हैज बीन सफरिंग फ्रॉम मलेरिया।)

19. उसका गला खराब है और जुकाम भी है। He has sore throat and bad cold also.
(ही हैज सोर थ्रोट एण्ड बैड कोल्ड आल्सो।)

20. मेरे सारे शरीर में दर्द है। My whole body is aching.
(माई व्होल बाडि इज एकिंग।)

21. मैं बड़ा कमजोर महसूस करता हूं। I feel a lot of weakness.
(आइ फील ए लॉट आफ वीकनेस)

22. उसे पूरे आराम की जरूरत है। He requires complete rest.
(ही रिक्वायर्स कम्प्लीट रेस्ट।)

23. आज मेरी तबीयत ठीक नहीं है। I am not feeling well today.
(आइ ऐम नॉट फीलिंग वैल टुडे।

24. क्या तुमने दवा ली? Did you take the medicine?
(डिड यू टेक द मेडिसिन?)

25. दिन-प्रतिदिन उसका स्वास्थ्य गिरता जा रहा है। He has been running down day-by-day.
(ही हैज़ बीन रनिंग डाउन डे बाइ डे।)

26. उसकी डाक्टरी जांच की गई। He was medically examined.
(ही वाज मेडिकलि एक्जामिन्ड।)

27. वह शरीर और मन से स्वस्थ है। He is physically and mentally fit.
(ही इज फिजीकली ऐण्ड मेंटली फिट।)

28. उसे क्या बीमारी है? What is he suffering from?
(वाट इज ही सफरिंग फ्रॉम?)

29. स्वास्थ्य ही संपत्ति है। Health is wealth.
(हैल्थ इज वैल्थ।)

30. तुरन्त डॉक्टर को बुलाओ। Immediately call in the doctor.
(इमिजियेटली कॉल इन द डाक्टर।)

31. स्वास्थ्य के लिए व्यायाम आवश्यक है। Exercise is necessary for health.
(एक्सरसाइज इज़ नेसेसरी फॉर हैल्थ।)

32. मेरा जी मतला रहा है। I feel like vomiting.
(आइ फील लाइक वामिटिंग।

33. किसी योग्य डॉक्टर को दिखाओ। Consult some good doctor.
(कन्सल्ट सम गुड डाक्टर।)

34. कुपोषण भी मानसिक पिछड़ेपन का एक कारण है। Malnutrition is also a cause of mental retardation.
(मालन्युट्रिशन इज आल्सो ए कॉज आफ मेंटल रिटार्डेशन।)

35. आहार सर्वोत्तम डॉक्टर है। Diet is the best doctor.
(डाइट इज द बेस्ट डाक्टर।)

36. रोगी के लिए तरल आहार अच्छा रहता है। Liquid diet is good for a patient.
(लिक्विड डाइट इज गुड फॉर ए पेशेंट।)

37. दूध एक पूर्ण आहार है।
Milk is perfect diet.
(मिल्क इज़ परफेक्ट डाइट।)

38. वह रक्तहीनता से पीड़ित है।
He has been suffering from anaemia.
(ही हैज़ बीन सफरिंग फ्रॉम अनिमिआ।)

39. आहार, नींद और संयम स्वास्थ्य के तीन आधारस्तंभ हैं।
Diet, sleep and self-control are three main pillars of health.
(डाइट, स्लीप ऐण्ड सेल्फ-कण्ट्रोल आर थ्री मेन पिलर्स ऑफ हैल्थ।)

40. अपना वजन कम करो।
Reduce your weight.
(रिड्यूस युअर वेट।)

41. मेरा वजन एक किलो बढ़ गया है।
I have put on weight by one kilo.
(आइ हैव पुट आन वेट बाइ वन किलो।)

42. मोटापा कई बीमारियों की जड़ है।
Obestiy is the root of many diseases.
(आबिसिटि इज़ द रूट आफ मेनी डिज़िजेज।)

43. वह मोटी हो रही है।
She is getting fatter.
(शी इज गेटिंग फैटर।)

44. यह दवा कई रोगों के लिए रामबाण है।
This medicine is panacea for many ailments.
(दिस मेडिसिन इज पैनेसिआ फॉर मैनी एल्मेंट्स।)

45. शहर में हैज़े का प्रकोप है।
Cholera is raging in the town.
(कॉलेरा इज़ रेजिंग इन द टाउन।)

46. मेरे पेट में गड़बड़ है।
My stomach is upset.
(माइ स्टॅमैक इज़ अपसेट।)

47. उसकी पाचनशक्ति अच्छी है।
His digestion is good.
(हिज डाइजेशन इज़ गुड।)

48. बुखार उतर जाने पर यह केप्स्यूल ले लेना।
Take this capsule after the fever is down.
(टेक दिस केप्स्यूल आफ्टर द फीवर इज़ डाउन।)

49. उसकी काठी कमजोर है।
His constitution is frail.
(हिज कान्स्टिट्यूशन इज फ्रेल।)

50. मुझे आसन आते है।
I know body postures.
(आइ नो बाडि पोस्चर्स।)

51. रोज एक सेब खाओ और डाक्टर भगाओ।
An apple a day keeps the doctor away.
(एन ऐपल ए डे कीप्स द डॉक्टर अवे।)

52. उसका मोतीझरा बिगड़ गया है।
His typhoid has relapsed.
(हिज टाइफाइड हैज़ रिलेप्स्ड।)

53. गर्मी में स्वास्थ्य गिर जाता है।
My health deteriorates in summer.
(माइ हैल्थ डिटिरिओरेट्स इन समर।)

54. मैं खांसी से कुछ अस्वस्थ था।
I was slightly indisposed with cough.
(आइ वाज स्लाइटली इनडिसपोज्ड विद कॅफ।)

55. वह काना है।
He is blind of one eye.
(ही इज ब्लाइंड आफ वन आइ।)

56. वह लंगड़ा है।
He is lame in one leg.
(ही इज लेम इन वन लैग।)

57. मुझे हरारत है। I'm feeling feverish.
(आयम फीलिंग फीवरिश।)

58. मरीज अभी भी खतरे से बाहर नहीं है। Still the patient is not out of danger.
(स्टिल द पेशेंट इज नॉट आउट आफ डेंजर।)

59. उसकी नाक बह रही है। His nose is running.
(हिज़ नोज़ इज रनिंग।)

60. खेलते समय उसकी कलाई उतर गई। His wrist was dislocated while playing.
(हिज़ रिस्ट वॉज़ डिसलोकेटेड वाइल प्लेइंग।)

61. उसकी जांघ की हड्डी टूट गई है। His thigh bone has been fractured.
(हिज थाइ बोन हैज बीन फ्रैक्चर्ड।)

62. उपचार से रोकथाम बेहतर है। Prevention is better than cure.
(प्रिवेन्शन इज़ बैटर दैन क्युअर।)

63. एक लम्बी और तेज सैर अच्छी कसरत है। A long and brisk walk is a good exercise.
(ए लांग ऐण्ड ब्रिस्क वॉक इज ए गुड एक्सरसाइज।)

64. आप इस नीम हकीम के चक्कर में कैसे आ गए? How have you been taken by such a quack as this?
(हाउ हैव यू बीन टेकन बाइ सच ए क्वैक ऐज दिस?)

65. उसे चक्कर आने लगे। He felt giddy.
(ही फेल्ट गिडी।)

66. उसकी बीमारी का पता ही नहीं लगा। His disease could not be diagnosed.
(हिज़ डिज़ीज कुड नॉट बी डाइअग्नोज्ड।)

67. जब कभी जुलाब मत लो। Don't take purgative every now and then.
(डोण्ट टेक परगेटिव एवरी नाउ ऐण्ड देन।)

68. ज्वर के लिए यह रामबाण औषधि है। It is the best remedy for fever.
(इट इज द बेस्ट रेमेडी फॉर फीवर।)

69. उसे तेज सिर दर्द है। He has severe headache.
(ही हैज सिविअर हैडेक।)

70. ज्यादा भोजन मत करो। Avoid over eating.
(अवॉइड ओवर ईटींग।)

71. अतिश्रम तुम्हारे स्वास्थ्य पर बुरा असर डालेगा। Over work may tell upon your health.
(ओवर वर्क मे टैल अपॉन युअर हैल्थ।)

72. तुम्हें क्या तकलीफ है? What ails you?
(वॉट एल्स यू?)

73. वह एक घातक रोग से पीड़ित है। He has been suffering from a fatal disease.
(ही हैज बीन सफरिंग फ्रॉम ए फेटल डिजीज़।)

74. अस्थमा बड़ी बुरी बीमारी है। Asthama is an evil disease.
(अस्थमा इज एन ईविल डिजीज।)

75. वह तपेदिक से मर गया। He died of T.B.
(ही डाइड ऑफ टी.बी.।)

76. उसे डिफ्थीरिया हो गया। He has caught diphtheria.
(ही हैज कॉट डिफ्थीरिया।)

77. चेचक छूत की बीमारी है। Smallpox is a contagious disease.
(स्मालपॉक्स इज ए कंटेजस डिजीज।)

78. वह कब्ज की पुरानी मरीज है। She has been a chronic patient of constipation. (शी हैज बीन ए क्रॉनिक पेशेंट ऑफ कॉन्स्टिपेशन।)

79. हर दो घंटे बाद दवा लीजिए। Take the medicine every two hours. (टेक द मेडिसिन एवरी टू आवर्स।)

80. मैं सचमुच थक गया हूं। I'm really exhausted. (आयम रियली इग्जॉस्टेड।)

81. वह मेरी पत्नी का हालचाल पूछने आई। She came to enquire after my wife's health. (शी केम टु एनक्वायर आफ्टर माइ वाइफ्स हैल्थ।)

82. सौन्दर्य की परिभाषा नहीं की जा सकती है। Beauty cannot be defined. (ब्यूटी कैननॉट बी डिफाइण्ड।)

83. सुख सुन्दरता का साफ गुण है। Pleasure is an obvious quality of beauty. (प्लेज़र इज ऐन ऑब्विअस क्वालिटी ऑफ ब्यूटी।)

84. कला सुन्दरता की पूजा है। Art is the worship of beauty. (आर्ट इज़ द वरशिप ऑफ ब्यूटी।)

85. सुन्दर वह है जो सुन्दर कार्य करे। Handsome is he who handsome does. (हैंडसम इज़ ही हू हैंडसम डज़।)

86. सुन्दरता आनन्द की स्रोत है। Beauty is a source of joy. (ब्यूटी इज़ ए सोर्स ऑफ जॉय।)

87. गुणों से सुन्दरता बढ़ती है। Beauty increases with merits. (ब्यूटी इन्क्रीजेज विद मेरिट्स।)

88. आंखों का सुन्दरता से घनिष्ठ संबंध है। Eyes are intimately connected with beauty. (आइज़ आर इन्टीमेटली कनेक्टड विद ब्यूटी।)

89. सुन्दरता के स्वर्ण से भी ज्यादा चोर होते हैं। Beauty has more thieves than gold. (ब्यूटी हैज़ मोर थीव्ज दैन गोल्ड।)

90. सुन्दरता का उद्देश्य दिखावा है। Beauty aims at exhibition. (ब्यूटी एम्स ऐट एक्जीबिशन।)

91. बिना गुणों के सुन्दरता अभिशाप है। Beauty is a curse without merits. (ब्यूटी इज ए कर्स विदाउट मेरिट्स।)

92. सुन्दरता अपनी सिफारिश आप है। Beauty is its own recommendation. (ब्यूटी इज इट्स ओन रिकमण्डेशन।)

93. सुन्दरता को सुन्दरता आकर्षित करती है। Beauty attracts beauty. (ब्यूटी अट्रैक्ट्स ब्यूटी।)

94. सौन्दर्य स्वास्थ्य में है। Beauty is in health. (ब्यूटी इज इन हैल्थ।)

Greeting and Gratitude अभिवादन और आभार

1. नववर्ष की शुभकामनाएं। All good wishes for a happy new year. (ऑल गुड विशेज़ फॉर ए हैपि न्यू यीअर।)

2. नूतन वर्षाभिनन्दन। New year greetings. (न्यू यिअर ग्रीटइंग्स।)

3. फलोफूलो। May you flourish. (मे यू फ्लरिश।)

4. भगवान तुम्हें दूधपूत से सुखी रखे।
May God make you happy with man and money.
(मे गॉड मेक यू हैपि विद मैन ऐण्ड मनी।)

5. आपको दीवाली मुबारक हो।
Happy Diwali to you.
(हैपि दिवाली टु यू।)

6. इस मुबारक मौके पर आप सबका स्वागत।
You all are welcome on this happy occasion.
(यू आल आर वेलकम ऑन दिस हैपि अकेजन)

7. ईद मुबारक स्वीकार करें।
Accept my Id greetings.
(एक्सेप्ट माइ ईद ग्रीटइंग्स।)

8. ईश्वर ने मुझे उबार लिया।
God emancipated me.
(गॉड इमेनसिपेटेड मी।)

9. भगवान ने उस औरत की लाज बचा ली।
God saved that lady's modesty.
(गॉड सेव्ड दैट लेडीज मॉडस्टि।)

10. आपके कृपापूर्ण निमंत्रण के लिए धन्यवाद।
Many thanks for your kind invitation.
(मेनी थैंक्स फॉर युअर काइन्ड इनविटेशन।)

11. शुभकामनाओं के साथ।
With best wishes.
(विद बैस्ट विशेज।)

12. अपने मित्रों की ओर से मैं बधाई देता हूं।
I congratulate you on behalf of my friends.
(आइ कॉन्ग्रेट्यूलेट यू ऑन बिहाफ ऑफ माइ फ्रैंड्स।)

13. कृपया मेरे घर पधारें।
Please come to my house.
(प्लीज कम टु माइ हाउस।)

14. आइए मेरे पास कुर्सी पर पधारिए।
Come and be seated on the chair near me.
(कम ऐण्ड बी सीटेड ऑन द चेयर नियर मी।)

15. क्या मैं आपका पदनाम जान सकता हूं?
May I know your designation?
(मे आई नो युअर डेजिगनेशन?)

16. कृपया अध्यक्ष का पद ग्रहण करें।
Please take the chair of the president.
(प्लीज़ टेक द चेअर ऑफ द प्रेसिडेंट।)

17. श्री रामन की अध्यक्षता में सभा हुई।
The meeting was held under Mr. Raman's chairmanship.
(द मीटिंग वाज हेल्ड अण्डर मि. रामन्स चेअरमैनशिप।)

18. मैं आपका एहसान मानता हूं।
I acknowledge your obligation.
(आइ एकनॉलेज युअर ऑब्लिगेशन।)

19. इस कृपा के लिए मैं आपका कृतज्ञ हूं।
I'm grateful to you for this kindness.
(आइ एम ग्रेटफुल टु यू फॉर दिस काइण्डनैस।)

20. मुझ पर सदा आपका आभार रहेगा।
I shall always be under your obligation.
(आइ शैल ऑलवेज़ बी अण्डर युअर ऑब्लिगेशन।)

21. हम सब उसके जन्मदिन पर उसका अभिनन्दन करने गए।
We all went to felicitate him on his birthday.
(वी आल वेंट टु फेलिसेटेट हिम ऑन हिज बर्थडे।)

22. आपकी तरक्की पर बधाई।
Felicitations on your promotion.
(फेलिसिटेशन्स ऑन युअर प्रमोशन।)

23. मुसलमान मस्जिद में नमाज अदा करते हैं।
Muslims offer prayers in the mosque.
(मुस्लिम्स ऑफर प्रेयर्स इन द मोस्क।)

24. उसे मेरी शुभकामनाएं दें। Give him my good wishes.
(गिव हिम माइ गुड विशेज।)

25. भगवान के चरणों में लाख-लाख नमस्कार। Lakhs of salutaions at the feet of God.
(लेक्स ऑफ सेल्यूटेशन्स ऐट द फीट ऑफ गॉड।)

26. आपके जन्मदिन पर हार्दिक बधाइयां। Hearty congratulations on your birthday.
(हार्टि कांग्रेट्यूलेशन्स ऑन युअर बर्थ डे।)

27. यह मुबारक दिन बार-बार आए। Many happy returns of the day.
(मैनी हैपि रिटर्न्स ऑफ द डे।)

28. नव वर्ष आपको बड़ा शुभ हो। A very happy new year to you.
(ए वैरि हैपि न्यू यिअर टु यू।)

29. मुझे बधाई का तार मिला। I received a congratulatory telegram.
(आइ रिसिव्ड ए कांग्रेट्यूलेटरी टेलिग्राम।)

30. अपने जन्मदिन पर मेरी हार्दिक बधाई स्वीकार करें। Accept my hearty congratulations on your birthday.
(एक्सेप्ट माइ हार्टि कांग्रेट्यूलेशन्स ऑन युअर बर्थ डे।)

31. अच्छा, मैं आपकी क्या सेवा कर सकता हूं? Well, what can I do for you?
(वैल, वॉट कैन आइ डू फॉर यू?)

32. आपका परिचय पाना मेरे सौभाग्य की बात है। It is my privilege to have your acquaintance.
(इट इज माइ प्रिविलेज टु हैव युअर एक्वेन्टेन्स।)

33. इतने बढ़िया उपहार के लिए धन्यवाद। Thanks for such a nice present.
(थैंक्स फॉर सच ए नाइस प्रजेंट।)

34. उसकी प्रार्थना सुनकर अधिकारी थोड़ा विनम्र हो गया। On hearing his request, the officer became a little humble.
(ऑन हिअरिंग हिज रिक्वेस्ट द आफिसर बिकेम ए लिटिल हम्बल।)

35. विनम्रता में कुछ नहीं लगता। Courtesy costs nothing.
(कर्ट्सि कॉस्ट्स नथिंग।)

36. उसके विनम्र व्यवहार ने मुझे प्रभावित किया। His courteous behaviour impressed me.
(हिज कर्टियस बिहेवियर इम्प्रेस्ड मी।)

37. मैं आपसे मुसीबत में सहायता की प्रार्थना करता हूं। I entreat you for help in difficulty.
(आइ इन्ट्रीट यू फॉर हैल्प इन डिफिकल्टी।)

38. बिन्दू ने विनम्रतापूर्वक अपना प्रस्ताव रखा। Bindu put her proposal humbly.
(बिन्दू पुट हर प्रपोज़ल हम्बली।)

39. कवि की 70वीं वर्षगांठ मनाई गई। The poet's 70th birth anniversary was celebrated.
(द पोइट्स सेवेंटी-इथ बर्थ एनिवर्सरी वाज सेलइब्रेटेड।)

40. ईश्वर न करे ऐसा हो। God forbid it.
(गॉड फॉरबिड इट।)

41. हम सब वैज्ञानिकों के ऋणी हैं। We all are indebted to scientists.
(वी ऑल आर इनडेटेड टु साइंटिस्ट्स।)

42. भगवान का धन्यवाद, वह समय पर आ गया। Thank god, he came in time.
(थैंक गॉड, ही केम इन टाइम।)

43. नाश्ता लग गया है, कृपया पधारें। Breakfast is ready, please come.
(ब्रेकफास्ट इज़ रेडी, प्लीज कम।)

44. साहब, आपका खाना लगा दिया है।	Sir, your dinner/lunch has been laid. (सर, युअर डिनर/लंच हैज बीन लेड।)
45. क्यों भई! आप मेरी सलाह क्यों नहीं मानते?	Hey brother! why don't you heed my advice? (हे ब्रदर! वाइ डोण्ट यू हीड माइ एडवाइस?)
46. आपसे मिलकर प्रसन्नता हुई।	I'm glad to see you. (आयम ग्लैड टु सी यू।)
47. अच्छा फिर मिलेंगे।	O.K., see you. (ओ. के. सी यू।)
48. ईश्वर तुम पर कृपालु हो। अच्छा विदा/नमस्ते।	May God bless you. O.K. Goodbye. (मे गॉड ब्लैस यू। ओ. के. गुडबाइ।)

Home and Family घर और परिवार

1. घर एक भावना है।	Home is a feeling. (होम इज ए फीलिंग।)
2. ईटों और पत्थरों से बना भवन घर नहीं है।	The building made of bricks and stones is not a home. (द बिल्डिंग मेड आफ ब्रिक्स ऐण्ड स्टोन्स इज नॉट अ होम।)
3. मकान और घर में दिन-रात का अंतर है।	There is a difference of day and night between a house and a home. (देअर इज़ ए डिफरेंस आफ डे ऐण्ड नाईट बिटवीन अ हाउस ऐण्ड अ होम।)
4. बहुत से लोग मकानों में रहते हैं घरों में नहीं।	Many people live in houses, not in homes. (मैनी पीपुल लिव इन हाउसेज, नाट इन होम्स।)
5. घर सुख शांति का एक साधन है।	Home is a means of peace and happiness. (होम इज ए मीन्स ऑफ पीस एण्ड हैपिनैस।)
6. कहीं भी जाओ घर ही ठीक है।	East or west home is the best. (ईस्ट ऑर वैस्ट होम इज द बैस्ट।)
7. जीवन संघर्षमय है।	Life is full of struggle. (लाइफ इज फुल आफ स्ट्रगल।)
8. हर व्यक्ति सुखी होना चाहता है।	Everybody wants to be happy. (एवरीबाडि वांट्स टु बी हैपि।)
9. खुशी का कोई जादुई फार्मूला नहीं है।	There is no magic formula for happiness. (देअर इज नो मैजिक फॉर्मूला फॉर हैपिनैस।)
10. घर सबको एक दूसरे से जोड़ता है।	Home connects all with one another. (होम कनैक्ट्स ऑल विद वन अनादर।)
11. यह एकता की भावना ही परिवार का आधार है।	This sense of oneness is the basis of family. (दिस सेन्स ऑफ वननैस इज द बेसिस ऑफ फेमिली।)
12. घर बच्चों की पहली पाठशाला है।	Home is the first school for children. (होम इज द फर्स्ट स्कूल फॉर चिल्ड्रन।)
13. परिवार स्नेह और प्यार से बनी एक ढाल है।	Family is a shield made of love and affection. (फेमिली इज ए शील्ड मेड ऑफ लव ऐण्ड अफेक्शन।)

14. अब परिवार छोटे होते जा रहे हैं। Now, the families are becoming smaller. (नाउ द फेमिलीज आर बिकमिंग स्मॉलर।)

15. संयुक्त परिवार प्रणाली का विघटन होता जा रहा है। The joint family system is being disintegrated. (द जॉइण्ट फेमिली सिस्टम इज बीइंग डिस्इन्टिग्रेटेड।)

16. अब परिवार का तात्पर्य मैं और मेरी बीबी हो गया है। Now, the family means I and my wife. (नाउ द फेमिली मीन्स आइ एण्ड माइ वाइफ।)

17. औद्योगीकरण और शहरीकरण इसके मुख्य कारण हैं। Industrialization and urbanization are its main causes. (इण्डस्ट्रियलाइजेशन एण्ड अरबेनाइजेशन आर इट्स मेन कॉजेज।)

18. वह किराये के मकान में रहता है। He lives in a rented house. (ही लिव्स इन ए रेण्टेड हाउस।)

19. वह मकान किराये के लिए खाली है। That house is to let. (दैट हाउस इज टु लेट।)

20. हमने एक छोटा-सा मकान किराये पर लिया है। We have rented a small house. (वी हैव रेण्टेड ए स्माल हाउस।)

21. उस किरायेदार से किराया वसूलना कठिन है। It is difficult to realize rent from that tenant. (इट इज डिफिकल्ट टु रिअलाइज रेन्ट फ्रॉम दैट टीनेण्ट।)

22. वे सरकारी क्वार्टर में रहते है। They live in a government quarter. (दे लिव इन ए गवर्नमेंट क्वार्टर।)

23. क्या आप लाल बाग के आसपास कहीं रहते हैं? Do you live somewhere near Lalbagh? (डू यू लिव समवेयर नीअर लालबाग?)

24. आपके परिवार में कितने लोग हैं? How many members are there in your family? (हाउ मेनी मेम्बर्स आर देअर इन युअर फेमिली?)

25. आप कितने भाई बहन हैं? How many brothers and sisters are you? (हाउ मेनी ब्रदर्स एण्ड सिस्टर्स आर यू?)

26. आपके पिताजी क्या करते हैं? What's your father? (वाट्स युअर फादर?)

27. मैं आपके बड़े भाई साहब को अच्छी तरह जानता हूं। I know your elder brother very well. (आइ नो युअर एल्डर ब्रदर वेरि वैल।)

28. क्या आपकी माताजी की तबियत ठीक नहीं रहती? Has your mother been not keeping well? (हैज युअर मदर बीन नॉट कीपिंग वेल?)

29. उनके कितने बच्चे हैं? How many children has he? (हाउ मेनी चिल्ड्रेन हैज़ ही?)

30. वह बाल विधवा है। She is a widow from childhood. (शी इज ए विडो फ्राम चाइल्डहुड।)

31. वह कब से विधुर है? Since when has he been widower? (सिंस वैन हैज ही बीन विडोअर?)

32. गृह-सज्जा भी एक कला है। Home decoration is also an art. (होम डेकोरेशन इज आल्सो ऐन आर्ट।)

33. स्कूलों में लड़कियों को गृह विज्ञान पढ़ाया जाता है। Home science is taught to girls in schools. (होम साइंस इज टोट टु गर्ल्स इन स्कूल्स।)

34. वह अपनी गृहस्थी लेने जौनपुर गया है। — He has gone to Jaunpur to bring his family.
(ही हैज गोन टू जोनपुर टु ब्रिन्ग हिज फेमिली।)

35. वह एक गृहस्थ का कर्तव्य अच्छी तरह समझता है। — He understands well the duty of householder.
(ही अन्डरस्टेन्ड्स वैल द ड्यूटी ऑफ हाउसहोल्डर।)

36. रेखा एक कुशल गृहस्वामिनी है। — Rekha is an expert house-wife.
(रेखा इज एन एक्सपर्ट हाउस-वाइफ।)

37. सरिता गृहप्रबंध में निपुण है। — Sarita is tactful in house-wifery.
(सरिता इज टैक्टफुल इन हाउस-वाइफरी।)

38. आज आपके घर पर क्या बन रहा है? — What is being cooked in your house today?
(वाट इज बिइंग कुक्ड इन योर हाउस टुडे?)

39. लगता है दूध उफन गया है। — It seems that the milk is boiled over.
(इट सीम्स दैट द मिल्क इज बॉइल्ड ओवर।)

40. दूध उबल गया है। — The milk has come to boiling point.
(द मिल्क हैज कम टु बॉयलिंग पॉइन्ट।)

41. क्या दूध फट गया है? — Has the milk turned sour?
(हैज द मिल्क टर्न्ड सोर?)

42. क्या कमरे की सफाई हो गई है? — Has the room been dusted?
(हैज द रूम बीन डस्टेड?)

43. झाड़न से मेज-कुर्सी साफ कर दो। — Dust the table-chair with duster.
(डस्ट द टेबल-चेयर विद डस्टर।)

44. कमरे की झाड़न बाहर फेंक दो। — Throw the sweepings of the room out.
(थ्रो द स्वीपिंग्स ऑफ द रूम आउट।)

45. झाड़ू से आंगन बुहार दो। — Sweep the courtyard with the broom.
(स्वीप द कोर्टयार्ड विद द ब्रूम।)

46. उसने मेरे सारे किये कराये पर झाड़ू फेर दिया। — She has undone all that I had done.
(शी हैज अनडन ऑल दैट आइ हैड डन।)

47. धूप में कपड़े सुखा दो। — Dry the clothes in the sun.
(ड्राइ द क्लोथ्स इन द सन।)

48. बच्चे धूप खा रहे थे। — The children were basking in the sun.
(द चिल्ड्रन वर बास्किंग इन द सन।)

49. देखो, साहब का बिस्तर यहां लगा दो। — Look, make a bed over here for sir.
(लुक, मेक ए बेड ओवर हेअर फार सर।)

50. मैं अभी एक मिनट में तैयार होता हूँ। — I shall get ready just now in a minute.
(आइ शैल गैट रैडी जस्ट नाउ इन ए मिनट।)

51. सुरेन्द्र अभी तक भी गांव से नहीं लौटा। — Surendra has not returned from village yet.
(सुरेन्द्र हैज़ नॉट रिटर्न्ड फ्रॉम विलेज यट।)

52. मैं तो एकाकी जीवन से तंग आ गया हूं। — I am fed up with lonely life.
(आइ एम फेड अप विद लोनली लाइफ।)

53. मेरी माताजी अकेलेपन से घबराती हैं। — My mother feels perturbed in loneliness.
(माइ मदर फील्स परटर्ब्ड इन लोनलीनेस।)

54. आपके चाचा अन्दर हैं?
Is your uncle in?
(इज योर अंकल इन?)

55. उसकी मां बुढ़िया-सी लगती थी।
Her mother looked like an old woman.
(हर मदर लुक्ड लाइक एन ओल्ड वूमेन।)

56. वह आपकी क्या लगती है?
What's she to you?
(वाट्स शी टू यू?)

57. क्या कोई मुझसे मिलने आया था?
Did anyone come to see me?
(डिड एनीवन कम टु सी मी?)

58. देखना, दरवाजा कौन खटखटा रहा है?
See, who is knocking at the door?
(सी, हू इज नोकिंग ऐट द डोर?)

59. कृपया बिराजिए।
Please have a seat.
(प्लीज हैव ए सीट।)

60. मां, आप अभी भी जाग रही हैं।
Mother, you are still awake.
(मदर, यू आर स्टिल अवेक।)

61. कल ही मैंने बर्तनों पर कलई करवाई है।
I got the utensils tinplated yesterday only.
(आइ गॉट द युटेन्सिल्स टिनप्लेटेड यस्टरडे ओन्लि।)

62. वे दोनों बहिनें गप्पें लड़ा रही थीं।
Those two sisters were busy gossiping.
(दोज टू सिस्टर्स वर बिजी गोसिपिंग।)

63. रात को मेरी आंख देर से लगी।
I fell asleep late at night.
(आइ फेल एस्लीप लेट ऐट नाइट।)

64. तुम जरा आराम कर लो।
You take rest for a while.
(यू टेक रेस्ट फॉर ए वाइल।)

65. जरा साहब को फोन करना।
Please ring up the boss.
(प्लीज रिंग अप द बॉस।)

66. दिन चढ़ जाने पर मुझे जगा देना।
Wake me up when the day is advanced.
(वेक मी अप वेन द डे इज एडवांस्ड।)

67. नौकरानी छुट्टी पर है।
The maid-servant is on leave.
(द मेड-सरवैंट इज ऑन लीव।)

68. बर्तन कौन मांजेगा?
Who will cleanse the utensils?
(हू विल क्लिन्स द यूटेन्सिल्स?)

69. बाबा मुंह अंधेरे ही उठ जाते हैं।
The grand-father gets up early in the morning.
(द ग्रान्ड-फादर गेट्स अप अर्ली इन द मॉर्निंग।)

70. वह अपने पति से कुछ अलग खड़ी थी।
She was standing a little apart from her husband.
(शी वाज स्टेंडिंग ए लिटिल एपार्ट फ्रॉम हर हज़्बेंड।)

71. वह अपने पिता से अलग नहीं होना चाहता था।
He did not want to be separated from his father.
(ही डिड नॉट वॉन्ट टु बी सेपरेटेड फ्रॉम हिज फादर।)

72. नशीली चीजों से दूर रहो।
Abstain from narcotics.
(अब्स्टेन फ्रॉम नार्कोटिक्स।)

73. उसने नासमझी के कारण ही बाप से झगड़ा किया।
He quarrelled with his father due to lack of intelligence.
(ही क्वारल्ड विद हिज फादर ड्यू टु लैक ऑफ इंटेलिजेंस।)

74. तुम्हारे विचार नास्तिकों के से हैं। Your thinking is like that of atheists. (योर थिंकिंग इज लाइक दैट आफ एथिइस्ट्स।)

75. इन सज्जन को मुझसे क्या काम है? What work has this gentleman with me? (वॉट वर्क हैज़ दिस जेन्टिलमैन विद मी?)

76. वह भूख से मर गया। He died of starvation. (ही डाइड ऑफ स्टार्वेशन।)

77. देखना, कौन है? Look, who is there? (लुक, हू इज देअर?)

78. मुझे कुछ नहीं कहना है। I have nothing to say. (आइ हैव नथिंग टु से।)

79. अपने माता-पिता से मेरा नमस्ते कहना। Convey my salutation to your parents. (कनवे माइ सेल्युटेशन टु युअर पेरेन्ट्स।)

80. परसों मामा जी आये थे। Maternal uncle came day before yesterday. (मेटरनल अंकल केम डे बिफोर यस्टरडे।)

81. वह मायके गई हुई है। She has gone to her mother's. (शी हैज गोन टु हर मदर्स।)

82. उसने आज बड़ी मार खाई। He received severe beating today. (ही रिसीव्ड सिवियर बीटिंग टुडे।)

83. आखिर क्या मामला है? What's the matter after all? (वाट्स द मैटर आफ्टर ऑल?)

84. वह जरा-सी बात पर नाराज हो गया। He became displeased on a trifle. (ही बिकेम डिसप्लीज्ड ऑन ए ट्रिफल।)

Books and Reading पुस्तकें और अध्ययन

1. पुस्तकें हमारी सबसे अच्छी मित्र हैं। Books are our best friends. (बुक्स आर आवर बेस्ट फ्रैंड्स।)
2. जो मुसीबत में काम आये वही सच्चा मित्र है। A friend in need is a friend indeed. (ए फ्रैंड इन नीड इज ए फ्रैंड इनडीड।)
3. पुस्तकें और उनका ज्ञान सदा हमारे साथ रहता है। Books and their knowledge is always with us. (बुक्स ऐण्ड देअर नॉलिज इज ऑलवेज विद अस।)
4. पुस्तक पढ़ने की आदत बचपन से ही डालनी चाहिए। We should acquire the habit of reading books, when we are young. (वी शुड एक्वायर द हैबिट ऑफ रीडिंग बुक्स वेन वी आर यंग।)
5. पुस्तक प्रेमी कभी अकेला नहीं होता। A book lover is never alone. (ए बुक लवर इज नेवर अलोन।)
6. किताबी कीड़ा होना दूसरी बात है। It is another thing to be a book-worm. (इट इज अनादर थिंग टु बी ए बुक-वॉर्म।)
7. अध्ययन के लिए पुस्तकों का चुनाव बड़ा महत्वपूर्ण है। The selection of books for reading is very important. (द सिलेक्शन ऑफ बुक्स फॉर रीडिंग इज वेरी इम्पोर्टेन्ट।)
8. केवल उचित किस्म की पुस्तकें ही चुनी जानी चाहिए। Only the right kind of books should be selected. (ओन्ली द राइट काइन्ड ऑफ बुक्स शुड बी सिलेक्टेड।)

9. पुस्तकों के चुनाव में हम किसी अनुभवी व्यक्ति की सहायता ले सकते हैं।
We can seek the help of some experienced man in the selection of books.
(वी कैन सीक द हैल्प ऑफ सम इक्सपिअरन्स्ड मैन इन द सिलेक्शन ऑफ बुक्स।)

10. पुस्तकें आनन्द के साथ-साथ ज्ञान भी देती हैं।
Books provide us knowledge along with pleasure.
(बुक्स प्रवॉइड अस नॉलिज अलॉन्ग विद प्लेज़र।)

11. अपनी रुचि अनुसार व्यक्ति पुस्तकें चुन सकता है।
One can select books according to one's taste.
(वन कैन सिलेक्ट बुक्स अकॉर्डिंग टु वन्स टेस्ट।)

12. आप मनोरंजन के लिए उपन्यास या कहानी पढ़ सकते हैं।
You can read a novel or a story for entertainment.
(यू कैन रीड ए नॉवल ऑर ए स्टोरी फॉर एन्टरटेन्मेंट।)

13. गंभीर अध्ययन के लिए आप आत्मकथा, इतिहास, दर्शन, धर्म और यात्रा पर पुस्तकें चुन सकते हैं।
You can select books on autobiography, history, philosophy, religion and travel for serious reading.
(यू कैन सिलैक्ट बुक्स ऑन ऑटोबायोग्राफि, हिस्ट्री, फिलॉसफी, रिलिजन ऐण्ड ट्रेवल फॉर सीरियस रीडिंग।)

14. कविता का तो अपना ही आनन्द है।
Poetry has its own pleasures.
(पॉइट्रि हैज़ इट्स ओन प्लेज़र्स।)

15. कविता में कल्पना की उड़ान, सुन्दर शब्दों का चुनाव और विचारों की सुन्दरता होती है।
In poetry, there are flight of imagination, selection of beautiful words and beauty of thoughts.
(इन पॉइट्रि देअर आर फ्लाइट आफ इमेजिनेशन, सिलेक्शन ऑफ ब्युटिफुल वर्ड्स ऐण्ड ब्यूटी ऑफ थॉट्स।)

16. नाटक तो प्रायः सभी को पसन्द आते हैं।
Plays are generally liked by all and sundry.
(प्लेज आर जैनरली लाइक्ड बाइ ऑल ऐण्ड सन्ड्रि।)

17. तुलसीदास जी की रामायण तो बहुत ही लोकप्रिय पुस्तक है।
The Ramayan of Tulsidas is a very popular book.
(द रामायन ऑफ तुलसीदास इज़ ए वेरि पॉपुलर बुक।)

18. मैं पुस्तकों के अतिरिक्त पत्रिकाएं भी पढ़ता हूं।
Besides, books, I read magazines also.
(बिसाइड्स बुक्स आइ रीड मेगजीन्स आल्सो।)

19. मुझे साहित्यिक पत्रिकाएं ज्यादा पसन्द हैं।
I like literary magazines more than others.
(आइ लाइक लिटिरेरि मैगजीन्स मोर दैन अदर्स।)

20. मेरी बहिन नियमित साइंस की पत्रिकाएं पढ़ती है।
My sister is a regular reader of science magazines.
(माइ सिस्टर इज ए रेग्यूलर रीडर ऑफ साइंस मैगजीन्स।)

21. वह विज्ञान की छात्रा है और विज्ञान में बड़ी रुचि लेती है।
She is a science student and has a keen interest in science.
(शी इज ए साइंस स्ट्यूडेंट ऐण्ड हैज ए कीन इन्टरेस्ट इन साइंस।)

22. दैनिक समाचारों और ज्ञान के लिए दैनिक समाचार-पत्र पढ़ने चाहिए।
Daily newspapers should be read for daily news and knowledge.
(डेलि न्यूज़पेपर्स शुड बी रैड फार डेलि न्यूज ऐण्ड नॉलिज।)

23. समाचार-पत्रों के रविवारीय संस्करणों में विशेष सामग्री दी जाती है।
Special reading material is given in Sunday editions of newspapers.
(स्पेशल रीडिंग मेटिरियल इज गिवन इन सनडे एडिशन्स ऑफ न्यूजपेपर्स।)

24. अखबारों में विज्ञापन और रिक्त-स्थान समाचार भी खूब होते हैं।

There are a lot of advertisements and vacancies in the newspapers.
(देअर आर ए लॉट ऑफ एडवरटिजमेंट्स ऐण्ड वेकेनसीज इन द न्यूजपेपर्स।)

25. आप कौन-सा दैनिक अखबार पढ़ते हैं?

Which daily newspapers do you read?
(विच डेलि न्यूजपेपर्स डू यू रीड?)

26. मैं तो नवभारत टाइम्स और इंडियन एक्सप्रेस पढ़ता हूं।

I read the Navbharat Times and The Indian Express.
(आइ रीड द नवभारत टाइम्स ऐण्ड द इंडियन एक्सप्रेस।)

27. रविवार और छुट्टी के दिन मैं दूसरे अखबार भी देखता हूं।

On Sunday and other holidays, I go through other newspapers also.
(ऑन सनडे ऐण्ड अदर होलिडेज आइ गो थ्रू अदर न्यूज पेपर्स ऑल्सो।)

28. मेरा अपना एक छोटा-सा पुस्तकालय है।

I have my own small library.
(आइ हैव माइ ओन स्माल लाइब्रेरि।)

29. उसमें कई तरह की पुस्तकें हैं।

There are many kinds of books in this.
(देअर आर मेनी काइन्ड्स ऑफ बुक्स इन दिस।)

30. मैं दूसरे दो-तीन पुस्तकालयों का भी सदस्य हूं।

I am a member also of two-three other libraries.
(आइ एम ए मेम्बर ऑल्सो ऑफ टू-थ्री अदर लाइब्रेरीज़।)

31. पढ़ना मेरा शौक है।

Reading is my hobby.
(रीडिंग इज़ माइ हॉबी।)

32. फुर्सत के समय मैं पुस्तकें ही पढ़ता हूं।

I read books only during leisure time.
(आइ रीड बुक्स ऑन्लि ड्यूरिंग लेजर टाइम।)

33. अध्ययन से व्यक्ति को अनुभव प्राप्त होता है।

One gains experience through reading.
(वन गेन्स एक्सपीरियन्स थ्रू रीडिंग।)

34. अध्ययन से भाषा का ज्ञान भी उन्नत होता है।

Reading improves the knowledge of language also.
(रीडिंग इम्प्रूव्ज द नॉलिज ऑफ लेंग्वेज ऑल्सो।)

35. अध्ययन आदमी को पूर्णता की ओर ले जाता है।

Reading takes a man towards perfection.
(रीडिंग टेक्स ए मैन टूवर्ड्स परफेक्शन।)

36. सभी महान व्यक्ति प्रायः अच्छे पाठक भी होते हैं।

All great men are generally good readers also.
(आल ग्रेट मैन आर जनरलि गुड रीडर्स ऑल्सो।)

37. विद्यार्थियों को पाठ्यपुस्तकों के अलावा अन्य अच्छी पुस्तकें भी पढ़नी चाहिए।

The students should read other good books also in addition to textbooks.
(द स्टूडेंट्स शुड रीड अदर गुड बुक्स आल्सो इन एडिशन टु टेक्स्ट बुक्स।)

38. आप पुस्तकालयों और दूसरों से पुस्तकें उधार ले सकते हैं और अवसर मिलने पर खरीद भी सकते हैं।

You can borrow books from libraries and others and can buy, when you have the opportunity.
(यू कैन बॉरो बुक्स फ्रॉम लाइबरेरीज़ ऐण्ड अदर्स ऐण्ड कैन बाइ वेन यू हैव द अपार्ट्युनिटि।)

39. पुस्तकें एक ऐसा अनमोल खज़ाना हैं जिसकी कोई तुलना नहीं।

Books are such a valuable treasure as has no parallel.
(बुक्स आर सच ए वेल्युबल ट्रेजर एज़ हैज नो पैरेलल।)

Trees, Plants and Vegetation पेड़, पौधे और वनस्पतियां

1. पेड़-पौधे हमारी धरती के श्रृंगार हैं।
Trees and plants are ornaments of our earth.
ट्रीज ऐण्ड प्लांट्स आर आर्नेमेन्ट्स ऑफ आवर अर्थ।)

2. इतना ही नहीं, वे जीवन का आधार भी हैं।
Not only this, they sustain life also.
(नॉट ओनलि दिस, दे सस्टेन लाइफ ऑल्सो।)

3. हमें उनसे फल, भोजन, दवाइयां, रंग और दूसरी चीजें प्राप्त होती हैं।
We get fruits, food, medicines, dyes and many other things from them.
(वी गेट फ्रूट्स, फूड, मेडिसिन्स, डाईज एण्ड मेनी अदर थिंग्स फ्रॉम देम।)

4. पेड़-पौधे विभिन्न आकार-प्रकार के होते हैं।
Plants and trees are of different shapes and sizes.
(प्लांट्स ऐण्ड ट्रीज आर ऑफ डिफरेंट शेप्स एण्ड साइजेज।)

5. अधिकांश पेड़-पौधों में पत्तियां होती हैं।
Most of the trees and plants have leaves.
(मोस्ट ऑफ द ट्रीज ऐण्ड प्लान्ट्स हैव लीव्ज।)

6. कुछ के कांटे भी होते हैं, उदाहरणार्थ गुलाब बोगनबेलिया और नागफनी में पत्तों के साथ कांटे भी होते हैं।
Some have thorns also, for example the rose, the bougainvilea, the cactus have thorns with their leaves.
(सम हैव थोर्न्स ऑल्सो, फॉर एग्जाम्पल द रोज, द बोगनविलिया, द केक्टस हैव थोर्न्स विद देअर लीव्ज।)

7. कुछ पौधे लम्बे पेड़ बन जाते हैं, कुछ फैलते हैं और कुछ बेलों का रूप ले लेते हैं।
Some plants grow into tall tress, some spread out and some take the form of creepers.
(सम प्लांट्स ग्रो इनटु टॉल ट्रीज, सम स्प्रेड आउट ऐण्ड सम टेक द फॉर्म ऑफ क्रीपर्स।)

8. चावल, गेहूं, ज्वार, मक्का आदि के पौधे अन्न उपजाने वाले हैं।
Rice, wheat, jowar, maize etc. are foodgrains producing plants.
(राइस, व्हीट, ज्वार, मेज़ इटसेट्रा आर फूडग्रेन्स प्रोड्यूसिंग प्लांट्स।)

9. बहुत से पौधे हमें फल और सब्जियां देते हैं।
Many plants give us fruits and vegetables.
(मैनी प्लांट्स गिव अस फ्रूट्स ऐण्ड वेजिटेबल्स।)

10. बहुत से पौधों को हम सब्जी की तरह काम में लेते हैं।
We use many plants as vegetables.
(वी यूज मेनी प्लांट्स ऐज वेजिटेबल्स।)

11. गर्मी में पेड़ की छाया में बैठना कितना आनन्ददायक है!
How pleasant it is to sit in the shadow of a tree in summer!
(हाउ प्लेजेंट इट इज टु सिट इन द शैडो ऑफ ए ट्री इन समर)

12. कुछ पेड़ों पर चटख रंग के फूल आते हैं।
Some trees bear bright coloured flowers.
(सम ट्रीज बीअर ब्राइट कलर्ड फ्लावर्स।)

13. पतझड़ में इनके पत्ते झर जाते हैं।
They shed leaves in autumn.
(दे शेड लीब्ज इन ऑटम।)

14. कुछ पेड़ सदाबहारी होते हैं और उनके पत्ते नहीं झरते।
Some trees are evergreen and they do not shed their leaves.
(सम ट्रीज आर एवरग्रीन ऐण्ट दे डू नॉट शेड देअर लीब्ज।)

15. दुर्भाग्य से हम कई पेड़ों के नाम भी नहीं जानते।
Unfortunately, we don't know even the name of many trees.
(अनफॉरट्यूनेटलि वी डोण्ट नो इवन द नेम ऑफ मेनी ट्रीज।)

16. स्कूलों में बच्चों को पेड़-पौधों के नाम सिखाये जाने चाहिए।
Children in schools should be taught the names of trees and plants.
(चिल्ड्रेन इन स्कूल्स शुड बी टॉट द नेम्स ऑफ ट्रीज ऐण्ड प्लांट्स।)

17. चुने हुए वृक्षों पर यहां-वहां उनके नाम की पट्टियां लगाई जानी चाहिए।
Name plates should be fixed on selected trees here and there.
(नेम प्लेट्स शुड बी फिक्स्ड ऑन सिलेक्टेड ट्रीज हीअर ऐण्ड देअर।)

18. पशु, विशेष रूप से बकरी छोटे-छोटे पौधों की मुख्य शत्रु हैं।
Animals, mainly the goat is the chief enemy of young plants.
(ऐनिमल्स, मेनलि द गोट इज द चीफ ऐनिमी ऑफ यंग प्लांट्स)

19. इनको सब तरह की सुरक्षा प्रदान की जानी चाहिए।
All kind of protection should be given to them.
(ऑल काइन्ड ऑफ प्रोटेक्शन शुड बी गिवन टु देम।)

20. वन महोत्सव मनाने की प्रथा भारत में बहुत प्राचीन है।
The tradition of 'Van mahotsava' celebration is very old in India.
(द ट्रेडिशन ऑफ वनमहोत्सव सेलइब्रेशन इज वेरि ओल्ड इन इंडिया।)

21. हमारे पूर्वज पेड़ों का महत्व अच्छी तरह जानते थे।
Our forefathers understood the importance of trees very well.
(आवर फोरफादर्स अण्डरस्टुड द इम्पार्टेंस ऑफ ट्रीज वेरी वैल।)

22. यही कारण है कि बहुत से पेड़ों का धार्मिक महत्व है।
That is why, many trees have religious importance.
(दैट इज वाइ मैनी ट्रीज हैव रिलिजस इम्पोर्टेन्स)

23. हमारा प्राचीन साहित्य पेड़ों की प्रशंसा से भरा पड़ा है।
Our ancient literature is full of praise of trees.
(आवर एन्शेन्ट लिट्रेचर इज फुल ऑफ प्रेज़ ऑफ ट्रीज।)

24. पेड़ लगाना एक पुण्य भी है।
Tree plantation is a virtuous act also.
(ट्री प्लांटेशन इज ए वर्ट्यूअस एक्ट ऑल्सो।)

25. हमें और अधिक पेड़ लगाने चाहिए।
We should plant more trees.
(वी शुड प्लांट मोर ट्रीज।)

26. यह एक सामाजिक दायित्व भी है।
It is a social duty also.
(इट इज ए सोशल ड्यूटी आल्सो)

27. सड़कों के किनारे पेड़ों का मुख्य कार्य छाया देना है।
The main function of trees along the roads is to provide shade.
(द मेन फंक्शन ऑफ ट्रीज अलांग द रोड्स इज टु प्रोवाइड शेड।)

28. पेड़ों का विकास बड़ा मंद होता है।
Trees are very slow in growth.
(ट्रीज आर वेरि स्लो इन ग्रोथ।)

29. कुछ पेड़ों से हमें इमारती लकड़ी भी मिलती है।
We get timber also from some of the trees.
(वी गैट टिम्बर आल्सो फ्रॉम सम ऑफ द ट्रीज।)

30. पेड़ों की पहचान उसके पत्तों से होती है और इंसान की उसके व्यवहार से।
A tree is known by its leaves and a man by his conduct.
(ए ट्री इज नोन बाइ इट्स लीब्ज ऐण्ड ए मैन बाइ हिज कण्डक्ट।)

31. हरी सब्जियां स्वास्थ्य के लिए बड़ी लाभदायक हैं।
Green vegetables are very useful for health.
(ग्रीन वेजिटेबल्स आर वेरि यूजफुल फॉर हेल्थ।)

32. पेड़ों पर चढ़ना एक अच्छी कसरत भी है।
Tree climbing is a good exercise too.
(ट्री-क्लाइम्बिंग इज ए गुड एक्सरसाइज टू।)

33. कदम्ब का नाम कृष्ण से जुड़ा है।
Kadamba is associated with Krishna.
(कदम्ब इज एसोशिएटेड विद कृष्ण।)

34. मेरे आंगन में एक आम का पेड़ है।
There is a mango tree in my compound.
(देअर इज ए मैंगो ट्री इन माइ कम्पाउण्ड।)

35. मुझे पेड़ पर चढ़ना नहीं आता।
I don't know how to climb a tree.
(आइ डोंट नो हाउ टु क्लाइम्ब ए ट्री।)

36. बंदर पेड़ों पर रहते हैं।
Monkeys live on trees.
(मंकीज लिव ऑन ट्रीज।)

37. अधिकांश पौधे बीजों से उगते हैं।
Most of the plants grow from seeds.
(मोस्ट ऑफ द प्लांट्स ग्रो फ्रॉम सीड्स।)

38. नीम एक फूल और फलदार वृक्ष है।
Neem is a flower and fruit tree.
(नीम इज़ ए फ्लावर एण्ड फ्रूट ट्री।)

39. अमलतास के फूल पीले होते हैं।
The flowers of amaltas are yellow.
(द फ्लावर्स ऑफ अमलतास आर यलो)

40. चमेली की गंध बड़ी मीठी होती है।
The Jasmine smells so sweet.
(द जेस्मिन स्मैल्स सो स्वीट।)

41. गेंदा वहां बहुत होता है।
The Marigold grows there in plenty.
(द मैरिगोल्ड ग्रोज देअर इन प्लेन्टि।)

Cautions and Signals सावधानियां और संकेत

1. व्यस्त सड़क पर चहलकदमी खतरनाक है।
It is dangerous to walk on a busy road.
(इट इज डेंजरॅस टु वॉक ऑन ए बिजि रोड।)

2. चलती बस पर मत चढ़ो।
Don't board a running bus.
(डोण्ट बोर्ड ए रनिंग बस।)

3. चलती बस से बाहर हाथ मत निकालिए।
Don't put your hand out of a running bus.
(डोण्ट पुट युअर हैंड आउट ऑफ ए रनिंग बस।)

4. बिना टिकट यात्रा जुर्म है।
It is a crime to travel without ticket.
(इट इज ए क्राइम टु ट्रैवल विदाउट टिकिट।)

5. बूढों और महिलाओं को स्थान दीजिए।
Give seats to ladies and old people.
(गिव सीट्स टू लेडीज ऐण्ड ओल्ड पीपुल।)

6. सड़क पार करने से पहले बाएं-दाएं देख लीजिए।
Look to left and right before you cross the road.
(लुक टु लेफ्ट ऐण्ड राइट बिफोर यू क्रॉस द रोड।)

7. हमेशा बाएं चलिए।
Always keep to the left.
(ऑलवेज कीप टु द लेफ्ट।)

8. बिना हैंडल पकड़े साइकिल मत चलाइए।
Don't ride the cycle without holding the handle.
(डोण्ट राइड द साइकिल विदाउट होल्डिंग द हैंडल)

9. जल्दी पहुंचने से सुरक्षित पहुंचना ज्यादा जरूरी है। — It's more important to reach safe than early. (इट्स मोर इम्पोर्टेंट टु रीच सेफ दैन अर्ली।)

10. धीरे चलो, सुरक्षित रहो। — Slow driving, safe driving. (स्लो ड्राइविंग, सेफ ड्राइविंग।)

11. यहां वाहन न खड़ा करें। — No parking here. (नो पार्किंग हिअर।)

12. घास पर न चलें। — Keep off the grass. (कीप ऑफ द ग्रास।)

13. फूल-पत्ती तोड़ना मना है। — Plucking of flowers and leaves is prohibited. (प्लकिंग ऑफ फ्लावर्स एण्ड लीब्ज इज प्रोहिबिटिड।)

14. भारी वाहनों को अनुमति नहीं है। — Heavy vehicles are not allowed. (हैवी विहिकल्स आर नॉट अलाउड।)

15. खतरे की स्थिति में जंजीर खींचिए। — In case of danger, pull the chain. (इन केस ऑफ डेंजर पुल द चेन।)

16. आग लगने पर 101 रिंग कीजिए। — Ring 101 in case of fire. (रिंग 101 इन केस ऑफ फायर।)

17. आगे खतरनाक मोड़ है। — Dangerous curve ahead. (डेंजरस कर्व अहेड।)

18. आम रास्ता नहीं है। — It's not a thoroughfare. (इट्स नॉट ए थोरोफेयर।)

19. कुत्तों से सावधान रहें। — Beware of the dogs. (बिवेअर ऑफ द डाग्स।)

20. एक पंक्ति में खड़े हों। — Please stand in a queue. (प्लीज स्टेंड इन ए क्यू)

21. आगे रास्ता बंद है। — Road blocked ahead. (रोड ब्लॉक्ड अहेड।)

22. बिना आज्ञा प्रवेश वर्जित है। — No entry without permission. (नो एंट्रि विदाउट परमिशन।)

23. लड़कियों को छेड़ना अपराध है। — Eve teasing is crime. (ईव टीजिंग इज क्राइम।)

24. फुटबोर्ड पर यात्रा करना खतरनाक है। — It is dangerous to travel on foot-board. (इट इज डेंजरस टु ट्रेवल ऑन फुटबोर्ड)

25. इश्तिहार लगाना मना है। — Stick no bills. (स्टिक नो बिल्स।)

26. यहां से पार जाइए। — Cross here. (क्रॉस हिअर।)

27. धूम्रपान वर्जित है। — No smoking here. (नो स्मोकिंग हिअर।)

28. जन सुविधाएं। — Public conveniences. (पब्लिक कन्वीनियॅन्सेज।)

29. पार जाने के लिए पुल का इस्तेमाल करें। — Use the bridge to cross over. (यूज द ब्रिज टु क्रास ओवर।)

30. चोरों और जेबकतरों से सावधान रहें। Beware of the thieves and pickpockets.
(बिवेअर ऑफ द थीब्ज एण्ड पिकपाकेट्स।)

31. बड़ा परिवार बस में नहीं चढ़ पाता। Big family misses the bus.
(बिग फेमिलि मिसेज द बस।)

32. सड़क मरम्मत के लिए बंद है। Road closed for repair.
(रोड क्लोज्ड फॉर रिपेअर।)

33. किराये के लिए खाली है। To let.
(टु लैट।)

34. धीरे चलाइए, हमें हमारे बच्चे प्यारे हैं। Drive slowly, we love our children.
(ड्राइव स्लोलि, वी लव आवर चिल्ड्रेन।)

35. अनाधिकार प्रवेश करने वालों के खिलाफ कार्यवाही होगी। Tresspassers will be prosecuted.
(ट्रैसपासर्स विल बी प्रास्क्यिूटेड।)

36. पिंजरों से दूर रहिए। Keep off the cages.
(कीप ऑफ द केजेज।)

37. जानवरों को न छेड़ें। Don't tease the animals.
(डोण्ट टीज दी एनिमल्स।)

38. लाइसेंसशुदा कुलियों से ही भार उठवाएं। Engage the licensed porters only.
(एंगेज द लाइसेंस्ड पोर्टर्स ओनलि।)

39. यहां किसी को टिप (बख्शीश) न दें। Tip is not allowed here.
(टिप इज नॉट अलाउड हिअर।)

40. अपनी सहायता के लिए हमारी सहायता करें। Help us to help you.
(हैल्प अस टु हैल्प यू।)

Work and Rest परिश्रम और विश्राम

1. परिश्रम ही पूजा है। Work is worship.
(वर्क इज वरशिप।)

2. काम से जी मत चुराओ। Don't shirk work.
(डोण्ट शर्क वर्क।)

3. वह काम-चोर है। He is a shirker.
(ही इज ए शर्कर।)

4. आनन्द जी तोड़ मेहनत करता है। Anand works very hard.
(आनन्द वर्क्स वेरि हार्ड।)

5. इसके लिए मानसिक श्रम की जरूरत है। It requires mental labour.
(इट रिक्वायर्स मेंटल लेबर।)

6. निस्संदेह वह एक परिश्रमी छात्र है। No doubt, he is an industrious student.
(नो डाउट ही इज एन इंडस्ट्रियस स्ट्यूडेंट।)

7. परिश्रम का फल मीठा होता है। The fruit of labour is sweet.
(द फ्रूट ऑफ लेबर इज स्वीट।)

8. रामू दिन-रात बैल की तरह काम करता है। Ramu works like a bullock.
(रामू वर्क्स लाइक ए बुलॉक।)

9. काम की भी एक सीमा होती है। There is a limit to work too.
(देअर इज ए लिमिट टु वर्क टू।)

10. मेहनत कभी बेकार नहीं जाती। Labour never goes waste.
(लेबर नैवर गोज वेस्ट।)

11. तुम्हें काम की ज्यादती से बचना चाहिए। You should avoid over-work.
(यू शुड अवॉइड ओवरवर्क।)

12. वह घर के कामकाज में लग गई। She occupied herself in household work.
(शी ऑक्यूपाइड हरसेल्फ इन हाउसहोल्ड वर्क।)

13. क्या आजकल काम-काज मंदा चल रहा है? Is the business dull these days?
(इज द बिजनेस डल दीज डेज?)

14. उसे इस विषय का काम चलाऊ ज्ञान है। He has a workable knowledge of this subject.
(ही हैज ए वर्कएबल नॉलिज ऑफ दिस सब्जेक्ट)

15. काम चलाऊ प्रबंध कर दिया है। A makeshift arrangement has been made.
(ए मेकशिफ्ट अरेंजमेंट हैज बीन मेड।)

16. यह काम तो बड़ा मुश्किल है। This task is very difficult.
(दिस टास्क इज वेरि डिफिकल्ट।)

17. मैंने घर का काम निपटा दिया है। I have disposed of home work.
(आई हैव डिस्पोज्ड ऑफ होम वर्क।)

18. उससे काम लेना आसान नहीं है। It is not an easy task to take work from him.
(इट इज नाट एन इजि टास्क टु टेक वर्क फ्राम हिम।)

19. वह कारखाने में काम करता है। He works in a factory.
(ही वर्क्स इन ए फैक्ट्री।)

20. तुम्हारा वहां क्या काम है? What work do you have there?
(वाट वर्क डू यू हैव देअर?)

21. राकेश काम की तलाश में आया है। Rakesh has come here in search of a job.
(राकेश हैज कम हिअर इन सर्च आफ ए जाब।)

22. क्या नरेश काम पर लग गया है? Has Naresh been employed?
(हैज नरेश बीन एम्पलाइड?)

23. तुम क्यों किसी का काम बिगाड़ते हो? Why do you put a spoke in one's wheel?
(वाइ डू-यू पुट ए स्पोक इन वन्स ह्वील?)

24. तुम काम से काम रखो। You mind your own business.
(यू माइण्ड युअर ओन बिजनेस।)

25. क्या उसने मेरा काम कर दिया? Has he done my work?
(हैज ही डन माई वर्क?)

26. वह काम में सुस्त है। He is dull in work.
(ही इज डल इन वर्क।)

27. वे मेहनत मजदूरी से अपना पेट भरते हैं। They feed themselves by toil and labour.
(दे फीड देमसेल्ब्ज बाई टॉईल ऐण्ड लेबर।)

28. आखिर उसकी मेहनत ठिकाने लग गई। At last, he got the reward of his labour.
(एट लास्ट ही गॉट द रिवार्ड ऑफ हिज लेबर।)

29. अब तुम आराम करो। Now, you take rest.
(नाउ यू टेक रेस्ट।)

30. डॉक्टर ने उसे पूरी आराम की सलाह दी है। The doctor has advised him complete rest.
(द डॉक्टर हैज एडवाइज्ड हिम कम्प्लीट रेस्ट।)

31. लेटकर थोड़ा विश्राम कर लो। Lie down and take a little rest.
(लाइ डाउन ऐण्ड टेक ए लिटिल रेस्ट।)

32. उसे आराम की सख्त जरूरत है। He is in dire need of rest.
(ही इज इन डायर नीड ऑफ रेस्ट।)

33. आधा घंटे और आराम कर लें। Let us have half an hour rest more.
(लैट अस हैव हाफ एन आवर रेस्ट मोर।)

34. मैं बिल्कुल आराम में हूं। I am quite comfortable.
(आइ एम क्वाइट कम्फरटेबल।)

35. बीमार को अब कुछ आराम है। The patient feels some rest now.
(द पेशेंट फील्स सम रेस्ट नाउ।)

36. वह आराम कुर्सी पर बैठा है? He is sitting in an easy chair.
(ही इज सीटिंग इन एन इजि चेअर।)

37. वह विश्रामगृह में रुका हुआ है। He is staying in the rest house.
(ही इज स्टेइंग इन द रेस्ट हाउस।)

38. क्या आराम का जीवन है? What a comfortable life!
(वाट ए कम्फरटेबल लाइफ!)

39. उसकी आत्मा को शांति मिले। May his soul rest in peace!
(मे हिज सोल रेस्ट इन पीस!)

40. एक घड़ी का विश्राम कर लूं। Let me enjoy a moment's rest.
(लैट मी इन्जाय ए मोमेन्ट्स रेस्ट।)

41. मृत्यु अनन्त विश्राम है। Death is eternal rest.
(डेथ इज इटरनल रेस्ट।)

42. मजदूर विश्राम कर रहे हैं। The labourers are taking rest.
(द लेबरर्स आर टेकिंग रेस्ट।)

43. नेहरू जी ने 'आराम हराम है' का नारा दिया। Nehruji gave the slogan-rest is waste!
(नेहरू जी गेव द स्लोगन–रेस्ट इज वेस्ट!)

44. विश्राम का संबंध परिश्रम से है। Rest is connected with the labour.
(रेस्ट इज कनेक्टेड विद द लेबर।)

45. वह जी जान से काम करता है। He works whole heartedly.
(ही वर्क्स होल हार्टेडली।)

We and Weather हम और मौसम

1. आज बड़ी उमस है। It is very sultry today.
(इट इज वेरि सल्ट्रि टुडे।)

2. शीत लहर दो दिन और रहेगी। The cold wave will last two more days.
(द कोल्ड वेव विल लास्ट टू मोर डेज।)

3. वर्षा की सम्भावना है। It is likely to rain.
(इट इज लाइकली टु रेन।)

4.	भारत मानसून का देश है।	India is a country of monsoon. (इण्डिया इज ए कंट्रि ऑफ मानसून।)
5.	पछवा हवा चल रही है।	The west wind is blowing. (द वैस्ट विंड इज ब्लोइंग।)
6.	ओलों से फसल नष्ट हो गई।	Hailstone has destroyed the crop. (हेलस्टोन हैज डैस्ट्रॉयड द क्रॉप।)
7.	सर्दी से भूख खूब लगती है।	In winter, appetite is at its highest. (इन विंटर एपिटाइट इज एट इट्स हाइएस्ट।)
8.	मौसमी फ़ल खाते रहो।	Eat seasonal fruits. (ईट सीजनल फ्रूट्स।)
9.	गर्म कपड़ों का मौसम आ रहा है।	The season for warm clothes is coming. (दी सीजन फॉर वार्म क्लोद्ज इज कमिंग।)
10.	बसंत में आम बौरा जाते हैं।	The mango blooms in spring. (द मैंगो ब्लूम्स इन स्प्रिंग।)
11.	कोयल कौन से मौसम में बोलती है?	In which season does the cuckoo sing? (इन विच सीजन डज द कक्कू सिंग?)
12.	आसमान में बादल छाये रहेंगे।	The sky will remain overcast. (द स्काई विल रिमेन ओवरकास्ट।)
13.	लू चल रही है, सिर ढक लो।	Heat wave is blowing, cover your head. (हीट वेव इज ब्लोइंग, कवर युअर हैड।)
14.	हम मौसम से प्रभावित होते हैं।	We are affected by weather. (वी आर अफेक्टेड बाई वेदर।)
15.	हमारे यहां छः ऋतुएं होती हैं।	We have six seasons. (वी हैव सिक्स सीजन्स।)
16.	होली बसंत का त्योहार है।	Holi is the festival of spring. (होली इज द फेस्टिवल ऑफ स्प्रिंग।)
17.	माघ मास में वहां एक बड़ा मेला लगता है।	A big fair is held there in the month of Magh. (ए बिग फेअर इज हेल्ड देयर इन द मन्थ ऑफ माघ।)
18.	वह मौसम विभाग में काम करता है।	He is employed in meteorological department. (ही इज एम्पलॉयड् इन मेटिअरलॉजिकल डिपार्टमेंट।)
19.	क्या तुमने रेडियो पर मौसम की पूर्व सूचना सुनी?	Did you hear the weather forecast on the Radio? (डिड यू हिअर द वेदर फॉरकास्ट ऑन द रेडियो?)
20.	मौसम का जलवायु से गहरा संबंध है।	Weather is intimately connected with climate. (वेदर इज इन्टिमेटलि कनेक्टेड विद क्लाइमेट।)
21.	गर्मी की ऋतु उसे अनुकूल नहीं पड़ती।	The summer season does not suit him. (द समर सीजन डज नॉट सूट हिम्।)
22.	वह पतझड़ की छुट्टियों में यहां आएगा।	He will come here in autumn break. (ही विल कम हिअर इन ऑटम ब्रेक।)
23.	ग्रीष्म अवकाश में हम कश्मीर जाएंगे।	We shall go to Kashmir in summer vacation. (वी शैल गो टु कश्मीर इन समर वेकेशन।)

24. वहां का जलवायु स्वास्थ्य के लिए अच्छा है। The climate there is good for health.
(द क्लाइमेट देअर इज गुड फॉर हैल्थ।)

25. किसान वर्षा के इंतजार में हैं। The farmers are waiting for rains.
(द फारमर्स आर वेटिंग फॉर रेन्स।)

26. शीत हवाएं चलने की संभावना है। There is possibility of cold waves.
(देअर इज पॉसिबलिटी ऑफ कोल्ड वेव्ज।)

27. धूप सेंकने का मौसम अब जाता रहा। The season for basking is now gone.
(द सीजन फॉर बास्किंग इज नाउ गोन।)

28. वह ठण्ड से कांप रहा है। He is shivering with cold.
(ही इज शिवरिंग विद कोल्ड।)

29. उसे लू लग गई है। He has been suffering from heat stroke.
(ही हैज बीन सफरिंग फ्राम हीट स्ट्रोक।)

30. वह वर्षा में पूरा भीग गया। He got drenched in rain.
(ही गॉट ड्रेन्च्ड इन रेन।)

31. बादल गरज रहे हैं। The clouds are thundering.
(द क्लाउड्स आर थंडरिंग।)

32. लगता है बिजली गिरी है। It seems lightening has struck.
(इट सीम्स लाइट्निंग हैज स्ट्रक।)

33. आंधी में पेड़ उखड़ गए। Trees have been uprooted in storm.
(ट्रीज हैव बीन अपरूटेड इन स्टॉर्म)

34. आंधी और तूफान ने कहर बरपा दिया। The storm has caused havoc.
(द स्टॉर्म हैज कॉज्ड हैवॅक।)

Leisure and Pleasure फुर्सत और मनोरंजन

1. आप कौन-सा खेल जानते हैं। Which game do you play?
(विच गेम डू यू प्ले?)

2. मुझे फुटबाल पसंद है। I like football.
(आई लाइक फुटबॉल।)

3. वह क्रिकेट खेल रहा है। He is playing cricket.
(ही इज प्लेइंग क्रिकेट।)

4. क्या आप शतरंज खेलना जानते हैं? Do you know, how to play chess?
(डू यू नो हाऊ टु प्ले चेस?)

5. मैं आज फुर्सत में हूं। I am at leisure today.
(आइ एम एट लैजर टुडे।)

6. फुर्सत में मुझसे मिलना। See me in spare time.
(सी मी इन स्पेअर टाइम।)

7. काम से फुर्सत ही कहां है? Where is the leisure from work?
(वेअर इज द लैजर फ्राम वर्क?)

8. वे पंतग उड़ा रहे हैं। They are flying kites.
(दे आर फ्लाइंग काइट्स।)

9. आपको चोट तो नहीं लगी? — Are you hurt?
(आर यू हर्ट?)

10. खेल में हार-जीत तो होती ही है। — Victory and defeat are inevitable in games.
(विक्ट्री ऐण्ड डिफीट आर इनऐबिटेबल इन गेम्स।)

11. हमारी टीम एक पारी से जीत गई। — Our team won by an innings.
(आवर टीम वॉन बाइ एन इनिंग्स।)

12. सिनेमा मनोरंजन का एक अच्छा साधन है। — Cinema is a good source of pleasure.
(सिनेमा इज ए गुड सोर्स ऑफ प्लेजर।)

13. उसे फिल्म देखने का शौक है। — He is fond of films.
(ही इज फॉन्ड ऑफ फिल्म्स।)

14. मैंने कल टी.वी. पर एक नाटक देखा। — I saw a play on T.V. yesterday.
(आइ सा ए प्ले ऑन टी.वी. यस्टरडे।)

15. उसे गीत गाने का बड़ा शौक है। — He is very fond of singing songs.
(ही इज वेरि फॉन्ड ऑफ सिंगिंग सोंग्स।)

16. आओ एक बाजी शतरंज हो जाए। — Come, let us have a round of chess.
(कम, लैट अस हैव ए राउंड ऑफ चेस।)

17. उसे ताश के कई खेल आते हैं। — He knows how to play many card-games.
(ही नोज हाउ टु प्ले मेनी कार्ड-गेम्स।)

18. चलो, खेल शुरू हो गया। — Come, the game has started.
(कम, द गेम हैज स्टार्टेड।)

19. मैच अनिर्णीत रहा। — The match ended in a draw.
(द मैच एन्डेड इन ए ड्रा।)

20. कौन जीता? — Who won?
(हू वॉन?)

21. उसने लगातार चार चौके मारे। — He hit four consecutive boundaries.
(ही हिट फोर कन्सक्यूटिव बाउंडरीज।)

22. घुड़सवारी एक महंगा शौक है। — Riding is a costly hobby.
(राइडिंग इज ए कॉस्टलि हॉबि।)

23. पत्तों को अच्छी तरह मिलाए बिना मत बांटो। — Don't deal cards without shuffling well.
(डोण्ट डील कार्ड्स विदाउट शफलिंग वैल।)

24. लम्बी कूद में वह प्रथम रहा। — He was first in long jump.
(ही वाज फर्स्ट इन लोंग जम्प।)

25. अपना बैडमिंटन का बल्ला देना। — Give me your badminton racket.
(गिब मी योर बैडमिंटन रैकट।)

26. टीम मैदान में उतर चुकी है। — The team has come to the field.
(दी टीम हैज कम टु द फील्ड।)

27. दर्शकों ने जोर-जोर से तालियां बजाईं। — The spectators clapped loudly.
(द स्पेक्टेटर्स क्लेप्ड लाउडली।)

28. वह कभी प्रसिद्ध धावक था। — He was a famous sprinter once.
(ही वाज ए फेमस स्प्रिंटर वन्स।)

29. नाव दौड़ में वह भाग नहीं लेगा। He will not take part in the boat race.
(ही विल नॉट टेक पार्ट इन द बोट रेस।)

30. चलो शर्त रही। Come on the bet.
(कम ऑन द बैट।)

31. मैंने लाठी चलाना सीख लिया है। I have learnt stick wielding.
(आई हैव लर्न्ट स्टिक वील्डिंग।)

32. बागवानी उसका शौक है। Gardening is his hobby.
(गार्डनिंग इज हिज हॉबि।)

33. तुम फुर्सत का समय कैसे बिताते हो? How do you pass your spare time?
(हाउ डू यू पास युअर स्पेयर टाईम?)

34. उसने हाकी में बड़ा अच्छा प्रदर्शन किया। He made a good display in hockey.
(ही मेड ए गुड डिस्प्ले इन हाकी।)

35. उसे तो धंधे से फुर्सत ही नहीं है। He has no rest from work.
(ही हैज नो रेस्ट फ्राम वर्क।)

36. काम के बाद फुर्सत का अपना ही आनन्द है। Leisure has its own pleasure after labour.
(लैजर हैज इट्स ओन प्लेजर्स आफ्टर लेबर।)

37. फुर्सत में हम वहां इकट्ठे होते हैं। We collect there in spare time.
(वी कलेक्ट देअर इन स्पेयर टाइम।)

38. जुआ खेलना अपराध है। Gambling is a crime.
(गेम्बलिंग इज ए क्राइम।)

39. खेलने में समय बर्बाद मत करो। Don't waste time in games.
(डोंट वेस्ट टाइम इन गेम्स।)

40. काम के समय काम और खेल के समय खेल। Work while you work and play while you play.
(वर्क वाइल यू वर्क ऐण्ड प्ले वाइल यू प्ले।)

41. बेकार से बेगार भली। Forced labour is better than idleness.
(फोर्स्ड लेबर इज बैटर दैन आइडलनैस।)

42. तुम खाली क्यों बैठे हो? Why are you sitting idle?
(वाई आर यू सिटिंग आइडल?)

43. रिटायरमेंट के बाद समय कटना मुश्किल हो जाता है। It becomes difficult to pass time after retirement.
(इट बिकम्स डिफिकल्ट टु पास टाइम आफ्टर रिटायरमेंट।)

44. हमने एक क्लब बनाया है। We have formed a club.
(वी हैव फार्म्ड ए क्लब।)

45. तुम हमारे क्लब में शामिल क्यों नहीं हो जाते? Why don't you join our club?
(वाइ डोंट यू जॉइन ऑवर क्लब?)

46. गपशप भी मनोरंजन का एक अच्छा साधन है। Chit-chat is a good source of entertainment.
(चिट-चेट इज ए गुड सोर्स ऑफ इन्टरटेनमेंट।)

47. गप्पें ही हांकोगी या कुछ काम भी करोगी? Would you do some work or go on gossiping?
(वुड यू डू सम वर्क ऑर गो ऑन गोसिपिंग?)

48. खेलते हुए उसकी कलाई में मोच आ गई। He got his wrist sprained while playing.
(ही गॉट हिज रिस्ट स्प्रेंड वाइल प्लेइंग।)

49. दर्शकों से स्टेडियम खचाखच भरा था। The stadium was packed to capacity.
(द स्टेडियम वाज पैक्ड टु केपेसिटि।)

Pleasure and Pain खुशियां और गम

1. तुम बड़े खुश नजर आ रहे हो। You are looking very happy.
(यू आर लुकिंग वैरि हैप्पी।)

2. तुम क्यों उदास हो? Why are you sad?
(वाइ आर यू सैड?)

3. ऐसे मौके बार-बार थोड़े ही आते हैं। Such occasions as these do not come again and again.
(सच अॅकेजन्स ऐज दीज डू नॉट कम अगेन एण्ड अगेन।)

4. सब सुखी होना चाहते हैं। All want to be happy.
(आल वांट टु बी हैप्पी।)

5. सुख की तलाश में कौन नहीं है? Who is not in search of happiness?
(हू इज नॉट इन सर्च ऑफ हैपिनैस?)

6. सुख और दुख एक ही चीज के दो पक्ष हैं। Pleasure and pain are two aspects of the same thing.
(प्लैजर ऐण्ड पेन आर टु आस्पेक्ट्स ऑफ द सेम थिंग।)

7. सादा जीवन सुखी जीवन। Simple life a happy life.
(सिंपल लाइफ ए हैपी लाइफ।)

8. वे अपने पुत्र का जन्मोत्सव मना रहे हैं। They are celebrating their son's birthday.
(दे आर सेलिब्रेटिंग देअर सन्स बर्थ डे।)

9. शादी की शहनाइयां गूंज उठीं। The marriage pipes began to sound.
(द मेरेज पाइप्स बिगेन टु साउंड।)

10. उसकी खुशी का ठिकाना न था। His happiness had no limits.
(हिज हैपिनैस हैड नो लिमिट्स।)

11. वह मैच जीत गया और खुशी से फूला न समाया। He won the match and he could not contain himself with joy.
(ही वन द मैच ऐण्ड ही कुड नाट कनटेन हिमसेल्फ विद जॉय।)

12. तुम्हें किस बात का गम है? What grief do you have?
(वॉट ग्रीफ डू यू हैव?)

13. दुर्भाग्य अकेला नहीं आता। Misfortune does not come alone.
(मिसफोरचून डज नॉट कम अलोन।)

14. वह फूट-फूट कर रो रहा था। He was weeping bitterly.
(ही वाज वीपिंग बिटरलि।)

15. शायद कोई मर गया है। Perhaps, somebody has passed away.
(परहैप्स समबॉडी हैज पास्ड अवे।)

16. उसकी मृत्यु का शोक मनाया गया। His death was mourned.
(हिज डैथ वाज मॉर्न्ड)

17. क्या तुम शोकसभा में थे? Were you present in the condolence meeting?
(वर यू प्रेजेंट इन द कंडोलेन्स मीटिंग?)

18. जनाजा कब उठेगा? When will the bier be taken out?
(वेन विल द बायर बी टेकन आउट?)

19. उसने अर्थी को कंधा दिया। He carried the bier.
(ही कैरिड द बायर।)

20. मौत सबको बराबर कर देती है।
Death levels everything.
(डेथ लेवल्स एवरिथिंग।)

21. उसे गहरी चोट आई और रंग में भंग पड़ गया।
He was badly hurt and the sport was spoiled.
(ही वाज बैडलि हर्ट एण्ड द स्पोर्ट वाज स्पॉइल्ड।)

22. गम बांटने से बंट जाता है।
Grief is divided by sharing.
(ग्रीफ इज डिवाइडेड बाइ शेअरिंग।)

23. खुशी बांटने से बढ़ती है।
Pleasure increases by sharing.
(प्लैजर इनक्रीजेज बाई शेअरिंग।)

24. सुख में सभी साथी हैं।
All are partners in pleasure.
(ऑल आर पार्टनर्स इन प्लैजर।)

25. उसने दुख में भी मेरा साथ नहीं छोड़ा।
He did not leave me in lurch even in sorrow.
(ही डिड नॉट लीव मी इन लर्च इवन इन सॉरो।)

26. उसे गहरा धक्का लगा।
He was shocked.
(ही वाज शॉक्ड।)

27. दीवालिया से वह पागल हो गया।
He went mad with bankruptcy.
(ही वेंट मैड विद बैंकरप्सि।)

28. सुख तो आंतरिक होता है।
Happiness is internal.
(हैपिनेस इज इण्टरनल।)

29. भौतिक पदार्थों की अंधी दौड़ में सुख कहां।
Where is happiness in the blind race of material things.
(वेअर इज हैपिनेस इन द ब्लाइंड रेस ऑफ मैटिरियल थिंग्स।)

30. देने में ही सुख है।
Pleasure is in giving.
(प्लैजर इज इन गिविंग।)

31. वह सबको सुखी देखना चाहता है।
He wants to see everybody happy.
(ही वांट्स टु सी एवरिबडि हैपि।)

32. दूसरों के सुख के लिए उसने जान गंवा दी।
He sacrificed his life for the happiness of others.
(ही सेकरिफाइस्ड हिज लाइफ फार द हैपिनेस आफ अदर्स)

33. किसी को दुख मत दो।
Don't give pain to anybody.
(डोंट गिव पेन टु एनिबडि।)

34. मोह दुख का जड़ है।
Attachment is the root of suffering.
(एटेचमेंट इज द रूट ऑफ सफरिंग।)

Childhood, Youth and Old Age बचपन, यौवन और बुढ़ापा

1. आपकी उम्र क्या है।
What's your age?
(वाट्स योर एज?)
How old are you?
(हाउ ओल्ड आर यू?)

2. मैं तीस साल का हूं।
I'm thirty years old.
(आयम थर्टी यीअर्स ओल्ड।)

3. हम दोनों एक ही उम्र के हैं।
We both are of the same age.
(वी बोथ आर ऑफ द सेम एज।)

4. आपकी आयु लम्बी हो!	May you live long! (मे यू लिव लोंग।)
5. उसका छोटी उम्र में ही विवाह हो गया।	He got married in young age. (ही गाट मेरिड इन यंग एज।)
6. बचपन की स्मृतियां अभी ताजा है।	The memories of childhood are still fresh. (द मेमोरिज ऑफ चाइल्डहुड आर स्टिल फ्रेश।)
7. तब मैं स्कूल जाने वाला बालक था।	Then I was a school-going child. (दैन आइ वाज ए स्कूल गोइंग चाइल्ड।)
8. तुम उस समय बहुत छोटी थी।	Then you were in frocks. (देन यू वर इन फ्राक्स।)
9. मैं उसे बचपन से जानता हूं।	I know him/her since childhood. (आई नो हिम/हर सिंस चाइल्डहुड।)
10. बचपन के बाद लड़कपन आता है।	After childhood comes boyhood. (आफ्टर चाइल्डहुड कम्स बायहुड।)
11. वह मुझसे छोटा है।	He is younger to me. (ही इज यंगर टु मी।)
12. अभी उसकी उम्र कच्ची है।	He is yet of raw age. (ही इज यट ऑफ रा एज।)
13. बचपन भी क्या भूलने की चीज है।	Is the childhood a thing to be ever forgotten? (इज द चाइल्डहुड ए थिंग टु बी एवर फोरगोटन?)
14. आपकी कितने बहिनें हैं?	How many sisters have you? (हाउ मैनी सिस्टर्स हैव यू?)
15. आपके बड़े भाई क्या करते हैं?	What's your elder brother? (वाट्स योर एल्डर ब्रदर?)
16. मेरी बड़ी बहन प्राध्यापिका हैं।	My eldest sister is a lecturer. (माइ एल्डेस्ट सिस्टर इज ए लेक्चरर।)
17. अभी वह कुंआरा है।	He is still a bachelor. (ही इज स्टिल ए बैचेलर।)
18. बालिग होते ही वह संपत्ति का स्वामी बन जाएगा।	He will own the property as soon as he comes of age. (ही विल ओन द प्रॉपर्टी एज सून एज ही कम्स ऑफ एज।)
19. वह अपनी उम्र से कम लगता है।	He looks younger than his age. (ही लुक्स यंगर दैन हिज एज।)
20. वह असमय ही बूढ़ा हो गया।	He became old untimely. (ही बिकेम ओल्ड अनटाइमली।)
21. चिंताओं ने उसे समय से पहले ही बूढ़ा बना दिया।	Worries have made him old before his time. (वरीज हैव मेड हिम ओल्ड बिफोर हिज टाइम।)
22. यौवन जीवन का बसंत है।	Youth is the spring of life. (यूथ इज द स्प्रिंग ऑफ लाइफ।)
23. युवतियों ने एक सभा बनाई है।	Young women have formed an association. (यंग वीमेन हैव फार्म्ड एन एसोसिएशन।)

24. वह 20 वर्ष की युवती है।	She is a young lady of twenty. (शी इज ए यंग लेडी ऑफ ट्वेन्टि।)
25. युवा पीढ़ी से देश को बड़ी आशाएं हैं।	The country's hopes rests on the young generation. (द कंट्रीज होप्स रेस्ट्स आन द यंग जेनेरेशन।)
26. समय किसी का इंतजार नहीं करता।	Time and tide wait for none. (टाइम एण्ड टाइड वेट फॉर नन।)
27. मृत्यु समय का इंतजार नहीं करती।	Death keeps no calendar. (डैथ कीप्स नो कलैंडर।)
28. क्या बुढ़ापा एक अभिशाप है?	Is old age a curse? (इज ओल्ड एज ए कर्स।)
29. वह जल्दी-जल्दी बूढ़ा हो रहा है।	He is aging fast. (ही इज एजिंग फास्ट।)
30. लम्बी बीमारी ने उसे बूढ़ा बना दिया है।	Long illness has made him/her aged. (लोंग इलनैस हैज मेड हिम/हर एजेड।)
31. वह तो नदी किनारे का पेड़ है।	His days are numbered. (हिज डेज आर नम्बर्ड।)
32. वह कुएं में पैर लटकाये बैठा है।	His days are numbered. (हिज डेज आर नम्बर्ड।)
33. समय अपने पैरों के निशान सब पर छोड़ता है।	Time leaves its foot print on all. (टाइम लीव्ज इट्स फूट प्रिंट ऑन आल।)
34. बुढ़ापे में बाल सफेद होकर झड़ जाते हैं।	Hair turns white and fall in old age. (हेअर टर्न्स वाइट ऐण्ड फॉल इन ओल्ड एज।)
35. उसके बाल खिचड़ी हो गए हैं।	His hair has a sprinkling of white. (हिज हेअर हैज ए स्प्रिंकलिंग ऑफ वाइट।)
36. आजकल बाल रंगने का रिवाज है।	These days, there is a fashion of dyeing hair. (दीज डेज देअर इज ए फैशन ऑफ डायिंग हेअर।)
37. आप कौन-सा खिजाब इस्तमेमाल करते हैं	Which hair-dye do you use? (विच हेअर-डाइ डू यू यूज?)
38. अब वह वयस्क है और मताधिकार का प्रयोग कर सकता है।	Now, he is an adult and can exercise his right to vote. (नाव ही इज एन ऐडल्ट ऐण्ड कैन एक्सरसाइज हिज राइट टु वोट।)
39. बहुत कम लोग बुढ़ापे से नहीं डरते।	Very few people are not afraid of old age. (वेरि फ्यू पीपुल आर नॉट एफ्रेड ऑफ ओल्ड एज।)
40. बुढ़ापा जीवन विकास का अंतिम चरण है।	Old age is the last step in the development of life. (ओल्ड ऐज इज द लास्ट स्टेप इन द डेवलपमेंट ऑफ लाइफ।)
41. बूढ़ों का देखभाल करना हमारा कर्त्तव्य है।	Care of the old is our duty. (केअर ऑफ दी ओल्ड इज आवर ड्यूटी।)
42. जवानी अंधी होती है।	Youth is blind. (यूथ इज ब्लाइंड।)
43. वह भरी जवानी में ही भगवान को प्यारा हो गया।	He died in the prime of his youth. (ही डाइड इन द प्राइम ऑफ हिज यूथ।)

44. चढ़ती जवानी में किसे होश रहता है? — Who is in senses in rising youth?
(हू इज इन सेन्सेज इन राइजिंग यूथ?)

45. क्या यह सच नहीं है कि जवानी दीवानी होती है? — Is it not rightly said that youth makes one mad?
(इज इट नॉट राइट्लि सेड दैट यूथ मेक्स वन मैड?)

46. बुढ़ापा अनुभवों से भरा होता है। — Old age is full of experiences.
(ओल्ड एज इज फुल ऑफ एक्सपिरियेंसेज।)

47. प्रत्येक व्यक्ति जवान रहना चाहता है। — Everybody wants to remain young.
(ऐवरीबडी वांट्स टु रिमेन यंग।)

48. लेकिन कोई जवान भी नहीं मरना चाहता। — But, nobody wants to die young.
(बट नोबडी वान्ट्स टु डाइ यंग।)

Bazaar and Shopping बाज़ार और खरीदारी

1. मजबूरी में मुझे बाज़ार जाना पड़ा। — I was obliged to go to bazaar.
(आई वाज ऑबलाइज्ड टु गो टु बाजार।)

2. वहां मुझे दो-तीन घंटे लग गए। — It took me two-three hours.
(इट टुक मी टू-थ्री आवर्स।)

3. वहां बड़ी भीड़-भाड़ थी। — There was a great rush.
(देअर वाज ए ग्रेट रश।)

4. सुना है आप स्कूटर लेने वाले हैं। — I have heard, you are going to buy a scooter.
(आइ हैव हर्ड यू आर गोइंग टु बाइ ए स्कूटर।)

5. स्कूटर के लिए तो दो साल इंतजार करना पड़ेगा। — I shall have to wait for two years for a scooter.
(आइ शैल हैव टु वेट फॉर टू यिअर्स फॉर ए स्कूटर।)

6. तब तक आप कैसे गुजारा करेंगे? — How shall you manage till then?
(हाउ शैल यू मैनेज टिल दैन?)

7. अच्छा रहने भी दो, हमें देर हो रही है। — Well leave it, we are getting late.
(वैल लीव इट, वी आर गेटिंग लेट।)

8. क्या बात है, इतनी कीमत! — What's the matter, so much price!
(वाट्स द मैटर, सो मच प्राइस!)

9. आप मानें या न मानें गुजारा करना मुश्किल हो रहा है। — You may agree or not, it is becoming difficult to manage.
(यू मे एग्री ऑर नॉट, इट इज बिकमिंग डिफिकल्ट टु मेनेज।)

10. मैंने एक पैंट और एक कमीज सिलने दी थी, क्या सिल गई है? — I had given a pant and a shirt for stitching, are they ready?
(आइ हैड गिवन ए पैंट ऐण्ड ए शर्ट फॉर स्टिचिंग, आर दे रेडी?)

11. क्या अभी कुछ काम बचा है? — Does something remain to be done yet?
(डज समथिंग रिमेन टू बी डन यट?)

12. अच्छा, इसका क्या लेंगे? — Well, how much will you charge for it?
(वैल, हाउ मच विल यू चार्ज फॉर इट?)

13. जो आपकी मर्जी हो दे दें। — Give whatever you please.
(गिव वाटएवर यू प्लीज।)

14. जितने पैसे आप मांग रहे हैं यह बहुत ज्यादा है। — The amount you are asking for is too much.
(द अमाउण्ट यू आर आस्किंग फॉर इज टू मच।)

15. आप क्या देना चाहते हैं?
How much do you want to pay?
(हाउ मच डू यू वांट टू पे?)

16. मैंने कुछ पुस्तकें खरीद लीं और पैसे कम पड़ गए।
I bought some books and ran short of money.
(आइ बॉट सम बुक्स एण्ड रेन शार्ट ऑफ मनी।)

17. कलम इतना बढ़िया था कि एकदम खरीद लिया।
The pen was so nice that I bought it at once.
(द पेन वाज सो नाइस दैट आइ बॉट इट एटवन्स।)

18. कहीं ज्यादा पैसे तो नहीं दे दिए?
Are you sure you have not paid much?
(आर यू श्यूर यू हैव नॉट पेड मच?)

19. उसने मुझे 50 पैसे कम दिए।
He gave me fifty paise short.
(ही गेव मी फिफ्टी पैसे शॉर्ट।)

20. तुम्हारे पास कितने पैसे कम हैं?
By how much money are you short?
(बाइ हाउ मच मनी आर यू शॉर्ट?)

21. मेरे पास दस रुपये कम हैं।
I am short by ten rupees.
(आइ एम शॉर्ट बाई टेन रुपीज।)

22. लोग तो विदेशी वस्तुओं के पीछे पागल हैं।
People are crazy after foreign things.
(पीपुल आर क्रेजी आफ्टर फारेन थिंग्स।)

23. सब घड़ियां हाथों-हाथ बिक गई।
All the watches found a ready sale.
(ऑल द वाचेज फाउण्ड ए रेडि सेल।)

24. यह संस्करण तो धड़ाधड़ बिक रहा है।
This edition is selling like hot cakes.
(दिस एडियशन इज सेलिंग लाइक हॉट केक्स।)

25. यह मकान बिकाऊ है।
This house is for sale.
(दिस हाउस इज फॉर सेल।)

26. इस माल की कोई बिक्री नहीं है।
There is no sale for these goods.
(देअर इज नो सेल फॉर दीज गुड्स।)

27. आलू सस्ता बिक रहा है।
Potato is selling cheap.
(पॉटेटो इज सैलिंग चीप।)

28. रास्ते में बनिये के यहां होते जाना।
Call at the grocer's on the way.
(कॉल एट द ग्रोसर्स ऑन द वे।)

29. यह तो मिलावटी दूध है।
This is adulterated milk.
(दिस इज अडल्टरेटेड मिल्क।)

30. तुम यह शुद्ध देशी घी कहां से लाये?
Where did you get this pure deshi ghee from?
(वेअर डिड यू गेट दिस प्योर देशी घी फ्रॉम?)

31. मैं उधार सौदा नहीं लेता।
I do not buy things on credit.
(आइ डु नॉट बाई थिंग्स ऑन क्रेडिट।)

32. यह जूते का जोड़ा मेरे तंग है।
This pair of shoes fits me tight.
(दिस पेअर ऑफ शूज फिट्स मी टाइट।)

33. यह टी सेट 50 रु. सस्ता है।
This tea set is cheap for fifty rupees.
(दिस टी सेट इज चीप फॉर फिफ्टी रुपीज।)

34. ठीक-ठीक पैसे लगाओ।
Charge a reasonable rate.
(चार्ज ए रीजनएबल रेट।)

35. हम परचून में कपड़ा नहीं बेचते। We do not sale cloth in retail.
(वी डू नॉट सेल क्लोथ इन रिटेल।)

36. इस काउंटर पर विदेशी माल बिकता है। Imported goods are sold at this counter.
(इम्पोर्टेड गुड्स आर सोल्ड ऐट दिस काउन्टर।)

37. यह नोट फटा हुआ है। This note is torn.
(दिस नोट इज टॉर्न।)

38. यह लीजिए बिल्कुल नया है। Take this, it's brand new.
(टेक दिस, इट्स ब्रांड न्यू।)

39. यह जूता आगे से लगता है। This shoe pinches me at the front.
(दिस शू पिंचेज मी एट द फ्रंट।)

40. क्या तुम नहीं जानते सस्ता रोवे बार-बार? Don't you know cheap goods are dear in the long run?
(डोन्ट यू नो चीप गुड्स आर डीयर इन द लोंग रन।)

41. खोंचे वाले ऊंची आवाज में सामान बेच रहे थे। Pedlars were crying their wares at the top of the voice.
(पैड्लर्स वर क्राइंग देअर वेअर्स एट द टॉप आफ द वॉयस।)

42. ये खरबूजे सड़े हुए हैं। These melons are rotten.
(दीज मेलन्स आर रॉटन।)

43. कुछ ताजा माल दिखाओ। Show me some fresh stuffs.
(शो मी सम फ्रेश स्टफस।)

44. हम यात्री चैक स्वीकार करते हैं। We accept traveller's cheques.
(वी एक्सेप्ट ट्रेवलर्स चैक्स।)

45. मैंने बैंक में एक चालू खाता खोला है। I have opened a current account in the bank.
(आइ हैव ऑपन्ड ए करंट अकाउन्ट इन द बैंक।)

46. मैंने हिसाब चुकता कर दिया है। I have cleared the account.
(आइ हैव क्लिअर्ड द अकाउन्ट।)

47. यहां से बाजार कितनी दूर है? How far is the market from here?
(हाउ फार इज द मार्केट फ्रॉम हिअर?)

48. क्या बहुत दूर है? Is it quite far?
(इज इट क्वाइट फार?)

49. चलो रिक्शा ले लेते हैं। Let us hire a rickshaw.
(लैट अस हायर ए रिक्शा।)

50. बाजार से कुछ मिठाई लेते आना और हां, कुछ नमकीन भी। Bring some sweets from the market and yes, some salted things too.
(ब्रिंग सम स्वीट्स फ्रॉम द मार्केट ऐण्ड यस, सम साल्टेड थिंग्स टू।)

51. उस दुकान से दस रुपये की जलेबी ले आना। Bring jalebies worth ten rupees from that shop.
(ब्रिंग जलेबीज वर्थ टेन रुपीज फ्रॉम दैट शॉप।)

Dealings and Occupation लेनदेन और धंधा

1. आप क्या धंधा करते हैं? What's your occupation?
(वाट्स युअर ओक्युपेशन?

2. यह स्त्रियों के लायक धंधा नहीं है। It is not a fit occupation for women.
(इट इज नॉट ए फिट ओक्यूपेशन फॉर वूमेन।)

3. वह लेन-देन में ईमानदार नहीं है। — He is not above board in his dealings.
(ही इज नॉट अबव बोर्ड इन हिज डीलिंग्स।)

4. आपके ब्याज की दर क्या है? — What is your rate of interest?
(वाट इज युअर रेट ऑफ इंटैरेस्ट?)

5. काउन्टर पर मुश्किल से एक दो आदमी थे। — There were hardly one or two persons on the counter.
(देअर वर हार्डली वन ऑर टू पर्सन्स ऑन द काउन्टर।)

6. वह व्यवसाय से दर्जी है। — He is a tailor by profession.
(ही इज ए टेलर बाई प्रोफेशन।)

7. आजकल वह कोई व्यवसाय नहीं करता। — These days he is not engaged in any occupation.
(दीज डेज ही इज नॉट एन्गेज्ड इन एनी ओक्यूपेशन।)

8. मुझे एक रुपये की रेजगारी देना। — Give me change for a rupee.
(गिव मी चेंज फार ए रुपी।)

9. तुमने खोटा सिक्का कैसे चला दिया? — How did you pass off the base coin?
(हाउ डिड यू पास ऑफ द बेस कॉइन?)

10. मैं जान गया कि नोट जाली था। — I knew that the note was counterfeit.
(आइ न्यू दैट द नोट वाज काउन्टरफीट।)

11. मैं सिद्ध कर सकता हूं कि यह जाली दस्तावेज है। — I can prove this to be a forged document.
(आइ कैन प्रूव दिस टु बी ए फोर्ज्ड डॉक्यूमेंट।)

12. उस दुकान पर भाव-ताव नहीं चलता। — Haggling is not allowed at that shop.
(हेगलिंग इज नॉट अलाउड ऐट दैट शॉप।)

13. आजकल चीनी का क्या भाव है? — What is the rate of sugar these days?
(वाट इज द रेट ऑफ शुगर दीज डेज?)

14. काउन्टर छोड़ने से पहले रुपये ठीक से गिन लें। — Count your money carefully before you leave the counter.
(काउन्ट युवर मनी केअरफुली बिफोर यू लीव द काउन्टर।)

15. बेचा हुआ माल वापस नहीं होगा। — Goods once sold will not be returned.
(गुड्स वन्स सोल्ड विल नॉट बी रिटर्न्ड।)

16. आजकल बाजार में कुछ मंदा है। — The market is somewhat dull nowadays.
(द मार्केट इज समवाट डल नाउ ए डेज।)

17. व्यापार में मंदी का रुख चल रहा है। — There is a trend of slump in business.
(देअर इज ए ट्रेंड ऑफ स्लम्प इन बिजनेस।)

18. व्यवसाय का चुनाव आसान थोड़े ही है। — Selection of a career is not easy at all.
(सेलेक्शन ऑफ ए कैरियर इज नॉट ईजी ऐट ऑल।)

19. आप मुझे कितना रुपया उधार दे सकते हैं? — How much money can you lend me?
(हाउ मच मनि कैन यू लैंड मी?)

20. तुम बिना हिचक इसमें पैसा लगा सकते हो। — You can invest money in this without any hesitation.
(यू कैन इनवेस्ट मनि इन दिस विदाउट एनी हैजिटेशन।)

21. बस, बिल ले आओ। — That's all, bring the bill.
(दैट्स ऑल, ब्रिंग द बिल।)

22. यह रुपया बैंक में आज ही जमा करा दो। Deposit this money in the bank today positively.
(डिपोजिट दिस मनि इन द बैंक टुडे पॉजिटिवलि।)

23. वह सौ रुपये पेशगी दे गया है। He has paid hundred rupees as advance money.
(ही हैज पेड हंडरेड रुपीज ऐज एडवांस मनि।)

24. पहले मजदूरी ठहरा दो। Settle the wages before you engage.
(सेटल द वेजेज बिफोर यू ऐंगेज।)

25. वह आढ़त का काम करता है। He is a broker by profession.
(ही इज ए ब्रोकर बाइ प्रोफेशन।)

26. इस चैक को कल तक भुना लीजिए। Get this cheque encashed by tomorrow.
(गेट दिस चैक एनकैश्ड बाई टुमारो।)

27. इसकी क्या कीमत है? How much is this?
(हाउ मच इज दिस?)

28. बड़े भाव ताव के बाद सौदा हो गया। After much haggling, the bargain was struck.
(आफ्टर मच हैगलिंग द बारगेन वाज स्ट्रक।)

29. रुपया रुपया खींचता है। Money begets money.
(मनि बिगेट्स मनि।)

30. धन सबको अंधा कर देता है। Gold is dust that blinds all eyes.
(गोल्ड इज डस्ट दैट ब्लाइंड्स ऑल आईज।)

31. आपका व्यवसाय क्या है? What is your business?
(वॉट इज युअर बिजनैस?)

32. आप व्यापार करते हैं या नौकरी? Are you in business or in service?
(आर यू इन बिजनेस ऑर इन सर्विस?)

33. उनका आयात-निर्यात का धंधा है। They are in import-export business.
(दे आर इन इम्पोर्ट-एक्सपोर्ट बिजनेस।)

34. वह चाय की दुकान चलाता है। He runs a tea shop.
(ही रन्स ए टी शॉप।)

35. तुम्हारा धंधा कैसा चल रहा है? How are you getting on with your business?
(हाउ आर यू गेटिंग ऑन विद युअर बिजनेस?)

36. कीमतें बढ़ रही है। Prices are going up.
(प्राइसेस आर गोइंग अप।)

37. वह कपड़ा थोक में बेचता है। He sells cloth in bulk.
(ही सेल्स क्लोथ इन बल्क।)

38. थोक बाजार में आग लग गई। The wholesale market caught fire.
(द होलसेल मार्केट कॉट फायर।)

39. तुमने इसकी क्या कीमत दी? How much did you pay for it?
(हाउ मच डिड यू पे फॉर इट?)

40. वह दस प्रतिशत छूट देता है। He gives ten per cent rebate.
(ही गिव्ज टेन परसेंट रिबेट।)

Dress and Food वेशभूषा और खानपान

1. आदमी की पहचान उसकी वेशभूषा से होती है।
   A man is known by the dress he wears.
   (ए मैन इज नोन बाइ द ड्रेस ही वीयर्स।)
2. पोशाक व्यक्ति का व्यक्तित्व बढ़ाती है।
   Dress adds to one's personality.
   (ड्रैस एड्स टु वन्स पर्सनेलिटि।)
3. मुझे भड़कीली पोशाक पसंद नहीं।
   I dislike gaudy dress.
   (आइ डिसलाइक गॉडी ड्रैस।)
4. उसे पहनने का सलीका है।
   She is a well dressed woman.
   (शी इज ए वैल ड्रेस्ड वुमैन।)
5. तुम इस पोशाक में बड़े स्मार्ट लगते हो।
   You look very smart in this dress.
   (यू लुक वेरि स्मार्ट इन दिस ड्रेस।)
6. वह छात्र वर्दी में नहीं है।
   That student is not in uniform.
   (दैट स्ट्यूडेंट इज नॉट इन यूनिफार्म।)
7. वह सिलेसिलाए वस्त्र बेचता है।
   He deals in readymade garments.
   (ही डील्स इन रेडिमेड गार्मेन्ट्स।)
8. साड़ी विदेशों में भी लोकप्रिय हो रही है।
   Sari is becoming popular in foreign also.
   (सारी इज बीकमिंग पापुलर इन फॉरेन ऑल्सो।)
9. तुम्हारा अभिनेत्री का वेश बड़ा आकर्षक है।
   Your makeup of an actress looks very attractive.
   (यूअर मेकअप ऑफ एन एक्ट्रेस लुक्स वेरि अट्रेक्टिव।)
10. सेवक के वेश में वह बच निकला।
    He escaped in the guise of a servant.
    (ही एस्केप्ड इन द गाइज ऑफ ए सर्वेंट।)
11. वह फैशनेबल वस्त्रों का शौकीन है।
    He is fond of fashionable dresses.
    (ही इज फोंड ऑफ फैशनेबल ड्रेसेज।)
12. मुझे तड़क-भड़क में विश्वास नहीं।
    I don't believe in pomp and show.
    (आइ डोंट बिलीव इन पोम्प ऐण्ड शो।)
13. रेशमी कपड़ा ज्यादा दिन चलता है।
    Silken cloth wears long.
    (सिल्कन क्लॉथ वियर्स लोंग।)
14. असली रेशम की साड़ी कहां से ली?
    Where did you buy this pure silk sari from?
    (वेअर डिड यू बाइ दिस प्योर सिल्क सारी फ्राम?)
15. वेशभूषा में फैशन आते-जाते रहते हैं।
    Fashions in dress come and go.
    (फैशन्स इन ड्रेस कम एण्ड गो।)
16. यह कमीज तंग है।
    This shirt is tight fit.
    (दिस शर्ट इज़ टाइट फिट।)
17. गर्मी में ढीले वस्त्र अच्छे रहते हैं।
    Loose dresses are good in summer.
    (लूज ड्रेसेज आर गुड इन समर।)
18. सूती कपड़े क्या कम चलते हैं?
    Do the cotton clothes last less?
    (डू द कॉटन क्लोद्ज लास्ट लैस?)
19. उसका खानपान अच्छा है।
    They have a good standard of living.
    (दे हैव ए गुड स्टेंडर्ड ऑफ लिविंग।)
20. हमारा उनसे खानपान नहीं है।
    We have no social relationship with them.
    (वी हैव नो सोशल रिलेशनशिप विद दैम।)

21. खानेपीने का अच्छा प्रबंध था। The arrangement for eating and drinking was good.
(दी अरेंजमेंट फॉर इटिंग ऐण्ड ड्रिंकिग वाज गुड)

22. दूध फट गया है। The milk has turned sour.
(द मिल्क हैज टर्न्ड साउअर।)

23. अंडे उबल गए हैं। The eggs have been boiled.
(दी ऐग्ज हैव बीन बॉइल्ड।)

24. एक प्याला कॉफी बनाओ। Prepare a cup of coffee.
(प्रिपेयर ए कप ऑफ कॉफी।)

25. मैं उबला हुआ पानी पीता हूं। I take boiled water.
(आइ टेक बॉइल्ड वाटर।)

26. चाय से मुझे दूध पसन्द है। I prefer milk to tea.
(आइ प्रेफर मिल्क टु टी।)

27. हरी सब्जियां खूब खाओ। Eat more green vegetables.
(ईट मोर ग्रीन वेजिटेबल्स।)

28. दूध संपूर्ण आहार है। Milk is a perfect diet.
(मिल्क इज ए परफेक्ट डाइट।)

29. कम खाओ पर खूब चबाओ। Eat less, but munch well.
(ईट लैस बट मन्च वेल।)

30. बासी भोजन हानिकारक है। Stale food is harmful.
(स्टेल फूड इज हार्मफुल।)

31. रोटी पर घी लगाओ। Spread the ghee on bread.
(स्प्रेड द घी ऑन ब्रेड।)

32. दावत शुरू नहीं हुई थी। The party had not begun.
(द पार्टी हैड नॉट विगन।)

33. मेरे पहुंचने के पहले ही पीना शुरू हो गया। Drinking had begun before I reached.
(ड्रिंकिंग हैड बिगन बिफोर आइ रीच्ड।)

34. मैं फ्रूट सलाद बना दूं? Should I prepare fruit salad?
(शुड आई प्रिपेअर फ्रूट सलाद?)

35. स्लाइस पर मक्खन लगा दो। Butter the slices.
(बटर द स्लाइसेज।)

36. आप क्या पीएंगे? What would you drink?
(वॉट वुड यू ड्रिक?)

37. नाश्ता तैयार है। The breakfast is ready.
(द ब्रेकफास्ट इज रेडी।)

38. आपका भोजन लग गया है। Your dinner has been laid.
(युअर डिनर हैज बीन लेड।)

39. मुझे जोर की भूख लगी है। I am awfully hungry.
(आयम ऑफुलि हंगरी।)

40. आज पुलाव नहीं पकेगा। There won't be pulao today.
(देअर वोण्ट बी पुलाओ टुडे।)

41. आप दोपहर का भोजन कब करते हैं। When do you take your lunch?
(वैन डू यू टेक योर लंच?)

Feelings and Emotion भाव और मनोविकार

(i) Anger क्रोध

1. गुस्सा करना बेकार है। — It is no use to give vent to anger.
(इट इज नो यूज टु गिव वेन्ट टु ऐंगर।)

2. देख, मुझे गुस्सा मत दिला। — See, don't make me angry.
(सी, डोंट मेक मी ऐंगरि।)

3. उस समय तो वह गुस्सा पी गया। — He bottled his anger at that moment.
(ही बोटल्ड हिज ऐंगर ऐट देट मोमेंट।)

4. क्या वह तुम पर बड़ा गुस्सा हुआ? — Did he get very angry with you?
(डिड ही गेट वेरि ऐंगरि विद यू?)

5. वह क्रोधित होकर बोला–''निकल जाओ।'' — He spoke angrily, "Get out!"
(ही स्पोक ऐंगरिलि, ''गेट आउट!'')

6. तुम्हारी पत्नी बड़ी गुस्सैल है। — Your wife is very hot-tempered.
(युअर वाइफ इज़ वेरि हॉट-टेंपर्ड।)

7. मुझसे क्यों गुस्सा करते हो यार? — Why are you cross with me friend?
(वाइ आर यू क्रॉस विद मी फ्रेंड?)

8. बड़े चलते पुर्जे हो। — You are a cunning fellow.
(यू आर ए कनिंग फेलो।)

9. बकवास बंद करो। — Stop talking nonsense.
(स्टॉप टॉकिंग नॉनसेन्स।)

10. मुझे तुम्हारी करतूतें सब पता है। — I know all your misdeeds.
(आइ नो ऑल युअर मिसडीड्स।)

11. उसका बॉस गुस्से में लाल हो गया। — His boss was extremely angry.
(हिज बॉस वाज एक्सट्रीमलि ऐंगरि।)

12. तुम्हारी बेशर्मी की भी कोई सीमा है? — Is there any limit to your shamelessness?
(इज देअर एनि लिमिट टु युअर शेमलैसनैस?)

13. अब मिन्नतें करने से फायदा? — Of what use are the entreaties now?
(ऑफ वॉट यूज आर दी एन्ट्रीटीज नाउ?)

14. मैं यह बेइज्जती कभी बर्दाशत नहीं कर सकता। — I can never tolerate this insult.
(आइ केन नेवर टोलरेट दिस इन्सल्ट।)

(ii) Affection स्नेह

1. वह एक स्नेहशील मां है। — She is an affectionate mother.
(शी इज एन ऑफक्शनेट मदर।)

2. उसमें आपस में स्नेह है। — They have mutual affection.
(दे हैव म्यूट्युअल अफेक्शन।)

3. भाई-बहन के स्नेह का वह एक उदाहरण था। — That was an example of affection between brother and sister.
(दैट वाज एन एग्जम्पल ऑफ अफेक्शन बिटवीन ब्रदर ऐण्ड सिस्टर।)

4. जुग-जुग जिओ मेरे लाल। — May you live long my son.
(मे यू लिव लोंग माई सन।)

5. वर्षों बाद अपने बेटे को देखकर उसका प्यार उमड़ आया। — Her affection sprang up on seeing her son after so many years.
(हर अफेक्शन स्प्रेंग अप ऑन सीइंग हर सन आफ्टर सो मेनी यिअर्स।)

6. तुम्हारा प्यार ही मेरी प्रेरणा है। — Your love is my inspiration.
(योर लव इज माई इन्सपिरेशन।)

(iii) Quarrel झगड़ा

1. छोटी सी बात पर वे झगड़ पड़े। — They quarrelled on a trifle.
(दे क्वारल्ड ऑन ए ट्राइफल।)

2. यह बक-बक बंद करो। — Stop this chatter.
(स्टॉप दिस चेटर।)

3. उन दोनों में झक-झक होने लगी। — Wrangling ensued between the two.
(रेंगलिंग एनस्यूड बिटवीन द टू।)

4. यह काम तुम्हें झक मारकर करना पड़ेगा। — You will have to do this job willy-nilly.
(यू विल हैव टु डू दिस जॉब विलि निलि।)

5. वह किस बात पर झगड़ पड़ा? — What did he quarrel over?
(वॉट डिड ही क्वारल ऑवर?)

6. मैं क्यों झगड़ा मोल लूं। — Why should I involve myself in a quarrel?
(वाई शुड आइ इनवोल्व माइसेल्फ इन ए क्वारल?)

7. केवल तुम झगड़ा मिटा सकते हो। — Only you can make up the quarrel.
(ओनलि यू केन मेक अप द क्वारल।)

8. वह तो सनकी हो गया है। — He has gone crazy.
(ही हैज गोन क्रेजि।)

9. वह तो झगड़ालू औरत लगती है। — She seems to be a quarrelsome lady.
(शी सीम्स टु बी ए क्वारलसम लेडी।)

10. आपे से बाहर मत होइए। — Don't loose your temper.
(डोण्ट लूज युअर टैम्पर।)

11. मेरे तो नाक में दम आ गया है। — I am plagued.
(आइ एम प्लेग्ड।)

12. तुमने तो मेरे नाक में दम कर रखा है। — I have been pestered by you.
(आइ हैव बीन पेस्टर्ड बाइ यू।)

(iv) Forgiveness क्षमा

1. मैं क्षमा प्रार्थी हूं। — I apologise.
(आइ अपॉलॉजाइज।)

2. मैं उसे कभी क्षमा नहीं कर सकता। — I can never forgive him/her.
(आइ केन नेवर फोरगिव हिम/हर।)

3. श्रीमान क्षमा करें। — Excuse me, sir.
(एक्सक्यूज मी, सर।)

4. मुझे खेद है आपको कष्ट हुआ। — I'm sorry to have troubled you.
(आयम सॉरि टू हैव ट्रबल्ड यू।)

5. यह तो क्षमा करने योग्य गलती है। — It is pardonable mistake.
(इट इज पार्डनएबल मिस्टेक।)

6. अनजाने में ही मुझसे ऐसा हो गया। — It was done inadvertently by me.
(इट बाज डन इनएडवर्टेंटलि बाई मी।)

7. बच्चे ने मूर्खतावश कह दिया होगा। — The child might have told unwittingly.
(द चाइल्ड माईट हैव टोल्ड अनविटिंगलि।)

8. गलती के लिए क्षमा चाहता हूं। — I apologise for the mistake.
(आइ अपॉलाजाइज फॉर द मिस्टेक।)

9. उसने तो यह मजाक में कहा था। — He said it in joke.
(ही सेड इट इन जोक।)

(v) Advice and Opinion सलाह और सम्मति

1. अपने पिताजी से सलाह कर लो। — Take counsel of your father.
(टेक काउन्सल आफ योर फादर।)

2. मुझे आपकी सलाह चाहिए। — I need your advice.
(आइ नीड योर एडवाइस।)

3. उसने मुझे ऐसा करने की सलाह दी है। — He has advised me to do this.
(ही हैज एडवाइज्ड मी टु डू दिस।)

4. वह मेरे भी सलाहकार है। — He is also my adviser.
(ही इज आल्सो माई एडवाइजर।)

5. किसी अच्छे डाक्टर से परामर्श करो। — Consult some expert doctor.
(कंसल्ट सम एक्सपर्ट डॉक्टर।)

6. तुम्हें किस बात की फिक्र है? — What are you worried about?
(वाट आर यू वरिड अबाउट?)

7. इसमें डरने की क्या बात है? — What's to be feared in this?
(वाट्स टु बी फियर्ड इन दिस?)

8. मेरी सम्मति से उसने यह किया। — He did it with my consent.
(ही डिड इट विद माई कन्सेंट।)

9. मौन सहमति का लक्षण है। — Silence shows consent.
(साइलेंस शोज कन्सेंट।)

10. मेरी राय में तो वह अपराधी है। — In my opinion, he is a culprit.
(इन माइ ओपिनियम ही इज ए कलप्रिट।)

11. फिक्र की कोई बात नहीं। — There is nothing to worry about.
(देअर इज नंथिंग टु वरि अबाउट।)

Birds and Beasts पक्षी और पशु

1. पशु-पक्षियों के बिना संसार सचमुच निर्धन हो जाएगा। — The world will indeed be poorer without birds and beasts.
(द वर्ल्ड विल इनडीड बी पुअरर विदाउट बर्ड्स एंड बीस्ट्स।)

2. वन्य जीवन प्रकृति की एक महान देन है। — Wildlife is a great heritage of nature.
(वाइल्डलाइफ इज ए ग्रेट हैरिट्ेज ऑफ नेचर।)

3. अनेक पशु-पक्षी बड़े काम के हैं। — Many animals and birds are of great use.
(मेनी एनिमल्स एण्ड बर्ड्स आर आफ ग्रेट यूज।)

4. उनसे हमें भोजन, ऊन और अन्य अनेक वस्तुएं प्राप्त होती हैं। They provide us with food, wool and many other things. (दे प्रोवाइड अस विद फूड, वूल एण्ड मेनी अदर थिंग्स।)

5. पक्षियों का संगीत मानव हृदय को आनन्द देता है। The song of the birds delights the human heart. (द सोंग आफ द बर्ड्स डिलाइट्स द ह्यूमन हार्ट।)

6. कुछ पक्षियों के रंग सबसे ज्यादा चमकदार होते हैं। Some birds have the brightest colours. (सम बर्ड्स हैव द ब्राइटेस्ट कलर्स।)

7. मोर हमारा राष्ट्रीय पक्षी है। The peacock is our national bird. (द पीकॉक इज आवर नेशनल बर्ड।)

8. पशु पक्षियों के प्रति निर्दयता एक पाप है। Cruelty to birds and animals is a sin. (क्रूयलटी टु बर्ड्स ऐण्ड एनिमल्स इज ए सिन।)

9. कुत्ता कितना वफादार होता है? How faithful is the dog? (हाउ फैथफुल इज द डोग?)

10. गाय से हमें दूध, मक्खन और घी मिलता है। The cow gives us milk, butter and ghee. (द काउ गिब्ज अस मिल्क, बटर एण्ड घी।)

11. हम घोड़े की पीठ पर सवारी करते हैं। We ride on horse back. (वी राइड ऑन होर्स बैक।)

12. ऊंट रेगिस्तान का जहाज है। The camel is the ship of the desert. (द कैमल इज द शिप ऑफ द डैजर्ट।)

13. शेर जानवरों का राजा है। The lion is the king of animals. (द लॉइन इज द किंग आफ एनिमल्स।)

14. तेंदुआ सबसे तेज भागने वाला जानवर है। The leopard is the fastest animal. (द लेपर्ड इज द फास्टेस्ट एनिमल।)

15. वन्य जीवन की सुरक्षा राष्ट्रीय महत्व रखती है। Wildlife protection is of national importance. (वाइल्ड लाइफ प्रोटैक्शन इज ऑफ नेशनल इम्पोर्टेन्स।)

16. चित्र मृगों का सौन्दर्य देखते ही बनता है। The spotted dears are a beauty to watch. (द स्पॉटेड डीयर्स आर ए ब्यूटी टु वाच।)

17. गधा एक लद्दू जानवर है। The donkey is the beast of burden. (द डंकी इज द बीस्ट ऑफ बर्डन।)

18. खच्चर ऊंचाइयों पर भारी बोझ ले जाते हैं। The ponies carry heavy loads on heights. (द पोनीज कैरि हैवी लोड्स ओन हाइट्स।)

19. दवाइयों का पहले बन्दरों पर प्रयोग होता है। Medicines are first experimented on monkeys. (मेडिसन्स आर फर्स्ट एक्सपेरिमैंटेड ऑन मंकीज।)

20. हाथी जितना बड़ा है उतना बुद्धिमान भी। The elephant is as wise as it is big. (द एलिफेंट इज एज वाइज एज इट इज बिग।)

21. तुमने क्या कभी उल्लू देखा है? Have you ever seen an owl? (हैव यू एवर सीन एन आउल?)

22. कौआ, चील और गिद्ध मुर्दाखोर पक्षी हैं। The crow, the kite and the vulture are scavenger birds. (द क्रो, द काइट ऐण्ड द वल्चर आर स्कैवंजर बर्ड्स।)

23. पुराने जमाने में कबूतर पत्र ले जाने का काम करते थे। In ancient times, pigeons used to carry letters. (इन एनशंट टाइम्स पिजिन्स यूज्ड टु कैरी लैटर्स)

24. कालिदास के साहित्य में पक्षियों का प्रचुर वर्णन मिलता है।
There is found detailed description of birds in the literature of Kalidas.
(देअर इज फाउण्ड डिटेल्ड डिस्क्रिप्शन ऑफ बर्ड्स इन द लिट्रेचर ऑफ कालिदास।)

25. गिद्धराज जटायु ने सीता को बचाने में रावण से युद्ध किया था।
The Vulture King Jatayu fought with Ravana to save Sita.
(दि वलचर किंग जटायु फॉट विद रावन टु सेव सीता।)

26. कोयल बसंत आगमन की सूचना देती है।
The cuckoo heralds the coming of the spring season.
(द कक्कू हेराल्ड्स द कमिंग ऑफ द स्प्रिंग सीजन।)

27. हमारे यहां जीवन उसके विभिन्न रूपों में आदृत हुआ है।
Life in its various forms has been honoured over here.
(लाइफ इन इट्स वेरियस फॉर्म्स हैज बीन ऑनर्ड ऑवर हियर।)

28. चूहा गणेश जी का वाहन है।
The rat is the vehicle of the Lord Ganesha.
(दी रैट इज द विहिकल ऑफ द लॉर्ड गणेश।)

29. शिवजी वृषभ की सवारी करते हैं।
Shiva rides the bull.
(शिवा राइड्स द बुल।)

30. मोर कार्तिकेय का वाहन है और हंस सरस्वती का।
The peacock is the vehicle of Kartikey and the swan of Saraswati.
(द पीकॉक इज द विहिकल ऑफ कार्तिकेय, एण्ड द स्वान ऑफ सरस्वती।)

31. पक्षियों को पालना एक व्यवसाय है और शौक भी।
Bird rearing is a profession and a hobby too.
(बर्ड रिअरिंग इज ए प्रोफेशन एण्ड ए हॉबी टू।)

Love and Marriage प्रेम और विवाह

1. प्यार ही जीवन है।
Love is life.
(लव इज लाइफ।)

2. यह स्वाभाविक भी है।
It's natural also.
(इट्स नेचुरल ऑल्सो।)

3. प्रेम के अनेक रूप हैं।
Love has many forms.
(लव हैज मेनि फॉर्म्स।)

4. देश प्रेम उनमें से एक है।
Patriotism is one of them.
(पेट्रिओटिज्म इज वन ऑफ दैम।)

5. मैं उसे प्यार करता हूं।
I love him/her.
(आइ लव हिम/हर।)

6. मेरे प्रियतम को संदेश देना।
Give the message to my beloved.
(गिव द मेसेज टु माई बिलव्ड।)

7. उनका प्रेम विवाह हुआ था।
Theirs was a love marriage.
(देअर्स वाज ए लव मैरिज।)

8. उसका प्यार झूठा सिद्ध हुआ।
His love proved false.
(हिज लव प्रूव्ड फाल्स।)

9. नरेश नीरा के प्यार में फंस गया। | Naresh fell in love with Neera. (नरेश फैल इन लव विथ नीरा।)

10. प्रेमी और प्रेमिका दोनों ने एक साथ आत्महत्या कर ली। | Both the lover and the beloved committed suicide together. (बोथ द लवर ऐण्ड द बिलव्ड कमिटेड सुइसाइड टुगेदर।)

11. कहानी में प्रेमी प्रेमिका को भगा ले जाता है। | The lover elopes with the beloved in the story. (द लवर इलोप्स विद द बिलव्ड इन द स्टोरी।)

12. वह एक निराश प्रेमी है। | He is a dejected lover. (ही इज ए डिजेक्टेड लवर।)

13. क्या बांका प्रेमी था वह! | What a youthful lover he was! (वॉट ए यूथफुल लवर ही वाज।)

14. मनचले आशिकों का क्या भरोसा? | Who can trust frivolous lovers? (हू कैन ट्रस्ट फ्रिवोलस लवर्स?)

15. यह प्यार ज्यादा नहीं टिकेगा। | This love will not last long. (दिस लव विल नॉट लास्ट लोंग।)

16. प्यार ही परमात्मा है। | Love is God. (लव इज गॉड।)

17. तुम कितने समय से उसे प्यार कर रहे हो? | How long have you been in love with her? (हाउ लोंग हैव यू बीन इन लव विद हर?)

18. प्यार अंधा होता है। | Love is blind. (लव इज ब्लाइंड।)

19. प्यार और युद्ध में सब उचित है। | Everything is fair in love and war. (एवरीथिंग इज फेअर इन लव ऐण्ड वार।)

20. वह रीता के पीछे दीवाना है। | He is crazy after Rita. (ही इज क्रेजि आफ्टर रीता।)

21. प्रेम दीवानी मीरा को कौन नहीं जानता? | Who does not know love-mad Meera? (हू डज नॉट नो लव-मैड मीरा?)

22. मीरा का प्यार स्थूल नहीं है। | Meera's love was not physical. (मीराज लव वाज नॉट फिजिकल।)

23. वासना प्यार का शत्रु है। | Lust is an enemy of love. (लस्ट इज एन एनिमी ऑफ लव।)

24. प्यार तो त्याग और बलिदान चाहता है। | Love demands giving and sacrifice. (लव डिमान्ड्स गिविंग एण्ड सेक्रिफाइस।)

25. प्रेम करना कांटों पर सोना है। | To love is to writhe with pain. (टु लव इज टु रीद विद पेन।)

26. क्या उनका विवाह तैशुदा था? | Was their marriage an arranged one? (वाज देअर मैरिज एन अरेंज्ड वन?)

27. विवाह एक सामाजिक संस्था है। | Marriage is a social institution. (मैरिज इज ए सोशल इनस्टिट्यूशन।)

28. प्यार और विवाह दो भिन्न चीजें है। Love and marriage are two different things.
(लव एण्ड मैरिज आर टु डिफरेंट थिंग्स।)

29. जरूरी नहीं कि प्यार का अन्त विवाह में हो। It's not necessary that love should end in marriage.
(इट्स नॉट नेसेसरि दैट लव शुड एंड इन मैरिज।)

30. विवाह एक सामाजिक व्यवस्था भी है। Marriage is a social order also.
(मैरिज इज ए सोशल ऑर्डर ऑल्सो।)

31. बाल विवाह अपराध है। Child marriage is a crime.
(चाइल्ड मैरिज इज ए क्राइम।)

32. बाल विधवाएं बाल विवाह का परिणाम थीं। Child widows were the result of child marriage.
(चाइल्ड विडोज वर द रिजल्ट ऑफ चाइल्ड मैरिज।)

33. दहेज प्रथा एक सामाजिक बुराई और शाप है। Dowry system is a social evil and a curse.
(डाउरि सिस्टम इज ए सोशल इविल ऐण्ड ए कर्स।)

34. दहेज ने कई औरतों की जान ले ली। Dowry has taken many women's lives.
(डाउरी हैज टेकन मेनि विमेन्स लाइव्ज।)

35. दहेज के कारण शादियां देर से भी होती हैं। Marriages are performed late also because of dowry.
(मैरिजेज आर परफॉर्म्ड लेट ऑल्सो बिकॉज ऑफ डाउरि।)

36. रामू ने अपनी बेटी का विवाह मातादीन से किया। Ramu married his daughter to Matadin.
(रामू मैरिड हिज डॉटर टू मातादीन।)

37. वह एक अनमेल विवाह था। That was an unequal marriage.
(दैट वाज एन अनईक्वल मैरिज।)

38. वह कहता था कि मैं शादी नहीं करूंगा। He used to say that he would not marry.
(ही यूज्ड टु से दैट ही वुड नॉट मैरि।)

39. उसका विवाह स्थगित हो गया। Their marriage was postponed.
(देअर मैरिज वाज पोस्टपॉण्ड।)

40. विवाह संबंधों को निभाना बड़ा कठिन है। It is very difficult to maintain matrimonial relations.
(इट इज वेरि डिफिकल्ट टु मेनटेन मेटरिमोनियल रिलेशन्स।)

41. तलाक के मामले दिन प्रतिदिन बढ़ते जा रहे हैं। Divorce cases are increasing day-by-day.
(डाइवोर्स केसेज आर इनक्रीजिंग डे बाई डे।)

42. उसने अपने पति से तलाक ले लिया। She has taken divorce from her husband.
(शी हैज टेकन डाइवोर्स फ्रॉम हर हसबैंड।)

43. वह तलाकशुदा है। He/she is a divorcee.
(ही/शी इज ए डाइवोर्सी।)

44. बारात कब चलेगी? When would the marriage party start?
(वेन वुड द मैरिज पार्टी स्टार्ट?)

45. कितने बाराती थे? How many members were there in bridegroom's party?
(हाउ मेरि मेम्बर्स वर देअर इन ब्राइडग्रुम्स पार्टी?)

46. दुल्हन तो बिल्कुल गुड़िया-सी थी। The bride was quite a doll-like.
(द ब्राइड वाज क्वाइट ए डॉल-लाइक।)

47. दुल्हन की सखियां गीत गा रही थीं। The bride's maids were singing songs.
(द ब्राइड्स मेड्स वर सिंगिंग सोंग्स।)

48. उसने एक बनारसी विवाह की साड़ी खरीदी। He bought a Banarsi wedding sari.
(ही बॉट ए बनारसी वैडिंग सारी।)

49. उनका कोर्ट में विवाह हुआ। They had a court marriage.
(दे हैड ए कोर्ट मैरिज।)

50. छोटा परिवार सुखी परिवार। A small family is a happy family.
(ए स्मॉल फेमिली इज ए हैपी फेमिली।)

51. उसने अविवाहित रहने का संकल्प कर लिया। He has devowedmined to remain unmarried.
(ही हैज डिवाउडमाइन्ड टु रिमेन अनमैरिड।)

Office and Bank दफ्तर और बैंक

1. वह दफ्तर जल्दी चला गया। He left early for office.
(ही लैफ्ट अरलि फॉर ऑफिस।)

2. हमारे दफ्तर में चपरासियों को वर्दी दी जाती है। The peons are given uniforms in our office.
(द प्यून्स आर गिवन युनिफॉर्म्स इन आवर ऑफिस।)

3. उसकी तरक्की हो गई है। He has been promoted.
(ही हैज बीन प्रमोटेड।)

4. आज वह देर से आएगा। He will come late today.
(ही विल कम लेट टुडे।)

5. वह चार दिन की छुट्टी पर है। He is on four days' leave.
(ही इज ऑन फोर डेज लीव।)

6. क्या तुम्हारी छुट्टियां मंजूर हो गईं। Has your leave been sanctioned?
(हैज युअर लीव बीन सैंक्शन्ड?)

7. मैंने अपनी छुट्टियां रद्द करा ली है। I have got my leave cancelled.
(आइ हैव गॉट माई लीव कैंसल्ड।)

8. वह कब से बीमारी की छुट्टी पर चल रहा है? Since when has he been on sick leave?
(सिन्स वेन हैज ही बीन ऑन सिक लीव?)

9. ऑफिसर ने उसके क्रास लगा दिया। The officer marked him cross.
(द ऑफिसर मार्क्ड हिम क्रॉस।)

10. उसकी छुट्टी मंजूर नहीं हुई। His leave was not sanctioned.
(हिज लीव वाज नॉट सैंक्शन्ड।)

11. वह दफ्तर में रिसैपशनिस्ट है। She is a receptionist in the office.
(शी इज ए रिसैपशनिस्ट इन दी ऑफिस।)

12. मैंने भी इस पद के लिए अर्जी दी है। I have also applied for the post.
(आइ हैव ऑल्सो एप्लाइड फॉर द पोस्ट।)

13. तुम इस पद के अयोग्य हो क्योंकि उम्र कम है। You are not eligible for this post because you are under-age.
(यू आर नॉट एलिजिबल फॉर दिस पोस्ट बिकॉज यू आर अन्डर एज।)

14. वह रिश्वत लेते रंगे हाथ पकड़ा गया। He was caught redhanded while taking bribe.
(ही वाज कॉट रैडहैंडेड वाइल टेकिंग ब्राइब।)

15. वह दो मास से मैटर्निटी लीव पर है। She is on maternity leave for two months.
(शी इज़ ऑन मैटर्निटी लीव फॉर टू मंथ्स।)

16. बिना अनुमति के कार्यालय में प्रवेश वर्जित है। Entry in the office without permission is not allowed.
(एंट्रि इन द आफिस विदाउट परमिशन इज नॉट अलाउड।)

17. अनुभाग अधिकारी ही यहां सर्वेसर्वा है। The section officer is all in all here.
(द सैक्शन ऑफिसर इज ऑल इन ऑल हिअर।)

18. मैं आपकी बात का जरूर ख्याल रखूंगा। I shall surely keep your point in mind.
(आई शेल शुअरलि कीप युअर पॉइन्ट इन माइंड।)

19. जाने से पहले साहब से मिल लेना। Meet the boss before you leave.
(मीट द बॉस बिफोर यू लीव।)

20. उसे चेतावनी मिल गई है। He has received the warning.
(ही हैज रिसीव्ड द वार्निंग।)

21. क्या अभी डायरेक्टर साहब नहीं आये? Has the director not come yet?
(हैज द डायरेक्टर नॉट कम यट?)

22. हमारे दफ्तर में एक स्टेनो का स्थान रिक्त है। A post of steno is lying vacant in our office.
(ए पोस्ट ऑफ स्टेनो इज लाइंग वैकेंट इन आवर ऑफिस।)

23. आप वहां किस पद पर हैं? What post do you hold there?
(वॉट पोस्ट डू यू होल्ड देअर?)

24. कृपया यहां अपना पदनाम लिख दीजिए। Please write your designation here.
(प्लीज राइट युअर डेजिगनेशन हीयर।)

25. वह मुअत्तिल कर दिया गया है। He has been suspended.
(ही हैज बीन सस्पेंडेड।)

26. सीट पर न मिलने के कारण उसका जवाब तलब किया गया। His explanation was called for his absence from his seat.
(हिज एक्शप्लेनेशन वाज कॉल्ड फॉर हिज एबसेन्स फ्रॉम हिज सीट।)

27. वह बैंक में क्लर्क है। He is a clerk in a bank.
(ही इज ए क्लर्क इन ए बैंक।)

28. मेरा स्टेट बैंक में खाता है। I have an account in the State Bank.
(आइ हैव एन अकाउण्ट इन द स्टेट बैंक।)

29. मैं इस बैंक में खाता खुलवाना चाहता हूं। I want to open an account in this bank.
(आइ वॉन्ट टु ऑपन एन अकाउण्ट इन दिस बैंक।)

30. आज बैंक कर्मचारी हड़ताल पर हैं। The bank employees are on strike today.
(द बैंक एम्पलायीज आर ऑन स्ट्राइक टुडे।)

31. मैंने कल अपने खाते से दो सौ रुपये निकलवाये। I drew two hundred rupees from my account yesterday.
(आई ड्रयू टू हंडरेड रुपीज फ्रॉम माई अकाउण्ट यस्टरडे।)

32.	आजकल ब्याज की दर क्या है?	What is the rate of interest these days? (वॉट इज द रेट ऑफ इंटरेस्ट दीज डेज?)
33.	तुम बैंक से ऋण क्यों नहीं ले लेते?	Why don't you take loan from the bank? (वाइ डोण्ट यू टेक लोन फ्रॉम द बैंक?)
34.	हमारे घर के पास ही एक राष्ट्रीयकृत बैंक की शाखा है।	There is a branch of a nationalized bank near our house. (देअर इज ए ब्रांच ऑफ ए नेशनलाइज्ड बैंक नियर ऑवर हाउस।)
35.	बैंकों में 'बचत सप्ताह' मनाया जा रहा है।	A 'savings week' is being observed in the banks. (ए 'सेविंग्स वीक' इज बीइंग ऑबजर्व्ड इन द बैंक्स।)
36.	बैंक बचत को प्रोत्साहन देते हैं।	Banks encourage savings. (बैंक्स एनकरेज सेविंग्स।)
37.	आप केवल पांच रुपये से अपना बचत खाता खोल सकते हैं।	You can open your saving account with only five rupees. (यू कैन ऑपन युअर सेविंग अकाउण्ट विद ऑन्लि फाइव रुपीज।)
38.	कृपया मुझे एक चैक बुक दे दीजिए।	Please issue me a cheque book. (प्लीज इस्यू मी ए चैक बुक।)
39.	इस ऑवर राइटिंग पर हस्ताक्षर कर दीजिए।	Please sign this over writing. (प्लीज साइन दिस ऑवर राइटिंग।)
40.	मुझे वेतन चैक से मिलता है।	I receive my salary by cheque. (आई रिसीव माई सैलरि बाइ चैक।)
41.	पता नहीं क्यों चैक का भुगतान नहीं हुआ?	I don't know, why the cheque has been dishonoured. (आइ डॉण्ट नो वाई द चैक हैज बीन डिसऑनर्ड।)
42.	शायद आपके हस्ताक्षर नहीं मिले।	Perhaps, your signatures did not tally. (परहेप्स योर सिगनेचर्स डिड नॉट टैलि।)
43.	अरे याद आया, खाते में इतना रुपया ही नहीं था।	Oh! I remember, there was not so much amount in the account. (ओह! आइ रिमेम्बर देअर वॉज नॉट सो मच अमाउण्ट इन दी अकाउण्ट।)
44.	बैंक कम ब्याज पर कर्ज देते हैं।	Banks grant loans on low rate of interest. (बैंक्स ग्रांट लोन्स ऑन लो रेट ऑफ इन्टैरेस्ट।)
45.	बैंक ने बचत की एक नई योजना शुरू की है।	The bank has started a new scheme of savings. (द बैंक हैज स्टार्टेड ए न्यू स्कीम ऑफ सेविंग्स।)
46.	इस बैंक में लाकर्स नहीं है।	Lockers are not available in this bank. (लाकर्स आर नॉट अवेलेबल इन दिस बैंक।)
47.	कल कुछ लोगों ने बैंक लूटने का नाकामयाब प्रयत्न किया।	Some persons tried unsuccessfully to loot the bank yesterday. (सम पर्सन्स ट्राइड अनसक्सेसफुली टु लूट द बैंक येस्टरडे।)

PART FOURTH
चौथा भाग

आप इसमें पाएंगे–

- शालीनता पूर्वक प्रभावी वार्तालाप कैसे करें?
- भिन्न-भिन्न स्थानों पर वार्तालाप का बेहतर तरीका क्या होना चाहिए।
- सफल जीवन के लिए वार्तालाप की भाषा शैली क्या हो?

आवश्यक बातें

आप वार्तालाप की उत्तम शैली को अपनाकर अपने व्यावहारिक व सैद्धांतिक जीवन को सफल बना सकते हैं; चाहे इंटरव्यू हो अथवा टेलीवार्ता आदि। याद रखिए! आपके वार्तालाप की शैली से ही आपके व्यक्तित्व का पता चल जाता है कि आप कैसे व्यक्ति हैं।

दस दिवसीय कोर्स

Conversation

(कन्वर्सेशन)

वार्तालाप

प्रिय पाठक, अब तक आपने अपने इस कोर्स में कई चरण देखे हैं। हमारे जीवन में कई प्रकार की सफल व्यावहारिक विधियां प्रचलित हैं। उसमें से एक है वार्तालाप (कन्वर्सेशन)। प्रत्येक मनुष्य वार्तालाप के माध्यम से अपने मित्रों को प्रभावित करना चाहता है। उसके लिए घर से प्रारम्भ करना सबसे अधिक अच्छा रहता है। अतः आपको घर में, परिवार में, मित्रों के साथ अंग्रेजी बोलने का अभ्यास करना चाहिए। पहले घर में मित्रों से वार्तालाप के विभिन्न तरीके सीखने के बाद बाहर विद्यालय में, क्लब में, खेल के मैदान में, किसी अतिथि गृह में, समारोह में वार्तालाप की आदत डालनी चाहिए। हम सब जानते हैं कि जैसे-जैसे मनुष्य का परिचय क्षेत्र विकसित होता है–उसमें अधिक आत्मविश्वास की आवश्यकता होती है। आप होटल में जाते हैं, आपको फोन पर किसी मित्र से बात करके उसे कुछ विशेष सूचना देनी होती है या नये मिलने वाले व्यक्तियों के बीच बैठकर उनके विषय से संबद्ध बातें करनी होती हैं तो सामान्य ज्ञान की अपेक्षा आत्मविश्वास का होना परम आवश्यक है और यह विश्वास बार-बार किसी बात के अभ्यास करने से आता है पर बातचीत में अभ्यास के साथ कुछ विशिष्ट मानवीय व्यवहारों की भी जरूरत होती है।

अच्छे व्यवहार के लिए

1. विनीत बनिए।	Be courteous.	(बी कर्टियस।)
2. हंसमुख और प्रसन्न रहिए।	Be cheerful and good humoured.	(बी चीयरफुल ऐण्ड गुड ह्यूमॅर्ड)
3. सरल बनिए।	Be simple.	(बी सिम्पल।)
4. सोच समझ कर बोलिए।	Think before you speak.	(थिंक बिफोर यू स्पीक।)
5. दूसरे व्यक्तियों से स्नेह दर्शाइए।	Be affectionate to others.	(बी अफैक्शिनेट टु अदर्स।)
6. सज्जन बनिए।	Be noble.	(बी नोबल।)
7. मृदुभाषी बनिए।	Be soft spoken.	(बी सॉफ्ट स्पोकेन।)

इसके साथ व्यवहार की कुछ बातें भी हैं जिन्हें बोलचाल के समय अधिक सतर्कता से जान लेना चाहिए कि उनका उपयोग न हो।

1. अधिक अहंवादी मत बनिए।	Don't be an egoist. (डोण्ट बी एन ईगोइस्ट।)
2. जिद्दी मत बनिए।	Don't be stubborn. (डोण्ट बी स्टबर्न।)
3. निन्दक मत बनिए।	Avoid back-biting. (अवायड बैक-बाइटिंग।)
4. बेइमानी मत कीजिए।	Do not be dishonest. (डू नॉट बी डिस्आनेस्ट।)

5. बड़-बड़ाइए मत। Do not mumble.
(डू नॉट मम्बल।)

6. बात को साफ तरीके से कहिए। Be clear in your speech.
(बी क्लीयर इन योर स्पीच।)

7. कठिन शब्दों का प्रयोग कम कीजिए। कठिन शब्द भी बोलिए जब उसके अतिरिक्त कोई विकल्प न हो। Avoid difficult words. Use them only when necessary.
(अवोयड डिफीकल्ट वर्ड्स। यूज दैम ऑन्लि वैन नैसेसरी।)

8. व्यक्ति को देखकर शब्दों का प्रयोग कीजिए। Use your language understandable to the person concerned.
(यूज योर लेंग्वेज अंडरस्टैंडेबल टू द पर्सन कंसर्न्ड।)

9. बेकार के शब्दों का प्रयोग मत कीजिए। Do not use superfluous words.
(डू नाट यूज सुपरफ्लुअस वर्ड्स।)

10. अपने विषय में मत बोलिए। Do not speak much about yourself.
(डू नाट स्पीक मच अबाउट योरसेल्फ।)

11. बात को बढ़ा चढ़ाकर मत कहिए। Do not exaggerate.
(डू नाट एक्जेजरेट।)

12. दूसरे व्यक्तियों को ध्यान से सुनिए। Be a keen listener.
(बी ए कीन लिस्नर।

13. मित्रतापूर्ण व्यवहार कीजिए। Be friendly.
(बी फ्रैंडली।)

1- पिता एवं पुत्री Father and Daughter फादर एण्ड डॉटर

पुत्री : नमस्कार पापा, यह आपकी बेड टी। Daughter : Good morning Papa, here is your bed tea.
(गुड मार्निंग पापा, हियर इज योर बेड टी।)

पिता: नमस्ते बेटी, समय क्या हो गया है? Father : Good morning child. What is the time?
(गुड मार्निंग चाइल्ड। ह्वाट इज द टाइम?)

पुत्री: सात बज गये हैं। Daughter : It is seven o' clock.
(इट इज सेवन ओ' क्लॉक।)

पिता: मुझे अखबार देना जरा। Father : Please get me the newspaper.
(प्लीज गैट मी द न्यूजपेपर।)

पुत्री: मैं अभी आई। Daughter : I will just get it.
(आइ विल जस्ट गैट इट।)

पिता: चाय बहुत अच्छी है, किसने बनाई है? Father: The tea is quite good, who has prepared it?
(द टी इज क्वाइट गुड, हू हैज प्रिपेयर्ड इट?)

पुत्री: मम्मी ने बनाई है। Daughter: Mother has prepared it.
(मदर हैज प्रिपेअर्ड इट।)

पिता: तुम्हारी मां कहां है? Father: Where is you mother?
(वेअर इज योर मदर?)

पुत्री: वो किचन में सवेरे का नाश्ता तैयार कर रही है। Daughter: She is preparing breakfast in the kitchen.
(शी इज प्रिपेअरिंग ब्रेकफास्ट इन द किचन

पिता: आज की विशेष चीज क्या है? Father: What is the special dish today
(ह्वाट इज द स्पेशल डिश टुडे?)

पुत्री: भरवां परांठे और गाजर का हलवा।

Daughter: Stuffed Paranthas and carrot halwa.
(स्टफ्ड परांठाज एण्ड कैरट हलवा।)

पिता: ये दोनों चीजें मुझे पसंद हैं।

Father: Oh, these are my favourite dishes.
(ओह, दीज आर माई फेवरिट डिशेज।)

पुत्री: इसीलिए तो आज बनाई है।

Daughter: That is why, she has made them today.
(देट इज व्हाई शी हैज मेड दैम टुडे।)

पिता: फिर तो मैं जल्दी से नहा धोकर आता हूं।

Father: Then, I shall get ready soon.
(दैन आइ शैल गेट रेडी सून।)

पुत्री: आपको अपना वायदा याद है?

Daughter: Do you remember your promise?
(डू यू रिमेम्बर योर प्रोमिज?)

पिता: कौन-सा वायदा?

Father: Which promise?
(विच प्रोमिस?)

पुत्री: आज छुट्टी का दिन है। आपको हमें चिड़ियाघर लेकर जाना है।

Daughter: Today is a holiday, so you have to take us all to the zoo.
(टुडे इज ए होलीडे, सो यू हैव टू टेक अस ऑल टु द जू।)

पिता: नहीं बेटी, आज मुझे बहुत काम है।

Father : No dear, I am busy today.
(नो डियर, आइ एम बिजी टुडे।)

पुत्री: लेकिन पिताजी मैंने अपनी सहेलियों को कह रखा है।

Daughter: But, father I have invited my friends also.
(बट फादर आइ हैव इनवाइटेड माई फ्रेंड्स आल्सो।)

पिता: वे लोग कितने बजे आएंगी?

Father: At what time will they come?
(ऐट व्हाट टाइम विल दे कम?)

पुत्री: मैंने उन्हें ग्यारह बजे बुलाया है।

Daughter: I have called them at 11 A.M.
(आई हैव काल्ड दैम एट इलेविन ए.एम.।)

पिता: ठीक है, मैं अपना काम ग्यारह बजे तक करने की कोशिश करूंगा।

Father: All right, I will try to finish my work by eleven.
(ऑल राइट, आइ विल ट्राइ टु फिनिश माई वर्क बाई इलेविन।)

पुत्री: धन्यवाद! पिताजी आप कितने अच्छे हैं?

Daughter: Thank you very much papa. You are always so nice.
(थैंक यू वैरी मच पापा। यू आर आलवेज सो नाइस।)

पिता: तुम्हारा छोटा भाई राजू कहां है?

Father: Where is your younger brother Raju?
(वेअर इज योअर यंगर ब्रदर राजू?)

पुत्री: वह अपने मित्र को बुलाने गया है।

Daughter: He has gone to invite his friend.
(ही हैज गौन टु इनवाइट हिज फ्रेंड।)

पिता: क्या वह भी हमारे साथ जायेगा।

Father: Will he also accompany us?
(विल ही आल्सो अकम्पनी अस?)

पुत्री: जी हां।

Daughter: Yes Papa.
(यस पापा।)

पिता: क्या तुमने इस बारे में अपनी मम्मी से बात कर ली?

Father: Have you spoken to your mother regarding today's programme?
(हैव यू स्पोकन टू योअर मदर रिगार्डिंग टुडेज प्रोग्राम?)

पुत्री: जी हां पापा, वह भी जाने के लिए तैयार है।

Daughter: Yes papa! She has also agreed to go with us.
(यस पापा, शी हैज ऑल्सो एग्रीड टु गो विद अस।)

पिताः तो फिर जाओ और पिकनिक की तैयारी करो।
Father: Then go and make arrangements for the picnic.
(देन गो ऐण्ड मेक अरेंजमेंट्स फार द पिकनिक।)

पुत्रीः अच्छा पापा, अभी जाती हूं, लाइये खाली प्याला।
Daughter: O.K. papa, I shall go, give me the cup.
(ओ.के. पापा, आइ शैल गो, गिव मी द कप।)

मां और पुत्र Mother and Son मदर एण्ड सन

मां: दफ्तर से आ गए बेटा?
Mother: You are back from the office?
(यू आर बैक फ्राम दी आफिस?)

पुत्रः हां मां! लेकिन आज मैं बहुत थक गया हूं।
Son: Yes, Mummy, but I am very tired today.
(यस मम्मी, बट आइ ऐम वैरी टायर्ड टुडे।)

मां: क्या दफ्तर में बहुत काम था?
Mother: Was there a lot of work in the office?
(वाज देअर अ लॉट ऑफ वर्क इन दी ऑफिस?)

पुत्रः हां, मैं काफी व्यस्त रहा।
Son: Yes, I was quite busy.
(यस, आइ वाज क्वाइट बिजी।)

मां: कोई बात नहीं, चलो मुंह हाथ धो लो।
Mother: Do not worry, go and wash yourself.
(डू नॉट वरी, गो एण्ड वाश योअरसेल्फ।)

पुत्रः मैं जाता हूं, तब तक तुम चाय का प्रबंध करो।
Son: I am going, in the meantime you prepare my tea.
(आइ ऐम गोइंग, इन द मीनटाइम यू प्रिपेअर माई टी।)

मां: चाय के साथ क्या खाना पसंद करोगे?
Mother: What would you like to have with tea?
(व्हाट वुड यू लाइक टु हैव विथ टी?)

पुत्रः काफी भूख लगी है। कुछ भारी चीज हो जाये।
Son: I am quite hungry. Get me something heavy to eat.
(आइ ऐम क्वाइट हंगरी, गैट मी समथिंग हैवी टु ईट।)

मां: तुम अपनी पसंद बताओ।
Mother: You tell me your choice.
(यू टेल मी योअर चॉयस।)

पुत्रः टमाटर के सैंडविच बना दो।
Son: Prepare tomato sandwiches.
(प्रिपेअर टोमाटो सैंडविचेज।)

मां: आलू के पकौड़े भी बना दूं?
Mother: Shall I make potato pakoras also?
(शैल आई मेक पोटेटो पकोरास आल्सो?)

पुत्रः हां, पर जल्दी बनाओ।
Son: Yes, but hurry up.
(यस, बट हरी अप।)

मां: ठीक है, क्या तुम कपड़े बदलोगे?
Mother: O.K. would you like to change?
(ओ.के. वुड यू लाइक टु चेंज?)

पुत्रः नहीं, मुझे चाय पीकर फिर जाना है।
Son: No, I have to go again after tea.
(नो, आइ हैव टु गो अगेन आफ्टर टी।)

मां: कहां?
Mother: Where?
(व्हेयर?)

पुत्रः अपने मित्र के घर उससे मिलने जाना है।
Son: I have to go to meet my friend at his house.
(आइ हैव टु गो टु मीट माई फ्रेंड ऐट हिज हाउस।)

मां: क्या काम है?
Mother: What for?
(व्हाट फार?)

पुत्रः मुझे उससे अपनी पुस्तक वापिस लेनी है। Son: I have to take back my book from him.
(आइ हैव टु टेक बैक माई बुक फ्रॉम हिम।)

मां: तो क्या देर से लौटेगा? Mother: Will you be late?
(विल यू बी लेट?)

पुत्रः शायद नहीं। Son: Perhaps not.
(परहैप्स नॉट।)

मां: भोजन के समय तक लौट आओगे? Mother: Will you be back by dinner?
(विल यू बी बैक बाई डिनर?)

पुत्रः मैं आने की पूरी कोशिश करूंगा। Son: I will try my best to come back early.
(आई विल ट्राइ माइ बेस्ट टु कम बैक अरली।)

मां: ठीक, मैं चाय बनाने जाती हूं। Mother: All right, I am going to make tea.
(ऑल राइट, आई एम गोइंग टु मेक टी।)

पुत्रः शाम को सुरेश भी खाने पर आएगा। Son: Suresh will also come for dinner today.
(सुरेश विल आल्सो कम फॉर डिनर टुडे।)

मां: क्या तुमने उसे बुलाया है? Mother: Have you invited him?
(हैव यू इनवाइटेड हिम?)

पुत्रः हां, आज उसकी माताजी बीमार हैं। Son: Yes, his mother is not well today.
(यस, हिज मदर इज नॉट वैल टुडे।)

मां: अच्छा तब तो उसे जरूर ले आना। Mother: It is so, then surely bring him with you.
(इट इज सो, देन श्योरली ब्रिंग हिम विद यू।)

पुत्रः अच्छा अब मैं चलता हूं। Son: O.K. I am going now.
(ओ.के. आइ ऐम गोइंग नाउ।)

मां: ठीक समय पर आ जाना। Mother: Come on time.
(कम ऑन टाइम।)

एक लड़की से बातचीत Talking to a Girl टॉकिंग टू ए गर्ल

प्र०: तुम्हारा क्या नाम है? Q: What is your name?
(व्हाट इज योअर नेम?)

उ०: मेरा नाम कविता वर्मा है। A: My name is Kavita Verma.
(माई नेम इज कविता वर्मा।)

प्र०: तुम कहां रहती हो? Q: Where do you live?
(व्हेअर डू यू लिव?)

उ०: मैं मुंबई शहर में रहती हूं। A: I live in Mumbai.
(आई लिव इन मुंबई।)

प्र०: तुम कितने वर्ष की हो? Q: How old are you?
(हाउ ओल्ड आर यू?)

उ०: मैं पन्द्रह वर्ष की हूं? A: I am fifteen years old.
(आइ ऐम फिफ्टीन यिअर्स ओल्ड।)

प्र०: तुम कौन-सी कक्षा में पढ़ती हो? Q: In which class do you read?
(इन व्हिच क्लास डू यू रीड?)

उ०: मैं दसवीं कक्षा में हूं। — A: I am in the tenth.
(आइ एम इन द टैंथ।)

प्र०: तुम्हारे परिवार में कौन-कौन हैं? — Q: Who else do you have in your family?
(हू एल्स डू यू हैव इन योअर फैमिली?)

उ०: माता पिता और दो भाई? — A: Mother, father and two brothers.
(मदर, फादर एण्ड टू ब्रादर्स।)

प्र०: तुम्हारे पिता क्या करते हैं? — Q: What is your father?
(व्हाट इज योअर फादर?)

उ०: वे विश्वविद्यालय में प्राध्यापक हैं। — A: He is a lecturer in the university.
(ही इज लेक्चरर इन द यूनिवर्सिटी।

प्र०: क्या तुम्हारी माताजी भी काम करती हैं? — Q: Does your mother also work?
(डज योअर मदर आल्सो वर्क?)

उ०: नहीं, वे घर संभालती हैं। — A: No, she is a housewife.
(नो, शी इज ए हाउस वाइफ।)

प्र०: तुम्हारे भाई तुमसे छोटे हैं? — Q: Are your brothers younger to you?
(आर योअर ब्रदर्स यंगर टू यू?)

उ०: नहीं, वे दोनों मुझसे बड़े हैं। — A: No, both of them are elder to me.
(नो, बोथ आफ दैम आर एल्डर टू मी।)

प्र०: स्कूल में तुम्हारा विषय क्या है? — Q: What is your subject in school?
(व्हाट इज योअर सबजेक्ट इन स्कूल?)

उ०: मैं विज्ञान की छात्रा हूं। — A: I am a science student.
(आइ एम ए साइंस स्टूडेंट।)

प्र०: तुम बड़ी होकर क्या बनना चाहोगी? — Q: What would you like to become when you grow up?
(व्हाट वुड यू लाइक टू बिकम व्हेन यू ग्रो अप?)

उ०: मैं डॉक्टर बनना पसंद करूंगी। — A: I would like to become a doctor.
(आई वुड लाइक टू बिकम ए डॉक्टर।)

प्र०: इसका कोई विशेष कारण? — Q: Any special reason for this choice?
(ऐनी स्पेशल रीजन फॉर दिस चॉयस?)

उ०: हां, समाज और राष्ट्र की सेवा। — A: Yes, serving the society and the nation.
(यस, सर्विंग द सोसाइटी ऐण्ड द नेशन।)

प्र०: तुम्हारे विचार जानकर प्रसन्नता हुई, भगवान तुम्हारी सहायता करे। — Q: Quite happy to know your ideas, May God help you.
(क्वाइट हैपी टू नो योअर आइडियाज। मे गॉड हैल्प यू।)

एक लड़के से बातचीत Talking to a Boy टॉकिंग टू ए ब्वॉय

किसी अच्छे स्थान पर किसी व्यक्ति का एक लड़के से बात करना।

आदमी: मेरे बच्चे, मेरी मदद करोगे? — Man: Will you help me my boy?
(विल यू हैल्प मी माइ ब्वॉय?)

लड़का: जी हां, क्यों नहीं? — Boy: Yes sir, why not.
(यस सर, व्हाइ नॉट?)

आदमी: धन्यवाद। — Man: Thanks.
(थैंक्स।)

लड़का: और कुछ?
Boy: Anything more?
(एनीथिंग मोर?)

आदमी: नहीं।
Man: No please.
(नो प्लीज।)

लड़का: अच्छा।
Boy: O.K.
(ओ.के.)

आदमी: तुम्हारा नाम क्या है?
Man: What is your name?
(व्हाट इजं योअर नेम?)

लड़का: विजय शर्मा
Boy: Vijay Sharma.
(विजय शर्मा)

आदमी: तुम क्या करते हो विजय?
Man: What do you do Vijay?
(व्हाट डू यू डू विजय?)

लड़का: मैं पढ़ता हूं अंकल।
Boy: I study uncle.
(आइ स्टडी अंकल।)

आदमी: कौन से स्कूल में पढ़ते हो?
Man: In which school do you read?
(इन विच स्कूल डू यू रीड?)

लड़का: स्कूल में नहीं अंकल, कॉलेज में।
Boy: Not in the school uncle, but in college.
(नॉट इन द स्कूल अंकल, बट इन कॉलेज।)

आदमी: बहुत अच्छा, कौन-सी क्लास में पढ़ते हो?
Man : Very good. In which class do you read?
(वैरी गुड, इन विच क्लास डू यू रीड?)

लड़का: बी.ए. प्रथम वर्ष।
Boy: B.A. first year.
(बी.ए. फर्स्ट ईयर।)

आदमी: तुम किस कॉलेज में पढ़ते हो?
Man: In which college do you read?
(इन विच कॉलेज डू यू रीड?)

लड़का: दयानन्द महाविद्यालय में।
Boy: In Dayanand Mahavidyalaya.
(इन दयानन्द महाविद्यालय।)

आदमी: वह बहुत प्रसिद्ध कॉलेज है?
Man: That is a very famous college?
(दैट इज अ वैरी फेमस कॉलेज?)

लड़का: जी हां।
Boy: Yes Sir.
(यस सर।)

आदमी: पर इसे महाविद्यालय क्यों कहते हैं?
Man: But, why is it called Mahavidyalay?
(बट व्हाई इज दट काल्ड महाविद्यालय?)

लड़का: यह मैं नहीं जानता।
Boy: That I do not know.
(दैट आई डु नॉट नो।)

आदमी: तुम्हारे घर से कॉलेज कितनी दूर है?
Man: How far is the college from your house?
(हाउ फार इज द कॉलेज फ्राम योर हाउस?)

लड़का: लगभग दस किलोमीटर।
Boy: Nearly ten kilometres.
(नियरली टेन किलोमीटर्स।)

आदमी: काफी समय लगता होगा कॉलेज पहुंचने में।
Man: It must be taking you a long time to reach your college.
(इट मस्ट बी टेकिंग यू ए लाँग टाइम टू रीच योअर कॉलेज।)

लड़का: जी हां, कम से कम एक घंटा।	Boy: Yes sir, at least one hour. (यस सर, एटलीस्ट वन आवर।)
आदमी: तुम्हारा कॉलेज कब लगता है?	Man: When does your college open? (व्हेन डज योअर कालेज ओपन?)
लड़का: सबेरे नौ बजे।	Boy: At nine, in the morning. (ऐट नाइन इन द मार्निंग।)
आदमी: क्या तुम्हारे कालेज की अपनी बस है?	Man: Do you have your own college bus? (डू यू हैव योअर ओन कालेज बस?)
लड़का: नहीं, लेकिन यूनीवर्सिटी स्पेशल जाती है।	Boy: No, but we have university special. (नो, बट वी हैव यूनीवर्सिटी स्पेशल।)
आदमी: तुम्हारे कालेज में कितने विद्यार्थी हैं?	Man: How many students are there in your college? (हाउ मैनी स्टूडेन्टस आर देयर इन योअर कालेज?)
लड़का: लगभग दो हजार।	Boy: Nearly two thousand. (नियरली टू थाउजैन्ड।)
आदमी: और अध्यापक?	Man: And lecturers? (ऐण्ड लैक्चरर्स?)
लड़का: लगभग सौ अध्यापक।	Boy: Round about one hundred lecturers. (राउन्ड अबाउट वन हन्डरेड लैक्चरर्स।)
आदमी: काफी बड़ा कॉलेज है?	Man: Quite a big college? (क्वाइट ए बिग कॉलेज?)
लड़का: जी हां।	Boy: Yes, of course. (यस, ऑफ कोर्स।)
आदमी: तुम कोई खेल खेलते हो?	Man: Do you play any game? (डू यू प्ले ऐनी गेम?)
लड़का: जी हां, हॉकी।	Boy: Yes, hockey. (यस, हॉकी।)
आदमी: अरे मैंने तुम्हारे विषय तो पूछे नहीं।	Man: Oh, I have not even asked about your subjects. (ओह, आइ हैव नॉट इवन आस्क्ड अबाउट योअर सब्जेक्ट्स।)
लड़का: कला-ग्रुप, हिस्ट्री, पोलीटिकल साइंस।	Boy: Art group, History, Political Science. (आर्ट ग्रुप, हिस्ट्री, पोलिटिकल सांइस।)
आदमी: अच्छा युवक, चलता हूं तुम्हारे भविष्य की शुभकामनाएं।	Man: O.K. young boy, I wish you the best of luck. (ओ.के. यंग बॉय, आई विश यू द बैस्ट ऑफ लक।)

मार्ग में दो विद्यार्थियों की बातचीत

Conversation between two students

कन्वर्सेशन बिटवीन टू स्टूडैन्ट्स

कपिल: हैलो रवि, कैसे हो?	Kapil: Hello Ravi, how do you do? (हलो रवि, हाउ डू यू डू?)
रवि: बिल्कुल ठीक, तुम कैसे हो?	Ravi: Quite O.K. what about you? (क्वाइट ओ.के. व्हाट अबाउट यू?)

कपिलः मैं भी ठीक हूं।	Kapil: I am also quite well. (आइ एम आल्सो क्वाइट वैल।)
रविः घर पर सब ठीक है?	Ravi: Is everything well at home? (इज एवरीथिंग वैल ऐट होम?)
कपिलः हां, सब ठीक है।	Kapil: Yes, all is well. (यस, ऑल इज वैल।)
रविः तुम कहां जा रहे हो?	Ravi: Where are you going? (व्हेअर आर यू गोइंग?)
कपिलः मैं अपने कॉलेज जा रहा हूं।	Kapil: I am going to my college. (आइ ऐम गोइंग टू माई कालिज।)
रविः लेकिन आज तो छुट्‌टी है।	Ravi: But, today is a holiday. (बट टुडे इज ए होलीडे।)
कपिलः लाइब्रेरी खुली है।	Kapil: The Library is open. (द लाइब्रेरी इज ओपन।
रविः वहां बैठकर पढ़ोगे? लाइब्रेरी का वातावरण बहुत शांत और पढ़ाई में मन लगाने वाला होता है।	Ravi: Will you study there? The atmosphere of the Library is very peaceful and encouraging for study. (विल यू स्टडी देअर? द अटमॉसफिअर ऑफ द लाइब्रेरी इज वैरी पीसफुल ऐण्ड एनकैरेजिंग फॉर स्टडी।)
कपिलः नहीं, मैं वहां बैठकर पढूंगा नहीं।	Kapil: No, I will not study there?. (नो आइ विल नॉट स्टेडी देअर।)
रविः तब?	Ravi: Then? (देन?)
कपिलः मैं लाइब्रेरी से कुछ किताबें लाना चाहता था।	Kapil: I wanted to borrow some books from the Library. (आई वांटेड टु बॉरो सम बुक्स फ्रॉम द लाइब्रेरी।
रविः ठीक है, कुछ मिनट बात करते हैं।	Ravi: O.K. Let us talk for a few minutes. (ओ.के. लैट अस टॉक फार ए फ्यू मिनिट्स।)
कपिलः हां ठीक है, हम काफी दिनों बाद मिले हैं।	Kapil: Yes, we have met after a very long time. (यस, वी हैव मेट आफ्टर ए वैरी लॉंग टाइम।)
रविः तुम किस कालेज में पढ़ते हो?	Ravi: In which college are you studying? (इन विच कालेज आर यू स्टेडिंग?)
कपिलः मैं गवर्नमेंट डिग्री कालेज में पढ़ता हूं।	Kapil: I am studying in government degree college. (आइ एम स्टेडिंग इन गवर्नमेंट डिग्री कॉलेज।)
रविः कौन-से वर्ष में पढ़ रहे हो?	Ravi: In which year are you studying? (इन विच यिअर आर यू स्टडिंग?)
कपिलः बी.ए. तृतीय वर्ष में और तुम किसी कॉलेज में पढ़ते हो?	Kapil: B.A. third year, and in which college are you studying ? (बी.ए. थर्ड ईअर, एण्ड इन विच कालेज आर यू स्टडिंग?)
रविः मैं डी.ए.वी. कालेज में पढ़ रहा हूं।	Ravi: I am studying in D.A.V. College. (आइ एम स्टडिंग इन डी.ए.वी. कालेज।)
कपिलः तुम भी तो बी.ए. तृतीय वर्ष में हो?	Kapil: You are also studying in B.A. third year? (यू आर आल्सो स्टडिंग इन बी.ए. थर्ड यिअर?)

रवि: हां मैं बी.ए. पास कोर्स तृतीय वर्ष में हूं। Ravi: Yes, I am in B.A. pass course third year.
(यस, आई ऐम इन बी.ए. पास कोर्स थर्ड यिअर।)

कपिल: तुम्हारे विषय क्या हैं? Kapil: What are your subjects?
(व्हाट आर योर सबजैक्ट्स?)

रवि: हिन्दी, हिस्ट्री, फिलासफी और अंग्रेजी। Ravi: I am studying Hindi, History, Philosophy and English.
(आइ एम स्टडिंग हिन्दी, हिस्ट्री, फिलोसफी ऐण्ड इंगलिश)

कपिल: आश्चर्य है, मेरे विषय भी यही हैं। Kapil: I am surprised, I too have the same subjects.
(आइ एम सरप्राइज्ड, आई टू हैव द सेम सब्जैक्ट्स।)

रवि: आजकल तुम कहां रह रहे हो? Ravi: Where are you living now-a-days?
(व्हेअर आर यू लिविंग नाउएडेज?)

कपिल: हम कमलानगर में रह रहे हैं। Kapil: We are putting up at Kamla Nagar.
(वी आर पुटिंग अप ऐट कमला नगर।)

रवि: क्या मैं तुम्हारा पता नोट कर सकता हूं? Ravi: May I note down your address?
(मे आइ नोट डाउन योअर एड्रेस?)

कपिल: क्यों नहीं, जरूर। Kapil: Why not, by all means.
(ह्वाइ नॉट, बाई आल मीन्स।)

रवि: यदि तुम्हारे पास समय हो तो यूनीवर्सिटी कैफे में चलें, एक कप कॉफी पिएं, वहीं पता नोट कर लेंगे। Ravi: If you have some spare time, let us go to the University cafe and have a cup of coffee, there we will note down the address.
(इफ यू हैव सम स्पेयर टाइम, लैट अस गो टु द यूनिवर्सिटी कैफे ऐण्ड हैव ए कप ऑफ कॉफी, देयर वी विल नोट डाउन दी एड्रैस।)

कपिल: ठीक है, आओ। Kapil: All right, come on.
(आल राइट, कम आन।)

आफिस जाने की तैयारी Getting Ready for Office गैटिंग रेडी फार आफिस

पत्नी: प्रिय, उठ जाओ तुम्हें आफिस के लिए देर हुई जा रही है। Wife: Please get up, darling, you are getting late for your office.
(प्लीज गेट अप, डार्लिंग, यू आर गैटिंग लेट फॉर योर ऑफिस।)

पति: मेहरबानी करके तंग मत करो, कुछ देर सोने दो। Husband: Please don't trouble me, let me sleep for some time more.
(प्लीज डोण्ट ट्रबल मी, लैट मी स्लीप फॉर सम टाइम मोर)

पत्नी: क्यों आज दफ्तर नहीं आना? Wife: Are you not going to your office today?
(आर यू नॉट गोइंग टु योअर ऑफिस टुडे?)

पति: क्यों नहीं? बजा क्या है? Husband: Why should I not? What's the time?
(व्हाइ शुड आइ नॉट? व्हाट्स द टाइम?)

पत्नी: कृपया उठ जाइये, सात बज गए हैं। Wife: Please get up, it's seven.
(प्लीज गैट अप, इट इज सेवन।)

पति: ओह, सात बज गए। Husband: Oh, it is seven.
(ओह, इट इज सेवन।)

पत्नी: जल्दी कीजिए वरना बस नहीं मिलेगी।	Wife: Make haste, otherwise you will not get your bus. (मेक हेस्ट, अदरवाइज यू विल नॉट गैट योअर बस।)
पति: मुझे तुरंत उठना चाहिए क्योंकि मुझे अपने दफ्तर ठीक नौ बजे पहुंचना चाहिए।	Husband: I must get up at once, because I have to reach my office exactly at 9 a.m. (आइ मस्ट गैट अप एट वंस बिकाज आइ हैव टू रीच माई ऑफिस एक्जेक्टली ऐट नाइन ए.एम।)
पत्नी: ठीक है! जल्दी उठो।	Wife: All right, please get up. (ऑल राइट, प्लीज गैट अप।)
पति: गुसलखाने में कौन है?	Husband: Who is in the bathroom? (हू इज इन द बाथरूम?)
पत्नी: कोई नहीं, आप गुसलखाने में जाइए मैं नाश्ता तैयार करती हूं।	Wife: Nobody, you go to the bathroom and I am preparing your breakfast. (नोबडी, यू गो टू द बाथरूम एण्ड आइ एम प्रिपेअरिंग योअर ब्रेकफास्ट)
पति: उससे पहले एक कप चाय।	Husband: A cup of tea before that. (ए कप ऑफ टी बिफोर दैट।)
पत्नी: यह चाय लो, मैंने तैयार कर ली थी।	Wife: Here is your tea. I have already made it. (हियर इज योअर टी। आइ हैव ऑलरेडी मेड इट।)
पति: धन्यवाद!	Husband: Thanks. (थैंक्स।)
पत्नी: यदि आप पहले चाय चाहते हैं, तो आपको 6 बजे उठना चाहिए।	Wife: If you want tea first, then you must get up at 6 a.m. (इफ यू वान्ट टी फर्स्ट, देन यू मस्ट गैट अप ऐट 6 ए.एम.।)
पति: ठीक है, ध्यान रखूंगा पर अब मेरी ब्रश और टूथपेस्ट कहां है?	Husband: O.K. I shall take care, but now where is my brush and toothpaste? (ओ.के., आइ शैल टेक केयर, बट नाउ व्हेअर इज माई ब्रश एण्ड टूथपेस्ट?)
पत्नी: आप गुसलखाने में जाइए, सब चीजें वहां बाशबेसिन के पास रखी हैं।	Wife: Go to the bathroom, everything is lying near the washbasin. (गो टु द बाथरूम, एवरीथिंग इज लाइंग नियर द बाशबेसिन।)
पति: ठीक है देवीजी, मैं पांच मिनट में आया।	Husband: O.K. Madam, I am coming in five minutes. (ओ.के. मैडम आइ ऐम कमिंग इन फाइव मिनिट्स।)
पत्नी: जल्दी आइए, नाश्ता तैयार कर दिया है।	Wife: Come fast, breakfast is ready. (कम फास्ट, ब्रेकफास्ट इज रेडी।)
पति: लो आ गया, चाय कहां है?	Husband: Here I am, where is my tea? (हिअर आई ऐम, व्हेयर इज माई टी?)
पत्नी: अभी लाई डियर।	Wife: Just bringing dear. (जस्ट ब्रिंगिंग डियर।)
पति: धन्यवाद।	Husband: Thanks. (थैंक्स।)
पत्नी: ठण्डी तो नहीं हो गई?	Wife: I hope, it has not become cold? (आइ होप इट हैज नॉट बिकम कोल्ड?)

पति: नहीं-नहीं, काफी गरम है।	Husband: No no, it is quite hot. (नो-नो, इट इज क्वाइट हॉट।)
पत्नी: आप नाश्ता कीजिए, इसी बीच मैं आपका खाने का डिब्बा तैयार कर लाती हूं।	Wife: You have your breakfast, in the meantime I will prepare your lunch-box. (यू हैव योअर ब्रेकफास्ट, इन द मीनटाइम आइ विल प्रिपेअर योअर लंच-बॉक्स।)
पति: जरा जल्दी करना, मुझे आज दफ्तर जल्दी पहुंचना है।	Husband: You better hurry up. I have to reach office early today. (यू बेटर हरी अप। आइ हैव टु रीच ऑफिस अर्ली टुडे।)
पत्नी: ये रहे आपके जूते और कमीज।	Wife: Here are your shoes and the shirt. (हेयर आर योअर शूज ऐण्ड द शर्ट।)
पति: ओह धन्यवाद।	Husband: Oh! thank you. (ओह! थैंक यू।)
पत्नी: और ये रही आपकी फाइल।	Wife: And here is your file. (ऐण्ड हियर इज योअर फाइल।)
पति: राजू अभी तक स्कूल क्यों नहीं गया?	Husband: Why has not Raju left for school yet? (व्हाइ हैज नॉट राजू लेफ्ट फॉर स्कूल यट?)
पत्नी: बस दूध पी रहा है।	Wife: He is just having milk. (ही इज जस्ट हैविंग मिल्क।)
पति: खाने का डिब्बा रख दिया?	Husband: Have you kept my tiffin box? (हैव यू केप्ट माई टिफिन बॉक्स?)
पत्नी: हां।	Wife: Yes. (यस)
पति: अच्छा, अब मैं चलता हूं।	Husband: O.K. now I must leave. (ओ.के. नाऊ आइ मस्ट लीव।)
पत्नी: शाम को समय से आ जाना।	Wife: Come back in time in the evening. (कम बैक इन टाइम इन द इवनिंग।)
पति: अच्छा, टाटा।	Husband: O.K. Bye-bye. (ओ.के. बाइ बाई)
पत्नी: टाटा	Wife: Bye-bye. (बाई-बाई)

मेहमान के आगमन पर Arrival of a Guest एराइवल ऑफ ए गैस्ट

मुकुल: श्रीमान् आपको किससे मिलना है?	Mukul: Whom do you want to meet, Sir? (हूम डू यू वांट टू मीट सर?)
मेहमान: मुझे श्री कपूर से मिलना है। मैं भोपाल से आया हूं।	Guest: I have to meet Mr. Kapoor. I have come from Bhopal. (आइ हैव टू मीट मिस्टर कपूर। आइ हैव कम फ्रॉम भोपाल।)
मुकुल: आपका शुभ नाम?	Mukul: Your good name, Sir? (युअर गुड नेम, सर?)

मेहमानः मेरा नाम वीरेन्द्र आहूजा है।	Guest: My name is Virendra Ahuja. (माई नेम इज वीरेन्द्र आहूजा।)
मुकुलः आप कृपया अन्दर बैठिए। मैं पापा को बुलाकर लाता हूं।	Mukul: Please come inside and take a seat. I will just call my father. (प्लीज कम इनसाइड एण्ड टेक ए सीट। आई विल जस्ट कॉल माइ फादर।)
मेहमानः नमस्कार, कपूर साहब! कहिए कैसे हैं?	Guest: Hello, Mr. Kapoor! How are you? (हैलो, मिस्टर कपूर! हाउ आर यू?)
श्री कपूरः नमस्कार, आहूजा साहब! मैं ठीक हूं। आप सुनाइए।	Mr. Kapoor: Hello, Mr. Ahuja! I am fine. What about you? (हैलो, मिस्टर आहूजा! आइ एम फाइन। व्हाट अबाउट यू?)
मेहमानः मैं भी कुशल हूं।	Guest: I am also fine. (आइ एम ऑल्सो फाइन।)
श्री कपूरः आपकी यात्रा आरामदेह थी या नहीं?	Mr. Kapoor: Was the journey comfortable or not? (वाज द जर्नी कमफरटेबल ऑर नॉट?)
मेहमानः पूरी तरह नहीं। हमारी गाड़ी दो घंटे लेट थी।	Guest: Not quite. Our train was two hours late. (नॉट क्वाइट! अवर ट्रेन वाज टू ऑवर्स लेट।)
श्री कपूरः ओह! लेकिन गाड़ी भोपाल से तो समय पर चली थी।	Mr. Kapoor: Oh! But the train started on time from Bhopal. (ओह! बट द ट्रेन स्टार्टेड ऑन टाइम फ्रॉम भोपाल।)
मेहमानः जी हां! पर रास्ते में एक छोटी-सी दुर्घटना के कारण देर हो गई।	Guest: Yes, but there was a mishap on the way. That is why, it was delayed. (यस, बट देअर वाज ऐ मिसहैप ऑन द वे। दैट इज इट वाज डिलेड।)
श्री कपूरः क्या कोई खास बात थी?	Mr. Kapoor: Was it something serious? (वॉज इट समथिंग सीरियस?)
मेहमानः जी बिल्कुल नहीं। आप चिंता न कीजिए।	Guest: Not at all. Please do not worry. (नॉट ऐट ऑल। प्लीज डू नाट वरी।)
श्री कपूरः तब ठीक है। अब आप हाथ-मुंह धो लीजिए। काफी थक गए होंगे।	Mr. Kapoor: Then it's all right. Now, you just wash your hands and face. You must be quite tired. (देन इट्स ऑल राइट। नाउ यू जस्ट वाश युअर हैंड्स एण्ड फेस। यू मस्ट बी क्वाइट टायर्ड।)
मेहमानः जी हां। कृपया मुझे गुसलखाना दिखा दीजिए।	Guest: Yes. Please show me the bathroom. (यस, प्लीज शो मी द बाथरूम)
श्री कपूरः मुकुल आपको बताएगा रास्ता। साबुन और तौलिया भी वहीं रखा है।	Mr. Kapoor: Mukul will show you the way. The soap and towel are already kept there. (मुकुल विल शो यू द वे। द सोप एण्ड टॉवल आर आलरेडी कैप्ट देयर।)
मेहमानः धन्यवाद	Guest: Thanks. (थैंक्स।)
श्री कपूरः आप तरोताजा होइए। तब तक मैं अपनी पत्नी से कहकर खाना लगवाता हूं।	Mr. Kapoor: You make yourself fresh. In the meantime, I shall say my wife to lay the table for lunch. (यू मेक युअरसैल्फ फ्रैश। इन द मीन टाइम आइ शैल आस्क माई वाइफ टू ले द टेबल फॉर लंच।)
मेहमानः जी अच्छा! मैं अभी आया।	Guest: That is right! I am just coming. (दैट इज राइट। आई एम जस्ट कमिंग।)

नौकर से बातचीत Talking to a Servant टॉकिंग टु ए सरवेंट

श्री सैनी: मोहन! ओ मोहन, कहां हो तुम?
Mr. Saini: Mohan, O Mohan! Where are you?
(मोहन, ओ मोहन! व्हेअर आर यू?)

मोहन: मैं यहां हूं साहब, रसोई में।
Mohan: I am here sir, in the kitchen
(आइ एम हिअर सर, इन द किचन।)

श्री सैनी: वहां क्या कर रहे हो? यहां आओ जल्दी।
Mr. Saini: What are you doing there? Come here at once.
(ह्वाट आर यू डूइंग देअर? कम हिअर एट वन्स।)

मोहन: अभी आया साहब।
Mohan: Just coming sir.
(जस्ट कमिंग सर।)

श्री सैनी: रसोई का काम खत्म हो गया क्या?
Mr. Saini: Is the kitchen-work finished?
(इज द किचन-वर्क फिनिश्ड?)

मोहन: जी हां। आपका खाना और नाश्ता तैयार हो गया है।
Mohan: Yes sir. Your breakfast and lunch is ready.
(यस सर, युअर ब्रेकफास्ट एण्ड लंच इज रेडी।)

श्री सैनी: ठीक है। खाना बांध दो और नाश्ता मेज पर लगा दो। मुझे जल्दी है।
Mr. Saini: O.K., pack the lunch and put the breakfast on the table. I am in a hurry.
(ओ.के., पैक द लंच एण्ड पुट द ब्रेकफास्ट ऑन द टेबल। आइ एम इन ए हरी।)

मोहन: जी साहब। अभी करता हूं।
Mohan: Yes, sir, I will do it just now.
(यस सर, आइ विल डू इट जस्ट नाउ।)

श्री सैनी: अरे सुनो! मेरे मोजे नहीं मिल रहे। कहां रखे हैं तुमने?
Mr. Saini: Oh! Listen, I can't find my socks. Where have you kept them?
(ओह! लिसन, आइ कान्ट फाइण्ड माई सौक्स। व्हेअर हैव यू कैप्ट दैम?)

मोहन: आपकी अल्मारी में रखे हैं।
Mohan: They are kept in your almirah.
(दे आर कैप्ट इन युअर अलमीरा।)

श्री सैनी: ठीक है। जरा मेरा कोट साफ कर दो
Mr. Saini: All right. Just brush my coat.
(ऑल राइट। जस्ट ब्रश माई कोट।)

मोहन: अच्छा साहब।
Mohan: Yes sir.
(यस सर।)

श्री सैनी: तुमने मेरे जूते पॉलिश कर दिए थे?
Mr. Saini: Did you polish my shoes?
(डिड यू पॉलिश माइ शूज?)

मोहन: जी हां। वहां कुर्सी के नीचे रखे हैं।
Mohan: Yes sir. They are kept under the chair.
(यस सर! दे आर कैप्ट अंडर द चेयर।)

श्री सैनी: हां मिल गए।
Mr. Saini: Yes, I have found them.
(यस, आइ हैव फाउण्ड दैम।)

मोहन: कुछ और चाहिए साहब।
Mohan: Do you want anything else sir?
(डू यू वांट एनीथिंग एल्स सर?)

श्री सैनी: मेरा पेन कहां रखा है? मैं जल्दीबाजी में सब भूल जाता हूं।
Mr. Saini: Where is my pen? I keep forgetting everything in a hurry.
(व्हेअर इज माई पैन? आई कीप फारगेटिंग एवरीथिंग इन ए हरी।)

मोहन: ये रहा आपका पेन। आपके कोट की जेब में।

Mohan: Here is your pen, in the pocket of your coat.
(हियर इज युअर पेन, इन द पॉकेट ऑफ युअर कोट।)

श्री सैनी: धन्यवाद। जरा देखकर आओ, मेमसाहब तैयार हुईं या नहीं।

Mr. Saini: Thanks. Just go and see whether your madam is ready or not.
(थैंक्स, जस्ट गो एण्ड सी वैदर युअर मैडम इज रेडी और नॉट।)

मोहन: मेमसाहब कह रही हैं कि वे बिल्कुल तैयार हैं।

Mohan: Madam is saying that she is perfectly ready.
(मैडम इज सेइंग दैट शी इज परफैक्टली रेडी।)

श्री सैनी: ठीक है। अब हम जा रहे हैं। घर का और बच्चों का ध्यान रखना। हम जल्दी लौट आएंगे।

Mr. Saini: O.K. Now we are going. Take care of the house, and the children. We will be back soon.
(ओ.के. नाउ वी आर गोइंग। टेक केयर आफ द हाउस, एण्ड द चिल्ड्रन। वी विल बी बैक सून।)

मोहन: अच्छा साहब। मैं सावधान रहूंगा।

Mohan: All right sir. I will be careful.
(ऑल राइट सर। आइ विल बी केयरफुल)

जन्मदिन पर At Birthday Party एट बर्थडे पार्टी

मां: सुरेश अभी तक नहीं लौटा है? तुम्हें देर हो रही है।

Mother: Why has Suresh not returned yet? You are getting late.
(व्हाइ हैज सुरेश नॉट रिटर्न्ड यट? यू आर गैटिंग लेट।)

नीरा: अभी आ जाएगा।

Neera: He will just be back.
(ही विल जस्ट बी बैक।)

मां: लेकिन वह गया कहां है?

Mother: But, where has he gone?
(बट व्हेयर हैज ही गॉन?)

नीरा: बाजार गया है गीता के लिए उपहार लेने।

Neera: He has gone to the market to buy a present for Geeta.
(ही हैज गॉन टू द मार्केट टु बाई ए प्रैजेन्ट फार गीता।)

मां: तुम्हें ये काम पहले नहीं सूझा।

Mother: Didn't you remember this before?
(डिडन्ट यू रिमेम्बर दिस बिफोर?)

नीरा: हां, लेकिन कल हमें गीता के लायक कुछ मिला नहीं।

Neera: Yes, but we could not find anything suitable for her yesterday.
(यस, बट वी कुट नॉट फाइंड एनीथिंग सूटेबिल फॉर हर यसटरडे।)

मां: फिर तुमने उसे क्या उपहार देने का सोचा है?

Mother: Then what have you planned to give her?
(दैन व्हाट हैव यू प्लान्ड टु गिव हर?)

नीरा: हम उसे प्रेमचंद के उपन्यासों का सैट दे रहे हैं।

Neera: We are giving her a full set of the novels of Premchand.
(वी आर गिविंग हर ए फुल सैट ऑफ द नौवल्स ऑफ प्रेमचंद।)

मां: अरे! ये तो बहुत अच्छा विचार है। किसने सोचा यह?

Mother: Oh! This is a very good idea. Who thought of it?
(ओह! दिस इज ए वैरी गुड आइडिया। हू थोट ऑफ इट?)

नीरा: ये सुरेश का विचार था। वह जानता है कि गीता को साहित्य में रुचि है।

Neera: It was Suresh's idea. He knows that she is keenly interested in literature.
(इट वाज सुरेश'स आइडिया। ही नोज दैट शी इज कीनली इन्टरेस्टेड इन लिटरेचर।)

मां: ठीक है। अब जल्दी करो। यदि तुम लोग समय पर नहीं पहुंचे तो गीता को बुरा लगेगा।

Mother: All right. Now hurry up. If you do not reach on time, Geeta would feel bad.
(ऑल राइट। नाउ हरी अप। इफ यू डू नॉट रीच ऑन टाइम गीता वुड फील बैड।)

नीरा: अच्छा मम्मी! सुरेश भी आ गया है अब हम चलते हैं।

Neera: O.K. Mummy! Suresh has also come. We are going now.
(ओ.के. मम्मी! सुरेश हैज आल्सो कम। वी आर गोइंग नाउ।

(गीता के घर पर)

At Geeta's House
(एट गीताज हाउस।)

गीता: हलो, नीरा और सुरेश! क्या हाल है?

Geeta: Hello, Neera and Suresh! How are you?
(हलो नीरा एण्ड सुरेश! हाउ आर यू?)

सुरेश: जन्मदिन मुबारक हो, गीता।

Suresh: Happy Birthday to you, Geeta.
(हैपी बर्थडे टु यू गीता।)

नीरा: ये शुभ दिन बार-बार आए, गीता।

Neera: Many happy returns of the day, Geeta.
(मैनी हैप्पी रिटर्न्स ऑफ द डे गीता।)

गीता: तुम दोनों को धन्यवाद।

Geeta: Thanks to both of you.
(थैंक्स टु बोथ आफ यू।)

सुरेश: गीता आज तुम बहुत खूबसूरत लग रही हो। यह पोशाक तुम पर बहुत फब रही है।

Suresh: Geeta, you are looking very charming today. This attire suits you perfectly.
(गीता यू आर लुकिंग वैरी चार्मिंग टुडे। दिस एटायर सूट्स यू परफैक्टली।)

नीरा: हां, गीता, तुम वाकई सुन्दर लग रही हो आज।

Neera: Yes, Geeta, you are indeed looking beautiful today.
(यस, गीता, यू आर इन्डीड लुकिंग ब्यूटीफुल टुडे।)

गीता: धन्यवाद। चलो अब अंदर चलो।

Geeta: Thank you again, now let us come inside.
(थैंक यू अगेन, नाउ लैट अस कम इन साइड।)

सुरेश: ये तुम्हारे लिए विशेष भेंट।

Suresh: Here is a special gift for you.
(हियर इज ए स्पेशल गिफ्ट फॉर यू।)

गीता: क्या है?

Geeta: What is it?
(व्हाट इज इट?)

नीरा: खुद ही खोल कर देख लो।

Neera: Open it yourself, and see.
(ओपन इट योअरसैल्फ, ऐण्ड सी।)

गीता: अरे! प्रेमचंद के उपन्यास। वह मेरे प्रिय लेखकों में से एक हैं।

Geeta: Oh! Premchand's novels, he is one of my favourite writers.
(ओह! प्रेमचन्द्स नॉवल्स, ही इज वन ऑफ माई फेवरिट राइटर्स।)

सुरेश: तो तुम्हें पुस्तकें पसंद आईं?

Suresh: So you liked the books?
(सो, यू लाइक्ड द बुक्स?)

गीता: हां, बहुत अधिक। इस विशेष भेंट के लिए धन्यवाद।

Geeta: Yes, very much. Thanks for the special gift.
(यस, वैरी मच। थैंक्स फॉर द स्पेशल गिफ्ट।)

नीरा: और सब लोग कहां हैं?

Neera: Where are the other friends?
(व्हेअर आर द अदर फ्रैंड्स?)

गीताः सब भीतर इंतजार कर रहे हैं। अब तुम दोनों भी आओ और कुछ जलपान कर लो। | Geeta: Everyone is waiting inside. Now, you two also come and have some refreshments. (एवरीवन इज वेटिंग इनसाइड, नाउ यू टू आल्सो कम ऐण्ड हैव सम रिफरैशमेंट्स।)

नीराः ठीक है। वहीं चलते है। | Neera: That's right, let us join them. (दैट्स राइट. लैट अस जॉइन दैम।)

राह पर चलते हुए Meeting on the way मीटिंग ऑन द वे

मुकेशः हैलो सोहन, नमस्ते। | Mukesh: Hello Sohan, good morning. (हेलो सोहन, गुडमार्निंग।)

सोहनः हैलो, कैसे हो? | Sohan: Hello, how are you? (हेलो, हाउ आर यू?)

मुकेशः ठीक है मित्र। | Mukesh: Fine friend. (फाइन फ्रैंड।)

सोहनः मैंने सुना था तुम काफी परेशान थे पिछले दिनों। | Sohan: I learnt that you had been quite disturbed last days. (आइ लर्न्ट दैट यू हैड बीन क्वाइट डिसटर्ब्ड लास्ट डेज)

मुकेशः हां, मेरे पिताजी बीमार थे। | Mukesh: Yes, my father was unwell. (यस, माइ फादर वाज अनवैल।)

सोहनः वे कहां रहते हैं? क्या तुम्हारे साथ रहते हैं? | Sohan: Where does he live? Does he live with you? (व्हेअर डज ही लिव? डज ही लिव विद यू?)

मुकेशः नहीं! मेरे साथ नहीं, मुंबई में रहते हैं? | Mukesh: No, not with me. He lives in Mumbai. (नो, नॉट विद मी। ही लिव्ज इन मुंबई।)

सोहनः कुछ काम करते हैं? | Sohan: Does he work somewhere? (डज ही वर्क समव्हेअर?)

मुकेशः नहीं, रिटायर्ड हैं। | Mukesh: No, he is a retired man. (नो, ही इज ए रिटायर्ड मैन।)

सोहनः क्या तुम उनके पास गये थे? | Sohan: Did you go there to him? (डिड यू गो देअर टु हिम?)

मुकेशः हां मैं वहां गया था, मुंबई। | Mukesh: Yes, I went to Mumbai to him. (यस आई वेंट टु मुंबई टु हिम।)

सोहनः कब वापिस आए? | Sohan: When did you come back? (व्हेन डिड यू कम बैक?)

मुकेशः परसों आया। | Mukesh: Day before yesterday. (डे बिफोर यसटरडे।)

सोहनः कहां रहते हो आजकल? | Sohan: Where do you live now-a-days? (व्हेयर डू यू लिव नाउएडेज?)

मुकेशः कमला नगर में। | Mukesh: In Kamla Nagar. (इन कमला नगर।)

सोहनः करोल बाग छोड़ दिया क्या? | Sohan: Have you left Karol Bagh? (हैव यू लैफ्ट करोल बाग?)

मुकेशः हां, वहां जगह कम थी। | Mukesh: Yes, there was insufficient place. (या, देअर वाज इनसैफीशिएन्ट प्लेस।)

सोहन: क्या अपना मकान बना लिया है?
Sohan: Have you built your own house?
(हैव यू बिल्ट योअर ओन हाउस?)

मुकेश: हां, बना लिया।
Mukesh: Yes, we have built.
(यस, वी हैव बिल्ट।)

सोहन: यह कौन सी पुस्तक है?
Sohan: What book is this?
(व्हाट बुक इज दिस?)

मुकेश: एक बहुत बढ़िया उपन्यास है।
Mukesh: It is a very good novel.
(इट इज ए वेरी गुड नॉवल।)

सोहन: किसका है? दिखाना।
Sohan: Whose novel? Show me please.
(हूज नावल? शो मी प्लीज।)

मुकेश: राजेन्द्र यादव का उपन्यास, 'सारा आकाश', देखो।
Mukesh: Rajender Yadav's novel, 'Sara Akash', see.
(राजेन्द्र यादव्स नॉवल 'सारा आकाश', सी।)

सोहन: ओह, इसके बारे में सुना है, पढ़ने को दोगे?
Sohan: Oh, I have heard about it, would you give it to me for reading?
(ओह, आइ हैव हर्ड अबाउट इट, वुड यू गिव इट टु मी फॉर रीडिंग?)

मुकेश: हां, तुम ले सकते हो।
Mukesh: Yes, you can take it.
(यस, यू कैन टेक इट।)

सोहन: धन्यवाद! आजकल तुम्हारे भाई कहां हैं?
Sohan: Thanks! Where is your brother now-a-days?
(थैंक्स! व्हेअर इज योअर ब्रादर नाउ-ए-डेज?)

मुकेश: वे लखनऊ में हैं।
Mukesh: He is in Lucknow.
(ही इज इन लखनऊ।)

सोहन: अच्छा घर चलो।
Sohan: O.K. come to my house.
(ओके, कम टु माइ हाउस।)

मुकेश: नहीं सोहन, अभी नहीं।
Mukesh: No, Sohan, not now.
(नो सोहन, नॉट नाउ।)

सोहन: तो एक प्याला चाय।
Sohan: Have a cup of tea.
(हैव ए कप ऑफ टी।)

मुकेश: खेद है। फिर कभी सोहन।
Mukesh: Sorry, some time later.
(सारी, सम टाइम लेटर।)

सोहन: अच्छा, नमस्ते फिर मिलेंगे।
Sohan: O.K. Bye-bye meet again.
(ओके। बाइ-बाइ मीट अगेन।)

बस स्टॉप पर At the Bus Stop एट द बस स्टॉप

एक यात्री: क्षमा कीजिए, आप ये बताने का कष्ट करेंगे कि केन्द्रीय सचिवालय के लिए कौन सी बस पकड़नी है?
Ist Passenger: Excuse me, could you please tell me which bus goes to Central Secretariat?
(एक्सक्यूज मी, कुड यू प्लीज टैल मी व्हिच बस गोज टू सैन्ट्रल सैक्रेटेरेट?)

दूसरा यात्री: यहां से केन्द्रीय सचिवालय के लिए केवल दो ही बसें हैं।
2nd Passenger: There are only two buses from here to Central Secretariat.
(देअर आर ओन्ली टू बसेज फ्रॉम हिअर टु सैन्ट्रल सैक्रेटेरेट।)

पहला यात्री: कौन सी?

Ist Passenger: Which are those?
(व्हिच आर दोज?)

दूसरा यात्री: नम्बर 220 और 240।

2nd Passenger: Number 220 and 240.
(नम्बर 220 एण्ड 240।)

पहला यात्री: अभी इस नम्बर की कोई बस गई है क्या?

Ist Passenger: Has any bus of this number gone just now?
(हैज एनी बस ऑफ दिस नम्बर गोन जस्ट नाउ?)

दूसरा यात्री: जी हां, एक बस अभी-अभी निकली है। अब आपको पन्द्रह मिनट के बाद अगली बस मिलेगी।

2nd Passenger: Yes, one bus has gone just now. Now, you will get the next bus after 15 minutes.
(यस, वन बस हैज गौन जस्ट नाउ। नाउ यू विल गेट द नैक्स्ट बस आफ्टर फिफ्टीन मिनट्स।)

पहला यात्री: धन्यवाद।

Ist Passenger: Thanks.
(थैंक्स।)

दूसरा यात्री: लगता है आप इस शहर में नए आए हैं?

2nd Passenger: You seem to be new to this city?
(यू सीम टू बी न्यू टू दिस सिटी?)

पहला यात्री: जी हां, मैं अम्बाला का रहने वाला हूं।

Ist Passenger: Yes, I am basically from Ambala.
(यस, आइ एम बेसिकली फ्रॉम अम्बाला।)

दूसरा यात्री: नए लोगों को अक्सर दिल्ली जैसे बडे शहरों में चढ़ने में कठिनाई होती है।

2nd Passenger: Newcomers often find it difficult to board buses in big cities like Delhi.
(न्यू कमर्स ऑफन फाइंड इट डिफिकल्ट टू बोर्ड बसेज इन बिग सिटीज लाइक डेल्हि।)

पहला यात्री: ठीक कहा आपने। यहां की बस सेवा नियमित नहीं है।

Ist Passenger: Of course. Here the bus service is not regular.
(ऑफ-कोर्स। हिअर द बस सर्विस इज़ नॉट रैगुलर।)

दूसरा यात्री: नहीं, यह बात नहीं। आप यह बात कुछ समय पहले कह सकते थे।

2nd Passenger: No, it is not that. You could have said this sometime ago.
(नो, इट इंज नॉट दैट। यू कुड हैव सेड दिस समटाइम एगो।)

पहला यात्री: क्या वास्तव में डी.टी.सी. सेवाओं में सुधार आया है?

Ist Passenger: Is there really some improvement in the D.T.C. service?
(इज देअर रियली सम इम्प्रूवमेंट इन द डी.टी.सी. सर्विसेज?)

दूसरा यात्री: क्यों नहीं? बसों की संख्या बढ़ी हैं। बसों की पारियों में वृद्धि है और कर्मचारी सहयोग करते है।

2nd Passenger: Why not? The number of buses has increased. There are frequent trips and the staff is more cooperative.
(व्हाइ नॉट? द नम्बर ऑफ बसेज हैज इन्क्रीज्ड। देअर आर फ्रिक्वेन्ट ट्रिप्स ऐण्ड स्टाफ इज मोर कोआपरेटिव।)

पहला यात्री: मुझे यह सुनकर प्रसन्नता हुई। लेकिन मैं अपनी राय अपने अनुभवों के आधार पर ही बदलूंगा।

Ist Passenger: I am glad to know that. But I will change my opinions only after my own experiences.
(आइ ऐम ग्लेड टू नो दैट। बट आइ विल चेंज माइ ओपीनियन ओन्लि आफ्टर माइ ओन एक्सपीरियंसेज।)

दूसरा यात्री: ठीक है। लीजिए बस आ गई।

2nd Passenger: All right. Here comes the bus. Please get in.
(ऑल राइट, हिअर कम्स द बस। प्लीज गेट इन।)

पहला यात्री: धन्यवाद। विदा।

Ist Passenger: Thank you. Bye-bye.
(थैंक यू। बाइ-बाइ।)

कक्षा-अध्यापक से बातचीत Talking to the Class Teacher टॉकिंग टु द क्लास टीचर

अभिभावक: मैं श्रीकांत हूं। आपने मेरी लड़की से कहा था कि मैं आपसे आकर मिलूं।	Guardian: I am Shrikant. You had asked my daughter to ask me to see you. (आइ एम श्रीकांत। यू हैड आस्क्ड माई डॉटर टु आस्क मी टु सी यू।)
कक्षा अध्यापक: आपकी लड़की?	C.T: Your daughter? (योर डॉटर . . . .?)
अभिभावक: मधुकान्त।	Guardian: Madhu Kant. (मधुकान्त।)
कक्षा अध्यापक: हां मुझे याद है। मैंने उससे कहा था कि अपने पिताजी से कहना कि आकर मुझसे मिलें।	C.T.: Yes I remember. I had asked her to do so. (यस आइ रिमेम्बर. आई हैड आस्क्ड हर टु डू सो।)
अभिभावक: मैं हाजिर हूं।	Guardian: I am here. (आइ ऐम हिअर।)
कक्षा अध्यापक: धन्यवाद! मैं आपको यह बात बतलाना चाहता हूं कि वह क्लास के साथ नहीं चल पा रही है।	C.T.: Thanks! I want to tell you that she is not keeping pace with the class. (थैंक्स! आइ वांट टू टेल यू दैट शी इज नॉट कीपिंग पेस विद द क्लास।)
अभिभावक: किन विषयों में?	Guardian: In which subjects? (इन व्हिच सब्जेक्ट्स?)
कक्षा अध्यापक: विशेषत: अंग्रेजी में।	C.T.: Particularly in English. (पर्टीकुलरली इन इंग्लिश।)
अभिभावक: बड़ी हैरानी की बात है। पर उसने अर्द्धवार्षिक परीक्षा में तो अच्छे नम्बर लिए थे। क्यों भला?	Guardian: Very strange. But, she did get very good marks in the half yearly examination, didn't she? (वेरी स्ट्रेंज। बट शी डिड गेट वेरी गुड मार्क्स इन हाफ इयरली इक्जामिनेशन, डिडन्ट शी?)
कक्षा अध्यापक: नि:संदेह। मैं पूरी छानबीन करने के बाद आपको यह बता रहा हूं।	C.T.: No doubt, but I am telling you after making a thorough checking. (नो डाउट, बट आइ एम टेलिंग यू आफ्टर मेकिंग ए थॉरो चैकिंग।)
अभिभावक: आपने क्या निष्कर्ष निकाला?	Guardian: What are your findings? (व्हाट आर योवर फाइन्डिंग्स?)
कक्षा अध्यापक: वास्तव में वह नकल करने में सफल हो गयी थी। अब वह मान गयी है कि वह अपने साथ पेपर बम लायी थी।	C.T.: Infact, she was successful in copying. Now, she admits that she had brought some paper bombs with her. (इनफैक्ट, शी वाज सक्सेसफुल इन कापींइग। नाउ शी एडमिट्स दैट शी हैड ब्राट सम पेपर बाम्ब्स विद हर।)
अभिभावक: बड़े खेद की बात है। उसका व्यवहार कैसा है?	Guardian: Very regrettable. How is her general conduct? (वैरी रिग्रेटबिल। हाउ इज हर जनरल कण्डक्ट?)
कक्षा अध्यापक: उसका व्यवहार बहुत अच्छा है। चिन्ता नहीं कीजिए।	C.T.: She is very well behaved. No need to worry about that. (शी इज वेरी वेल बिहैव्ड। नो नीड टू वरी अबाउट दैट।)

अभिभावक: उसकी अंग्रेजी सुधारने के लिए आप क्या कहते हैं।

Guardian: Then, what do you suggest for improving her English?
(देन व्हाट डु यू सजेस्ट फॉर इम्प्रूविंग हर इंग्लिश?)

कक्षा अध्यापक: डायनैमिक मैमरी इंग्लिश स्पीकिंग कोर्स उसके लिए लाभदायक होगी। आप उससे कहिए कि इसे कंठस्थ कर ले।

C.T.: Dynamic Memory English Speaking Course for improving her English will be useful. Tell her to learn it.
(डायनैमिक मैमरी इंग्लिश स्पीकिंग कोर्स फॉर इम्प्रूविंग हर इंग्लिश विल बी यूजफुल। टैल हर टू लर्न इट।)

अभिभावक: कहां से मिलेगी?

Guardian: Where can it be had?
(व्हेयर कैन इट बी हैड?)

कक्षा अध्यापक: दिल्ली में मानक पुस्तकों का एकमात्र प्रकाशक डायमंड पॉकेट बुक्स, X-30 ओखला इंडस्ट्रियल एरिया, फेज-2 से।

C.T.: From the only publisher for standard books in Delhi Diamond Pocket Books, X-30, Okhla Industrial Area, Phase-II.
(फ्रॉम द ओन्लि पब्लिशर फॉर स्टैण्डर्ड बुक्स इन डेल्हि डायमन्ड पॉकेट बुक्स, X-30, ओखला इंडस्ट्रियल एरिया, फेज-2)

अभिभावक: आपके अमूल्य निर्देशन का बहुत-बहुत धन्यवाद।

Guardian: Thanks for your kind guidance.
(थैंक्स फॉर योर काइंड गाइडेंस।)

किताबों की दुकान पर At Bookseller's Shop ऐट बुकसेलर्स शॉप

ग्राहक: आपकी दुकान का नाम 'डायमंड बुक सेंटर' है?

Customer: Is your shop known as Diamond Book Centre?
(इज योअर शॉप नोन ऐज 'डायमंड बुक सेन्टर'?)

दुकानदार: जी हां श्रीमान। आप ठीक जगह पर हैं। कहिए हमारे योग्य सेवा?

Shopkeeper: Yes gentleman. You're right. What can I do for you?
(यस जन्टलमैन, यू आर राहट। व्हाट कैन आइ डू फॉर यू?)

ग्राहक: मैं एक पुस्तक लेने आया हूं।

Customer: I've come to buy a book.
(आइ हैव कम टु बाइ ए बुक।)

दुकानदार: कृपया नाम बताइये। हमारे यहां पर मानक पुस्तकें मिलती हैं।

Shopkeeper: Let me know the title please. We have standard books on every subject.
(लेट मी नो द टाइटल प्लीज। वी हैव स्टैण्डर्ड बुक्स ऑन एबरी सब्जेक्ट।)

ग्राहक: क्या आपके पास डायनैमिक मैमोरी इंगलिश स्पीकिंग कोर्स है?

Customer: Do you have Dynamic Memory English Speaking Course?
(डू यू हैव डायनैमिक मैमोरी इंगलिश स्पीकिंग कोर्स?)

दुकानदार: जी हां यह हमारी प्रसिद्ध पुस्तक है और सर्वाधिक बिकती है।

Shopkeeper: Yes, it's our popular book and also the bestseller.
(यस, इट्स अवर पापुलर बुक एण्ड आल्सो द बैस्ट सैलर।)

ग्राहक: मैं तो इस बारे में कुछ नहीं जानता। मेरे पड़ोसी ने मेरे पुत्र को अंग्रेजी सुधारने हेतु उसे लेने को कहा है। क्या वाकई यह ऐसी है?

Customer: I know nothing about it. My neighbour recommended this one in order to improve my son's English. Is it really so good?
(आइ नो नथिंग एबाउट इट। माई नेबर रिकमैण्डेड दिस वन इन ऑर्डर टु इम्प्रूव माइ सन्स इंगलिश, इज इट रियली सो गुड?)

दुकानदार: जी हां! बहुत लोग इस पुस्तक से परिचित हैं।

Shopkeeper: Yes, of course, many people know about the qualities of this book.
(यस ऑफ कोर्स, मैनी पीपल नो एबाउट द क्वालटीज ऑफ दिस बुक।)

ग्राहक: मेरा लड़का अंग्रेजी माध्यम स्कूल में पढ़ता है।	Customer: My son studies in an English medium school. (माइ सन स्टडीज इन ऐन इंगलिश मीडियम स्कूल।)
दुकानदार: कोई बात नहीं। यह तो हिन्दी माध्यम स्कूलों के लिए भी उतनी ही लाभदायक है।	Shopkeeper: Doesn't matter, it's equally useful for the students of Hindi medium school. (डजंट मैटर, इट्स इक्वली युजफूल फॉर द स्टुडेण्ट्स ऑफ हिन्दी मीडियम स्कूल।)
ग्राहक: यह कैसे संभव है?	Customer: How is that possible? (हाउ इज दैट पासिबल?)
दुकानदार: लेखकों ने प्रत्येक विद्यार्थी के लाभार्थ इस पर बहुत परिश्रम किया है।	Shopkeeper: The authors have taken much pains to make it useful for every student. (द आथर्स हैव टेकन मच पेन्स टू मेक इट युजफूल फॉर एवरी स्टुडैंट।)
ग्राहक: बहुत खूब, तो एक दे दीजिए फिर।	Customer: Very good, pack then one copy, please. (वैरी गुड, पैक दैन वन कॉपी प्लीज।)
दुकानदार: कोई और पुस्तक?	Shopkeeper: Any other book? (एनी अदर बुक?)
ग्राहक: लड़के के लिए एक अच्छा शब्दकोश भी, अगर पास कोई हो?	Customer: A good dictionary also for my son, if you have one. (ए गुड डिक्शनरी आल्सो फॉर माइ सन, इफ यू हैव वन।)
दुकानदार: बिल्कुल है जी। ऑक्सफोर्ड शब्द कोश बच्चों के लिए और बड़ों के लिए एक समान लाभदायक है।	Shopkeeper: Certainly Oxford Dictionary is good equally for children and the grown-ups. (सरटेनली ऑक्सफोर्ड डिक्शनरी इज गुड इक्वली फॉर चिल्ड्रन ऐण्ड द ग्रोनअप्स।)
ग्राहक: और कोई अच्छी सी पुस्तक? मुझे अपने भाई के जन्म दिन पर देनी है।	Customer: Any other good book which I could present to my brother on his birthday. (ऐनी अदर गुड बुक व्हिच आइ कुड प्रजेन्ट टु माई ब्रदर ऑन हिज बर्थडे।)
दुकानदार: वह भी हमारे पास है। यह रहा कहानियों की पुस्तकों का सैट! लेखक हैं श्री जैनैन्द्र कुमार, बच्चों में हिन्दी लेखक के नाते बहुत प्रसिद्ध हैं।	Shopkeeper: That too we have. Here's a set of story books written by Shri Jainendra Kumar, a very popular Hindi writer among children. (दैट टु वी हैव। हेअरस ए सैट ऑफ स्टोरी बुक्स रिटिन बाई श्री जैनेन्द्र कुमार, ए वैरी पापुलर हिन्दी राईटर अमंग चिल्ड्रन।)
ग्राहक: मैं उन्हें अच्छी तरह जानता हूं। यह सैट तो मै छोड़ नहीं सकता।	Customer: I know him very well, I can't leave this set. (आइ नो हिम वैरी वैल, आइ कांट लीव दिस सैट।)
दुकानदार: अपने लिए भी कोई पुस्तक लेना चाहेंगे?	Shopkeeper: Would you like to have some books for yourself? (वुड यू लाइक टु हैव सम बुक्स फॉर योअरसेल्फ?)
ग्राहक: कोई विचार तो नहीं था। सरल हिन्दी में कोई उपन्यास हो तो दिखाइए।	Customer: I hadn't thought of it, anyway, show me a novel if you have in simple Hindi. (आइ हैडन्ट थॉट आफ इट, एनीवे, शो मी ए नॉवेल इफ यू हैव इन सिम्पल हिन्दी।)

दुकानदार: हमारे पास प्रत्येक की रुचि की पुस्तकों का भण्डार है। प्रेमचन्द को चाहते हैं क्या भला?
Shopkeeper: We have a great variety of books for every sort of taste. Do you want Prem Chand's books?
(वी हैव ए ग्रेट वैराइटी ऑफ बुक्स फॉर एवरी सॉर्ट ऑफ टेस्ट। डू यू वांट प्रेमचन्द्स बुक्स?)

ग्राहक: प्रेमचन्द मैंने पढ़ा है कोई और समकालीन लेखक का उपन्यास दें।
Customer: I have read Prem Chand. Give me some other contemporary writer's novel.
(आई हैव रैड प्रेमचन्द। गिव मी सम अदर कन्टेम्पोरेरी राइटर्स नॉवल।)

दुकानदार: तो जैनेन्द्र का उपन्यास ले लें।
Shopkeeper: Then, take this novel of Jainendra.
(देन, टेक दिस नावल ऑफ जैनेन्द्र।)

ग्राहक: जी यह ठीक रहेगा। लाइए पैक कर दीजिए।
Customer: Yes, it will be alright. Please get it packed.
(यस, इट विल बी ऑलराइट। प्लीज गैट इट पैक्ड।)

दुकानदार: धन्यवाद, फिर दर्शन दीजिए।
Shopkeeper: Thanks. Please come again.
(थैंक्स। प्लीज कम अगेन।)

ट्रंककाल बुक करना Booking a Trunk Call बुकिंग अ ट्रंक काल

सब्स्क्राइबर: हैलो एक्सचेंज।
Subscriber: Hello, Exchange.
(हैलो, एक्सचेंज)

आपरेटर: जी एक्सचेंज से बोल रही हूं।
Operator: Yes, Exchange speaking.
(यस, एक्सचेंज स्पीकिंग।)

सब्स्क्राइबर: देवी जी मैं एक ट्रंककाल बुक करना चाहता हूं।
Subscriber: Madam, I want to book a trunk call.
(मैडम, आइ वांट टु बुक ए ट्रंककॉल।)

आपरेटर: आपका फोन नं० क्या है?
Operator: What is your telephone number, Sir?
(वॉट इज योअर टेलिफोन नम्बर, सर?)

सब्स्क्राइबर: मेरा फोन नं० 217109 है।
Subscriber: My Telephone No. is 217109
(माई टेलिफोन नं. इज 217109)

आपरेटर: श्रीमान, किस शहर के लिए?
Operator: For which city, Sir?
(फार व्हिच सिटी, सर?)

सब्स्क्राइबर: चंडीगढ़ के लिए।
Subscriber: It is for Chandigarh please.
(इट इज फार चंडीगढ़ प्लीज।)

आपरेटर: कृपया चंडीगढ़ का नम्बर दीजिए।
Operator: Please give me the Chandigarh no.
(प्लीज गिव मी द चंडीगढ़ नं.)

सब्स्क्राइबर: 28135
Subscriber: 28135.

आपरेटर: क्या यह व्यक्ति के नाम से काल है? आप किससे बात करना चाहते हैं?
Operator: Is it a P.P call? Whom do you want to speak?
(इज इट ए पी.पी. कॉल? हूम डू यू वांट टु स्पीक?)

सब्स्क्राइबर: मैं मिस्टर अतुल अरोड़ा से बात करना चाहता हूं।
Subscriber: I want to speak to Mr. Atul Arora.
(आई वांट टू स्पीक टु मिस्टर अतुल अरोड़ा।)

आपरेटर: आपका रजिस्ट्रेशन नं० है सी-834।
Operator: Your Registration No. is C-834.
(योअर रजिस्ट्रेशन नं इज सी-834।)

सब्स्क्राइबर: जरा एक बार फिर बताइए।
Subscriber: Please tell me once again.
(प्लीज टेल मी वन्स अगेन।)

आपरेटर: सी-834, सी से कप। | Operator: C-834, C-for cup.
(सी-834। सी फार कप।)

सब्स्क्राइबर: धन्यवाद! बात कब तक हो जाएगी? | Subscriber: Thanks, when can I get it?
(थैंक्स, व्हेन कैन आइ गेट इट?)

आपरेटर: दो घंटे लग सकते हैं। | Operator: It may take two hours.
(इट मे टैक टू आवर्स।)

सब्स्क्राइबर: अच्छा मैं प्रतीक्षा कर रहा हूं। | Subscriber: O.K. I am waiting here.
(ओ.के. आइ एम वेटिंग हिअर।)

(दो घंटे पश्चात) | **After two hours) (आफ्टर टू आवर्स)**

आपरेटर: हैलो, यह ट्रंककाल एक्सचेंज है? | Operator: Hello, Trunk Exchange please.
(हैलो, ट्रंक एक्सचेंज प्लीज?)

सब्स्क्राइबर: जी हां, ट्रंक एक्सचेंज से बोल रहा हूं। | Subscriber: Yes please, trunk Exchange speaking,
(यस प्लीज, ट्रंक एक्सचेंज स्पीकिंग।)

आपरेटर: मैंने चंडीगढ़ के लिए लगभग दो घंटे पहले एक काल बुक कराई थी। पर अभी तक कुछ सूचना नहीं। | Operator: I had booked a trunk call to Chandigarh two hours back, but I have not received any information yet.
(आई हैड बुक्ड ए ट्रंक काल टु चंडीगढ टू आवर्स बैक, बट आई हैव नॉट रिसीव्ड एनी इन्फार्मेशन यट।)

आपरेटर: आपका रजिस्ट्रेशन नम्बर? | Operator: Your registration no. please?
(योअर रजिस्ट्रेशन नं. प्लीज?)

सब्स्क्राइबर: सी-834। | Subscriber: C-834
(सी-834।)

आपरेटर: आप कृपया ट्रंक एक्सचेंज इन्क्वायरी को फोन करें। | Operator: Please ring up Trunk Exchange enquiry.
(प्लीज रिंग अप ट्रंक एक्सचेंज इन्क्वायरी।)

सब्स्क्राइबर: हलो, ट्रंक एक्सचेंज एन्क्वायरी? | Subscriber: Hello, is it Trunk Exchange Enquiry?
(हैलो, इज इट ट्रंक एक्सचेंज इन्क्वायरी?)

आपरेटर: जी हां, कहिए मैं आपके लिए क्या कर सकती हूं? | Operator: Yes please, what can I do for you?
(यस प्लीज, व्हाट कैन आई डू फार यू?)

सब्स्क्राइबर: मैंने दो घंटे पहले चंडीगढ़ के लिए एक पी० पी० काल बुक कराई थी। पर अभी तक कोई सूचना नहीं मिली। | Subscriber: I had booked a P.P call to Chandigarh two hours back, but I have not heard anything about it so for.
(आई हैड बुक्ड ए पी.पी. काल टु चंडीगढ़ टू आवर्स बैक, बट आई हैव नॉट हर्ड ऐनीथिंग अवाउट इट सो फार।)

आपरेटर: आप एक मिनट ठहरिए, मैं चैक करती हूँ, चंडीगढ़ लाइन बहुत व्यस्त है। आपकी काल आधे घंटे तक मिल जाएगी। | Operator: Just wait a minute. I will check up, the Chandigarh line is very busy. You will get your call within half an hour.
(वेट ए मिनट, आइ विल चैक अप, चंडीगढ़ लाइन इज वैरी बिजी। यू विल गेट योअर काल विदीन हाफ ऐन आवर।)

सब्स्क्राइबर: धन्यवाद | Subscriber: Thanks.
(थैंक्स।)

आधे घंटे बाद | **After half an hour (आफ्टर हाफ एन आवर)**

आपरेटर: हलो यह 263942 है? | Operator: Hello, is it 263942?
(हैलो, इज इट 263942?)

सब्स्क्राइबर: जी, मैं बोल रहा हूं। — Subscriber: Yes, I am speaking.
(यस, आइ ऐम स्पीकिंग।)

आपरेटर: आपकी चंडीगढ़ की कॉल है- बात करें। — Operator: Here is your P.P. call to Chandigarh. Please speak to your party.
(हिअर इज योअर पी.पी. काल टु चंडीगढ़, प्लीज स्पीक टु योअर पार्टी।

सब्स्क्राइबर: धन्यवाद देवी जी! — ubscriber: Thanks, Madam.
(थैंक्स मैडम!)

तीन मिनट बाद — **After three minutes. (आफ्टर थ्री मिनिट्स।)**

आपरेटर: तीन मिनट समाप्त हो गए। — Operator: Three minutes are over.
(थ्री मिनिट्स आर ओवर।)

सब्स्क्राइबर: कृपया चालू रहने दें, काटिएगा मत। — Subscriber: Please extend time, don't disconnect.
(प्लीज एक्सटेंड टाइम, डॉण्ट डिस्कनेक्ट।)

आपरेटर: अच्छा। — Operator: O.K.
(ओ.के.)

बात पूरी होने पर — **After concluding the talk (आफ्टर कन्क्लूडिंग द टॉक।)**

सब्स्क्राइबर: हैलो, देवीजी। मेरी बात समाप्त हो गई, इसके पैसे बताने की कृपा करें? — Subscriber: Hello, Madam. The talk is over, could you kindly let me know the charges?
(हैलो, मैडम, द टॉक इज ओवर, कुड यू काइन्डली लेट मी नो द चार्जेज़?)

जनरल स्टोर पर At the General Store ऐट द जनरल स्टोर

विक्रेता: मैं आपके लिए क्या कर सकता हूं साहब? — Salesman: What can I do for you sir?
(वॉट कैन आइ डू फॉर यू सर?)

पहला खरीददार: क्या आपके पास कपड़े धोने का 'की' पाउडर है? — Ist Customer: Do you have 'Key' detergent powder?
(डू यू हैव 'की' डिटर्जेन्ट पाउडर?)

विक्रेता: जी हां, ये लीजिए। — Salesman: Yes sir, here it is.
(यस सर, हिअर इट इज।)

पहला खरीददार: कृपया मुझे इसका एक और पैकेट दे दीजिए। — Ist Customer: Please give me one more packet.
(प्लीज गिव मी वन मोर पैकेट।)

विक्रेता: जैसी आपकी इच्छा, साहब। — Salesman: As you wish, sir.
(एज यू विश, सर।)

पहला खरीददार: मुझे इन दोनों का कितना दाम देना पड़ेगा? — Ist Customer: How much I have to pay for these two?
(हाउ मच आइ हैव टु पे फॉर दीज टू?)

विक्रेता: सिर्फ सत्ताईस रुपये, साहब। — Salesman: Just twenty seven rupees, Sir.
(जस्ट ट्वेन्टी सेवन रुपीज, सर।)

पहला खरीददार: ये रहे आपके रुपये। — Ist Customer: Here is your money.
(हिअर इज योअर मनी।)

विक्रेता: धन्यवाद साहब और कुछ? — Salesman: Thank you sir, anything else?
(थैंक यू सर। एनीथिंग एल्स?)

पहला खरीददार: नहीं-नहीं, मुझे बस यही चाहिए था। — Ist Customer: No, no, that was all I wanted.
(नो, नो दैट वाज ऑल आई वान्टेड।)

दूसरा खरीददार: क्या मुझे पियर्स साबुन मिल सकता है?	2nd Customer: May I have a Pears soap? (मे आइ हैव ए पीयर्स सोप?)
विक्रेता: जी हां, एक मिनट में आया, कुछ और?	Salesman: Yes, Yes, Please wait for a minute, anything else? (यस, यस, प्लीज वेट फार ए मिनिट, एनीथिंग एल्स?)
दूसरा खरीददार: अरे हां, मुझे एक फोरहैन्स टूथब्रश और एक फोरहैन्स की टूथपेस्ट चाहिए।	2nd Customer: Oh yes, I want a Forhan's toothbrush and a Forhan's toothpaste. (ओह यस, आइ वांट ए फोरहैन्स टूथ ब्रश ऐण्ड ए फोरहैन्स टूथ-पेस्ट।)
विक्रेता: ये लीजिए आपकी तीनों चीजें।	Salesman: Here are your three things. (हिअर आर योअर थ्री थिंग्स।)
दूसरा खरीददार: अब मुझे इनका कितना पैसा देना है?	2nd Customer: How much I have to pay for them now? (हाउ मच आइ हैव टू पे फॉर देम नाउ?)
विक्रेता: सिर्फ बीस रुपये साहब।	Salesman: Only twenty rupees sir. (ओनली ट्वेन्टी रुपीज सर।)
दूसरा खरीददार: अच्छा ये लीजिए पचास रुपये का नोट। मेरे पास खुले हुए नहीं है।	2nd Customer: Here is a fifty rupee note. I don't have change. (हिअर इज ए फिफ्टी रुपी नोट। आइ डॉन्ट हैव चैंज।)
विक्रेता: ये रहे तीस रुपये। धन्यवाद।	Salesman: Here are your thirty rupees balance. Thank you. (हिअर आर योअर थर्टी रुपीज बैलेंस। थैंक यू।)
तीसरा खरीददार: सुनिए, जरा मुझे दो हिन्दी की कापियां, दो अंग्रेजी की चार लाइनों वाली, दो गणित की और एक अच्छा सा फाउन्टेन पेन दे दीजिए।	3rd Customer: Listen, give me two copies of Hindi, two four-line copies of English, two copies of Maths and one good fountain pen. (लिसन, गिव मी टू कॉपीज ऑफ हिन्दी, टू फोर लाइन कॉपीज ऑफ इंगलिश, टू कॉपीज ऑफ मैथ एण्ड वन गुड फाउन्टेन पेन।)
विक्रेता: अच्छा साहब।	Salesman: Yes Sir. (यस सर।)
तीसरा खरीददार: कृपया इन सबको बंधवा दीजिए।	3rd Customer: Please get them packed. (प्लीज गैट दैम पैक्ड।)
विक्रेता: ये रहा आपका पैकेट और ये रहा अठारह रुपये साठ पैसे का बिल।	Salesman: Here is your packet and the bill of 18 rupees 60 paise. (हेअर इज युअर पैकेट एण्ड द बिल आफ एटीन रुपीज सिक्स्टी पैसे)
तीसरा खरीददार: धन्यवाद, ये रहे आपके रुपये।	3rd Customer: Thank you. Here is your money. (थैंक यू, हिअर इज योअर मनी।)
विक्रेता: धन्यवाद साहब।	Salesman: Thank you Sir. (थैंक यू सर।)

डिपार्टमेंटल स्टोर पर At the Departmental Store ऐट द डिपार्टमेंटल स्टोर

दुकानदार: आइए, कहिए, मैं आपकी क्या सेवा कर सकता हूं?	Shopkeeper: Please come. What can I do for you? (प्लीज कम, वॉट कैन आइ डू फॉर यू?)
मि. जैन: हम कुछ साड़ियां खरीदना चाहते हैं।	Mr. Jain: We want to buy some sarees. (वी वान्ट टू बाइ सम सारीज।)
दुकानदार: जी, आप कृपया काउंटर नं० 5 पर चलें।	Shopkeeper: Yes Sir, Please proceed to counter No.5. (यस सर, प्लीज प्रोसीड टू काउन्टर नं. 5।)

मि. जैन: धन्यवाद, आओ शीला चलें।	Mr. Jain: Thank you, Let's go Sheela. (थैंक यू, लैट्स गो शीला)
सेल्सगर्ल: आपका स्वागत है, मैडम।	Salesgirl: Welcome Madam. (वेलकम मैडम।)
मि. जैन: कृपया कुछ साड़ियां दिखाइए।	Mr. Jain: Please show me some sarees. (प्लीज शो मी सम सारीज।)
सेल्सगर्ल: प्रसन्नता से देखिये, कौन सी दिखाऊं?	Salesgirl: Very gladly, which saree do you like? (वेरी ग्लैडली, व्हिच सारी डू यू लाइक?)
मि. जैन: सूती, खटाऊ या औरंगाबादी?	Mr. Jain: Cotton, Khatau or Aurangabadi? (कॉटन, खटाऊ ऑर औरंगाबादी?)
पत्नी: दोनों दिखाइए।	Wife: Show us both. (शो अस बोथ)
मि. जैन: वो दिखाइए जो शोकेस में रखी है।	Mr. Jain: Show me that one which is displayed in your show window. (शो मी दैट वन व्हिच इज डिस्प्लेड इन योअर शो विंडो।)
सेल्सगर्ल: एक मिनट रुकिए, मैं वही लाती हूं।	Salesgirl: Wait a minute, I'll bring that for you. (वेट ए मिनट, आइ-ल ब्रिंग दैट फार यू।)
मि. जैन: उसके साथ और साड़ियां भी दिखाइए।	Mr. Jain: Show me other sarees along with that. (शो मी अदर सारीज अलोंग विद दैट।)
सेल्सगर्ल: अभी लाती हूं।	Salesgirl: Bringing. (ब्रिंगिंग।)
पत्नी: इस वैराइटी की और रंगों में कुछ साड़ियां दिखाइए।	Wife: Show me few more sarees of this variety in different colours. (शो मी फ्यू मोर सारीज ऑफ दिस वैराइटी इन डिफरेंट कलर्स।)
सेल्सगर्ल: इस समय ये दो साड़ियां ही हैं।	Salesgirl: At present, only these two are available. (ऐट प्रेजेण्ट ओनली दीज टू आर ऐवलेबिल।)
पत्नी: पर आप कहते थे कि आपके पास तो बहुत साड़ियां हैं।	Wife: But, you were saying that you had a large stock of sarees. (बट यू वर सेइंग दैट यू हैड ए लार्ज स्टॉक ऑफ सारीज।)
सेल्सगर्ल: जी हां, थीं, पर बाकी सब बिक गईं, इस साड़ी को लोगों ने बहुत पसंद किया।	Salesgirl: Of course, we had, but all the rest are sold. This variety of sari has been very popular. (ऑफ कोर्स, वी हैड, बट आल द रेस्ट आर सोल्ड। दिस वेरायटी ऑफ सारी हैज बीन वैरी पॉपुलर।)
मि. जैन: यह लाल साड़ी कैसी है?	Mr. Jain: What about that red one? (व्हाट अबाउट दैट रेड वन?)
सेल्सगर्ल: यह प्योर सिल्क की है, इसका दाम केवल 365 रुपये है, मेरे कहने से आप इसे ले लीजिए।	Salesgirl: This is a pure silk sari. Its cost is Rs. 365 only. I would suggest you to purchase it. (दिस इज ए प्योर सिल्क सारी। इट्स कॉस्ट इज रुपीज 365 ओनली, आइ वुड सजेस्ट यू टू परचेज इट।)
पत्नी: टिकाऊ भी है?	Wife: Is it durable? (इज इट ड्यूरेबिल?)

सेल्सगर्लः निश्चयपूर्वक श्रीमति जी।

Salesgirl: Certainly madam.
(सरटेनली मैडम।)

पत्नीः अच्छा फिर यही दे दो।

Wife: All right, then pack this one.
(ऑल राइट, देन पैक दिस वन।)

सेल्सगर्लः आपके आने का धन्यवाद। फिर आइएगा।

Salesgirl: Thanks for your visit. Please visit again.
(थैंक्स फार युअर विजिट। प्लीज विजिट अगेन।)

मि. जैनः (पत्नी से) और क्या खरीदना है?

Mr. Jain: (To wife) What else are to be purchased?
(टु वाइफ) (व्हाट ऐल्स आर टु बी परचेज्ड?)

पत्नीः बबलू के लिए शर्ट पीस, मुन्नी के लिए सूट पीस और आपके शेव का सामान और जूते।

Wife: A shirt piece for Bablu, a suit length for Munni and a shaving set and a pair of shoes for you.
(ए शर्ट पीस फार बबलू, ए सूट लेंथ फार मुन्नी एण्ड ए शेविंग सेट एण्ड ए पेयर आफ शूज फार यू।)

मि. जैनः अभी छोड़ो, देर हो रही है।

Mr. Jain: Come, leave it now, we are getting late.
(कम, लीव इट नाउ, वी आर गैटिंग लेट।)

पत्नीः अभी पांच ही तो बजे हैं। चलो, जूते तो खरीद लो।

Wife: It is five yet, let us purchase shoes for you.
(इट इज फाइव यट, लेट अस परचेज शूज फार यू।)

मि. जैनः चलो, जूते वाले काउन्टर पर चलें।

Mr. Jain: Come, let us move to the shoes counter.
(कम, लेट अस मुव टु द शूज काउन्टर।)

सैल्समैनः आपके लिए सैंडिल दिखाऊं मैडम?

Salesman: Should I show sandles for you madam?
(शुड आइ शो सैंडल्स फार यू मैडम?)

पत्नीः नहीं, नहीं, इनके लिए जूते दिखाओ।

Wife: No, no show shoes for him.
(नो नो, शो शूज फार हिम।)

सैल्समैनः किस रंग के? काले या ब्राऊन?

Salesman: Of what colour? Black or brown?
(ऑफ व्हाट कलर, ब्लैक ऑर ब्राऊन?)

मि. जैनः काले दिखाइए।

Mr. Jain: Show me black.
(शो मी ब्लैक।)

सैल्समैनः लीजिए, यह देखिए बहुत मजबूत है।

Salesman: Please try this pair, it is quite durable.
(प्लीज ट्राइ दिस पेअर, इट इज क्वाइट ड्यूरेबिल।)

मि. जैनः हां बहुत अच्छा है, फिट है, इसे बांध दीजिए।

Mr. Jain: Yes, it is good and fits me well, pack it.
(यस, इट इज गुड ऐण्ड फिट्स मी वेल, पैक इट।)

सैल्समैनः धन्यवाद पेमेन्ट कैस काउन्टर पर कीजिए।

Salesman: Thanks, make the payment at the cash counter.
(थैंक्स, मेक द पेमेण्ट ऐट द कैश काउन्टर।)

रेलवे प्लेटफार्म पर On the Railway Platform ऑन द रेलवे प्लेटफॉर्म

प्र. यात्रीः (कुली से) नं. 3 प्लेटफार्म किधर है?

Passenger 1: (To Kuli). Where is platform No. 3?
(व्हेयर इज प्लेटफार्म नं. 3?)

कुलीः पुल पर दाई तरफ, वहां लिखा भी होगा।

Kuli: Across the over-bridge to the right. It is written there.
(अक्रॉस द ओवर ब्रिज टु द राइट। इट इज रिटिन देअर।)

प्र. यात्रीः मुम्बई वाली डीलक्स प्लेटफार्म नं. 3 पर ही आती है न?

Passenger 1: Mumbai board deluxe arrives on No.3 platform?
(मुम्बई बोर्ड डीलक्स अराइव्ज ऑन नं. 3 प्लेटफार्म?)

कुली: जी हां।

Kuli: Yes please.
(यस प्लीज।)

प्र. यात्री: धन्यवाद।

Passenger 1: Thanks.
(थैंक्स।)

दू. यात्री: आप मुम्बई जा रहे हैं, मैं भी बम्बई जा रहा हूं।

Passenger 2: Are you proceeding to Mumbai, I am also going there.
(आर यू प्रोसीडिंग टु मुम्बई, आइ ऐम आल्सो गोइंग देअर।)

प्र. यात्री: यह तो बहुत अच्छा हुआ। साथ रहेगा और यात्रा सुखद रहेगी।

Passenger 1: It is very nice. We shall be together and the journey will be pleasant.
(इट इज वेरी नाइस, वी शैल बी टुगेदर एण्ड द जर्नी विल बी प्लेजेण्ट।)

दू. यात्री: गाड़ी मुम्बई कितने देर में पहुंच जायेगी?

Passenger 2: How long will the train take to reach Mumbai?
(हाउ लोंग विल द ट्रेन टेक टु रीच मुम्बई?)

प्र. यात्री: लगभग चौबीस घंटे, तेरह सौ किलोमीटर से ज्यादा का सफर है।

Passenger 1: About 24 hours. It is more than thirteen hundred kms. journey.
(अबाउट 24 आवर्स। इट इज मोर दैन थर्टीन हन्ड्रेड कि.मी. जर्नी।)

दू. यात्री: आपके पास सिर्फ यही अटैची है?

Passenger 2 : You have only this attache?
(यू हैव ओन्ली दिस अटैची?)

प्र. यात्री: जी हां, मैं सफर में ज्यादा सामान लेकर नहीं चलता।

Passenger 1: Yes Sir, I like to travel light.
(यस सर, आइ लाइक टु ट्रेवल लाइट।)

दू. यात्री: आप घूमने जा रहे हैं या आप वहीं रहते हैं?

Passenger 2: Are you going on a pleasure trip or do you live there?
(आर यू गोइंग ऑन ए प्लेजर ट्रिप ऑर डू यू लिव देअर?)

प्र. यात्री: जी हां, मैं वहीं रहता हूं, अंधेरी में मेरी पुस्तकों की दुकान है।

Passenger 1: Yes, I do live there at Andheri, I own a book shop there.
(यस आइ डू लिव देअर ऐट अंधेरी, आइ ओन ए बुक शॉप देअर।)

दू. यात्री: मैं वहां पहली बार जा रहा हूं, क्या आप कुछ दर्नीय स्थानों के नाम बताने की कृपा करेंगे?

Passenger 2: I am going there for the first time. Would you please suggest me some places of tourist interest?
(आइ ऐम गोइंग देअर फॉर द फर्स्ट टाइम, वुड यू प्लीज सजेस्ट मी सम प्लेसेस ऑफ टूरिस्ट इंटरेस्ट?)

प्र. यात्री: क्यों नहीं! और वहां मुझे एक-आध बार आपका साथ देने में भी खुशी होगी।

Passenger 1: Why not, I would be glad to accompany you there once or twice.
(व्हाइ नॉट! आइ वुड बी ग्लैड टु अकम्पनी यू देअर वन्स ऑर ट्वाइस।)

दू. यात्री: शुक्रिया, पर मैं आपको तकलीफ नहीं देना चाहता, मेरे एक दो मित्र वहां हैं–पर आपसे मैं वहां मिलूंगा, फिर मिलकर कोई प्रोग्राम बना सकते हैं।

Passenger 2: Thanks, but I do not want to trouble you, there are one or two friends of mine, but I would like to see you there, then we can chalkout a programme.
(थैंक्स, बट आइ डू नॉट वांट टु ट्रबल यू, देअर आर वन ऑर टू फ्रेन्ड्स ऑफ माइन, बट आइ वुड लाइक टु सी यू देअर, देन वी कैन चाकआउट ए प्रोग्राम।)

प्र. यात्री: ठीक है, जैसी आपकी इच्छा।

Passenger 1: O.K. As you please.
(ओ.के. ऐज यू प्लीज।)

दू. यात्री: आप मुम्बई का अपना पता बता दीजिये।	Passenger 2: Please tell me your address of Mumbai. (प्लीज टेल मी युअर एड्रेस ऑफ मुम्बई।)
प्र. यात्री: अभी तो लम्बा सफर काटना है, गाड़ी में ही पता और फोन नं. लिखवा दूंगा।	Passenger 1: We have to travel along. I shall give you my address and the phone no. in the train. (वी हैव टु ट्रैवल अलांग। आइ शैल गिव यू माइ एड्रेस एण्ड द फोन न. इन द ट्रेन।)
दू. यात्री: मैं सी कोच में हूं और आप?	Passenger 2: I am in C coach and you? (आइ एम इन सी कोच एण्ड यू?)
प्र. यात्री: मैं भी इसी में हूं।	Passenger 1: I am also in the same coach. (आइ ऐम आल्सो इन द सेम कोच।)
दू. यात्री: अच्छा आइये, एक प्याला चाय पी लें, गाड़ी छूटने में अभी कुछ देर है।	Passenger 2: Well, let us have a cup of tea, there is still some time in train's departure. (वैल, लेट अस हैव ए कप ऑफ टी, देअर इज स्टिल सम टाइम इन ट्रेन्स डिपार्चर।)
प्र. यात्री: ठीक है, आओ चलें।	Passenger 1: O.K. Let us move. (ओ.के. लैट अस मूव।)

दुर्घटना An Accident एन एक्सीडेंट

श्याम: हैलो रवि, क्या बात है, यहां इतनी भीड़ क्यों है?	Shyam: Hello, Ravi, what's the matter? Why have so many people gathered here? (हैलो रवि, व्हाट्स द मैटर? व्हाई हैव सो मैनी पीपुल गैदर्ड हिअर?)
रवि: अभी कुछ देर पहले एक बस और एक मोटर साइकिल की टक्कर हो गई।	Ravi: A few minutes ago, a bus and a motor cycle collided with each other. (ए फ्यू मिनिट्स ऐगो, ए बस ऐण्ड ए मोटर साइकिल कोलाइडेड विद ईच अदर।)
श्याम: पर ये दुर्घटना हुई कैसे?	Shyam: But, how did the accident take palce? (बट हाउ डिड दी एक्सीडेन्ट टेक प्लेस?)
रवि: लोग कह रहे थे, बस चालक ने शराब पी हुई थी और वह असावधानी से गाड़ी चला रहा था।	Ravi: People were saying that the bus driver was drunk and he was driving very rashly. (पीपुल वर सेइंग दैट द बस ड्राइवर वाज ड्रंक एण्ड ही वाज ड्राइविंग वैरी रैशली।)
श्याम: गलती तो बस चालक की ही हुई।	Shyam: Then, it was his fault. (देन इट वाज हिज फॉल्ट।)
रवि: हां, पर बेचारा मोटर साइकिल वाला तो...	Ravi: Yes, but the poor motorcycle driver was ... (यस, बट द पुअर मोटर साइकिल ड्राइवर वाज . . .)
श्याम: क्यों? बहुत चोट आई क्या?	Shyam: Why, is he hurt badly? (व्हाइ, इज ही हर्ट बैडली?)
रवि: हां उसकी दोनों टांगों में फ्रैक्चर हो गया है और मोटर साइकिल की दशा भी दयनीय है।	Ravi: Yes, both his legs have been fractured and the vehicle is in a very bad shape. (यस बोथ हिज लैग्स हैव बीन फ्रैक्चर्ड ऐण्ड द वॅहिकल इज इन वैरी बैड शेप।)

श्याम: यह तो बहुत बुरा हुआ। बस चालक को चोट नहीं आई?

Shyam: Oh! That was very bad. Is the bus driver also hurt?
(ओह! देट वाज वैरी बैड। इज द बस ड्राइवर आल्सो हर्ट?)

रवि: बस चालक के तो सिर में चोट आई है पर ये अच्छा हुआ कि बस में कोई यात्री नहीं था।

Ravi: His head is injured. But, fortunately, there was no passenger in the bus.
(हिज हेड इज इंजर्ड। बट फॉर्चूनेटली देअर वाज नो पैसेंजर इन द बस।)

श्याम: दोनों को किसी पास के ही अस्पताल में ले जाते। सब तमाशा देख रहे हैं।

Shyam: Both should have been taken to the nearby hospital. People are just watching.
(बोथ शुड हैव बीन टेकन टु द नीअरबाइ हास्पिटल, पिपुल आर जस्ट वाचिंग।)

रवि: अरे! इसकी फुर्सत किसको है? फिर गवाही की परेशानी भी तो है।

Ravi: Oh! Who has the time? Then, there is the problem of witness.
(ओह! हू हैज द टाइम? देन देअर इज द प्रॉब्लम ऑफ विटनेस।)

श्याम: हां, आजकल किसी की मदद करना खुद एक परेशानी मोल लेना भी तो है।

Shyam: Of Course. Now-a-days, helping someone means inviting trouble for yourself.
(आफ कोर्स। नाउ ए डेज हैल्पिंग समवन मीन्स इनवाइटिंग ट्रबल फार योअरसेल्फ।)

रवि: तुम ठीक कहते हो। हमारे चारों ओर अपराध हो रहे हैं पर कोई जानते हुए भी पुलिस के चक्कर में फंसने के डर से पहल नहीं करता।

Ravi: You are right. There are crimes all around us, but nobody takes the initiative for fear of getting into trouble with the police.
(यू आर राइट। देअर आर क्राइम्स आल अराउंड अस, बट नोबॉडी टेक्स द इनिशिएटिव फार फिअर आफ गेटिंग इन्टु ट्रबल विद द पुलिस।)

श्याम: दिल्ली में बसों से यात्रा करना भी तो आसान नहीं। जिसे देखो वही असावधानी पूर्वक गाड़ी चलाता है।

Shyam: It is not convenient to travel too in Delhi buses. Whosoever drives his vehicle carelessly.
(इट इज नॉट कन्विनिएन्ट टु ट्रेवल इन डेल्हि बसेज। हूसोएवर ड्राइव्स हिज वेहिकल केअरलैसली।)

रवि: सड़क के दोनों तरफ लगे यातायात निर्देशों का पालन करना चालक अपनी शान के खिलाफ समझते हैं।

Ravi: The drivers think it against their dignity to observe traffic directions displayed on both sides of the road.
(द ड्राइवर्स थिंक इट अगेंस्ट देअर डिगनिटी टु ऑब्जर्व ट्रैफिक डाइरेक्शन्स डिसप्लेड ऑन बोथ साइड्स ऑफ द रोड।)

श्याम: और आजकल के नवयुवक अपनी गाड़ी 70 कि.मी. प्रति घंटा की रफ्तार से नीचे चलाना पसंद नहीं करते। कहते हैं मजा नहीं आता।

Shyam: And, the youngman of today don't like to drive below the speed of 70 k.m. They say do not relish it.
(एण्ड द यंगमैन ऑफ टुडे डोन्ट लाइक टु ड्राइव बिलो द स्पीड ऑफ 70 किलोमीटर पर आवर! दे से डू नाट रेलिश इट।)

रवि: सड़क दुर्घटनाओं का मुख्य कारण चालकों की असावधानी है।

Ravi: The main reason of road accidents is the driver's carelessness.
(द मेन रीजन ऑफ रोड एक्सीडेंट्स इज द ड्राइवर्स केयरलेसनेस।)

श्याम: और इस असावधानी के कारण हर रोज इतनी मौतें होती हैं। आज मोटर साइकिल चालक की अच्छी किस्मत थी जो मरने से बच गया।

Shyam: And, because of this carelessness there are so many deaths every day. Today it was motorcycle driver's good fortune that he escaped from death.
(ऐण्ड बिकाज आफ दिस केअरलेसनेस देअर आर सो मेनी डेथ्स एबरी डे। टुडे इट वाज मोटर साइकिल ड्राइवर्स गुड फोरच्यून दैट ही एस्केप्ड फ्रॉम डैथ।)

रवि: मैं तो इसीलिए ट्रकों और बसों से हटकर अपना स्कूटर चलाता हूं।

Ravi: That is why, I drive my scooter quite at a distance from trucks and buses.
(दैट इज व्हाइ आइ ड्राइव माइ स्कूटर क्वाइट एट ए डिस्टेंस फ्राम ट्रक्स ऐण्ड बसेज।)

श्याम: मैंने तो अपनी मोटर साइकिल की रफ्तार 40 कि.मी. प्रति घंटे पर ही करवा रखी है।

Shyam: I have got the speed of my motorcycle fixed at 40 km per hour.
(आइ हैव गॉट द स्पीड ऑफ माई मोटर साइकिल फिक्स्ड ऐट 40 किलोमीटर पर आवर।)

रवि: दुर्घटनाओं से बचने का सबसे आसान उपाय है यातायात निर्देशों का पालन करना और गाड़ी चलाते समय सावधानी बरतना।

Ravi: The easiest way to avoid accidents is to follow traffic directions and to take precautions while driving.
(द इजीएस्ट वे टु अवाइड एक्सीडेंट्स इज टु फॉलो ट्रैफिक डाइरेक्शंस ऐण्ड टु टेक प्रिकाशन्स व्हाइल ड्राइविंग।)

श्याम: तुम ठीक कहते हो। चलो चलते हैं। यहां भीड़ और बढ़ाने से क्या फायदा।

Shyam: You are right. Let us go. It is no use adding to the crowd here.
(यू आर राइट। लैट अस गो। इट इज नो यूज एडिंग टु द क्राउड हिअर।)

हवाई अड्डे पर — At the Airport — ऐट द एयरपोर्ट

यात्री: ओह! ड्राइवर जल्दी करो।

Passenger: Oh! Driver hurry up please.
(ओह! ड्राइवर हरी अप प्लीज।)

ड्राइवर: हम आ गए जनाब।

Driver: We have come, Sir.
(वी हैव कम सर।)

यात्री: कितने पैसे बने?

Passenger: What's the fare please?
(व्हाट्स द फेअर प्लीज?)

ड्राइवर: केवल बीस रुपये।

Driver: Only twenty rupees.
(ओन्ली ट्वेन्टी रुपीज!)

यात्री: लो यह बीस रुपये।

Passenger: Take these twenty rupees.
(टेक दीज ट्वेन्टी रुपीज।)

पोर्टर: आपको कौन सी फ्लाइट पकड़नी है?

Porter: Which flight do you want to catch?
(विच फ्लाइट डू यू वांट टु कैच?)

यात्री: चेन्नई वाली, जल्दी करो, भाई।

Passenger: Chennai bound, hurry up.
(चेन्नई बाउन्ड, हरी अप।)

पोर्टर: आप चिन्ता न करें, अभी काफी समय है। आपके पास सामान क्या है?

Porter: You need not worry, there is still sufficient time. How much luggage do you have?
(यू नीड नॉट वरी, देअर इज स्टिल सफीशिएंट टाइम। हाउ मच लगेज डू यू हैव?)

यात्री: केवल दो थैले।	Passenger: Only two bags. (ओन्ली टू बैग्स।)
पोर्टर: ठीक है! इधर से आइए। इस काउंटर पर सामान का भाड़ा दे दीजिए।	Porter: All right! Come this way. Please pay at that counter for the luggage. (आल राइट! कम दिस वे। प्लीज पे एट दैट काउंटर फॉर द लगेज।)
घोषणा: कृपया ध्यान दीजिए। चेन्नई जाने वाले यात्रियों से अनुरोध है कि वे टिकिट काउंटर पर अपना सामान चेक करा लें। धन्यवाद!	Voice of P.A. System: Your attention please! Chennai bound passengers are requested to get their luggage checked at the ticket counter. Thanks! (योअर अटेंशन प्लीज! चैन्नई बाउन्ड पेसैंजर्स आर रिक्वेस्टेड टु गेट देअर लगेज चैक्ड ऐट द टिकट काउंटर। थैक्स!)
टि.का.अ.: क्या मैं आपका टिकट देख सकता हूं?	T. C. O.: May I see your ticket please? (मे आई सी योअर टिकिट प्लीज?)
यात्री: जी हां, ये रहा टिकट।	Passenger: Certainly, here is the ticket. (सरटेनली, हिअर इज द टिकिट।)
टि.का.अ.: धन्यवाद, अपना सामान मशीन पर रखिए।	T. C. O.: Thanks, please put your luggage on the machine. (थैंक्स, प्लीज पुट योअर लगेज ऑन द मशीन।)
यात्री: वजन ज्यादा तो नहीं?	Passenger: Is the weight in excess? (इज द वेट इन एक्सेस?)
टि.का.अ.: जी नहीं, ठीक है। ये रहा आपके सामान का टिकट।	T. C. O.: No, it is all right! Here is the ticket for your luggage. (नो, इट इज आल राइट! हिअर इज द टिकट फॉर योअर लगेज।)
यात्री: धन्यवाद!	Passenger: Thanks! (थैंक्स!)
टि.का.अ.: ये रहा आपके हैन्ड बैग का बिल्ला। यह आपका टिकट और बोर्डिंग कार्ड।	T. C. O.: Here is a tag for your hand bag. Here is your ticket and boarding card. (हिअर इज ए टैग फॉर योअर हैंडबैग। हिअर इज योअर टिकट एण्ड बोर्डिंग कार्ड।)
यात्री: अब मुझे क्या करना है?	Passenger: What have I to do now? (व्हाट हैव आइ टु डू नाउ?)
टि.का.अ.: आप लांज में चलिए। थोड़ी ही देर में दरवाजा खुलने पर आपके लिए बस आ जाएगी जो आपको हवाई जहाज तक ले जाएगी।	T. C. O.: You please move to the lounge. After sometime when the gate opens there would be a bus, which would take you to the aerodrome. (यू प्लीज मूव टु द लाउन्ज। आफ्टर सम टाइम व्हेन द गेट ओपन्स, देअर वुड बी ए बस, विच वुड टेक यू टू द एअरोड्रम।)
घोषणा: कृपया ध्यान दें! चेन्नई जाने वाले सभी यात्रियों से निवेदन है कि वे सुरक्षा अधिकारी की ओर चलें।	Announcement: Attention please! All Chennai bound passengers are requested to move towards the Security Officer. (अटेंशन प्लीज! ऑल चेन्नई बाउंड पैसेंजर्स आर रिक्वैस्टेड टु मूव टूवर्ड्स द सिक्यूरिटी आफिसर।)
एस.ओ.: आपके पास कोई हथियार आदि तो नहीं?	S. O.: You don't have any arms etc.? (यू डोण्ट हैव ऐनी आर्म्स इटसैटरा?)

यात्री: जी नहीं!

Passenger: No please.
(नो प्लीज!)

एस.ओ.: लाइए बैग दीजिए। इसे भी चैक करना है।

S. O.: Please give me the bag, it too is to be checked.
(प्लीज गिव मी द बैग, इट टू इज टु बी चैक्ड।)

यात्री: लीजिए! . . . ठीक है ना?

Passenger: Take it! Is it all right?
(टेक इट!... इज इट ऑल राइट?)

एस.ओ.: जी हां, ठीक है। अपना बोर्डिंग कार्ड दिखाइए, उस पर मोहर लगानी है।

S. O.: Yes, it is O.K., show me your boarding card, it is to be stamped.
(यस, इट इज ओ.के. शो मी योअर बोर्डिंग कार्ड। इट इज टु बी स्टैम्पड।)

यात्री: यह रहा बोर्डिंग कार्ड।

Passenger: Here is the boarding card.
(हिअर इज द बोर्डिंग कार्ड।)

एस.ओ.: (मोहर लगाकर) आप इसे रखें। [यात्री कार्ड लेकर अगले लांज में प्रतीक्षा करता है।]

S. O.: (After Stamping) You keep it please. (The passenger takes the card and waits in the lounge).
(आफ्टर स्टैम्पिंग) यू कीप इट प्लीज। (द पैसेंजर टेक्स द कार्ड ऐण्ड वेट्स इन द लाउन्ज।)

घोषणा: चेन्नई जाने वाला जहाज उड़ान के लिए तैयार है। यात्रियों से निवेदन है कि वे एयरक्राफ्ट की ओर चलें और बोर्डिंग कार्ड दिखाने के लिए तैयार रखें।

Announcement: Chennai bound plane is ready to take off. Passengers are requested to move towards the aircraft and to keep their boarding cards ready for checking.
(चेन्नई बाउन्ड प्लेन इज रेडी टू टेक ऑफ। पैसेंजर्स आर रिक्वेस्टेड टु मूव टुवड्र्स द एअरक्राफ्ट ऐण्ड टु कीप देअर बोर्डिंग काड्र्स रेडी फॉर चैकिंग।)

परिचारिका: इधर से आइए महाशय... दूसरी बस में बैठिए। यह आपको हवाई जहाज तक ले जाएगी।

Hostess: Come this way Sir, board the other bus....this will take you to the plane.
(कम दिस वे सर... बोर्ड दी अदर बस... दिस विल टेक यू टू द प्लेन)

यात्री: धन्यवाद मिस!

Passenger: Thank you Miss!
(थैंक यू मिस!)

बैंक में खाता खोलना At the Bank (Opening an Account)
ऐट द बैंक (ओपनिंग एन अकाउंट)

ग्राहक: मैं मैंनेजर से मिलना चाहता हूं।

Customer: I want to see the Manager.
(आइ वांट टु सी द मैनेजर।)

कर्मचारी: कृपया इधर आइए! आप हैं मैनेजर।

Worker: Please come here. Meet Mr. Manager.
(प्लीज कम हेअर। मीट मिस्टर मैनेजर।)

मैनेजर: (हाथ मिलाते हुए) मैं आपकी क्या सेवा कर सकता हूं?

Manager: (Shaking hands) What can I do for you?
([शेकिंग हैंड्स?]। व्हाट कैन आइ डू फॉर यू?)

ग्राहक: मैं बचत खाता खोलना चाहता हूं।

Customer: I want to open a savings account.
(आइ वांट टु ओपन् ए सेविंग्स अकाउन्ट।)

मैनेजर: बड़ी प्रसन्नता से, बैठिए। (कर्मचारी से) बचत खाता के कागज लाओ।

Manager: With great pleasure, (to worker) please bring savings accounts papers.
(विद ग्रेट प्लेजर (टु वर्कर) प्लीज ब्रिंग सेविंग्स अकाउन्ट्स पेपर्स।)

ग्राहक: धन्यवाद, मैं कितने रुपयों से बचत खाता खोल सकता हूं?

Customer: Thanks, what amount is needed to open a savings account?
(थैंक्स, व्हाट अमाउंट इज नीडेड टु ओपन ए सेविंग्स अकाउंट?)

मैनेजर: बचत खाता आप केवल पांच सौ रुपये से खोल सकते हैं।

Manager: You can open a savings account with initial deposit of five hundred rupees.
(यू कैन ओपन ए सेविंग्स अकाउंट विद इनीशियल डिपोजिट ऑफ फाइव हन्डरेड रुपीज।)

ग्राहक: मैं अपनी पत्नी के साथ संयुक्त खाता खोलना चाहता हूं।

Customer: I want to open a joint account with my wife.
(आइ वांट टु ओपन ए ज्वाइंट अकाउंट विद माई वाइफ।)

मैनेजर: यदि आपकी पत्नी भी आपके साथ हो।

Manager: If your wife is also here with you.
(इफ योअर वाइफ इज आल्सो हिअर विद यू।)

ग्राहक: नहीं, अभी वे यहां नहीं हैं। थोड़ी देर बाद उनको यहां ला सकता हूं।

Customer: No, she is not here at the moment. But, I can bring her here after some time.
(नो, शी इज नॉट हिअर एट द मोमेन्ट। बट आई कैन ब्रिंग हर हिअर आफ्टर सम टाइम।)

मैनेजर: ठीक है। उनकी उपस्थिति जरूरी है, पर मैं आपको संयुक्त खाता खोलने के कागजात दे सकता हूं।

Manager: O.K. Her presence is essential, but I can give you the forms for opening a joint account.
(ओ.के., हर प्रैजेंस इज एसेन्शियल, बट आइ कैन गिव यू द फार्म्स फॉरे ओपनिंग ए ज्वाइंट अकाउन्ट।)

ग्राहक: ठीक है, मैं चेक बुक भी लेना चाहता हूं।

Customer: Well, I would like to have a cheque book also.
(वैल, आई वुड लाइक टु हैव ए चेक बुक आल्सो।)

मैनेजर: आप चेक बुक ले सकते हैं, लेकिन आपके खाते में तब हमेशा कम से कम हजार रुपये जरूर रहने चाहिए।

Manager: You can have a cheque book. But, there must be a minimum balance of Rs.1000 all the time.
(यू कैन हैव ए चेक बुक, बट देअर मस्ट बी ए मिनिमम बैलेंस ऑफ रुपीज 1000 ऑल द टाइम।)

ग्राहक: ठीक है। मैं समझ गया।

Customer: That's right. I have understood.
(दैट्स राइट, आइ हैव अन्डरस्टुड।)

मैनेजर: ये लीजिए फार्म, इन्हें भर कर ले आइये। आपका खाता खोल दिया जाएगा।

Manager: Take the forms, bring them duly filled in. Your account will be opened.
(टेक द फार्म्स, ब्रिंग देम ड्यूली फिल्ड इन। योअर अकाउन्ट विल बी ओपन्ड।)

ग्राहक: धन्यवाद।

Customer: Thanks.
(थैंक्स।)

बीमार से मुलाकात Visiting a Patient विजिटिंग ए पेशन्ट

दिव्या: वार्ड नं. पांच किधर है?

Divya: Where is ward no. five?
(व्हेअर इज वार्ड न. फाइव?)

कर्मचारी: यहां से सीधे जाकर बाएं मुड़ जाइए, वहां पूछ लीजिए।

Worker: Go straight and turn to the left, enquire there.
(गो स्ट्रेट एण्ड टर्न टु द लेफ्ट, इन्क्वायर देअर।)

दिव्या: धन्यवाद... सीधे जाकर बाएं?

Divya: Thanks... straight and then left?
(थैंक्स... स्ट्रेट एण्ड देन लेफ्ट?)

कर्मचारी: जी हां।	Worker: Yes Madam. (यस मैडम।)
दिव्या: अब आपके भाई की तबियत कैसी है?	Divya: How is your brother now? (हाउ इज योअर ब्रदर नाउ?)
मीनू: पहले की तुलना में ठीक है।	Meenu: He is better than before. (ही इज बैटर दैन बिफोर।)
दिव्या: किस डॉक्टर का इलाज चल रहा है।	Divya: Who is treating him? (हू इज ट्रीटिंग हिम?)
मीनू: डॉक्टर ठुकराल... वे हृदय रोग विशेषज्ञ हैं।	Meenu: Dr. Thukral... He is a heart specialist. (डॉ. ठुकराल... ही इज ए हार्ट स्पेशलिस्ट।)
दिव्या: कितने दिन हो गए हैं यहां अस्पताल में आए हुए?	Divya: For how many days have you been here in the hospital? (फॉर हाउ मेनी डेज हैव यू बीन हिअर इन द हॉस्पिटल?)
मीनू: पंद्रह दिन हो गए। पहले चार-पांच दिन काफी खतरे में रहे।	Meenu: For fifteen days. First four five days were very dangerous. (फॉर फिफ्टीन डेज। फर्स्ट फोर फाइव डेज वर वैरी डेंजरस।)
दिव्या: अच्छा अब डॉ. ठुकराल क्या कहते हैं? कितने दिन यहां और रहना होगा?	Divya: Well! Now, what does Dr. Thukral say? How many more days will you have to stay here? (वेल! नाउ, वॉट डज डा. ठुकराल से? हाउ मेनी मोर डेज विल यू हैव टु स्टे हिअर?)
मीनू: कल ही बात हुई थी। अभी एक सप्ताह और लगेगा।	Meenu: Only yesterday I had a talk. It will take still another week. (ओन्ली यस्टरडे आइ हैड ए टॉक। इट विल टेक स्टिल एनदर वीक।)
दिव्या: डॉ. ठुकराल के इलाज से आपको संतोष है? डॉ. खन्ना भी यहां हैं।	Divya: Are you satisfied with Dr. Thukral's treatment? Dr. Khanna is also here. (आर यू सेटिसफाइड विद डॉ. ठुकराल्स ट्रीटमेंट? डॉ. खन्ना इज ऑल्सो हिअर।)
मीनू: हां हैं, वे भी आए थे देखने। भैया जब इन्टेंसिव केयर यूनिट में थे तो डॉ. खन्ना डॉ. ठुकराल के साथ आते थे।	Meenu: Yes, he is. He too came to see when my brother was in the intensive care unit, Dr. Khanna used to come with Dr. Thukral. (यस, ही इज। ही टू केम टु सी वैन माई ब्रदर वाज इन इन्टेंसिव केअर यूनिट, डॉ. खन्ना यूज्ड टु कम विद डॉ. ठुकराल।)
दिव्या: मेरे पिताजी को हार्ट ट्रबल हुई थी तो यहां डॉ. खन्ना ने ही इलाज किया था।	Divya: Dr. Khanna treated my father, when he had heart trouble. (डॉ. खन्ना ट्रीटेड माई फादर वैन ही हैड हार्ट ट्रबल।)
मीनू: हां, मुझे भी पता चला था, पर मैं तो उन दिनों बाहर गई हुई थी।	Meenu: Yes, I too came to know, but had been out of station in those days. (यस, आइ टू केम टु नो, बट हैड बीन आउट ऑफ स्टेशन इन दोज डेज।)
दिव्या: पिताजी तो बस बच गये थे। हम लोग तो बहुत घबरा गए थे।	Divya: Father just got cured. We were very much nonplussed. (फादर जस्ट गॉट क्यूअर्ड। वी वर वेरी मच नानप्लसड।)

मीनू: ऐसा ही होता है! हमारे सबके हाथ-पैर फूल गये थे... पर अब थोड़ा चैन है।

Meenu: It happens so! We all became nervous, but now there is some relief.
(इट हैपन्स सो! वी ऑल बिकेम नर्वस बट नाउ देअर इज सम रिलीफ।)

दिव्या: चिन्ता मत करना, सब ठीक हो जाएगा, हां अच्छा हो जाने के बाद काफी आराम लेने दीजिए।

Divya: Don't worry, all will be well. Yes, let him take sufficient rest even after he gets well.
(डोण्ट वरी, ऑल विल बी वेल, यस, लेट हिम टेक सफिशियेंट रेस्ट ईवन आफ्टर ही गेट्स वेल।)

मीनू: हां, यह तो होगा ही। हमें बहुत ख्याल रखना होगा।

Meenu: Yes, it would be. We shall have to take great care.
(यस, इट वुड बी। वी शैल हैव टु टेक ग्रेट केअर।)

दिव्या: कई रोगी ठीक होते ही बदपरहेजी करने लगते हैं और फिर बीमारी के चंगुल में आ जाते हैं।

Divya: Many patients stop observing abstinence as soon as they recover and relapse.
(मैनी पेशेन्ट्स स्टॉप आब्जर्विंग एबस्टिनेंस ऐज सून ऐज दे रिकवर ऐण्ड रीलेप्स।)

मीनू: मैं तो बहुत ध्यान रखूंगी... हम पहले भी ऐसा धोखा खा चुके हैं।

Meenu: I will take great care. We have already been deceived.
(आइ विल टेक ग्रेट केअर। वी हैव ऑलरेडी बीन डिसीव्ड।)

दिव्या: अब खाने को क्या दे रहे हैं?

Divya: What food is being given?
(व्हाट फूड इज बीइंग गिवन?)

मीनू: अब तो सामान्य खाना चल रहा है। भैया की सिगरेट बंद।

Meenu: Now, the usual diet is being given. Bhaiya is not allowed to smoke.
(नाउ द युजअल डाइट इज बीइंग गिवन। भैया इज नॉट अलाउड टू स्मोक।)

दिव्या: यह तो होना ही था। क्या आपके भैया सिगरेट ज्यादा पीते थे?

Divya: It was to be. Did your brother smoke cigarettes heavily?
(इट वाज टु बी। डिड योअर ब्रदर स्मोक सिग्रेट्स हैवली।)

मीनू: उसी का तो नतीजा है यह बीमारी।

Meenu: This disease is the result of all that.
(दिस डिजीज इज द रिजल्ट ऑफ ऑल दैट।)

दिव्या: अच्छा, मेरे योग्य कोई सेवा हो तो बताओ।

Divya: Well, any service for me.
(वैल एनी सर्विस फॉर मी।)

मीनू: नहीं, तुम आई। इसके लिए धन्यवाद।

Meenu: No, thanks for your visit.
(नो, थैंक्स फोर योअर विजिट।)

दिव्या: नहीं मीनू, औपचारिकता कुछ नहीं।

Divya: No Meenu, no formalities.
(नो मीनू, नो फारमल्टीज।)

मीनू: धन्यवाद ठीक है दिव्या, आना फिर।

Meenu: Thanks, O.K. Divya, come again.
(थैंक्स, ओ.के. दिव्या, कम अगेन।)

पता पूछना Asking the Address आस्किंग द एड्रेस

विनय: क्या आप यहीं रहते हैं?

Vinay: Do you live here?
(डू यू लिव हिअर?)

मोहन: जी हां, कहिए, मैं आपकी क्या सेवा कर सकता हूं?

Mohan: Yes Sir, tell me what can I do for you?
(यस सर, टैल मी, व्हाट कैन आई डू फोर यू?)

विनय: मैं दिल्ली में अनजान हूं। आप बता सकते हैं कि आदर्श नगर किस तरफ है?	Vinay: I am a stranger in Delhi. Could you tell me where is Adarsh Nagar? (आइ ऐम ए स्ट्रेंजर इन डेल्हि। कुड यू टेल मी व्हेयर इज आदर्श नगर?)
मोहन: जी हां, आदर्श नगर पुरानी दिल्ली की प्रसिद्ध सब्जी मंडी, आजादपुर से थोड़ा आगे है।	Mohan: Yes sir, Adarsh Nagar is little ahead to famous Azadpur Subzi Mandi of old Delhi. (यस सर, आदर्श नगर इज लिटिल अहेड टु फेमस आजादपुर सब्जी मण्डी ऑफ ओल्ड डेल्हि।)
विनय: यह पता है, जहां मैं जाना चाहता हूं।	Vinay: This is the address where I want to go. (दिस इज दी एड्रेस वेअर आइ वांट टु गो।)
मोहन: अच्छा, आपको आदर्श नगर नहीं, सी.सी. कॉलोनी जाना है।	Mohan: Well you have to go to C.C. Colony and not to Adarsh Nagar. (वैल, यू हैव टु गो टु सी.सी. कॉलोनी ऐण्ड नॉट टु आदर्श नगर।)
विनय: जी हां, जी हां।	Vinay: Yes, yes. (यस, यस।)
मोहन: आपका पता है, ए-45 सी.सी. कॉलोनी।	Mohan: Your address is A-45 C.C. Colony. (योअर एड्रैस इज ए-45 सी.सी. कॉलोनी।)
विनय: बिल्कुल ठीक! आदर्श नगर सी.सी. कालोनी के पास है न?	Vinay: Quite right! Is not Adarsh Nagar near C.C. Colony? (क्वाइट राइट्! इज नॉट आदर्श नगर नीअर सी.सी. कालोनी?)
मोहन: आप केन्द्रीय सचिवालय पर खड़े हैं। यदि आप यहां से विलिंग्टन हॉस्पिटल होते हुए मंदिर मार्ग पकड़ें... फिर मॉडल बस्ती से गुजरते हुए रोशनआरा रोड... घंटाघर होकर सीधे राणाप्रताप बाग की तरफ जाएं... आगे दाईं ओर सी.सी. कालोनी है।	Mohan: Your are at Central Secretariat. If you take Mandir Marg passing by Willington Hospital, then pass through Model Basti, Roshanara Road, Ghanta Ghar and go straight towards Rana Pratap Bagh, ahead to the right is C.C. Colony. (यू आर ऐट सेण्ट्रल सेक्रीटेरियट। इफ यू टेक मंदिर मार्ग पासिंग थ्रू मॉडल बस्ती, रोशनारा रोड़, घंटाघर ऐण्ड गो स्ट्रेट टुवर्ड्स राणा प्रताप बाग, अहेड टु द राइट इज सी.सी. कॉलोनी।)
विनय: धन्यवाद आगे मैं फिर पूछ लूंगा।	Vinay: Thanks, I shall enquire more ahead. (थैंक्स, आइ शैल एन्क्वायर मोर अहेड।)
मोहन: जी हां, ठीक है।	Mohan: Yes, O.K. (यस, ओके।)
विनय: (थोड़ी दूर जाकर) यह मंदिर मार्ग है न?	Vinay: (After going little farther) Is this Mandir Marg? ([आफ्टर गोइंग लिटिल फार्दर] इज दिस मंदिर मार्ग।)
दूसरा यात्री: जी हां, मंदिर मार्ग है, आपको कहां जाना है?	Second Passenger: Yes, it is Mandir Marg. Where do you want to go? (यस, इट इज मंदिर मार्ग। व्हेअर डू यू वांट टू गो?)
विनय: मुझे सी.सी. कालोनी जाना है।	Vinay: I want to go to C.C. Colony. (आइ वांट टु गो टु सी.सी कालोनी।)
दूसरा यात्री: आप ठीक रास्ते पर हैं, यहां से सीधे रास्ते पर हो जाइए . . फिर रानी झांसी रोड से आगे पूछ लीजिए।	Second Passenger: You are on the right way. Take to the left after going straight from here. Then enquire further at Rani Jhansi Road. (यू आर ऑन द राइट वे। टेक टु द लैफ्ट आफ्टर गोइंग स्ट्रेट फ्रॉम हियर-देन एन्क्वायर फर्दर ऐट रानी झांसी रोड।)

विनय: धन्यवाद भाई! Vinay: Thanks brother!
(थैंक्स ब्रदर!)

विनय: क्या यह सी.सी. कॉलोनी है? Vinay: Is it C.C.Colony?
(इज इट सी.सी. कालोनी?)

तीसरा यात्री: जी नहीं, यह शक्तिनगर है। सी.सी. कालोनी आगे है। Third Passenger: No Sir, this is Shakti Nagar. C.C. Colony is ahead.
(नो सर, दिस इज शक्ति नगर। सी.सी. कालोनी इज अहेड।)

विनय: अब कितनी दूर रह गई है? Vinay: How far is it now?
(हाउ फार इज इट नाउ?)

तीसरा यात्री: बस थोड़ी दूर है। Third Passenger: Just little ahead.
(जस्ट लिटिल अहेड।)

विनय: यहां से सीधा जाना होगा? Vinay: Straight walk from here?
(स्ट्रेट वॉक फ्रॉम हिअर?)

तीसरा यात्री: जी हां, सीधे जाकर एक बड़ा सा गेट आयेगा, उसी के दाएं तरफ सी.सी. कालोनी है। Third Passenger: Yes please, going straight you will see a big gate, right to that is C.C. Colony.
(यस प्लीज, गोइंग स्ट्रेट यू विल सी ए विग गेट, राइट टु दैट इज सी.सी. कालोनी।)

विनय: मुझे ब्लाक नं. ए-45 जाना है। Vinay: I have to go to block no. A-45.
(आई हैव टु गो टु ब्लाक नं. ए-45)

तीसरा यात्री: वह तो सड़क के किनारे ही है। मैं ए-45 में रहता हूं। Third Passenger : That is just near the road. I live at A-45.
(दैट इज जस्ट निअर द रोड। आइ लिव एट ए-45।)

विनय: अच्छा, कैसा संयोग है? Vinay: Well, what a coincidence?
(वैल, व्हाट ए कॉइन्सिडेंस?)

तीसरा यात्री: आप जरा ठहरें, मैं वह सामान उठा लूं-फिर मैं आपके साथ चलता हूं। Third Passenger: You wait a little please, let me carry this luggage, then I shall accompany you.
(यू वेट ए लिटिल प्लीज, लेट मी कैरी दिस लगेज, देन आइ शैल अकम्पनी यू।)

विनय: ठीक है, धन्यवाद। Vinay: All right, Thank you.
(ऑल राइट, थैंक्यू।)

साक्षात्कार के समय Facing an Interview फेसिंग एन इन्टरव्यू

प्रत्याशी: (जल्दी से आकर) क्या इन्टरव्यू शुरू हो गया? Candidate: (Hurrying) Has the interview commenced?
([हरीइंग] हैज द इन्टरव्यू कमेन्स्ड?)

चपरासी: जी हां, लगभग आधा घंटा हो गया है। Peon: Yes Sir, about half an hour has lapsed since.
(यस सर, अबाउट हाफ ऐन आवर हैज लेप्सड सिंस।)

प्रत्याशी: मेरा नाम रामकुमार है, अभी बुलाया तो नहीं? Candidate: My name is Ramkumar. Have I not been called yet?
(माइ नेम इज राजकुमार। हैव आइ नॉट बीन कॉल्ड यट?)

चपरासी: अभी तो नहीं बुलाया, पर इसके बाद आपका ही नम्बर है। Peon: Not yet, but after this it is your turn.
(नॉट यट, बट आफ्टर दिस इट इज योअर टर्न।)

प्रत्याशी: ओह! मैं समय पर आ गया।	Candidate: Oh! I am in time. (ओह! आइ ऐम इन टाइम।)
चपरासी: समय पर नहीं। आप देर से आए हैं। आगे से ध्यान रखिएगा।	Peon: Not in time, you are late! Be careful in future. (नॉट इन टाइम, यू आर लेट! बी केअरफुल इन फ्यूचर।)
प्रत्याशी: ठीक है भाई! ध्यान रखूंगा।	Candidate: O.K. brother! I shall be. (ओ.के. ब्रदर! आइ शैल बी।)
प्रत्याशी: क्या मैं अंदर आ सकता हूं?	Candidate: May I come in Sir? (मे आइ कम इन सर?)
अधिकारी: आइए, अंदर आ जाइए।	Officer: Yes, please come in. (यस, प्लीज़ कम इन।)
प्रत्याशी: नमस्ते सर।	Candidate: Good morning Sir. (गुड मार्निंग सर।)
अधिकारी: गुड मार्निंग, बैठिए।	Officer: Good morning, please sit down. (गुड मार्निंग, प्लीज सिट डाउन।)
प्रत्याशी: जी धन्यवाद।	Candidate: Thank you, sir. (थैंक्यू सर।)
अधिकारी: आपका नाम क्या है?	Officer: What is your name? (व्हाट इज योअर नेम?)
प्रत्याशी: मेरा नाम रामकुमार है।	Candidate: Sir, my name is Ram Kumar. (सर, माइ नेम इज राजकुमार।)
अधिकारी: आपका सरनेम?	Officer: What is your surname? (व्हॉट इज योअर सरनेम?)
प्रत्याशी: जी, मैं सरनेम का प्रयोग नहीं करता।	Candidate: Sir, I don't use my surname. (सर, आइ डोन्ट यूज माई सरनेम।)
अधिकारी: ओ. के., बहुत अच्छी, आपकी शैक्षणिक योग्यता क्या है?	Officer: O.K. Very good. What is your educational qualification? (ओ.के. वैरी गुड! व्हाट इज योअर एजूकेशनल क्वालीफिकेशन?)
प्रत्याशी: मैंने एम.ए. किया है, इसी वर्ष।	Candidate: I have passed my M.A. this year. (आइ हैव पास्ड माई एम. ए. दिस इअर।)
अधिकारी: हूं, एम.ए. दिल्ली विश्वविद्यालय से?	Officer: Ya, M.A. from Delhi University? (या, एम.ए. फ्राम डेल्ही यूनीवर्सिटी?)
प्रत्याशी: जी हां, एम.ए. दिल्ली से, उसके पूर्व बी.ए. आगरा से किया था।	Candidate: Yes Sir, M.A. from Delhi, before that B.A. from Agra. (यस सर, एम.ए. फ्राम डेल्ही, बिफोर दैट बी.ए. फ्राम आगरा।)
अधिकारी: आपके बी.ए. के विषय?	Officer: What were your subjects in B.A.? (व्हाट वर योअर सब्जेक्ट्स इन बी.ए.?)
प्रत्याशी: महोदय, मैंने हिंदी, अंग्रेजी, राजनीतिशास्त्र और अर्थशास्त्र पढ़ा है।	Candidate: Sir, I studied Hindi, English, Political Science and Economics. (सर, आइ स्टडीड हिन्दी, इंगलिश, पोलिटिकल साइंस एण्ड इकोनोमिक्स।)

अधिकारी: आपकी कोई हॉबी?

Officer: What is your hobby?
(व्हाट इज योअर हॉबी?)

प्रत्याशी: चित्रकारी, महोदय।

Candidate: Painting Sir.
(पेंटिंग सर।)

अधिकारी: यह तो बड़ी खर्चीली होती है।

Officer: But, I think painting is a very costly hobby.
(बट आइ थिंक, पेंटिंग इज ए वैरी कॉस्टली हॉबी।)

प्रत्याशी: जी हां, काफी खर्चीली है।

Candidate: Yes Sir, it is quite costly.
(यस सर, इट इज क्वाइट कास्टली।)

अधिकारी: आप कॉलेज में नौकरी क्यों चाहते हैं?

Officer: Why do you want a job in college?
(व्हाइ डू यू वॉन्ट ए जॉब इन कालेज?)

प्रत्याशी: मुझे पढ़ाने में रुचि है।

Candidate: I have interest in teaching.
(आइ हैव इन्टरेस्ट इन टीचिंग।)

अधिकारी: केवल रुचि या कोई और कारण भी?

Officer: Only interest or anyother reason too?
(ओन्ली इन्टरेस्ट ऑर एनीअदर रीजन टू?)

प्रत्याशी: रुचि के साथ मैं यह भी समझता हूं कि नयी पीढ़ी को शिक्षित करना हमारा कर्त्तव्य है।

Candidate: Along with interest, I think that it is our duty to teach the new generation.
(एलोंग विद इन्टरेस्ट आइ थिंक दैट इट इज ऑवर ड्यूटी टू टीच द न्यू जेनेरेशन।)

अधिकारी: हिन्दी के किसी बड़े कवि का नाम बताइए, उसकी पुस्तक का नाम भी।

Officer: Name any famous poet of Hindi, name his book also?
(नेम ऐनी फेमस पोएट ऑफ हिन्दी, नेम हिज बुक आल्सो।)

प्रत्याशी: जी, तुलसीदास और उसकी प्रसिद्ध पुस्तक का नाम है रामचरित मानस। यह महाकाव्य है।

Candidate: Yes, Tulsidas and his famous book is Ramcharit Manas. It is an epic.
(यस, तुलसीदास ऐण्ड हिज फेमस बुक इज रामचरित मानस। इट इज ऐन एपिक।)

अधिकारी: अंग्रेजी साहित्य के किसी बड़े कवि-आलोचक का नाम लो और उसकी प्रसिद्ध रचना भी बताओ।

Officer: Name some great poet-critic of English and tell his famous creation?
(नेम सम ग्रेट पोएट क्रिटिक ऑफ इंगलिश एण्ड टेल हिज फेमस क्रिएशन।)

प्रत्याशी: टी.एस. एलियट। कविता का नाम है - वैस्ट लैण्ड।

Candidate: T.S. Eliot, the poem is Wasteland.
(टी.एस. एलियट। द पोयम इज वैस्ट लैंड।)

अधिकारी: इससे पहले कहीं पढ़ाया है?

Officer: Have you taught anywhere before?
(हैव यू टॉट ऐनीवेअर बिफोर?)

प्रत्याशी: जी हां, बी.ए.बी.टी. के बाद चार वर्ष स्कूल में भाषा का अध्यापक रहा हूं।

Candidate: Yes Sir, after B.A.B.T. I have been a language teacher for four years in a school.
(यस सर, आफ्टर बी.ए.बी.टी. आइ हैव बीन अ लैंग्वेज टीचर फॉर फोर ईयर्स इन ए स्कूल।)

अधिकारी: पढ़ाते-पढ़ाते एम.ए. किया है?

Officer: Did your M.A. while in teaching?
(डिड योअर एम.ए. वाइल इन टीचिंग?)

प्रत्याशी: जी हां, क्योंकि मैं उन्नति करना चाहता था।	Candidate: Yes Sir, because I wanted to progress. (यस सर, बिकॉज आइ वान्टेड टु प्रोग्रेस।)
अधिकारी: यह तो बहुत अच्छा है।	Officer: It is very good. (इट इज वैरी गुड)
प्रत्याशी: मैंने पी. एच.डी. करने का भी निश्चय किया है।	Candidate: I am determined to do Ph. D. (आइ एम डिटरमाइन्ड टु डू पी.एच.डी.)
अधिकारी: अच्छा मि. रामकुमार... हम आपको समय पर सूचित कर देंगे।	Officer: Well, Mr. Ram Kumar... we shall inform you in time. (वैल मि. रामकुमार... वी शैल इनफॉर्म यू इन टाइम।)
प्रत्याशी: धन्यवाद सर, नमस्ते।	Candidate: Thanks Sir. Namaste. (थैंक्स सर, नमस्ते।)

अर्थ-संबंधी बातचीत Financial Matters फाइनैन्शियल मैटर्स

मि. कुमार: आइए, आइए, क्या हालचाल है?	Mr. Kumar: Come, come, how do you do? (कम, कम, हाउ डू यू डू?)
मिस सरोज: ठीक है, सब आपकी कृपा है।	Miss Saroj: I'm O.K., by your grace. (आयम ओ.के.बाइ योअर ग्रेस।)
मि. कुमार: आपने कुछ सुना?	Mr. Kumar: Did you hear something? (डिड यू हिअर समथिंग?)
मिस सरोज: किस विषय में?	Miss Saroj: About what? (अबाउट व्हॉट?)
मि. कुमार: आपको नहीं मालूम डॉ. यश को पुरस्कार मिला है?	Mr. Kumar: Don't you know Dr. Yash has got the prize? (डोंट यू नो डॉ. यश हैज गॉट द प्राइज?)
मिस सरोज: यह तो वाकई खुशी की बात है।	Miss Saroj: It is really a matter of pleasure. (इट इज रीयली ए मैटर ऑफ प्लैजर।)
मि. कुमार: हां, एक लेखक के लिए यह तो अच्छा हुआ।	Mr. Kumar: Yes, it goes well for a writer. (यस, इट गोज वैल फॉर ए राइटर।)
मिस सरोज: अब उनकी आर्थिक दशा भी कुछ सुधर जाएगी।	Miss Saroj: Now, his financial position will also improve to some extent. (नाउ, हिज फाइनेंशियल पोजीशन विल ऑल्सो इम्प्रूव टु सम एक्सटेंट।)
मि. कुमार: पैसे के अभाव में अच्छा आदमी भी कितनी परेशानी में रहता है।	Mr. Kumar: How a nice man is also in trouble for want of money. (हाउ ए नाइस मैन इज ऑल्सो इन ट्रबल फॉर वान्ट ऑफ मनी।)
मिस सरोज: कितनी कठिनाई से वह अपना समय गुजार रहे थे।	Miss Saroj: With what difficulty he was passing his days. (विद व्हॉट डिफीकल्टी ही वॉज पासिंग हिज डेज।)
मि. कुमार: पत्नी और बच्चों की दशा भी देखी नहीं जाती थी, बड़ी दयनीय थी।	Mr. Kumar: The condition of wife and children was hopeless, it was pitiable. (द कंडीशन ऑफ वाइफ ऐण्ड चिल्ड्रेन वाज होपलैस, इट वाज पिटिएबल।)

मिस सरोज: हम लोग तो काफी समय तक पड़ोसी रहे हैं।
Miss Saroj: We have been neighbours for a long time.
(वी हैव बीन नेबर्स फॉर ए लांग टाइम।)

मि. कुमार: पैसे के अभाव में भी उन्होंने कभी कोई गलत काम नहीं किया।
Mr. Kumar: He never did anything wrong even while in need of money.
(ही नेवर डिड एनीथिंग रांग ईवन वाइल इन नीड ऑफ मनी।)

मिस सरोज: उनका एक नाटक भी तो मंचित हुआ है।
Miss Saroj: His play has also been staged.
(हिज प्ले हैज ऑल्सो बीन स्टेज्ड।)

मि. कुमार: हां, मैं देखने गया था। रेडियो पर भी उसकी तारीफ हुई।
Mr. Kumar: Yes, I went to see it. It was praised much on radio too.
(यस, आइ वेंट टु सी इट। इट वाज प्रेज्ड मच ऑन रेडियो टू।)

मिस सरोज: आखिर आदमी को उसकी मेहनत और संतोष का फल तो मिलता है।
Miss Saroj: At last a man's labour and contentment are rewarded.
(ऐट लास्ट ए मैन्स लेबर ऐण्ड कन्टेन्टमेंट आर रिवार्डेड।)

मि. कुमार: देखना, एक दिन यह लेखक हमारे देश का नाम रोशन करेगा।
Mr. Kumar: You will see one day that this author brings fame to the country.
(यू विल सी वन डे दैट दिस ऑथर ब्रिंग्स फेम टु द कंट्री।)

मिस सरोज: मैं आज भी उसे बड़ा लेखक ही मानती हूं।
Miss Saroj: I consider him to be a big writer even today.
(आइ कन्सीडर हिम टु बी ए बिग राइटर इवन टुडे।)

मि. कुमार: तुम जाकर उन्हें बधाई तो दे आना। मैं आज उनके पास गया था।
Mr. Kumar: You go and congratulate him. I had been to him today.
(यू गो ऐण्ड कांग्रेचुलेट हिम। आई हैड बीन टु हिम टुडे।)

मिस सरोज: अच्छा, तो मैं भी आज जाऊंगी।
Miss Saroj: Well, I shall also go today.
(वैल, आइ शैल ऑल्सो गो टुडे।)

मि. कुमार: कितना अच्छा लगता है जब अपने किसी परिचित का नाम ऊंचा उठता है।
Mr. Kumar: How pleasing it is to see some familiar one's name rising in fame.
(हाउ प्लीजिंग इट इज टु सी सम फैमिलियर वन्स नेम राइजिंग इन फेम।)

मिस सरोज: अच्छा मैं चलूं। इस सूचना के लिए धन्यवाद।
Miss Saroj: Well, now I shall move. Thanks for this information.
(वैल, नाउ आइ शैल मूव। थैंक्स फॉर दिस इन्फार्मेशन।)

मि. कुमार: अच्छा, फिर मिलेंगे।
Mr. Kumar: O.K., see you.
(ओ.के. सी यू।)

दैनिक कठिनाइयाँ Day-to-Day Difficulties डे टु डे डिफिकल्टीज

रमेश: कहो सतीश, क्या हाल चाल है?
Ramesh: Hello Satish, how do you do?
(हैलो सतीश, हाउ डू यू डू?)

सतीश: कुछ मत पूछो दोस्त, मंहगाई के कारण बुरा हाल है।
Satish: Don't ask anything friend, the shape of things is very bad because of inflation.
(डोन्ट आस्क एनीथिंग फ्रेंड, द शेप ऑफ थिंग्स इज वैरी बैड बिकॉज ऑफ इनफ्लेशन।)

रमेश: हां! यह तो है, हर चीज महंगी हो गई है। Ramesh: Yes it is so, every commodity has become dearer.
(यस, इट इज सो, एवरी कमॉडिटी हैज बिकम डियरर।)

सतीश: घी और तेल की कीमतें ही कम नहीं हो रही है। Satish: The prices of ghee and oil are not coming down.
(द प्राइसेज ऑफ घी एण्ड ऑइल आर नॉट कमिंग डाउन।)

रमेश: सरकार द्वारा ठोस कदम उठाए जाने पर भी परिणाम कुछ नहीं। Ramesh: Inspite of the fact that, government has taken stern measures, the result is nil.
(इन स्पाइट ऑफ द फैक्ट दैट गवर्नमेंट हैज टेकन स्टर्न मैजर्स, द रिजल्ट इज निल।)

सतीश: ऐसा कब तक चलेगा दोस्त? Satish: How long will it go like this?
(हाउ लांग विल इट गो लाइक दिस?)

रमेश: मेरे विचार से यह उतार-चढ़ाव मौसमी ही है। कुछ समय बाद ठीक हो जाएगा। Ramesh: In my view, this rise and fall is seasonal. It will be alright after sometime.
(इन माई व्यू दिस राइज ऐण्ड फॉल इज सीजनल। इट विल बी ऑलराइट आफ्टर समटाइम।)

सतीश: क्या आप ऐसा समझते हैं? भाव एक बार ऊपर चढ़ने के बाद कभी नीचे उतरे हैं क्या? Satish: Do you think so? Have the rates ever come down after rising?
(डू यू थिंक सो? हैव द रेट्स एवर कम डाउन आफ्टर राइजिंग?)

रमेश: हां, यह तो है। Ramesh: Yes, it is so.
(यस, इट इज सो।)

सतीश: हमारे देश को तो गरीबी और बेरोजगारी नहीं पनपने दे रही है। Satish: Poverty and unemployment are not letting our country prosper.
(पॉवर्टी ऐण्ड अनएम्प्लायमेंट आर नॉट लैटिंग अवर कंट्री प्रोस्पर।)

रमेश: महिलाएं क्या करें? घर तो उन्हें ही चलाना पड़ता है? Ramesh: After all what can ladies do? They have to run the household.
(आफ्टर ऑल व्हाट कैन लेडीज डू? दे हैव टु रन द हाउसहोल्ड।)

सतीश: इसका कोई उपाय भी तो नहीं। Satish: There is no solution for it.
(देअर इज नो सोल्यूशन फॉर इट।)

रमेश: हमें अपनी आवश्यकताएं सीमित करनी चाहिए। Ramesh: We should limit our needs.
(वी शुड लिमिट अवर नीड्स।)

सतीश: तीन करोड़ लोग बेरोजगार हैं। वह अपने को कहां तक सीमित करेंगे? Satish: Three crore people are unemployed. How far can they limit their needs?
(थ्री करोर पीपल आर अनइम्प्लॉयड। हाउ फार कैन दे लिमिट देअर नीड्स?)

रमेश: हां, यह समस्या तो ज्वलंत है। Ramesh: Yes, this is a burning problem.
(यस, दिज इज ए बर्निंग प्राब्लम।)

सतीश: और हमारे लिए एक चुनौती भी है। Satish: And a challenge too for us.
(एण्ड ए चैलेंज टू फॉर अस।)

रमेश: संयम और विचार से ही हम इस पर काबू पा सकते हैं।

Ramesh: It can be overcome only by discipline and deliberation.
(इट कैन बी ओवरकम ओन्ली बाई डिसिप्लिन ऐण्ड डेलिबरेशन।)

सतीश: कहते तो ठीक हो लेकिन खाली डब्बे और खाली कनस्तर देखकर हिम्मत टूट जाती है।

Satish: What you say is right but empty boxes and canisters make the heart lose.
(व्हाट यू से इज राइट बट एम्प्टी बॉक्सेज ऐण्ड कनिस्टर्स मेक द हार्ट लूज।)

रमेश: बस एक ही उपाय है, खर्चे कम करके काम चलाओ।

Ramesh: The only remedy is, curtail expenses and make both ends meet.
(दी ओन्ली रेमेडी इज, करटेल एक्सपेन्सेज ऐण्ड मेक बोथ एन्ड्स मीट।)

सतीश: अच्छा दोस्त, कुछ सामान खरीदना है, चलता हूं।

Satish: O.K. friend, I move, I have to purchase some articles.
(ओ.के. फ्रेंड, आइ मूव, आई हैव टु परचेज सम आर्टिकल्स।)

PART FIFTH
पाँचवां भाग

आप इसमें पाएंगे–

- शब्दों से वाक्यों की रचना कैसे की जाए।
- आवश्यकतानुसार शब्द-निर्माण की रूपरेखा।
- शब्द-निर्माण व वाक्य-रचना में सहायक तत्त्व।
- रोजमर्रा के जीवन में उपयोगी शब्द भंडार।

आवश्यक बातें

किसी भी भाषा को चमत्कारिक व प्रभावपूर्ण बनाने के लिए आवश्यक है सटीक शब्दों द्वारा वाक्यों का समुचित प्रयोग करना। हां! यदि आप शब्द-निर्माण की क्षमता व वाक्यों का उचित प्रयोग करना चाहते हैं तो इस भाग को अवश्य पढ़ें और शब्द-रचना शब्द-भंडार और तमाम शब्दों द्वारा भाषा को अलंकारिक बना सकते हैं। शब्दों के भेद-प्रभेद, स्वर-व्यंजन, उपसर्ग-प्रत्यय को जानना बहुत आवश्यक है।

Word Formation and Vocabulary

(वर्ड फॉर्मेशन एंड वोकेब्यूलरी)

शब्द-रचना और शब्द-भंडार

भाषा का भव्य भवन शब्दों से बना है। शब्द ही ईंट और पत्थर हैं और चूना-गारा भी। वाणी (भाषा) को हमारे यहां सरस्वती कहा गया है और शब्द को ब्रह्म अर्थात् परमात्मा। शब्द अक्षर से बनता है। अक्षर का तात्पर्य है जो कभी क्षय न हो, अजर-अमर और शाश्वत् हो। ऐसी है शब्द की महिमा। शब्द-साधना से ही लोग महान बने हैं। बड़े-बड़े राजनीतिज्ञ बोलने के रूप में शब्द की साधना करते हैं और महान साहित्यकार लिखने के रूप में शब्द की। वैसे प्राचीन काल में साहित्य भी मौखिक ही होता था।

रोजमर्रा के जीवन में भी शब्दों की महिमा पग-पग पर देखने को मिलती है। शब्द सचमुच मंत्र ही है। शब्द चमत्कार के दर्शन हम रोज ही करते हैं। शब्दों के आधार पर ही व्यक्ति की सही पहचान होती है। शब्द हमारे मित्र हैं जितने हमारे मित्र अधिक होंगे उतनी ही हमारी सफलता निश्चित है। मित्र भी दो तरह के होते हैं, एक वे जिन्हें हम जानते भर हैं। कहीं मिल गए राम-राम हो गई। दूसरे वे मित्र हैं जो घनिष्ठ हैं और प्राय: मिलते रहते हैं, दिल-दिमाग में बसे रहते हैं, सुख-दु:ख में हर समय हमारे साथ हैं। इसी प्रकार शब्द हैं। शब्दों से हमारी जितनी घनिष्ठता होगी उसी अनुपात में हमारी सफलता निश्चित समझो। अच्छी अंग्रेजी जानने के लिए अंग्रेजी के शब्दों का प्रचुर ज्ञान जरूरी है।

भाषा का विकास निरन्तर होता रहता है। उसमें नये शब्द जन्म लेते रहते हैं, आवश्यकता आविष्कार की जननी जो ठहरी। अंग्रेजी में शब्द-निर्माण (Word formation) के तीन प्रमुख प्रकार हैं–

1. मूल शब्द के आगे या पीछे कुछ जोड़कर नये शब्द बनाए जाते हैं। यहां मूल शब्द से हमारा तात्पर्य उन शब्दों से है जिनके सार्थक खण्ड नहीं किए जा सकते, जैसे man, cat, read, go आदि। इन शब्दों के आगे उपसर्ग (prefix) या पीछे प्रत्यय (suffix) लगाकर नये शब्द बनाये जा सकते हैं जैसे man is man-ed, un-manly, man-hood इत्यादि। इसको affixation कह सकते हैं।
2. इसके अंतर्गत दो मूल शब्दों को परस्पर जोड़कर नये शब्द बनाये जाते हैं, जैसे tea + pot = teapot, break+fast = breakfast, lip+stick = lipstick. इसी प्रकार के शब्द निर्माण को Compounding कहते हैं और इस तरह बने शब्दों को Compounds (संयुक्त शब्द)।
3. मूल शब्द (base word) में बिना किसी परिवर्तन के उसे प्रयोग अर्थ और कभी-कभी उच्चारण के स्तर पर बदला जा सकता है। इसे Conversion (रूपान्तरण) कहते हैं। जैसे walk शब्द है। इसका संज्ञा और क्रिया दोनों में प्रयोग किया जा सकता है– (a) Don't walk fast. (verb), (b) It's ten minutes walk. (noun)

अब हम ऊपर लिखे शब्द रचना के तीनों प्रकारों को विस्तार से लेते हैं। इसे समझकर आप अपनी शब्द शक्ति और सामर्थ्य का भली प्रकार विस्तार कर सकते हैं।

Affixation (ऑफिक्सेशन)

इनके तहत उपसर्ग और प्रत्यय के प्रयोग से व्युत्पन्न शब्द (derivatives) आते हैं। मूल शब्द के प्रारंभ या अंत में कुछ जोड़कर नये शब्दों का निर्माण किया जाता है। उपसर्ग ***(prefix)*** और प्रत्यय ***(suffix)*** का अपने आप में स्वतंत्र प्रयोग नहीं होता, वे दूसरे शब्दों के साथ ही प्रयोग में आते हैं। सर्वप्रथम हम (prefix) उपसर्ग को लेते हैं–

अध्ययन की सुविधा और सरलता की दृष्टि से हम इन उपसर्गों *(prefix)* को नौ वर्गों में रख सकते हैं–

(i) नकारात्मक उपसर्ग, (ii) विपरीतार्थक उपसर्ग, (iii) अपकर्षक उपसर्ग, (iv) अवस्था-आकार-सूचक उपसर्ग, (v) व्यवहार-सूचक उपसर्ग, (vi) स्थान-सूचक उपसर्ग, (vii) समय-सूचक उपसर्ग, (viii) संख्या-सूचक उपसर्ग और (ix) अन्य।

(i) नकारात्मक उपसर्ग– नकारात्मक उपसर्ग वे उपसर्ग हैं जो मूल शब्द को अर्थ में नकारात्मक बना देते हैं। ये उपसर्ग प्राय: संज्ञा और विशेषण शब्दों के साथ लगते हैं कभी-कभी क्रिया-विशेषण शब्दों के साथ भी।

(a)	Non	(नॉन्)	नहीं	non-smoker, non-collegiate, non-effective, non-cooperation.
(b)	Il	(इल)	नहीं	il-logical, il-legal, il-literate
(c)	In	(इन)	नहीं	in-sane, in-effective, in-effectual
(d)	Im	(इम)	नहीं	im-proper, im-movable
(e)	Ir	(इर)	नहीं	ir-relevant, ir-regular
(f)	Dis	(डिस)	नहीं	dis-loyal, dis-obey, dis-like
(g)	A	(ए)	नहीं	a-moral, a-sexual.

(ii) विपरीतार्थक उपसर्ग– विपरीतार्थक उपसर्गों के लगने से मूल शब्दों का अर्थ बिल्कुल उलट जाता है।

(a)	Un	(अन्)	विपरीत कर देना। खोल देना	un-do, un-tie, un-bash
(b)	De	(डी)	विपरीत कर देना	de-code, de-centralize, de-fame
(c)	Dis	(डिस)	विपरीत कर देना	dis-connect, dis-own, dis-colour

(iii) अपकर्षक उपसर्ग– अपकर्षक उपसर्गों के प्रयोग से मूल शब्द के अर्थ में गिरावट आ जाती है और वह शब्द उत्कर्ष या उन्नति के स्थान पर अपकर्ष और अवनति दर्शाने लगता है।

(a)	Mis	(मिस)	गलत	mis-calculate, mis-fire, mis-lead
(b)	Mal	(मैल)	बुरा	mal-treat, mal-function, mal-formed.
(c)	Pseudo	(स्यूडो)	नकली/झूठा	Pseudo-scientific, pseudo-intellect.

(iv) अवस्था/आकार सूचक उपसर्ग– अवस्था/आकार सूचक उपसर्ग के प्रयोग से मूल शब्द जिसके साथ उपसर्ग लगा है अवस्था, स्थिति और आकार का बोध कराने लगता है।

(a)	Arch	(आर्च)	मुख्य/महा	arch-enemy, arch-bishop, arch-angel.
(b)	Super	(सुपर)	बेहतर/अति	super-natural, super-market, super-fine.
(c)	Out	(आउट)	बेहतर/ज्यादा	out-grow, out-live, out-run.
(d)	Sur	(सर)	अति/ऊपर	sur-charge, sur-tax, sur-pass.
(e)	Sub	(सब)	नीचा/निम्न	sub-human, sub-standard, sub-normal.
(f)	Over	(ओवर)	अति	over-do, over-eat, over-write, over-acting.
(g)	Under	(अंडर)	अल्प	under-lock, under-food, under-privileged.
(h)	Hyper	(हाइपर)	अति	hyper-sensitive, hyper-critical.
(i)	Ultra	(अल्ट्रा)	अति/चरम	ultra-violet, ultra-modern, ultra-nationalism.
(j)	Mini	(मिनी)	थोड़ा-छोटा	mini-car, mini-bus, mini-shirt.

(v) व्यवहार सूचक उपसर्ग– व्यवहार सूचक उपसर्ग का प्रयोग मूल शब्द को व्यवहार और दृष्टिकोण-सूचक बना देता है।

(a)	Co	(को)	सह/साथ	co-operate, co-exist, co-educate.
(b)	Counter	(काउन्टर)	विरोध	counter-act, counter-revolution.
(c)	Anti	(एन्टी)	विरोधी	anti-body, anti-missile, anti-social.
(d)	Pro	(प्रो)	पक्ष में/पूर्व	pro-communist, pro-American.

(vi) स्थान-सूचक उपसर्ग– स्थान-सूचक उपसर्ग जैसा कि नाम से ही स्पष्ट है स्थान और स्थिति का बोध कराते हैं और मूल शब्द में इसी अनुसार परिवर्तन लाते हैं :

(a)	Sub	(सब)	निम्न-छोटा	sub-way, sub-let, sub-section.
(b)	Inter	(इंटर)	निम्न-मध्य	inter-national, inter-weave, inter-play, inter-course.
(c)	Trans	(ट्रान्स)	पार/एक से दूसरे स्थान पर ले जाना	trans-atlantic, trans-plant, trans-ship.

(vii) समय सूचक उपसर्ग– समय सूचक उपसर्ग का प्रयोग मूल शब्द को समय बोधक शब्द में बदल देता है।

(a)	Fore	(फोर)	पूर्व/पहले	fore-tell, fore-warn, fore-shadow, fore-knowledge.
(b)	Pre	(प्री)	पूर्व/अग्र	pre-war, pre-school, pre-marital.
(c)	Post	(पोस्ट)	उत्तर/पश्च/पश्चात्	post-war, post-election.
(d)	Ex	(एक्स)	पहले का	ex-president, ex-minister.
(e)	Re	(रि)	पुनः/फिर से	re-build, re-claim, re-sell.

(viii) संख्या सूचक उपसर्ग– संख्या सूचक उपसर्ग मूल शब्द से जुड़कर उन्हें संख्या वाचक बना देते हैं–

(a)	Uni-Mono	(युनि/मोनो)	एक	uni-cycle, uni-sex, uni-lateral, mono-chrome, mono-logue.
(b)	Bi-/Di	(बाई/डाई)	दो	bi-focal, bi-lingual, bi-ceps, bi-cycle, di-meter, di-chotomy.
(c)	Tri	(ट्राइ)	त्रि-तीन	tri-partite, tri-pod, tri-cycle.
(d)	Multi-/Poly	(मल्टि/पॉलि)	बहु/अनेक	multi-national, multi-racial, multi-purpose, poly-glot, poly-gamy, poly-technique.

(ix) अन्य में– Auto, Neo, Proto, Semi, और Vice आदि उपसर्ग आते हैं

(a)	Auto	(ऑटो)	स्वतः	auto-suggestion, auto-biography.
(b)	Neo	(निओ)	नया	neo-romantic, neo-classicism.
(c)	Pan	(पैन)	सर्व/सारा	pan-African, pan-American.
(d)	Proto	(प्रोटो)	प्रथम/मूल/आदि	proto-type, proto-zoa.
(e)	Semi	(सैमि)	आधा	semi-circle, semi-darkness.
(f)	Vice	(वाइस)	उप	Vice-admiral, Vice-captain, Vice-President, Vice-Chancellor.

कुछ उपसर्ग ऐसे भी होते हैं जिनके प्रयोग से मूल शब्द दूसरे वर्ग के बन जाते हैं अर्थात् संज्ञा आदि से क्रिया बन जाते हैं Be, Em, और En, इसी प्रकार के उपसर्ग हैं। उदाहरणार्थ be-spectacled, be-devilled, be-calm, be-witch, em-power, en-danger, en-train, en-slave आदि शब्द लिए जा सकते हैं।

B. Suffix (प्रत्यय) के प्रयोग से मूल शब्द का वर्ग-भेद (part of speech) बदल जाता है। अतः इनका विभाजन उपसर्ग की तरह संभव नहीं है। उदाहरणार्थ विशेषण शब्द kind के साथ -ness प्रत्यय लगाने से kindness बन जाता है जो एक संज्ञा शब्द है। मोटे तौर पर अध्ययन की सुविधा की दृष्टि से हम प्रत्ययों को निम्न वर्गों में रख सकते हैं–

(i) संज्ञा प्रत्यय– संज्ञा शब्दों के साथ लगाकर नये शब्दों की रचना करते हैं।

(a)	-ster/-eer/-er (स्टर/ईअर/अर)	कार्य में लगा व्यक्ति	gang-ster, game-ster, profit-eer, racket-eer, pamphlet-eer, glove-r, teenage-er, London-er.
(b)	-let (लेट)	लघु/तुच्छ	book-let, leaf-let, star-let.
(c)	-ette (ऐट)	लघु/संक्षिप्त	kitchen-ette, cigar-ette.
(d)	-ess (ऐस)	स्त्रीलिंग	Lion-ness, author-ess.
(e)	-hood (हुड)	स्थिति	boy-hood, brother-hood, man-hood.
(f)	-ship (शिप)	स्थिति आदि	friend-ship, member-ship, dictator-ship.
(g)	-dom (डम)	क्षेत्र/स्थिति आदि	king-dom, official-dom.
(h)	-cracy (क्रेसि)	शासन–प्रकार	demo-cracy, auto-cracy, bureau-cracy.
(i)	-ery (अरि)	रवैया/स्थान आदि	deliv-ery, slav-ery, refin-ery, cook-ery, machin-ery.
(j)	-ing (इंग)	जारी के अर्थ में	go-ing, kill-ing, read-ing.
(k)	-ful (फुल)	भरा	mouth-ful, plate-ful, spoon-ful.

(ii) विशेषण– प्रत्यय विशेष रूप से संज्ञा शब्दों के साथ प्रयुक्त होकर विशेषणों का निर्माण करते हैं।

(a)	-ite/-(i) an (आइट/इयन)	सदस्य होना	Naxal-ite, Israel-ite, Ind-ian, republic-an
(b)	-ese (ईज)	राष्ट्रीयता	Japan-ese, Chine-ese, Burm-ese
(c)	-ist (इस्ट)	व्यवसाय आदि	Buddh-ist, styl-ist, royal-ist
(d)	-ism (इज्म)	वाद/आन्दोलन	ideal-ism, capital-ism, dual-ism

(iii) क्रिया से संज्ञा बनाने वाले प्रत्यय–

(a)	-er/-or (अर)	वाला	work-er, writ-er, driv-er, employ-er, instruct-or
(b)	-ant (एंट)	वाला	inhabit-ant, inform-ant, const-ant
(c)	-ee (ई)	वाला	employ-ee, pay-ee, appoint-ee
(d)	-ation (एशन)	संस्था/स्थिति/क्रिया	explor-ation, victimiz-ation, organization
(e)	-ment (मेंट)	स्थिति/क्रिया/आदि	arrange-ment, amaze-ment, embodi-ment, govern-ment
(f)	-al (अल्)	क्रिया	refus-al, reviv-al, remov-al
(g)	-ing (इंग)	क्रिया होना	bath-ing, driv-ing, build-ing
(h)	-age (एज)	विस्तार/मात्रा	cover-age, wast-age, lever-age

(iv) विशेषण से संज्ञा बनाने वाले प्रत्यय–

(a)	-ness (नैस)	स्थिति/युग	happi-ness, mean-ness, useful-ness
(b)	-ity (इटि)	स्थिति/गुण आदि	san-ity, rapid-ity, divers-ity

(v) क्रिया बनाने वाले प्रत्यय–

(a)	-ify (फाइ)	कारण वाचक	beaut-ify, cod-ify, simpl-ify
(b)	-ise (आइज)	कारक वाचक	symbol-ise, popular-ise, modern-ise
(c)	-en (एन)	वृद्धि/कारक वाचक	rip-en, wid-en, quick-en

(vi) संज्ञा से विशेषण बनाने वाले प्रत्यय–

(a)	-ful (फुल)	भरा/रखना	help-ful, delight-ful, pain-ful, hope-ful, use-ful, beauty-ful
(b)	-less (लैस)	बिना	harm-less, child-less, care-less, rest-less
(c)	-ly (लि)	के गुण होना	beast-ly, man-ly, brother-ly, world-ly.
(d)	-like (लाइक)	के गुण होना	child-like, cow-like, statesman-like

(e)	-y (ई)	के गुण होना	sand-y, cream-y, hair-y, bab-y
(f)	-ish (इश)	के गुण होना। संबंध होना	Swed-ish, Turk-ish, fool-ish, self-ish, rogu-ish

(vii) -some/ -worthy और -ation प्रत्यय संज्ञा शब्दों के साथ जुड़कर विशेषणों की रचना करते हैं–burden-some, brother-some, praise-worthy, note-worthy, sea-worthy, authorit-arian, parlia-ment-arian, disciplin-arian.

-al/ 'ic, 'ive और 'ous प्रत्यय मूल शब्दों के साथ जुड़कर विशेषण शब्दों की रचना करते हैं–cultur-al, editori-al, music-al, hero-ic, problemat-ic, specif-ic, attract-ive, product-ive, explos-ive, virtu-ous, errone-ous, ambiti-ous, griev-ous.

-able, -ish, -ed अन्य विशेष शब्द बनाने वाले प्रत्यय हैं– accept-able, read-able, poor-ish, tall-ish, wall-ed, wood-ed, mind-ed, point-ed.

(viii) क्रिया विशेषण बनाने वाले प्रत्यय–

(a)	-ly (लि)	ढंग/रीति	happi-ly, loud-ly, odd-ly, comica-lly.
(b)	-wards (वाड्र्स)	तरफ/चलना	on-wards, back-wards, home-wards, west-wards.
(c)	-wise (वाइज)	रीति/जहां तक संबंध है।	clock-wise, weather-wise, education-wise.

Compounds (कम्पाउन्ड्स) संयुक्त शब्द

दो मूल शब्द परस्पर जुड़कर नए संयुक्त शब्द की रचना करते हैं। इनके वर्गीकरण का कोई स्पष्ट आधार नहीं है। संयुक्त शब्द योजक चिह्न (hyphen) के साथ, इसके बिना मिलाकर और hyphen के बिना अलग-अलग भी लिखते हैं। जैसे–call-girl, teapot, reading material. इस विषय में कोई कठोर नियम नहीं है। भिन्न व्यक्तियों और प्रदेशों में भिन्न-भिन्न प्रकार इस संबंध में देखे गए हैं, यहां तक कि एक ही संयुक्त शब्द को तीनों प्रकार से लिखा जाता रहा है। अब संयुक्त शब्दों के कुछ उदाहरण लेते हैं।

कर्ता-क्रिया

earth-quake (अर्थ-क्वेक) भूकम्प, भूचाल

head-ache (हैड-एक) सिर दर्द

day-break (डे-ब्रेक) सूर्योदय

night-fall (नाईट-फॉल) शाम, संध्या

क्रिया-कर्त्ता

flash-light (फ्लैश-लाइट) कौंध-बत्ती

watch-dog (वाच-डॉग) निगरानी वाला कुत्ता।

glow-warm (ग्लो-वॉर्म) जुगनूं, खद्यौत

क्रिया-कर्म

book-review (बुक-रिव्यू) पुस्तक-समीक्षा

hand-shake (हैंड शेक) हाथ-मिलाना

book-keeping (बुक-कीपिंग) मुनीमी

call-girl (कॉल-गर्ल) कालगर्ल

drinking-water (ड्रिंकिंग-वॉटर) पीने का पानी

story-telling (स्टोरी टेलिंग) कहानी-कहना

birth-control (बर्थ-कंट्रोल) संतति-निग्रह

food-production (फुड-प्रोडक्शन) खाद्य-उत्पादन

match-maker (मैच-मेकर) जोड़ा बिठाने वाला

knit-wear (निट-वियर) बुने हुए वस्त्र

gate-keeper (गेट-कीपर) द्वारपाल

क्रिया-क्रियाविशेषण

drinking-cup (ड्रिंकिंग-कप) पीने का प्याला

freezing-point (फ्रीजिंग-पॉइन्ट) हिम-बिंदु

living-room (लिविंग-रुम) रहने का कमरा

walking-stick (वॉकिंग-स्टिक) छड़ी

संज्ञा+संज्ञा–

air-field (एअर-फील्ड) विमान-क्षेत्र

motor-cycle (मोटर-साइकिल) मोटर-साइकिल

oil-well (ऑइल-वैल) तेल-कूप

silk-worm (सिल्क-वर्म) रेशम का कीड़ा

horse-riding (हार्स-राइडिंग) घुड़सवारी
city-dweller (सिटि-ड्वैलर) नगर में रहने वाला
wind-mill (विंड-मिल) पवन चक्की
girl-friend (गर्ल-फ्रेंड) महिला मित्र
black-board (ब्लैक-बोर्ड) श्यामपट्ट

Reduplicatives- कुछ संयुक्त शब्द ऐसे भी हैं जिनमें एक ही शब्द की उसी रूप में या तनिक परिवर्तन के बाद पुनरावृत्ति देखी जाती है। अंग्रेजी में इन्हें Reduplicatives कहते हैं–

goody-goody (गुडि-गुडि) दिखावटी अच्छा
rat-a-tat (रैट-ए-टैट) दरवाजा खटखटाना
tick-tock (टिक-टॉक) घड़ी की आवाज
bow-wow (बो-वो) कुत्तों की आवाज
sea-saw (सी-सॉ) ढेंकी की तरफ
ping-pong (पिंग-पांग) पिंगपोंग
higgledy-piggledy (हिगल्डि-पिगल्डि) घालमेल
hocus-pocus (होकस-पोकस) बाजीगरी, छूमंतर
dilly-dally (डिलि-डैलि) हिचकिचाना
tip-top (टिप्-टॉप) बना-ठना
teeny-weeny (टीनी-वीनी) थोड़ा, छोटा
criss-cross (क्रिस-क्रॉस) आड़ा, तिरछा
ha-ha (हा-हा) हंसना

Conversion रूपांतरण- इस वर्ग के तहत मुख्य रूप से वे शब्द आते हैं जिनका अर्थ और कभी-कभी उच्चारण बलाघात के स्तर पर परिवर्तन देखा जाता है। कुछ लोग इस रूपांतरण को आंशिक रूपांतरण मानते हैं। एक ही शब्द प्रयोग के स्तर पर एक वर्ग से दूसरे वर्ग में बदल जाता है–

(i) संज्ञा रूप में प्रयुक्त होने वाले क्रिया शब्द–

desire (डिजायर) चाहना
throw (थ्रो) फेंकना
want (वांट) चाहना
catch (कैच) पकड़ना
release (रिलीज) छोड़ना
love (लव) प्यार करना
cover (कवर) ढकना
divide (डिवाइड) बांटना
taste (टेस्ट) स्वाद
laugh (लाफ) हंसना
hit (हिट) मारना
smell (स्मैल) गंध देना
answer (आंसर) उत्तर देना
rise (राइज) उठना
doubt (डाउट) संदेह
cheat (चीट) धोखा देना
fall (फॉल) पतन
find (फाइन्ड) पाना
swim (स्विम) तैरना
walk (वाक) चलना
turn (टर्न) मुड़ना

(ii) क्रिया रूप में प्रयुक्त होने वाले संज्ञा शब्द–

bottle (बॉटल) बोतल में बंद करना
corner (कॉर्नर) घेरना
coat (कोट) तह देना
peel (पील) छीलना
finger (फिंगर) अंगुली करना
knife (नाइफ) चाकू मारना
mail (मेल) डाक में डालना
telephone (टेलीफोन) टेलीफोन करना
nurse (नर्स) सेवा करना
grease (ग्रीज) तेल देना
plaster (प्लास्टर) प्लास्टर करना
group (ग्रूप) समूहन

(iii) क्रिया रूप में प्रयुक्त होने वाले विशेषण शब्द–

calm (काम) शांत करना
dirty (डर्टि) गंदा करना
humble (हम्बल) नीचा दिखना
dry (ड्राइ) सुखाना
empty (एम्प्टी) खाली करना
narrow (नैरो) तंग करना

शब्द रचना के अन्य तरीकों clipping (कांट-छांट) और Blends (सम्मिश्रण) को लिया जा सकता है–

(i) clipping (कांट-छांट) के अंतर्गत वे शब्द रचनायें आती हैं जिनके अंतिम अंश काटकर शब्दों को छोटा कर दिया गया है, जैसे–

telephone से phone
memorandum से memo
microphone से mike
omnibus से bus
aeroplane से plane
taxi cab से taxi

advertisement से ad
influenza से flu
photograph से photo
refrigerator से fridge
examination से exam

(ii) Blends सम्मिश्रण के अंतर्गत उन शब्दों को लिया जा सकता है जिनमें संयुक्त शब्दों का संक्षेप मिलता है। कई बार ये बड़े अनौपचारिक और अस्थायी होते हैं, जैसे अमेरिका में प्रचलित शब्द brunch (ब्रंच)। यह breakfast और lunch से मिलकर बना है जिसका तात्पर्य है भारी नाश्ता। अन्य उदाहरण, जो अब सर्वमान्य हो गए हैं, इस प्रकार हैं–

heli copter+air port से heliport
Inter national+police से Interpol
motorpedal (cycle) से moped
motor+hotel से motel
news+broadcast से newscast
parachute+troops से paratroops
smoke+fog से smog
television+broad cast से telecast
transfer+resistor से transistor
travel+catalogue से travelogue

Words Often Confused (वर्ड्स ऑफन कन्फ्यूज्ड)
उलझाने वाले शब्द

अनेक शब्द ऐसे होते हैं जो अपने रूप, उच्चारण और अर्थ में समान दिखाई देते हैं लेकिन वास्तव में ऐसा होता नहीं है, अर्थात् वे एक-दूसरे से बिल्कुल भिन्न होते हैं। ऐसे शब्द प्रयोग में काफी उलझन पैदा कर सकते हैं। अतः इनके प्रति विशेष सावधानी और समझ की जरूरत है। यदि इनका सही प्रयोग नहीं किया जाए तो अर्थ का अनर्थ हो सकता है। यहां ऐसे प्रमुख शब्द-युग्मों को लिया जा रहा है जो भिन्नार्थक है।

1. **accept** (अॅक्सेप्ट) — स्वीकार करना, ग्रहण करना
   except (एक्सेप्ट) — छोड़ देना, के सिवाय।
   He did not **accept** my invitation. — उसने मेरा निमंत्रण स्वीकार नहीं किया।
   Except Ram everybody was present. — राम के सिवाय सब उपस्थित थे।
2. **admit** (एडमिट) — तथ्य को स्वीकार करना।
   confess (कन्फेंस) — गलती या अपराध स्वीकार करना।
   He had to **admit** that he was absent. — उसे अपनी अनुपस्थिति स्वीकार करनी पड़ी।
   Ultimately, the thief had to **confess** his guilt. — आखिरकार चोर को अपना अपराध स्वीकार करना पड़ा।
3. **advice** (एडवाइस) — सलाह, राय (संज्ञा)
   advise (एडवाइज) — सलाह, राय (क्रिया)।
   He gave me a good piece of **advice**. — उसने मुझे एक नेक सलाह दी।
   My father **advised** me to do so. — मेरे पिताजी ने मुझे ऐसा करने की सलाह दी।
4. **affect** (अॅफेक्ट) — असर करना, ढोंग रचना।
   effect (इफेक्ट) — परिणाम, फल।
   Hard work **affected** his health. — कठोर श्रम ने उसके स्वास्थ्य को प्रभावित किया।
   Take the medicine and see the **effect**. — दवा लो और असर देख लो।
5. **allude** (अॅल्यूड) — संकेत करना।
   elude (इल्यूड) — टलना, बच निकलना।
   Why do you **allude** to that incident? — आप उस घटना की ओर संकेत क्यों कर रहे हैं?
   The thief **eluded** the police. — चोर पुलिस से बच निकला।
6. **allusion** (एल्यूजन) — हवाला, संदर्भ।
   illusion (इल्यूजन) — भ्रम, वहम।

The poem is full of **allusions**.	यह कविता संदर्भों से भरी हुई है।
Life is an **illusion**.	जीवन एक भ्रम है।
7. **already** (ऑलरेडी)	पहले से ही।
all ready (ऑल रेडी)	पूरी तरह से, सबके सब।
I have **already** seen it.	मैंने पहले ही इसे देख लिया है।
The visitors were **all ready**.	सारे के सारे दर्शक जाने को तैयार थे।
8. **altogether** (आलटुगेदर)	पूरी स्वर से
all together (ऑल टुगेदर)	एक स्वर से।
I am **altogether** with you.	मैं पूरी तरह तुम्हारे साथ हूं।
They **all together** shouted.	वे सारे एक साथ चिल्लाये।
9. **analyst** (एनेलिस्ट)	विश्लेषक।
annalist (ऐन्नेलिस्ट)	इतिहासकार।
He is an **analyst** in a factory of chemicals.	वह केमिकल्स के कारखाने में एक विश्लेषक है।
This book has been written by a famous **annalist**.	यह पुस्तक एक प्रसिद्ध इतिहासकार द्वारा लिखी गई है।
10. **anecdote** (ऐनिक्डॉट)	किस्सा, उपाख्यान।
antidote (ऐन्टिडोट)	प्रतिविष, प्रतिकारक।
My teacher related an interesting **anecdote**.	मेरे अध्यापक ने एक दिलचस्प किस्सा सुनाया।
Quinine is an **antidote** for malaria.	कुनैन मलेरिया की प्रतिविष (उपचार) है।
11. **angel** (एन्जॅल)	फरिश्ता, देवदूत।
angle (ऐंग्गल)	कोण, बंसी कांटा।
Mahatma Gandhi was an **angel** of truth.	महात्मा गांधी सत्य के देवदूत थे।
View it from this **angle**.	इसे इस कोण से देखो।
12. **arrange** (अरेंज)	सजाना, व्यवस्थित करना।
arraign (अरेन)	दोष लगाना, अभियोग लगाना।
Arrange your things well.	अपनी चीजें अच्छी तरह सजा लो।
There is an **arraignment** against you.	तुम्हारे विरुद्ध एक अभियोग है।
13. **anxious** (ऐंक्शस)	चिंतित।
eager (ईगर)	उत्सुक, उत्कंठित।
She is **anxious** about her daughter's marriage.	वह अपनी लड़की के विवाह के लिए चिंतित है।
We are **eagar** to go to Shimla.	हम शिमला जाने के उत्सुक हैं।
14. **answer** (आन्सर)	प्रश्न का उत्तर देना।
reply (रिप्लाई)	पत्र का उत्तर देना।
Answer any three of the following questions.	निम्नांकित में से किसी तीन प्रश्नों के उत्तर दीजिए।
I am waiting for your **reply**.	मैं तुम्हारे पत्र की प्रतीक्षा में हूं।
15. **audience** (ऑडियन्स)	श्रोता।
spectators (स्पेक्टेटर्स)	दर्शक।
I was sitting in the **audience**.	मैं श्रोताओं में बैठा था।
The magician delighted the **spectators**.	जादूगर ने दर्शकों का बड़ा मनोरंजन किया।

16. **averse** (एवर्स) रुचि न होना, अनिच्छुक, विमुख।
adverse (एडवर्स) विरुद्ध होना, अनुकूल न होना।
I am **averse** to your proposal. मेरी तुम्हारे प्रस्ताव में रुचि नहीं है।
The boss gave an **adverse** remark against him. बॉस ने उसके खिलाफ बात कही।

17. **audit** (ऑडिट) हिसाब की जांच करना।
edit (एडिट) पुस्तक आदि का संपादन करना।
We have to **audit** all the accounts. हमें सारे खातों की जांच करनी है।
Who has **edited** this book? इस पुस्तक का सम्पादन किसने किया है?

18. **avail** (अवेल) काम आना, उपयोग होना, लाभ उठाना।
anvil (एनविल) निहाई, अहरन।
Why don't you **avail** yourself of the opportunity? तुम अवसर का लाभ क्यों नहीं उठाते?
He was hammering a piece of iron on the **anvil**. वह निहाई पर लोहे के टुकड़े को पीट रहा था।

19. **aware** (अवेअर) जानना, ज्ञान होना।
beware (बिवेअर) सावधान होना।
I am **aware** of his dishonesty. मुझे उसकी बेईमानी का पता है।
Beware of the dogs. कुत्तों से सावधान रहें।

20. **bag** (बैग) थैला, पेटी, झोला।
beg (बेग) भीख मांगना, विनय करना।
Put that empty **bag** there. वह खाली थैला वहां रख दो।
I cannot **beg** any thing. मैं कुछ भी भीख में नहीं मांग सकता।

21. **bed** (बेड) बिस्तर, बिछौना।
bad (बैड) बुरा, अच्छा नहीं।
Spread my **bed** immediately. मेरा बिस्तर तुरन्त लगा दो।
He is a **bad** boy. वह बुरा लड़का है।

22. **back** (बैक) पीठ लौटाना, वापस करना।
buck (बक) नर हरिण, छैला।
He has come **back** from England. वह इंगलैंड से वापस आ गया।
I saw a black **buck** in the forest. जंगल में मैंने एक काला मृग देखा।

23. **careless** (केअरलैस) लापरवाह, बेपरवाही।
callous (कैलॅस) कठोर, निर्दय।
How **careless** you are! तुम कितने लापरवाह हो।
His **callous** behaviour surprised me. उसके कठोर व्यवहार से मुझे आश्चर्य हुआ।

24. **casual** (कैजुअल) आकस्मिक, अचानक, असावधान।
causal (कॉजॅल) कारण संबंधी।
Don't take it **casually**. इसे वैसे ही मत लो।
I understand its **causal** relation. मैं इसका कार्य-कारण संबंध समझता हूं।

25. **censure** (सेन्शर)	निंदा करना
censor (सेन्सर)	नियंत्रण करना, निरीक्षक।
His action deserves **censure.**	उसका कार्य निंदनीय है।
He is a member of the Film **Censor** Board.	वह फिल्म निरीक्षक मण्डल का सदस्य है।
26. **childish** (चाइल्डिश)	बचकाना, मूर्खतापूर्ण।
childlike (चाइल्डलाइक)	बालसुलभ, मासूम।
I don't like your **childish** habits.	तुम्हारी बचकानी आदतें मुझे पसंद नहीं।
His **childlike** simplicity impressed everyone.	उसकी बाल सुलभ सरलता ने सबको प्रभावित किया।
27. **climate** (क्लाइमेट)	जलवायु।
weather (वेदर)	मौसम जो बदलता रहता है।
The **climate** of Delhi suits me.	दिल्ली की जलवायु मेरे अनुकूल है।
The **weather** is uncertain.	मौसम अनिश्चित है।
28. **collision** (कॉलिजन)	भिड़न्त, टक्कर, दुर्घटना।
collusion (कॉल्यूजन)	साठगांठ, मिलीभगत।
Two persons died in a bus and scooter **collision.**	बस और स्कूटर की टक्कर में दो व्यक्ति मारे गए।
Their **collusion** is no more a secret now.	उनकी साठगांठ अब कोई गुप्त नहीं रह गई है।
29. **compliment** (कॉम्प्लीमेंट)	प्रशंसा, अभिनन्दन, आदर।
complement (कम्प्लीमेंट)	पूरक, पूरा करने वाला।
Give our **compliments** to your parents.	अपने माता-पिता को हमारी ओर से सम्मान देना।
It's a **complementary** angle.	यह एक पूरक कोण है।
30. **commence** (कमेन्स)	प्रारम्भ होना किसी कार्य का।
start (स्टार्ट)	स्थूल या शारीरिक हरकत का प्रारंभ होना।
The annual examination **commences** from tomorrow.	वार्षिक परीक्षा कल से प्रारम्भ है।
The engine **started** with a kick.	एक किक से ही इंजन चालू हो गया।
31. **continual** (कॉन्टिन्युअल)	लगातार लेकिन रुक-रुक कर।
continuous (कॉन्टिन्यूअस)	लगातार बिना रुके।
It has been raining **continually** for one month.	एक माह से लगातार वर्षा हो रही है।
It has been raining **continuously** since morning.	सुबह से लगातार वर्षा हो रही है।
32. **corporation** (कारपोरेशन)	निगम, संघ।
co-operation (को-ऑपरेशन)	सहयोग।
He is working in Delhi **Corporation.**	वह दिल्ली निगम में काम करता है।
I want your **co-operation.**	मैं आपका सहयोग चाहता हूं।
33. **council** (काउन्सिल)	परिषद्, सभा समिति।
counsel (काउन्सल)	परामर्श, सलाह।
He is a member of the executive **council.**	वह कार्यकारी परिषद् का सदस्य है।
I shall consult my **counsellor.**	मैं अपने सलाहकार से परामर्श करूंगा।
34. **credible** (क्रेडिबल)	विश्वास योग्य, विश्वसनीय।
creditable (क्रेडिटेबल)	प्रशंसनीय, प्रशंसा के योग्य।
You are losing your **credibility.**	तुम अपनी विश्वसनीयता खो रहे हो।
He did a **creditable** work.	उसने प्रशंसा योग्य कार्य किया।

35. **couple** (कपल)	पति-पत्नी का जोड़ा।
pair (पेअर)	दो वस्तुओं का जोड़ा।
A **couple** came to consult me.	एक जोड़ा परामर्श के लिए मेरे पास आया।
I bought a new **pair** of shoes.	मैंने एक नया जोड़ा जूता खरीदा।
36. **cheque** (चेक)	बैंक का चेक।
check (चेक)	रोकना, नियंत्रित करना, जांचना।
Encash the cheque at the earliest.	जितनी जल्दी हो सके चेक भुना लें।
Please **check** up luggage before you leave.	जाने से पहले अपना सामान जांच लें।
37. **cost** (कॉस्ट)	कीमत, मूल्य।
coast (कोस्ट)	तट, किनारा।
How much does it **cost**?	इसकी क्या कीमत है?
Then we could see the sea **coast**.	तब हमें समुद्र तट दिखाई दिया।
38. **cot** (कॉट)	चारपाई।
coat (कोट)	कोट, अंगरखा।
I want two **cots**.	मुझे दो चारपाइयों की जरूरत है।
Woollen **coat** is warm in winter.	सर्दी में गर्म कोट पहना जाता है।
39. **cow** (काउ)	गाय।
caw (कॉ)	कौए की बोली।
The **cow** is useful animal.	गाय लाभदायक पशु है।
The crow is **cawing**.	कौआ कांव-कांव कर रहा है।
40. **damage** (डैमेज)	हानि, टूटफूट, क्षति।
demurrage (डमरेज)	विलम्ब शुल्क।
The vehicle sustained a serious **damage**.	वाहन को भारी क्षति पहुंची।
I will have to pay the **demurrage**.	मुझे विलम्ब शुल्क भरना पड़ेगा।
41. **deprecate** (डेप्रिकेट)	निंदा करना, विरोध करना
depreciate (डिप्रीशिएट)	मूल्य घटना, तुच्छ समझना
I regret his **deprecatory** remark.	उसकी निंदाजनक टिप्पणी के लिए मुझे खेद है।
Nobody can give a guarantee against **depreciation**.	अवमूल्यन न होने की कोई गारंटी नहीं ले सकता।
42. **desert** (डेजर्ट)	रेगिस्तान, मरुस्थल।
dessert (डिजर्ट)	खाने के बाद कोई मीठी चीज या फल।
The camel is the ship of the **desert**.	ऊंट रेगिस्तान का जहाज है।
Ice cream was served in **dessert**.	खाने के उपरांत आइसक्रीम दी गई।
43. **diseased** (डिजीज्ड)	रुग्ण, बीमार।
deceased (डिसीस्ड)	मृत, दिवंगत।
His mind is **diseased**	उसका दिमाग विकृत है।
May God give peace to the **deceased**.	ईश्वर मृत व्यक्ति को शांति प्रदान करें।
44. **dispense** (डिस्पेंस)	बांटना, देना, दवा तैयार करना।
dispense with (डिस्पेंस विद)	बिना काम करना, छोड़ देना।
They **dispense** carefully.	वे बड़े प्यार से दवा-दारू करते हैं।
I have **dispensed with** the services of my dishonest servant.	मैंने अपने बेईमान नौकर को निकाल दिया है।

45. **difference** (डिफरेंस)	अंतर, भेद।
deference (डेफरेंस)	सम्मान, सत्कार।
Find out the **difference** between the two.	दोनों में अंतर ज्ञात करो।
I stood up out of **deference** to him.	उसके प्रति सम्मान के कारण मैं खड़ा हो गया।
46. **duel** (डुएल)	दो के बीच मल्लयुद्ध
dual (डुअल)	दोगला, दो तरह का।
duet (डूयूएट)	दोगाना, युगल गाना।
Who won the **duel**?	मल्लयुद्ध किसने जीता?
I don't like your **dual** policy.	मुझे तुम्हारी दोगली नीति पसंद नहीं।
Both the sisters sang a beautiful **duet**.	दोनों बहनों ने एक सुन्दर युगल गीत गाया।
47. **deny** (डिनाई)	अस्वीकार करना, न मानना (आरोप आदि।)
refuse (रिफ्यूज)	मना करना, स्वीकार न करना।
He **denied** the charge of theft.	उसने चोरी का आरोप अस्वीकार कर दिया।
He cannot **refuse** me help.	वह मुझे सहायता से मना नहीं कर सकता।
48. **discover** (डिसकवर)	खोज निकालना, पता लगाना।
explore (एक्सप्लोर)	गवेषणा करना, छानबीन करना।
Columbus **discovered** America.	कोलम्बस ने अमेरिका का पता लगाया।
We are **exploring** possibilities.	हर संभावनाओं की छानबीन कर रहे हैं।
49. **defy** (डिफाइ)	चुनौती देना, अवज्ञा करना।
deify (डीफाइ)	पूजा करना।
Who can **defy** his orders?	उसके हुक्म की कौन अवज्ञा कर सकता है?
They **deify** their ancestors.	वे अपने पूर्वजों को पूजते हैं।
50. **eligible** (एलिजिबल)	चुनने के योग्य
illegible (इलेजिबल)	अस्पष्ट, जो पढ़ा न जा सके।
You are **eligible** for this post.	तुम इस पद के योग्य नहीं हो।
Your signature is **illegible**.	तुम्हारे हस्ताक्षर नहीं पढ़े जा सकते।
51. **elicit** (इलिसिट)	निकलवाना, प्राप्त करना।
illicit (इल्लिसिट)	गैरकानूनी, अवैध।
The police could not **elicit** any secret from him.	पुलिस उससे कोई गुप्त बात न निकलवा सकी।
I don't approve of **illicit** love relations.	अवैध प्रेम संबंधों से मैं सहमत नहीं हूं।
52. **emigrant** (एमिग्रेन्ट)	प्रवासी, परदेश में जाकर रहना।
immigrant (इमिग्रेन्ट)	अप्रवासी, आकर बस जाना।
Many Indian **emigrants** live in America.	अमेरिका में अनेक भारतीय प्रवासी हैं।
He is an **immigrant** from England.	वह इंगलैंड से आकर बस गया।
53. **eminent** (एमिनेंट)	प्रसिद्ध, विख्यात।
imminent (इमिनेंट)	आसन्न, सन्निकट।
He is an **eminent** surgeon.	वह प्रसिद्ध शल्य चिकित्सक है।
The rains are **imminent**.	वर्षा सन्निकट है।

54. **evolution** (इवोल्यूशन)	विकास, उन्नति।
revolution (रिवोल्यूशन)	क्रांति।
Man is the result of long **evolution**.	मनुष्य लम्बे विकास का परिणाम है।
What are the causes of French **Revolution**?	फ्रांसीसी क्रांति के क्या कारण हैं?
55. **exceed** (एक्सीड)	ज्यादा होना, अति क्रमण करना।
excel (एक्सेल)	श्रेष्ठ होना, बढ़कर होना।
Don't **exceed** the limit.	सीमा का अतिक्रमण मत करो।
You can **excel** the previous records.	तुम पिछले रिकॉर्ड से आगे बढ़ सकते हो।
56. **excess** (एक्सेस)	अति, सीमा से ज्यादा
access (एसेस)	पहुंच।
Excess of everything is bad.	अति किसी भी चीज की बुरी है।
He has an **access** to the officer.	अधिकारी तक उसकी पहुंच है।
57. **Excite** (एक्साइट)	उत्तेजित करना।
Incite (इन्साइट)	उकसाना।
He did it in **excitement**.	उत्तेजना में उसने ऐसा किया।
Don't **incite** the mob.	भीड़ को मत उकसाओ।
58. **Expand** (एक्सपैंड)	फैलाना।
Expend (एक्सपेंड)	खर्च करना।
Our business is **expanding** day-by-day.	दिन–पर दिन हमारा व्यापार फैल रहा है।
How much I have to **expend**?	मुझे कितना खर्च करना है?
59. **fair** (फेयर)	अच्छा, भला, मेला।
fare (फेअर)	किराया।
Note it down in your **fair** copy-book.	इसे अपनी फेअर कॉपी में उतार लेना।
He will pay the bus **fare**.	वह बस का किराया देगा।
60. **farther** (फार्दर)	दूर।
further (फर्दर)	आगे, और ज्यादा।
Do not go **farther** or you may be lost.	दूर मत जाओ नहीं तो तुम खो जाओगे।
He said **further**.	उसने आगे कहा।
61. **former** (फॉर्मर)	पहला।
latter (लैटर)	पिछला।
Ram and Shyam are two brothers.	राम और श्याम दो भाई हैं। पहला (राम) पिछले से
The **former** is elder to the **latter**.	बड़ा है।
62. **fourth** (फोर्थ)	चौथा।
forth (फॉर्थ)	आगे।
The **fourth** from right is my brother.	दाएं से चौथा मेरा भाई है।
The commander ordered the army to go **forth**.	सेनानायक ने सेना को आगे बढ़ने का आदेश दिया।
63. **gait** (गैट)	चाल।
gate (गेट)	फाटक, दरवाजा।
I recognized him from his **gait**.	मैं उसे उसकी चाल से पहचान गया।
Open the **gate**.	फाटक खोल दो।

64. **hanged** (हैंग्ड) — फांसी पर लटकाना।
hung (हंग) — लटकाना साधारण अर्थ में।
He will be **hanged** tomorrow. — उसे कल फांसी होगी।
The coat **hung** on the nail. — कोट कील पर टंगा था।

65. **holy** (होली) — पवित्र।
wholly (होली) — पूरी तरह से, संपूर्ण रीति से।
The cow is held **holy** among the Hindus. — हिन्दुओं में गाय पवित्र मानी जाती है।
I am **wholly** devoted to this cause. — मैं इस कार्य के प्रति पूरी तरह समर्पित हूं।

66. **heart** (हार्ट) — हृदय, दिल।
hart (हार्ट) — हिरण।
His **heart** is weak. — उसका दिल कमजोर है।
The **hart** was wounded with an arrow. — हिरण बाण से घायल हो गया।

67. **hair** (हेयर) — बाल।
hare (हेअर) — खरगोश, शशक।
I want to have a **hair** cut. — मैं बाल कटवाना चाहता हूं।
The hunter caught the **hare** by his legs. — शिकारी ने खरगोश को टांगों से पकड़ लिया।

68. **hail** (हेल) — ओला, अभिवादन।
hale (हेल) — स्वस्थ, तगड़ा।
The **hail**-storm has caused great damage. — ओला-वृष्टि से बड़ी हानि हुई।
Sita is **hale** and hearty. — सीता स्वस्थ है।

69. **imperious** (इम्पिरियस) — दबंग, घमंडी, उद्धत।
imperial (एम्पिरिअल) — शाही, प्रतापी, शानदार।
They disliked her **imperious** behaviour. — उसके घमंडी व्यवहार को उन्होंने नापसन्द किया।
The **imperial** dignity of the prince was thing to look at. — कुमार की शान देखने की चीज थी।

70. **ingenious** (इनजिनियस) — चतुर, चालाक।
ingenuous (इनजेनुअस) — सच्चा, निष्कपट, स्पष्ट।
Rama is an **ingenious** lady. — रमा एक चतुर महिला है।
All were impressed by the **ingenuous** statement of the man. — उस आदमी के स्पष्ट कथन से सभी प्रभावित हुए।

71. **irreverent** (इर्रेवरेंट) — श्रद्धाहीन, अपमानजनक, अनादर वाला।
irrelevant (इरैलेवेंट) — अप्रासंगिक, असंगत।
The member's attitude was **irreverent**. — सदस्य का व्यवहार अनादर सूचक था।
The candidate's answer was **irrelevant**. — प्रार्थी का उत्तर प्रासंगिक नहीं था।

72. **know** (नो) — जानना, ज्ञात होना।
no (नो) — नहीं, बिल्कुल नहीं।
He is **known** to me. — वह मेरा परिचित है।
He could not say **no** to my invitation. — वह मेरे निमंत्रण को नहीं न कर सका।

73. **later** (लेटर) — बाद में (समय के साथ)।
latter (लैटर) — पिछला (स्थिति सूचक)।
Shiela came **later** than I. — शीला मेरे से बाद में आई।
Latter is better than the former. — पिछला पहले से बेहतर है।

74. **leave** (लीव) — छोड़ना, छुट्टी, अवकाश।
live (लिव) — रहना, जीवित होना।
The manager is on **leave** today. — प्रबंधक आज अवकाश पर है।
While in the Rome **live** like the Romans. — रोम में रोम वासियों की तरह रहो।

75. **liar** (लाइअर) — झूठा, मिथ्यावादी, सच न बोलने वाला।
lier (लाइअर) — लेटने वाला, पड़ा रहने वाला।
If he says so he is a **liar**. — अगर वह ऐसा कहता है तो झूठा है।
A **lier** and lazy boy like you can never succeed. — तुम्हारे जैसा लेटे रहने वाला और सुस्त लड़का कभी सफल नहीं हो सकता।

76. **lightning** (लाइटनिंग) — बिजली, तड़ित, विद्युत।
lightening (लाइटनिंग) — प्रकाशित करना, शिक्षा देना, चमकाना।
There was **lightning** before the thunderstorm. — मेघ गर्जन और तूफान से पहले बिजली कड़की।
The Swami's talk was **lightening**. — स्वामी जी की बातचीत ज्ञानवर्द्धक थी।

77. **loose** (लूज) — ढीला, खुला, बंधन मुक्त, स्वच्छन्द, लंपट।
lose (लूज) — खो देना, खोना, गंवा देना।
Don't keep his company, he is a **loose** character. — उसके साथ मत रहो, वह चरित्र से लंपट है।
Don't **lose** your temper so easily. — जल्दी से गुस्सा मत करो।

78. **luxuriant** (लग्जरियंट) — घना, बहुत, उर्वर।
luxurious (लग्जरियस) — ऐश्वर्यशाली, आरामदेह।
She has **luxuriant** growth of hair. — उसके घने बाल हैं।
The rich lead a **luxurious** life. — धनी ऐश्वर्य का जीवन जीते हैं।

79. **loan** (लोन) — उधार लेना, मांगा हुआ जो वापस देना है।
alone (अलोन) — अकेला, बिना साथी के।
I have taken this book on **loan**. — यह पुस्तक मैंने उधार ली है।
The boy was wandering **alone**. — लड़का अकेला घूम रहा था।

80. **moral** (मोरल) — नैतिक शिक्षा, आचार-व्यवहार।
morale (मोरेल) — मनोबल।
What **moral** does the story teach? — कहानी क्या सीख देती है?
The **morale** of our jawans is very high. — हमारे जवानों का मनोबल बहुत ऊंचा है।

81. **moat** (मोट) — खाई, खन्दक।
mote (मोट) — रजकण, धूलिकण, कणिका, असंख्य।
The castle was surrounded by a **moat**. — किले के चारों ओर खाई थी।
The **motely** crowd shouted the slogans. — असंख्य भीड़ ने नारे लगाए।

82. **notorious** (नोटोरियस) — बदनाम, कुख्यात।
famous (फेमस) — प्रसिद्ध, जाना-माना, विख्यात।
Man Singh was a **notorious** dacoit. — मानसिंह एक कुख्यात डाकू था।
Newton was a **famous** scientist. — न्यूटन विख्यात वैज्ञानिक था।

83. **oral** (ऑरल) — मौखिक, जबानी, मुखवर्ती।
aural (ओरल) — श्रवण संबंधी, सुनने से संबंधित।
The students have to take **oral** test. — विद्यार्थियों को मौखिक परीक्षा देनी पड़ती है।
It is all **aural**. — वह सब सुना-सुनाया है।

84. **ordinance** (ऑर्डिनेन्स) — अध्यादेश
ordnance (ऑर्डनेन्स) — तोपखाना, युद्ध सामग्री, गोलाबारुद।
The President of India is likely to issue an **ordinance** to effect. — भारत के राष्ट्रपति इस आशय का अध्यादेश जारी करने वाले हैं।
He is employed in an **ordnance** factory. — वह गोलाबारूद के कारखाने में कर्मचारी है।

85. **persecute** (पर्सिक्यूट) — सताना, पीड़ा पहुंचाना, तंग करना।
prosecute (प्रॉसिक्यूट) — मुकदमा चलाना, कानूनी कार्यवाही करना।
The Nazis **persecuted** the Jews. — नाजियों ने यहूदियों को सताया।
Trespassers will be **prosecuted**. — अनधिकार प्रवेश करने वालों के खिलाफ मुकदमा चलाया जायेगा।

86. **pour** (पॉर) — उड़ेलना, बहाना, प्रवाहित करना।
pore (पोर) — रोम-छिद्र, रोमकूप, छिद्र।
The bird **poured** forth its music. — पक्षी ने अपना संगीत बहा दिया।
My **pores** were filled with gratitude. — कृतज्ञता से मेरा रोम-रोम भर गया।

87. **practical** (प्रैक्टिकल) — व्यावहारिक, प्रयोगात्मक, प्रायोगिक।
practicable (प्रैक्टिकेबल) — व्यवहार्य, जो व्यवहार योग्य हो।
Think over the practical aspects of the issue. — समस्या के व्यावहारिक पक्ष पर जरा सोचो।
Your scheme is not practicable. — तुम्हारी योजना व्यवहार्य नहीं है।

88. **prescribe** (प्रिसक्राइब) — निर्धारित, नियत, दिया हुआ।
proscribe (प्रोस्क्राइब) — गैर कानूनी करार देना, मना होना।
The poem is **prescribed** in our course. — यह कविता हमारे पाठ्यक्रम में निर्धारित है।
Eve-teasing is **proscribed**. — स्त्रियों को छेड़ना गैर कानूनी है।

89. **principle** (प्रिन्सिपिल) — सिद्धांत, मूल तत्व, नियम।
principal (प्रिन्सिपल) — मुख्य, प्रधान, प्रमुख।
I like to follow the **principles**. — मुझे सिद्धांतों का पालन करना पसंद है।
This is the **principal** character in the play. — नाटक में यह मुख्य पात्र है।

90. **personal** (पर्सनल) — व्यक्तिगत, किसी एक का निजी।
personnel (पर्सोनेल) — कर्मचारी वर्ग।
It is my **personal** book. — यह मेरी निजी पुस्तक है।
He looks after the interests of the **personnel**. — वह कर्मचारी वर्ग के हितों की देखभाल रखता है।

91. **physic** (फिज्-इक) — दवा, औषधि।
physique (फिजीक) — शारीरिक गठन, डील-डौल।
This **physic** is good in cough and cold. — खांसी-जुकाम में यह दवा अच्छी है।
He has improved in **physique** these days. — आजकल उसने अपनी सेहत बढ़ा ली है।

92. **prophecy** (प्रॉफेसि) — भविष्यवाणी (संज्ञा)
prophesy (प्रॉफेसाइ) — भविष्यवाणी करना (क्रिया)
The **prophecy** has come true. — भविष्यवाणी सच निकली।
The astrologer did not **prophesy** anything about it. — ज्योतिषी ने इस बारे में कोई भविष्यवाणी नहीं की।

93. **propose** (प्रपोज) — प्रस्ताव रखना, सुझाव देना
purpose (पर्पज) — उद्देश्य, प्रयोजन, लक्ष्य।
He **proposed** his name for the President. — उसने उसका नाम अध्यक्ष के लिए प्रस्तावित किया।
His **purpose** is not clear. — उसका उद्देश्य स्पष्ट नहीं है।

94. **quite** (क्वाइट) — पूर्णतया, बिल्कुल, नितांत।
quiet (क्वायट) — शांत, निश्चल, स्थिर, गुमसुम।
Now, the patient is **quite** O.K. — अब रोगी पूर्णतः स्वस्थ है।
It was all **quiet** and calm. — वहां पूर्ण शांति थी।

95. **rain** (रेन) — वर्षा, बरसना, गिरना।
reign (रेन) — शासन, शासन काल, बोलबाला।
rein (रेन) — लगाम, रास, बागडोर।
It is likely to **rain**. — वर्षा होने की संभावना है।
During Akbar's **reign** people were happy. — अकबर के शासन के दौरान लोग सुखी थे।
Rein your tongue. — जबान को लगाम दो।

96. **respectable** (रिस्पेक्टेबल) — आदरणीय, सम्मान्य, आदरयोग्य।
respectful (रिस्पेक्टफूल) — श्रद्धालु, आदरपूर्ण।
The head belongs to a **respectable** family. — प्रमुख सम्मान परिवार से है।
You should be **respectful** to your elders. — तुम्हें अपने बड़ों के प्रति श्रद्धालु होना चाहिए।

97. **rout** (राउट) — हार, पराजय, उखड़ जाना।
route (रूट) — यात्रा का मार्ग।
Our team **routed** the other team. — हमारी टीम ने दूसरी टीम को परास्त कर दिया।
En **route** to Bombay he stopped at Kota. — बंबई जाते हुए वह कोटा रुका।

98. **sensuous** (सेन्सुअस) — इंद्रियों से ग्राह्य, ऐंद्रिय।
sensual (सेनशुअल) — लोलुप, भोगवादी, विषयासक्ति, इंद्रियलोभी।
Keat's poetry is famous for its **sensuousness**. — कीट्स का काव्य ऐन्द्रिय बिम्बों के लिए विख्यात है।
Sensual writing is not liked by many. — बहुत से लोग कामुक लेखन को पसंद नहीं करते।

99. **statue** (स्टेच्यू) — मूर्ति, प्रतिमा, बुत।
statute (स्टेच्यूट) — अध्यादेश, अधिनियम, कानून।
He stood like a **statue**. — वह बुत की तरह खड़ा रहा।
It is written in the **statute** book. — यह विधि पुस्तक में लिखा है।

100. **stationary** (स्टेनशनरी) — ठहरा हुआ, स्थिर।
stationery (स्टेशनरी) — लिखने-पढ़ने की वस्तुएं
A **stationary** train collided with a running train. — एक ठहरी हुई गाड़ी की चलती गाड़ी से टक्कर हो गई।
He deals in **stationery**. — वह स्टेशनरी बेचता है।

101. **tasteful** (टेस्टफुल) — सुरुचिपूर्ण ढंग से।
tasty (टेस्टी) — स्वादिष्ट।
Whatever she does, does **tastefully**. — वह जो भी करती है, सुरुचिपूर्ण ढंग से करती है।
The sweet was quite **tasty**. — मिठाई बड़ी स्वादिष्ट थी।

102. **topographical** (टोपोग्राफिकल)	स्थान-वर्णन संबंधी।
typographical (टाइपोग्राफिकल)	मुद्रण-कला संबंधी।
He is a **topographical** expert.	वह स्थान-वर्णन विशेषज्ञ है।
It is a **typographical** mistake.	यह मुद्रण-कला संबंधी भूल है।
103. **umpire** (अम्पायर)	पंच, निर्णायक।
empire (एम्पायर)	साम्राज्य, प्रभुत्व।
Perhaps, **umpire** misjudged the ball and gave him wrongly out.	शायद निर्णायक ने गेंद को ठीक से नहीं देखा और उसे गलत आउट दे दिया।
Ashoka reigned over a vast **empire**.	अशोक ने बड़े राज्य पर राज किया।
104. **uninterested** (अन-इंटरेस्टेड)	रुचि न होना, दिलचस्पी न रखना।
disinterested (डिस-इंटरेस्टेड)	तटस्थ, किसी भी पक्ष में न होना
I am **uninterested** in the matter.	मेरी इस मामले में कोई रुचि नहीं है।
A Judge is always **disinterested** in the issues.	जज हमेशा मामलों में तटस्थ रहता है।
105. **veracious** (वेरेशस)	सत्यवादी, सत्यनिष्ठ, सच, ठीक-ठीक।
voracious (वोरेशियस)	पेटू, लालची, खाऊ, भूखा, भुखक्कड़।
You cannot doubt his **veracity**.	तुम उसकी सत्यवादिता पर संदेह नहीं कर सकते।
I have not seen such a **voracious** writer.	मैंने उस जैसा लिक्खड़ नहीं देखा।

Nationality Words नेशनलिटी वर्ड्स (राष्ट्रीयता सूचक शब्द)

विश्व में अनेक राष्ट्र, भाषाएं और लोग हैं। कुछ महत्वपूर्ण राष्ट्रों से संबंधित शब्द यहां दिए जा रहे हैं जिससे कि उनके उपयोग में आसानी रहे–

Continent or Country **महाद्वीप या देश**	**Adjective** **विशेषण**	**Singular/Plural** **एकवचन/बहुवचन**	**Generic name** **वर्गगत नाम**
China (चाइना)	Chinese (चाइनीज)	a Chinese/Chinese	The Chinese
Japan (जपेन)	Japanese (जपेनीज)	a Japanese/Japanese	The Japanese
Ceylon (सीलोन)	Ceylonese (सालोनीज)	a Ceylonese/Ceylonese	The Ceylonese
Portugal (पॉर्ट्यूगल)	Portuguese (पॉर्ट्यूगीज)	a Portuguese/ Portuguese	The Portuguese
Switzerland (स्विर्ट्जरलैंड)	Swiss (स्विस)	a Swiss/Swiss	The Swiss
Vietnam (वियेतनाम)	Vietnamese (वियटेनमीज)	a Vietnamese/ Vietnamese	The Vietnamese
Israel (इजराइल)	Israelite (इजराइली)	an Israeli/ Israelis	The Israelis
Pakistan (पाकिस्तान)	Pakistani (पाकिस्तानी)	a Pakistani/ Pakistanis	The Pakistanis
Africa (अफ्रीका)	African (अफ्रीकन)	an African/African	The Africans
America (अमेरिका)	American (अमेरिकन)	an American/Americans	The Americans
Asia (एशिया)	Asian (एशियन)	an Asian/ Asians	The Asians
Australia (आस्ट्रेलिया)	Australian (आस्ट्रेलियन)	an Australian/Australians	The Australians
India (इंडिया)	Indian (इंडियन)	an Indian/Indians	The Indians
Italy (इटली)	Italian (इटेलियन)	an Italian/Italians	The Italians
Russia (रशिया)	Russian (रशियन)	a Russian/Russians	The Russians
Belgium (बेल्जिअम)	Belgian (बेल्जिअन)	a Belgian/Belgians	The Belgians
Brazil (ब्रैजिल)	Brazilian (ब्रैजिलिअन)	a Brazilian/Brazilians	The Brazilians

Europe (यूरॉप)	European (यूरॉपिअन)	a European/Europeans	The Europeans
Germany (जर्मनी)	German (जर्मन)	a German/Germans	The Germans
Greece (ग्रीस)	Greek (ग्रीक)	a Greek/Greeks	The Greeks
Hungary (हंगरी)	Hungarian (हंगेरिअन)	a Hungarian/Hungarians	The Hungarians
Norway (नॉर्वे)	Norwegian (नॉर्वेजिअन)	a Norwegian/ Norwegians	The Norwegians
Denmark (डेनमार्क)	Danish (डैनिश)	a Dane/Danes	The Danes
Finland (फिनलैंड)	Finnish (फिनिश)	a Finn/Finns	The Finns
Poland (पोलैंड)	Polish (पोलिश)	a Pole/Poles	The Poles/Polish
Spain (स्पेन)	Spanish (स्पेनिश)	a Spaniad/Spaniards	The Spaniards
Sweden (स्विडन)	Swedish (स्विडिश)	a Swede/Swedes	The Swedes
Arabia (अरेबिया)	Arabian (अरेबिअन)	an Arab/Arabs	The Arabs
England (इंग्लैंड)	English (इंग्लिश)	an Englishman/ Englishmen	The English
France (फ्रांस)	French (फ्रेंच)	a Frenchman/Frenchmen	The French
Holland (हॉलैंड)	Dutch (डच)	a Dutchman/Dutchmen	The Dutch
Ireland (आयरलैंड)	Irish (आइरिश)	an Irishman/Irishmen	The Irish
Wales (वेल्स)	Welsh (वेल्श)	a Welshman/Welshmen	The Welsh
Britain (ब्रिटेन)	British (ब्रिटिश)	a Britisher/Britons	The British
Scotland (स्कॉटलैंड)	Scots (स्कॉट्स)	a Scotsman/Scotsmen	The Scotch
	Scotish (स्कॉटिश)	a Scot/Scots	The Scots
	Scotch (स्कॉच)	a Scotchman/Scotchmen	The Scotchmen

Antonyms ऐन्टॅनिम्स (विलोम शब्द)

भाषा को समृद्ध करने में विलोम या विपरीतार्थक शब्दों का बड़ा हाथ रहता है। शब्द भण्डार जितना समृद्ध होगा उतनी ही भाषा और अभिव्यक्ति में विविधता, सुन्दरता और आकर्षण पैदा होंगे। शब्द भाषा की इमारत की मूल और महत्वपूर्ण इकाइयां हैं। नीचे कुछ महत्वपूर्ण शब्दों के उच्चारण, अर्थ और उनके विलोम रूप दिये गए हैं।

able (एबल) योग्य, समर्थ।	unable (अनेबल) अयोग्य, असमर्थ।
abnormal (ऐब्नॉमर्ल) असामान्य, अस्वाभाविक।	normal (नॉर्मल) सामान्य, स्वाभाविक।
above (अबॉव) के ऊपर, से अच्छा	below (बिलो) नीचे, निम्न।
absence (एब्सेन्स) गैरहाजिरी, अनुपस्थिति।	presence (प्रजेंस) उपस्थिति, हाजिरी।
abstract (एब्स्ट्रैक्ट) सूक्ष्म, अमूर्त।	concrete (कांक्रीट) स्थूल, मूर्त।
accept (एक्सेप्ट) स्वीकार करना, मानना।	reject (रिजेक्ट) अस्वीकार करना, न मानना।
accuse (एक्यूज) दोष लगाना।	acquit (एक्विट) दोष मुक्त करना।
acquire (एक्वाइअर) पाना, अर्जित करना।	lose (लूज) खोना, गंवाना।
active (एक्टिव) सक्रिय, तेज।	passive (पैसइव) निष्क्रिय, सुस्त।
addition (ऐडिशन) योग, जोड़।	subtraction (सबट्रैक्शन) बाकी, घटाना।
advantage (एडवान्टेज) लाभ, सुविधा।	disadvantage (डिसएडवान्टेज) हानि, असुविधा।
agree (ऐग्री) सहमत होना, मानना।	disagree (डिसऐग्री) असहमत होना, न मानना।

alive (अलाइव) जीवित, सक्रिय।
all (ऑल) सब, तमाम।
always (ऑलवेज) हमेशा, सर्वदा।
analysis (एनालिसिस) विश्लेषण।
antonym (ऐन्टोनिम) विलोम।
artificial (आर्टिफिशल) कृत्रिम, बनावटी।
ascend (असेन्ड) चढ़ना, आरोहण।
bad (बैड) बुरा, खराब।
bare (बेअर) नंगा, प्रकट।
base (बेस) आधार, नींव।
before (बिफोर) पहले, पूर्व।
big (बिग) बड़ा।
black (ब्लैक) काला, कृष्ण।
blank (ब्लैंक) खाली, शून्य।
bless (ब्लेस) आशीष।
blunt (ब्लंट) कुंठित।
bold (बोल्ड) साहसी, वीर।
bright (ब्राइट) उजला, चमकीला।
brother (ब्रदर) भाई।
buck (बक) नर, हिरण।
bull (बुल) सांड, वृषभ।
burn (बर्न) जलाना।
buy (बाइ) खरीदना, क्रय करना।
care (केयर) परवाह, ध्यान।
cash (कैश) नकद, रोकड़।
celibate (सेलि-बेट) अविवाहित।
clear (क्लिअर) साफ, स्पष्ट।
clean (क्लीन) साफ, स्वच्छ।
confess (कन्फेस) स्वीकार करना।
cool (कुल) ठण्डा, शीतल।
cruel (क्रुअल) निर्दयी, क्रूर।
dark (डार्क) अंधेरा, काला।
day (डे) दिन।
death (डेथ) मृत्यु।
debit (डेबिट) नामे, उधार खाता।
decision (डिसिजन) निर्णय, निश्चय।
deep (डीप) गहरा, गम्भीर।
domestic (डोमेस्टिक) घरेलू, पालतू।
due (ड्यू) देय, उचित।
dusk (डस्क) गोधूलि, झुटपटा।

dead (डेड) मरा हुआ, निर्जीव।
none (नॅन) कोई नहीं, कुछ भी नहीं।
never (नेवर) कभी नहीं।
synthesis (सिन्थिसिस) संश्लेषण।
synonym (सिनोनिम) पर्याय, समानार्थी।
natural (नेच्युरल) प्रकृत, स्वाभाविक।
descend (डीसेन्ड) उतारना, अवरोहण।
good (गुड) भला, अच्छा
clad (क्लैड) ढका, आवृत्त, सजा हुआ।
peak (पीक) चोटी, ऊंचाई।
after (आफ्टर) बाद में।
small (स्मॉल) छोटा, थोड़ा।
white (वाइट) श्वेत, सफेद, उजला।
full (फुल) भरा हुआ।
curse (कर्स) शाप देना, बुरा कहना।
sharp (शार्प) तेज, तीक्ष्ण।
coward (कावर्ड) कायर, डरपोक।
dull (डल) धुंधला, अस्पष्ट।
sister (सिस्टर) बहन।
doe (डो) मृगी, हिरणी।
cow (काउ) गाय।
extinguish (इक्स्टिंग्विष्ठा) बुझाना।
sell (सेल) बेचना, विक्रय करना।
careless (केअरलेस) लापरवाह।
kind (काइंड) वस्तु रूप में
married (मैरिड) विवाहित।
hazy (हेजी) धुंधला, अस्पष्ट।
dirty (डर्टी) गंदा, मैला
deny (डिनाइ) इन्कार करना।
hot (हॉट) गर्म।
kind (काइन्ड) दयालु, कृपालु।
light (लाइट) हल्का, प्रकाश।
night (नाइट) रात।
birth (बर्थ) जन्म।
credit (क्रेडिट) जमा खाता, श्रेय।
indecision (इनडिसिजन) अनिर्णय, अनिश्चय।
shallow (शैलो) छिछला, उबला।
wild (वाइल्ड) जंगली।
undue (अनड्यू) अनुचित।
dawn (डॉन) पौ फटना, प्रातः।

early (अर्ली) प्रारम्भिक, जल्दी।
easy (इजी) आसान, सरल।
earn (अर्न) कमाना, अर्जित करना।
enemy (एनिमी) शत्रु।
enjoy (एन्जाय) आनन्द लेना।
equal (ईक्वल) समान, बराबर।
erect (इरेक्ट) सीधा खड़ा।
extreme (एक्सट्रीम) अति-ज्यादा।
free (फ्री) स्वतंत्र।
fall (फॉल) पतन, गिरना।
fast (फास्ट) तेज, तीव्र।
fit (फिट) योग्य, उचित।
fat (फैट) मोटा, स्थूल।
foul (फाउल) खराब, गन्दा, घृणित।
fortunate (फॉरट्यूनेट) भाग्यशाली।
fresh (फ्रेश) ताजा, नया।
front (फ्रन्ट) सामने, अगाड़ी।
future (फ्यूचर) भविष्य, आइन्दा
gain (गेन) लाभ, कमाई।
gay (गे) प्रसन्न, खुश।
general (जनरल) सामान्य।
gentle (जेन्टल) सौम्य, कोमल।
guide (गाइड) रास्ता दिखाना।
great (ग्रेट) महान्, बड़ा।
handsome (हैंडसम) सुन्दर।
hard (हार्ड) सख्त, कठोर।
happy (हैप्पी) प्रसन्न, खुश।
hatred (हेटरिड) घृणा, द्वेष।
heaven (हैवन) स्वर्ग, जन्नत।
heavy (हैवी) भारी, वजनी।
he-goat (ही गेट) बकरा।
high (हाइ) ऊंचा, तेज।
hero (हीरो) नायक, वीर।
hill (हिल) पहाड़ी।
holy (होली) पवित्र, शुद्ध
in (इन) अंदर।
ill (इल) बीमार, रुग्ण।
income (इनकम) आय, कमाई।
inner (इनर) आतंरिक।
irregular (इरेग्यूलर) अनियमित, बेकायदा।
just (जस्ट) न्यायी, उचित।

late (लेट) देर से, बाद का।
difficult (डिफिकल्ट) कठिन, मुश्किल।
spend (स्पेंड) खर्च करना, गंवाना।
friend (फ्रेंड) मित्र, दोस्त।
suffer (सफर) दुःख उठाना।
unequal (अनईक्वल) असमान।
bent (बेंट) टेढ़ा, झुका हुआ।
moderate (मॉडरेट) संतुलित।
slave (स्लेव) गुलाम, दास।
rise (राइज) उठाना, उन्नति।
slow (स्लो) धीमा, सुस्त।
unfit (अनफिट) अयोग्य, अनुचित।
thin (थिन) पतला, दुबला, महीन।
fair (फेअर) स्वच्छ, साफ, अच्छा
unfortunate (अनफॉरट्यूनेट) अभागा।
stale (स्टेल) बासी, पुराना, गंदा।
back (बैक) पिछड़ी, पीठ, पीछे।
past (पास्ट) भूतकाल, गुजरा हुआ।
loss (लॉस) हानि, नुकसान।
sad (सैड) उदास, दुःखी।
special (स्पेशल) विशेष।
harsh (हार्श) कठोर, सख्त।
misguide (मिसगाइड) भटकाना।
sordid (सारडिड) तुच्छ, नीचा।
ugly (अग्ली) भद्दा, बदसूरत।
soft (सॉफ्ट)कोमल, मुलायम।
unhappy (अनहैप्पी) नाराज, दुःखी।
love (लव) प्यार, स्नेह।
hell (हेल) नरक।
light (लाइट) हलका।
she-goat (शी गोट) बकरी।
low (लो) नीचा, धीमा।
heroine (हीरोइन) नायिका, वीरांगना।
valley (वैली) घाटी, वादी।
unholy (अनहोली) अपवित्र, अशुद्ध
out (आउट) बाहर।
healthy (हेल्थी) स्वस्थ, तंदुरुस्त।
expenditure (एक्सपेन्डिचर) व्यय।
outer (आउटर) बाहरी।
regular (रेग्यूलर) नियमित, बाकायदा।
unjust (अनजस्ट) अन्याय, अनुचित।

kind (काइन्ड) अच्छा, भला।
king (किंग) राजा।
knowledge (नॉलेज) ज्ञान।
laugh (लाफ) हंसना।
lazy (लेजी) सुस्त।
lean (लीन) दुबला, कृश।
left (लेफ्ट) बायां, वाम।
leisure (लेजर) फुर्सत, अवकाश।
lend (लेन्ड) उधार देना।
little (लिटिल) छोटा, कम।
lift (लिफ्ट) उठाना, उन्नति।
link (लिंक) कड़ी, जोड़ना।
liquid (लिक्विड) द्रव्य, तरल।
live (लाइव) जीवित, सक्रिय।
lucky (लकी) भाग्यवान।
maiden (मेडन) कुमारी, अविवाहित।
mala-fide (मेला-फाइड) बदनीयत् दुराशय।
man (मैन) पुरुष।
master (मास्टर) स्वामी, मालिक।
material (मैटरिअल) भौतिक।
mother (मदर) मां।
nay (न) ना, नकार।
near (निअर) समीप, नजदीक।
necessary (नेसेसरी) आवश्यक।
new (न्यू) नया, ताजा।
night (नाइट) रात।
north (नॉर्थ) उत्तर दिशा।
noise (नॉइज) शोर, हल्ला।
obey (ओबे) आज्ञा मानना।
obverse (ऑबवर्स) चित, सीधा चेहरा।
often (ऑफट्न) प्रायः।
open (ओपन) खुला, उदार, प्रकट।
oppose (आपोज) विरोध करना।
orderly (ऑर्डरली) व्यवस्थित।
oral (ऑरल) मौखिक।
own (ओन) स्वामी होना, स्वीकार करना।
pain (पेन) पीड़ा, दर्द।
pair (पेअर) जोड़ा, युग्ल।
palace (पैलेस) महल, राजभवन।
paradise (पैराडाइस) स्वर्ग, परलोक।
parallel (पैरेलल) समरूप, समान।

unkind (अनकाइन्ड) निर्दय, बुरा।
beggar (बेगर) भिखारी।
ignorance (इग्नोरेंस) अज्ञान।
weep (वीप) रोना।
active (ऐक्टिव) चुस्त।
fat (फैट) मोटा, स्थूल।
right (राइट) दायां, दक्षिण का।
work (वर्क) कार्य, परिश्रम।
borrow (बारो) उधार लेना।
much (मच) बहुत, ज्यादा।
drop (ड्रॉप) गिराना, नीचे जाना।
delink (डीलिंक) विच्छेद करना, हटाना।
solid (सोलिड) ठोस, जमा हुआ।
dead (डेड) मरा हुआ, निर्जीव।
unlucky (अनलकी) अभागा।
married (मैरिड) विवाहित।
bonafide (बोनाफाइड) सदाशय, सच्चा।
women (वुमैन) स्त्री।
servant (सरवेंट) सेवक, नौकर।
spiritual (स्प्रिचुअल) आध्यात्मिक।
father (फादर) पिता।
yes (येस) हां, स्वीकार।
far (फार) दूर, अंतराल वाला।
unnecessary (अननेसेसरी) अनावश्यक।
old (ओल्ड) पुराना, बासी।
day (डे) दिन।
south (साउथ) दक्षिण दिशा।
silence (साइलेंस) शांति।
disobey (डिसओबे) अवज्ञा करना, कहना न मानना।
reverse (रिवर्स) पट, उल्टा।
seldom (सेल्डम) कभी-कभार, यदा-कदा।
close (क्लोज) बंद, छिपा, अनुदार।
favour (फेवर) पक्ष लेना।
Disorderly (डिसऑर्डरली) अव्यवस्थित।
written (रिटन) लिखित।
disown (डिसओन) अस्वीकार करना, स्वामी न होना।
pleasure (प्लेजर) आनन्द, सुख।
single (सिंगल) एकल, अकेला।
hut (हट) झोपड़ी, झुग्गी।
hell (हेल) नरक, दुःखधाम।
unparallel (अनपैरेलल) असमान, अपूर्व।

part (पार्ट) अंश, भाग।
pass (पास) सफल।
past (पास्ट) भूत, पूर्व।
patient (पेशेंट) धैर्य।
patriarchal (पेटरिआर्कल) पितृसत्तात्मक।
patriot (पेटरिआट) देशभक्त।
perennial (परनिअल) चिरस्थायी।
perfect (परफैक्ट) पूरा, सम्पूर्ण।
personal (पर्सनल) व्यक्तिगत।
please (प्लीज) प्रसन्न करना।
plus (प्लस) धन, मिलाकर।
poor (पूअर) निर्धन, गरीब।
positive (पाजिटिव) घनात्मक।
potent (पोटेन्ट) शक्तिशाली, मैथुन-समर्थ।
prefix (प्रीफिक्स) उपसर्ग, पहले लगाना।
proud (प्राउड) घमण्डी, दंभी।
public (पब्लिक) सार्वजनिक।
pupil (पूपिल) शिष्य।
qualified (क्वॉलिफाइड) योग्य।
queen (क्वीन) रानी।
quick (क्विक) तेज, द्रुत।
quiet (क्वाइट) शांत, मौन।
ram (रैम) भेड़ा।
rapid (रैपिड) तेज, द्रुत।
rare (रेअर) दुर्लभ, दुष्प्राप्य।
raw (रॉ) कच्चा, अनपका।
reaction (रीएक्शन) प्रतिक्रिया।
realism (रीअलिज्म) यथार्थवाद।
reap (रीप) फसल काटना।
reason (रीजन) तर्क, दलील।
receive (रिसीव) पाना।
reduce (रिड्यूस) कम करना, घटाना।
refuse (रिफ्यूज) इनकार करना, घटाना।
relevant (रेलिवेंट) प्रासंगिक, संबद्ध।
reliable (रिलाइबॅल) विश्वसनीय, भरोसेमंद।
respect (रिस्पेक्ट) आदर, सम्मान।
rest (रेस्ट) आराम, विश्राम।
retreat (रिट्रीट) पीछे हटना।
reward (रिवार्ड) पुरस्कार, इनाम।
right (राइट) सही, उचित।
rough (रफ) भद्दा, उचित।

whole (होल) पूरा, सम्पूर्ण।
fail (फेल) असफल।
present (प्रैजेंट) वर्तमान, अभी।
impatient (इमपेशन्ट) अधैर्य।
matriarchal (मेटरिआर्कल) मातृसत्तात्मक।
traitor (ट्रेटर) देशद्रोही।
momentary (मोमेंटरी) क्षणिक।
imperfect (इमपरफैक्ट) अपूर्ण, अधूरा।
impersonal (इमपर्सनल) अव्यक्तिक, जो व्यक्तिगत नहीं है।
displease (डिसप्लीज) नाराज करना।
minus (माइनस) ऋण, घटाकर।
rich (रीच) धनी, मालदार।
negative (निगेटिव) ऋणात्मक।
impotent (इमपोटेंट) असमर्थ, नपुंसक।
suffix (सफिक्स) प्रत्यय, बाद में लगाना।
humble (हम्बल) नम्रता, विनत।
private (प्राइवेट) निजी, व्यक्तिगत।
teacher (टीचर) गुरु।
unqualified (अनक्वालिफाइड) अयोग्य।
king (किंग) राजा।
slow (स्लो) सुस्त, धीमा।
unquiet (अनक्वाइट) अशांत, चंचल।
sheep (शीप) भेड़।
slow (स्लो) धीमा, सुस्त।
ordinary (ऑरडिनरी) सामान्य, साधारण।
ripe (राइप) पका हुआ।
action (एक्शन) क्रिया।
idealism (आइडिअलिज्म) आदर्शवाद।
sow (सो) बोना।
emotion (इमोशन) भावना।
give (गिव) देना।
increase (इनक्रीज) बढ़ाना, ज्यादा करना।
accept (एक्सेप्ट) मानना, स्वीकार करना।
irrelevant (इररेलिवेंट) अप्रासंगिक, असंबद्ध
unreliable (अनरिलाइबॅल) अविश्वास, भरोसेमंद न होना।
disrespect (डिसरिस्पेक्ट) अनादर, बेइज्जती।
Labour (लेबर) परिश्रम, मेहनत।
advance (एडवांस) आगे बढ़ना।
punishment (पनिशमेंट) दण्ड, सजा।
wrong (रांग) गलत, अनुचित।
fair (फेयर) अच्छा, सुन्दर।

rustic (रस्टिक) देहाती, ग्राम्य, गंवारू।
safe (सेफ) सुरक्षित, सही-सलामत।
saint (सेन्ट) संत, धर्मात्मा।
sane (सेन) समझदार, स्वस्थ।
save (सेव) बचाना।
secret (सीक्रेट) गुप्त, छिपा।
secular (सेक्यूलर) धर्म निरपेक्ष।
sense (सेन्स) होश, ज्ञान, समझदार।
sharp (शार्प) तेज, धारदार।
show (शो) दिखाना, प्रदर्शन करना।
sick (सिक) रुग्ण, कमजोर।
simple (सिम्पल) सरल, सीधा।
sin (सिन) पाप।
slumber (स्लम्बर) सोना।
social (सोशल) मिलनसार।
sour (साउअर) खट्टा।
sow (सो) शूकरी, सूअरी।
soul (सोल) आत्मा।
superior (सुपीरियर) उत्तम, बढ़िया।
stupid (स्टुपिड) मूर्ख।
tame (टेम) पालतू।
temporary (टेम्परेरि) अस्थायी, थोड़े समय का।
thin (थिन) पतला, महीन।
this (दिस) यह
tiger (टाइगर) बाघ।
tragedy (ट्रेजिडी) त्रासदी।
true (ट्रू) सच्चा।
ugly (अगली) भद्दा, बदसूरत।
uncle (अंकल) चाचा।
under (अंडर) नीचे, निम्न।
unity (यूनिटी) एकात, एका।
unreal (अनरियल) कल्पित।
usual (युजुअल) सामान्य।
utility (यूटिलिटी) उपयोगिता।
vague (वेग) अस्पष्ट।
variety (वेराइटि) विविधता, अनेकता।
village (विलेज) ग्राम, गांव।
virtue (वर्च्यु) सद्गुण।
victory (विक्ट्री) जीत, विजय
wake (वेक) जागना।
war (वार) युद्ध

civilized (सिविलाइज्ड) सभ्य, सुसंस्कृत।
unsafe (अनसेफ) खतरे में, असुरक्षित।
sinner (सिनर) पापी, अधर्मी।
insane (इनसेन) पागल।
spend (स्पेंड) खर्च करना।
open (ओपन) खुला, सर्वज्ञता।
religious (रिलिजियस) धार्मिक।
nonsense (नॉनसेन्स) मूर्ख, नासमझदारी।
blunt (ब्लंट) कुंठित, भोथरा।
hide (हाइड) छिपाना, गुप्त रखना।
healthy (हेल्थी) स्वस्थ, निरोग।
complex (कॉम्पलेक्स) जटिल, उलझा हुआ।
virtue (वर्च्यू) पुण्य।
awake (अवेक) जागना।
unsocial (अनसोशल) अलग रहने वाला।
sweet (स्वीट) मीठा, मधुर।
swine (स्वाइन) शूकर, सुअर।
body (बॉडी) शरीर।
inferior (इनफरियर) घटिया।
wise (वाइज) बुद्धिमान।
wild (वाइल्ड) जंगली।
Permanent (पर्मानेन्ट) स्थायी, बहुत समय के लिए।
thick (थिक) मोटा।
that (दैट) वह।
tigress (टाइग्रेस) बाघिन।
comedy (कॉमेडी) हास्य।
false (फाल्स) झूठा।
beautiful (ब्यूटिफुल) सुन्दर।
aunt (आंट) चाची।
up (अप) ऊपर, ऊंचा।
division (डिवीजन) फूट, मतभेद।
real (रिअल) वास्तविक, यथार्थ
unusual (अनयुजुअल) असामान्य, असाधारण।
futility (फ्यूटिलिटि) व्यर्थता, तुच्छता।
clear (क्लिअर) स्पष्ट।
unity (यूनिटी) एकता।
city (सिटी) शहर, नगर।
vice (वाइस) बुराई, दुर्गुण।
defeat (डिफीट) पराजय, हार।
sleep (स्लीप) सोना।
peace (पीस) शांति।

warm (वार्म) गरम, जोश वाला।
weep (वीप) रोना।
west (वेस्ट) पश्चिम।
weak (वीक) अशक्त, कमजोर।
white (वाइट) श्वेत, सफेद।
wide (वाइड) चौड़ा, प्रशांत।
willing (विलिंग) इच्छुक।
woman (वूमैन) औरत।
wrong (रांग) गलत।
young (यंग) छोटा, युवक।

cool (कूल) ठंडा, उत्साहहीन।
laugh (लाफ) हंसना।
east (ईस्ट) पूर्व।
strong (स्ट्रांग) सशक्त, मजबूत।
black (ब्लैक) काला।
narrow (नेरो) तंग, सिकुड़ा।
unwilling (अनविलिंग) अनिच्छुक।
man (मैन) आदमी, मर्द।
right (राइट) सत्य, सही।
old (ओल्ड) बड़ा, बूढ़ा, पुराना।

Some Foreign Words and Phrases in English
(सम फॉरेन वर्ड्स एण्ड फ्रेजेज इन इंग्लिश)
अंग्रेजी में कुछ विदेशी शब्द और वाक्यांश

अंग्रेजी में अनेक दूसरी भाषाओं के शब्द और वाक्यांशों का आये दिन बार-बार प्रयोग होता है। इनका प्रयोग इतना महत्वपूर्ण हो गया है कि इनकी सही जानकारी आवश्यक है। इन शब्दों, मुहावरों और वाक्यांशों को निम्न प्रकार रखा गया है–

ad finem (एडी फाइनम्)	towards the end अन्त की ओर।
ad hoc (एड हॉक)	for a special purpose तदर्थ।
ad infinitum (एड इन्फि नाइटॅम)	without end अनन्त तक, निरवधि।
ad interim (एड इनटॅरिम)	for the time being अन्तःकालीन, कल्पकालीन।
ad valorem (एड वलोरेम)	according to the value यथा मूल्य
ad verbum (एड वर्बम)	word for word शब्दशः।
ala mode (आला मोड)	in the fashion, fashionable फैशनेबुल।
alibi (ऐलिबाइ)	वहां न होना, अन्यत्र होना
alma mater (ऐल्मॅमेटर)	mother university or college अपना कॉलेज या विद्यालय।
alter ego (ऐलट्र ईगो)	second self अंतरंग मित्र।
alter nando (ऐल्टॅर नेंडो)	एकान्तर अनुपात
anno domini (ऐनी डॉमिनाई)	in the year of our Lord A.D. ईस्वी सन्
ante meridiem (ऐन्टिमॅरिडिॲम)	before mid day; a.m. पूर्वाह्न, दोपहर 12 बजे से पूर्व।
a posteriori (ए पॉस्टेरिऑराइ)	from effect caused by experiment कार्यकरण न्याय के अनुसार आगमिक।
apropos (ऐप्रपॉ)	to the purpose, timely प्रासंगिक, उचित, उपयुक्त।
aqua (ॲक्वा)	water जल, पानी।
avant-garde (अवांगार्द)	Forerunner, vanguard अग्रसर।
belle (बेल)	a beautiful lady सुन्दरी, सर्वांग सुन्दरी।
belles lettres (बेल लेटर्स)	literature साहित्य।
billet-doux (बिलेडू)	love-letters प्रणय-पत्र।
bona fide (बोना फाइड)	in good faith सच्चा, प्रामाणिक।
bravo (ब्रावो)	well done, splendid शाबास, वाह-वाह।

cafe (कैफे)	coffee, coffee house कॉफी, कॉफी हाउस।
carte blanche (कार्ट ब्लान्श)	a free hand पूर्ण स्वतंत्रता।
casus belli (कासस बेली)	a plea for going to war युद्ध का कारण, बहाना।
chateau (शाटो)	a mansion house in the country देहाती महल, गढ़ी।
chef-d'oeuvre शे-डॅ-ब्रॅ)	master piece उत्कृष्ट कला कृति।
coup-d'etat (क-डॅ-टा)	sudden and violent overthrow of government राज्य विप्लव, आकस्मिक शासन परिवर्तन।
cul-de-sac (कुलडॅ सैक)	blind street बंद गली।
de facto (डी फैक्टो)	in fact, actually वस्तुत: असल, वास्तव में।
de jure (डि जुअर)	in law, rightfully कानूनन, विधिवत।
de luxe (डीलक्स)	luxurious सुखद, ऐश्वर्यशाली।
de novo (डी नोवो)	afresh नए सिरे से।
dues ex machina (डीऑस एक्स मैकि्ने)	a good out of the machine, divine intervention यांत्रिक अवातावरण, दैवी समाधान।
en clair (आं क्लेअर)	in clear language स्पष्ट शब्दों में।
en masse (आंमैस)	in a body सामूहिक रूप में।
ex gratia (एक्स ग्रेशिया)	as a favour कृपा रूप में।
ex officio (एक्स ओफिशिओ)	by virtue of one's office पदेन।
ex parte (एक्स पार्ट्‌ए)	one sided एक पक्षीय, एक तरफ।
fait accompli (फेट अकोंप्ली)	an accomplished सम्पन्न कार्य।
ibidem (ईबिडेम)	in the same place; (ib or ibid) वही।
in toto (इन्‌ टोटो)	totally, wholly सम्पूर्णत:।
infra dignitatem (इनफ्रॅ डिगनिटॅट्‌म)	below one's dignity शान के खिलाफ, प्रतिष्ठा के प्रतिकूल।
inter alia (इंटर ॲलिआ)	among other things औरों के बीच।
litterateur (लीटे' राटॅर)	a man of letters साहित्यकार।
mala fide (मेला अ फाइडि)	a bad faith बदनीयत, दुराशय।
milieu (मील्याँ)	environment वातावरण, पर्यावरण।
modus operandi (मॉडस ऑपरेन्डि)	way, method कार्य प्रणाली।
modus vivendi (मॉडस विवेन्डि)	a way of living जीवन चर्या।
monsieur (मॅस्यां)	a gentlemen, sir सज्जन, श्रीमान।
obiter dictum (ऑब-इटर डिक्टॅम)	casual remark प्रासंगिक विचार, उक्ति।
pari passu (पेअर-इ पैस्‌म-ऊ)	in the same degree, likewise समरूप।
per annum (पर एनम)	yearly, by the year वार्षिक।
per capita (पर केपिटा)	individually प्रतिव्यक्ति।
persona grata (पर्सोन-अ ग्रेट)	an acceptable person स्वीकार्य व्यक्ति।
post meridiem (पोस्ट मॅरिडअम)	p.m., afternoon अपराह्न।
post mortem (पोस्ट मार्टेम)	after death शव परीक्षा, मरणोत्तर।
quid pro quo (क्विड प्रो क्वो)	something for something मुआवजा, हरजाना एवजी।
raison d'etre (रेजोंडेट्र)	justification औचित्य, उद्देश्य।
repondez s'il vous plait (रेंपोंडे सिल वू प्ले)	R.S.V.P. reply please कृपया उत्तर दें।

sine die (साइन डाइ) Indefinitely अनिश्चित काल के लिए।
sine qua non (साइन क्वे नॉन) an essential condition अनिवार्य शर्त।
summum bonum (सॅमॅम बोनॅम) the supreme good परमार्थ।
tabula rasa (टैबयुलॅ राज-अॅ) clean slate, blank sheet रिक्त पटिया।
tour de force (टोर ड फॉर्स) an outstanding effort शानदार काम या प्रयत्न।
tete-a-tete (टेट्-आ-टेट) a confidential talk between two persons एकान्तिक वार्तालाप, एकान्त में।
ultra-vires (अॅल्ट्रॉ वायर्स) beyond one's powers अधिकार से परे, अधिकारातीत।
vide infra (वाइड इनफ्रा) see below नीचे देखिए।
vide supra (वाइड सुप्रा) see above ऊपर देखिए।
viva voce (वाइव् वोसि) oral examination मौखिक परीक्षा।
vivat (वाइवैट) long live जयकार, जिंदाबाद।

One Word Substitution
(वन वर्ड सब्सटीट्यूशन)
अनेक के स्थान पर एक शब्द

किफायत अपने आप में एक बहुत बड़ा गुण है। रुपये पैसे और समय के साथ शब्दों की किफायत भी जरूरी है। कम से कम शब्दों में अधिक से अधिक बात कह देना एक कला है। जो इस कला में माहिर हैं उनके लिए कहा जाता है कि 'गागर में सागर' समा सकते हैं। संसार में असंभव कुछ भी नहीं है। अभ्यास और लगन से सब हासिल हो सकता है। आप भी यह कला सीखकर लोगों को प्रभावित कर सकते हैं। अपनी सफलता को और अधिक चमका सकते हैं। सभी भाषाओं में अनेक ऐसे शब्द हैं जिनका प्रयोग पूरे के पूरे वाक्य के स्थान पर बड़ी कलात्मकता से किया जा सकता है। सार लेखन, परीक्षा आदि अनेक दृष्टियों से इनका महत्व असंदिग्ध है। नीचे इसी प्रकार के शब्द दिए गए हैं–

स्थानापन्न शब्द, (उच्चारण) अर्थ	**अनेक शब्दों के समूह**
1. abridged (ऐब्रिज्ड) संक्षिप्त	an edition of a book in which it has been condensed.
2. atheist (एथिइस्ट) नास्तिक	one who does not believe in the existence of God.
3. acquittal (एक्विटल) दोष मोचन बरी करना	the act of freeing a person from a charge by verdict.
4. aquaint (एक्वैंट) परिचय या जानकारी प्राप्त करना	make oneself familiar with a person or a thing.
5. ambulance (एम्बुलेंस) रोगी वाहन	a van which is used in transporting wounded or serious patients.
6. adulteration (अडलट्रेशन) अपमिश्रण, मिलावट	to falsify a thing by admixture or baser ingredients.
7. adolescence (ऐडोलसेंस) कैशौर्य	stage between boyhood and youth.
8. amateur (ऐमेन्नर) शौकीन, अव्यावसायिक	man who does something as a hobby.
9. autobiography (ऑटोबायोग्राफी) आत्मकथा	a life story by the person himself.
10. autograph (ऑटोग्राफ) स्वाक्षर, हस्ताक्षर	signature in person's own handwriting.
11. automobile (ऑटोमोबाइल) मोटर, कार	types of vehicles which move automatically.
12. audience (ऑडिएंस) श्रोतागण	an assembly of persons who listen somebody speak.
13. amnesty (ऐम्निस्टि) सर्वक्षमा	an act of pardoning persons in general.
14. annual (ऐन्युअल) वार्षिक	an event recurring yearly.
15. amphibian (ऐमफिबिअन) उभयचारी	one which can live both in water and on land alike.

16. bankrupt (बैंकरप्ट) दिवालिया — one who is unable to pay his debts.
17. bibliophile (बिब्लिओफिल) पुस्तकप्रेमी — a person who loves books.
18. bibliography (बिब्लिओग्राफी) — a list of subject and books.
19. bilingual (बाइलिंगुअल) द्वि भाषी — a person who speaks two languages.
20. biography (बायोग्राफी) जीवनी — life-story of a person written by someone else
21. biped (बाइपेड) द्विपाद — having two feet.
22. catalogue (कैटलॉग) सूचीपत्र — a descriptive list of books arranged according to subjects.
23. celibacy (सेलीबेसी) ब्रह्मचर्य — state of being unmarried.
24. centenary (सेन्टेनरी) शताब्दी — Space of a hundered years reckoned from any point in a century.
25. colleague (कलीग) सहकर्मी — a fellow worker in the same office.
26. contemporaries (कंटेम्परेरीज) समकालीन — Persons living at the same period.
27. cosmopolitan (कॉस्मोपोलिटन) सर्वदेशीय — belonging to all parts of the world.
28. couplet (कप्लट) दोहा — a stanza having two lines in verse.
29. credulous (क्रैडुलस) आशुविश्वासी — a man who readily believes.
30. carnivorous (कार्निवरस) मांसाहारी — feeding on flesh.
31. desert (डिजर्ट) रेगिस्तान — where neither water nor vegetation is found.
32. democracy (डिमॉक्रेसी) प्रजातंत्र — government of the people.
33. debar (डिबार) वर्जित करना — prevent a person from admission or a right.
34. declamation (डिक्लेमेशन) वक्तृता — act or art of rhetorical exercise.
35. demonstration (डिमान्स्ट्रेशन) प्रदर्शन — show of force to intimidate.
36. dieting (डाइटिंग) कम भोजन करना — a small allowance of food to become slim.
37. dictionary (डिक्शनरी) शब्दकोश — a book dealing with words in alphabetical order.
38. drawn (ड्रॉन) बराबर, बिना हार-जीत के — a match in which neither party wins.
39. drought (ड्राउट) सूखा, अनावृष्टि — continuous dry weather and lack of rain and water.
40. egoist (इगोइस्ट) अहंकारी — one who treats self-interest everywhere.
41. ambassador (एम्बेसेडर) राजदूत — a person who represents his country officially.
42. epitaph (एपिटाफ) समाधिलेख — words inscribed on a tomb.
43. epidemic (एपिडेमिक) महामारी — disease prevalent among community at special time.
44. epicure (एपिक्अर) चटोरा, भोगवादी — a person who exercises choice in eating and drinking.
45. epistle (एपिसल) काव्यपत्र, पत्रकविता — verse in form of a letter.
46. essential (इसेन्शल) अनिवार्य — things without which we cannot do.
47. etiquette (एटिकेट) शिष्टाचार — set manners of conduct.
48. extempore (एक्सटेम्पोर) आशु, तात्कालिक — a speech delivered without preparation.
49. exile (एक्साइल) निर्वासन — made to be absent for a long time from one's own country.
50. efficacious (एफिकेशस) अचूक — sure to produce desired results.

51. edible (एडिबल) खाने योग्य, खाद्य — fit to be eaten.
52. fanatic (फेनेटिक) कट्टर — a person filled with wrong enthuthiasm in religion.
53. fastidious (फेसटिडिअस) नाजुक मिजाज — a person who cannot be pleased easily.
54. fatal (फेटल) घातक — something which results in death.
55. fatalist (फेटलिस्ट) भाग्यवादी — one who believes in fate.
56. franchise (फ्रेंनचाइज) मताधिकार — right to cast vote.
57. forgery (फॉरजरि) जालसाजी — falsification of documents etc.
58. fratricide (फ्रेटरिसाइड) भाई की हत्या — killing of one's own brother.
59. grammar (ग्रामर) व्याकरण — art and science dealing with a language.
60. granary (ग्रेनरी) अन्नभंडार — a storehouse for a threshed grain.
61. galaxy (गैलेक्सी) आकाशगंगा — irregular luminous band of stars.
62. gazette (गजट) राजपत्र — a government publication relating to order, notification etc.
63. glossary (ग्लॉसरी) शब्दावली — a long list of words with their meanings.
64. glutton (ग्लटन) खाऊपीर — a person who eats excessively.
65. hearse (हर्स) शव वाहन — vehicle used to carry dead persons.
66. heritage (हैरिटेज) बपौती — what is got from ancestors.
67. homicide (होमिसाइड) नरहत्या — killing of man.
68. horoscope (हारस्कोप) जन्मपत्री — scheme showing dispositions of the heavenly bodies in relation to a person.
69. horizon (हॉराइन) क्षितिज — the point where the earth and the sky seem to meet.
70. hostility (हॉस्टिलिटी) शत्रुता — a state of warfare.
71. incredible (इनक्रेडिबल) अविश्वसनीय — that which cannot be believed.
72. insolvent (इन्सालवेंट) दिवालिया — a state of bankruptcy.
73. illiterate (इलिटरेट) निरक्षर — one who cannot read or write.
74. irreparable (इरिपेरेबल) अपूर्णीय क्षति — a loss which is bound to happen.
75. inevitable (इनेविटेबल) अवश्यंभावी — that which is bound to happen.
76. invincible (इन्विन्सिबल) अजेय — that which cannot be defeated.
77. irrevocable (इरेवोकेबल) अपरिवर्तनीय — that which cannot be recalled.
78. invisible (इनविजिबल) अदृश्य — that which cannot be seen.
79. inflammable (इनफ्लेमेबल) ज्वलनशील — that which catches fire easily.
80. infanticide (इन्फेंटिसाइड) शिशु हत्या — killing of an infant.
81. illusion (इल्युजन) भ्रम, मरीचिका — false sensual proposition
82. indoor (इनडोर) भीतरी — something carried on within door or under cover.
83. infinite (इनफिनिट) अनन्त — not limited by person or number.
84. insecticide (इन्सेक्टिसाइड) — that which kill insects.
85. jail (जेल) बंदीगृह — a place where prisoners are kept.
86. juvenile (जूवेनाइल) किशोर संबंधी — anything which relates to young and youth.

87. kangaroo (कैन्गॅरू) कंगारु — an animal of Australia with great leaping power, which keeps its young ones in its pouch.
88. locust (लोकस्ट) टिड्डी — a kind of winged insect migrating in swarms and consuming vegetation.
89. lunar (लूनार) चंद्र — concerning moon.
90. manuscript (मैन्युस्क्रिप्ट) पांडुलिपि, हस्तलिखित — a book or documents written by hand.
91. myth (मिथ) मिथक — purely fictitious narrative usually involving supernatural beings etc.
92. muse (म्यूज) कला देवी, सरस्वती — goddess of learning and arts.
93. martyr (मारटर) शहीद — a person who died for the sake of his country.
94. namesake (नेमसेक) एक नामी — having the same name.
95. naughty (नॉटी) शरारती — a badly behaved child.
96. native (नैटिव) मूल निवासी — one whose parents are domiciled.
97. notorious (नोटोरिअस) कुख्यात — well known unfavourably.
98. notary (नोटॅरी) लेख्य प्रमाणक — person publically authorized to draw up or attest contracts etc.
99. nutritive (न्यूटरिटिव) पोषक — article of food rich in nutrition.
100. omnipotent (ऑम्निपॉटेंट) सर्वशक्तिमान — all powerful.
101. omnipresent (ऑम्निप्रेजेंट) सर्वव्यापी — present everywhere.
102. omniscient (ऑम्निसिअॅन्ट) सर्वज्ञ — knowing all and every thing.
103. oasis (ओएसीस) नखलिस्तान — fertile spot in desert.
104. optimist (ऑपटिमिस्ट) आशावादी — one who sees bright side of things.
105. obesity (ओबीसिटी) मोटापन — having lot of fat in one's body.
106. orthodox (ऑर्थोडॉक्स) रूढ़िवादी — holding the old opinions in religion and life.
107. ostrich (ऑसट्रिच) शतुरमुर्ग — a large bird reputed to bury its head in sand when pursued.
108. opaque (ओपेक) अपारदर्शी — not transmitting light.
109. optic (ऑपटिक) प्रकाशीय — science of sight and light.
110. ordnance (आर्डनैंस) गोलाबारूद — A factory where military materials are produced.
111. orphan (ऑर्फेन) अनाथ — A person without father and mother.
112. outcast (आउटकास्ट) निर्वासित — cast out as useless.
113. obituary (ऑबिट्यूअरि) निधन सूचना — a notice of death in a newspaper.
114. oriental (ऑरिएन्टल) पूर्वी, प्राच्य — of the east.
115. patriot (पेट्रऑट) देशभक्त — one who loves one's country too much.
116. pastoral (पास्टॅरॅल) पशुचारी, चरागाही — literature relating to shepherds and pasture.
117. polygamy (पॉलिगमी) बहुविवाह — having more than one mate.
118. postmortem (पोस्टमॉर्टम) शव परीक्षा — medical examination of dead human body.
119. pessimist (पेसिमिस्ट) निराशावादी — one who looks at darker side of things.
120. postscript (पोस्ट स्क्रिप्ट) पुनश्च, फिर से — addition of writing at the end of letter.

121. posthumous (पॉस्ट्यूमस) मरणोपरान्त — after the death.
122. pension (पेन्शन) पेंशन — payment made in consideration of past service.
123. philanthropist (फिलॅन्थ्रोपिस्ट) मानवप्रेमी — one who loves and works for mankind.
124. port (पोर्ट) बन्दरगाह — a place where ships seek shelter.
125. prostitute (प्रॉस्टिट्यूट) वेश्या — woman who offers her body on hire.
126. prejudice (प्रेज्उडियस) पूर्वाग्रह — to form an opinion against anybody baselessly.
127. quadruped (क्वार्डुपेड) चौपाया — having four feet.
128. quatrain (क्याट्रेन) चतुष्पदी — stanza of four lines.
129. quack (क्वेक) नीम हकीम — one who pretends skill in medicine and surger.
130. quarantine (क्वॉरॅन्टीन) संगरोघ — isolation imposed on infected people.
131. quorum (कोरम) गणपूर्ति — fixed number of persons that must be present to make proceedings valid.
132. questionnaire (क्वेश्चनेयर) प्रश्नमाला — formulated series of questions.
133. quil (क्विल) पर की कलम — a feather used as a pen.
134. rape (रेप) बलात्कार — to use a woman by force.
135. red-tapism (रेड-टेपिज्म) लालफीताशाही — too much of official formality.
136. radiation (रेडिएशॅन) विकिरण — emission of light or heat from central point.
137. referendum (रेफरेन्डॅम) जनमत संग्रह — direct decision by a general vote on the single question.
138. robot (रोबॉट) यंत्रमानव — an intelligent and obedient machine like a man.
139. sanatorium (सेनॅटोरियम) आरोग्य निवास — place of good climate where invalids are kept.
140. sanctuary (सैन्क्ट्यूअरि) शरण स्थान — a place of refuge recognized as secure.
141. scribble (स्क्रिब्ल) घसीट में लिखना — write hurriedly or carelessly in regard to handwriting.
142. sculpture (स्कॅल्पचर) मूर्तिकला — the art of making dolls.
143. secular (सेक्यूलर) धर्मनिरपेक्ष — which does not favour anyone religion.
144. sestet (सेस्टेट) छक्का, षट्पदी — a stanza of six lines.
145. sericulture (सेरिकल्चर) रेशम पालन — breeding of silkworm for silk production.
146. solo (सोलो) एकल — a peace of music by one person.
147. spectrum (स्पेक्ट्रम) वर्णक्रम — image formed by rays of light.
148. sororicide (सोरोरिसाइड) बहन की हत्या — killing of one's own sister.
149. stable (स्टेबल) स्तबल — a place where horses are kept.
150. Smuggler (स्मॅगलर) तस्कर — one who brings into country without paying customs duties.
151. sterilize (स्टेरिलाइज) बंध्यीकृत, निष्कीटित — to make free from living germs or bacteria.
152. teetotaller (टीटोटलर) जो किसी तरह का नशा नहीं करता — a person who abstains from all kinds of intoxication.
153. theist (थीइस्ट) आस्तिक — one who believes in the existence of God.

154. Tragedy (ट्रैजिडी) त्रासदी — a writing which ends in death or sorrow.
155. tripod (ट्राइपॉड) त्रिपाइ, त्रिपादिक — having three legs.
156. terminus (टरमिनस) अंतिम स्टेशन — station at the end of a route.
157. trust (ट्रस्ट) न्यास — confidence reposed in person by making them nominal owner.
158. ubiquitous (यूबिक्विटस) सर्वव्यापक — found or present everywhere.
159. Unilateral (यूनिलैटरल) एक तरफ — decision taken by one side only.
160. up-to-date (अप-टु-डेट) अद्यतन, आधुनिकतम — having information till today.
161. vegetarian (वेजिटेरिअन) शाकाहारी — one who uses a diet of vegetable as food.
162. vertebrat (वर्टइब्रिट) रीढ़धारी — animals having spinal column.
163. volunteer (वॉलेनटियर) स्वयंसेवक — a person who undertakes service of one's own free will.
164. veteran (वेटरन) अनुभवी — a person having long experience of an occupation, service.
165. verbatim (वबटिम) शब्दश: — word for word.
166. weather-cock (वेदर-काक) वात सूचक — a cock-shaped indicator on the building top to show the direction of air.
167. zodiac (जोडिएक) राशिचक्र — a belt of the heavenly bodies divided into 12 equal signs.
168. zoo (जू) चिड़ियाघर — a place where birds and animals are kept.

Animal Cries and Other Sounds
(ऐनीमल क्राइज एन्ड अदर साउण्ड्स)
जानवरों की बोलियां और अन्य आवाजें

1. asses bray (ऐसेज ब्रे) गधे रेंकते हैं।
2. bears growl (बीयर्स ग्राउल) रीछ गुर्राते हैं।
3. bees buzz (बीज बॅज) मक्खियां भिनभिनाती हैं।
4. birds warble (बर्ड्स वार्बल) पक्षी चहचहाते हैं।
5. bulls bellow (बुल्स बेलो) सांड़ हंकड़ते हैं।
6. camels grunt (कैमल्स ग्रंट) ऊंट बलबलाते हैं।
7. cats mew (कैट्स म्यू) बिल्लियां म्याऊं-म्याऊं करती हैं।
8. cocks crow (कॉक्स क्रो) मुर्गे बांग देते हैं।
9. cows low (काउज लो) गायें रंभाती हैं।
10. crows caw (क्रोज कॉ) कौए कांव-कांव करते हैं।
11. clocks tick (क्लॉक्स टिक) घड़ियां टिक-टिक करती हैं।
12. crickets sing (क्रिकेट्स सिंग) झींगुर झंकारते हैं।
13. clouds rumble (क्लाउड्स रम्बल) बादल गरजते हैं।
14. crackers explode (क्रेकर्स एक्सप्लोड) पटाखे छूटते हैं।
15. children lisp (चिल्ड्रेन लिस्प) बच्चे तुतलाते हैं।
16. cups tinkle (कप्स टिंकल) प्याले टनटनाते हैं।
17. dogs bark (डॉग्स बार्क) कुत्ते भौंकते हैं।
18. doves coo (डोव्ज कू) फाखूता कू-कू करती है।

19. ducks quack (डक्स क्वेक) बत्तखें कैं-कैं करती हैं।
20. drops patter (ड्राप्स पैटर) बूंदे बजबजाती हैं।
21. elephants trumpet (एलिफैंट्स ट्रम्पेट) हाथी चिंघाड़ते हैं।
22. flies hum (फ्लाइज हम) मक्खियां भिनभिनाती हैं।
23. frogs croak (फ्रॉग्स क्रोक) मेंढ़क टर्राते हैं।
24. fire cracks (फायर क्रैक्स) आग चटचटाती है।
25. geese crackle (गीज क्रैकल) कलहंस कुड़कुड़ाते हैं।
26. guns boom (गन्स वूम) तोपें गरजती हैं।
27. goats bleat (गोट्स ब्लीट) बकरियां मिमियाती हैं।
28. hands clap (हैंड्स क्लैप) हाथ ताली बजाते हैं।
29. horses neigh (हॉर्सेज ने) घोड़े हिनहिनाते हैं।
30. hearts palpitate (हार्ट्स पलपिटेट) दिल धड़कते हैं।
31. jackals howl (जेकॉल्स हाउल) सियार हू-हू करते हैं।
32. lighting thunders (लाइटिंग थंडर्स) बिजली कड़कती हैं।
33. lions roar (लॉयन्स रोर) शेर दहाड़ते हैं।
34. lambs bleat (लैम्ब्स ब्लीट) मेमने मिमियाते हैं।
35. mice squeak (माइक स्क्वीक) चूहे चिचयाते हैं।
36. monkeys chatter (मंकीज चैटर) बंदर कटकटाते हैं।
37. men grumble (मेन ग्रंबल) आदमी गुनगुनाते हैं।
38. men burst into laughter (मेन बर्स्ट इनटु लाफ्टर) आदमी खिलखिलाते हैं।
39. one sings to oneself (वन सिंग्स टू वनसेल्फ) कोई अपने आप गुनगुनाता है।
40. owls hoot (आउल्स हूट) उल्लू बोलते हैं।
41. oxen low (ऑक्सन लो) बैल डकराते हैं।
42. people belch (पीपुल बेल्च) लोग डकार लेते हैं।
43. people drowl (पीपुल ड्रॉल) लोग धीरे-धीरे मुंह में बोलते हैं।
44. parrots talk (पैरट्स टॉक) तोते टें-टें करते हैं।
45. pigeons coo (पिजन्स कू) कबूतर गुटरगूं करते हैं।
46. pigs grunt (पिग्स ग्रंट) सूअर घुड़घुंड़ाते हैं।
47. puppies yelp (पप्पीज येल्प) पिल्ले किकयाते हैं।
48. people gurgitate (पीपुल गर्जिटेट) लोग बुदबुदाते हैं।
49. snakes hiss (स्नेक्स हिस) सांप फुफकारते हैं।
50. swans honk (स्वान्स होन्क) हंस कां-कां करते हैं।
51. sirens hoot (साइरन्स हूट) भोंपू बजते हैं।
52. swallows twitter (स्वैलोज ट्विटर) अबाबील चहकती है।
53. sparrows chirp (स्पेरोज चिर्प) चिड़ियां चहकती हैं।
54. they snore (दे स्नॉर) वे खर्राटे भरते हैं।
55. teeth gnash (टीथ नेश) दांत किटकिटाते हैं।
56. wings flutter (विंग्स फ्लटर) पंख फड़फड़ाते हैं।
57. windows clatter (विंडोज क्लैटर) खिड़कियां खड़खड़ाती हैं।
58. winds whistle (विंड्स विसल) हवाएं सीटी बजाती हैं।

Collective Phrases (कलेक्टिव फ्रेजेज) समूहवाचक वाक्यांश

प्रत्येक भाषा की अपनी शक्ति और सीमा होती है। अंग्रेजी में विशेष वस्तुओं के समूह को दर्शाने के लिए विशिष्ट शब्द का प्रयोग होता है। इसका आधार एक दीर्घ परम्परा और प्रयोग है। यहां हम कुछ ऐसे महत्वपूर्ण वाक्यांश दे रहे हैं जिनके प्रयोग द्वारा आप अपनी अंग्रेजी को बेहतर बना सकते हैं। इनके प्रयोग से निश्चित ही आपकी बोलचाल और भाषा में मुहावरे की रवानी आ जायेगी।

1. a brood of urchins (ए ब्रूड ऑफ अर्चिन्स) छोकरों का झुंड।
2. a band of armed men (ए बैंड ऑफ आर्मड मैन) सशस्त्र आदमियों का दल।
3. a bevy of girls (ए बेवी ऑफ गर्ल्स) लड़कियों की एक टोली।
4. a bale of clothes (ऐ बेल ऑफ क्लाथ्स) कपड़ों का एक गांठ।
5. a box of apples (ए बॉक्स ऑफ ऐपल्स) सेबों की एक पेटी।
6. a bench of judges (ए बेंच ऑफ जजेज) न्यायमूर्तियों की एक खंडपीठ।
7. a bundle of notes (ए बंडल ऑफ नोट्स) नोटों की एक गड्डी।
8. a bunch of keys (ए बंच ऑफ कीज) चाबियों का गुच्छा
9. a bouquet of flowers (ए बुके ऑफ फ्लावर्स) फूलों का गुलदस्ता।
10. a basket full of thanks (ए बास्केट फुल ऑफ थैंक्स) बहुत-बहुत धन्यवाद
11. a catalogue of books (ए कैटलॉग ऑफ बुक्स) पुस्तकों की सूची।
12. a city of gardens (ए सिटी ऑफ गार्ड्न्स) उद्यानों का नगर।
13. a chain of events (ए चेन ऑफ इवेंट्स) घटनाओं की शृंखला
14. a crowd of people (ए क्राउड ऑफ पीपुल) लोगों की भीड़।
15. a flight of stairs (ए क्फ्लाइट ऑफ स्टेअर्स) एक सोपान पंक्ति।
16. a feast of colours (ए फीस्ट ऑफ कलर्स) रंगों की दावत।
17. a flock of sheep (ए फ्लॉक ऑफ शीप) भेड़ों का रेवड़।
18. a fagget of sticks (ए फैगॅट ऑफ स्टिक्स) लकड़ियों का गठ्ठर।
19. a gang of thieves (ए गेंग ऑफ थीव्ज) चोरों का गिरोह।
20. a gust of wind (ए गस्ट ऑफ विंड) हवा का झोंका।
21. a group of islands (ए ग्रुप ऑफ आइलैंड्स) द्वीपों का समूह।
22. a galaxy of stars (ए गैलेक्सी ऑफ स्टार्स) तारों की आकाशगंगा।
23. a grove of trees (ए ग्रोव ऑफ ट्रीज) पेड़ों का झुरमुट।
24. a handful of flowers (ए हैंडफुल ऑफ फ्लावर्स) फूलों की अंजलि।
25. a parliament of owls (ए पार्लियामेंट ऑफ आउल्स) उल्लूओं का समूह।
26. a herd of deer (ए हर्ड ऑफ डीयर) हिरणों का झुंड।
27. a hive of bees (ए हाइव ऑफ बीज) मधुमक्खियों का समूह।
28. a heap of stones (ए हीप ऑफ स्टोन्स) पत्थरों का ढेर।
29. an index of contents (एन इन्डेक्स ऑफ कंटेन्ट्स) विषयों की सूची।
30. a series of magazines (ए सीरीज ऑफ मैगजीन्स) पत्रिकाओं की शृंखला।
31. a mouthful of sweets (ए माउथफुल ऑफ स्वीट्स) मिठाइयों से भरा मुंह।
32. a net of rivers (ए नेट ऑफ रिवर्स) नदियों का जाल।

33. a pile of money (ए पाइल ऑफ मनी) रुपयों का ढेर।
34. a packet of cigarettes (ए पैकेट ऑफ सिगरेट्स) सिगरेट का जोड़ा।
35. a pair of shoes (ए पेयर ऑफ शूज) जूतों का जोड़ा।
36. a pack of cards (ए पैक ऑफ काड्र्स) ताश की गड्डी।
37. a race of fighters (ए रेस ऑफ फाइटर्स) लड़ाकों का वंश।
38. a ring of wrestlers (ए रिंग ऑफ रैसलर्स) पहलवानों का अखाड़ा।
39. a regiment of soldiers (ए रेजिमेंट ऑफ सोलजर्स) सैनिकों की टुकड़ी।
40. a range of mountains (ए रेंज ऑफ माउन्टेन्स) पर्वतों की श्रृंखला।
41. a school of fishes (ए स्कूल ऑफ फिशेज) मछलियों का समूह।
42. a lock of hair (ए लॉक ऑफ हेअर) बालों की लट।
43. a suite of rooms (ए स्वीट ऑफ रूम्स्) कमरों का सूट।
44. a swarm of flies (ए स्वार्म ऑफ फ्लाइज) मक्खियों का झुंड।
45. a set of ornaments (ए सेट ऑफ ऑरनामेंट्स) गहनों का सेट।
46. a stack of bricks (ए स्टैक ऑफ ब्रिक्स) ईटों का चट्टा।
47. a team of players (ए टीम ऑफ प्लेयर्स) खिलाड़ियों का दल।
48. a troupe of actors (ए ट्रूप ऑफ एक्टर्स) अभिनेताओं की मंडली।
49. a troop of horses (ए ट्रूप ऑफ हॉर्सेज) घोड़ों का समूह।

Some Set Comparisons (सम सेट कम्पेरिजन्स) कुछ निश्चित उपमाएं

अंग्रेजी में कुछ उपमाएं रूढ़ हैं अर्थात् निश्चित हैं। इसके पीछे प्रयोग की एक लम्बी परंपरा है। इनके प्रयोग से अभिव्यक्ति सटीक बनती है और भाषा में प्रवाह और संक्षिप्तता के गुण आते हैं। नीचे आम प्रयोग में आने वाले समानता सूचक उपवाक्य दिए गए हैं। हमें हमेशा उचित उपमाओं का ही प्रयोग करना चाहिए।

1. as bitter as gall (ऐज बिटर ऐज गॉल) माजूफल जैसा कड़वा।
2. as black as coal (ऐज ब्लैक ऐज कोल) कोयले-सा काला।
3. as blind as bat (ऐज ब्लाइंड ऐज बैट) चमगादड़ जैसा अंधा।
4. as brittle as glass (ऐज ब्रिटल ऐज ग्लास) शीशे जैसा टूटने वाला।
5. as brisk as butterfly (ऐज ब्रिस्क ऐज बटरफ्लाइ) तितली जैसा चुस्त।
6. as brave as lion (ऐज ब्रेव ऐज लॉयन) शेर जैसा बहादुर।
7. as busy as bee (ऐज बिजी ऐज बी) मधुमक्खी जैसा व्यस्त।
8. as bright as gold (ऐज ब्राइट ऐज गोल्ड) सोने जैसा चमकदार।
9. as changeable as weather (ऐज चेंजेबल ऐज वेदर) मौसम जैसा परिवर्तनशील।
10. as cool as cucumber (ऐज कूल ऐज क्यूकम्बर) खीरे जैसा शीतल।
11. as clear as crystal (ऐज क्लिअर ऐज क्रिस्टल) स्फटिक जैसा स्वच्छ।
12. as cold as marble (ऐज कोल्ड ऐज मार्बल) संगमरमर-सा ठंडा।
13. as cunning as fox (एज कनिंग ऐज फॉक्स) लोमड़ी जैसा चालाक।
14. as cheerful as a lark (ऐज चीअरफुल ऐज ए लार्क) लावा जैसा प्रसन्न।

15. as dark as pitch (ऐज डार्क ऐज पिच)
डामर जैसा काला।
16. as deaf as a post (एज डीफ ऐज ए पोस्ट)
खम्बे जैसा बहरा।
17. as dry as dust (ऐज ड्राई ऐज डस्ट)
धूल जैसा सूखा।
18. as drunk as a lord (ऐज ड्रंक ऐज ए लार्ड)
नवाब जैसा नशे में धुत।
19. as deep as well (ऐज डीप ऐज वेल)
कुएं जैसा गहरा।
20. as dead as stone (ऐज डेड ऐज स्टोन)
पत्थर जैसा निर्जीव।
21. as fresh as a rose (ऐज फ्रेश ऐज ए रोज)
गुलाब जैसा ताजा।
22. as fresh as dew (ऐज फ्रेश ऐज ड्यू)
ओस जैसा ताजा।
23. as fickle as weather cock (ऐज फिकल ऐज वेदरकॉक) वेदरकॉक जैसा चपल।
24. as firm as a rock (ऐज फर्म ऐज ए रॉक)
चट्टान जैसा दृढ़।
25. as free as wind (ऐज फ्री ऐज विंड)
पवन जैसा मुक्त।
26. as fit as fiddle (ऐज फिट ऐज फिडल)
बेला-बाजे जैसा फिट।
27. as gay as a lark (ऐज गे ऐज ए लार्क)
लावा जैसा प्रमुदित।
28. as gaudy as a butterfly (एज गॉडी ऐज ए बटरफ्लाई)
29. as gentle as a lamb (ऐज जेंटल ऐज ए लैम्ब)
मेमने सा सीधा।
30. as greedy as wolf (ऐज ग्रीडी ऐज ए वूल्फ)
भेड़िया जैसा लालची।
31. as green as grass (ऐज ग्रीन ऐज ग्रास)
घास जैसा हरा।
32. as good as gold (ऐज गुड ऐज गोल्ड)
सोने जैसा खरा।
33. as grave as a judge (ऐज ग्रेव ऐज ए जज)
न्यायाधीश जैसा गंभीर।
34. as hoarse as a crow (ऐज होर्स ऐज ए क्रो)
कौए जैसा कर्कश
35. as graceful as a swan (ऐज ग्रेसफुल ऐज ए स्वान) हंस जैसा सुंदर।
36. as happy as a king (ऐज हैप्पी एज ए किंग)
राजा जैसा खुश।
37. as hard as flint (ऐज हार्ड ऐज फ्लिंट) चकमक जैसा कठोर।
38. as light as a feather (ऐज लाइट एज ए फैदर)
पंख जैसा हल्का।
39. as loud as thunder (ऐज लाउड ऐज थंडर)
गर्जन जैसा जोर का।
40. as meek as a lamb (ऐज मीक ऐज ए लेम्ब)
मेमने जैसा विनम्र।
41. as old as the hills (ऐज ओल्ड ऐज द हिल्स)
पहाड़ों जैसा पुराना।
42. as pale as death (ऐज पेल ऐज डेथ)
मौत जैसा पीला।
43. as playful as a kitten (ऐज प्लेफुल ऐज ए किटन)
बिलौटे जैसा चंचल।
44. as plentiful as berries (ऐज प्लेंटिफुल ऐज बैरीज) बेरों जैसा बहुत।
45. as proud as a peacock (ऐज प्राउड ऐज ए पीकॉक) मोर जैसा अभिमानी।
46. as poor as a church mouse (ऐज पूअर ऐज ए चर्च माउस) गिरजे के चूहे-सा कंगाल।
47. as quick as a thought (ऐज क्विक ऐज ए थाट)
विचार जैसा तेज।
48. as red as rose (ऐज रेड ऐज रोज)
गुलाब-सा लाल।
49. as rich as a jew (ऐज रिच ऐज ए ज्यू)
यहूदी जैसा मालदार।
50. as ripe as a cherry (ऐज राइप ऐज ए चेरी।)
चेरी जैसा पका हुआ।
51. as round as ball (ऐज राउण्ड ऐज बॉल)
गेंद जैसा गोल।
52. as sharp as a razor (ऐज शार्प ऐज ए रेजर)
उस्तरे जैसा तेज।
53. as silent as a grave (ऐज साइलेंट ऐज ए ग्रेव)
कब्र जैसा चुप।
54. as silly as a sheep (ऐज सिली ऐज ए शीप)
भेड़ जैसा मूर्ख।

55. as slender as thread (ऐज स्लेंडर ऐज ए थ्रेड) धागे जैसा पतला।

56. as sure as death (ऐज श्योर ऐज डेथ) मृत्यु-सा निश्चित।

57. as soft as butter (ऐज साफ्ट ऐज बटर) मक्खन-सा मुलायम।

58. as smooth as velvet (ऐज स्मूथ ऐज वेलवॅट) मखमल-सा चिकना।

59. as strong as a horse (ऐज स्ट्रांग ऐज ए हार्स) घोड़े जैसा सशक्त।

60. as stupid as a donkey (ऐज स्टुपिड ऐज ए डंकी) गधे जैसा मूर्ख।

61. as sweet as honey (ऐज स्वीट ऐज हनी) मधु जैसा मधुर।

62. as swift as an arrow (ऐज स्विफ्ट ऐज एन एरो) तीर जैसा तेज।

63. as true as gold (ऐज ट्रू ऐज गोल्ड) सोने जैसा सच्चा।

64. as timid as a hare (ऐज टिमिड ऐज ए हेअर) खरगोश जैसा डरपोक।

65. as tricky as monkey (ऐज ट्रिकी ऐज मंकी) बंदर जैसा चालाक।

66. as tame as chicken (ऐज टेम ऐज चिकन) चूजा जैसा पालतू।

67. as white as snow (ऐज वाइट ऐज स्नो) हिम जैसा श्वेत।

68. as wise as Solomon (ऐज वाइज ऐज सोलोमन) सुलेमान जैसा बुद्धिमान।

69. as watchful as a hawk (ऐज वाचफुल ऐज ए हाक) बाज जैसा सतर्क।

PART SIXTH
छठा भाग

आप इसमें पाएंगे–

- तीन कालों व उनके चार भेदों के कर्तृवाच्य (Active Voice) और कर्मवाच्य (Passive Voice) के साथ उदाहरण सहित तीनों पुरुषों (Ist, IInd, IIIrd Person) के भेद जानकर अनुवाद करना।

आवश्यक बातें

जब कभी हम किसी भाषा को अन्य दूसरे भाषा में अनुवाद करते हैं तो उस भाषा के व्याकरण अनुसार ही अनुवाद कार्य करते हैं। प्रस्तुत छठे भाग में अनुवाद करने के सरल तरीके (Tense) के अनुसार सीखाए गए हैं, साथ ही उन तीन कालों के चार भेदों (Indefinite, Continuous, Perfect and Continuous Perfect) में कर्तृवाच्य को कर्मवाच्य में बदलने के नियम व तीन पुरुषों (Ist, IInd, IIIrd Person) में भिन्नता बताई गई है।

Translation (ट्रांसलेशन)

अनुवाद

Indefinite Tense

Tense	Voice	First Person Singular	First Person Plural	Second Person Singular	Second Person Plural	Third Person Singular	Third Person Plural
Present	**Active**	I hear. मैं सुनता हूं।	We hear. हम सुनते हैं।	You hear. तुम सुनते हो।	You hear. तुम (सब) सुनते हो।	He/She/It hears. वह सुनता/सुनती है।	They hear. वे सुनते हैं।
Present	**Passive**	I am heard. मुझे सुना जाता है।	We are heard. हमें सुना जाता है।	You are heard. तुम्हें सुना जाता है।	You are heard. तुम्हें (सबको) सुना जाता है।	He/She/It is heard. उसे सुना जाता है।	They are heard. उन्हें सुना जाता है।
Past	**Active**	I heard. मैं सुनता था।	We heard. हम सुनते थे।	You heard. तुम सुनते थे।	You heard. तुम (सब) सुनते थे।	He/She/It heard. वह सुनता था।	They heard. वे सुनते थे।
Past	**Passive**	I was heard. मुझे सुना जाता था।	We were heard. हमें सुना जाता था।	You were heard. तुम्हें सुना जाता था।	You were heard. तुम्हें (सबको) सुना जाता था।	He/She/It was heard. उसे सुना जाता था।	They were heard. उन्हें सुना जाता था।
Future	**Active**	I shall hear. मैं सुनूंगा।	We shall hear. हम सुनेंगे।	You will hear. तुम सुनोगे।	You will hear. तुम (सब) सुनोगे।	He/She/It will hear. वह सुनेगा।	They will hear. वे सुनेंगे।
Future	**Passive**	I shall be heard. मुझे सुना जाएगा।	We shall be heard. हमें सुना जाएगा।	You will be heard. तुम्हें सुना जाएगा।	You will be heard. तुम्हें (सबको) सुना जाएगा।	He/She/It will be heard. उसे सुना जाएगा।	They will be heard. उन्हें सुना जाएगा।

Continuous Tense

Tense	Voice	First Person Singular	First Person Plural	Second Person Singular	Second Person Plural	Third Person Singular	Third Person Plural
Present	Active	I am hearing.	We are hearing.	You are hearing.	You are hearing.	He/She/It is hearing.	They are hearing.
		मैं सुन रहा हूं।	हम सुन रहे हैं।	तुम सुन रहे हो।	तुम (सब) सुन रहे हो।	वह सुन रहा है।	वे सुन रहे हैं।
Present	Passive	I am being heard.	We are being heard.	You are being heard.	You are being heard.	He/She/It is being heard.	They are being heard.
		मुझे सुना जा रहा है।	हमें सुना जा रहा है।	तुम्हें सुना जा रहा है।	तुम्हें (सबको) सुना जा रहा है।	उसे सुना जा रहा है।	उन्हें सुना जा रहा है।
Past	Active	I was hearing.	We were hearing.	You were hearing.	You were hearing.	He/She/It was hearing.	They were hearing.
		मैं सुन रहा था।	हम सुन रहे थे।	तुम सुन रहे थे।	तुम (सब) सुन रहे थे।	वह सुन रहा था।	वे सुन रहे थे।
Past	Passive	I was being heard.	We were being heard.	You were being being heard.	You were heard.	He/She/It was being heard.	They were being. heard.
		मुझे सुना जा रहा था।	हमें सुना जा रहा था।	तुम्हें सुना जा रहा था।	तुम्हें (सबको) सुना जा रहा था।	उसे सुना जा रहा था।	उन्हें सुना जा रहा था।
Future	Active	I shall be hearing.	We shall be hearing.	You will be hearing.	You will be hearing.	He/She/It will be hearing.	They will be hearing.
		मैं सुन रहा हूंगा।	हम सुन रहे होंगे।	तुम सुन रहे होगे।	तुम (सब) सुन रहे होगे।	वह सुन रहा होगा।	वे सुन रहे होंगे।
Future	Passive	X	X	X	X	X	X

Perfect Tense

Tense	Voice	First Person Singular	First Person Plural	Second Person Singular	Second Person Plural	Third Person Singular	Third Person Plural
Present	Active	I have heard. मैंने सुना है।	We have heard. हमने सुना है।	You have heard. तुमने सुना है।	You have heard. तुमने(सबने)सुना है।	He/She/It has heard. उसने सुना है।	They have heard. उन्होंने सुना है।
Present	Passive	I have been heard. मुझे सुना गया है।	We have been heard. हमें सुना गया है।	You have been heard. तुम्हें सुना गया है।	You have been heard. तुम्हें (सबको) सुना गया है।	He/She/It has been heard. उसे सुना गया है।	They have been heard. उन्हें सुना गया है।
Past	Active	I had heard. मैंने सुना था।	We had heard. हमने सुना था।	You had heard. तुमने सुना था।	You had heard. तुमने (सबने) सुना था।	He/She/It had heard. उसने सुना था।	They had heard. उन्होंने सुना था।
Past	Passive	I had been heard. मुझे सुना गया था।	We had been heard. हमें सुना गया था।	You had been heard. तुम्हें सुना गया था।	You had been heard. तुमको (सबको) सुना गया था।	He/She/It had been heard. उसे सुना गया था।	They had been heard. उन्हें सुना गया था।
Future	Active	I shall have heard. मैं सुन चुकूंगा।	We shall have heard. हम सुन चुकेंगे।	You will have heard. तुम सुन चुकोगे। चुकोगे।	You will have heard. तुम (सब) सुन	He/She/It will have heard. वह सुन चुकेगा।	They will have heard. वे सुन चुकेंगे।
Future	Passive	I shall have been heard. मुझे सुना जा चुका होगा।	We shall have been heard. हमें सुना जा चुका होगा।	You will have been heard. तुम्हें सुना जा चुका होगा।	You will have been heard. तुम्हें (सबको) सुना जा चुका होगा।	He/She/It will have been heard. उसको सुना जा चुका होगा।	They will have been heard. उनको सुना जा चुका होगा।

Perfect Continuous Tense

Tense	Voice	First Person Singular	First Person Plural	Second Person Singular	Second Person Plural	Third Person Singular	Third Person Plural
Present	Active	I have been hearing. मैं सुनता रहा हूं।	We have been hearing. हम सुनते रहे हैं।	You have been hearing. तुम सुनते रहे हो।	You have been hearing. तुम (सब) सुनते रहे हो।	He/She/It has been hearing. वह सुनता रहा है	They have been hearing. वे सुनते रहे हैं।
Present	Passive	X	X	X	X	X	X
Past	Active	I had been hearing. मैं सुनता रहा था।	We had been hearing. हम सुनते रहे थे।	You had been hearing. तुम सुनते रहे थे।	You had been hearing. तुम (सब) सुनते रहे थे।	He/She/It had been hearing. वह सुनता रहा था।	They had been hearing. वे सुनते रहे थे।
Past	Passive	X	X	X	X	X	X
Future	Active	I shall have been hearing. मैं सुनता रहा हूंगा।	We shall have been hearing. हम सुनते रहे होगे।	You will have been hearing. तुम सुनते रहे होगे।	You will have been hearing. तुम (सब) सुनते रहे होगे।	He/She/It will have been hearing. वह सुनता रहा होगा।	They will have been hearing. वे सुनते रहे होंगे।
Future	Passive	X	X	X	X	X	X

Note: आप तीनों कालों के सभी अनुभागों के अनुसार वाक्य-निर्माण करें और उन वाक्यों को कर्तृवाच्य और कर्मवाच्य में बदलें। यह अभ्यास लगातार करें।

PART SEVENTH

सातवां भाग (परिशिष्ट-1)

आप इसमें पाएंगे–

- ❑ ऐसा शब्दकोश जिसमें अधिकाधिक उपयोग किए जाने वाले शब्दों और स्पष्ट उच्चारण के साथ उनके अर्थों का ज्ञान है।
- ❑ संकेताक्षर, फल-सब्जियों के नाम, जीव-जन्तुओं के नाम और सर्वत्र प्रयोग किए जाने वाले शब्द और उनके शुद्ध उच्चारण।

आवश्यक बातें

जैसा कि आप जानते हैं शब्दकोश की तैयारी के बगैर आप अपनी वाणी को पूर्णतः प्रभावशाली नहीं बना सकते, तो देरी किस बात की, सबसे पहले प्रस्तुत उपयोगी शब्द संकलनों को तैयार कर लीजिए। किसी ने सत्य ही कहा है कि "यदि आप किसी भी भाषा में वार्तालाप करना चाहते हैं तो सबसे जरूरी है उस भाषा का शब्द ज्ञान होना और यह तभी संभव होगा जब आप उसका शब्दकोश पढ़ें।–

A

a (ए) *adj.* one, any, each, एक, कई, प्रति।

aback (एबैक) *adv.* backwards, behind; पीछे की ओर, पीछे; **taken aback**, चकित, भौंचक।

abandon (एबैंडन) *n.* give up, forsake; छोड़ देना, परित्याग क.; **abandonment** परित्याग।

abate (एबेट) *v.t./i.* make less, diminish; कम करना., शांत करना.।

abbreviate (एब्रीविएट) *v.t.* shorten; संक्षिप्त क., छोटा क.। **abbreviation**, संक्षिप्त रूप।

abduct (ऐब्डक्ट) *v.t.* kidnap; अपहरण क., भगा ले जाना; abduction, अपहरण।

abhor (एब्हर) *v.t.* detest; घृणा क.; **abhorence**, घृणा, नफरत।

abide (एबाइड) *v.t./t.* remain, continue, to suffer; बना रहना, जारी रहना, भुगतना; **abide by**, वादा पूरा क., स्वीकार क.; abiding, स्थायी।

ability (एबिलिटी) *n.* talent, capacity, mental power, योग्यता, क्षमता, प्रतिभा।

abject (एब्जेक्ट) *adj.* lacking all pride, wretched; दीनहीन, नीच, अधम।

able (एबल) *adj.* (abler, ablest) having ability; योग्य, समर्थ।

abnegation (एबनिगेशन) *n.* denial, renunciation; अस्वीकार क., त्याग।

abnormal (ऐबनॉर्मल) *adj.* not normal, not usual असामान्य, अस्वाभाविक; **abnormality**, असामान्यता।

abode (एबोड) *n.* dwelling place; निवासस्थान।

abolish (एबालिश) *v.t.* put an end to; उन्मूलन क., अंत क., **abolition** उन्मूलन, अंत।

abominable (एबॉमिनेबल) *adj.* detestable, very bad, unpleasant; घृणित, बुरा, अप्रिय; **abomination**, घृणा, जुगुप्सा।

abort (एबॉर्ट) *v.t./i.* cause abortion, end prematurely; गर्भपात होना, बेकार या व्यर्थ होना।

abortion (एबॉर्शन) गर्भपात, गर्भस्राव।

about (एबाउट) *adv. & prep.* all round, near, here and there, approximately; चारों ओर, पास, इधर-उधर, लगभग।

above (एवाव) *adv. & prep.* over, beyond the level, at or to a higher level; ऊपर, परे, से ऊंचा, श्रेष्ठ; **aboveboard**, *adj.* निष्कपट, निश्छल।

abroad (एब्रॉड) *adv.* away from one's country, far and wide; विदेश में, चारों ओर, जहां-तहां।

abrupt (एब्रेप्ट) *adj.* sudden, curt, steep; आकस्मिक, रूखा, खड़ा।

absence (ऐबसेन्स) *n.* being absent, lack; गैरहाजिरी, अभाव।

absent (ऐवसेन्ट) *adj.* not present, lacking; गैरहाजिर, अपर्याप्त, अवर्तमान; **absent minded**, अन्यमनस्क, भुलक्कड़।

absolute (एब्सॉल्यूट) *adj.* complete, unrestricted, independent; पूर्ण, निर्बाध, निरपेक्ष, निरंकुश, परम।

absolve (एब्जॉल्व) *v.t.* clear of blame or guilt, free from obligation; अपराध से मुक्त क., छुटकारा देना, मुक्त क.।

absorb (एब्सॉर्ब) *v.t.* take in, combine into itself or oneself, occupy the attention or interest; मिला लेना, समा लेना, खींचना, आकृष्ट करना; absorption, तन्मयता, विलयन।

abstain (एब्स्टेन) *v.t.* refrain esp. from drinking alcohol, decline to use one's vote; परहेज क., मत देने से अलग रहना।

abstract (ऐब्स्ट्रैक्ट) *adj. & n.* having no material existence, the article, abstract idea, piece of abstract art अमूर्त, भाववाचक, दुर्बोध, अमूर्त कलारूप।

absurd (एब्सर्ड) *adj.* not in accordance of common sense, ridiculous; बेसुद्ध, असंगत, हास्यप्रद; **absurdity**, बेतुकापन, असंगति।

abuse (एब्यूज) *v. & n.* make bad use of, illtreat, revile; दुरुपयोग, दुर्व्यवहार, गाली देना; **abusive**, गलत, अपमानजनक।

academic (एकेडेमिक) *adj.* of a college or university, scholarly, theoretical; शैक्षिक, शास्त्रीय, विद्वतापूर्ण, सैद्धांतिक मात्र, पंडिताऊ; **academy**, अकादमी।

accede (एक्सीड) *v.i.* agree to, to enter upon; राजी होना, पद या कार्यभार संभालना।

accent (एक्सेट) *n.* pitch, stress; खराघत, बलाघात।

accept (एक्सेप्ट) *v.t./i.* take willingly, say yes to an offer or invitation, agree to, take as true; लेना, स्वीकार क., मान लेना, राजी होना; **acceptable**, ग्राह्य, सुखद, संतोषजनक।

access (ऐक्सेस) *n.* way in, means of approaching, रास्ता, प्रवेश, पहुंच।

accident (एक्सिडेन्ट) *n.* unexpected event causing damage, change; दुर्घटना, संयोग, इत्तफाक; **accidental**, आकस्मिक; **accidentally**, अनजाने, संयोग से।

accommodation (एकॉमॉडेशन) *n.* supply, provide lodging or room, adapt, harmonize; आपूर्ति, आवास या जगह देना, अनुकूलन, समझौता क.।

accompany (एकम्पनि) *v.t.* go with, be present with; साथ जाना, होना, संगति करना (संगीत में)

accord (एकॉर्ड) *v.t.* be consistent, grant, consent, agreement; मेल खाना, प्रदान करना, समझौता; of one's own accord, स्वेच्छा से; **accordingly**, अत:, तदनुसार।

account (अकाउन्ट) *n.* statement of money paid or owed, credit arrangement with a bank or firm, importance, reason, description, report; हिसाब, लेखा, खाता, महत्व, कारण, विवरण, वृतान्त।

accuracy (एक्युरेसि) *adj.* free from error; विशुद्ध, यथार्थता, accurate, सही, ठीक।

accursed (एकर्स्ड) *adv.* under a curse, illfated; शापित, अभिशप्त।

accuse (एक्यूज) *v.t.* charge with a fault, indict; दोष लगाना, अभियोग लगाना, आरोप लगाना; **accusation**, अभियोग, इलजाम; **accuser**, अभियोक्ता।

ache (एक) *n. & v.i.* continuous pain, suffer an ache; दर्द क., शूल, पीड़ा।

achieve (एचीव) *v.t.* reach or gain by effort; सफल होना, पाना; **achievement**; सफलता, उपलब्धि।

acknowledge (ॲकनॉलिज) *v.t.* admit the truth of, announce the receipt of; स्वीकार क., मान लेना, पावती, रसीद; **acknowledgement**, स्वीकृति, प्राप्ति सूचना।

acquaint (अक्वेन्ट) *v.t.* make known to, परिचय या जानकारी; **acquaintance**, परिचय, जान-पहचान; **acquainted**, परिचित।

acquire (ॲक्वाइअर) *v.t.* get possession of, प्राप्त करना; **acquisition**, प्राप्ति, लाभ, अर्जन।

acquit (एक्विट) *v.t.* (*p.t.* acquitted) declare to be not guilty; निर्दोष ठहराना, दोषमुक्त क.।

across (अॅक्रॉस) *prep. & adverb* from side to side, crosswise पार, उस पार, आरपार, आड़े-तिरछे।

act (ऐक्ट) *n.* thing done, law, section of a play, behave, play the part of, be an actor; कार्य, कर्म, अधिनियम, बरताव क., अंक (नाटक), स्वांग भरना, अभिनय करना।

action (ऐक्शन) *n.* doing something, thing done, lawsuit, battle; क्रिया, कर्म, कार्यवाही (कानूनी), युद्ध, कार्य व्यापार (नाटक)।

active (एक्टिव) *adj.* doing things energetic, in operation; सक्रिय, क्रियाशील, फुर्तीला; **activity** हलचल, सरगर्मी, क्रियाकलाप।

actual *adj.* (ऐक्चुअल) in fact, current; वास्तविक, यथार्थ, वर्तमान; **actually**, वास्तव में, सचमुच में।

acute (अॅक्यूट) *adj.* sharp, intense, severe, quick in understanding; नुकीला, तीक्ष्ण, तेज, कुशाग्र, चतुर।

A.D. *abbr.* of Lation 'anno domini'; of the Christian era; ईसाई संवत का।

adamant (ऐडॅमेन्ट) *n. & adj.* hard, unyielding; कठोर, सुदृढ़, हीरक-सम।

adapt (अॅडैप्ट) *v.t./i.* make suitable; अनुकूल बनाना।

add (ऐड) *v.t./i.* join as an increase, say further, put together, to get a total; जोड़ना, मिलाना, बढ़ाना, आगे कहना, जोड़ क.।

addiction (एडिक्शन) *n.* doing something as a habit; लत, व्यसन।

addition (एडिशन) *n.* adding, thing added; योग, जोड़, वृद्धि।

address (एड्रेस) *n.* particulars of where a person lives, a speech, spoken to; पता, भाषण, लिख भेजना, सम्बोधित क.।

adept (एडेप्ट) *adj. & n.* very skilful; दक्ष, निपुण।

adhere (एडहिअर) *v.t. & n.* stick, continue to give one's support; चिपकना, समर्थन, साथ देते रहना।

adjacent (एडजेसॅन्ट) *adj.* lying near; निकटवर्ती, आसन्न, सन्निकट।

adjective (एडजिक्टिव) *n.* descriptive word; विशेषण।

adjoin (एडजॉइन) *v.t.* be next to; से लगा हुआ, से जोड़ देना; **adjoining**, निकटस्थ।

adjourn (एडजॉर्न) *v.t./i.* move to another place or time; स्थगित क., टाल देना।

adjust (एडजस्ट) *v.t./i.* harmonize, after slightly so as to be correct, अनुकूल बनाना, ठीक करना, समाधान क.।

administer (एडमिनिस्टर) *v.t./i.* manage, hand out or give; प्रशासन क., संचालन क., देना, लागू क.; **administration**, प्रशासन, संचालन, शासन।

admirable (एड्मिरेबल) *adj.* worthy of admiration, प्रशंसनीय; **admiration**, प्रशंसा; **admire**, प्रशंसा करना।

admit (एडमिट) *v.t.* (*p.t.* admitted) allow to enter, accept as valid; प्रवेश देना, स्वीकार क., भर्ती क.।

admonish (एड्मॉनिश) *v.t.* exhort, reprove, चेतावनी देना, सावधान क., फटकारना; **admonition**, चेतावनी, डांटफटकार।

adopt (एडॉप्ट) *v.t.* take as one's own, accept, approve; अपनाना, गोद लेना, स्वीकार क., धारण क.।

adore (एडॉर) *v.t.* love or worship deeply; भक्त होना, श्रद्धा क., प्रेमी होना।

adult ऐडल्ट) *adj. & n.* fully grown; वयस्क, बालिग, प्रौढ़।

adulterate (एडलटरेट) *v.t.* make impure by adding something; मिलावट क., दूषित क.; **adulteration**, मिलावट, अपमिश्रण।

advance (एडवान्स) *v. & n.* move or put forward, make progress, lend money, forward movement, to establish friendly relationship; आगे बढ़ना, उन्नति करना, (रुपया) उधार देना, पेशगी, प्रस्ताव, अग्रिम; **advancement**, प्रगति, उन्नति।

advantage (एड्वान्टिज) *n.* favourable, benefit; लाभ, नफा, श्रेष्ठता; **take advantage of**, से लाभ उठाना।

adventure (एड्वेनचर) *n.* exciting, dangerous experience; साहस क.; **adventurous**, साहसी, जोखिमभरा।

adverb (ऐड्वर्ब) *n.* verb qualifying a verb or adjective; क्रियाविशेषण।

adverse (ऐड्वर्स) *adj. & adv.* unfavourable, causing harm; प्रतिकूल, विरुद्ध, हानिकर।

advertise (ऐड्वरटाइज) *v.t./i.* make publicly known, seek by public notice; विज्ञापन क., घोषित करना; **advertised**, विज्ञापित; **advertisement**, विज्ञापन।

advice (एडवाइस) *n.* opinion given about what should be done, information; सलाह, परामर्श, सूचना।

advise (एडवाइज) *v.t./i.* give advice to, recommend, inform; परामर्श देना, सिफारिश क., सूचना देना।

advisory (एड्वाइजरि) *adj.* giving advice; सलाहकारी, परामर्शी।

aerial (एअरिअल) *adj. & n.* of or like air, wire or rod for transmitting or receiving radio waves; हवाई, वायुवीय, कल्पित, आकाशी, विद्युत ग्राहक।

aerodrome (एअरोड्रोम) *n.* a heavier-than-air aircraft; हवाई अड्डा।

aeroplane (ऐअरोप्लेन) *n.* a place or area where small aeroplanes can land and take off, with buildings, equipment, shelters, etc.; हवाई जहाज।

affair (अफेअर) *n.* matter, business, thing to be done; मामला, कार्य, काम, कारबार, प्रेम-संबंध।

affect (अफेक्ट) *v.t.* to pretend, for show, have an effect on; ढोंग रचना, बनना, असर करना; **affectation**, दिखावा, ढोंग।

affection (अफेक्शन) *n.* love, liking; अनुराग, प्रेम, स्नेह, पसंद, झुकाव।

affirm (अॅफर्म) *v.t./i.* state as a fact, declare formally and solemnly, assert पक्का करना, निश्चय या दृढ़ता से कहना, पुष्टि करना।

affix (आफिक्स) *n. & v.* attach, add; जोड़, प्रत्यय, लगाना।

affluence (ऐफलुएन्स) *n.* wealth, plenty; अमीरी, प्राचुर्य।

afford (अफॉर्ड) *v.t.* have enough money or time for, provide; समर्थ होना, (खर्च) दे सकना।

aflame (अफ्लेम) *adv. & adj.* burning; प्रज्वलित, प्रदीप्त।

afoot (अफुट) *adv. & adj.* on foot, going on; पैदल, जारी, सक्रिय।

afraid (अफ्रेड) *adj.* frightened; भयभीत, डरा हुआ।

afresh (अफ्रेश) *adv.* anew, with a fresh start; दुबारा, नये सिरे से।

after (आफ्टर) *prep. adv. & adj.* behind, later, in pursuit of, concerning; पीछे, बाद में, के पीछे। after **life**, परलोक; **afternoon**, तीसरा पहर; **afterwards** बाद में, पश्चात्।

again (अगेन) *adv.* another time, once more, besides; दुबारा, फिर, इसके अतिरिक्त; **again and again**, बार-बार।

against (अगेन्स्ट) *prep.* in opposition, to the disadvantage; के विरुद्ध, विपरीत।

age (एज) *n.* length of past life, period, generation; उमर, अवस्था, युग, काल, पीढ़ी; **age limit**, आयु सीमा; aged, बूढ़ा।

agile (एजाईल) *adj.* quick moving, nimble, active; फुर्तीला, दक्ष, कुशल।

agitate (ऐजिटेट) *v.t.* shake briskly, cause anxiety, stir up; हिलाना, उत्तेजित क., आंदोलन क., **agitation**, आंदोलन।

ago (अँगो) *adv.* in the past; बहुत पहले।

agree (एग्री) *v.t./i.* consent, approve as correct, get on well together, be consistent; सहमति देना, बात मान लेना, मेल खाना, समझौता करना; **agreement**, सहमति, रजामंदी, समझौता, अनुबंध।

agricultural (एग्रिकल्चरल) *adj.* relating to agriculture; कृषीय।

agriculture (एग्रीकल्चर) *n.*. science of farming, cultivation of the soil; कृषि, खेतीबारी।

aid (एड) *v.t. & n.* help; सहायता।

aim (एम) *v.t./i.& n.* point, send or, direct towards a target, attempt, to have an ambition; निशाना बांधना या लगाना, लक्ष्य के लिए प्रयत्न क., उद्देश्य, अभिप्राय; **aimless**, लक्ष्यहीन; **aimlessly** यों ही।

air (एअर) *n.* mixture of oxygen, nitrogen, etc., surrounding the earth, atmosphere, light wind, impressive manner, melody; हवा, वायुमंडल, समीर, चाल-ढाल, लय-ताल; **air-mail**, हवाई डाक; **air-plane**, हवाई जहाज; **airport**, हवाई अड्डा।

alarm (अलार्म) *n.* warning sound or signal, alarm-clock, fear caused by expectation of danger; चेतावनी, संकट की सूचना, अलार्म घड़ी, भयभीत करना; **alarming**, भयप्रद।

alcohol (ऐल्कॉहल) *n.* wine; मद्य, शराब।

alert (अलर्ट) *adj.* watchful, nimble; चौकस, सतर्क, तेज, फुर्तीला; **alertness**, चौकसी, स्फूर्ति।

algebra (ऐल्जिब्रा) *n.* branch of mathematics using letters, etc.; बीजगणित।

alien (एलिअन) *n. & adj.* foreign, unfamiliar; विदेशी, पराया, भिन्न।

alight (अलाइट) *v.t.* get down from, descend; उतरना, पाना।

alike (अलाइक) *adj. & adv.* like one another, in the same way; सदृश्य, समान, समान रूप से।

alive (अलाइव) *adj.* living, alert, lively; जीवित, सक्रिय, सजीव, फुर्तीला।

all (ऑल) *adj. & n.* whole amount or number, all those concerned, entirely, quite; सब, सभी, समस्त, पूर्ण रूप से, पूर्णतया, बिल्कुल ही; **above all**, सर्वाधिक **all in all**, सर्वस्व; **all right**, ठीक, सुरक्षित, स्वस्थ; **all pervading**, सर्वव्यापक; **all powerful**, सर्वशक्तिवान; **all round**, चौतरफा।

alliance (अलाइएन्स) *n.* union for mutual benefit; संधि, मैत्री, संगठन।

allied (अँलाइड) *adj.* Joined or united in a close relationship; समबद्ध, मित्रता से बंधे।

allot (अलॉट) *v.t. (p.t.* allotted) distribute, give as a share; बांटना, निर्धारित क., देना, सौंपना; allotment, आवंटन, भाग।

allow (अँलाउ) *v.t./i.* permit, give, admit, agree; अनुमति देना, आज्ञा देना, होने देना, स्वीकार क., का ध्यान रखना।

allowance (अलाउन्स) *n.* allowing, amount or sum allowed; भत्ता, छूट, थोड़ा-थोड़ा करके देना।

allure (अॅल्युअर) *v. & n.* entice, attract; लुभाना, मोहित क., प्रलोभन देना; allurement, प्रलोभन, लोभ।

almost (ऑल्मोस्ट) *adv.* very little, short of, as the nearest thing to; प्राय: करीब-करीब, लगभग।

alms (आम्ज) *n.* money, etc., given to the poor; भिक्षा, भीख।

alone (अँलोन) *adj. & adv.* without company or help, only; अकेला, सिर्फ, केवल।

along (अलॉन्ग) *adv. & prep.* through part or whole of a thing's length, onward, in company, in addition, close to the side of; साथ-साथ, लम्बाई में, समानान्तर, की बगल में।

aloof (अलूफ) *adv.* apart; अलग, दूर; aloofness, अलगाव, दूरी।

aloud (अँलाउड) *adv.* in a voice that can be heard; जोर से।

alphabet (ऐल्फॅबिट) *n.* letters used in writing a language; ककहरा, वर्णमाला; alphabetical, वर्णानुक्रमिक; alphabetically, अकाराद्धि क्रम से।

already (ऑल्रेडि) *adv.* before this time, as early as this; अभी तक, पहले से, पहले से ही।

also (ऑल्सो) *adv.* in addition, besides; भी, साथ ही।

altar (ऑल्टर) *n.* where offerings are made; वेदी।

alter (ऑल्टर) *v.t./i.* make different; बदल देना; alteration, परिवर्तन, हेरफेर, रद्दो-बदल।

alternate (ऑल्टरनेट) *adj. & n.* first one then the other successively; बारी-बारी से, हर तीसरा।

alternative (ऑल्टरनेटिव) *adj. & n.* one of two or more possibilities; विकल्प, वैकल्पिक।

altitude (ऐल्टिट्युड) *n.* height above sea level; ऊंचाई, उच्चता।

altogether (ऑलटुगेदर) *adv.* entirely, on the whole; पूर्णतया, बिल्कुल ही।

always (ऑल्वेज) *adv.* at all times; हमेशा, सर्वदा, निरन्तर।

ambition (एम्बिशन) *n.* strong desire; महत्वाकांक्षा, उच्चाकांक्षा।

ambitious (एम्बिशस) *adj.* Full of ambition, desirous of superiority or distinction; महत्वाकांक्षी।

amend (अमेन्ड) *v.t.* make minor changes; सुधारना, संशोधन क.; amendment सुधार।

amenity (एमेनिटि) *n.* pleasant, civility; मनोहरता, सुखसाधन, शिष्टाचार।

among (अमन्ग) *prep.* surrounded by, in the number of, between; में, में से, बीच में, मिलकर।

amoral (एमॉरल) *adj.* not based on moral; सदाचार, निरपेक्ष।

amount (अमाउन्ट) *n.* total, quantity; राशि, रकम, कुल जमा।

amphibian (एम्फिबिअन) *adj.* an animal which can live both on land and in water; उभयचर।

amphibious (एम्फिबिअस) *adj.* same as amphibian; जलचरी, उभयचर।

amulet (एंम्युलिट) *n.* anything superistitiously worn as charm against evil; ताबीज, जंतर।

amuse (एम्यूज) *v.t.* cause to laugh, make time pass pleasantly; जी बहलाना, मनोरंजन क., amusement, मनोरंजन।

analyse (एनॅलाइज) *v.t.* make analysis; विश्लेषण क.; analysis, विश्लेषण।

anarchy (अनार्कि) *n.* total lack of order and control; अराजकता।

anatomy (ॲनॅटॉमि) *n.* bodily structure, study of this; शरीर, शरीर-रचना विज्ञान।

ancestor (ऐन्सिस्टर) *n.* person from whom one's father or mother is descended; पुरखा, पूर्वज।

ancient (एन्शॅन्ट) *adj.* very old, belonging to times long past; प्राचीन, पुराना।

and (ऐन्ड) *conj.* connecting words, phrases or sentences; और, तथा, एवं, व।

anecdote (एनिक्डोट) *n.* short amusing story; किस्सा, उपाख्यान।

angel (एन्जल) *n.* messenger of God; फरिश्ता, देवदूत।

anger (ऐंगर) *n.* extreme displeasure; क्रोध, गुस्सा।

angrily (ऐंग्रीलि) *adv.* गुस्से में; angry (ऐंग्री) *adj.* (angrier, angriest) नाराज, क्रोधित।

animal (एनिमल) *n.* beast; पशु, प्राणी, पाशविक।

animate (ऐनिमेट) *v.* give life, make lively प्राण डालना, जीवन्त, फुर्तिला।

ankle (ऐन्कल) *n.* part of the leg above the foot; टखना।

anniversary (ऐनिवर्सरि) *n.* yearly return of a date; वर्षगांठ, जयन्ती।

announce (अनाउन्स) *v.* say, proclaim; बताना, घोषित करना, सूचना देना; announcement, घोषणा, सूचना।

annual (ऐन्युअल) *adj.* yearly; वार्षिक, सालाना।

anonymous (एनॉनिमस) *adj.* of unknown name or author; अज्ञातनाम, गुमनाम, अनामलेखक।

another (अनादर) one more, some other; दूसरा, कोई और।

answer (आन्सर) *n. & v.* thing said, written, in response to a question, to act in response; उत्तर, जवाब, हल, समाधान, प्रतिक्रिया क.।

antelope (एन्टिलोप) *n.* deer like animal; हिरण।

anthem (ऐन्थम) *n.* musical composition, used for a choir; भजन, गीत।

anthology (ऐन्थॉलॉजि) *n.* collection of poems or pieces of prose, or both by various authors, etc., संग्रह, चयन।

anti (ऐन्टि) *pref.* opposed to counteracting; (प्रत्यय) विरोधी, प्रतिरोधी; anti-aircraft, विमानभेदी।

anticipate (ऐन्टिसिपेट) *v.t.* look forward to, in advance; पहले से जान लेना, प्रत्याशा; anticipation, पूर्वज्ञान, पूर्वाभास।

antonym (ऐन्टॉनिम) *n.* words opposite in meaning; विलोम, विपर्यय।

anxiety (ऐन्गजाइटि) *n.* worry; चिंता, फिक्र; anxious, चिंतित।

any (एनि) *adj. & pron.* one or some from three or more, anyone, at all; कोई, कुछ; anybody, anyone, कोई भी, anything, कुछ भी, anywhere, कहीं भी।

apart (अपार्ट) *adv.* separately; अलग, पृथक।

ape (एप) *n.* a kind of monkey; लंगूर, बंदर, नकल क.।

apology (अपॉलॅजी) *n.* statement of regret; क्षमायाचना, खेदप्रकाशन।

apparatus (ऐपरेटस) *n.* equipment for scientific work; उपकरण, यंत्र।

apparent (एपैरेन्ट) *adj.* clearly seen or understood स्पष्ट, प्रकट।

appeal (अपील) *v.i.* make a request, apply to a higher court, seem attractive; निवेदन, आग्रह, अपील क., पसन्द आना।

appear (एपिअर) *v.i.* be or become visible, present oneself, be published, seem; दिखाई देना, प्रकट होना, उपस्थित होना, प्रकाशित होना, प्रतीत होना; appearance, उपस्थिति, पेशी, भूत-प्रेत, दिखावट।

appendix (अपेन्डिक्स) *n.* (pl. appendices) section at the end of book. परिशिष्ट।

appetite (ऐपिटाइट) *n.* desire esp. for food; भूख, अभिलाषा।

applaud (ॲप्लॉड) *v.t./i.* approval of by clapping, praise; तालियां बजाना, वाह-वाह क., अनुमोदन।

apple (ऐपल) *n.* an edible fleshy fruit; सेब।

applicable (अप्लिकेबल) *adj.* able to be applied; लागू, उपयुक्त।

applicant (ऐप्लिकेन्ट) *n.* one who applies; आवेदक, उम्मीदवार, application, (ऐप्लिकेशन) applying; प्रार्थना, आवेदन पत्र, दरख्वास्त।

appoint (ॲपॉइन्ट) *v.t.* fix or decide by authority, choose (a person); नियुक्त क., निश्चित क.।

appreciate (ऐप्रीशिएट) *v.t./i.* value greatly, be grateful, enjoy intelligently, understand; मूल्यांकन क., महत्व समझना, रसास्वादन क., समझना, महत्व देना।

approach (एप्रोच) *v.t./t.* come near, go to with a request or offer; पास जाना, प्रस्ताव क., पहुंच।

appropriate (अप्रोप्रिएट) *adj.* suitable, proper; उचित, ठीक।

approval (ॲप्रूवल) *n.* act of approving; अनुमोदन, मंजूरी; **approve,** अनुमोदन क., मंजूर क.।

April (एप्रैल) *n.* fourth month of the year; अप्रैल का महीना।

apt (ऐप्ट) *adj.* suitable; योग्य, संगत।

arbitrate (आरबिट्रेट) *v.* act as arbitrator; मध्यस्थता क.।

arbitration (आरबिट्रेशन) *n.* Com. Law submitting a dispute to an arbitrator for judgement; पंच-फैसला।

archer (आर्चर) *n.* person who shoots with bow and aroow, धनुर्धर, तीरंदाज।

architect (आर्किटेक्ट) *n.* designer of buildings; वास्तुकार।

area (एरिआ) *n.* extent or measure of a surface, region; क्षेत्र, इलाका, मैदान, क्षेत्रफल, विस्तार।

argue (आर्ग्यू) *v.t./i.* give as reason, exchange of angry words, express disagreement; तर्क प्रस्तुत क., वादविवाद, आपत्ति क.; argument, तर्क, दलील।

arise (अराइज) *v.t.* (*p.t.* arose, *p.p.* arisen) come into existence or to people's notice; उठना, उदित होना, उत्पन्न होना।

arithmetic (अरिथ्मेटिक) *n.* science of numbers; अंकगणित।

arm[1] (आर्म) *n.* upper limb of the human body; बांह, भुजा।

arm[2] (आर्म) *v.t.* equip with weapons, make bomb, etc.; शस्त्र-सज्जित क., अस्त्र-शस्त्र बनाना।

armour (आर्मर) *n.* a defensive covering worn to protect the body against weapons; कवच।

army (आर्मि) *n.* organized force for fighting on land; सेना, फौज।

around (अराउन्ड) *adv. & prep.* on every side; चारों ओर, इधर-उधर।

arouse (अराउज) *v.t.* rouse; जगाना, सचेत क., भड़काना।

arrange (अरेंज) *v.t.* put into order, form plans, settle the details; सजाना, व्यवस्थित क., निपटाना, प्रबन्ध क., निश्चित क.; arrangement, व्यवस्था, इन्तजाम।

arrest (अरेस्ट) *v.t.* catch and hold, seize by authority of law, stop movement; गिरफ्तार क., बंदी क., रोकना, खींचना।

arrow (ऐरो) *n.* then pointed missile shot from a bow, mark or sign used to show direction; बाण, तीर, दिशा बताने हेतु प्रयुक्त चिह्न।

art (आर्ट) *n.* production of something beautiful, skill, cunning; कला, कौशल, चालाकी।

article (आर्टिकल) *n.* particular or separate thing, write composition, clause or section; वस्तु, पदार्थ, लेख, नियम, अनुच्छेद।

artificial (आर्टिफिशल) *adj.* not natural, made in imitation; बनावटी, नकली, कृत्रिम।

artist (आर्टिस्ट) *n.* one who produces work of art; कलाकार।

as (ऐज) *adv. & conj.* in the same degree, similarly, जैसा, क्योंकि, जैसे ही।

ascend (असेन्ड) *v.t./i.* go or come up; चढ़ना, बढ़ना; ascending, आरोही।

ascetic (ऐसेटिक) *adj.* not allowing onself pleasures; तपस्वी, सन्यासी।

ash (ऐश) powder that remains after something has burnt; राख, भस्म।

ashamed (अशेम्ड) *adj.* feeling shame; लज्जित, शर्मिन्दा।

ask (आस्क) *v.t./i.* to put a question, seek to obtain; पूछना, मांगना, निवेदन क., निमंत्रण देना।

asleep (एस्लीप) *adv. & adv.* in a state of sleep; सुषुप्त, सोता हुआ।

ass (ऐस) *n.* donkey; गधा, गर्दभ।

assembly (असेम्बलि) *n.* gathering, सभा।

assent (एसेन्ट) *v.t.& n.* consent, permission; स्वीकृति, मंजूरी।

asset (ऐसेट) *n.* property with money value, useful quality; सम्पत्ति, गुण।

assist (एसिस्ट) *v.t./i.* help; सहायता क.; assistance, सहायता, सहयोग।

association (ॲसोशिएशन) group for a common purpose; संघ, सभा, संस्था।

assurance (ॲशअरेन्स) *n.* positive assertion, self confidence; निश्चय, भरोसा, आत्मविश्वास।

assure (ॲशुअर) *v.t.* tell confidently, promise; आश्वासन देना, भरोसा दिलाना, सुरक्षित क.।

astonish (एस्टॉनिश) *v.t.* surprise very greatly; चकित क., अचंभित क.।

astray (ॲस्ट्रे) *adv. & adj.* away from proper path; भटकना, पथभ्रष्ट।

atheist (एथिइस्ट) *n.* person who does not believe in the existence of God. नास्तिक।

atom (ऐटम) *n.* smallest particle, परमाणु; atom bomb, परमाणु बम।

attach (ॲटैच) *v.t./i.* join, fix to something else; जोड़ना, मिलाना, संयुक्त क.।

attack (अटैक) *v. & n.* violent attempt to hurt, sudden onset of illness; आक्रमण क., आक्रान्त क., दौरा।

attain (अटेन) *v.t.* achieve; प्राप्त क., पहुंचना।

attempt (अटेम्प्ट) *v.t. & n.* make an effort to achieve, try to do; प्रयत्न क., हाथ में लेना।

attend (अटेन्ड) *v.t./i.* give attention to, to be present at; ध्यान देना, उपस्थित होना, सेवा क.।

attest (अटेस्ट) *v.t./i.* provide proof, declare true; तसदीक क., साक्ष्य होना।

attract (अट्रैक्ट) *v.t.* draw towards itself, arouse the interest; आकर्षित या मोहित क., रुचि जगाना।

audience (ऑडियन्स) *n.* group of listeners; श्रोतागण, सभा, दर्शकगण।

August (ऑगॅस्ट) *n.* eighth month of the year; अगस्त का महीना।

aunt (आन्ट) *n.* a benevolent elderly woman; फूफी, बुआ, काकी, चाची।

author (ऑथर) *n.* writer of book, etc., originator; लेखक, रचयिता, कर्ता।

authority (ऑथॉरिटि) *n.* power to enforce obedience, persons with this power; अधिकार, सत्ता, अधिकारी।

autobiography (ऑटोबाइओग्रॉफि) *n.* story of a person's life written by himself; आत्मकथा, आत्मचरित।

automatic (ऑटोमेटिक) *adj. & n.* mechanical, self regulating; स्वचालित, स्वचल।

autumn (ऑटम) *n.* season between summer and winter. शरद् ऋतु।

auxiliary (आग्जिल्यरि) *adj.* helping; सहायक, पूरक।

avail (अवेल) *v.t./i.* to be of use, effectiveness, advantage; काम आना, उपयोगी होना, लाभ उठाना।

avenge (एवेन्ज) *v.t.* one who takes revenge; बदला लेना, प्रतिशोध चुकाना।

average (ऐवरीज) *n. & adj.* norm, mean *adj.* common, ordinary; औसत, सामान्य, साधारण।

avoid (अवॉइड) *v.t.* keep onself away from; दूर रहना, बचाना, टालना।

await (अवेट) *v.t.* wait for; प्रतीक्षा क., इंतजार क.।

awake अवेक) *v. & adj.* (*p.t.* awoke, *p.p.* awoken) not asleep, alert; जग्रत, सतर्क, होशियार।

away (अवे) *adj. & n.* at a distance, absent; दूर, बाहर, अलग।

awkward (ऑक्वर्ड) *adj.* clumsy; भद्दा, बेढंगा, अनाड़ी, अनुपयुक्त।

axle (ऐक्सल) *n.* rod on which wheels turn; धूरी, कीला।

B

baby (बेबी) *n.* very young child or animal शिशु, बच्चा।

bachelor (बैचलर) *n.* unmarried, having lowest degree; कुमार, अविवाहित, स्नातक।

back (बैक) *n. & adj.* hinder surface farthest from the front; पीठ, पृष्ठभूमि, पिछवाड़ा, पिछला।

backbite (बैकबाइट) *n.* spiteful talk; चुगली, पीठ पीछे, निंदा क.।

backward (बैकवर्ड) less progress retarded; पिछड़ा, अनिच्छुक, उलटा।

bacteria (बैकटिरिआ) *n.* microscopic organism; जीवाणु।

bad (बैड) *adj.* wicked, evil, not good; बुरा, खराब, निकृष्ट, दुष्ट, अशुभ।

bag (बैग) *n.* थैला, पेटी, झोला।

baggage (बैगिज) *n.* luggage; सामान, असबाब।

bail (बेल) *n./v.t.* money pledged as security; जमानत, अमानत रखना।

bake (बेक) *v.t./i.* cook or harden by dry heat; पकाना, सेंकना।

balance (बैलेन्स) *v. & vi.* weigh on, keep or put in a state of; संतुलन, तराजू, कांटा, बाकी, बकाया, बराबर क.।

balcony (बैल्कनि) *n.* projecting platform; छज्जा, झरोखा।

bald (बॉल्ड) *adj.* (balder, baldest) with scalp partly or wholly hairless; गंजा, नंगा।

bale (बेल) *n.* bundle; गट्ठा, गठरी।

ball (बॉल) *n.* a solid or horrow sphere of various sizes and materials used in games; गेंद, गोला, पिंड।

balloon (बैलून) *n.* bag inflated with air or gas; गुब्बारा।

ballot (बैलॅट) *n.* vote recorded on a slip of paper, voting by this; मतपत्र, मतपरची, मतदान।

balm (बाम) *n.* an ointment for shooting pain or healing; मरहम, मलहम।

bamboo (बैम्बू) *n.* tall plant with hard and horrow stems; बांस, वेणु।

ban (बैन) *v.t.* *(p.t.* banned) forbid; रोक, प्रतिबंध लगाना, मना क.।

banana (बनाना) *n.* long yellow thick skinned fruit; केला।

band (बैन्ड) strip, loop, hoop; पट्टीधारी, फीता, बंद, दल; (music) बैंड।

bangle (बैंगल) *n.* ornamental band worn round the arm or ankle; चूड़ी, कड़ा।

banish (बैनिश) *v.t.* send to exile, dismiss from one's thought, etc; निर्वासित क., देश निकाल दे., निषेध।

bank (बैंक) *n. & v.* slope at the side of river, etc., place money in a bank, base one's hopes; तट, तीर, किनारा, ढाल, बैंक।

bankrupt (बैंकरप्ट) *adj. & n.* unable to pay one's debt; दिवालिया।

banquet (बैनक्विट) *n.* an elaborate meal, usually for a special event at which speeches are made; दावत, भोज।

banyan (बैनिअन) *n.* a tree of tropical India and the East Indies; वट, बड़, बरगद।

bar (बार) *n. & v.* long piece of wood; soap, metal or choclate; छड़, डंडा, सलाख, रोक, बाधा, अदालत, वकीलों का समुदाय।

barbarian (बारबेरियन) *n.* uncivilized; असभ्य, जंगली, गंवारू।

barber (बारबर) *n.* hair dresser; नापित, नाई।

bare (बेअर) *adj.* (barer, barest) not clothed or covered; नंगा, निरा, खाली।

bark (बार्क) *n. & v.* outer covering or skin on the trunks of trees; छाल, किश्ती, भूंकना।

barley (बार्लि) *n.* gain used for eating as food; जौं।

barrel (बैरल) *n.* round container; पीपा, नाल।

barren (बैरन) *adj.* not fertile, unable to bear fruit or young; बांझ, बंजर, उसर।

base (बेस) *n. & adj.*lowest part, starting point, foundation, dishonourable, of inferior value; आधार, नींव, बुनियाद, नीच, कमीना, अड्डा।

basic (बेसिक) *adj.* forming a basis, fundamental; आधारीय, मूल, बुनियादी।

bask (बास्क) *v.t.* sit or lie in pleasant sun; धूप खाना।

bat (बेट) *n.* wooden implement for striking the ball; बल्ला, a small mammal with wings; चमगादड़।

batch (बैच) *n.* set of people or things; टोली, दल, जत्था।

bath (बाथ) *n. & v.* washing; स्नान, छोल, धोना।

bathe (बेद) *v.t.* swim, immerse in liquid; नहलाना, धोना, डुबाना, तैरना।

battle (बैटल) *n.* fight between armies; युद्ध, लड़ाई, संग्राम; battle field, रणक्षेत्र; battlement, प्राचीर।

bay (बे) *n.* खाड़ी।

B.C. Before Christ; ईसा या ईस्वी पूर्व।

beach (बीच) *n & v.* shore, bring on shore from water; किनारा, तट, किनारे जाना।

beak (बीक) *n.* bill; चोंच, टोंटी।

beam (बीम) *n.* long piece of timber or metal, ray of light, smile; शहतीर, कड़ी, किरण, मुस्कान।

bear (बेयर) *n. & v. (p.t.* bore, *p.p.* borne) carry, support, have in mind, endure, give birth to; रीछ, भालू, ले जाना, ढोना, बहन क., जहन में होना, सहना, जन्म देना, फलना।

beard (बियर्ड) *n.* hair on the lower part of the face; दाढ़ी।

beast (बीस्ट) *n.* animal, जानवर, पशु; beastly, पशुवत, पाशविक।

beat (बीट) *v.t./i. (p.t.* beat, *p.p.* beaten) hit repeatedly, strike, strongly, mix, appointed course of a policeman; मारना, पीटना, धड़कना, ताल, मिलाना, गश्त।

because (बिकॉज) *conj.* for the reason that; क्योंकि।

become (बिकम) *v.t./i. (p.t.* became, *p.p.* become) some or grow to be, begin to be, be fit; होना, उचित होना, शोभा देना, जंचना; **becoming**, उचित, शोभनीय।

bed (बेड) *n.* thing to sleep on, flat base, foundation, bottom of sea or river, garden plot; चारपाई, तल, आधार, क्यारी; bedbug, खटमल; bedding, बिस्तर; bedroom, शयनकक्ष; bedsheet, चादर।

bee (ब) *n.* an insect; मधुमक्खी; beehive, छत्ता; beekeeping, मधुमक्खी पालन।

beef (बीफ) *n.* the flash of an ox, bull or cow; गाय, बैल आदि का मांस।

beet (बीट) *n.* a peant with a sweet root; चुकन्दर।

befool (बिफूल) *v.* to make a fool of trick; उल्लु बनाना।

before (बिफोर) *adv., prep. & conj.* at an earlier time, ahead, in front of; पहले मूर्ख, सामने, आगे।

beg (बेग) *v.t./i. (p.t.* begged) ask for as a charity, obtain thus a living, request humbly; भीख मांगना, प्रार्थना क., विनय क.

beget (बिगेट) *v.t. (p.t.* begot, *p.p.* begotten) be the father of, give rise to; जन्म देना, पैदा करना।

beggar (बेगर) *n.* one who lives by begging, very poor person; भिखारी, गरीब, निर्धन।

begin (बिगिन) *v.t./i.* (pt began, *p.t.* begun) perform, the first part, start ; प्रारंभ, शुरुआत।

behave (बिहेव) *v.t.* act or react, show good manners; बरताव क., व्यवहार क., अच्छा या शिष्ट व्यवहार क.।

behaviour (विहेव्यर) *n.* way of behaving आचरण, व्यवहार, बरताव।

behind (बिहाइन्ड) *adv., adj.. prep. & n.* in or to the rear, behind hand, remaining after others departure; पीछे, पिछला, पिछड़ा हुआ, चूतड़।

behold (बिहोल्ड) *v.t. (p.t.* beheld) see, observe; देखना, अवलोकन क.।

being (बीइंग) *n.* existence, person, होना, अस्तित्व, प्राणी, जीवधारी।

belief (बिलीफ) *n.* believing; विश्वास, यकीन।

believe (बिलीव) *v.t./i.* accept as true, think, suppose; विश्वास क., मान लेना।

bell (बेल) *n.* hollow vessel of metal; घंटी, घंटा।

belly (बेलि) *n.* stomach, abdomen; उदर, पेट, गर्भाशय, कोख।

belong (बिलॉन्ग) *v.t.* to somebody, be property of; का होना, सम्पत्ति होना, सम्बन्ध होना, सदस्य होना, निवासी होना।

below (बिलो) *adv. & prep.* to a lower position. नीचे

belt (बेल्ट) *n.* strip; पट्टी, पेटी, कमरबंद।

bench (बेंच) *n.* long seat or working table, judges; बैच, तख्त, मेज, न्यायपीठ।

bend (बेंड) *v.t./i. (p.t.* bent) curved, turn downwards; मोड़ना, झुकाना, टेढ़ा क.।

berth (बर्थ) *n. & v.* sleeping place in a train or ship, place for a ship; शायिका, घाट, गोदी।

beseech (बिसीच) *v.t. (p.t.* besought) implore, beg; विनय क., विनती क., विनय से मांगना।

beside (बिसाइड) *prep.* by the side of, close to; पास में, बगल में, की तुलना में।

besides (बिसाइड्स) *prep.* in addition to; के अतिरिक्त, के अलावा।

best (बेस्ट) *adj.* of the most excellent kind, *adv.* in the best way; *n.* thing; उत्तम, सर्वश्रेष्ठ, उत्कृष्ट।

bestow (बिस्टो) *v.t.* present; प्रदान क.।

bet (बेट) *n.,* pledged; बाजी, शर्त।

betel (बीटल) *n.* पान; betelnut, सुपारी।

betray (बिट्रे) *v.t.* give up loyalty, be disloyal to; विश्वासघात क., धोखा देना, निराश क.।

betroth (बिट्राथ) *v.t.,* to be engaged, to marry; मंगनी क.।

better (बेटर) *adj., n. & v.* बेहतर, अधिक अच्छा, और योग्य, सुधारना, उन्नति क.।

between (बिटवीन) *prep.* in the space or time, bounded by two limits, separating; बीच में, मध्य में।

beware (बिवेअर) *v.i.* on one's guard; चौकस, सावधान।

bewilder (बिविल्डर) *v.t.* puzzle, confuse; घबरा देना, हक्का-बक्का क.।

beyond (बियॉन्ड) *adv. & prep.* at or the further side; परे, पार, बाहर।

bi (बाई) half; द्वि, आधा।

bid (बिड) *n., v.t./i.* offer a price, attempt, offer; बोली, प्रयत्न, बोली लगना, आदेश देना।

bidding (बिडिंग) *n.* command; आदेश, आज्ञा।

big (बिग) *adj.* (bigger, biggest) large in size, amount, important; बड़ा, विशाल, वयस्क, महत्वपूर्ण, ऊंचा।

bill (विल) *n.* written statement of charges to be paid, poster, programme, bird's beak, proposed law; बिल, विज्ञापन, कार्यक्रम, चोंच, विधेयक।

billion (बिलियन) *n.* one million million, one thousand million; एक अरब।

bind (बाइंड) *v.t./i. (p.t.* bound) tie, fasten, place under obligation; बांधना, वचन लेना, बाध्य क., अनिवार्य होना।

birth (बर्थ) *n.* जन्म; birth certificate, जन्म प्रमाण पत्र; birth date, जन्म तिथि; birthday, जन्म दिन; birth mark, जन्म चिह्न; birth place, जन्म स्थान; birth rate, जन्म दर।

bit (बिट) *n.* small piece or quantity, short time or space, part of a tool; टुकड़ा, अंश, लगाम, अनी।

bitch (बिच) *n.* female dog; कुतिया।

bite (बाइट) *v.t./i.(p.t.* bit, *p.p.* bitten) cut with the teeth, penetrate; दांत से काटना, डसना, कष्ट पहुंचाना, **biting,** चुभता हुआ, तीखा।

bitter (बिटर) *adj.* sharp in taste, not sweet or mild; कडुआ, तिक्त, दुखद।

black (ब्लैक) *adj.* (blacker, blackest) dark like coal or soot, having black skin, gloomy, evil; काला, सांवला, अंधकारमय, उदास, दुष्ट, मनहूस, निराशमय; **black list,** काली सूची; **black market,** काला बाजार, चोर बाजार, **blackboard,** श्यामपट्ट, **blacken,** काला क.; **blackmail** (ब्लैक मेल) दबाव से काम निकालना; blackout, अंधेरा कं.; blacksmith, लोहार।

blade (ब्लेड) *n.* leaf, sharp edge; पत्ती, पत्ता, धार।

blame (ब्लेम) *v.t. & n.* दोष लगाना, निन्दा, बुराई।

blank (ब्लैंक) *adj.* empty, not written or printed, खाली, शून्य, कोरा।

blanket (ब्लैंकिट) *n. & v.* thick woolen covering; कम्बल, दबाना, छिपाना।

blast (ब्लास्ट) *n.* blow up; झौंका, विस्फोट, धमाका।

blaze (ब्लेज) *n.* bright flame or fire; ज्वाला, धधक, चमक, तड़क-भड़क।

bleed (ब्लीड) *v.t./i. (p.t.* bled) leak or draw blood, extort money from; रक्त निकालना या बहना, चूसना, रुपया ऐंठना।

blemish (ब्लेमिश) *n.* flaw, defect; धब्बा, दाग, दोष, कलंक।

bless (ब्लेस) *v.t.* call God's favour upon, praise God; आशीर्वाद देना, आशीष देना, पूजा करना।

blind (ब्लाइन्ड) *adj.* without sight, lack of understanding; अंधा, नेत्रहीन, मूर्ख, बन्द।

blink (ब्लिंक) *v.t.* open and shut one's eyes rapidly आंख टिमटिमाना, आंखें मिचकाना, पलक झपकाना।

bliss (ब्लिस) *n.* perfect happiness, पूर्णानन्द, स्वर्गसुख।

block (ब्लॉक) *n.* log of wood, compact mass of buildings, obstruction; खण्ड, कुन्दा, भवन, समूह।

blood (ब्लड) *n.* red liquid circulating in the living animals, courage, race, decent, रक्त, लहू, साहस, वंश, कुल, रिश्ता, स्वभाव।.

bloom (ब्लूम) *n.* flower, youth, glow, पुष्प, बहार, यौवन, अरुणिमा; *v.* फूलना, खिलना, बौराना।

blossom (ब्लॉसम) *n. & v.* flowers, open into flowers, develop and flourish; मंजरी, कली, बौर, फलना-फूलना, विकसित होना।

blot (ब्लॉट) *n.* spot, ugly, disgraceful; धब्बा, दाग, लांछन, दोष।

blow (ब्लो) *n. & v.* hard stroke, shock; (pt. blow, *p.t.* blown) move or flow, be moved and carried by wind; फूंकना, चलना, बहना, प्रहार, आघात, धक्का, विपत्ति; blow out बुझाना।

blue (ब्लू) *adj.* coloured like sky; नीला, आसमानी, उदास; n. नीला रंग, नील।

blunder (ब्लन्डर) *n.* stupid or careless mistake; भारी भूल, चूक।

blunt (ब्लंट) *adj.* not sharp, dull; भोथरा, कुंठित, मंदबुद्धि।

blush (ब्लश) *v.t.* become red faced from shame; लज्जा से लाल होना, शरमाना।

boar (बॉर) *n.* male pig; सुअर।

board (बोर्ड) *n. & v.* long piece of sawn wood, thick stiff card, daily meals, supplied for payment, committee, enter a vehicle; तख्ता, पट्ट, खानपान, भोजन, चढ़ना, सवार होना।

boast (बोस्ट) *n. & v.* speak with pride, trying to impress people, boastful; डींग, शेखी, गर्वोक्ति, शेखी बघरना, बढ़-चढ़कर बातें करना।

boat (बोट) *n.* vessel for travelling on water, नाव, किश्ती, नौका; boat-bridge, नौका पुल; boatman, नाविक, केवट।

body (बॉडि) *n.* structure of bones and flesh, main part; शरीर, देह, धड़, मुख्य भाग; **deadbody,** शव; **bodyguard,** अंगरक्षक।

boil (बॉइल) *n.& v.* swelling producing pus, bubble up with heat; फोड़ा, उबलना, खौलना।

bold (बोल्ड) *adj.* (bolder, boldest) confident and courageous, strong and vivid (colour); निडर, धृष्ट, मोटा, तेज (रंग); **boldness,** निडरता।

bolt (बोल्ट) *n. & v.* sliding bar for fastening a door, strong metal pin, fasten, run away; सिटकनी, चटखनी, बोल्ट, वज्र, बिजली, चिटखनी लगना, भाग जाना।

bomb (बॉम) *n. & v.* an explosive device; बमगोला, बरसाना।

bond (बॉन्ड) *n. & v.* thing that unites or restrains, binding agreement, high quality writing paper, unite with a bond; बंधन, बेंडी, इकरारनामा, अनुबंध-पत्र, बॉन्ड पेपर।

bone (बोन) *n.* one of the parts that makes up the skeleton of an animals' body; हड्डी, अस्थि।

book (बुक) *n. & v.* set of sheets of paper bound in a cover, buy a ticket in advance; पुस्तक, खाता, दर्ज करना, टिकट खरीदना।

bookish (बुकिश) *adj.* of books; किताबी।

book-keeping (बुक-कीपिंग) to maintain records; मुनीमी।

book-worm (बुकवार्म) a person who is very fond of reading; किताबी कीड़ा।

boon (बून) *n.* benefit; वरदान।

boot (बूट) *n.* shoe, luggage compartment in a car; जूता, बूट, कार की सामानधानी।

border (बॉर्डर) *n.* edge, boundary; सीमान्त, किनारा, लगा हुआ।

born (बॉर्न) *adj.* brought forth by birth, a natural gift; उत्पन्न, जन्मजात।

borrow (बॉरो) *v.t./i.* to take loan; उधार लेना।

bosom (बूजम) *n.* breast, छाती; **bosom friend**, घनिष्ट मित्र।

boss (बॉस) *n.* master, manager; मालिक, स्वामी।

botany (बॉटेनि) *n.* study of plants; वनस्पतिशास्त्र।

bother (बॉदर) *v.t./i.* cause, trouble, worry; तंग क., परेशान क.।

bottle (बॉटल) *n.* container, usually made of glass having a narrow neck; बोतल, शीशी।

bottom (बॉटम) *n.* lowest part or place, buttocks, lowest position; निचला, तल, आधार, पेंदा, चूतड़, नीचे का पद।

bough (बाउ) *n.* branch of a tree; शाखा, डाल।

boulder (बोल्डर) *n.* large rounded stone; शिला खण्ड, गोल पत्थर।

bounce (बाउन्स) *v.t/i.* spring lack or up; उछालना, लुढ़कना, टक्कर मारना।

bound (बाउन्ड) see bind.

boundary (बाउन्डरि) *n.* line that marks a limit, hit to the boundary in cricket; सीमा, हद, क्रिकेट में चौका।

bouquet (बुके) *n.* bunch of flowers; गुलदस्ता, फूलों का गुच्छा।

bow[1] (बो) *n.* बाण, तीर; **rainbow**, इन्द्रधनुष।

bow[2] (बो) *v.i.* bounding, respect; झुक जाना, नमस्कार क, स्वीकृति प्रकट क.।

bowl (बोल) *n.* cup, ball; कटोरा, गेंद; **bowling** (बोलिना) गेंदबाजी।

box (बॉक्स) *n.* container, compartment in a theatre; बक्सा, पेटी, कक्ष; **boxer**, मुक्केबाज; **boxing**, मुक्केबाजी।

boycott (बायकॉट) *n. & v.* refuse to deal with; बहिष्कार, बायकाट क.।

bracket (ब्रैकेट) *n.* support, signs in writing; ब्रैक्रेट, टेक, कोष्ठक।

braid (ब्रैड) *n.* band of hair; चोटी, वेणी।

brain (ब्रेन) *n.* mind, intelligence; दिमाग, मस्तिष्क, बुद्धि।

brake (ब्रैक) *n.* a reducing speed; ब्रेक लगाना, आरोध।

branch (ब्रांच) *n.* arm like part of a tree, similar part of road, river, etc., sub-division of a family; शाखा, डाल, डाली।

brass (ब्रास) *n.* bright yellow metal, alloy of copper and zinc; पीतल।

brave (ब्रैव) *adj.* (braver, bravest) able to face and endure danger; वीर, साहसी।

breach (ब्रीच) *n.* breaking of a rule or contract; भंग, उल्लंघन, दरार, विच्छेद।

bread (ब्रेड) *n.* bread butter, जीविका।

break (ब्रेक) *v.t./i.* (*p.t.* broke, *p.p.* broken) fell into pieces come apart, damage, fail to keep, surpass, weaken, destroy; छिन्न-भिन्न क., टूटना, हानि पंहुचना, भंग क., समाप्त क., दुर्बल क.;

breakdown, to become ineffective; खराब हो जाना;

break into, force one's way into a house or shop, godown etc.; तोड़कर घुसना।

breast (ब्रेस्ट) *n.* milk producing organs on a woman's chest, front part of the body; स्तन, छाती, वक्षस्थल।

breath (ब्रैथ) *n.* श्वास, सांस, महक, दुम; **breathless**, निर्जीव, बेदम; **breathtaking**, विस्मयकारी।

breathe (ब्रीद) *v.t./i.* draw air into the lungs; सांस लेना, प्राण डालना।

breed (ब्रीड) *v.t./i.* (*pt.* bred) produce offspring, train, bring up; जनना, जन्म देना, सेना, पालना, शिक्षा देना, नस्ल।

breeze (ब्रीज) *n.* light wind; समीर।

bribe (ब्राइब) *n.* something given to somebody to persuade him to do something wrong; रिश्वत, घूस।

brick (ब्रिक) *n.* a rectangular block of clay baked by fire used in building; ईंट, रोड़ा।

bridal (ब्राइडल) *adj.* of a bride; वधू का; **bride**, वधू; **bridegroom**, दूल्हा, वर।

bridge (ब्रिज) *n.* structure providing a way across something, bony upper part of the nose; पुल, सेतु, नाक का बांसा।

bridle (ब्राइडल) *n.* harness, restrain; लगाम, रोक, नियंत्रण।

brief (ब्रीफ) *v. & n.* inform in advance, short lasting, concise, short; विवरण देना, अल्पकालीन, संक्षिप्त, संक्षिप्त ब्योरा।

bright (ब्राइट) *adj.* shining, lively, intelligent; चमकीला, उल्लसित, बुद्धिमान, तेज, होनहार।

brilliant (ब्रिल्यन्ट) *adj.* very bright or intelligent, very clever; बहुत चमकीला, प्रभावमान, बुद्धिमान, होशियार।

brim (ब्रिम) *n. & v.* edge of a cup, etc. (*p.t.* brimmed); किनारा, मुंह, लबालब भरा।

bring (ब्रिन्ग) *v.t.* (*p.t.* brought) cause to come, put forward; लाना, पहुंचना, उत्पन्न क., प्रस्तुत क.।

brisk (ब्रिस्क) *adj.* (brisker, briskest) lively, moving quickly; फुर्तीला, तेज।

brittle (ब्रिटल) *adj.* easily broken; भुरभरा, भंगुर।

broad (ब्रॉड) *adj.* (broader, broadest) large across, wide, full and complete; चौड़ा, विस्तृत, साफ, उदार।

broadcast (ब्रॉडकास्ट) *v.t./i.* send by radio or *T.V.*; आकाशवाणी या दूरदर्शन पर प्रसारण।

broken (ब्रोकन) see break.

broker (ब्रोकर) *n.* one who buys and sells on behalf of others; दलाल, आढ़तिया।

bronze (ब्रॉन्ज) *n.* alloy of copper and tin; कांसा।

broom (ब्रूम) *n.* brush for sweeping floors; झाड़ू, बुहारी।

brother (ब्रदर) *n.* son of the same parents as another person; भाई, भ्राता; **brotherhood**, भाईचारा; **brotherly**, भ्रातृवत्।

brown (ब्राउन) *adj.* (browner, brownest) a dark shade with a reddish hue; भूरा।

bruise (ब्रूज) *n.* injury; चोट।

brush (ब्रश) *n. & v.* implement for cleaning or sweeping; कूची, ब्रुश, झाड़ना-पौंछना।

brutal (ब्रूटल) *adj.* very cruel, without mercy; निर्दयी, पाशविक।

bubble (बबल) *n. & v.* ball formed of liquid containing air, ball of air rising in boiling water; बुलबुले उठना, बुदबुदा, बुल्ला।

bucket (बकिट) *n.* a vessel for carrying water, milk etc.; बाल्टी, डोल।

bud (बड)*n.* leaf, flower not fully open; कलि, कलिका।

build (बिल्ड)*v.* *(p.t.* built) to construct, *n.* bodily shape; बनाना, खड़ा क., निर्माण क., गठन, शारीरिक रचना।

bulk (बल्क) *n.* mass, of great size; ढ़ेर, अम्बार, राशि, परिमाण।

bull (बुल) *n.* male of ox, whale, elephant, etc; सांड, वृषभ।

bunch (बँच) *n.* cluster, number of small things bound together, गुच्छा, पुंज, समूह।

bundle (बंडल) *n.* collection of things loosely fastened; पोटली, गठरी, पुलिया।

bungalow (बंगलो) *n.* small house with one storey surrounded by a large verandah; बंगला।

burden (बर्डन) *n.* things carried, heavy load; भार, बोझ, टेक।

bureau (ब्यूरो) *n.* office; दफ्तर, कार्यालय।

burial (बरिअल)*n.* burying; दफन; **burial ground,** कब्रिस्तान।

burn (बर्न)*v.t/i.* *(p.t.* burned or burnt) destroy by fire, heat, acid; जलना, उत्तेजित होना।

burrow (बॅरो)*n.* hole made in the ground by boxes, rabbits, etc.; बिल।

burst (बर्स्ट) *v.t./i.* *(p.t.* burst) forced open, fly violently; आन्तरिक दबाव के कारण फट जाना।

bury (बरि) *v.t.* place a dead body underground, cover up; गाड़ना, छिपाना, दफनाना।

bus (बस) *n.* बस; **bus stop,** बस स्टॉप।

bush (बुश)*n.* shrub, thick growth; झाड़, झाड़ी, झाड़झंखाड़, जंगल, गुच्छा; bushy (बुशि) झाड़ीदार।

business (बिजनिस) *n.* trade, work, task, व्यापार, काम, कार्य, धंधा; businessman, व्यवसायी, व्यापारी।

busy (बिजी) *adj.* (busier, busiest) occupied, having much to do; व्यस्त, कार्यरत।

but (बट)*adv. prep. conj.* only, however, except; लेकिन, केवल, को छोड़कर।

butcher (बुचर)*n.* person cuts up and sells animal flesh; कसाई।

butter (बटर)*n.* a fatty food substance made from cream; मक्खन।

butterfly (बटरफ्लाई) *n.* an insect with broad couspicuously marked wings; तितली।

buttock (बटक) *n.* either side of the part of the body on which a person sits; चूतड़, नितम्ब।

button (बटन)*n.* a small, round bit of bone, metal or plastic for fastening on an article of clothing; बटन।

buy (बाइ) *v.t.* *(p.t.* bought) obtain in exchange for money, purchase; खरीदना, मोल लेना; buyer (बायर) खरीददार, मोल लेने वाला।

by (बाइ) *prep. & adv.* near, beside, in reserve, along, via, past, during, through the agency, पास, समीप, से होकर, में होकर, तक; **by and by,** थोड़ी देर में; **bygone,** विगत; **byname** उपनाम; **bypass** दर्रा।

C

cab (कैब) *n.* taxi, lorry, etc. बग्गी, टैक्सी, आदि।

cabbage (कैबिज)*n.* kind of vegetable; करमकल्ला, बंद गोभी।

cabin (कैबिन) *n.* small hut, compartment; कोठरी, केबिन।

cabinet (कैबिनेट) *n.* cupboard or case, central team of ministers; अलमारी, पेटिका, मंत्रिमंडल।

cactus (कैक्टस) *n.* plant from hot dry climates with no leaves, covered with spines; नागफनी।

cafe (केफे) *n.* restaurant, कॉफी हाउस, रेस्टोरेंट।

cage (केज)*n.* wire or bar enclosure for animals; पिंजरा, कठघरा।

cake (केक) *n.* baked sweet bread; केक, मीठी रोटी।

calcium (कैल्सियम)*n.* whitewash metalic element; चूना।

calendar (कैलिन्डर)*n.* chart showing dates and days; पंचांग, पत्रा, तिथि पत्र।

calf (कॉफ) *n.* (pl. calves) young of cattle or elephant; बछड़ा, बछड़ी।

call (कॉल)*v.t./i.* shout to attract attention, cry, read aloud a list, command, invite, rouse from sleep, communication on phone, name, make a brief visit; बुलाना, पुकारना, चिल्लाना, निमंत्रित क., जगाना, कॉल क., नाम रखना, कहना, मिलने जाना; **call for,** मांगना; **call in,** बुलाना; **call off,** स्थगित क., रद्द क.; **call on,** भेंट क.; **call out,** चिल्लाना; **callbell,** घंटी।

calm (काम)*n. adj. v.* (calmer, calmest) still, not windy, not excited; शांति, प्रशांत, शांत, शंति क.।

calorie (कैलॉरि) *n.* unit of heat, unit of the energy producing food; उष्मांक, कैलोरि।

camel (कैमल) *n.* a large, lumped quadruped; ऊँट, ऊँटनी।

camera (कैमरा)*n.* कैमरा; **in camera,** बंद कमरे में।

camp (केम्प)*n.* temporary accommodation esp. in tents, place where troops are lodged; शिविर, पड़ाव; campfire, अलाव।

can (कैन) *n. & v. aux.* metal vessel for liquids, container; is or are able or allowed to; बाल्टी, बर्तन, सकना, समर्थ होना।

canal (केनाल)*n.* artificial water course; नहर।

cancel (कैन्सल)*v.t./i.* *(p.t.* cancelled) cross out, declare that something will not take place, order to be discontinued; रद्द क., उठा देना, मनसूख क., काट देना।

candid (केनडिड) *adj.* frank; स्पष्ट, खरा, निष्कपट।

candle (कैन्डिल)*n.* stick of wax with a wick; मोमबत्ती।

cane (केन)*n.* stem of a tall reed, etc. rod to punish children; बेंत, छड़ी. sugarcane, गन्ना, ईख।

cannibal (कैनीबल) *n.* persons who eat human flesh; नरभक्षी।

cannon (कैनन)*n.* large mounted gun; तोप।

canopy (कैन्पि)*n.* covering held up on head, etc; छतरी, चंदोवा।

canteen (कैन्टीन)*n.* place where refreshment is sold; जलपान गृह, कैनटीन।

canvas (कैन्वस) *n.* strong coarse cloth; किरमिच, कैन्वस।

canvass(कैनवॅस) *v.t./i.* ask for political support; वोट मांगना, पक्ष-प्रचार।

cap (कैप) *n.* head dress; टोपी।

capable (कैपेबल) *adj.* having a certain ability; समर्थ, योग्य।

capacity (कॅपैसिटि)*n.* ability to contain; क्षमता, विसात।

capital (कॅपिटल) *n. & adj.* chief town of a country, capital letter, accumulated wealth, chief, very important; राजधानी, बड़ा अक्षर, धन, पूँजी, मुख्य, बहुत महत्वपूर्ण।

capsize(कैपसाइज) *v.t./i.* overturn; उलट जाना।

captain (कैप्टन)*n.* leader of sports team; कप्तान, खिलाड़ियों का नेता।

caption (कैपशन)*n.* heading; शीर्षक।

captive (कैपटिव) *n.* taken prisoner; कैदी, बन्दी।

capture (कैप्चर) *v.t.* take prisoner, take by force; अधिकार में क., ले लेना।

caravan (कैरवैन) *n.* dwelling on wheels, company travelling; काफिला, कारवां।

card (कार्ड) *n.* piece of card or thick paper; **cards**, ताशपत्ते।

care (केअर)*n.* & *v.* serious attention, caution to avoid loss, protection, supervision, worry, anxiety, feel concern, interest, affection; परवाह, ध्यान, सावधानी, जिम्मेवारी, देखरेख, चिंता, परवाह क., रुचि लेना, चाहना; **careless**, लापरवाह; **careworn**, चिंताग्रस्त।

career(करिअर) *n.* way of making one's living, profession, course through life; पेशा, जीवन वृत्ति।

caress (करेस)*n.* kiss, loving touch; चुम्बन, दुलार, लाड़।

caricature (कैरिकेचर) *n.* exaggerated portrayal of a person; व्यंग्यचित्र।

carnage (कार्नेज) *n.* great slaughter; हत्याकांड।

carnal (कार्नेल)*adj.* of the body, of flesh; दैहिक, शारीरिक, सांसारिक।

carnival (कार्निवल) *n.* public festivity; आंदोत्सव, रंगरलियां।

carpenter (कारपेंटर) *n.* person who makes and repairs wooden objects; बढ़ई, सुतार, खाती।

carriage (कैरिज)*n.* vehicle, conveying of goods; गाड़ी, वाहन, सवारी डिब्बा, ढुलाई, भाड़ा।

carrot (कैरॅट) *n.* an edible root of yellow or orange red colour; गाजर।

carry (कैरि)*v.t./i.* transport, support, be the bearer, convey; ढोना, वहन करना, ले जाना, थामना, जीत लेना; **carry on**, जारी रखना; **carry out**, कार्य रूप देना।

cart (कार्ट)*n.* wheeled carriage; ठेला, गाड़ी; cartage, ढुलाई, गाड़ी भाड़ा; cartload, गाड़ी भर।

carve (कार्व) *v.t./i.* make, or inscribe by cutting, cut into slices for eating; काटना, खोदना, उत्कीर्ण क., नक्काशी क.।

case (केस)*n.* covering, situation, law suit, set of facts, patients; डिब्बा, बक्स, स्थिति, मुकदमा, मामला, तथ्य, रोगी।

cash (कैश)*n.* money in the form of coins or bank notes; रोकड़, नकद, नकदी; **cashbook,** रोकड़बही; **cash discount**, नकद बट्टा।

cashier (कैशिअर) *n.* person employed to receive & pay money; रोकड़िया, खजांची।

cast (कास्ट)*v.t./i.* (*p.t.* cast) throw, shed, direct glance, shape in a mould, select actors; फेंकना, पटकना, बहाना, देखना, ढालना, पार्ट देना; cast down उदास क.; cast out, निकाल देना।

caste (कास्ट) *n.* one of the four Hindu social divisions; जाति, वर्ण, वर्ग।

castle (कासॅल)*n.* fort, rook in chess; शतरंज में हाथी।

casual (कैजुअल)*adj.* happening by chance, not serious, not permanent; आकस्मिक, अनियमित, लापरवाह, अनियत; **casual leave,** आकस्मिक अवकाश; **casually**, अकस्मात; **casualty**, दुर्घटना, घायल।

cat (कैट)*n.* बिल्ली; **catcall**, सिसकारी, सीसी क.।

cataract (कैटैरैक्ट), large steep waterfall, disease of the eye; प्रपात, मोतियाबिंद।

catch (कैच)*v.t./i.* (*p.t.* caught) capture, seize, detect, surprise, trick, overtake, check suddenly; पकड़ना, फंसाना, पकड़ना, चाल, समझ, जल उठना; **catchword** नारा।

category (कैटेगरी)*n.* class of things; वर्ग, कोटि, श्रेणी।

catholic (कैथोलिक)*adj.* universal, including most things; उदार विश्व्यापी, रोमन कैथॉलिक धर्म।

cattle (कैटल)*n. pl.* bovine animals, especially domesticated members of the genus Bas; ढोर, मवेशी, डांगर, गाय-बैल।

cauldron (कॉल्ड्रन) *n.* a large deep upon pot; कड़ाहा।

cauliflower (कॉलिफ्लाअर) *n.* kind of cabbage; गोभी।

cause (कॉज) *n.* & *v.* what produces an effect, reason or notice for action, etc., movement supported, make happen; कारण, हेतु, उद्देश्य, आंदोलन, उत्पन्न क.।

caution (कॉशन)*n.* avoidance of rashness, attention to safety, warning; सावधानी, सतर्कता, चेतावनी।

cautious (कॉशस) *adj.* having caution; सावधान, सतर्क।

caw (कॉ) *n.* & *v.* cry of a crow; कांव-कांव, कांय-कांय क.।

cease (सीस) *v.t./i.* stop, discontinue; बन्द होना, विराम; **ceasefire**, युद्धविराम।

ceiling (सिलिंग)*n.* interior surface of the room; भीतरी छत।

celebrate (सेलिब्रेट) *v.t./i.* engage in festivities; उत्सव मनाना; **celebrated**, यशस्वी, विख्यात।

celibacy (सेलिबेसी) *n.* unmarried, ब्रह्मचर्य, अविवाहित; **celibate,** ब्रह्चारी।

cell (सेल) *n.* small room, microscopic unit of living matter; कक्ष, कोशाणु, कोशिका।

cense (सैन्स)*v.t.* to burn incense; धूप जलाना; censer, धूपदानी।

cent (सेन्ट) hundred; शत, सौ; **cent percent** शत प्रतिशत, पूर्णतः।

central (सेंट्रल) *adj.* & *n.* containing the centre, principal, essential; केन्द्रीय, प्रमुख, प्रधान।

centre (सेंटर) *n.* a point equidistant or at the average distance from all points on the sides or outer boundaries of something; केन्द्र, मध्य।

century (सेन्चुरि) *n.* hundred of something; शत, सौ, शतक, शताब्दी।

cereal (सिअरिअल) *n.* of corn or edible grain; अन्न, अनाज।

ceremony (सेरिमनि) *n.* outward rite; उत्सव, शिष्टाचार, धर्मानुष्ठान।

certain (सर्टेन) *adj.* settled, unfailing, निश्चित, पक्का, असंदिग्ध; **certainly**, निश्चित रूप से, अवश्य; certainty, निश्चितता।

chaff (चाफ) *n.* husks of corn, etc.; भूसी, चोकर, तुष।

chain (चेन) *n.* & *v.* fetters, confinement, ornament, जंजीर, बेड़ी, चेन (गले की), बांधना, लड़ी।

chair (चेअर) *n.*कुर्सी, आसन, पीठ; **chairman**, सभापति, अध्यक्ष।

chalk (चॉक) *n.* soft limestone for writing; खड़िया, चाक।

challenge (चैलेंज) *n.* calling to respond, summons to take part in contest, difficult task; चुनौती, ललकार मुश्किल कार्य।

champion (चैम्पियन) *n. & v.* person who fights for a cause, athlete; हिमायती, समर्थक, विजेता, दक्ष खिलाड़ी।

chance (चांस) *n. & adj.* way things happen themselves, fortune, opportunity, संयोग, दैवयोग, अवसर, मौका; **by chance,** संयोग से।

change (चैंज) *v. & n.* became different, variety; बदल जाना, परिवर्तन क., हेरफेर, रेजगारी।

channel (चैनल) *n.* a wide strait, as between a continent and an island; नहर, जलमार्ग, माध्यम।

chapter (चैप्टर) *n.* main division of a book; अध्याय।

character (करैक्टर) *n.* collective peculiarities in a person, etc., moral qualities, inscribed letters or figures; स्वभाव, चरित्र, आचरण, गुण, पात्र, वर्ण, अंक, लिखावट, लिपि; **character building**, चरित्र निर्माण; **characterization** (कैरिक्टराइजेशन) चरित्र-चित्रण।

charge (चार्ज) *n.* expense, task, duty, custody, orders, accusation, attack; खर्च, कार्य, कार्यभार, निगरानी, देखरेख, आरोप, हमला, धावा।

chariot (चैरिअट) *n.* stately vehicle, रथ; charioteer (चैरिअटिअर) सारथी।

charity (चैरिटि) *n.* kindness, love of fellow men, alms giving; दया, दानशीलता, परोपकार, दान; **charitable** (चैरिटेबल) परोपकारी, दानी।

charm (चार्म) *n.* quality that excites admiration, magic; मनोहरता, आकर्षण, जादू।

chart (चार्ट) *n.* map, graph; नक्शा, मानचित्र, चार्ट।

chase (चेज) *v. & n.* pursue, try to attain, pursuit, hunting; पीछा क., प्राप्त करने की कोशिश क., पीछा, शिकार।

chaste (चेस्ट) *adj.* pure, virgin, simple in style, decent; शुद्ध, साध्वी, प्रांजल, परिष्कृत।

chat (चेट) *n. & v.* talk; बातचीत, गपशप क.

cheat (चीट) *n. & v.* decieve, trick, fraud, deception; धोखा देना, बेईमानी क., चाल, धोखा, ठग।

check (चेक) *v. & n.* a move in chess, suddenly stop or slow the motion, curb, slowing of motion, pause, control; शह देना, रुक जाना, रोकना, नियंत्रण क., रोक, नियंत्रण, शह।

cheek (चीक) *n.* either side of the face below the eyes; कपाल, गाल।

cheer (चिअर) *n. & v.* frame of mind, shout of appaluse, comfort, gladden, shout for joy; मनोदशा, वाहवाही, प्रसन्नता, दिलासा देना, ताली बजाना, उत्साहित क.।

chemist (केमिस्ट) *n.* person dealing in medicine; दवाफरोश, अत्तार, रसायनी।

cheque (चेक) *n.* an unconditional order to a bank to pay money; चैक, धनादेश, हुंडी।

chess (चेस) *n.* शतरंज; chessboard. बिसात; chessmen, मोहरे।

chest (चेस्ट) *n.* upper front surface of the body, box; सीना, छाती, तिजोरी, संदूक।

chew (चू) *v.t./i.* grind between the teeth, चबाना; **chew the cud,** जुगाली क., मनन क.।

chide (चाइड) *v.t./i.* (*p.t.* chided or chid, *p.t.* chidden) scold, rebuke; झिड़कना, डांटना।

chief (चीफ) *adj.* leader, ruler, highest in rank; मुख्य, प्रमुख, नेता, सरदार।

chill (चिल) *n.* unpleaseant coldness, illness with feverish shivering; सिहरन, ठिठुरन, कपकपी।

child (चाइल्ड) *n.* (pl. children) young human beings; बच्चा, शिशु; **childhood,** बचपन; **childish,** बचकाना; **childlike,** बाल सुलभ।

chin (चिन) *n.* part of the face below mouth; ठोडी, हड्डी।

choice (चॉइस) *n.* choosing; चुनाव, निर्वाचन।

choir (क्वाइअर) *n.* band of singers; गायक-वृन्द।

cholera (कॉलेरा) n. an infectious, often fatal disease with vomiting and continual emptying of the bowels; हैजा, कॉलरा।

choose (चूज) *v.t./i.* (*p.t.* chose, *p.p.* chosen) select out of a number, prefer; चुनना, छांटना, पसंद क.।

chorus (कॉरस) *n.* group of singers, refrain of a song; गायक-वृन्द, समवेत गान, टेक।

Christian (क्रिस्टयन) *adj.* believing in Christianity, ईसाई, मसीही।

chronic (क्रॉनिक) *adv.* constantly present, having a chronic disease; पुराना, चिरकालिक।

church (चर्च) temple for Christians; गिरिजाघर, चर्च; **churchyard,** कब्रिस्तान।

cinema (सिनेमा) *n.* चलचित्र, **cinemahall,** सिनेमाघर।

cipher (साइफर) *n.* symbol O representing zero; शून्य, सिफर।

circle (सर्कल) *n.* round plane figure, curved tier of seats at a theatre, etc., group with similar interests; वृत्त, घेरा, परिधि, चक्कर, मण्डली, समाज।

circumstance (सर्कम्स्टेंस) *n.* occurence or fact connected with an event or person; परिस्थिति, हालत, घटना, ब्योरा।

citadel (सिटेडल) *n.* fort; गढ़, दुर्ग, किला।

cite (साइट) *v.t.* quote or mention as an example; उदृत करना, उद्धरण देना।

citizen (सिटिजन) *n.* inhabitant of a city, person with full rights in a country; नागरिक; **citizenship,** नागरिकता।

city (सिटि) *n.* a big town; नगर, शहर।

civic (सिविक) *adj.* of a city or citizenship; नागरिक, नगर-विषयक।

civil (सिविल) *adj.* of citizens, not of the military, polite; नागरिक, नागर, असैनिक, सभ्य, शिष्ट; **civil action,** दीवानी मुकद्दमा; **civil disobedience,** सविनय अवज्ञा; **civil marriage,** कानूनी विवाह; **civil war,** गृहयुद्ध; **civilization,** सभ्यता; **civilized,** सभ्य।

claim (क्लेम) *v.t.* demand as right, assert; दावा, मांग, अधिकार; **claimant,** दावेदार।

clamour (क्लैमर) *n.* loud confused noise, protest; कोलाहल, शोर, दुहाई, विरोध।

clap (क्लैप) *v.t./i* (*p.t.* clapped) strike palms in applause; ताली, करतलध्वनि, शोर, कड़कड़ाहट।

clarity (क्लैरिटि) *n.* clearness; स्वच्छता, सफाई।

clash (क्लैश) *n.* conflict, टक्कर, भिड़ंत, संघर्ष, खटाखट।

class (क्लास) *n.* set of people or things, standard of quality, rank of society, set of students taught together; वर्ग, श्रेणी, दर्जा, कक्षा, प्रकार, किस्म; **classroom,** कक्षा; **class struggle,** वर्ग संघर्ष; **class system,** वर्ग व्यवस्था।

clause (क्लॉज) *n.* single part in a treaty, a distinct part of sentence; धारा, खण्ड, उपवाक्य, खण्ड वाक्य।

claw (क्लॉ) *n.* a sharp, usually curved nail on the foot of an animal, as on a cat, dog, bird etc., a foot armed with claws; पंजा, चंगुल।

clay (क्ले) *n.* sticky earth; चिकनी मिट्टी।

clean (क्लीन) *adj.* (cleaner, cleanest) tidy, free from dirt; साफ, स्वच्छ।

clear (क्लीअर) *adj.* (clearer, clearest) transparent, free from doubt, easily seen or heard; सुस्पष्ट, पारदर्शक, स्वच्छ, सुनिश्चित; **clearly,** साफ-साफ; **clearness,** स्पष्टता।

cleave (क्लीव) *v.t.* (*p.t.* cleaved, clove or cleft) split; चीरना, फाड़ना।

clerk (क्लर्क) *n.* person employed in an office to do written work; लिपिक, क्लर्क।

clever (क्लेवर) *adj.* (clever, cleverest) skilful, quick at learning, tricky; चतुर, बुद्धिमान, चालाक।

climate (क्लाइमिट्) *n.* regular weather conditions; जलवायु, आबोहबा।

climax (क्लाइमैक्स) *n.* point of greatest interest or intensity; चरम, पराकष्ठा, चरमोत्कर्ष।

climb (क्लाइम्ब) *v.t./i.* go up or over; ऊपर चढ़ना, आरोहण क.।

cloak (क्लोक) *n.* loose outer garment; लबादा, चोगा, आड़।

close (क्लोज) *v.t./i.* shut, come to an end, come nearer together, hidden; बंद क., समाप्त क., समीप आना, गुप्त, घनिष्ठ; **closed,** बंद; **closely,** निकट से, ध्यानपूर्वक।

cloth (क्लॉथ) *n.* woven material, वस्त्र, कपड़ा; **clothe** (क्लोद) कपड़े पहनना, ढकना; **clothes** (क्लोद्ज) पोशाक, पहनावा।

clown (क्लाउन) *n.* person who does comical tricks; विदूषक, मसखरा, जोकर।

club (क्लब) *n.* society, heavy stick, a class in cards: सभा, मंडल, मुद्गर, गदा, चिड़ी का पत्ता।

cluster (क्लस्टर) *n.* & *v.* bunch, small close group; गुच्छा, समूह, झुंड।

coal (कोल) *n.* कोयला; **coalfield** कोयला-क्षेत्र।

coarse (कोर्स) *adj.* (coarser, coarsest) rough, crude in manner; मोटा, घटिया, खुरदरा, रूक्ष, गवारू।

coast (कोस्ट) *n.* sea snore and land near it; तट, समुद्रतट; **coastal,** तटीय, तटवर्ती।

coat (कोट) *n.* long outer garment with sleenes; कोट, अंगरखा, आवरण, तह, लेप।

cobra (कोबरा) *n.* poisonous snake of Asia and Africa; नाग।

cobweb (कॉबवेब) *n.* network spun by a spider; मकड़ी का जाला।

cock (कॉक) *n.* a male bird; मुर्गा, कुक्कुट; **weathercock** बातदिग्दर्शक; cockcrow बांग।

code(कोड) *n.* set of rules, laws or signals, prearranged words; संहिता, नियमावली, कूट संकेत; **code of conduct,** आचार संहिता; **code number,** सांकेतिक संख्या; **code word,** संकेत शब्द।

coeducation (कोएड्युकेशन) *n.* education of the boys and girls in the same classes; सहशिक्षा।

coexistence (कोइग्जिस्टेंस) *n.* exist together, सहअस्तित्व, सहभाव।

coffee (कॉफी) *n.* drink made from seeds of coffee plant with hot water and milk; काफी, कहवा।

coil (कॉइल) *v.t./i.* wind into rings, *n.* coil something; कुंडली बनाना, लपेटना।

coin (कॉइन) *n.* metal money; सिक्का, मुद्रा।

cold (कोल्ड) *adj.* (colder, coldest) having a low temperature, not warm, not enthusiastic; ठंडा, शीत, उत्साहहीन, उदासीन।

collapse (कॅलेप्स) *v.t./i.* fall down suddenly, loose strength suddenly, ढह जाना, ढेर हो जाना, हिम्मत हारना, अचानक बीमार हो जाना।

colleague (कॉलीग) *n.* fellow worker; सहकर्मी।

collect (कलेक्ट) *v.t./i.* bring or come together, fetch; एकत्र क., जमा होना, संग्रह क.; **collection** संचयन, वसूली, समूह।

college (कॉलिज) *n.* institution for higher professional education; कॉलेज, महाविद्यालय।

collide (कॉलाइड) *v.i.* come into collision; टक्कर लगना, टकराना।

colonel (कर्नल) *n.* a rank in military; कर्नल।

colony (कॉलिनी) settlement, people of one nationality living in a particular area; उपनिवेश, बस्ती, नगर।

colour (कलर) *n.* sensation produced by rays of light of different wave lengths, complexion, paint, flag of a ship or regiment; रंग, सुर्खी, झंडा; **colourblind,** वर्णांध, **coloured,** रंगीन।

comb (कोम) *n.* कंघी, कंघा, कलगी; honeycomb, छत्ता।

combat (कॅम्बेट) *n.* & *v.* battle, contest; लड़ाई, भिड़न्त, संघर्ष।

combine (कम्बाइन) *v.t./i.* to join into a group; मिलाना, जोड़ना; **combination** संयोग, संयोजन।

come (कम) *v.t.* (*p.t.* came, *p.p.* come) move towards, begin to develop, arrive, reach a point, occur; आना, पहुंचना, छटना, याद आना; **come forward,** आगे आना; **come into force,** लागू होना; **come of age,** वयस्क होना; **come out,** प्रकट होना।

comfort (कम्फर्ट) *n.* state of easy relief; आराम, चैन; **comfortable,** आरामदायक।

command (कमान्ड) *n.* statement given with authority, mastery, authority; आदेश, हुक्म, प्रभुता, नियंत्रण, अधिकार।

commence (कमेंस) *v.t./i.* begin; प्रारंभ होना, शुरू होना।

commend (कमेन्ड) *v.t./i.* praise, recommended; प्रशंसा क., सिफारिश क., सुपुर्द क.।

comment (कमेन्ट) *n.* opinion given, explanatory note; टीका, टिप्पणी, आलोचना, समीक्षा।

commerce (कॉमर्स) *n.* all forms of trade and the service; वाणिज्य, व्यापार।

commercial *adj.* of commerce; व्यापारिक, बाजारू।

commission (कमीशन) *n.* giving of authority to perform a task, task given; आयोग, कमीशन, अधिकार, नियुक्ति, छूट।

commit (कमिट) *v.t.* (*p.t.* committed) do, perform, entrust, bind to a course of action; करना, सुपुर्द क., सौंपना, बँध जाना, वचनबद्ध होना।

committee (कमिटी) *n.* society, group of people for some special purpose, सभा, समिति, कमेटी।

commodity (कमॉडिटी) *n.* article of trade; वस्तु, पदार्थ, माल, जिन्स।

common (कॉमन्) *adj.* (commoner, commonest) of or effecting all, occurring often, ordinary, of inferior quality; सामान्य, आम, साधारण, सामूहिक, सार्वजनिक; **common good,** लोकहित; **common people,** जनता; **common sense,** सामान्य बुद्धि; **commonwealth,** राष्ट्रमंडल।

communal (कम्युनल) *adj.* सांप्रदायिक; **communalism**, सांप्रदायिक; **communalist**, संप्रदायवादी।

communist (कॉम्युनिस्ट) *n.* supporter of communism; साम्यवादी।

community (कम्युनिटि) *n.* body of people having common faith, or interests; सम्प्रदाय, समाज, समूह, बिरादरी।

companion (काम्पैनियन) *n.* one who accompanies, thing that matches; साथी, सहचर, सखा, सखी।

company (कम्पनी) *n.* people assembled, associates, people working together, firm, division of a military; मंडली, दल, टोली, कम्पनी, एक सैनिक दस्ता।

compare (कम्पेअर) *v.t./i.* liken, declare to be similar, be worthy of comparison; तुलना क., मिलाना, साम्य परखना, बराबर होना; **comparison**, तुलना।

compass (कम्पॅस) *n.* an instrument showing the direction of magnetic north and bearings from it; कुतुबनुमा, कम्पास, दिशासूचक, घेरा, विस्तार।

compel (कम्पेल) *v.t.* (*p.t.* compelled) force; बाध्य करना, मजबूर क., लाचार क.।

compensate (कॉम्पनसेट) *v.t./i.* make payment for a loss; क्षतिपूर्ति क., मुआवजा देना।

competent (कॉम्पिटेंट) *adj.* having authority or ability; योग्य, सक्षम, अधिकारी।

competition (कॉम्पिटिशन) *n.* friendly contest, competing; प्रतियोगिता, होड़; **competitor**, प्रतियोगी, प्रतिद्वंद्वी।

complain (कम्प्लेन) *v.i.* say one is dissatisfied; शिकायत क., दुखड़ा रोना, फरियाद क.।

complete (कम्प्लीट) *adj.* & *v.* having all its parts, make complete; पूर्ण, पूरा, समाप्त, पूरा क.।

compliment (कम्प्लीमेंट) *n.* praise, (pl.) greetings, प्रशंसा, आदर, शुभ कामनाएं।

compose (कम्पोज) *v.t.* form, make up, arrange, create in literature or music; बनाना, रचना, संघटित क., सुव्यवस्थित क., लिखना, शांत क.।

compound (कम्पाउंड) *v.t./i.* combine, add to; मिलाना, बनाना।

compromise (कॉम्प्रमाइज) *n.* agreement reached by making concessions; समझौता।

compulsory (कम्पल्सरि) *adj.* that must be done; अनिवार्य, आवश्यक।

comrade (कॉम्रेड) *n.* companion, fellow; साथी, सखा, सहचर।

conceal (कन्सील) *v.t.* hide, keep secret; छिपाना, गुप्त रखना।

conceive (कन्सीव) *v.t./i.* become pregnant, form an idea, think; गर्भ धारण क., समझना, सोचना।

concept (कॉन्सेप्ट) *n.* idea, notion; विचार, धारणा।

concern (कन्सर्न) *v.t.* be about, be relevant to, involve; संबंध रखना, महत्व रखना, चिन्ता क.।

concession (कन्सेशन) conceding; रियायत, छूट, सुविधा।

concise (कन्साइज) *adj.* brief; संक्षिप्त।

conclusion (कन्क्लूजन) *n.* concluding, opinion reached, end; समाप्ति, अंत, उपसंहार, परिणाम।

condemn (कन्डेम) *v.t.* disapproval, declare unfit, convict; निंदा क., अयोग्य ठहराना, दोषी या अपराधी ठहराना।

condition (कन्डीशन) *n.* state of being, (pl.) circumstances; स्थिति, शर्त, दशा, परिस्थितियां।

conduct (कॉन्डक्ट) *n.* behaviour, way of conducting; आचरण, व्यवहार, बर्ताव, चालचलन।

confess (कन्फेस) *v.t./i.* acknowledge, admit, declare one's sins; स्वीकार क., मानना, पाप, कबूल क., अपराध स्वीकार करना।

confine (कन्फाइन) *v.t.* keep within limits, keep shut up; सीमित क., बन्द रखना।

confirm (कन्फर्म) *v.t.* make definite, corroborate; पुष्टि क., अनुमोदित क., पक्का क.।

conflict (कन्फ्लिक्ट) *v.t.* fight, struggle, disagreement; संघर्ष, युद्ध, विरोध।

confuse (कन्फ्यूज) *v.t.* throw into disorder, make unclear; अस्तव्यस्त कर देना, चकरा देना, उलझाना; **confusion** (कन्फ्यूजन) गड़बड़ करना।

congratulate (कंग्रैट्यूलेट) *v.t.* admire success; बधाई देना; **congratulation**, बधाई।

conjugal (कॉन्ज्युगल) of marriage; वैवाहिक।

connect (कनेक्ट) *v.t./i.* join or joined जोड़ना, मिलाना; **connection**, संयोजन, मिलान।

conquer (कॉन्कर) *v.t.* overcome in war or by effort; विजय पाना, अधीन क., **conquest**, विजय, फतहा।

conscience (कॉनशन्स) *n.* sense of right or wrong, feeling of remorse; अन्तःकरण, विवेक, सदविवेक।

conscious (कॉनशस) *adj.* aware, awake; जागरूक, सचेतन, चेतन।

consent (कन्सेन्ट) *v.i.* say one is willing; राजी होना, सहमति देना।

consider (कन्सिडर) *v.i.* think about, be of the opinion; विचार क., सोचना, लिहाज क., मानना; **consideration**, विचार, लिहाज।

consist (कन्सिस्ट) *v.t.* be made up of; में होना, का बना होना।

consonant (कॉन्सनेन्ट) *n.* letter other than a vowel; व्यंजन।

conspiracy (कॅन्स्पिरेसि) *n.* act of conspiring; षड़यंत्र, साजिश।

constable (कॉन्स्टेबल) *n.* policeman; सिपाही, कांस्टेबल।

constant (कॉन्स्टेंट) *adj.* & *n.* continuous, occurring repeatedly, unchanging, faithful; एकसमान लगातार, अपरिवर्तनीय, एकनिष्ठ; **constantly**, सदा, निरंतर, बराबर।

constituent (कन्स्टिट्युएन्ट) *adj.* forming part of a whole; घटक, अंग, अंगीभूत।

constitution (कॉन्स्टिट्यूशन) *n.* composition, principles by which a State is organized; गठन, बनावट, संविधान, विधान।

construct (कन्स्ट्रक्ट) *v.t.* make by placing parts together; निर्माण क., बनाना, रचना क.; **construction**, निर्माण, रचना।

consult (कन्सल्ट) *v.t./i.* seek advice or information from; परामर्श ले. या क.।

consume (कन्स्यूम) *v.t.* use up, eat or drink up, destroy; उपभोग क., व्यय क., खर्च क., नष्ट करना।

contact (कॉन्टैक्ट) *n.* touching, meeting, communication, connection; स्पर्श, सम्पर्क, संयोग, मिलाप।

contempt (कन्टेम्प्ट) *n.* despising, disrespect; तिरस्कार, अवज्ञा, अपमान, अनादर।

content (कनटेन्ट) *adj.* & *n.* satisfied with what one has, what is contained; संतुष्ट, राजी, संतोष, विषय।

contest (कॉन्टेस्ट) *v.t./i.* compete for, dispute; प्रतियोगिता, कलह।

context (कॉन्टेक्स्ट) *n.* what goes before or follows, circumstances; संदर्भ, प्रसंग, परिस्थिति।

continual *adj.* never ending; लगातार, निरंतर।

continue (कन्टिन्यू) *v.t./i.* non stop, resume; जारी रहना, बना रहना, दुबारा प्रारंभ क.।

continuous (कन्टिन्यूअस) *adj.* without interval; अविराम, लगातार, अखंड, सतत।

contract(कॉनट्रेक्ट) *v.t./n.* make contract, arrange, catch (illness), become smaller, a formal agreement; ठेका लेना, रोग लगना, संकुचित या संक्षिप्त होना, ठेका, अनुबंध।

contribute (कन्ट्रिब्यूट) *v.t./i.* give to a common fund, help to bring about; चंदा देना, सहयोग क.; **contribution**, चंदा, सहयोग।

control (कन्ट्रोल) *v.* & *n.* regulate, check, power to give orders; नियंत्रण क., वश में रखना, शासन क., नियंत्रण, संचालन।

convenience (कन्वीनीयन्स) *n.* being convenient, lavatory; सुविधा, सुभीता, शौचालय; **convenient**, सुविधाजनक, आरामदेह।

conversation (कॉन्वर्सेशन) *n.* talk, dialogue; बातचीत, संवाद, वार्तालाप।

convey (कन्वे) *v.t.* carry, transport, communicate an idea; ले जाना, वहन क., व्यक्त क., सूचित क.।

convict (कन्विक्ट) *v.t.* prove or declare guilty; अपराधी या दोषी करार देना।

convince (कन्विन्स) *v.t.* make a person feel that something true; कायल क., मनवाना, संदेह दूर क.।

cook (कुक) *v.t./i.* prepare food by heating *n.* a person who cooks; भोजन बनाना, या पकाना, रसोइया, बावरची।

cool (कूल) *adj.* (cooler, coolest) fairly cold, calm; ठंडा, शीतल, शांत, धीर, रूखा, उदासीन।

co-operate (कोऑपरेट) *v.t.* work or act together; सहयोग देना, मिलकर काम क.; **co-operation,** सहयोग, सहायता; **co-operative,** सहकारी।

copper (कॉपर) *n.* malleable red brown metallic element; तांबा, ताम्र।

copy (कॉपी) *n.* & *v.* thing made to look like another, specimen of a book; नकल, प्रतिलिपि, पांडुलिपि, हस्तलेख।

cord (कार्ड) *n.* string; डोरी, रस्सी; **spinalcord** रीढ़।

cordial (कॉर्डयल) *adj.* hearty, warm; हार्दिक, स्नेहपूर्ण।

cork (कॉर्क)*n.* stopper; डाट, काग, कार्क।

corn (कॉर्न) *n.* cereals, अनाज, गल्ला, मकई, दाना, कन।

corner (कार्नर) *n.* & *v.* area where two sides meet, drive in a position from where there is no escape; कोना, कोण, नुक्कड़, घेरना, घेर लेना।

correct (करेक्ट) *adj.* proper right, उचित, सही, ठीक, यथातथ्य; **correction**, सुधार, दुरूस्ती।

correspond (कॉरिस्पॉन्ड) *v.t.* be similar, in harmony, write letters to each other; से मेल खाना, से अनुकूल होना, अनुरूप होना, पत्र-व्यवहार क.।

corrupt (करॅप्ट) *adj.* spoiled, immoral, accepting bribe, dishonest, decaying, wicked; बुरा, अनैतिक, भ्रष्ट, रिश्वतखोर, बेईमान, दूषित, अशुद्ध।

cost (कॉस्ट)*n.* & *v.* expenditure, price; कीमत, मूल्य, खर्च, लागत, व्यय; **costly**, महंगा, कीमती, खर्चीला।

costume (कॉस्ट्यूम) *n.* dress, garments, clothes;वस्त्र, वेश-भूषा, पहनावा।

cot (काट) *n.* a light portable bed; खटिया, चारपाई।

cottage (कॉटेज) *n.* hut, small country house; कुटी, झोंपड़ी, कुटीर।

cotton (कॉटन)*n.* & *adj.* soft, white fibrous substance; कपास, रूई, सुती।

cough (कॉफ)*n.* send out air from the lungs violently and noising; खांसी, खांसना।

council (काउन्सिल) *n.* assembly to advise or discuss; परिषद, समिति, सभा।

counsel *n.* & *v.* advice, suggestions, (*p.t.* counselled) सलाह, परामर्श, वकील।

count (काउन्ट) *v.* & *n.* find the total of, say numbers in order, regard as; गिनना, गणना कर., शामिल क., समझना।

country (कन्ट्रि) *n.* nation's or state's land, people of state, region; देश, मातृभूमि, प्रदेश, इलाका, देहात।

couple (कपल) *n.* & *v.* two people or things; married pair; युग्म, युगल, दम्पति।

courage (करेज) *n.* boldness, ability to face danger; साहस, हिम्मत; **courageous,** वीर, साहसी।

course (कार्स) *n.* way, ground, movement, direction; पथ, मैदान, गति, प्रगति, दिशा, तरफ, पाठ्यक्रम, अवधि।

court (कोर्ट) *n.* a person or group of persons whose task is to hear and submit a decision on cases at law; कचहरी, अदालत, न्यायालय, राजदरबार, मैदान, चौक।

courtesan (कार्टिजन)*n.* prostitute; वेश्या, गणिका।

courtesy (कर्टसि) polite manners or behaviour; शिष्टाचार, भद्रता, सौजन्य।

cousin (कजन) *n.* child of one's uncle or aunt; चचेरा भाई या बहन।

cover (कवर) *n.* & *v.* conceal, protect, travel over a distance, deal with a subject, report for a newspaper; wrapper, envelope; छिपाना, बचाना, दूरी तय करना, अध्ययन क., आच्छादन, लिफाफा, आवरण, आढ़, ढक्कन, बहाना, परदा।

cow (कॉउ) *n.* गौ, गाय, मादा, भयभीत क., डराना; **cowherd**, ग्वाला; **cowshed**, गोशाला; **cowdung**, गोबर।

coward (काउअर्ड) *n.* lacking courage; कायर, भीरू, डरपोक।

crab (क्रैब) *n.* a ten-footed crustaeean; केंकड़ा।

crack (क्रैक) *n.* & *v.* a sharp sudden noise, sharp blow, a line where a thing is broken; चटकना, दरक, दरार, चटकना, फूटना, टूटना।

cradle (क्रेडल) *n.* small, low bed from a newborn baby; पालना, बचपन, उद्‌गम।

crane (क्रेन) *n.* a large wading bird with long legs and neck; सारस, भार उठाने वाली क्रेन।

crash (क्रैश) *n.* loud noise of a breakage, violent collision, financial collapse; *v.t.* make a crash; धमाके से गिरना, टक्कर खाना, ढह जाना, तबाही।

crave (क्रेव) *v.t./i.* an intense longing, ask earnestly for; याचना करना, चाहना, लालयित होना, निवेदन क.।

crawl (क्रॉल) *v.i.* to move slowly on hands and knees, move very slowly; रेंगना, कुलबुलाना, घिघियाना।

craze (क्रेज) *n.* धुन, सनक, झक; **crazy**; सनकी, पागल।

cream (क्रीम) *n.* fatty part of milk, best part; मलाई, सर्वोत्तम अंश या व्यक्ति।

creation (क्रिएशन) *n.* the act of creating; सृष्टि, रचना; **creator**, सृष्टिकर्ता, रचनाकार।

creature (क्रीचर) *n.* animal, person; प्राणी, जीव, मनुष्य, जानवर।

credit (क्रेडिट) *n.* belief that a thing is true, however, good reputation, sum at a person's disposal in a bank; विश्वास, भरोसा, नाम, ख्याति, श्रेय, गौरव, साख, उधार, जमा।

creep (क्रीप) *v.t.* (*p.t.* crept) move with the body to the ground, move slowly and stealthily; रेंगना, सरकना; **creeper**, बेल, लता।

cremate (क्रिमेट) *v.t.* burn to ashes; दहन करना; **cremation**, दाहसंस्कार।

crime (क्राइम) *n.* serious offence, illegal acts; अपराध; **criminal** (क्रिमिनल) अपराधी।

cripple (क्रिपल) *n.* & *v.* lame person weaken seriously लूला-लंगड़ा, अपंग, विकलांग, अशक्त क., बिगड़ना।

crisis (क्राइसिस) *n.* crises; decisive moment, time of acute difficulty; चरम बिन्दु, संकट का क्षण, संकटावस्था।

critic (क्रिटिक) *n.* person who finds out faults; आलोचक, समीक्षक; **critical** आलोचनात्मक; **criticism**, आलोचना, समीक्षा।

crocodile (क्रॉकोडाइल) *n.* a large river reptile, मगर, मकर; **crocodile tears,** कपटी आंसू।

crop (क्रॉप) *n.* harvest, very short hair cut, *v.t.* (*p.t.* cropped) gather harvest, फसल, पैदावार, उपज, केशकर्तन, बाल कटवाना, काटना, फसल काटना।

cross (क्रॉस) *n.* marks showing one line intersecting another, that on which Christ was crucified, hybrid animal; *v.t/i.* mark a cheque, oppose, the wishes of; कांटा, सूली, सलीब, कूस, संकट, चैक, क्रॉस क., विरोध क., पार उतरना।

crow (क्रो) *n.* a large, black bird with a harsh cry; कौआ, काक।

crowd (क्राउड) *n.* large group; *v.* fill or occupy full; भीड़, जनसमूह, घिर आना, जुट जाना, धक्कमधक्का होना, ठसाठस भरा होना।

crown (क्राउन) *n.* ornamental headdress worn by kings; मुकुट, शिखर।

cruel (क्रूअल) *adj.* (crueller, cruellest) enjoying other's suffering, causing suffering, hard hearted; निर्दयी, निष्ठुर, निर्मम।

crush (क्रश) *v.t./i.* press so as to break, pound into fragments, become crushed, defeat completely; रौंदना, कुचलना, पीसना, परास्त कर देना, पेरना।

crust (क्रस्ट) *n.* hard outside covering; पपड़ी, छिलका, भूपटल।

cry (क्राई) *n.* & *v.* make loud sounds that express feelings of fear, pain, grief etc.; रोना, चिल्लाना, पुकारना, याचना क., मांगना, चीख, चिल्लाहट, पुकार, रोदन।

cull (कल) *v.t.* pick flowers, select; चुनना, तोड़ना, बीनना।

culprit (कलप्रिट) *n.* person who has committed offence; दोषी, अपराधी, मुलजिम।

cultivate (कल्टिवेट) *v.t.* prepare land for crops, produce crop, develop by practice; खेती क., जोतना, आगे बढ़ना, लगे रहना।

cultivation (कल्टिवेशन) *n.* cultivating, act of breaking up the soil; खेती, जुताई, बढ़ावा।

culture (कल्चर) *n.* civilization, artificial rearing of; सभ्यता, संस्कृति, संवर्धन; **cultured**, सुसंस्कृत।

cunning (कनिंग) *adj.* clever of deceiving; धूर्त, चालाक।

cup (कप) *n.* small porcelain bowl; प्याला, कटोरा।

cure (क्युअर) *n.* & *v.* remedy, treatment; उपचार, औषधि, चिकित्सा, चंगा कर देना।

curiosity (क्यूरिओसिटि) *n.* desire to know things; उत्सुकता, जिज्ञासा।

curl (कर्ल) *n.* & *v.* twist into ringlets; बाल की अलक, छल्ला, कुंडल, लहराना, मोड़ना, चक्कर खाना।

currency (करन्सि) *n.* money, in vogue, मुद्रा, प्रचलन, प्रचार, लोकप्रियता।

current (करन्ट) *adj.* belonging to the present time, in general use, flow of electricity; चालू, प्रचलित, धारा, प्रवाह, बिजली का करंट।

curtain (कर्टेन) *n.* cloth hung as a screen; परदा, आवरण, यवनिका।

curve (कर्व) *n.* line which changes direction without angles; & *v.* have or cause to have the form of a; वक्र, घुमाव, मोड़, मोड़ना।

custody (कस्टॅडि) *n.* safe keeping, imprisonment; हिफाजत, सुरक्षा, हिरासत, हवालात।

custom (कस्टम) *n.* usual way of behaving, regular dealing by customers, duty; रिवाज, प्रथा, दस्तूर, सीमाशुल्क, गाहकताई।

cut (कट) *v.* & *n.* (*p.t.* cut) divide, wound, reduce, intersect, divide, reduction; काटना, कतरना, चोट पंहुचाना, दुख देना, चोट, घाव, कटौती।

cycle (साइकल) *n.* recurring series of events, bicycle; चक्र, चक्कर, आत्र्तन, साइकिल।

cylinder (सिलिन्डर) *n.* roller shaped hollow or solid vessel; बेलन।

D

dacoit (डेकॉइट) *n.* robber, डाकू, डकैत।

daily (डेलि) *adj. adv.*, & *n.* from day to day, happening everyday, often; दैनिक, प्रतिदिन, रोजमर्रा।

dairy (डेअरि) *n.* building where milk and milk products are made; डेरी, दुग्ध शाला।

dam (डैम) *n.* barrier to hold water back; बांध, बंद।

damage (डेमिज) *n.* & *v.* loss, injury causing loss, injure as to diminish value; क्षति, हानि, हरजाना, हानि क.।

dame (डेम) *n.* a married woman; शादीशुदा औरत।

damp (डैम्प) *n. adj.* & *v.* moisture, dejection, chill, discouragement; नम, गीला, सीलभरा, उदासी, भीगा, निरूत्साह कर देना।

dance (डांस) *v.i.* move with rhythmical steps; नृत्य क., नाचना, नाच, नृत्य; **dancer,** नर्तकी।

danger (डेन्जर) *n.* risk, peril; खतरा, जोखिम, संकट, भय; **dangerous**, खतरनाक, हानिकर।

dare (डेयर) *v.t.* be brave enough; साहस क., हिम्मत क.; **daring,** (डेअरिंग) साहसिकता।

dark (डार्क) *adj.* absence of light: अंधेरा, धुंधला, काला; **darkness,** अंधेरा, कालापन, अज्ञान।

darling (डार्लिंग) *n.* & *adj.* loved, best loved and favoured; परमप्रिय, कृपापात्र।

date (डेट) *n.* & *v.* inscription of the time, time at which things happen, mark with date; तारीख, तिथि, तारीख, दिनांकित क., छुहारा।

daughter (डॉटर) *n.* female child in relation to parents; पुत्री, बेटी।

dawn (डॉन) *n. & v.* morning of day; भोर, प्रातःकाल, उषाकाल।

day (डे) *n.* time during which sun shines, date; दिन, दिवस, काल, समय, तिथि।

dead (डेड) *adj. & adv.* that has ceased to live, lifeless, no longer used, dull, not active; मृत, मुर्दा, निर्जीव, निष्क्रिय; एकदम।

deaf (डेफ) *adj.* unable to hear; बहरा; **deafmute** मूक-बधिर।

deal (डील) *n. & v.* dealing, business transactions, treatment, distribute, hand out; सौदा, बांट, बांटना, से संबंध रखना, लेनदेन क.।

dear (डियर) *adj.* (dearer, dearest) much loved, cherished, costing more; प्यारा, प्रिय, मंहगा, कीमती।

death (डेथ) *n.* end of life; मृत्यु, मौत, देहान्त, निधन।

debate (डिबेट) *n. & v.* formal discussion, hold a debate about; वाद विवाद, बहस क., विचार क.।

debit (डेबिट) *n. & v.* (*p.t.* debited) enter as a debit, charge; नामे, नामे लिखना, खर्च में लिखना।

debt (डेट) *n.* something owed; कर्ज, ऋण, आभार।

decade (डेकेड) *n.* ten years time; दशक, दशाब्द।

decay (डिके) *v.t./i.* rot, lose strength; सड़ना, बिगड़ना, क्षय होना।

deceit (डिसीट) *n.* fraud, deceiving; धोखा, दशा, छलकपट।

decieve (डिसीव) *n.* mislead, play a trick on; धोखा देना, ठगना।

December (डिसेम्बर) *n.* twelfth month of the year, वर्ष का अंतिम महीना, दिसम्बर।

decent (डिसेन्ट) *adj.* proper, respectable, quite of good, kind; उचित, शालीन, अच्छा, उदार।

decepetion (डिसेप्शन) *n.* deceiving; धोखा, छल-कपट।

decide (डिसाइड) *v.t./i.* cause to reach a decision; निर्णय क., निश्चय क.।

decision (डिसिजन) *n.* deciding, judgement reached thus; निर्णय, निश्चय, फैसला।

decisive (डिसाइसिव) *adj.* conclusive, showing decision; निर्णायक, निश्चयात्मक।

decline (डिक्लाइन) *n. & v.* refuse, slope downwards, decrease; अस्वीकार क., पतन, अवनति, क्षय, हास।

decorate (डेकोरेट) *v.t.* make a thing look attractive; सजाना, पदक देना, सम्मानित क.।

declare (डिक्लेयर) *v.t./i.* make or become smaller or fewer; घटना, कम हो जाना, ह्रास होना।

dedication (डेडिकेशन) *n.* the act of dedicating or being dedicated; समर्पण, अर्पण।

deduct (डिडॅक्ट) *v.t.* subtract; घटना, कम क., काटना; **deduction**, कटौती, छूट।

deed (डीड) *n.* thing done, act, written agreement; कार्य, कर्म, दस्तावेज।

deep (डीप) *adj.* (deeper, deepest) low pitched, going far down, profound; गहरा, गहन, गंभीर, मग्न, गूढ़।

deer (डियर) *n.* a graceful, quick running animal; मृग, हिरण।

defeat (डिफीट) *n.* obtain a victory over; पराजय, हार।

defect (डिफेक्ट) *n.* deficiency, fault; दोष, त्रुटि, अभाव, कमी।

defective (डिफेक्टिव) *adj.* having defect; त्रुटिपूर्ण, खराब, सदोष।

defence (डिफेन्स) *n.* protection, argument put forward; रक्षा, बचाव, सफाई, मोर्चाबंदी।

defend (डिफेन्ड) *v.t.* guard, protect; बचाव या रक्षा क., सफाई देना, समर्थन क.।

defensive (डिफेन्सिव) *adj.* serving to defend; रक्षात्मक, सुरक्षात्मक।

define (डिफाइन) *v.t.* state precisely, outline clearly; परिभाषा देना, निर्धारित क., सीमा निर्देश क.।

definite (डेफिनिट) *adj.* certain, clear and unmistakable; निश्चित, सुस्पष्ट।

definition (डेफिनिशन) *n.* the formal statement of the meaning or significance of a word, phrase, etc; परिभाषा।

deform (डिफॉर्म) *v.t.* spoil the shape; विकृत क., बिगाड़ना।

degenerate (डिजेनरेट) *adj. & v.* become worse; विकृत, भ्रष्ट, चरित्रहीन, पतित।

degrade (डिग्रेड) *v.t.* reduce to a lower rank, bring disgrace; दरजा घटाना, बदनाम क., मूल्य घटाना।

degree (डिग्री) *n.* academic title, stage of intensity, amount; उपाधि, दरजा, मात्रा, अंश।

delay (डिले) *v.t./i.* make or be late, postpone; देर, विलम्ब क., स्थगित क.।

delegate (डेलिगेट) *n.* representative.; प्रतिनिधि।

delegation (डेलिगेशन) *n.* body of delegates; प्रतिनिधिमंडल।

deliberate (डिलिबरेट) *adj.* intentional, slow and careful; जानबूझकर, सुविचारित।

delicate (डिलीकेट) *adj.* fine, easily harmed; नाजुक, सुकुमार, कोमल।

delight (डिलाइट) *n.* great pleasure; आनन्द, हर्ष।

deliver (डिलीवर) *v.t.* hand over, utter, set free, giving birth; सौंपना, भाषण देना, से मुक्त करना, प्रसव क.।

delivery (डिलीवरी) *n.* the delivering of letters, goods etc., or giving birth to a child; सुपुर्दगी, (डाक) वितरण, प्रसव।

demand (डिमान्ड) *n.* request by authority, claim; मांग, दावा, अभियाचना।

demigod (डेमीगॉड) *n.* an inferior deity; अर्ध देव।

demolish (डिमॉलिश) *v.t.* pull or tear down; ढा देना, गिरा देना, ढाना।

demon (डेमन) *n.* devil, evil spirit; राक्षस, दैत्य, असुर।

denial (डिनाइअल) *n.* denying; नकार, खण्डन, प्रतिवाद।

dense (डेन्स) *adj.* (denser, densest) closely massed; घना, रूधन।

deny (डिनाइ) *v.t.* say that a thing is untrue, disown; इनकार क., मना क., अस्वीकार क., खण्डन क.।

depart (डिपार्ट) *v.t.* go away; चले जाना, से हट जाना।

department (डिपार्टमेंट) *n.* section of an organisation; विभाग, महकमा।

departure (डिपार्चर) *n.* departing; प्रस्थान, रवानगी।

depend (डिपेन्ड) *v.t.* support of something/somebody in order to exist; पर निर्भर रहना, के अधीन होना। **dependable**, भरोसा क., विश्वसनीय; **dependant**, आश्रित; **dependence**, निर्भरता।

deposit (डिपॉजिट) *n. & v.* thing deposited, leave as a matter of layer, entrust for keeping; जमा क., धरोहर रखना, अमानत, निक्षेप।

depress (डिप्रेस) *v.t.* press down, make sad; दबाना, झुकना, उदास, पददलित।

deprive (डिपराइव) *v.t.* take a thing away from, prevent from using; से वंचित क., अपहरण क.।

depth (डेप्थ) *n.* deepness, most central part; गहराई, गहनता, गंभीरता, मध्य।

deputy (डेप्यूटि) प्रति., उप-, **deputy chairman**, उप-अध्यक्ष।

descend (डिसेन्ड) *v.t./i.* go or come down; उतरना, नीचे आना, से उत्पन्न होना, वंशज होना; **descendant,** वंशज।

descent (डिसेन्ट) *n.* descending, family origin; उतार, अवरोहण, ढाल, उद्गम, पीढ़ी, पतन।

describe (डिसक्राइब) *v.t.* narrate; वर्णन क., खींचना, बनाना।

description (डिसक्रिप्शन) *n.* statement of what a thing is like; वर्णन, चित्रण, किस्म, प्रकार।

desert (डेजर्ट) *n.* barren, waterless, trueless and mostly sand covered land; रेगिस्तान, मरूस्थल, त्याग देना, छोड़ देना, भाग जाना।

deserve (डिजर्व) *v.t.* be worthy of; के योग्य होना, पात्र होना।

designation (डेजिगनेशन) *n.* a distinctive name or title; पदनाम, ओहदा, पदनयन।

desire (डिजाइअर) *n.* thing desired; चाहना, अभिलाषा, कामना।

despair (डिसपेअर) *n.* total lack of hope; निराशा, हताश।

desperate (डस्परिट) *adj.* reckless, hopelessly bad; निराशाजनक, भीषण, भयंकर, निराशोन्मत।

destination (डेस्टिनेशन) *n.* place where one has to reach; मंजिल, गन्तव्य, उद्देश्य।

destiny (डेस्टिनि) fate; नियति, भाग्य।

destroy (डिस्ट्रॉइ) *v.t.* break down, make useless; नष्ट क., निरर्थक क., नाश क., बरबाद क.।

destruction (डिस्ट्रॅक्शन) *n.* ruin, the act of destroying, the fact or condition of being destroyed; नाश, विनाश, ध्वंस, बरबादी।

detail (डिटेल) *n.* small fact, relate in detail, assign duty; गौण बात, विस्तृत वर्णन, ब्यौरा, नियुक्त क.।

detain (डिटेन) *v.t.* keep back, cause delay to; रोकना, अटकाना, हवालात में रखना।

determine (डिटरमिन्) *v.t.* decide, calculate; निर्धारित क., नियत क., तय क., निश्चित क.।

develop (डिवेलप) *v.t./i.* (*p.t.* developed) make more mature or large, build on; विकसित क., बढ़ाना, विकास पाना; development, विकास, वृद्धि, उन्नति।

device (डिवाइस) *n.* scheme, thing made for a purpose; युक्ति, उपाय, साधन, यंत्र, आविष्कार।

devil (डेविल) *n.* demon, evil spirit; शैतान, पिशाच, भूत, राक्षस।

devote (डिवोट) *v.t.* give or use for a purpose; दे देना अर्पित क., समर्पित करना; **devotion,** भक्ति, श्रद्धा, निष्ठा।

dew (ड्यू) *n.* tiny drops of moisture; ओस।

dialect (डाइअलेक्ट) *n.* language particular to a district; बोली, उपभाषा।

diamond (डाइअमन्ड) *n.* precious stone, a playing card bearing red lozenge shaped figures; हीरा, हीरक, (ताश) ईंट का पत्ता।

diary (डाइअरि) *n.* a personal record of daily events, appointments, observations etc; डायरी, दैनिकी।

dictate (डिक्टेट) *v.t./i.* say words to be written, order; लिखवाना, लिखना, आदेश देना, हुक्म चलाना।

dictionary (डिक्शनॅरि) *n.* book listing and explaining the words of a language; शब्द-कोश, कोश।

die (डाइ) *n.* & *v.* cease to be alive, dice; मर जाना, बुझ जाना, उदासीन हो जाना, पासा, ठप्पा।

diet (डाइट) *n.* food, select food, parliament; आहार, भोजन, विधान सभा।

differ (डिफर) *v.t.* be unlike; भिन्न होना, असमान होना; difference, अंतर, भिन्नता; different, भिन्न, असमान।

difficult (डिफिकल्ट) *adj.* needing much effort, troublesome; कठिन, मुश्किल, टेढ़ा, हठी।

dig (डिग) *v.t./i.* (*p.t.* dug) break up soil, seek or discover; खुदाई, खोदना, खोजना।

digest (डाजेस्ट) *v.t.* & *n.* absorption by the body, summary, writings, etc; पचाना, हजम क., सार-संग्रह, संक्षेप।

digit (डिजिट) *n.* number, अंक।

dignity (डिगनिटि) *n.* calm and serious manner, worthiness; मानमर्यादा, प्रतिष्ठा, गरिमा, गौरव।

dilute (डाइल्यूट) *v.t.* reduce the strenghth by adding water; फीका क., हल्का क., मन्द क.।

dim (डिम) *adj.* not bright or clear; धुंधला, मंद, फीका।

diminish (डिमिनिश) *v.t./i.* make less; कम क., घटना।

din (डिन) *n.* loud annoying noise; शोरगुल, हल्का।

dinner (डिनर) *n.* the main meal of the day; भोजन, रात्रि भोजन, दावत।

dip (डिप) *v.* & *n.* put into liquid, go under water and then come out, short bath; डुबाना, डुबकी लगाना, डुबकी, डुबाव।

direct (डाइरेक्ट) *adj.* & *adv.* straight, frank; by a straight route, *v.t.* to show how to do something, give direction; सीधा, स्पष्ट, संचालन क., आदेश देना, मार्ग दर्शाना, भेजना।

direction (डाइरेक्शन) *n.* the line along which anything lies, moves etc.; दिशा, निर्देश, संचालन, नियंत्रण।

director (डाइरेक्टर) *n.* person who directs; निर्देशक, संचालक, अध्यक्ष, निर्देशक।

dirt (डर्ट) *n.* unclean matter, foul words; मैल, गंदगी, धूल, गाली; dirty, गंदा, मैला, घृणित।

disagree (डिसॅग्री) *v.t.* have a different opinion, fail to agree; असहमत होना, मेल न खाना; disagreement, असहमति, भिन्नता।

disappear (डिसपिअर) *v.t.* pass from sight; लुप्त होना, गायब या अदृश्य होना; disappearance, लोप, अंतर्धान।

disappoint (डिसपॉइन्ट) *v.t.* fail to do what is expected; निराश क., हतोत्साह क., व्यर्थ करना; disappointing, निराशाजनक।

discharge (डिस्चार्ज) *v.t./i.* flow out, unload, release, allow to leave, dismiss, perform a duty; छोड़ देना, मुक्त क., बरखास्त क., हटा देना, पूरा क., पालन क., बहाना, बहना।

disciple (डिसाइपल) *n.* person accepting the teaching of another; शिष्य, चेला, अनुयायी।

discipline (डिसिप्लिन) *n.* controlled behaviour; अनुशासन, विनय; disciplined, अनुशासित।

disclose (डिस्क्लॉज) *v.t.* reveal, प्रकट क., उघाड़ना।

disconnect (डिस्कनैक्ट) *v.t.* break the connection: अलग क., काटना।

discord (डिस्कॉर्ड) *n.* disagreement, quarrel; फूट, अनबन, झगड़ा, मतभेद।

discount (डिस्काउन्ट) *n.* deduction or allowance for prompt payment; बट्टा, कटौती, छूट।

discourage (डिसकरेज) *v.t.* dishearten, dissuade from, हतोत्साहित क., हिम्मत तोड़ना, निराश क., discouragement, निराशा, उत्साहभंग।

discover (डिस्कवर) *v.t.* obtain sign or knowledge of; खोज निकालना, पता लगाना।

discuss (डिस्कस) *v.t.* examine by agreement; पर विचार क., विचार-विमर्श करना, वादविवाद क.।

disgrace (डिस्ग्रेस) *n.* loss of favour or respect; अपयश, बदनामी; disgraceful, लज्जाजनक।

disguise (डिस्गाइज) *v.t.* conceal the identity of; छद्मवेश, बहाना, छल, कपट।

dishonest (डिसऑनेस्ट) *adj.* not honest; कपटी, बेईमान; **dishonesty**, बेईमानी, कपट।

dishonour (डिसऑनर) *n. & v.* disgrace: अपयश, बदनामी, कलंक, अनादर।

dislike (डिस्लाइक) *n. & v.* not liking something; अरुचि, नापसंदगी, नफरत।

dismiss (डिस्मिस) *v.t.* send away from employment, reject; बरखास्त क., निकाल देना, रद्द क., अस्वीकार क.।

disorder (डिसऑर्डर) *n.* lack of order; अव्यवस्था, गड़बड़, अस्त-व्यस्त, विकार, रोग।

dispatch (डिस्पैच) *v.t.* send off to a destination, kill, complete a task; भेजना, मार डालना, निपटाना, समाप्त क.।

dispensary (डिस्पेन्सरि) *n.* दवाखाना, औषधालय।

display (डिसप्ले) *v.t.* show, arrange conspicuously, प्रदर्शन, दिखावा, सजावट।

dispute (डिसप्यूट) *v.t./i.* argue, debate, quarrel; विवाद क., झगड़ना, विरोध क.।

disregard (डिसरिगार्ड) *n.v.* disrepsect, lack of attention; अनादर, अवहेलना, उपेक्षा।

disrupt (डिस्रप्ट) *v.t.* cause to breakup, interrupt the continuity; भंग क., तोड़ना, विघटित क.; disruption, विच्छेदक।

dissolve (डिजॉल्व) *v.t./i.* make or become liquid disappear gradually; घुलना, विलीन होना, समाप्त क., पिघलना।

distance (डिस्टेन्स) *n.* length of space between two points; दूरी, अंतराल, फासला।

distinct (डिस्टिंक्ट) *adj.* clearly perceptible; अलग, सुस्पष्ट, सुनिश्चित, सुव्यक्त; distinction, विशिष्टता, श्रेष्ठता, विशेष।

distinguish (डिस्टिंग्विश) *v.t./i.* decent, make notable; पहचानना, भेद क., विशिष्टता प्राप्त क., प्रसिद्ध हो जाना; **distinguished**, प्रतिष्ठित।

distress (डिस्ट्रैस) *v.t.* divide and share, scatter; वितरण क., बांटना, फैलाना, **distribution**, वितरण, फैलाव।

district (डिस्ट्रिक्ट) *n.* region; जिला प्रदेश, क्षेत्र।

disturb (डिस्टर्ब) *v.t.* break the quiet or calm of, cause to move from a settled position; उत्तेजित क., शांति भंग क., व्याकुल क., विघ्न डालना; disturbance, अशांति, उत्तेजना, घबराहट।

diverse (डाइवर्स) *adj.* of differnt kinds; भिन्न, अलग-अलग।

divide (डिवाइड) *v.t./i.* separate into parts, cause to disagree; विभाजन क., अलग क., बांटना, वर्गीकरण क., फूट डालना।

division (डिविजन) *n.* dividing, separation, dividing line; विभाजन, बंटवारा, मतभेद, फूट, भाग, विभाग, श्रेणी।

divorce (डिवोर्स) *n.* separation, legal termination of marriage; तलाक, संबंध विच्छेद।

do (डू) *v.t./i.* (*p.t.* did, *p.p.* done) perform, complete, deal with, act, proceed; करना, पालन क., पहुंचना, समाप्त करना, खत्म क.।

doctor (डॉक्टर) *n.* a person trained in medical science, physician, surgeon; डॉक्टर, चिकित्सक।

document (डॉक्यूमेन्ट) *n.* something written or printed; प्रलेख, दस्तावेज, कागजात।

dog (डॉग) *n.* common domestic animal; कुत्ता, श्वान।

domestic (डमेस्टिक) *adj.* of home, of one's own country; घरेलू, पारिवारिक, स्वदेशी।

donate (डोनेट) *v.t.* give in charity, दान देना; **donation**, दान, चन्दा।

donkey (डॉन्कि) *n.* ass; गधा, गर्दभ।

door (डॉर) *n.* cupboard; दरवाजा, द्वार; doorkeeper, दरबान, द्वारपाल।

dose (डोज) *n.* quantity of medicine to be taken at one time; मात्रा, खुराक।

dot (डॉट) *n.* piont, spot; बिन्दु, नुक्ता, धब्बा, बिन्दी।

double (डबल) *n. adj. & v.* consisting of two things, twice as much, in twos; दुगना, दोहरा, दो तरफा, द्वि-; **double dealing**, कपट, दुरंगी चाल; **double meaning**, श्लेश; doubleminded, अनिश्चय।

doubt (डाउट्) *n.* feeling of uncertainty; संदेह, अविश्वास; doubtful, संदिग्ध, संदेहपूर्ण; **doubtless** निस्संदेह।

down (डाउन) *n.* soft feathers or hair, down land, *adv.* at a lower place, to a smaller size, *prep.* downwards, कोमल रोम, अधोमुखी, नीचे, नीचे की ओर, उतार कर गिरा देना; **downwith**, मुर्दाबाद; **downfall**, पतन; **downtrodden**, पददलित।

dowry (डाउअरि) *n.* property or money brought by a bride; दहेज।

drag (ड्रैग) *v.t./i.* (*p.t.* dragged) pull alone, proceed with effort; घसीटना, देर तक जारी रखना, पिछड़ना।

drama (ड्रामा) *n.* play for acting; नाटक।

draw (ड्रॉ) *v.t./i.* (*p.t.* draw, *p.p.* drawn) pull, attract, take in, draw lots, finish a contest with equal scores, write out; खींचना, घसीटना, आकर्षित क., सांस लेना, बराबर का खेल, खींचना, अंकित क.।

drawing (ड्राइंग) *n.* picutre, etc. drawn but not coloured; आरेखण, चित्रांकन, रेखाचित्र।

dream (ड्रीम) *n.* sequence of scenes and feelings occurring in the mind during sleep, & *v.* imagine in sleep or in a vision; स्वप्न, सपना, स्वप्न देखना, कल्पना क.।

dress (ड्रेस) *n.* outerclothing *v.t./i.* put clothes on; पहनावा, पोशाक, वेश, कपड़े पहनना, सजाना, संवारना, तैयार क., मरहम पट्टी क.।

dressing (ड्रेसिंग) *n.* material used to dress or cover a wound; मरहमपट्टी।

drift (ड्रिफ्ट) *n. & v.* drifting movement, general meaning of a speech, be carried by a current of water or air; बहाव, झुकाव, अर्थ, अभिप्राय, धारा, प्रवाह, बहना, प्रवाहित क.।

drink (ड्रिन्क) *n. & v.* liquid for drinking, liquors, (*p.t.* drank, *p.p.* drunk) swallow; पेय, मदिरा, शराब, पान मदिरा सेवन, पीना, पान क., सोख लेना, शराब पीना।

drive (ड्राइव) *v.t./i.* (*p.t.* drove, *p.p.* driven) urge onwards, operate, keep going; *n.* journey in a vehicle, energy, urge, organized effort; हांकना, प्रेरित क., गाड़ी में यात्रा करना, शक्ति, ऊर्जा, प्रेरणा देना, प्रयत्न क.।

drop (ड्रॉप) *n.* small rounded mass of liquid, very small quantity, fall; *v.t./i.* (*p.t.* dropped) shed, let fall; बूंद, बिंदु, थोड़ा, गिरावट, गिराना, पतन होना, टपकाना, कम होना, उतारना।

drown (ड्राउन) *v.t./i.* be suffocated by immersion in water; डूब मरना, जलमग्न क., सराबोर कर देना, अभिभूत कर देना; drowned, निमज्जित।

drug (ड्रग) *n.* medicine *v.t./i.* (*p.t.* drugged) add or give drug to; औषध, दवा, दवा खिलाना या पिलाना, दवा मिलाना, druggist, दवाफरोश।

drum (ड्रम) *n.* musical instrument played by beating; ढोल, मृदंग, पीपा।

drunk (ड्रंक) *adj.* stupified by drink; मदोन्मत्त, मतवाला; **drunkard**, शराबी।

dry (ड्राइ) *v.* become dry, *adj.* (drier, driest) without water or moisture, thirsty, uninteresting; सूख जाना, सुखाना, सूखा, शुष्क, नीरस।

duck (डक) *n.* common water bird; बत्तख।

due (ड्यू) *adj.* owed, payable, merited, *n.* a person's right, what is owed; देय, उचित, यथोचित, पर्याप्त, प्राप्य, पावना; **due date,** नियत तिथि।

dull (डल) *adj.* (duller, dullest) lacking intelligence or activity, stupid, not sharp; मंद, धीमा, मंदबुद्धि, उदास, उबाऊ, नीरस, सुस्त, ढीला, कुंठित।

dumb (डम्ब) *adj.* unable to speak, silent; मूक, गूंगा, मौन।

dung (डन्ग) *n.* excrement esp. of animals used in fields as manure; लीद, गोबर; **dunghill,** घूरा; **dungcake;** उपला।

during (ड्यूरिंग) *prep.* throughout, के समय, पर्यन्त, में, के दौरान।

dust (डस्ट) *n.* dirt, fine particles of earth; धूल, मिट्टी, गर्द।

duty (ड्यूटि) *n.* moral or legal obligation, tax on certain goods; कर्त्तव्य, फर्ज, कार्य, काम, शुल्क, महसूल।

dwell (ड्वेल) *v.t.* (*p.t.* dwelt) live as an inhabitant; निवास क., रहना, बसना; dwelling, निवास, घर।

dye (डाइ) *n.* substance used for dying *v.* colour, रंग, रंगना; **dyeing**, रंगाई।

E

each (इच) *adj. & pron.* everyone of two or more; प्रत्येक, हरेक।

eager (ईगर) *adj.* full of desire; उत्सुक, इच्छुक, व्यग्र।

ear (इअर) *n.* organ of hearing, listening, attention; कान, श्रवण, ध्यान; **turn a deaf ear** अनसुनी क.।

early (अर्लि) *adj.* (earlier, earliest) before the expected time, beginning; जल्दी, शीघ्र, सवेरे, प्राचीन काल में, प्रारंभ में।

earn (अर्न) *v.t.* to get as a reward for one's work, gain as interest; कामना, उपार्जन क., प्राप्त क.।

earth (अर्थ) *n.* the planet we live on, its surface, dry land, soil; पृथ्वी, धरती, भू, मिट्टी; earthen, मिट्टी का; **earthquake**, भूचाल; **earthworm,** केंचुआ।

ease (ईज) *n.* freedom from pain, or trouble, आराम, चैन, सुख, आसानी; **easily,** आसानी से।

east (ईस्ट) *n.* point where the sun rises, eastern part; पूर्व, पूरब।

easy (ईजि) *adj.* (easier, easiest) done or got without much effort; आसान, सरल, सहज, सुखद।

eat (ईट) *v.t./i.* (*p.t.* ate, *p.p.* eaten) chew and swallow food; खाना, नष्ट क.।

echo (एको) *n.* (pl. echoes) repetition of sound by reflections of sound waves, close imitation; प्रतिध्वनि, गूंज, अनुवाद, दुहराना।

eclipse (इक्लिप्स) *n.* (सूर्य-चन्द्र) ग्रहण, तेजभंग, ग्रस्त क., श्रीहीन होना, निस्तेज क.।

economy (इकॉनॉमि) *n.* being economical; अर्थव्यवस्था, किफायत; economical, आर्थिक, किफायती।

edit (एडिट) *v.t.* (*p.t.* edited) prepare a publication; सम्पादन क., बदल देना, **editor,** सम्पादक।

educate (एड्यूकेट) *v.t.* train the mind, provide training for; शिक्षा देना, शिक्षित क., पढ़ाना-लिखाना, **education**, शिक्षा, तालीम।

effect (इफेक्ट) *n.* change produced by an action; impression; प्रभाव, असर, परिणााम, फल, मालभता; **effective**, प्रभावी, असरदार।

efficiency (इफिशॅन्सि) *n.* completency in performance; कार्यक्षमता, कौशल, दक्षता; efficient, दक्ष, कुशल, कर्मकुशल।

effigy (एफिजि) *n.* an image or representation in wood, metal, stone etc.; पुतला, प्रतिमा।

effort (एफर्ट) *n.* use of energy, thing produced, प्रयत्न, प्रयास, कोशिश, उद्यम, मेहनत।

e.g. (ई. जी. फॉरइग्जाम्पल) *n.* for example; उदाहरणार्थ (Latin exempligratia)

egg (एग) *n.* the roundish reproductive body produced by the female of animals, birds; अण्डा।

ego (ईगो) *n.* self esteem; self, अहम; egoist, अहंकारी, स्वार्थी।

Egypt (इजिप्ट) *n.* मिस्र देश।

eight (एट) आठ (की संख्या); **eighteen,** अठारह; **eighty,** अस्सी।

either (आइदर-ईदर) *adj. & pron.* one or other of the two, दोनो में से कोई एक।

elaborate (इलॅबॅरिट) *adj. & v.* with details, work out in detail; विस्तृत, विस्तार देना, सविस्तार।

elbow (एलबो) *n.* joint between two parts of the arm; कोहनी, मोड़।

elder (एल्डर) *adj.* older; अग्रज, ज्येष्ठ. elderly, प्रौढ़, वयोवृद्ध।

elect (इलेक्ट) *v.t.* choose by vote; चुनना, निर्वाचित क.।

election (इलेक्शन) *n.* electing; चुनाव, निर्वाचन।

electric (इलेक्ट्रिक) *adj.* worked by electricity; बिजली का; **electricity,** बिजली, विद्युत।

element (एलिमेन्ट) *n.* component part, trace, wire that gives out heat, atmospheric forces, basic principles; तत्व, मूलतत्व, घटक, प्राकृतिक, तात्विक, मूल।

elephant (एलिफेन्ट) *n.* largest four footed animal with a long trunk; हाथी, हस्तौ, गज।

elevate (ऐलिवेट) *v.t.* raise to a higher position or level; उठाना, ऊंचा क.; elevator, लिफ्ट।

eleven (इलेवन) *adj. & n.* a cardinal number, ten plus one; ग्यारह।

elegible (एलिजिबल) *adj.* fit to be chosen; उपयुक्त, पात्र, योग्य।

elope (इलोप) *v.i.* run away secretly with a lover; भाग निकलना।

else (एल्स) *adv.* besides, otherwise; अन्य, दूसरा, अतिरिक्त।

elude (ईलूड) *v.t.* avoid, escape skillfully; चालाकी से बच निकलना, टाल जाना, समझ न आना।

embarrass (इमबैरेस) *v.t.* cause to feel awkward or ashamed; घबड़ा देना, परेशान क.।

embassy (इम्बेसि) *n.* ambassador and his staff; दूतावास।

embody (इमबॉडि) *v.t.* incorporate, मूर्तरूप देना, प्रस्तुत क.।

embrace (एमब्रेस) *v.t./i.* hold closely and lovingly, adopt, include; गले लगाना, अंगीकार क., ग्रहण क., सम्मिलित क.।

emend (इमेन्ड) *v.t.* alter to improve; सुधारना, शुद्ध क.।

emerge (इमर्ज) *v.t.* come up, become known; ऊपर निकलना, उभरना, प्रकट होना।

emergency (इमरजॅन्सि) *n.* serious situation; आपातकाल, संकट काल।

eminence (एमिनेन्स) *n.* state of being eminent; श्रेष्ठता, ऊंचा स्थान, टीला।

eminent (एमिनेन्ट) *adj.* Famous, outstanding; प्रसिद्ध, ख्यातिप्राप्त, श्रेष्ठ।

emotion (इमोशन) *n.* intense feeling; भावना, मनोभाव, राग; **emotional,** भावुक, भावात्मक।

emperor (एमपर्र) *n.* sovereign, king; सम्राट।

emphasis (एम्फासिस) *n.* stress, special importance; बल, बलाघात, महत्व।

empire (एम्पायर) *n.* group of countries under a single authority; साम्राज्य, प्रभुत्व।

employ (इम्प्लॉय) *n. & v.* service, give work to, make use of, give service; नौकरी, सेवा, नौकर रखना, काम में लगना; employer, मालिक, नियोक्ता।

employment (इम्प्लॉइमेंट) *n.* one's regular work or occupation; रोजगार, नौकरी, काम, नियोजन।

empty (एम्टि) *adj.* containing nothing; खाली, रिक्त, निरर्थक।

enable (इनेबल) *v.t.* have the means of authority, to do something; समर्थक, शक्ति देना, योग्य बनाना।

enact (इनैक्ट) *v.t.* decree, make into a law, perform a play; अधिनियम, कानून बनाना, अभिनय क.।

en bloc (एन ब्लॉक) *adj.* all at the same time; सामूहिक रूप से।

enchant (इनचान्ट) *v.t.* bewitch; मोहित क., जादू क., वशीभूत क.; **enchantment,** सम्मोहन।

encircle (इन्सर्किल) *v.t.* surround, enclose; घेरना, घेरा डालना; **encirclement,** घेरा।

enclose (इन्क्लॉज) *v.t.* put a fence, etc. round, put into an **envelop;** बाड़ा लगाना, घेरना, संलग्न क., साथ रखना।

encounter (इनकाउन्टर) *v.t.* meet by chance, find oneself faced with; से मिलना, भिड़न्त, मिलन, भेंट।

encourage (इन्करिज) *v.t.* give hope or stimulus, urge; हिम्मत बढ़ाना, उत्साहित क.; encouragement, प्रोत्साहन, बढ़ावा।

end (एन्ड) *n.* limit, furtherest point, final part, death; अंत, समाप्ति, अवसान, मृत्यु सीमा, छोर, लक्ष्य।

endless (एन्डलैस) *adj.* without end, continuous; अनन्त, अंतहीन, बेसिरा।

endurance (इनड्यूरेन्स) *n.* power of enduring; धैर्य, सहनशक्ति, स्थायित्व; endure, सहना, झेलना।

enemy (एनिमी) *n.* one who is hostile to and seek to harm other; शत्रु, दुश्मन, बैरी।

energy (एनर्जी) *n.* capacity for vigorous activity, oil, etc., as fuel; ऊर्जा, शक्ति।

enforce (इन्फोर्स) *v.t.* compel, obedience to; लागू क., बल देना, बाध्य क., दबाव डालना।

engage (एन्गेज) *v.t./t.* take as an employee, reserve, promise, to take part, occupy the attention of; काम पर रखना, ले रखना, सगाई क., आकर्षित क., भाग लेना।

engine (एन्जिन) *n.* machine that converts thermal energy into power or motion; यंत्र, इंजन, कल।

engineer (इंजीनियर) *n.* one who designs engines, machines, tunnels, etc.; अभियंता, इंजीनियर।

English (इंग्लिश) *n.* language of a specific, area, person or group of people; अंग्रेजी; Englishman, अंग्रेज।

engrave (इन्ग्रेव) *v.t.* cut into a hard surface, ornament thus; उत्कीर्ण क., उकेरना, अंकित क.।

enjoy (इन्जॉइ) *v.t.* get pleasure from; आनन्द लेना, रस लेना, उपयोग क., **enjoyment,** आनंद, सुख, मजा।

enlarge (इन्लार्ज) *v.t./i.* make or become large; बढ़ाना, विस्तार देना।

enlist (इन्लिस्ट) *v.t.* enrol for military service; भर्ती क., नाम लिखना।

en masse (एन मैस) all together; सामूहिक रूप से।

enormous (इनॉर्मस) *adj.* very large; विशाल, दीर्घाकार।

enough (इनफ) *adj. & adv.* as much as necessary; पर्याप्त, काफी।

enslave (इनस्लेव) *v.t.* make slave; दास बना लेना, वशीभूत क.।

ensure (इन्शुअर) *v.t.* make safe; सुरक्षित क., निश्चित क.।

entangle (इनटेन्गल) *v.t.* tangle; उलझाना, फंसाना।

enter (इन्टर) *v.t./i.* go or come into, put into a list, प्रवेश क., घुसना, नाम लिखना, दर्ज क.।

enthral (इनथ्राल) *v.t.* (*p.t.* enthralled) hold spellbound; मोहित क., वशीभूत क.।

entire (इन्टाइअर) *adj.* complete; सारा, पूर्ण, कुल।

entitle (इन्टाइटल) *v.t.* give a title to, give a right; अधिकार देना, हकदार बनाना।

entrance (इन्ट्रेंस) *n.* entering, door; प्रवेश द्वार, प्रवेश।

entreat (इनट्रीट) *v.t.* request earnestly; अनुनय-विनय क., प्रार्थना क.।

entrust (इनट्रस्ट) *v.t.* trust somebody to complete a work or safeguard something; सौंपना, सुपर्द क.।

entry (इन्ट्रि) *n.* entering; प्रवेश, इन्राज, प्रविष्टि।

envelop (एन्वेलप) *v.t.* (*p.t.* enveloped) wrap, cover on all sides, *n.* cover for a letter; लपेटना, ढकना, छिपाना, लिफाफा, आवरण।

envy (एनवि) *n.* discontent aroused by another's possession; ईर्ष्या, डाह, जलन।

epic (एपिक) *n.* long poem about historic deeds; महाकाव्य, प्रबंध काव्य।

epidemic (एपिडेमिक) *n.* an infectious disease spreading over a large area at a particular time, not permanently prevalent there; महामारी।

epigram (एपिग्रॉम) *n.* short witty saying; सूक्ति, चुटकुला।

episode (एपिसोड) *n.* an incident in the course of a series of events in a person's life or experience described in a chain of events; उपकथा, वृतांत, घटना।

epoch (ईपॉक) *n.* particular period; युग, युगान्तर, काल।

equal (ईक्वल) *adj.* same in size, value, etc, having the same status; समान, बराबर, समकक्ष; **equality,** समानता।

equate (इक्वेट) *v.t.* consider to be equal; बराबर समझना।

equation (इक्वेशन) *n.* equating, make equal; समीकरण, समता।

equator (इक्वेटर) *n.* imaginative line round the earth; विषुवत रेखा, भूमध्य रेखा।

equip (इक्विप) *v.t.* (*p.t.* equipped) supply with what is needed; लैस क., सज्जित क.।

equivalent (इक्विवलेन्ट) *adj.* equal in amount, value, idea, etc.; समान, तुल्य, बराबर, समतुल्य।

eradication (इरैडिकेशन) *n.* get rid of completely; उन्मूलन, नाश; **eradicate**, उन्मूलन क.।

erase (इरेज) *v.t.* rub or wipe out; मिटाना, लुप्त क.।

erect (इरेक्ट) *adj.* upright, खड़ा, सीधा।

erosion (इरोजन) *n.* wear away gradually; कटाव, क्षरण, काट।

err (एर) *v.i.* (*p.t.* erred) make a mistake, make incorrect; भूल होना, गलती क.।

error (एरर) *n.* mistake, being wrong; भ्रम, भूल, गलती, त्रुटि।

erupt (इरैप्ट) *v.i.* break out, shoot forth lava; फूट पड़ना, निकलना।

escape (एस्केप) *v.t./i.* get free, avoid, be forgotten of, unnoticed; भाग निकलना, पलायन क., बचना, बच निकलना।

especial (इस्पेशल) *adj.* outstanding; असाधारण, विशेष, खास।

essay (एसे) *n.* an attempt; प्रयास, कोशिश, परीक्षण, निबंध।

essence (एसेन्स) *n.* extract, perfume, element; सत्व, अरक, सार, सारांश, तत्व।

essential (इशेन्शल) *adj.* not to be dispensed with, fundamental; तात्विक, मूलभूत, अनिवार्य, महत्वपूर्ण।

establish (इस्टैब्लिश) *v.t.* set up, cause people to accept; स्थापित क., प्रमाणित क., सिद्ध क., व्यवस्थित क.।

estate (इस्टेट) *n.* piece of landed property, esp. one of large extent with an elaborate house on it; भूसम्पत्ति, जागीर, सम्पदा।

esteem (इस्टीम) *n.* respect, *v.* think highly of; सम्मान, आदर, महत्व देना, आदर क., सोचना।

eternal (इटर्नल) *adj.* existing always, unchanging; शाश्वत, अनादि, अनन्त; **eternity** (इटर्निटि) दीर्घकाल, अनन्तकाल, चिरंतरता।

ether (ईथर) *n.* upper air, a liquid; ईथर, आकाश।

ethics (एथिक्स) *n.* a system of moral principles; नीतिशास्त्र, आचारशास्त्र।

eulogy (यूलॉजि) *n.* praise; प्रशंसा, प्रशस्ति।

eunuch (यूनक) *n.* a castrated man; हिजड़ा, नपुंसक।

evade (इवेड) *v.t.* avoid by cleverness; टाल देना, टालमटोल क.।

evaluate (इवैल्यूएट) *v.t.* find out or state the value of; मूल्यांकन, मूल्य निर्धारित क.।

evaporate (इवैपरेट) *v.t./i.* turn into vapour, cease to exist; भाप बनाना, सुखाना, लुप्त होना।

eve (ईव) *n.* evening, evening or day just before a festival; पूर्वसंध्या।

even (इवन) *adj.* level, smooth, calm, equal; समतल, बराबर, शांत, एकरूप।

evening (ईव्निंग) *n.* latter part of day; संध्या, शाम, सायंकाल।

ever (एवर) *adv.* always, at any time; सदा, कभी, नित्य; for ever, सदा के लिए; **evergreen**, सदा बहार; **everlasting**, निरंतर, सदा-सर्वदा।

every (एवरि) *adj.* each one, all possible; प्रत्येक, हरेक, सब कोई; everyday, हरदिन; everything, सबकुछ; everywhere, सर्वत्र।

evidence (एविडेंस) *n.* proof; प्रमाण, सबूत, गवाही।

evident (एविडेंट) *adj.* obvious, clear; स्पष्ट, प्रत्यक्ष, व्यक्त।

evil (ईवल) *adj.* morally bad, harmful, unpleasant; बुरा, दुष्ट, हानिकर, अशुद्ध, अनिष्टकारक।

evolution (ईवॅलूशन) *n.* process of development; विकास, क्रमविकास।

evolve (इवॉल्व) *v.t./i.* develop, work out gradually; विकसित होना या क., उत्पन्न क.।

ex- (एक्स) pref. former; पिछला, भूतपूर्व।

exact (इगजेक्ट) *adj.* accurate, giving all details; सही, सटीक, यथातथ्य, सख्त, बलपूर्वक वसूल क.; **exactly,** ठीक-ठीक।

examination (इगजैमिनेशन) *n.* testing of knowledge, etc.; परीक्षा, जांच, परीक्षण, पूछताछ।

example (इग्जाम्पल) *n.* fact showing a general rule, model; उदाहरण, नमूना, आदर्श, बानगी।

exceed (एक्सीड) *v.t.* be greater than, go beyond limit; से अधिक होना, सीमा पार क., बढ़कर होना।

except (इक्सेप्ट) *prep.* not including छोड़ देना, के अतिरिक्त, को छोड़कर।

exception (इक्सेपशन) *n.* excepting, that does not follow the general rule; अपवाद, आपत्ति।

excess (इक्सेस) *n.* exceeding immoderation; अतिरेक, ज्यादति, अति, असंयम।

exchange (इक्सचेंज) *v.t./i.* give or receive in place of another; लेनदेन, अदलाबदली, विनिमय।

excite (इक्साइट) *v.t.* rouse the emotions of, make eager; उत्तेजित क., भड़काना, उकसाना।

exclude (इक्सक्लूड) *v.t.* keep out, omit, ignore; अलग क., निकाल देना।

excuse (इक्स्क्यूस) *n.* apology, pardon; क्षमायाचना, क्षमा-प्रार्थना, माफी, सफाई, बहाना।

execute (एक्सिक्यूट) *v.t.* carry out orders, perform; पूरा क., पालन क., अमल में लाना, लागू क., फांसी देना; execution, पालन, प्राणदण्ड।

executive (इग्जेक्यूटिव) *n.* person or body having administrative authority as in a company; कार्यकारिणी, प्रशासक, व्यवस्थापक।

exempt (इग्जेम्प्ट) *adj.* free from payment, etc.; मुक्त, छूट होना, माफ होना।

exercise (एक्सरसाइज) *n.* use of one's power, activity of the body, का प्रयोग क., अभ्यास, व्यायाम क., का उपयोग क., काम में लाना।

exhaust (इग्जॉस्ट) *v.t.* tire out, use completely; थकाना, अशक्त क., खाली क., नि:शेष होना।

exhibit (इग्जिबिट) *v.t.* display, present for public show; प्रदर्शन क., दिखावा क.; exhibition, प्रदर्शनी, नुमाइश।

exile (एक्साइल) *n.* being sent away from one's country; देश से निकालना, निर्वासन।

exist (इग्जिस्ट) *v.t.* occur, continue living; होना, जीवित होना, रहना; **existence,** सत्ता, अस्तित्व।

exit (एग्जिट) *n.* outlet, departure; निकास, निर्गम, प्रस्थान।

expand (इक्सपेंड) *v.t./i.* make or become larger, spread out; विस्तार पाना, फैलाना, विकसित क., बढ़ जाना।

expansion (इक्सपैनशन) *n.* enlargement; विस्तारण, प्रसारण।

expect (इक्सपेक्ट) *v.t.* suppose, wish for; आशा क., राह देखना, प्रतीक्षा क.।

expectation (इक्सपेक्टेशन) *n.* expecting, awaiting; आशा, प्रतीक्षा, उम्मीद।

expel (इक्सपेल) *v.t.* (*p.t.* expelled) drive out; निकाल देना, निष्काषित क., भगा देना।

expense (इक्सपेंस) *n.* cost; खर्च, व्यय, लागत; **expensive,** खर्चीला, कीमती, महंगा।

experiment (एक्सपेरिमेंट) *n.* & *v.* test; प्रयोग, परीक्षण।

expert (एक्सपर्ट) *n.* specialist; विशेषज्ञ, निपुण, कुशल।

explain (एक्सप्लेन) *v.t.* make clear, account for; स्पष्ट क., समझाना, व्याख्या क.।

explanation (एक्सप्लेनेशन) *n.* (process of) explaining; व्याख्या, स्पष्टीकरण।

explode (एक्सप्लॉड) *v.t./i.* break with a loud noise; फूट पड़ना, विस्फोट होना।

exploit (एक्सप्लॉइट) *v.t.* use selfishly; शोषण, अनुचित लाभ उठाना।

explore (इक्सप्लॉर) *v.t.* look into closing, to investigate into; अन्वेषण क., छानबीन या खोज क.।

export (एक्सपॉर्ट) *n.* to send goods to another country for purposes of trade; निर्यात।

express (एक्सप्रेस) *adj.* definitely stated; *v.t.* make known, put into words; *n.* expressing; अभिव्यक्त, व्यक्त, स्पष्ट, प्रकट क., शब्दों में कहना, अभिव्यक्त क.।

extension (इक्स्टेंशन) *n.* extending; विस्तार, फैलाव, व्याप्ति।

extinguish (इक्सटिंग्विश) put out; बुझाना, समाप्त क.।

extra (एक्सट्रा) *adj.* additional; अतिरिक्त, अधिक, विशेष।

extract (एक्सट्रेक्ट) *n.* substance, passage from a book, quotation; सार, तत्व, सत, निचोड़, उद्धरण।

extreme (इक्स्ट्रीम) *adj.* very much, outermost, अंतिम, आखिरी, दूरतम, अत्यधिक, परम, चरम।

eye (आइ) *n.* organ of sight; आंख, नेत्र, चक्षु, दृष्टि, नजर, (सुई का) नाका; **eyeglass,** ऐनक; **eyelid,** पलक; **eyewash,** बहाना; **eyewitness,** चश्मदीद गवाह, प्रत्यक्षदर्शी।

F

fable (फेबल) *n.* story not based on facts, having a moral; नीति कथा, गल्प, किस्सा।

fabric (फेबरिक) *n.* cloth; कपड़ा।

face (फेस) *n.* front of the head; *v.* meet firmly; चेहरा, मुंह, सामने होना, सामना क.।

fact (फैक्ट) *n.* thing known to have happened, in real; तथ्य, सच्चाई, असलियत।

factory (फैक्टरि) *n.* workshop; कारखाना, फैक्टरी।

fade (फेड) *v.t./i.* lose colour, freshness, disappear gradually; फीका हो जाना, मन्द पड़ जाना, मुरझाना।

fail (फेल) *v.t./i.* be unsuccessful, become weak, disappoint; असफल होना, निर्बल होना, निराश क.।

fair (फेअर) *n.* gathering for sale of goods and fun making, *adj.* (fairer, fairest), beautiful, of light colour, honest, just; मेला, सुन्दर, गोरा, ईमानदार, उचित, न्यायपूर्ण।

fairy (फेअरि) *n.* small imaginary being with supernatural powers; परी।

faith (फेथ) *n.* trust, reliance; विश्वास, निष्ठा, ईमान; **faithful,** ईमानदार, निष्ठावान, वफादार; **faithless,** झूठा, दगाबाज।

fall (फॉल) *v.t.* (*p.t.* fell, *p.p.* fallen) come or go down, decrease, loose one's position, etc., die in battle; पतन, गिरना, पराजय, हार, ह्रास, अवनति; **waterfall,** झरना।

false (फॉल्स) *adj.* not true, deceitful, unfaithful; असत्य, झूठा, दगाबाज, खोटा, नकली।

fame (फेम) *n.* good reputation; यश, कीर्ति, प्रसिद्धि।

familiar (फेमिलियर) *adj.* well known, intimate; सुपरिचित, घनिष्ठ; **familiarity,** घनिष्ठता, मेल-जोल।

family (फैमिली) *n.* parents and their children; परिवार, घराना, कुटुम्ब।

famine (फैमिन) *n.* extreme, scarcity; अकाल, दुर्भिक्ष।

famous (फेमस) *adj.* known to many people; प्रसिद्ध, विख्यात, मशहूर।

fan (फैन) *n.* a rotating device, consisting of a series of radiating vanes or blades attached to; पंखा, शौकीन, भक्त, प्रेमी।

far (फार) *adj.* at a great distance; दूर, दूरस्थ, परला।

fare (फेअर) *n.* price charged from a passenger, food provided; भाड़ा, किराया, यात्री, सवारी, भोजन, खाना।

farmer (फार्मर) *n.* man who owns a farm; किसान, कृषक।

farther (फार्दर) *adv.* & *adj.* at a greater distance, और आगे, दूर।

fashion (फैशन) *n.* style popular at a given time; फैशन, रिवाज।

fast (फास्ट) *n.* abstain from all food; उपवास, रोजा; *adj.* quickly; तेज, तीव्रगामी, पक्का, सच्चा।

fat (फैट) *n./adj.* containing fat; मोटा, चरबीदार, चरबी, मूर्ख, मन्दबुद्धि।

fatal (फेटल) *adj.* ending in death; घातक, मृत्युदायक।

fate (फेट) *n.* person's destiny; भाग्य, प्रारब्ध, नियति, अदृष्ट, किस्मत।

father (फादर) *n.* male parent, founder, title of a priest; पिता, जनक, संस्थापक, पादरी; **fatherless,** पितृहीन; **fatherly,** पितृतुल्य।

fault (फॉल्ट) *n.* defect, something wrong, blame; दोष, त्रुटि, कमी, भूल, गलती, कसूर, चूक।

favour (फेवर) *n.* liking, approval; कृपा, समर्थन, पक्षपात, तरफदारी, उपकार, सहायता; **favourable,** अनुकूल; **favouritism,** पक्षपात, तरफदारी।

fear (फिअर) *n.* be afraid of; डर, भय, आशंका, खटका; **fearful,** भयंकर, भयभीत, आशंकित; **fearless,** निडर; **fearsome;** भयानक।

feast (फीस्ट) *n.* large meal, joyful festival; दावत, भोज, उत्सव, पर्व, त्योहार।

feather (फेदर) *n.* plumage; पंख, पर।

fee (फी) *n.* charges, money payable for service, etc.; शुल्क, फीस, पारिश्रामिक।

feeble (फीबल) *adj.* weak; दुर्बल, क्षीण, मन्द।

feed (फीड) *v.t.* (*p.t.* fed) give food to; खिलाना, भोजन देना, चारा देना, देना, भरना।

feel (फील) *v.t./i.* (*p.t.* felt) be conscious of, know by touch, have as opinion; अनुभव क., महसूस क., छूना, स्पर्श क., लगना, मानना।

fellow (फेलो) *n.* friend, companion; संगी, साथी, मित्र, सदस्य, व्यक्ति, आदमी।

female (फीमेल) *n.* human being of the sex; मादा, स्त्री।

faminine (फेमिनिन) *adj.* of women; स्त्री संबंधी, स्त्रीसुलभ, स्त्रीलिंग, स्त्रैण।

fence (फेन्स) *n.* barrier of wooden or metal rails, or wire, put round a field, garden etc. to keep out animals or intruders; बाड़ा, बाड़, घेरा, आहता, पटेबाजी।

fertile (फरटाइल) *adj.* able to produce, inventive; उपजाऊ, उर्वर, तेज।

festival (फेस्टिवल) *n.* day of celebrations, series of performances; त्योहार, उत्सव, पर्व, समारोह, मेला।

fetch (फेच) *v.t.* go for and bring; लाना, जाकर लाना।

fever (फीवर) *n.* condition of the human body with temparature higher than usual; ज्वर, बुखार, उत्तेजना, व्यग्रता।

few (फ्यू) *adj.* many; कुछ, थोड़े, इनेगिने।

fiction (फिक्शन) *n.* something imagined or invented; उपन्यास, कथा साहित्य।

field (फील्ड) *n.* piece of open ground; मैदान, क्षेत्र, खेत, रणभूमि।

fifteen (फिफ्टीन) *adj.* the number; पन्द्रह।

fifth (फिफ्थ) *adj.* ardinal of five; पांचवां।

fifty (फिफ्टि) *adj.* the number; पचास।

fight (फाइट) *v.t./i.* (*p.t.* fought) struggle, contend; लड़ना, युद्ध क., विरोध क.।

figure (फिगर) *n.* written symbol of a number, diagram, bodily shape, अंक, राशि, रकम, आरेख, आकृति, प्रतिमा, रूप, आकार।

file (फाइल) *v.t./i.* place in a file, march in a file; *n.* a tool, cover for keeping papers, line of people; फाइल क., नत्थी क., रेतना, पंक्ति में चलना, रेती, फाइल कवर, पंक्ति।

fill (फिल) *v.t./i.* make full, occupy; भरना, पूरा क., नियुक्त करना।

film (फिल्म) *n.* picture; thin layer, cover; चलचित्र, फिल्म, भिल्ली, परत, तह।

filth (फिल्द) *n.* dirt, obscenity; गंदगी, मैल, बुराई, अश्लीलता, गाली।

final (फाइनल) *adj.* at the end, coming last; अंतिम, निर्णायक, आखिरी।

finance (फाइनैंस) *n.* management of money, money resources: वित्त, अर्थव्यवस्था, पूंजी; financial, वित्तीय, आर्थिक।

find (फाइन्ड) *v.t.* (*p.t.* found) discover, obtain, decide and declare; पाना, प्राप्त क., पता लगाना, ढूंढ निकालना, समझना।

fine (फाइन) *n.* money paid as penalty; *adj.* (finer, finest) of high quality; bright, free from rain, delicate; जुर्माना, उत्तम, अच्छा, खरा, सुहावना, महीन, बारीक, कोमल।

finger (फिंगर) *n.* one of the five members at the end of the hand; उंगली, अंगुली।

finish (फिनिश) *v.t./i.* come to end, complete, consume all; समाप्त क., पूरा क., खत्म क.।

fire (फाइर) *n.* burning, flame, angry, excited; आग, अग्नि, ज्वलन, जोश, उमंग, उत्साह, फायर।

firm (फर्म) *n.* business company; *adj.* (firmer, firmest) steady, not shaking; कंपनी, फर्म, दृढ़, स्थिर, ठोस।

first (फर्स्ट) *adj.* coming before all things, before all others; पहला, प्रथम, प्रारंभ।

fish (फिश) *n.* cold blooded water animal; मछली, मीन।

fit (फिट) *n.* sudden attack of illness, short period of activity; *adj.* (fitter, fittest) suitable, good, proper *v.t./i.* (*p.t.* fitted) put into place; दौरा, मूर्च्छा, आवेश, लहर, तरंग, उपयुक्त, फिट, उचित, स्वस्थ, दुरूस्त, पूरा उतरना, ठीक बैठना।

five (फाइव) *adj. n.* a cardinal number; पांच।

fix (फिक्स) *n.* awkward position, *v.t./i* make firm, establish arrange; उलझन, जमाना, दृढ़ क., तय क., निश्चित क., स्थिर क., नियत क.।

flag (फ्लैग) *n.* banner; झंडा, ध्वजा, पताका।

flame (फ्लेम) *n.* burning gas; ज्वाला, लपट, लौ।

flat (फ्लैट) *adj.* (flatter, flattest) level, spread out, dull, dejected; समतल, चौरस, चपटा, फीका, निर्जीव, नीरस।

flatter (फ्लैटर) *v.t.* compliment to win favour, exaggerate the qualities of a person; चापलूसी क., खुशामद क.।

flaw (फ्लॉ) *n.* blemish, fault; दोष, गलती, त्रुटि।

flee (फ्ली) *v.t.* (*p.t.* fled) run or hurry away; भाग जाना, फरार होना।

flesh (फ्लेश) *n.* soft substance of animal bodies, pulpy part of fruits, etc.; मांस, गोश्त, गूदा।

flight (फ्लाइट) *n.* flying through the air; उड़ान, पलायन, भागना, सोपान पंक्ति।

fling (फ्लिंग) *v.t./i.* (*p.t.* flung) throw violently, rush; फेंकना, दे मारना, गिरा देना, दौड़ पड़ना।

flint (फ्लिंट) *n.* hard stone used to produce sparks; चकमक पत्थर।

float (फ्लोट) *v.t./i.* drink on the surface of water, etc, start a company or scheme; तैरना, चलाना, चालू क.।

flock (फ्लॉक) *n.* number of animals or birds together, a large number of people; रेवड़, झुंड, समूह, दल।

flog (फ्लॉग) *v.t.* (*p.t.* flogged) beat severely; कोड़े लगाना, पीटना।

flood (फ्लड) *n.* a great flowing or over flowing of water over a dry place; बाढ़, सैलाब, प्रचुरता, बाहुल्य।

floor (फ्लोर) *n.* lower surface of a room; फर्श, जमीन, मंजिल, तल्ला।

flour (फ्लाउअर) *n.* the finally ground meal of grain used for making bread; आटा, पिसान; **flourmill,** आटा चक्की।

flow (फ्लो) *v.t.* glide along a stream, proceed evenly, gush forth; बहना, प्रवाहित होना, उमड़ना, प्रचुर होना।

flower (फ्लावर) *n.* that part of a plant which produces seeds; फूल, पुष्प, यौवन, उत्कर्ष।

flutter (फ्लटर) *v.t./ i.* move wings hurriedly, flap quickly, beat irregularly; फड़फड़ाना, मंडराना।

fly (फ्लाई) *v.t./i.* (*p.t.* flew, *p.p.* flown) move through the air on wings, mount to wave; *n.* insect; उड़ना, भाग जाना, फहराना, मक्खी।

fog (फॉग) *n.* thick cloud of tiny drops of water close to or just above land or sea; कोहरा, कुहरा।

fold (फोल्ड) *n.* sheep enclosure; *v.t./i.* bend or turn a thing, close by pressing parts together; भेड़ों का बाड़ा, तहाना, तह क., लपेटना।

folk (फोक) *n.* people; लोग, जनता, लोक; **folk dance,** लोकनृत्य; **folk song,** लोकगीत; **folk tale,** लोक कहानी।

follow (फॉलो) *v.t./i.* go after, use as a guide or leader, grasp the meaning of; पीछे चलना, अनुयायी होना, समझना, परिणाम निकलना; following, शिष्य समुदाय।

fond (फोन्ड) *adj.* (fonder, fondest) affection, cherished but unlikely to be fulfilled; स्नेही, प्रेमी, चाव, शौकीन।

food (फूड) *n.* eatables; आहार, अन्न, खाद्य, भोजन; foodgrain, खाद्यान्न।

fool (फूल) *n.* stupid; मूर्ख, मूढ़, विदूषक; foolish, मूर्खतापूर्ण।

foot (फूट) *n.* part forming the lower end of the leg; पैर, पाँव, पैदल, चरण, मूल, आधार; **footpath**, पटरी; **footprint**, पद्चिह्न; **footstep**, कदम; **footwear**, जूता।

for (फॉर) *prep.* in place of, in favour of, because of; के लिए, के कारण, के पक्ष में।

force (फोर्स) *n.* strength, a body of soldiers or police; बल-शक्ति, सेना, प्रचण्डता, आवेग; *v.* विवश क., मजबूर क.।

fore (फॉर) *adj. & adv.* in or at or towards the front; अग्र, आगे, सामने का।

foreign (फॉरिन) *adj.* not of one's own country; विदेशी, विदेशीय; foreigner, विदेशी।

forest (फॉरेस्ट) *n.* a large tract of land covered with trees and underbush; जंगल, वन, अरण्य।

forget (फर्गेट) *v.t./i.* (*p.t.* forgot, *p.p.* forgotten) lose remembrance; भूल जाना, याद न रहना, उपेक्षा क.; **forgetfulness**, भुलक्कड़पन, लापरवाही।

forgive (फार्गिव) *v.t.* (*p.t.* forgave, *p.p.* forgiven) stop to feel angry or bitter about; क्षमा क., माफ क.; forgiveness, माफी, क्षमा।

form (फार्म) *n.* shape, appearance, ritual, style; रूप, आकार, प्रकार, फार्म, ढांचा।

formal (फॉर्मल) *adj.* confirming to accepted customs; औपचारिक, दिखाऊ, ऊपरी; formality, औपचारिकता।

formula (फॉर्म्यूला) *n.* statement of a rule, fact, frequently expressed in algebric symbols, (*pl.* formulas or formulae) सूत्र, नियम, नुस्खा।

fort (फॉर्ट) *n.* a strong or fortified place for military defence; किला, गढ़, दुर्ग।

fortnight (फॉर्टनाइट) *n.* period of two weeks; पक्ष, पखवाड़ा।

fortune (फॉर्च्यून) *n.* destiny; भाग्य, किस्मत, तकदीर।

forty (फॉर्टि) *adj.* the number; चालीस।

forward (फॉर्वड) *adj.* towards the front, having made more than normal progress; आगे, अगला, उन्नत, तत्पर, बढ़ावा देना।

foul (फ़ाउल) *adj.* (fouler, foulest) unfair, against the rules, disgusting; बुरा, अनैतिक, गलत, घृणित, मैला।

found (फाउन्ड) *v.t.* establish, provide money to start; स्थापित क., नींव डालना; **foundation**, नींव, बुनियाद; **founder**, संस्थापक।

fountain (फाउन्टिन) *n.* spring of water; सोता, झरना, फुहारा।

four (फोर) *adj.* the cardinal number; चार, चौका; four-footed, चौपाया।

fourteen (फॉर्टीन) *adj.* the cardinal number; चौदह।

fox (फॉक्स) *n.* wild animal of the dog family; लोमड़ी, चालाक।

fragrance (फ्रेगरेंस) *n.* being fragrant; सुगंध, खुशबू।

frame (फ्रेम) *n.* rigid structure, box like structure, चौखटा, ढांचा, गठन।

frank (फ्रेंक) *adj.* candid; स्पष्टवादी निष्कपट, खुला।

free (फ्री) *adj.* (freer, freest) not a slave, having freedom, costing nothing; स्वतंत्र, मुक्त, आजाद, मुफ्त, उदार; **freedom**, स्वतंत्रता; **freely**, स्वेच्छा से।

freight (फ्रेट) *n.* money charged for the cargo; मालभाड़ा;, भार।

fresh (फ्रेश) *adj.* new, not stale, vivid, refreshing; नया, ताजा, हराभरा, चुस्त, अनुभवहीन।

Friday (फ्राइडे) *n.* the sixth day of the wook; शुक्रवार, जुमा।

frog (फ्रॉग) *n.* small tailles amphibian of the order-Anura; मेंढक, मंडूक।

from (फ्रॉम) *prep.* से।

front (फ्रंट) *n.* the foremost part or surface of anything; सामना, अगाड़ी, मोरचा, पहली पंक्ति, चेहरा।

frost (फ्रॉस्ट) *n.* frozen vapour; पाला, तुषार, शीत।

fruit (फ्रूट) *n.* a product of a free used as food; फल, लाभ, परिणाम; fruitful, हितकर, लाभदायक; fruitless, व्यर्थ, निरर्थक।

fry (फ्राइ) *v.t./i.* (*p.t.* fried) cook in hot fat; तलना, भूनना; **frypan**, कड़ाही।

fuel (फ्यूल) *n.* material as a source of warmth; इंधन।

full (फुल) *adj.* (fuller, fullest) completely filled; पूर्ण, पूरा, भरा, भरपूर; **fullmoon**, पूर्णचन्द्र।

fun (फन) *n.* light hearted amusement; आमोद प्रमोद, मजाक, दिल्लगी।

function (फंक्शन) *n.* special ceremony or activity; कार्य, क्रिया, व्यवसाय, समारोह, उत्सव।

fund (फन्ड) *n.* a store or stock of something; कोश, निधि, भंडार।

fundamental (फन्डामेन्टल) *adj.* basic, essential; मूल, मूलभूत, आधारभूत, मौलिक; **fundamental rights**, मूल अधिकार।

funeral (फ्यूनरल) *n.* dismal, dark; शवदाह, अन्त्येष्टि, शोकमय; **funeral procession**, शवयात्रा।

funny (फनि) *adj.* (funnier, funniest) causing fun, odd; हास्यकर, मजाकिया, अजीब।

furnish (फर्निश) *v.t.* equip with, provide, supply; जुटाना, सुसज्जित क., देना।

further (फर्दर) *adj.* more distant, additional; और, अधिक, अतिरिक्त, और आगे।

fury (फ्यूरि) *n.* wild anger, rage violence; प्रकोप, आवेश, प्रचंडता, उग्रता।

futile (फ्यूटाइल) *adj.* useless; व्यर्थ, निरर्थक।

future (फ्यूचर) *adj.* & *n.* belonging to the time after present, future time; भावी, आगामी, भविष्य।

G

gaiety (गेइटि) *n.* cheerfulness, merry making; प्रसन्नता, आमोद-प्रमोद, रंगरलियां।

gain (गेन) *v.t./i.* obtain, acquire gradually, proft, get nearer in pursuit; लाभ, नफा, प्राप्त क., अर्जित क., पहुंचना; **gainful**, लाभकर।

galaxy (गैलॅक्सि) *n.* system of stars, brilliant company of people; आकाशगंगा, मंदाकिनी, विशिष्ट मंडली।

gallant (गैलॅन्ट) *adj.* brave; वीर, बहादुर।

gallery (गैलरि) *n.* long room or passage; दीर्घा, वीथि, गैलरी।

gallop (गैलप) *n.* horse's fastest pace; सरपट।

gallows (गैलोज़) *n.* a wooden frame on which condemned persons are executed by hanging; फांसी तख्त, फांसी।

gamble (गैम्बल) *v.t./i.* to play at any game of chance of stakes; जुआ खेलना, दाव पर लगाना।

game (गेम) *n.* play or sport, wild animal hunted for food or sport; खेल, क्रीड़ा, शिकार, आखेट।

gang (गैंग) *n.* a group of persons associated for some crinimal or other anti-social purpose; गुट, गिरोह, दल।

gap (गैप) *n.* opening, space; छेद, दरार, अंतर, खाली जगह।

garbage (गारबेज) *n.* domestic waste, rubbish; कूड़ाकरकट।

garden (गार्डन) *n.* ground used for growing grass, trees, plants, fruit, flowers, vegetables etc.; बाग बगीचा, उद्यान, वाटिका; **gardening**, बागवानी; **gardener**; माली।

garland (गार्लेन्ड) *n.* wreath of flowers, leaves etc. worn round the head or neck or hung up; माला, *v.* माला पहनाना।

garlic (गार्लिक) *n.* onion like plant used in cooking; लहसुन।

garment (गार्मेंट) *n.* clothes, dress; वस्त्र, कपड़े।

gas (गैस) *n.* kind of airlike substance; (pl. gases) गैस।

gate (गेट) *n.* a movable barrier, usually hinged for closing and opening in a pence, wall or other enclosure; फाटक, द्वार।

gather (गेदर) *v.t./i.* collect, come together, understand, conclude; इकट्ठा क., जमा क., बटोरना, चुनना, समझना, निष्कर्ष निकालना।

gay (गे) *adj.* (gayer, gayest) happy and full of fun; प्रसन्नचित, जिन्दादिल, विनोदी।

gaze (गेज) *n.* long steady look; *v.* look long; टकटकी, ताक, एकटक देखना, ताकना।

gazette (गजेट) *n.* a newspaper or official journal; गजट, राजपत्र।

gender (जेन्डर) *n.* classification of sexes in grammer; लिंग।

general (जेनरल) *adj.* involving all or most parts, things, etc., not specific, *n.* army officer; आम, साधारण, सामान्य, सार्वजनिक, प्रधान, जनरल, सेनापति।

genius (जीनि्अस), (pl. geniuses) exceptionally great ability, person having this; प्रतिभा, विशिष्टता, प्रतिभा सम्पन्न व्यक्ति।

gentle (जेन्टल) *adj.* (gentler, gentlest), of good family, mild, moderate; कुलीन, मन्द, हल्का, सौम्य; **gentleman**, सज्जन; **gentleness**, सज्जनता।

genuine (जेन्युइन) *adj.* true; विशुद्ध, यथार्थ, असली, प्रामाणिक।

geography (जिआगरॅफि) *n.* study of earth's surface, etc.; भूगोल।

geology (जिऑलॉजि) *n.* the science that deals with the physical history of the earth, the rocks of which it is composed and the physical changes the earth has undergone or is undergoing; भूविज्ञान।

geometry (जिऑमिट्रि) *n.* science of the properties and relations of solids, surfaces, angles and lines; ज्यामिति, रेखागणित।

germ (जर्म) *n.* micro-organs; जीवाणु, रोगाणु।

gesture (जेस्चर) *n.* expressive movement or action; हावभाव, इंगित, इशारा।

get (गेट) *v.t./i.* (*p.t.* got) come into possession, earn, win, fetch, capture, understand; पाना, प्राप्त क., हाथ लगना, पंहुचना, जुटाना, समझना; **get out**, निकलना, चला जाना, **get together**, एकत्र होना; **get up**, उठना।

ghastly (गास्ट्लि) *adj.* (ghastlier, ghastliest) causing horror; भयंकर, डरावना, दारुण, विकट।

ghost (गॉस्ट) *n.* spirit of a dead person; भूतप्रेत, छाया।

giant (जाइअन्ट) *adj.* abnormally large person, animal or thing, person of outstanding ability; भीमकाय, विशाल, दैत्य, दानव, असाधारण रूप से गुणवान व्यक्ति।

gift (गिफ्ट) *n.* thing given or received free, natural ability; देन, दान, भेंट, उपहार, प्रतिभा, योग्यता; gifted, प्रतिभाशाली।

ginger (जिन्जर) *n.* plant with pungent root; अदरक; **dry ginger,** सोंठ।

girl (गर्ल) *n.* a female child, young woman; लड़की, बालिका, किशोरी, कन्या; **girlfriend**, सखी; **girlhood**, किशोरीपन; **girlish**, कन्यासुलभ।

gist (जिस्ट) *n.* general sense of a speech, etc.; सारांश, भावार्थ।

give (गिव) *v.t./i.* (*p.t.* gave, *p.p.* given) cause to have, supply, provide, pledge, present (a play, etc.); देना, प्रदान क., सौंपना, पहुंचना, पेश क.; **give in**, दब जाना; **give up**, त्याग देना।

glad (ग्लैड) *adj.* pleased; प्रसन्न, खुश, रमणीय, सुहावना।

glance (ग्लांस) *v.t.* look briefly; सरसरी दृष्टि डालना, झांकना।

glare (ग्लेअर) *v.t.* shine in a dazzling way; चमचमाना, चटकीला होना।

glass (ग्लास) *v.* hard brittle substance; कांच, शीशा; **glassware**, शीशे का सामान, **glasses**, ऐनक, चश्मा।

glean (ग्लीन) *v.t./i.* pick up grain, gather scraps of, बटोरना, एकत्र क., **gleaning,** बिनाई, संग्रह।

glimpse (ग्लिम्प्स) *n.* a very brief passing look, sight or view; झलक, आभास, झांकी।

globe (ग्लोब) *n.* ball shaped, गोलक, गोला, भूमण्डल, पृथ्वी।

gloom (ग्लूम) *n.* semi-darkness, sadness; अंधेरा, उदासी, विषाद।

glorious (ग्लॉरिअस) *adj.* splendid, grand; यशस्वी, शानदार, प्रतापी।

glory (ग्लोरि) *n.* pride, praise or honour; महिमा, प्रताप, यश, शान, गौरव, प्रशंसा।

glove (ग्लव) *n.* covering of leather, wool, etc. for the hand; दस्ताना।

glow (ग्लो) *n.* glowing state; *v.t.* sent out light and heat; दीप्ति, उज्ज्वलता, लाली, जोश, चमकना; **gloworm**, जुबनू।

go (गो) *v.t.* (*p.t.* went, *p.p.* gone) move, leave, be functioning, become, proceed, be spent up, die; गमन, जाना, चलना, चले जाना, बीत जाना, बनना, समाप्त हो जाना, होना, व्यय होना; go down, उतरना; go into, जांच क.; go out, बुझना।

goal (गोल) *n.* objective लक्ष्य, उद्देश्य, गोल; **goalkeeper,** गोली।

god (गॉड) *n.* Supreme being; ईश्वर भगवान।

god (गॉड) deity देवता; goddess, देवी; godly, धार्मिक।

godwon (गोडाउन) *n.* ware house; गोदाम, भंडार।

gold (गोल्ड) *n.* precious yellow metal used for making ornaments; सोना, स्वर्ण; golden, सुनहरी।

good (गुड) *adj.* (better, best) having right qualities, proper, morally correct, kindly, well behaved, enjoyable; अच्छा, उचित, सच्चरित्र, भला, दयालु, उपयोगी, लाभकर प्रिय, अनुकूल; **goodbye** (गुडबाइ) अलविदा; **good day**, नमस्कार; **goodness**, भलाई।

goods (गुड्स) *n.* movable property; माल, सौदा, चल सम्पत्ति; goodstrain, मालगाड़ी।

goodwill (गुडविल) friendly disposition; सद्भावना।

goose (गूज) *n.* water bird; कलहंस, बत्तख।

gossip (गॉसिप) *n.* & *v.* idle talk, friendly chat; गपशप, गप्पी, गपशप क.।

govern (गवर्न) *v.t./i.* rule with authority, keep under control, influence, direct; शासन क., संचालन क., नियंत्रण क., प्रभावित क., **government**, शासन, सरकार।

governor (गवर्नर) *n.* person who governs a state or province; राज्यपाल, शासक, अध्यक्ष।

grace (ग्रेस) *n.* charm, favour, respite, decency; श्री, लावण्य, कृपा, अनुग्रह, माफी-अवधि, भद्रता, सज्जनता।

grade (ग्रेड) *n.* level or rank, value, class, mark given to a student; श्रेणी, सोपान, कोटि, क्रम, दरजा, कक्षा।

graduate (ग्रैडयूएट) *n.* a person who holds a university degree; स्नातक, *v.* उपाधि प्राप्त क., graduation, उपाधि ग्रहण क.।

graft (ग्राफ्ट) *n.* shoot from twig of a living plant, inserted in a cut made in another plan, to form a new growth, a transplant; कलम, पैबन्द, भ्रष्टाचार, घूस; **grafting**, रोपण।

grain (ग्रेन) *n.* cereal, seed, particle; अनाज, बीज, दाना, कण।

gram (ग्रैम) *n.* चना, ग्राम, a metric unit of mass.

grammar (ग्रैम्अर) *n.* the science of the right use of any language; व्याकरण।

grand (ग्रांड) *adj.* (grander, grandest) great, splendid, very good. प्रधान, उच्च, भव्य, विशाल, महान; grandfather, दादा; **grandmother**, दादी।

grandeur (ग्रैनजर) *n.* grandness; वैभव, शान, श्रेष्ठता, महिमा।

grant (ग्रांट) *n.* thing granted; *v.t.* give as a privilege, admit to be true; अनुदान, प्रदान क., देना, अनुमति देना, मानना।

grape (ग्रेप) *n.* green or purple berry growing in clusters on vines; अंगूर, द्राक्षा।

graph (ग्राफ) *n.* diagram of lines; लेखाचित्र, ग्राफ।

grasp (ग्रास्प) *v.t./i.* seize, hold firmly, understand; कसकर, पकड़ना, छीनना, पूरी तरह समझ लेना।

grass (ग्रास) *n.* common, wild, low-growing plant, eaten by horses, sheep, cattle etc.; घास, तृण; **grassland**, घास का मैदान; **grassy**, घासवाला।

grateful (ग्रेटफुल) *adj.* expressing or actuated by gratitude; कृतज्ञ, एहसानमन्द।

gratitude (ग्रेटिट्यूड) *n.* thankfulness; कृतज्ञता, एहसानमंदी।

grave (ग्रेव) *n.* an excavation made in the earth to receive a dead body; कब्र, मकबरा, समाधि; *adj.* गंभीर, उग्र, भारी, *v.* अंकित क.।

gravitation (ग्रैविटेशन) *n.* attraction; गुरुत्वाकर्षण, आकर्षण।

gravity (ग्रेविटि) *n.* seriousness; गंभीरता, महत्व, घोरता।

graze (ग्रेज) *v.t./i.* eat growing grass; चरना, चराना, छू जाना, स्पर्श क.।

grease (ग्रीस) *n.* animal fat malted salt; चर्बी, चिकनाई; *v.* चिकनाना, रिश्वत देना।

great (ग्रेट) *adj.* (greater, greatest) much above average; महान, बड़ा, विशाल, महत्वपूर्ण; greatness, बड़ाई, महिमा, विशालता।

greed (ग्रीड) *n.* excessive desire; लालच, लोभ; **greedy**, लालची।

green (ग्रीन) *adj.* (greener, greenest) coloured like grass, unripe, immature, inexperienced; हरा, कच्चा, अपक्व, अनाड़ी, ताजा, अनुभवहीन।

greet (ग्रीट) *v.t.* say words of welcome to; नमस्कार क., स्वागत क., *greeting*, नमस्कार, अभिवादन।

grief (ग्रीफ) *n.* deep sorrow; शोक, विषाद, संताप।

grieve (ग्रीव) *v.t./i.* cause grief to; दुख देना, संतप्त क., शोक मनाना।

grim (ग्रिम) *adj.* stern, severe; निर्दय, निष्ठुर, कठोर, भयंकर, डरावना।

grind (ग्राइन्ड) *v.t./i.* (*p.t.* ground) crush into grains or powder, produce with effort; पीसना, पिसना, दलना, घिसना, रगड़ना।

grip (ग्रिप) *n.* to hold the interest; पकड़, समझ।

groan (ग्रोन) *v.t.* sound in pian; कराहना, अत्याचार सहना।

groom (ग्रूम) *n.* person employed to look after horses; साइस; **bridegroom**, दूल्हा, वर।

gross (ग्रॉस) *adj.* (grosser, grossest) thick, large bodied, vulgar, मोटा, स्थूल, घोर, भारी, घना, घटिया, गंवारू, ग्राम्य; gross profit, कुल लाभ; **gross weight**, कुल भार।

ground (ग्राउन्ड) *n.* solid surface of earth, area, position, reason, foundation; भूमि, धरती, स्थल, क्षेत्र, आधार, **ground floor,** निचली मंजिल; **ground forces,** स्थल सेना; **groundless,** निराधार; **ground-nut**, मूंगफली।

group (ग्रुप) *n.* number of persons or things near, belonging, class, समूह, वर्ग, समुदाय।

grow (ग्रो) *v.t./i.* (*p.t.* grew, *p.p.* grown) increase in size or amount, develop; उगना, बढ़ना, विकास पाना, उपजाना।

growth (ग्रोथ) *n.* process of growing; वर्द्धन, विकास, वृद्धि, उपज, पैदावार।

guarantee (गैरॅन्टी) *n.* formal promise to do something, thing offered as security; गारंटी, जमानत, जिम्मा, आश्वासन।

guard (गार्ड) *v.t./i.* watch over and protect, restrain, take precautions; *v.* watchfulness, person guarding, body of soldiers; पहरा, रखवाली, चौकसी, सतर्कता, रक्षण गारद, गार्ड, पहरा देना, चौकसी क.।

guardian (गार्डयन) *n.* a person who guards; अभिभावक, संरक्षक।

guava (ग्वावा) *n.* an edible fruit having yellow skin and pink pulp; अमरूद।

guess (गेस) *v.t./i.* form an opinion think likely; अनुमान क., अंदाज लगाना भांपना, समझना।

guest (गेस्ट) *n.* person entertained at another's house; अतिथि, मेहमान, पाहुन; **guest house,** अतिथिशाला, guest room, अतिथि कक्ष।

guidance (गाइडेन्स) *n.* guiding, advising; मार्गदर्शन, निर्देशन।

guilt (गिल्ट) *n.* crime, sin; दोष, अपराध, पाप, **guiltless,** निर्दोष; **guilty**, दोषी।

gulf (गल्फ) *n.* part of the ocean or sea almost surrounded by land; खाड़ी, उपसागर, अंतर, भेद।

gum (गम) *n.* resin; गोंद, मसूड़ा।

gun (गन) *n.* pistol; बंदूक, तोप; **guncarriage**, तोपगाड़ी; **gunfire,** गोलाबारी; **gunpowder**, बारूद।

gutter (गटर) *n.* channel to carry away rain water, fixed under the edge of a roof; नाली, पनाला, मोरी।

H

habit (हैबिट) *n.* settled way of behaving; आदत, अभ्यास, स्वभाव।

habitual (हेबिटयुअल) *adj.* done as a habit; आदी, आदत से।

hail (हेल) *v.t.* greet, call to, signal to and summon; अभिवादन क., पुकारना, संकेत क.; **hailstorm**, ओलावृष्टि।

hair (हेअर) *n.* thread like growths on the skin of animals, esp. on the human head; बाल, रोम।

hale (हेल) *adj.* strong, healthy; स्वस्थ, तगड़ा, भलाचंगा।

half (हॉफ) *n.* (pl. halves) one of two equal parts; आधा, अपूर्ण; **half-hearted**, आधे मन से; **half-time**, अर्धसमय; **half-truth**, अर्धसत्य; **half-yearly**, अर्धवार्षिक।

hall (हॉल) *n.* large room; बड़ा कमरा, हॉल।

halt (हॉल्ट) *v.t./i* stop; रुकना, थमना, विराम।

hammer (हैमर) *n.* tool with a heavy metal head; हथौड़ा, घन।

hand (हैन्ड) *n.* part of the human arm beyond the wrist; हाथ, कर; handwriting, हस्तलेख; **at hand**, पास; **handful**, मुट्ठी भर।

handle (हैंडल) *n.* part by which something is held in the hand, carried or controlled; मूठ, दस्ता, हत्था; *v.t.* छूना, चलाना, हाथ में लेना, निपटाना, वरताव क.।

handsome (हैन्सम) *adj.* good looking, generous; सुन्दर, मनोहर, उदार, समुचित।

hang (हैन्ग) *v./i.* (*p.t.* hung) support; लटकाना, टांगना, फांसी देना, अनिश्चित होना।

happen (हैपन) *v.i.* occur; होना, घटना।

happiness (हैप्निस) *n.* peace, fortunate; सुखशांति, आराम; **happy** (हैपि) *adj.* खुश, सुखी, प्रसन्न।

harass (हैरस) *v.t.* worry or annoy; तंग क., परेशान क.; **harassment**, परेशानी, कष्ट, तकलीफ।

harbour (हार्बर) *n.* place of shelter for ships; बन्दरगाह, आश्रय, शरण।

hard (हार्ड) *adj.* (harder, hardest) firm, not easily cut, difficult, strong; सख्त, कठोर, कठिन, ठोस, पक्का, दुर्बोध, निष्ठुर; **hardcash**, रोकड़, **hard-hearted**, निष्ठुर; **hardly** मुश्किल से; **hardship**, दुर्भाग्य; **hardworking**, परिश्रमी।

harm (हार्म) *n.* damage, injury, *v.t.* cause harm; हानि, क्षति, चोट, अहित क.।

harmony (हार्मनि) *n.* melody, unity; समन्वय, संगति, सामंजस्य, मेल, मैत्री।

harsh (हार्श) *adj.* (harsher, harshest) rough, disagreeable, cruel; रूखा, कठोर, अप्रिय, निष्ठुर, कड़ा

harvest (हार्वेस्ट) *n.* cutting and gathering in of grain; फसल, पैदावार, उपज; *v.t./i.* फसल काटना, एकत्र क.।

haste (हेस्ट) *n.* hurry; जल्दी, शीघ्रता; hasty, अविचारी, हड़बड़िया।

hate (हेट) *n.* hatred, *v.t.* feel hatred, dislike; घृणा, नफरत, नापसंद क.।

have (हैव) *v.t.* (*p.t.* had) possess, contain; पास होना, रखना, पाना, प्राप्त क.।

haven (हैवन) *n.* harbour, बन्दरगाह।

he (ही) *pron.* male person or animal previously referred to; वह (नर)।

head (हेड) *n.* that part of the body which contains the eyes, nose, mouth and brain; सिर, शीर्ष, बुद्धि, योग्यता, व्यक्ति, चोटी, निकास, उदगम, अध्यक्ष, प्रधान, मुख्य; **headache** (हेडेक) *n.* continuous pain in head; सिरदर्द; **headlong**, सिर के बल; **headman**, मुखिया; **headmaster**, प्रधानाध्यापक; **headoffice**, मुख्यालय।

heal (हील) *v.t./i.* cure; अच्छा क., स्वस्थ होना, मेल क., भर जाना।

health (हेल्थ) *n.* state of being well and free from illness, स्वास्थ्य, तन्दरूस्ती, निरोग; **healthy**, स्वस्थ, तन्दरूस्त।

heap (हीप) *n.* plenty; ढेर, अम्बार, राशि।

hear (हिअर) *v.t./i.* (*p.t.* heard) listen, pay attention to, receive information; सुनना, ध्यान देना, मानना, सुनवाई क.; **hearing**, श्रवण शक्ति।

heart (हार्ट) *n.* a hollow, muscular organ which keeps the blood in circulation throughtout; हृदय, दिल, डर, वृक्ष, साहस, केन्द्र, मध्य, सार, पान का पत्ता; **by heart**, कंठस्थ) **take to heart**, से दुखी होना।

heartfelt (हार्टफेल्ट)*adj.* hearty; हार्दिक; heartless, हृदयहीन।

hearth (हार्थ) *n.* floor of a fireplace; चूल्हा, घरबार।

heat (हीट) *n.* form of energy, hotness, anger; गर्मी, ताप, उष्म, उष्णता, ज्वर, जलन, आवेग, क्रोध, कामोत्तेजना।

heaven (हेवन) *n.* paradise; स्वर्ग, आकाश; heavenly, स्वर्गीय।

heavy (हेवि) *adj.* (heavier, heaviest) having great weight, dense, serious in tone, dull and tedious; भारी, बोझिल, वजनदार, गंभीर, गहरा, कठिन, उदास, नीरस।

heed (हीड) *v.t.* pay attention to; ध्यान देना, सावधान रहना।

heel (हील) *n.* the back part of the human foot, below and behind the ankle; एड़ी।

height (हाइट) *n.* measurement from bottom to top; ऊंचाई, चोटी, शिखर, चरम सीमा।

heir (एअर) *n.* person inheriting property; वारिस, उत्तराधिकारी।

hell (हैल) *n.* the above of evil and condemned spiritis; नरक, hellish, नाटकीय।

helmet (हेल्मिट) *n.* टोप, शिरस्त्राण।

help (हेल्प) *v.t./i.* be useful, serve with food; सहायता, मदद, उपाय; helper, सहायक; helpful, उपयोगी, लाभदायक; **helpless**, असहाय।

hen (हेन) *n.* female of cock; मुर्गी।

hence (हेन्स) *adv.* from this time, for this reason; यहाँ से, अब से, इसलिये।

herb (हर्ब) *n.* plant used as medicine; बूटी, जड़ी, औषधि।

herd (हर्ड) *n.* group of animals, mob; झुण्ड, गल्ला, भीड़।

here (हिअर) *adv.* in, at, at this point, यहाँ, इस लोक में; **hereabout**, आसपास; **hereafter**, भविष्य में; **hereby**, इसके द्वारा; **herewith**, इसके साथ।

heredity (हिरेडिटि) *n.* tendency of living things to pass their characteriesties on to offspring; अनुवांशिकता।

hero (हीरो) (*pl.* heroes) a brave man; वीर, नायक, **heroic**, वीरोचित।

hesitate (हेजिटेट) *v.i.* pause in doubt; हिचकना, झिझकना।

hide (हाइड) *n.* animal skin, *v.t./i.* (*p.t.* hid, *p.p.* hidden) keep out of sight; खाल, छिपाना, गुप्त रखना, **hide and seek**, आँख-मिचौली।

high (हाइ) *adj.* (higher, highest) extending far upwards; ऊँचा, उच्च, प्रधान, मुख्य, उन्नत, श्रेष्ठ, घेर; **high command** आला कमान; **high commissioner**, उच्चायुक्त; **high court**, उच्च-न्यायालय; **high jump**, ऊँची कूद; **high school**, उच्च विद्यालय; **highly**, अत्यंत; **highway**, राजपथ; **highwayman**, बटमार।

hill (हिल) *n.* natural elevation on the earth's surface; पहाड़ी, ढेर।

hind (हाइन्ड) *adj.* situated at the back, female deer; पीछे, हरिणी, हिरणी।

hindrance (हिन्ड्रेन्स) *n.* thing that hinders; बाधा, विघ्न, अड़चन, रुकावट, रोक।

hint (हिन्ट) *n.* slight indication; संकेत, इशारा।

hip (हिप) *n.* the flesh part of the thigh; कूल्हा।

hire (हाइअर) *v.t.* use for payment; किराये पर लेना, भाड़े पर देना।

history (हिस्ट्री) *n.* branch of knowledge, dealing with past events; इतिहास।

hit (हिट) *v.t./i.* (*p.t.* hit) strike forcefully; मारना, प्रहार क., आघात क., भिड़ना, टक्कर मारना, हानि पंहुचाना।

hive (हाइव) *n.* an artificial shelter for honeybees; मधुछत्र, भीड़भाड़।

hold (होल्ड) *v.t./i.* (*p.t.* held) keep in one's hands, etc., possession, control, contain, continue, occupy, believe; कसकर पकड़ना, रोकना, वश में रखना, पास रखना, संभालना, मानना, आयोजित क.।

hole (होल) *n.* hollow place, aperture; छिद्र, छेद, सुराख, बिल, मांद।

holiday (हॉलिडे) *n.* recreation; अवकाश, छुट्टी।

hollow (हॉलो) *adj.* empty within, worthless; खोखला, पोला, निरर्थक।

holy (हॉलि) *n.* (holier, holiest) devoted to God; पवित्र, पावन।

homage (हॉम्ज) *n.* things said or done as a mark of respect; श्रद्धांजलि, समादर, सम्मान।

home (होम) *n.* place where one lives, dwelling; घर, निवास, स्वदेश, राष्ट्र, परिवार।

honest (ऑनेस्ट) *adj.* truthful, fairly earned; ईमानदार, सच्चा, खरा, असली; honesty, ईमानदारी।

honey (हनि) *n.* sweet fluid collected by bees from flowers; मधु, शहद; **honeybee**, मधुमक्खी; **honeycomb**, छत्ता।

honorary (ऑनरेरि) *adj.* given as honour; सम्मानार्थ।

honour (ऑनर) *n.* great respect, reputation; आदर प्रतिष्ठा, उपाधि; **sense of honour**, सम्मान-भाव।

honourable (ऑनरेबल) *adj.* deserving honour; आदरणीय, सामान्य।

hoof (हूफ) *n.* horny part of the foot of animal; खुर, सुम, टाप।

hope (होप) *n.* feeling of expectation and desire; आशा, भरोसा; **hopeful**, आशावान; **hopeless**, निराश।

horn (हॉर्न) *n.* hard, pointed and curved out growth on the heads of cattle; सींग, तुरही, भोंपू।

horse (हॉर्स) *n.* four-legged solid-hoofed animal used for draught work and riding; घोड़ा, अश्व; **horsepower,** अश्वशक्ति; **horse race**, घुड़दौड़; **horseshoe**, नाल।

hospital (हॉस्पिटल) *n.* place for treatment; अस्पताल, औषधालय, चिकित्सालय।

host (होस्ट) *n.* person who entertains his guest, number of persons or things; मेजबान, आतिथेय, दल, झुण्ड, भीड़, जमघट।

hostile (हॉस्टाइल) *adj.* of an enemy, unfriendly; विरोधी, प्रतिकूल, शत्रुतापूर्ण।

hot (हॉट) *adj.* (hotter, hottest) being at a high temperature; गरम, उष्ण, तप्त, उग्र, तीव्र।

hound (हाउण्ड) *n.* dog used in hunting; शिकारी कुत्ता।

hour (आउर) *n.* one twenty-fourth part of a day and night, occasion, point of time; घंटा, समय; hourly, घंटेवार।

house (हाउस) *n.* building for people to live in; घर, मकान, भवन; **House of the People,** लोकसभा।

household (हाउस्होल्ड) *n.* where people live; घराना, परिवार, कुटुम्ब, गृहस्थी; **householder**, गृहस्थ; **housemaid**, नौकरानी; **house rent**, मकान किराया; **house wife**, गृह-स्वामिनी।

human (ह्यूमन) *adj.* of mankind; *n.* human being; मानवीय, मानव।

humane (ह्यूमेन) *adj.* kind hearted, मानवोचित, दयालु।

humanity (ह्यूमैनिटि) *n.* human-nature, kindness; मानवजाति, मानवता, सदयता, इन्सानियत।

humble (हम्बल) *adj.* (humbler, humblest) polite, of lower position; विनीत, नम्र, दीन-हीन, साधारण।

humiliate (ह्यूमिलिएट) *v.t.* cause to feel disgraced; नीचा दिखाना, अपमान क., **humiliation**, अपमान; **humility**, नम्रता, दीनता।

humour (ह्यूमर) *n.* amusement; विनोद, हंसी-मजाक, मिजाज, उमंग, लहर।

hundred (हन्ड्रेड) *adj.* ten times ten; सौ, शत।

hunger (हंगर) *n.* need or desire for food; भूख, क्षुधा, लालसा; **hungerstrike**, भूखहड़ताल; **hungry**, भूखा।

hunt (हन्ट) *v.t./i.* to go after wild animals and kill them for food or sport; शिकार खेलना, खोज क., *n.* शिकार, आखेट; **hunter**, शिकारी।

hurry (हरि) *v.t./i.* too quickly, act with eagerness; उतावली, जल्दी, हड़बड़ी।

hurt (हर्ट) *n.* injury, harm; *v.t./i.* (*p.t.* hurt) cause pain, harm or injury; चोट, हानि, क्षति, दुख देना, हानि पहुंचाना।

husband (हज्बैन्ड) *n.* a man to whom a woman is married; पति, स्वामी।

hut (हट) *n.* small and roughly made house or shelter; झोंपड़ी, कुटिया, कुटी।

I

I (आई) *pron.* the ninth letter and third vowel of the English alphabat; मैं, अहं।

ice (आइस) *n.* frozen water; *v.t./i.* become frozen; बर्फ, हिम, जमना; **iceberg**, हिमशैल; **icefall**, हिमपात।

idea (आइडिया) *n.* plan, etc.; विचार, भाव, बोध।

ideal (आइडिअल) *adj.* satisfying one's idea of what is perfect; आदर्श, उदाहरणीय।

identity (आइडेन्टिटि) *n.* who or what a person is; परिचय, पहचान; **identity-card**, परिचय-पत्र।

idiom (इडिअम) *n.* phrase or usage, मुहावरा, बोली।

idiot (इडिअट) *n.* very stupid person, मूर्ख।

idle (आइडल) *adj.* (idler, idlest) doing no work, useless, lazy; बेकार, निकम्मा, निष्क्रिय, खाली।

ignorance (इग्नॉरेन्स) *n.* lack of knowledge; अज्ञान; **ignorant,** अज्ञानी; ignore, अवज्ञा क., ध्यान न देना।

ill (इल) *adj.* not well, unkind, bad; बीमार, अशुभ, खराब; **ill-fame,** बदनामी; **ill-feeling**, दुर्भावना; **ill-mannered,** अशिष्ट; **ill-treatment,** दुर्व्यवहार।

illegal (इलीगल) *adj.* against law अवैध, गैरकानूनी।

illiterate (इलिटरेट) *adj.* unable to read or write; निरक्षर, अनपढ़।

image (इमेज) m. statue, mental picture; मूर्ति, चित्र, बिम्ब।

imagine (इमैजिन) *v.t.* think, form a mental image of; कल्पना क., मान लेना।

immature (इमेट्युअर) *adj.* not ripe or experienced; कच्चा, अपूर्ण, अनुभवहीन।

immediate (इमीड्येट) *adj.* with no delay; तुरंत, सीधा; **immediately**, तत्काल, फौरन।

immense (इमेन्स) *adj.* very great; विशाल, असीम; **immensely,** अत्यधिक।

immoral (इमौरल) *adj.* morally wrong; अनैतिक, गलत, अश्लील।

immortal (इमॉर्टल) *adj.* living for ever; अमर, शाश्वत।

impart (इम्पार्ट) *v.t.* give, make known; देना, बताना।

impartial (इम्पार्शल) *adj.* just, fair in giving judgements; निष्पक्ष, समदर्शी।

impatience (इम्पेशन्स) *n.* lack of patience; अधीरता, बेचैनी, व्यग्रता; **impatient**, अधीर, बेचैन।

imperfect (इम्परफेक्ट) *adj.* not perfect; अपूर्ण, अधूरा, सदोष।

imperial (इम्पिरिअल) *adj.* of an empire or emperor; शाही, राजसी।

impious (इम्पिअस) *adj.* not holy, wicked; अधर्मी, नास्तिक, विधर्मी।

implement (इम्प्लिमेंट) *v.t.* put into effect; लागू क., अमल में लाना; *n.* औजार, साधन; implementation, परिपालन, कार्यान्वयन।

implore (इम्प्लॉर) *v.t.* beg, request earnestly; याचना क., विनय क.।

import (इम्पोर्ट) *v.t.* bring in from abroad; आयात क., अर्थ रखना; *n.* आयान, आशय, अर्थ।

important (इम्पार्टेन्ट) *adj.* of much significance or consequence; महत्वपूर्ण, आवश्यक।

impossible (इम्पॉसिबल) *adj.* not possible; असंभव, कठिन।

impotent (इम्पोटेन्ट) *adj.* powerless, unable to procreate; दुर्बल, कमजोर, लाचार, नपुंसक।

impress (इम्प्रेस) *v.t.* to make a mark by pressing; छाप लगाना, अंकित क., मन में बैठना, प्रभावित क.।

impression (इम्प्रेशन) *n.* effect produced on the mind; प्रभाव, असर।

imprison (इम्प्रिजन) *v.t.* put into prison; कैद क., बन्दी बनाना।

improper (इम्प्रॉपर) *adj.* unsuitable, incorrect; अनुचित, गलत, अश्लील।

improve (इम्प्रूव) *v.t./i.* make or become better; सुधार क., सुधारना; **improvement**, सुधार, उन्नति।

impure (इम्प्युअर) *adj.* not pure; अशुद्ध, मिलावटी, दूषित।

in (इन) *prep.* inside; मैं, से, भीतर, अंदर।

inaction (इनेक्शन) *n.* inactivity; निष्क्रियता, आलस्य।

inborn (इन्बॉर्न) *adj.* natural, from birth; सहज, जन्मजात।

incapable (इन्केपेबल) *adj.* not capable; अयोग्य, असमर्थ, कमजोर।

incarnation (इन्कार्नेशन) *n.* assumption of human form or nature, as by a divine being; अवतार, देहधारण।

incense (इन्सेंस) *v.t.* make angry; *n.* fragrant smoke; चिढ़ाना, उत्तेजित क., धूप जलाना, धूप, सुगंध।

incentive (इन्सेन्टिव) *n.* thing that encourages; प्रेरक, उत्साहक।

inch (इन्च) *n.* a measure of length, one-twelfth of a foot; इंच, थोड़ा सा।

incident (इन्सिडेंट) *n.* event, happening; घटना, प्रसंग, संयोग।

incite (इन्साइट) *v.t.* stir up; भड़काना, उकसाना।

inclination (इन्क्लिनेशन) *n.* slope, bending; झुकाव, रुचि, प्रवृत्ति।

include (इन्क्लूड) *v.t.* treat as part of a whole; सम्मिलित क., शामिल क., में लगा देना।

income (इनकम) *n.* money received as wages, etc; आय, आमदनी।

incomplete (इन्कम्प्लीट) *adj.* not complete; अधूरा, अपूर्ण।

incorrect (इन्करैक्ट) *adj.* not correct; अशुद्ध, गलत, अनुचित।

increase (इनक्रीज) *v.t.* make or become greater; बढ़ाना।

incredible (इन्क्रेडिबल) *adj.* unbelievable; अविश्वसनीय।

indebted (इन्डेटिड) *adj.* owing a debt; ऋणी, कर्जदार।

indeed (इनडीड) *adv.* in truth, in reality; सचमुच, यथार्थ में।

indefinite (इनडेफिनिट) *adj.* not clear or fixed, vague; अस्पष्ट, अनिश्चित, अनियत।

independence (इन्डिपेन्डेन्स) *n.* not depending; स्वतंत्रता, स्वाधीनता; **independent**, स्वतंत्र।

index (इन्डेक्स) *n.* तर्जनी, सुई, निर्देशिका, सूची, तालिका।

Indian (इन्डियन) *adj.* of India; भारतीय।

Indication (इन्डिकेशन) *n.* pointing out; संकेत, निर्देश, चिह्न।

indifferent (इन्डिफरेन्ट) *adj.* showing no interest; उदासीन, तटस्थ, विरक्त।

indirect (इन्डिरेक्ट) *adj.* not direct, अप्रत्यक्ष, गौण, कुटिल, परोक्ष।

indistinct (इन्डिस्टिंक्ट) *adj.* not clear; अस्पष्ट, धुंधला।

individual (इनविड्युअल) *adj.* single, separate; वैयक्तिक, व्यक्ति का, अलग, पृथक; **individualism**, व्यक्तिवाद, **individuality**, व्यक्तित्व।

indivisible (इनडिविजबल) *adj.* not divisible; अविभाज्य।

indoor (इन्डॉर) *adj.* भीतरी; **indoor patient**, अंतरंग रोगी।

industrious (इन्डस्ट्रिअस) *adj.* hard working; परिश्रमी, मेहनती।

industry (इन्डस्ट्री) *n.* diligence; परिश्रम, उद्योग-धंधे।

inevitable (इन्एविटेबल) *adj.* sure to happen, अवश्यंभावी, अटल।

inexpensive (इनिक्सपेन्सिव) *adj* not expensive; सस्ता।

infamous (इन्फेमस) *adj.* having a bad reputation; बदनाम, कुख्यात।

infancy (इन्फेन्सि) *n.* early childhood; बचपन, शैशव।

infant (इन्फेन्ट) *n.* baby; बच्चा, शिशु।

infantry (इन्फेन्ट्रि) *n.* troops fighting on foot; पैदल सेना।

inferior (इन्फिअरिअर) *adj.* low or lower in rank; मातहत, निम्न, निचला, नीचा; inferiority, हीनता, घटियापन।

infidel (इनफिडल) *n.* person with no religious faith; नास्तिक, म्लेच्छ, गैर-ईसाई।

infinite (इनफिनिट) *adj.* having no limit; अनन्त, असीम, विशाल।

inflame (इनफ्लैम) *v.t.* arouse strong feelings, cause inflammation; उत्तेजित क., भड़काना, आग लगाना।

inflict (इन्फ्लिक्ट) *v.t.* cause to be suffered; कष्ट पहुंचाना, कष्ट देना।

influence (इन्फ्लुएन्स) *n.* ability to produce an effect; प्रभाव, असर, प्रेरणा।

inform (इन्फार्म) *v.t./ i.* give information to; सूचना देना, बता देना; **information**, सूचना।

ingratitude (इनग्रेडिट्यूड) *n.* lack of gratitude; कृतघ्नता, नमकहरामी।

inhabit (इनहैबिट) *v.t.* live in one's home; में निवास क.; inhabitant, निवासी; inhabitation, निवास।

inherit (इन्हेरिट) *v.t.* receive from predecessor; उत्तराधिकार में पाना; **inheritance**, विरासत, बपौती; **inheritor**, उत्तराधिकारी।

inhuman (इन्ह्युमन) *adj.* lacking kindness; निर्दय, कठोर, अमानुषिक।

initial (इनिशल) *n.* first letter of a word or a name; प्रारंभिक, आद्य, पहला।

injure (इन्जर) *v.t.* hurt, cause injury to; चोट पंहुचाना, क्षति करना; **injury**, चोट, क्षति।

injustice (इन्जस्टिस) *n.* unjust, lack of justice; अन्याय, बेइंसाफी।

ink (इन्क) *n.* a coloured liquid used for writing and printing; स्याही, रोशनाई।

inn (इन) *n.* a pub or small hotel providing food, drink and lodging for travelers; सराय, पंथशाला।

innocence (इनॉसेंस) *n.* मासूमियत, निर्दोषता; **innocent**, अबोध, निष्कपट, मासूम, blameless.

inquest (इन्क्वेस्ट) *n.* investigation, जांच पड़ताल, तहकीकात।

inquiry (इन्क्वाइरी) *n.* investigation; पूछताछ, जांच पड़ताल।

insanity (इन्सैन्टि) *n.* state or condition of being insane; utter fully; पागलपन, मूर्खता; **insane**, पागल, मूर्ख।

inscribe (इन्सक्राइब) *v.t.* write or engrave; लिखना, अंकित क.।

insecure (इन्सिक्युअर) *adj.* not secure; आरक्षित।

insecurity (इन्सिक्युअरिटि) *n.* not safe; असुरक्षा, जोखिम।

inside (इन्साइड) *n.* inner side or surface; भीतर, भीतरी।

insight (इन्साइट) *n.* understanding of a thing's nature; अन्तर्दृष्टि, पूरी जानकारी।

insist (इन्सिस्ट) *v.t./i.* to say emphatically; आग्रह करना, जोर देना, बल देना।

inspect (इन्स्पेक्ट) *v.t.* examine critically; निरीक्षण क., जांचना; **inspector**, निरीक्षक।

inspiration (इन्स्परेशन) *n.* to guide or arouse by divine influence or inspiration; प्रेरणा।

inspire (इन्सपाइअर) *v.t.* a divine influence directly and immediately exerted upon the mind or soul of a person; प्रेरित क., प्रेरणा देना।

install (इन्स्टाल) *v.t.* establish; लगाना, स्थापित क.।

instalment (इन्स्टालमेंट) *n.* anyone of the parts of a payment spread over a period of time; किस्त।

instant (इनस्टेन्ट) *adj.* immediate; *n.* moment, तात्कालिक, क्षण।

instead (इनस्टेड) *adv.* as a substitute; के बजाय, के बदले में।

institution (इन्स्टिट्यूशन) *n.* organization; संस्थान, संस्था।

instruct (इन्सट्रक्ट) *v.t.* give instruction to; प्रशिक्षण देना, आदेश देना, शिक्षा देना।

instrument (इन्स्ट्रूमेंट) *n.* tool or implement; औजार, यंत्र, उपकरण।

insult (इन्सल्ट) *n.* disrespect; *v.t.* to hurt the feelings; अनादर, अपमान।

intellect (इन्टिलैक्ट) *n.* mind's power; बुद्धि, विचारशक्ति, **intellectual**, बुद्धिमान, बुद्धिजीवी।

intelligence (इन्टेलिजेंस) *n.* prudence; बुद्धि, समझ; **intelligent**, बुद्धिमान, चतुर।

intense (इनटेंस) *adj.* strong in degree; तेज, प्रचण्ड, जोशीला।

interchange (इन्टरचेंज) *v.t./i.* exchange; विनिमय क., अदला-बदली क.।

interest (इन्टरस्ट) *n.* feeling of curiosity or concern, advantage, financial stake; लाभ, हित, रुचि, साझा, हिस्सा, परवाह, सूद, ब्याज।

interfere (इन्टरफिअर) *v.t.* to meddle in other affairs; दखल देना, हस्तक्षेप क.; **interference**, दखल।

international (इन्टरनेशनल) *n.* between countries; अंतरराष्ट्रीय।

interrogate (इन्टेरॉगेट) *v.t.* question closely; प्रश्न क., पूछताछ क.।

interrupt (इन्टॅरप्ट) *v.t.* break the flow of; बीच में टोकना, रोकना; **interruption**, टोक, हस्तक्षेप।

interval (इन्टरवल) *n.* time or pause betwen two events; अंतर, अंतराल, मध्यांतर।

interview (इन्टरव्यू) *n.* a formal meeting in which a person or persons question, consult or evaluate another or others; मुलाकात, साक्षात्कार, भेंट।

intimacy (इम्टिमेसि) *n.* closeness, familiar; घनिष्ठता, आत्मीयता।

intimate (इन्टिमेट) *adj.* closely familiar; घनिष्ठ, आंतरिक, जिगरी।

intimation (इन्टिमेशन) *n.* announce; सूचना, इत्तला।

introduction (इन्ट्रॅडक्शन) *n.* introducing; प्रवेश, परिचय, भूमिका।

invalid (इन्वैलिड) *adj.* physically unfit; अमान्य, रद्द, दुर्बल; *n.* रोगी।

invent (इन्वेन्ट) *v.t.* create by thought; आविष्कार क.।

invisible (इन्विजिबल) *adj.* not able to be seen; अदृश्य, गुप्त।

invitation (इन्विटेशन) *n.* the act of inviting; निमंत्रण, बुलावा।

invite (इन्वाइट) *v.t.* to ask somebody to come or go to some place, gathering, entertainment etc.; निमंत्रण देना, बुलाना, आकृष्ट क.।

involve (इन्वॉल्व) *v.t.* लपेटना, फंसाना, उलझाना, सम्मिलित क., to wrap or surround.

iron (आइरन) *n.* a ductile malleable silver while metallic element, widely used for structural and engineering purposes; लोहा, इस्तरी, कड़ा, कठोर: **ironsmith**, लोहार।

irony (आइरनि) *n.* an utterance or the use of words to express a meaning which is difference from, and often the direct opposite of the literal meaning; व्यंग्य, विडम्बना।

irregular (इरेग्यूलर) *adj.* not regular; बेकायदा, नियम-विरूद्ध, अवैध, अनियमित; irregularity, अवैधता, अनियमितता।

island (आइलेन्ड) *n.* a tract of land completely surrounded by water and smaller than a continent; द्वीप, टापू।

ism (इज्म) suffix forming nouns; वाद।

isolate (आसॉलेट) *v.t.* place apart, अलग क., अलगाना।

isolation (आइसोलेशन) *n.* अलगाव।

issue (इस्यू) *n.* outgoing, outcome, important topic, offspring; निर्गम, स्राव, परिणाम, संतान, संतति, विषय, समस्या।

item (आइटम) *n.* single thing in a list, single piece; मद, समाचार, विषय, बात, इकाई।

itself (इटसेल्फ) *pron.* अपने को, स्वयं को, in itself, अपने में।

ivory (आइव्रि) *n.* white, bone-like substance, a hard smooth creamy white variety of definite that makes up a major part of the tusks of an elephant; हाथी दांत।

J

jackal (जॅकाल) *n.* a wild dog of Africa or South Asia, having long legs and pointed ears and muzzle; सियार, गीदड़।

jacket (जैकिट) *n.* a short coat with sleeves; जैकिट, बण्डी, सदरी, जाकेट।

jail (जेल) *n.* prison; बन्दीगृह, जेल, कारावास।

jam (जैम) *n.* thick sweet substance made from fruit, *v.t.* crowd or block; मुरब्बा, जैम, जाम क., भीड़ मचाना, रोकना, मार्ग आदि का अवरोध क.।

January (जैन्यूअरि) *n.* the first month of the year; वर्ष का प्रथम मास।

jar (जार) *n.* कलश, मर्तबान, मटका।

jasmine (जैस्मिन) *n.* shrub with white or yellow sweet smelling flowers; चमेली।

jaundice (जान्डिस) *n.* a disease marked by yellowness of the skin, caused by an excess of bile in the blood; पीलिया रोग; **jaundiced**, पक्षपातपूर्ण।

jaw (जॉ) *n.* a lower/upper jaw, bone structure containing teeth; जबड़ा, पर्वत की तंग घाटी या दर्रा।

jealous (जेलस्) *adj.* resentful towards a rival; ईर्ष्यालु, द्वेषी, कट्टर; **jealousy**, ईर्ष्या, जलन, डाह।

jean (जीन) *n.* heavy, strong cotton cloth; मोटा सूती कपड़ा।

jeep (जीप) *n.* small military motor vehicle with four-wheel drive; जीपगाड़ी, जीप।

jerk (जर्क) *n.* sharp movement, pull, sudden; *v.t.* move or pull; झटका, झटके से हिलाना, खींचना, धक्का देना।

jest (जैस्ट) *n.* & v. joke; मजाक, ठट्ठा, उपहास, व्यंग्य क., उपहास क.।

jester (जेस्टर) *n.* funny person; विदूषक, भांड, दिल्लगीबाज।

Jew (जू) *n.* a person whose religion is Judaism; यहूदी, शोषक, निर्दय।

jewel (जूइल) *n.* precious stone set in ornament, highly valued; नग, रत्न, रत्नजड़ित, मूल्यवान; jeweller, जौहरी; **jewellery** (जुइलरि), गहने, जेवर।

jingle (जिंगल) *v.t.* tinkling sound of metallic coins, key or small bells; झनकार क., छनछनाना, खनखन क.।

job (जॉब) *n.* piece of work, paid position, employment, task; कार्य, काम, नौकरी, धंधा।

jocular (जॉक्यूलर) *adj.* joking; मजाकिया, हंसोड़, विनोदी।

join (जॉइन) *v.t./i.* put or come together, unite, come into the company; संयुक्त क., मिलाना, जोड़ना, शामिल होना, सेवा आरंभ क.।

joint (जाएन्ट) *n.* place, line or surface at which two or more things are joined; संधि, जोड़, दरार, गांठ, साझेदार।

joke (जोक) *n.* ridiculous, something causing laughter; हँसी, मजाक, विनोद, परिहास, दिल्लगी।

joker (जोकर) *n.* person who is fond of making jokes; ताश में जोकर का पत्ता, विदूषक, मसखरा।

jolly (जॉलि) *adj.* (jollier, jolliest) cheerful, merry, मस्त, प्रसन्न, खुश, जिन्दादिल।

journal (जर्नल) *n.* daily newspaper or other periodical; पत्रिका, रोजनामचा, रोजनामा।

journalism (जर्नलिज्म) *n.* reporting; पत्रकारिता, अखबारनवीसी।

journalist (जर्नलिस्ट) *n.* reporter; पत्रकार।

journey (जर्नि) *n.* continued course of travelling; यात्रा, सफर, देशाटन।

joy (जॉए) *n.* deep emotion of pleasure, delight; उल्लास, हर्ष, आनन्द, खुशी; **joyful**, हर्षित, आनंदित; **joyfulness**, आनन्द, प्रसन्नता; **joyless**, आनंदरहित, उदास, बेमजा।

jubilant (जूबिलेन्ट) *adj.* full of joy, rejoicing; खुश, हर्षित।

jubilee (जूबिलि) *n.* special anniversary; जयंती, उत्सव-काल; **Golden jubilee** स्वर्णजयंती, **Silver jubilee,** रजतजयंती।

judge (जज) *n.* public officer with authority to hear and decide cases in a law court; न्यायाधीश; *v.t.* निर्णय क., आंकना; **judgement**, निर्णय, फैसला, निश्चय, विवेक।

judicial (जूडिशल) *adj.* of the judge or justice; न्यायिक, अदालती।

jug (जग) *n.* picture, jar; घड़ा, घट, कलश।

juggler (जगलर) *n.* do tricks to amuse people; मदारी, जादूगर, बाजीगर, छली, कपटी।

juice (जूस) *n.* part of fruits, drink made from this; रस, अर्क, शोरबा, सार, सत्व।

juicy (जूसि) *adj.* containing much juice; सरस, रसमय रसीला, मनोरंजक।

July (जुलाई) *n.* seventh month of the year; वर्ष का सातवां मास।

jump (जम्प) *v.t./i.* make upward movement, sudden rise, move up; कूदना, छलांग लगाना, चौकड़ी मारना, फांदना, अचानक मूल्य बढ़ना, पटरी से उतरना।

June (जून) *n.* sixth month of the year; जून का महीना, वर्ष का छठा मास।

junior (जूनिअर) *n.* younger in rank or age; कनिष्ठ, छोटा, अवर।

Jupiter (जूपिटर) *n.* planet; बृहस्पति, गुरू।

just (जस्ट) *adj.* fair; यथार्थ, उचित, न्यायोचित; *adv.* placed with the verb, to indicate in immediate past; अभी-अभी, हाल में।

justice (जस्टिस) *n.* fairness, legal proceedings, judge; न्याय, इंसाफ, अदालती कार्यवाही, न्यायाधीश।

justification (जस्टीफिकेशन) *n.* something that justifies; तर्कसंगतता, औचित्य।

justify (जस्टिफाइ) *v.t.* show to be right; सफाई देना, उचित प्रमाणित क., न्यायसंगत सिद्ध क.।

jute (जूट) *n.* fibre from the outer skin of certain plants used to make gunny bags, mats etc; पटसन, पाट, जूट।

Juvenile (जूविनाइल) *adj.* childish, of young people; अल्पवयस्क, तरूण, बालसम्बंधी।

K

keen (कीन) *adj.* eager, sharp, penetrating; उत्सुक, तेज, तीक्ष्ण धारदार; **keenness**, उत्कंठा, आकुलता।

keep (कीप) *v.t/i.* (*p.t.* kept) cause to remain in a specified position. prevent, detain, put aside, protect, continue to have; रखना; रोकना, अलग रखना, रक्षा क., चलाना, बचा रखना, बने रहना, रखेल।

kerchief (करचिफ) *n.* a square piece of cloth used by woman as a head covering; रूमाल।

kernel (कर्नल) *n.* softer, inner part of a net; मीगी, गिरी, गूदा।

kerosene (केरॉसीन्) *n.* a mixture of liquid hydrocarbons obtained by distilling petroleum used chiefly in lamps etc. as a fuel; मिट्टी का तेल।

kettle (केटल) *n.* vessel for boiling liquids; केतली, देगची।

key (की) *n.* metal instrument for moving the bolt of a lock; कुंजी, चाबी, ताली; **keyboard**, कुंजीपटल; **keynote**, मुख्य स्वर; **keyword**, संकेत, शब्द, आधार शब्द।

kick (किक) *v.t./i.* strike with foot; लात मारना, आघात क., धक्का देना, ठोकर मारना, गोल करना।

kid (किड) *n.* मेमना।

kidnap (किडनैप) *v.t.* (*p.t.* kidnapped) carry off a person for ransom; अपहरण करना, हरण क.।

kidney (किड्नि) *n.* one of a part of organs in the abdomen which excrete urine; गुर्दा।

kill (किल) *v.t./i.* cause to die, put an end; मार डालना, हत्या क., समाप्त क.; killer, घातक, नाशक, हत्यारा; **killing** संहार, हत्या।

kin (किन) *n.* relatives; संबंधी, नातेदार।

kind (काइन्ड) *n.* class of similar things; *adj.* (kinder, kindest) gentle, considerate; जाति, वर्ग, प्रकार, नस्ल, सुशील, सज्जन, सहृदय।

kindly (काइन्डलि) *adj.* (kindlier, kindliest) दयावान, कृपालु, मेहरबान।

kindness (काइन्डनैस) दया, करूणा।

king (किंग) *n.* male sovereign ruler; राजा, सम्राट।

kingdom (किंगडम) *n.* country ruled by a king or queen; साम्राज्य, राज्य, जगत्, सृष्टि।

kinsman (किन्समैन) *n.* relationship by blood; स्वजन, संबंधी, नातेदार।

kiss (किस) *n.* salute or love given with lips; चुम्बन, चुम्मा, स्पर्श।

kitchen (किचिन) *n.* rooms where meals are made; रसोईघर, पाकशाला।

kite (काइट) *n.* bird of prey of the hawk family; चील, पतंग।

kitten (किटन) *n.* young cat; बिल्ली का बच्चा।

knee (नी) *n.* joint between the thigh and lower parts of the human leg; घुटना।

kneel (नील) *v.i.* (*p.t.* knelt) go down on the knees; झुकना, घुटने टेकना, सम्मान क.।

knife (नाइफ) *n.* an instrument for cutting; चाकू, छुरी।

knight (नाइट) *n.* man of noble birth in the middle ages; एक उपाधि, शूरवीर, सूरमा, शतरंज में घोड़ा।

knit (निट) *v.t./i.* (*p.t.* knitted) to join closing & firmly together; बुनना, सिकोड़ना, गठा हुआ।

knob (नॉब) *n.* round-shaped projecting part of a radio or television set; गांठ, घुंडी, डला।

knock *v.t./i.* strike with an audible blow, strike a door, etc.; *n.* sound of knocking; खटखटाना, कुंडी या दरवाजा बजाना, आघात क., ठोकर, ठेस, खटखटाहट।

knot (नॉट) *n.* twining, looping etc. of a cord, rope or the like drawn tight into a knob or lump for fastening; गांठ, गुत्थी, समस्या, गांठदार भाग।

knowledge (नॉलिज) *n.* knowing about things; ज्ञान, जानकारी, परिचय, बोध।

known (नॉन) *adj.* have in mind; विदित, ज्ञात, जाना हुआ।

L

label (लेबल) *v.t.* (*p.t.* labelled) fix a label to; लेबल लगना, नाम-पत्र चिपकाना, नामांकन क.।

laboratory (लेबोरेटॉरि) *n.* a room for scientific experiments; प्रयोगशाला, रसायनशाला।

labour (लेबर) *n.* श्रम, श्रमिक, मजदूर; **labour pains,** प्रसव वेदना; **labour room**, प्रसूती कक्ष; **laborious** (लेबॉरिअस) परिश्रमी, मेहनती; *v.t./i.* श्रम क., मेहनत, मजदूरी क.।

labourer (लेबर्र) *n.* workers; मजदूर, श्रमिक।

lac (लैक) *n.* a variant spelling of lakh; लाख, चपड़ी।

lace (लेस) *n.* a net-like ornamental fabric made of threads by hand or machine; फीता, लैस, गोटा।

lack (लैक) *n.* wanting, be without; कमी, न होना, अभाव, न्यूनता।

lad (लैड) *n.* boy; लड़का, कुमार, छोकरा।

ladder (लैडर) *n.* portable frame with steps, used in climbing up and down walls; सीढ़ी, जीना, नसोनी।

laden (लेडन) *adj.* loaded; भरा हुआ, लदा हुआ।

lady (लेडि) *n.* well mannered woman, woman of good social standing; महिला, कुलांगना, नारी; **ladylike**, महिलोचित, शिष्ट, सभ्य।

lag (लैग) *v.i.* (*p.t.* lagged) go too slow, not keep up; विलम्ब क., पीछे रहना, पछा।

lake (लेक) *n.* large area of water enclosed by land; झील, ताल, सरोवर

lakh (लैख) *n.* 1,00,000 एक लाख।

lamb (लैम्ब) *n.* young sheep; मेमना, गउ आदमी, भोलाभाला।

lame (लेम) *adj.* unable to walk normally, weak, not convincing; पंगु, लूला, अपाहिज, असंतोषजनक।

lament (लेमेन्ट) *v.t.* feel or express grief; विलाप क., रोना; lamentation, रोदन, विलाप, शोक।

lamp (लेम्प) *n.* device for giving light; दीपक लैम्प, कण्डील।

lance (लान्स्) *n.* spear with long handle; भाला, बर्छी, बल्लभ।

land (लैन्ड) *n.* ground, soil; जमीन, पृथ्वी, धरती, स्थल, प्रदेश।

landing (लैंडिंग) *n.* act of coming or bringing to land; उतरना, जमीन पर आना, चौकी।

landless (लैंडलैस) *adj.* without land; भूमिहीन।

lane (लेन) *n.* street; गली, वीथि।

language (लैन्ग्विज) *n.* human speech, manner of expression; भाषा, वाणी, अभिव्यक्ति।

lantern (लैन्टर्न) *n.* a transparent or translucent case enclosing and protecting a light from the wind; लालटेन, कंदील।

lap (लैप) *n.* section of a journey, *v.t.* (*p.t.* lapped) overlap; पल्ला, दामन, गोद, झोली, चढ़ाना, गोद में लेना।

lapse (लैप्स) *n.* slight error, passage of time; चूक, भूल, च्यूति, समय बीतना, बीतना।

large (लार्ज) *adj.* (larger, largest) great size or extent; बड़ा, विस्तृत, बृहत्।

lash (लैश) *n.* whip, eyelash; *v.t./i.* beat with a whip; कोड़ा, चाबुक, प्रहार क., चाबुक मारना, झपटना।

lass (लैस) *n.* maid, girl; कुमारी, तरूणी, कन्या।

last (लास्ट) *adj.* & *adv.* coming after all others, most recently; *n.* last person or thing; अन्तिम, आखिरी, पिछला, अन्ततः, चलना, टिकाऊ होना, मजबूत।

late (लेट) *adj.* & *adv.* (later, latest) after the proper time, recent, no longer living; विलम्ब से, पिछेती, देर तक, हाल में, थोड़े दिन हुए।

latitude (लैटिट्यूड) *n.* angular distance north to south from the equator, of a point on the earth's surface; अक्षांश।

latrine (लैट्रीन) *n.* pit or trench to receive urine and excrement; शौचालय।

latter (लैटर) *adj.* mentioned after another; बाद का, परवर्ती।

laugh (लाफ) *v.t./i.* हंसना, मजाक, उड़ाना, कहकहा लगाना।

laughter (लाफ्टर) *n.* हंसी, कहकहा, खिलखिलाहट।

lava (लावा) *n.* hot liquid material flowing from a volcano; लावा, ज्वालामुखी से निकला पदार्थ।

lavatory (लैवटरि) *n.* same as latrine; शौचालय।

law (लॉ) *n.* rules; विधि, कानून, नियम; law court, न्यायालय; **law suit,** मुकदमा; lawful, वैध; **lawless,** विधिहीन।

laxative (लैक्सेटिव) *adj.* madicine causing the bowels to empty; दस्तवार, रेचक।

lay (ले) *v.t./i.* (*p.t.* laid) place, present for consideration, produce on egg, etc.; रखना, जमाना, प्रस्तुत क., उत्पन्न क., अण्डे या बच्चे देना, दोष लगाना।

layer (लेयर) *n.* thickness of material spread over a surface, or forming a horizontal division; परत, तह।

layman (लेमैन) *n.* unknown, commonman; अविज्ञ, साधारण जन।

lazy (लेजि) *adj.* not active, slow, sleepy; सुस्त, काहिल, तान्द्रिल, जड़।

lead (लीड) *v.t./i.* (*p.t.* led) guide, influence an action, be ahead, make one's start; नेतृत्व क., पथप्रदर्शन क., आगे रहना, पहल क., पहले चलना; **leader,** नेता, प्रमुख, मुखिया।

leaf (लीफ) *n.* lateral out growth of stem or branch of a plant, tree etc., पत्र, पत्ता; **leafless;** पत्रहीन, अर्पण।

leaflet (लीफलिट्) *n.* परचा, पुस्तिका।

leak (लीक) *n.* hole through which liquid or gas passes; छिद्र, रंध्र, टपकना, चूना, निकलना, भेद खुलना।

lean (लीन) v.*i.* rest against, depend on for help; *n.* without much flesh; सहारा या टेक लेना, झुकना, पक्षधर होना, दुबला-पतला।

leap (लीप) *n.* jump; *v.t./i.* (*p.t.* leaped, *p.p* leapt) jump vigorously; कूद, उछाल, कूदना, छलांग मारना; **leap year,** प्रत्येक चौथा वर्ष जिसमें फरवरी 29 दिन की होती है।

learn (लर्न) *v.t/i.* (*p.t.* learned, learnt) gain knowledge or skill; सीखना, पढ़ना, शिक्षा प्राप्त क.; learner, छात्र, विद्यार्थी।

least (लीस्ट) *n.* smallest in amount and degree; अल्प, न्यूनतम, लघुत्तम।

leather (लैदर) *n.* tanned or dressed skin; चर्म, चमड़ा, चमड़े का सामान।

leave (लीव) *n.* & *v.* (*p.t.* left) permission, go away, let remain; आज्ञा, अनुमति, छुट्टी, छोड़ जाना, हवाले क., विदा होना, अलग होना।

lecture (लेक्चर) *n.* & v. speech giving information on a subject; भाषण, व्याख्यान, प्रवचन क., **lecturer,** व्याख्याता, वक्ता।

leech (लीच) *n.* a small blood-sulking worm; जोंक, शोषक व्यक्ति।

left (लेफ्ट) *n.* side, direction, position, area or part; बायां हाथ, वाम भाग या पार्श्व; *adj.* वाम, बायां।

leg (लेग) *n.* one of the two lower limbs of a biped, as man, or one of the paired limbs of a guardruped, as a dog, that support and move the body; पद, पग, टांग।

legal (लीगल) *adj.* based on law, required by law; वैध, कानूनी।

legible (लिजिबल) *adj.* readable; सुपाठ्य, स्पष्ट।

legislator (लेजिस्लेटर) *n.* member of a law-making body or assembly; विधिकार, विधिकर्त्ता।

legislature (लेजिस्लेचर) *n.* law-making body of a state; विधान-सभा या मंडल।

legitimate (लिजिटिमेट) *adj.* legal, in accordance with law; वैध, न्यायसंगत।

leisure (लेजर) *n.* time free from work; फुर्सत, अवकाश, विश्राम।

lemon (लेमन) *n.* yellowish acid fruit of a subtropical; नींबू।

lend (लेन्ड) *v.t.* (*p.t.* lent) to give on loan; उधार देना, कर्ज या किराये पर देना।

length (लेन्ग्थ) *n.* from end to end; लम्बाई, फैलाव, विस्तार।

leo (लीओ) *n.* the fifth sign of the zodiac; सिंह राशि।

leopard (लेपर्ड) *n.* large African and South Asian flesh eating animal of the cat family with yellowish skin and dark spots; चीता, तेंदुआ।

leprosy (लेप्रसि) *n.* skin disease characterized by pigmentary excess or deficit, loss of fingers and toes; कुष्ठ, कोढ़।

less (लेस) *adj.* not so much, smaller in amount or degree; अल्प, न्यून, थोड़ा, कम।

—less (-लेस) to a smaller extent; हीन, विहीन, जैसे- homeless, doubtless.

lessen (लेसन) *v.t./ i.* to make less; कम करना, हल्का क., घटाना।

lesson (लेसन) *n.* thing to be learnt, amount of teaching given at a time; पाठ, सबक, शिक्षा, उपदेश।

let (लेट) *conj.* (for fear) that; *v.t.* & *aux.* allow or cause to; *n.* letting of property; ताकि न, ऐसा न हो कि; निकलने देना, बहने देना, जाने देना, किराये पर उठाना, अनुमति देना।

letter (लेटर) *n.* mark or sign used to express a speech sound; पत्र, चिट्ठी, वर्ण, अक्षर; lettered, पढ़ालिखा।

level (लेवल) *n.* surface parallel with the horizon; तल, समतल, स्तर; *v.t.* समतल क., चौरस क.।

lever (लीवर) *n.* a bar used to move or lift a heavy object; लीवर, उत्तोलक।

liability (लाइअँबिलिटि) *n.* being liable, debts, obligation; दायिता, दायित्व, देय, जिम्मेदारी।

liar (लाइअर) *n.* a person who tells lie; झूठा, मिथ्यावादी।

liberal (लिबरल) *adj.* generous; उदार।

liberate (लिबरेट) *v.t.* set free; मुक्त क., आजाद क.; **liberation,** मोक्ष, मुक्ति, आजादी।

liberty (लिबर्टि) *n.* freedom; स्वतंत्रता, मुक्ति।

library (लाइब्रेरि) *n.* building or room in which books are kept for reading; पुस्तकालय, ग्रन्थागार।

licence (लाइसेन्स) *n.* permission; अनुमति, लाइसैंस, अनर्गलता।

lichen (लाइकन) *n.* moss; काई।

lick (लिक) *v.t./i.* pass the tongue over, चाटना; **lick the dust**, पराभूत होना।

lid (लिड) *n.* cover; ढ़कना, ढ़क्कन।

lie (लाइ) *v.t./i.* (*p.t.* lay, *p.p.* lain) put one's body in a resting position, be at rest on something; (*p.t.* lied) tell lies, give untrue statement; लेटना, पड़े रखना, आराम क., झूठ बोलना, असत्य कहना।

life (लाइफ) *n.* being alive; जीवन सजीवता, प्राण, जान; **life boat**, रक्षा-नौका; **life long**, आजीवन।

lift (लिफ्ट) *n.* lifting machine, *v.t./i.* raise; take up, rise; लिफ्ट, उत्थान, उठाना, उभारना, उंचा क., चुराना।

light (लाइट) *n.* that which makes things visible or affords illumination; प्रकाश, ज्योति, बत्ती, लेम्प, दीपक; *v.t./i.* प्रकाशित क., जलाना, सुलगाना; *adj.* मन्द, हल्का, खाली, कम भार वाला।

like (लाइक) *n.* one prefers; *v.t.* wish for, *adj.* having the qualities or appearance of; *prep.* in the manner of; रुचि, पसंद, भाना, पंसद होना, समान होना, सजातीय, सदृश्य जैसा।

likeness (लाइकनैस) *n.* resemblance; समानता, एकरूपता।

limb (लिम्ब) *n.* part of a body, a large branch; अंग, हाथपांव, अवयव, शाखा।

limitation (लिमिटेशन) *n.* having limit; सीमित, मार्यादित, परिसीमित।

line (लाइन) *n.* long narrow mark, outline, boundary, row of people or things; पंक्ति, कतार, रेखा, लाइन, नीति; लीक।

link (लिंक) *n.* chain, connection; शृंखला, कड़ी, सम्पर्क, संबंध।

lion (लॉयन) *n.* large, strong, flesh-eating animal, called the king of the forest; सिंह, केसरी, शेर।

lip (लिप) *n.* the fleshy edge of the mouth; अधर, ओष्ठ, होठ।

liquid (लिक्विड) *n.* substance like water or oil that flows freely; द्रव, तरल, रस।

list (लिस्ट) *n.* written series of names, items; सूची, नामावली, लिस्ट।

listen (लिसन) *v.t./i.* hear with attention; सुनना, ध्यान देना।

literal (लिटरल) *adj.* शाब्दिक, अक्षरशः।

literature (लिट्रेचर) *n.* साहित्य, वाङ्मय।

little (लिटल) *adj.* not much, small in degree or quantity; थोड़ा, कुछ, अल्प, लघु।

live (लाइव) *adj.* having life, alive, charged with electricity; जीवित, सप्राण, जीवंत, मरा।

livelihood (लाइव्लिहुड) *n.* means of living; जीविका।

load (लोड) *n.* burden, amount of electric current; भार, बोझ, बिजली का लोड।

loan (लोन) *n.* money borrowed; ऋण, उधार, कर्जा।

local (लोकल) *n.* pertaining to a particular place; स्थानीय, स्थान विशेष का।

locality (लोकेलिटि) *n.* place; स्थान, स्थिति, इलाका।

lock (लॉक) *n.* appliance by which a door is fastened with a bolt; ताला, बंधन, पाश, बंध, बंदूक का घोड़ा; *v.t./i.* बंद क., ताला लगाना।

lodge (लॉज) *n.* small country house; *v.t./i.* provide with sleeping place; आवास, आवास देना, शयन स्थान देना, टिकना, ठहरना।

log (लॉग) *n.* an union portion of the trunk or of a large limb of a felled tree; लट्ठा, कुन्दा।

logic (लॉजिक) *n.* science of reasoning; तर्कशाला; **logical,** तर्क संगत।

loneliness (लोन्लिनेस) *adj.* & *n.* lack of company, all alone; एकांत, एकाकीपन, अकेला, निर्जन) lonely, अनाथ, अकेला, असहाय।

long (लॉन्ग) *adj.* large; लम्बा, दीर्घ, विस्तृत, दीर्घकालिक।

look (लुक) *n.* act of looking *v.t./i.* use or direct one's eyes, examine, face, seem; छवि, रूप, आकृति, देखना, निहारना, परीक्षण क., चिंतन क., ताकना।

loose (लूज) *adj.* (looser, loosest) not tied or fixed, slack; *v.t.* release, untie, loosen; स्वतंत्र, शिथिल, बिखरा, खोलना, ढीला क., मुक्त करना, छोड़ना।

lord (लॉर्ड) *n.* master, ruler; स्वामी, मालिक।

lose (लूज) *v.t./i.* (*p.t.* lost) be without, fail to keep; खोना, विहीन होना, वंचित होना, गंवाना, हानि उठाना।

loss (लॉस) *n.* act, instance or process of losing; नुकसान, हानि, क्षति।

lot (लॉट) *n.* fate, heap; भाग्य, नियति, ढेर, राशि, थोक।

lotus (लोटस) *n.* a kind of beautiful, solitary flower usually projecting above the water; कमल, पद्म।

loud (लाउड) *adj.* (louder, loudest) producing much noise; जोर का, भारी।

love (लव) *n.* warm affection or liking, no score; प्रेम, रति, अनुराग, शून्य।

lovely (लवलि) *adj.* beautiful, attractive; प्यारा, शोभन, सुन्दर।

low (लो) *adj.* not high, ignoble, vulgar; *n.* low level; *adv.* in or at low level; निम्न, नीचा, हल्का, गंवारू, तल, रांभाना, डकारना।

loyalty (लॉयलटि) *n.* faithful to a sovereign; निष्ठा, भक्ति, वफादारी।

luck (लक) *n.* chance, fortune; दैव, भाग्य, किस्मत; luckily, भाग्य से; **lucky**, भाग्यवान, धन्य, पुण्यवान।

luggage (लगिज) *n.* suitcases and bags, etc.; सामान, माल असबाब।

lunch (लंच) *n.* midday meal; दोपहर का भोजन।

lung (लंग) *n.* either of the two breathing organs in the chest of man and other animals; फेफड़ा, फुसफुस।

lust (लस्ट) *n.* sexual desire or appetite; कामना, वासना, आसक्ति।

lusty (लस्टि) *adj.* strong; सबल, दृढ़काय, बलिष्ठ।

luxurious (लकस्युरिअस) *adj.* supplied with luxuries; ऐश्वर्य से पूर्ण, विलासी।

luxury (लक्सरि) *n.* a pleasure out of the ordinary allowed to oneself; विषय सुख, ऐश, ऐयाशी, विलास।

M

machine (मशीन) *n.* appliance for performing some kind of work; कल, यंत्र।

mad (मैड) *adj.* insane; पागल, विक्षिप्त।

madam (मैडम) *n.* courteous form of address to a woman; महाशया, महोदया।

made (मेड) *adj.* produced by making in a particular way; निर्मित, कृत।

magazine (मैगजीन) *n.* periodical; पत्र, पत्रिका, मैगजीन, बारूद-घर।

magic (मैजिक) *n.* witch; जादू, तिलिस्म।

magician (मैजिशन्) *n.* one who practices magic; जादूगर।

magistrate (मैजिस्ट्रेट) *n.* judge; दण्डाधिकारी, दण्डनायक।

maid (मेड) *n.* woman servant; दासी, परिचारिका।

maiden (मेड्न) *n.* young unmarried woman; कन्या, युवती, कुमारी।

mail (मेल) *n.* post, armour; डाक, कवच।

main (मेन) *adj.* principal, most important; मुख्य, प्रधान, बड़ा।

majority (मेजॉरिटि) *n.* greatest part of a group; बहुमत, अधिकांश।

make (मेक) *v.t./i.* (*p.t.* made) form, prepare, produce, cause to exist, gain acquire, perform, brand; बनाना, रचना, तैयार करना, निर्माण क., पैदा क., रूपसज्जा, बनावट।

male (मेल) *n.* masculine; नर, पुरुष, पुल्लिंग।

malice (मैलिस) *n.* ill feeling, desire to harm others; विद्वेष, द्रोह, दुर्भावना।

man (मैन) *n.* (*pl.* men) adult male human being; नर, मानव, मनुज, पुरुष, आदमी।

manage (मैनिज) *v.t./i.* have control of, be manager of; प्रबंध क., संचालित क., देखभाल क.।

manager (मैनेजर) *n.* person who controls a business; प्रबंधक, व्यवस्थापक।

mango (मैंगो) *n.* fruit; आम, अम्ब।

mania (मेनिआ) *n.* madness; उन्माद, पागलपन।

manifold (मैनिफोल्ड) *adj.* of many kinds; विविध, नाना प्रकार, कई तरह का।

manipulate (मेनिप्यूलेट) *v.t.* manage cleverly; जोड़तोड़ क., चालाकी से साधना।

manner (मैनर) *n.* person's way of behaving with others; शिष्टाचार, रीति, प्रकार।

manufacture (मैन्यूफैक्चर) *v.t.* make or produce goods; उत्पादन क., बनाना।

manure (मेन्युअर) *n.* things used as fertilizers; खाद।

many (मैनि) *adj.* & *n.* numerous; अनेक, बहुत, नाना।

map (मैप) *n.* representation of earth or part of it; मानचित्र, नक्शा।

marble (मार्बल) *n.* hard limestone used for building and sculpture; संगमरमर।

March (मार्च) *n.* वर्ष का तीसरी मास।

march (मार्च) *v.t./i.* the third month of the year, walk in organized column; कूच क., मार्च क., प्रयाण क.।

mare (मेअर) *n.* female horse; घोड़ी।

margin (मार्जिन) *n.* edge or border of a surface; सीमा, सीमान्त, हाशिया।

marine (मेरीन) *adj.* of the sea; समुद्री जहाज, समुद्रीय।

marital (मैरिटल) *adj.* of marriage; वैवाहिक, दाम्पत्य।

mark (मार्क) *n.* sign, indication; अंक, चिह्न, निशान; *v.t.* निशान लगाना, नम्बर देना।

market (मार्किट) *n.* gathering for the sale of things; हाट, मण्डी, बाजार।

marriage (मैरिज) *n.* formal union of man and woman; विवाह, शादी, ब्याह, गठबंधन।

marry (मैरि) *v.t.* to take as a husband or wife; विवाह क., ब्याहना, शादी क.।

Mars (मार्स) *n.* the ancient roman god of war; मंगल ग्रह।

marsh (मार्श) low-laying watery ground; दलदल।

martyr (मार्ट्र) *n.* who undergoes death or suffering for his faith; शहीद, हुतात्मा।

marvel (मारवल) *n.* wonderful thing; चमत्कार, अचरज; **marvellous,** चमत्कारपूर्ण, आश्चर्यजनक।

masculine (मैस्क्यूलीन) *adj.* of the male sex; पुल्लिंग, मर्दाना, पुरूषोचित।

mask (मास्क) *n.* covering over the face; *v.t.* cover a mask, conceal, disguise; मुखौटा, चेहरा, नकाब, छिपाना, अवगुंठित क., कपटवेश धारण क.।

mass (मास) *n.* large number, heap, the masses, ordinary people; समुदाय, ढेर, जनसमूह।

master (मास्टर) *n.* one who controls, male teacher, employer, great artist; स्वामी, मालिक, प्रधान, उस्ताद, अध्यापक, कप्तान, प्रवीन, विशेषज्ञ।

mat (मेट) *n.* piece of material used for a floor covering; चटाई, सीतलपाटी।

match (मैच) *n.* contest in a game, matrimonial alliance *v.t./i.* set against each other, be alike; माचिस, अनुरूप, सुमेल, जोड़ का, शादी क., बराबर होना, जोड़ खाना, मेल होना।

material (मैटिरिअल) *n.* of matter; द्रव्य, पदार्थ, सामग्री।

mathematics (मैथिमैटिक्स) *n.* science of numbers; गणित।

matrimonial (मैट्रिमोनिअल) *n.* of marriage; वैवाहिक, विवाह विज्ञापन।

matter (मैटर) *n.* material or things; मामला, द्रव्य, पदार्थ, वस्तु, उपादान।

maximum (मैक्सिमम्) *adj.* & *n.* greatest possible amount; अधिकतम, महत्तम।

May (मे) *n.* the fifth month of the year; मई का महीना, वर्ष का पांचवा मास।

may (मे) *v. aux.* used to indicate possibility or probability; सकना, होना।

mayor (मेयर) *n.* head of a municipal corporation; महापौर, निगमाध्यक्ष।

me (मी) *pron.* मुझको, मुझे, स्वयं को।

meal (मील) *n.* food भोजन, आहार।

mean (मीन) *adj.* (meaner, meanest) poor, low in rank, selfish; *n.* average; *v.t.* (*p.t.* meant) intend; न्यून, तुच्छ, नीच, अधम, मध्यमान, औसत, अभिप्राय होना, अर्थ रखना।

meaning (मीनिंग) *n.* to intead; अभिप्राय, आशय, अर्थ।

measure (मैज़र) *v.t.* find the size, etc.; *n.* size or quantity found by measuring, unit standard; नापना, मापना, नाप, माप, उपाय, कार्यवाही; **measurement**, नाप, माप, नापन।

meat (मीट) *n.* flesh as food; मांस, गोश्त।

mechanical (मिकैनिकल) of machine; यांत्रिक, मशीनी।

mediate (मीडिएट) *v.t./i.* act as peacemaker between disputants; मध्यस्थता क., बीचबचाव क.।

medical (मैडिकल) *adj.* of the science; of medicine ; चिकित्सा संबंधी, हकीमी, वैद्यक।

medicine (मेडिसन) *n.* any substance used as a remedy for disease; दवाई, औषधि, दवा।

meek (मीक) *adj.* polite; विनम्र, विनीत।

meet (मीट) *v.t.* (*p.t.* met) come face to face, experience, satisfy; *adj.* suitable, proper; मिलना, भेंट क., परिचय क., सामना क., उचित, ठीक, उपयुक्त।

meeting (मीटिंग) *n.* an interview; संगम, सम्मेलन, बैठक, मिलाप।

mellow (मेलो) *adj.* ripe, juicy; नरम, तैयार, परिपक्व, रसदार।

melody (मेलोडी) *n.* sweet music; मधुर संगीत, स्वरमाधुर्य, लय; **melodious**, श्रुति मधुर, मीठा, रसीला।

melon (मेलन्) *n.* juicy round fruit; तरबूज।

melt (मेल्ट) *v.t./i.* become liquid; गलना, पिघलना, द्रवीभूत होना।

member (मैम्बर) *n.* belonging to a group or society; सदस्य, अंग, अवयव, भाग।

memorial (मिमॉरिअल) *n.* in memory of; स्मारक, यादगार।

memory (मेमरि) sense of remembering; स्मरणशक्ति, याद्दाश्त।

mend (मेन्ड) *v.t./i.* repair; सुधारना मरम्मत क., ठीक क.।

mental (मैन्टल) *adj.* of mind; मानसिक, दिमागी।

mentality (मेन्टलिटि) *n.* mental ability; मानसिकता, मनोवृति।

mention (मेंशन) *v.t.* speak or write about, refer to by name; उल्लेख क., चर्चा क., वर्णन क.; mentioned, उल्लिखित, चर्चित।

merchant (मर्चेंट) *n.* trader; वणिक, व्यापारी, सौदागर।

mercy (मर्सी) *n.* kindness; दया, करूणा, कृपा; **merciless,** निर्दयी, क्रूर।

merger (मरजर) *n.* to combine into one; विलयन, विलय।

merit (मैरिट) *n.* quality that deserves praise, excellence; योग्यता, गुण, विशेषता।

merriment (मेरिमेन्ट) *n.* cheerfulness, joy; आमोद-प्रमोद, उल्लास, हर्ष, आनन्द।

merry (मैरि) *adj.* happy; आनन्द, उल्लासित, प्रसन्न, खुश।

mess (मैस) *n.* dirty condition, trouble, dining room; झंझट, बखेड़ा, गन्दी वस्तु, भोजनालय, सहभोजी दल।

message (मैसेज) *n.* spoken or written communication; संदेश, खबर।

messenger (मैसेनजर) *n.* a person who carries message; दूत, संदेशवाहक, हरकारा।

metal (मैटल) *n.* a mineral substance like copper, tin, iron; धातु।

meter (मीटर) *n.* an instrument for measuring; मापी, मापक, मीटर।

method (मैथड्) *n.* procedure of doing things; पद्धति, तरीका, विधि।

mew (म्यू) *v.t.* sound made by a cat; म्याऊं-म्याऊं क.।

micro(माइक्रो) सूक्ष्म, जैसे micro-analysis, micro-biology

middle (मिडिल) *n.* at an equal distance from extremes; मध्य, मध्यम, बीच का; **middle age,** मध्ययुग; **middle finger;** मध्य अंगुली; **middleman,** दलाल।

mighty (माइटि) *adj.* powerful, very strong; प्रबल, बलवान, शक्तिशाली।

mild (माइल्ड) *adj.* (milder, mildest) moderate, not harsh; नरम, मंद, हल्का, कोमल।

military (मिलिटॅरि) *adj.* of soldiers of the army;सैनिक, सेना संबंधी।

milk (मिल्क) *n.* white liquid secreted by mammary glands of female mammals; दूध; **milkmaid,** ग्वालिन; **milkman,** ग्वाला; **milkwhite,** दुग्धश्वेत।

mill (मिल) *n.* machinery for grinding, building containing this;चक्की, कारखाना, मिल।

million (मिलियन) *n.* & *adj.* one thousand thousand; दस लाख।

mind (माइन्ड) *n.* ability to think & reason, sanity मन, बुद्धि, स्मृति, समझ, याद्दाश्त।

mine (माइन) *n.* subterranean passage; खान, सुरंग; **miner,** खनिज, खान-मजदूर।

mineral (मिनरल) *n.* ore, etc,; खनिज, धातु संबंधी।

minimum (मिनिमम) *n.* smallest possible; न्यूनतम, लघुत्तम, निम्नतम।

minister (मिनिस्टर) *n.* person as the head of the Department of State मन्त्री, वजीर; **ministry,** मंत्रालय।

minor (माइनर) *adj.* lesser, not important, not adult; छोटा, गौण, अवयस्क, नाबालिग।

minute (मिनिट) *n.* indicating time; मिनट, क्षण, कार्यविवरण।

minute (माइन्यूट) *adj.* very precise, very small; अल्पस्प, सूक्ष्म।

miracle (मिरेकल) *n.* remarkable occurence; चमत्कार, अलौकिक घटना।

mirror (मिरर) *n.* a looking glass; वर्णन, शीशा, आईना।

misbehaviour (मिसबिहेवर) *n.* bad behaviour; अभद्र व्यवहार, अशिष्टता।

miscellaneous (मिसलेनिअस) *adj.* assorted; विविध, फुटकर।

misfortune (मिसफारट्यून) *n.* bad luck; दुर्भाग्य, विपत्ति; **misfortunate,** अभागा।

miss (मिस) *n.* failure to attain; *v.t./i.* fail to hit, etc., loss; चूक, गलती, असफल होना, खो देना, न पाना।

miss (मिस) *n.* (*pl.* Mises) title of an unmarried woman; कुमारी, अविवाहिता।

mistake (मिसटेक) *n.* incorrect; भूल, गलती, भ्रम।

Mister (मिस्टर) *n.* a title prefixed to a man's name; श्रीमान, श्री, महोदय।

mistress (मिस्ट्रेस) *n.* female teacher, woman who controls; श्रीमती, गृहस्वामिनी, अध्यापिका।

mixed (मिक्स्ड) *adj.* composed of various elements or people; मिश्रित, मिलता, मिश्र, संयुक्त।

mob (मोब) *n.* crowd; भीड़, जमघट।

model (मॉडल) *n.* style, exemplary person or thing; मॉडल, आदर्श, पतिरूप, नमूना।

modern (मॉडर्न) *n.* of recent times, आधुनिक, नवीन।

money (मनी) *n.* current coins and bank notes (*pl.* moneys); मुद्रा, धन, रुपया, अर्थ, पैसा; **money order,** धनादेश।

monkey (मंकी) *n.* an animal closely resembling man; बंदर, मर्कट।

monopoly (मोनोपोली) *n.* sole possession or control; एकाधिकार, एकाधिपत्व, इजारा।

monsoon (मानसून) *n.* rainy season caused by monsoon; मानसून, ऋतुवायु।

month (मंथ) *n.* period of four weeks मास, महीना; **monthly,** मासिक, माहवार।

moon (मून) *n.* the earth's natural satellite; चन्द्रमा, चांद; **full-moon,** पूर्णचन्दर; **newmoon,** नवचन्द्र।

moral (मोरल) *adj.* concerned with right and wrong, conduct; नैतिक, नीतिशास्त्रीय, आचारिक।

more (मोर) *n.* greater in quantity or intensity; अधिक, बहुत, ज्यादा, अतिशय।

morning (मार्निंग) *n.* early part of the day between down and noon; सुबह, भोर, प्रात:; **good morning,** नमस्ते।

mortal (मॉरटल) *n.* fatal, subject to death; मरणशील, नाशवान, नश्वर।

mother (मदर) *n.* female parent; मां, जननी, माता।

mount (माउन्ट) *v.t./i.* get or put on a horse, etc; चढ़ना, सवार होना या करना।

mountain (माउन्टेन) *n.* very high hill; पर्वत, पहाड़।

mouth (माउथ) *n.* the opening through which animals in food; मुख, चेहरा, मुंह; **mouth of river,** मुहाना।

move (मूव) *v.t./i.* change in place or position; चलना, हिलाना, आगे बढ़ाना, प्रचलित क., सरकना, हटाना; movement, गति, हरकत, हलचल।

mud (मड) *n.* soft, wet earth; कीचड़, पंक, गारा।

multiply (मल्टिप्लाइ) *v.t./i.* increase in number, गुणा क., बढ़ाना, संवर्धन क.।

murder (मर्डर) *n.* killing by intention; हत्या, वध, खून।

music (म्यूजिक) *n.* the art of producing a rhythmical sequence of combination of sounds in such a manner as to please the ear; संगीत, लय, सुर, राग।

mystery (मिस्टॅरि) *n.* secret matter, obscure and unexplored thing; रहस्य, राज, गूढ़, पहेली।

N

nail (नेल) *n.* a thin, horny plate, consisting of modified epidermis, growing on the upper side of the end of finger or toe; नाखून, कील, कांटा।

naked (नेकिड) *adj.* not covered, exposed; खुला, नंगा, अनावृत, नग्न, विवस्त्र।

name (नेम) *n.* words by which a thing is known; नाम, संज्ञा, उपाधि।

napkin (नेपकिन) *n.* a kind of small towel; a handkerchief; अंगौछा, गमछा, तौलिया, रूमाल।

narrate (नॅरेट) *v.t.* give an account; वर्णन क., narration, वर्णन।

narrow (नैरो) *adj.* (narrower, narrowest) not wide; संकीर्ण, संकुचित, छोटा, तंग।

nation (नेशन) *n.* people under one government; राष्ट्र, कौम; **national,** राष्ट्रीय।

natural (नेचुरल) *adj.* of nature, not artificial; प्राकृतिक, सहज, सामान्य, प्राकृत।

nature (नेचर) *n.* the whole universe; प्रकृति, सृष्टि, स्वरूप, स्वभाव, प्रवृत्ति।

naught (नॉट) *n.* nothing; शून्य, कुछ नहीं; **naughty,** उद्दण्ड, शैतान, हठी।

naval (नेवल) *adj.* of navy; नौसेना संबंधी।

navy (नेवि) *n.* the whole body of warships and auxiliaries belonging to a country; नौसेना।

near (निअर) *adj.* (nearer, nearest) close, not far, nearly; समीप, निकट, प्रिय, घनिष्ठ।

neat (नीट) *adj.* clean, spotless; साफ, निर्मल।

necessary (नेसिसॅरि) *adj.* essential; आवश्यक, जरूरी।

necessity (नेसिसिटि) *n.* urgent need; आवश्यकता, जरूरत, अपरिहार्यता।

neck (नेक) *n.* part joining head to trunk; ग्रीवा, गर्दन, वृन्त, डंडी।

nectar (नेक्टर) *n.* delicious drink; सुमधुर पेय, सुधा।

need (नीड) *n.* requirement; आवश्यकता, तंगी, प्रयोजन।

needle (नीडल) *n.* a small, slender, rod-like instrument; सुई, नोकदार, औजार।

negative (नेगॅटिव) *n.* expressing denial, refusal; नकार, निषेध, प्रतिकूल, उल्टा, ऋणात्मक।

neglect (निग्लेक्ट) *v.t.* pay no attention to, उपेक्षा क., लापरवाही बरतना।

negligence (नेग्लिजन्स) *n.* carelessness; उपेक्षा, लापरवाही, गफलत।

negotiate (निगोशिएट) *v.t./i.* try to reach agreement; सुलह करना, संधि क., बातचीत क., सौदा क.।

neighbour (नेबर) *n.* living or situated next or near to another; पड़ोसी, पासवाला, निकटवर्ती।

neither (नाइदर) *adv.* not either; किसी प्रकार नहीं, दोनों में से कोई नहीं।

nephew (नेफ्यू) *n.* son of one's brother or sister or son of one's brother-in-law or sister-in-law; भतीजा, भानजा।

nest (नेस्ट) *n.* place in which a bird lays eggs; नीड़, घोंसला।

net (नेट) *n.* meshed fabric of thread or twine; जाल, भ्रम, तंत्र, असली, शुद्ध, कुल, निरा।

new (न्यू) *adj.* (newer, newest) of recent origin, unfamiliar; नया, नूतन, ताजा, अनजान, अपरिचित।

news (न्यूज) *n.* new information about events; समाचार, खबर; newspaper, समाचारपत्र।

next (नेक्स्ट) *adj.* nearest in position or time; अगला, आगामी, निकटतम।

nice (नाइस) *adj.* (nicer, nicest) satisfactory; रुचिकर, संतोषप्रद, बढ़िया, अच्छा।

niece (नीस) *n.* daughter of one's brother or sister or dauther of one's brother-in-law or sister-in-law; भतीजी, भानजी।

night (नाइट) *n.* dark hours between sunset and sunrise; रात, रात्रि; **nightsoil,** विष्ठा।

nil (निल) *n.* nothing, nothing; शून्य, कुछ नहीं।

nine (नाइन) *n.* the number; नौ की संख्या।

nineteen (नाइनटीन) *adj.* & *n.* the number; उन्नीस।

ninety (नाइनटि) *adj.* & *n.* the number; नब्बे।

no (नो) *adj.* not any, not a; कोई नहीं, एक भी नहीं, नहीं।

noble (नॉबल) *adj.* (nobler, noblest) aristocratic, possessing excellent qualities; अभिजात, भद्र-व्यक्ति, कुलीन, प्रशंसनीय, व्यक्ति, उदात्त, उत्तम।

noise (नॉइज) *n.* loud sound; शोर, हल्ला, कोलाहल; **noiseless,** नि:शब्द; **noisy,** शोरवाला, मुखर।

none (नन्) *pron.* not any; कोई नहीं, कोई भी नहीं।

nonsense (नॉनसेन्स) *n.* foolish talk or behaviour; अर्थहीन, सारहीन, मूर्खतापूर्ण।

nook (नुक) *n.* corner; कोना, एकांत।

noon (नून) *n.* midday; दोपहर, एकांत।

nose (नोज) *n.* the organ of smell and respiration; नासा, नाक।

not (नॉट) *n.* brief record, short informal letter, written promise to pay money, musical note, eminence; टीप, टिप्पणी पत्र, परचा, स्वर, स्वर-संकेत, सूचना, महिमा, प्रतिष्ठा।

nothing (नथिंग) *n.* nothing, not any thing; कुछ नहीं, नाचीज, शून्य, तुच्छ वस्तु, अभाव, नगण्य वस्तु।

notice (नॉटिस) *n.* intimation, warning, attention; सूचना, नोटिस, चेतावनी, विज्ञप्ति, उल्लेख।

noun (नाउन) *n.* a naming word; नाम, संज्ञा।

novel (नोवल) *n.* fiction, new; उपन्यास, नया, नूतन, **novelist,** उपन्यासकार।

now (नाउ) *n.* present, at this time; वर्तमान, अभी, इसी समय।

nude (न्यूड) *adj.* naked, uncovered; नंगा, निर्वस्त्र, नग्न।

number (नम्बर) *n.* numeral, single, issue of a magazine, item, total, singular and number in grammar; संख्या, अंक, कुल योग पत्रिका का अंक, व्याकरण में वचन।

nun (नन) *n.* fem a woman living in a counvent under solemn vows of poverty and chastity; संयासिनी, भिक्षुणी।

nurse (नर्स) *n.* woman trained to look after the sick; परिचारिका, नर्स, उपचारिका।

nursery (नर्सरि) *n.* place where young children or plants are nursed; शिशुपालन गृह, नर्सरी, रोपण-क्यारी।

nut (नट) *n.* fruit consisting of a hard shell enclosing a kernal; गिरीदार फल सुपारी, नारियल, आदि।

nutrition (न्यूट्रिशन) *n.* nourishment; पोषण, आहारपुष्टि, पोषाहार।

O

oath (ओथ) *n.* solemn promise; शपथ सौगन्ध, कसम।

obedience (ऑविडिअन्स) *n.* doing what one is told to do; आज्ञापालन; **obedient** आज्ञाकारी।

obey (ओबे) *v.t./i.* do what one is asked to do; आज्ञापालन क.।

object (ओबजेक्ट) *n.* anything that is visible or tangible and is stable in form; बिम्ब, वस्तु, पदार्थ, विषय, उद्देश्य, लक्ष्य।

objection (ओबजेक्शन) *n.* disapproval; आपत्ति, बाधा, विरोध।

obligation (ओबलिगेशन) *n.* being obliged to do something; आभार, बंधन, बाध्यता।

oblige (ओबलाइज) *v.t.* gratitude; आभारी क., अनुगृहित क.।

obscene (ऑबसीन) *adj.* offensive; अश्लील, अशिष्ट, गन्दा, अभद्र, कुत्सित।

obscure (ऑब्स्क्यूअर) *adj.* not clear, not easily understood; अस्पष्ट, मलीन, दुर्बोध, अविज्ञात।

observation (ऑबजरवेशन) *n.* observing, comment; अवलोकन, टिप्पणी, आलोचना।

obstinate (ऑब्स्टिनॅट) *adj.* not easily influenced; जिद्दी, हठी।

obstruction (ऑबस्ट्रक्शन) *n.* hindrance; बाधा, रुकावट, अवरोध।

occasion (अकेजन) *n.* special event, opportunity; अवसर, सुयोग, प्रसंग।

occupation (ऑक्यूपेशन) *n.* employment, hold possession by force; व्यवसाय, धंधा, दखल, अधिकार जमाना।

occupy (ओक्यूपाई) *v.t.* to live in, win and possess; अधिकार क., दखल क., लेना।

ocean (ओशयन) *n.* sea; समुद्र, महासागर, सिंधु।

October (ऑक्टोबर) *n.* the tenth month of the year; अक्तूबर मास।

odd (ऑड) *adj.* (odder, oddest) number not exactly divisible by two, unusual;विषम, अजीब।

odour (ओडर) *n.* smell; गंध, वास।

of (ऑफ) *prep.* used to indicate distance or direction;का, संबंधी में; में से।

off (ऑफ) *adv.* away, disconnected, not operating; *prep.* away from; कटा हुआ, बन्द, च्युत, दूरी पर, परे।

offence (ऑफेन्स) *n.* illegal act, annoyance; अपराध, क्षोभ, कष्ट।

offer (ऑफर) *v.t./i.* (*p.t.* offered) present for acceptance or refusal, show willingness; प्रस्ताव देना, पेश क., अर्पण क.।

office (ऑफिस) *n.* room or rooms used as a place of business; कार्यालय, दफ्तर, पद, पदवी; **officer**, अफसर, अधिकारी।

often (ऑफन) *adv.* many times; प्रायः, अक्सर।

oil (ऑयल) *n.* liquid which doesn't mix water; तेल, तैल।

O.K. all correct; सर्वकुशलम्, सब ठीक है।

old (ओल्ड) *adj.* (older, oldest) for a long time, not recent or modern; वृद्ध, बूढ़ा, आयु का, उम्र का, पुराना।

omen (ओमेन) *n.* event regarded as a prophetic sign; शकुन, सगुन।

omit (ऑमिट) *v.t.* (*p.t.* omitted) leave out; छोड़ देना, सम्मिलित न क.; **omission**, चूक, छूट, भूल।

omni- सर्व, जैसे omnipresent (ऑम्निप्रजेन्ट) *adj.* सर्वव्यापक।

on (ऑन्) *prep.* supported by, using as a basis, close to, towards, exactly at, during; *adv.* so as to be covering something, with continued movement, operating; ऊपर, पर, को, आधार, लगातार, बराबर, और आगे।

one (वन) *adj.* single, individual, *n.* smallest whole number (1), single thing or person; *pron.* person; एक, अकेला, एक की संख्या, इकाई, कोई।

onion (अनयन्) *n.* vegetable plant with a strong flavour and smell; प्याज।

only (ओन्लि) *adj.* mere; मात्र, एकमात्र, केवल, निरा; *adv.* अतिरिक्त, मात्र, सिवाय, बस, इतना ही, महज; **if only** काश।

opaque (ऑपेक) *n.* not transparent; अपारदर्शी।

open (ओपन) *adj.* not closed, sealed or locked unfolded, not covered, frank available, not secret; मुक्त, आवरणहीन, खुला, सुलभ, स्पष्ट, साफ, बेरोक-टोक, अबाधित।

opening (ऑपनिंग) *n.* open space; उद्घाटन, मुख, द्वार, दरार, छेद, सुराख।

opinion (ऑपिनियन) *n.* what one thinks on a particular point; राय, मत, सम्मति, विचार, अंदाज।

opium (ओपिअम) *n.* juice of poppy; a narcotic drug; अफीम।

oppose (अपॉज) *v.t.* argue or fight against; विरोध क., सामना क.।

opposite (ऑपजिट) *adj.* facing of a contrary kind; *n.* opposite thing or person; सम्मुख, सामने, आमने-सामने, विरोधी, विपरीत, प्रतिपक्ष।

opposition (ऑपजिशन) *n.* act of opposing; विरोध, दुश्मनी, विरोधी दल।

optimist (ऑपटिमिस्ट) *n.* person who looks upon the bright side of things; आशावादी।

optional (ऑपशनल) *adj.* not compulsory; ऐच्छिक, वैकल्पिक।

or (और) *conj.* as an alternative, because if not; अथवा, वा, या, दो विकल्पों में से एक का सूचक।

oral (ऑरल) *adj.* spoken of the mouth; मौखिक, जबानी।

orange (ओरेंज) *n.* a thick-skined juicy fruit; संतरा, नारंगी।

order (आर्डर) *n.* command, usual sequence, efficient state, system of rules, things supplied, kind, quality; आदेश, क्रम, पद्धति, व्यवस्था, श्रेणी, वर्ग, किस्म।

ordinary (ऑर्डिनरि) *adj.* Common, not exceptional; साधारण, सामान्य, मामूली, आम।

organ (ऑरगन) *n.* a part of the animal or human body having a specific function; इन्द्रिय, अंग, अवयव, बाजा।

origin (ऑरिजिन) *n.* point, source, parentage; उद्गम, मूल, उत्पत्ति, वंश।

ornament (ओरनामेंट) *n.* decoration; आभूषण, अलंकार, गहने।

orphan (ऑरफन) *n.* child whose parents are dead; अनाथ, यतीम।

other (अदर) *adj.* alternative, not the same, *n & pron.* the other person or thing; *adv.* otherwise; पृथक, अतिरिक्त अन्य, और, दूसरा, भिन्न, इतर, पर, अनय, अन्यथा।

otherwise (अदरवाइज) *adv.* in other respects; अन्यथा।

our (आउअर) *adj.* belonging to us; हमारा, हम लोगों से संबंधित।

out (आउट) *adv.* away from, not at home, no longer in office or fashion, no longer burning, in error, no longer visible, into the open, completely; बाहर, दूर, बुझा, खुले में, पूरी तरह से, फैशन आदि से बाहर, अलग, हड़ताल पर।

outbreak (आउटब्रेक) *n.* breaking out disease or war etc.; युद्ध, उत्पात का आरंभ, बीमारी फूट पड़ना।

outcast (आउटकास्ट) *n.* person driven out of society; बहिष्कृत, निष्कासित।

outcome (आउटकम) *n.* result; परिणाम, फल, नतीजा।

outer (आउटर) *adj.* external; बाहरी, बाह्य।

outline (आउटलाइन) *n.* a general sketch, account indicating only the main features; रूपरेखा, खाका, रेखाचित्र।

over (ओवर) *prep.* in a position higher than, above and across, throughout, during, more than; पर, ऊपर, आगे, में, अत्यधिक।

overlook (ओवरलुक) *v.t.* fail to see; उपेक्षा क., अनदेखी क.।

own (ओन्) *adj.* belonging to oneself; *v.t.* have as one's property, अपनी, अधिकार में, निजी, स्वामित्व रचना, स्वामी होना।

owner (ओनर) *n.* possessor; स्वामी, मालिक।

ox (ऑक्स) *n.* वृषभ, बैल, सांड।

oxygen (ऑक्सीजन) *n.* gas without colour, taste or smell, present in the air; प्राणवायु।

P

pace (पेस) *n.* single step, rate of progress; कदम, डग, प्रगति की गति।

pack (पैक) *n.* collection of things tied and wrapped, set of cards, group of hounds, etc.; गठरी, समूह, दल, ताश की गड्डी, शिकारी कुत्तों का दल।

pact (पैक्ट) *n.* agreement; समझौता।

paddy (पैडि) *n.* rice in the husk; धान।

page (पेज) *n.* sheet of paper in a book, etc., boy attendant; पृष्ठ, पन्ना, बाल-चाकर।

paid (पेड) *adj.* already given; अदा किया हुआ।

pain (पेन) *n.* suffering पीड़ा, दर्द, तकलीफ।

pair (पेअर) *n.* set of two, couple; युग्म, युगल, दम्पत्ति।

palace (पैलेस) *n.* residence of king; राजभवन, महल, प्रासाद।

pale (पेल) *adj.* (paler, palest) पीला, पाण्डुर, फीका, रक्तहीन।

palm (पाम) *n.* the inner surface of the hand; हथेली, ताड़, खजूर।

pan (पेन) *n.* swallow vessel; कड़ाही, तवा पात्र।

panic (पैनिक) *n.* sudden strong fear; आतंक, भगदड़, दहशत।

paper (पेपर) *n.* substance used for writing; पत्र, कागज, दस्तावेज।

parade (परेड) *n.* procession of people or things; परेड, दिखावा, प्रदर्शन, जुलूस में चलना।

paradise (पैरेडाइस) *n.* heaven; स्वर्ग, बैकुंठ।

parallel (पेरलल) *n.* similar, corresponding; समांतर, सदृश्य, तुल्य।

parasite (पेरेसाइट) *n.* living on another; परजीवी, पराश्रयी।

parent (पेरेन्ट) *n.* father or mother; जनक, माता-पिता, पूर्वज, मूल।

park (पार्क) *n.* public garden *v.t.* place and live temporarily; उपवन, उद्यान, मोटर, गाड़ी आदि खड़ी (पार्क) क.।

parliament (पार्लियामेंट) *n.* supreme law making assembly; संसद।

parrot (पेरट) *n.* a bird of beautiful plumage taught to repeat words; तोता, सुग्गा, मिट्ठू।

part (पार्ट) *n.* some but not all, portion, share, character of an actor, region; *v.t./i.* separate divide, खंड, भाग, अंश, अंग, अवयव, टूटना, अलग होना, खंडित क.।

party (पार्टि) *n.* social gathering, a person or persons forming one side in an agreement, etc; समारोह, दल, पक्ष, पक्षकारा।

pass (पास) *v.t./i.* (*p.t.* passed) move onward, discharge from the body, happen, occupy, be currently known, be allowed, examine and declare satisfactory, go beyond; आगे बढ़ना, चलना, बहना, त्यागना, होना, पास होना, उतीर्ण।

passage (पेसेज) *n.* way through; section of a literary work; मार्ग, यात्रा, किराया, लेख का अंश।

passenger (पेसेन्जर) *n.* person travelling in a vehicle; यात्री, मुसाफिर।

passive (पेसिव) *adj.* not active, dull; निष्क्रिय, निश्चेष्ट।

past (पास्ट) *adj.* gone by; विगत, व्यतीत, पिछला, पूर्व।

pasture (पास्चर) *n.* land for grazing. cattle; चरागाह।

pat (पैट) *v.t.* (*p.t.* patted) tap gently; थपकी देना, थपथपाना।

patch (पेच) *n.* piece in mending, piece of ground; पैबन्द, भूखंड, टुकड़ा।

path (पथ) *n.* way by which people pass on foot; पथ, मार्ग, रास्ता।

patience (पेशेन्स) *n.* calm, endurance; धैर्य, सहनशक्ति।

patient (पेशन्ट) *adj.* showing patience, patient treated by doctor; धीर, सहनशील, रोगी, बीमार।

patriot (पेट्रिअट) *n.* a person who loves his country with devotion; देशभक्त; **patriotism,** देशभक्ति।

pause (पॉज) *n.* temporary stop; विराम, विश्राम।

paw (पॉ) *n.* animal's foot that has claw or nail; पंजा, चंगुल।

pay (पे) *n.* payment, wages, *v.t./i.* (*p.t.* paid) give money in return, give what is owed, bestow; वेतन, तनख्वाह, अदायगी, देना, चुकाना, भुगतान क., चुकता क.।

pea (पी) *n.* the round, highly nutritious seed of a leguminous plant; मटर।

peace (पीस) *n.* freedom for war, etc., treaty ending a war; शान्ति, युद्धविराम, संधि-सुलह, मौन।

peacock (पीकॉक) *n.* large female bird with long, blue and green tail feathers; मयूर, मोर।

peak (पीक) *n.* maintain top; शिखर, चोटी; **peak period,**व्यस्ततम काल।

pearl (पर्ल) *n.* silvering white gem formed within shell of oyter; मुक्ता, मोती।

peasant (पीजेन्ट) *n.* farmer; कृषक, किसान।

pebble (पेबल) *n.* a small rounded stone; कंकड़, रोड़ा, मिट्टी।

peculiar (पिक्यूलिअर) *n.* individual, strange, व्यक्तिगत, विशिष्ट, असाधारण।

pedlar (पेडलर) *n.* person selling things from house to house; फेरी-वाला, खोंचेवाला।

peg (पेग) *n.* pin of wood or other material driven or fitted into something; कील, खूंटी।

pen (पेन) *n.* instrument for writing with ink; लेखनी, कलम।

pending (पेन्डिंग) *adj.* Waiting, to be decided; अनिर्णत, विलम्बित।

pension (पेंशन) *n.* regular payment made after retirement; पेंशन, निवृत्तिवेतन।

people (पीपल) *n.* human beings, persons; लोग, लोक, राष्ट्र।

per (पर) *prep.* for each, by means of; से, द्वारा, की सहायता से।

percentage (परसेन्टिज) *n.* per hundred; प्रतिशत, फीसदी।

perfect (परफैक्ट) *adj.* complete, not lacking; पूरा, पूर्ण, सम्पूर्ण; **perfection,** पूर्णता, समग्रता।

perform (परफार्म) *v.t./i.* carry into effect, go through an act, act in a play; पालन क., पूरा क., नाटक आदि खेलना।

period (पीरिअड) *n.* portion of time;अवधि, युग, काल, समय, जमाना।

permanent (परमानेन्ट) *n.* not temporary; स्थायी, नित्य।

permission (परमिशन) *n.* consent or authorization; अनुमति, इजाजत, स्वीकृति।

person (परसन) *n.* individual human being, one's body; व्यक्ति, मनुष्य, शरीर, देह; **personal**, व्यक्तिगत, निजी; **personality**, व्यक्तित्व।

persuade (परस्वेड) *v.t.* cause a person to believe or to do something; मनाना, समझाना, फुसलाना।

pet (पेट) *n.* tame animal, darling, *v.t.* treat with affection, fondle; पालतू पशु, प्यारा, दुलारना, प्यार क., पालतू बनाना।

petticoat (पेटिकोट) *n.* underskirt of a woman; घाघरा, लंहगा।

petty (पैटि) *adj.* (pettier, pettiest) insignificant, very small, minor; नगण्य, तुच्छ, छोटा।

philosopher (फिलॅसाफर) *n.* person skilled in philosophy; दार्शनिक; philosophy, दर्शन, तत्वज्ञान।

photography (फॅटॉग्राफि) *n.* to take photographs of; फोटोचित्रण, कैमरे से चित्र लेने की कला।

phrase (फ्रेज) *n.* group of words as a unit; वाक्यांश।

physical (फिजिकल) *adj.* of the body; शारीरिक, भौतिक, दैहिक, प्राकृतिक।

pickle (पिकल) *n.* something preserved in brine or marinade; अचार, मुरब्बा।

picture (पिक्चर) *n.* representation of persons or things; चित्र, तस्वीर; picture-house, सिनेमाघर।

piece (पीस) *n.* part, fragment; अंश, खण्ड, टुकड़ा, हिस्सा, सिक्का।

pig (पिग) *n.* domestic or wild animal with short legs, colven hoofs, heavy body; swine; सुअर, शूकर।

pigeon (पिजन) *n.* a bird of the dove family; कपोत, कबूतर।

pile (पाइल) *n.* heap, large amount; ढेर, राशि, अपार संपत्ति।

pilgrim (पिलग्रिम) *n.* religious traveller; तीर्थयात्री।

pillar (पिलर) *n.* upright column; स्तंभ, खंबा।

pillow (पिलो) *n.* a cloth case stuffed with feathers, down or soft material used to support the head; तकिया।

pilot (पाइलट) *n.* one who steers a ship; विमान चालक।

pin (पिन) *n.* पिन, कील; *v.t.* नत्थी क., चुभोना, लगाना।

pink (पिंक) *adj.* pale red; गुलाबी, प्याजी।

pipe (पाइप) *n.* tube, smoking pipe; नली, नल, पाइप, चहचह, चिलम।

pity (पिटि) *n.* feeling of sorrow for another's suffering; दया, करुणा।

place (प्लेस) *n.* particular part of space or book, etc.; स्थान, जगह, प्रदेश, भूमि, ठाँव।

plain (प्लेन) *adj.* (plainer, plainest) easy to understand, candid, ordinary, not good looking; सरल, स्पष्ट, साधारण, अनाकर्षक।

plan (प्लान) *n.* a design; योजना, रेखाकृति, मानचित्र।

plant (प्लान्ट) *n.* living organism smaller than trees and shrubs; पौधा, वनस्पति, संयंत्र, मशीन; *v.t.* लगाना, गाड़ना, रोपना।

play (प्ले) *v.t./i.* occupy in games, act in a drama; नाटक क., रिकार्ड सुनाना या बजाना, आचरण, चाल चलना।

pleasant (प्लेजेंट) *adj.* pleasant; सुखकर, आनंददायक।

please (प्लीज) *v.t./i.* give pleasure to be so kind as to, think fit; प्रसन्न क., आनन्द देना, राजी क., संगत समझना।

pleasure (प्लेजर) *n.* feeling of satisfaction or joy; सुख, तुष्टि, प्रसन्नता।

plural (प्लूरल) *n.* more than one; बहुवचन, अनेक।

plus (प्लस) *prep.* with the addtion of; धन, धन चिह्न (+), जोड़।

pocket (पोकेट) *n.* & v. small bag like part in a garment; one's resources, isolated area or group, put into one's pocket; खीसा, जेब, आर्थिक साधन, खाली जगह, क्षेत्र, जेब में रखना।

poem (पोइम) *n.* composition in verse esp. imaginative one; पद, कविता, पद्य।

poet (पोइट) *n.* writer of poems; कवि, पद्यकार।

point (पाइन्ट) *n.* sharp end, dot, particular place, moment, item, detail, *v.t./i.* aim, direct, indicate, sharpen; नोक, बिन्दु, विराम चिह्न, स्थान, क्षण, प्रकरण, वस्तु, लक्ष्य, निशाना लगाना, तेज क., दिशा देना, संकेत क., लक्ष्य बनाना।

poison (पाएजन) *n.* substance that kills or harm; गरल विष, जहर; **poisonous**, जहरीला, विषैला।

polar (पोलर) *adj.* of poles; ध्रुवीय, चुम्बकीय।

pole (पोल) *n.* long post, end of earth's axis, North and South Poles; खम्भा, बल्ली, ध्रुव; **pole-star,** ध्रुवतारा।

police (पुलिस) *n.* an organized civil force for maintaining law and order; पुलिस, आरक्षक; **police station,** थाना।

policy (पॉलिसी) *n.* general plan of action; नीति, राजनीति, कार्यनीति, बीमे की पॉलिसी।

political (पॉलिटिकल) *adj.* of politics; राजनैतिक, राजकाजी।

poll (पोल्) *n.* voting, place for this; मतदान, मतदान का स्थान, मतदान क.।

pollute (पोल्यूट) *v.t.* to make foul; दूषित क., अपवित्र क.।

pond (पोन्ड) *n.* small area of still water; तालाब, तलैया, ताल, पोखरा।

pony (पोनि) *n.* small breed of harse; टट्टू।

pool (पूल) *n.* a small body of still water; कुंड, ताल।

poor (पूर) *adj.* (poorer, poorest) having little money or means, not very good; दीन, दरिद्र, निर्धन, हीन, बेचारा, घटिया।

poppy (पॉपि) *n.* plant of opium; खसखस, पोस्त।

popular (पॉप्युलर) *adj.* enjoyed or liked by many people; लोकप्रिय, प्रसिद्ध, लोकमान्य।

population (पॉप्यूलेशन) *n.* inhabitants of an area; जनसंख्या, आबादी, जनसमुदाय।

port (पोर्ट) *n.* harbour, बंदरगाह, पत्तन।

porter (पोर्टर) *n.* person employed to carry goods; कुली, भारिक, भारवाहक।

portion (पोर्शन) *n.* part, share; अंग, हिस्सा, खण्ड।

position (पोजिशन) *n.* situation, status, job; स्थिति, पद, स्थान, स्तर, हैसियत, श्रेणी।

positive (पोजिटव) *adj.* definite, explicit, constructive, greater than zero; स्पष्ट, निश्चित, सकारात्मक, धनात्मक, धन, संख्या।

possess (पजेस) *v.t.* hold as belonging to oneself; अधिकार रखना, स्वामी होना, धारण करना।

possible (पोसिबल) *adj.* capable of existing, संभव, संभाव्य।

post (पोस्ट) *n.* piece of timber set up right, place of duty the letters, etc. *v. t.* put into post enter in ledger, place, station; खम्भा, पद, पत्र, इत्यादि, डाक, डाक में डालना, इन्दराज क., खाते में चढ़ाना; **postcard** कार्ड; **postmaster** डाकपाल; **postage,** डाक व्यय; **postal** डाक संबंधी।

posting (पोस्टिंग) *n.* enter into a register, to post, appoint; दर्ज क., डाक में डालना, नियुक्ति।

postpone (पोस्टपोन) *v.t./i.* keep for a later date; स्थगित क., मुल्तवी क.।

pot (पॉट) *n.* vessel for cooking, etc; पात्र, हंडिया, बरतन।

potato (पोटेटो) *n.* an edible root; आलू।

potent (पोटेंट) *adj.* powerful; सशक्त, बल।

potter (पॉटर) *n.* make of pots; कुम्हार; pottery, मिट्टी के बर्तन।

poultry (पौल्ट्रि) *n.* domesticated fowl collectively esp. those valued for their meat & eggs मुर्गी पालना।

pour (पोअर) *v.t./i.* cause to flow, rain heavily बहाना, ढ़रकाना, मूसलाधार बरसना, उमड़ना।

poverty (पॉवर्टि) *n.* state of being poor; गरीबी, निर्धनता, अभाव।

powder (पाउडर) *n.* any solid substance finely crushed; चूर्ण, पाउडर।

power (पॉउअर) *n.* ability to do something, strength, authority, energy, electric supply; क्षमता, शक्ति, जोर, ताकत, अधिकार, ऊर्जा, बिजली।

practical (प्रेक्टिकल) *adj.* opposed to theory, suitable for use, virtual; प्रयोगात्मक, व्यवहारिक, प्रायोगिक।

practice (प्रैक्टिस) *n.* habitual action, repeated action; अभ्यास, practise, काम में लाना, व्यवसाय क.।

praise (प्रेज) *n. & v.* express admiration; प्रशंसा, सराहना क.।

pray (प्रे) *v.t./i.* say prayers, entreat; प्रार्थना क., विनय क.।

prayer (प्रेअर) *n.* act of praying of God; प्रार्थना, स्तुति, विनय।

preach (प्रीच) *v.t.* deliver a sermon, expound; प्रवचन क., शिक्षा देना, उपदेश क., पाठ पढ़ाना।

precious (प्रेशस) *adj.* of great value, beloved; बहुमूल्य, कीमती, प्यारा, प्रिय।

precise (प्रिसाइस) *adj.* exact, correctly stated; यथार्थ, ठीक-ठीक, सुनिश्चित; **precision,** सूक्ष्मता, परिशुद्धता।

predecessor (प्रीडिसेसर) *n.* former holder of position, etc., पूर्वगामी, पूर्ववर्ती।

predict (प्रिडिक्ट) *v.t.* tell before; पूर्व-सूचित क., भविष्यवाणी क.।

pre-eminent (प्रीएमिनेन्ट) *n.* famous, well known; विशिष्ट, प्रधान, ख्यात।

preface (प्रिफेस) *n.* preliminary part of a speech; भूमिका।

pregnant (प्रेगनेन्ट) *adj.* a stage of development before birth; गर्भवती, अर्थगर्भित, भरा।

preliminary (प्रिलिमनॅरि) *n.* introductory; प्राथमिक, प्रबंध, व्यवस्था।

premature (प्रेमेच्योर) *adj.* coming before proper time; अपरिपक्व, समयपूर्ण, कच्चा।

premium (प्रीमिअम) *n.* instalment paid for an insurance policy; लाभ, बढ़ौती, बीमा-किस्त।

prepare (प्रीपेअर) *v.t./i.* make or get ready; तैयार क., बनाना; **preparation,** तैयारी।

presence (प्रजेंस) *n.* being present; उपस्थिति, विद्यमानता; **present,** उपस्थिति, पेश, वर्तमान।

press (प्रेस) *v.t./i.* squeeze, apply force, flatten, smooth, iron (clothes, etc.), urge; *n.* process of pressing, printing press, newspapers, etc; निचोड़ना, दबाव डालना, दबाना, कुचलना, कसना, प्रेस क., प्रोत्साहित क., छापाखाना, समाचारपत्र, आदि।

pressing (प्रेसिंग) *adj.* urgent, जरूरी, आवश्यक।

pressure (प्रेसर) *n.* the exertion of force upon a surface by an object, fluid etc. in contact with it; दाब, दबाव, उत्पीड़न, मुसीबत।

prestige (प्रेस्टीज) *n.* respect, reputation; प्रतिष्ठा, यश, कीर्ति।

pretend (प्रिटेन्ड) *v.t./i.* make a false impression; बहाना, छल क.।

pretty (प्रिटि) *adj.* (prettier, prettiest) attractive; चारू आकर्षक, सुन्दर।

prevent (प्रिवेन्ट) *v.t.* keep from happening; रोकना, न होने देना।

prey (प्रे) *n.* animal hunted for food, victim; शिकार, आखेट।

price (प्राइस) *n.* money paid for a thing; कीमत, मूल्य, भाव, दाम।

prick (प्रिक) *v.t./i.* pierce slightly, pricking sensation; चुभना, कोचना, गड़ना, सालना।

pride (प्राइड) *n.* arrogance; दर्प, गर्द, घमंड।

priest (प्रीस्ट) *n.* a religious minister; पुजारी, पादरी।

primary (प्राइमरि) *adj.* first in time, order or importance; प्राथमिक, मुख्य, प्रधान।

prime (प्राइम) *adj.* chief, first fundamental; प्रधान, मुख्य, आदिम।

primitive (प्रिमिटिव) *adj.* of an early stage, crude, simple; आदिम, असभ्य, सादा, सरल।

prince (प्रिन्स) *n.* the son of a king; राजकुमार, राजपुत्र; **princess** राजकुमारी, राजपुत्री।

principal (प्रिंसीपल) *n.* most important; प्रधान, प्रधानाचार्य, मुख्य, मूल।

principle (प्रिंसीपुल) *n.* general truth as a basis of reasoning; तत्व, सिद्धांत, प्रमुख, नियम।

print (प्रिन्ट) *v.t.* impress, press a mark; छापना, छपाई, अंकित क., मुद्रण क. चित्र उतारना, प्रिन्ट लेना।

prison (प्रिजन) *n.* place where convicts are kept; कारगृह, जेल; **prisoner,** कैदी, बंदी।

private (प्राइवेट) *adj.* personal, not public, confidential; निजी, व्यक्तिगत, गैरसरकारी, असार्वजनिक, गुप्त।

prize (प्राइज) *n.* award; पुरस्कार, इनाम।

problem (प्राब्लम) *n.* thing to be solved; समस्या, प्रश्न।

procedure (प्रोसिजर) *n.* mode of conducting legal, parliamentary or other; क्रियाविधि, प्रक्रिया।

process (प्रॉसेस) *n.* series of operations deliberately undertaken; प्रक्रिया, कार्यवाही, विधि।

procession (प्रोसेशन) *n.* the act of proceeding; जुलूस, शोभायात्रा।

proclamation (प्रॉक्लमेशन) *n.* to announce publicly; घोषणा।

produce (प्रोड्यूस) *n.* things produced; *v.t.* bring before the public, direct, the acting, manufacture; उपज, उत्पत्ति, पैदावार, पेश क., बढ़ाना, तैयार क., पैदा क.।

product (प्रोडक्ट) *n.* that which is produced by labour; उत्पत्ति, उपज, उत्पादन।

profess (प्रॉफेस) *v.t./i.* avow; मानना, दावा क., प्रकट क.।

profession (प्रोफेशन) *n.* occupation; व्यवसाय, पेशा, रोजगार; **professional,** व्यवसायिक, पेशेवर।

profit (प्रॉफिट) *n.* gain, benefit; लाभ, मुनाफा।

profound (प्रॉफाउन्ड) *adj.* deep; गहरा, गंभीर, घना।

profuse (प्रॉफ्यूज) *adj.* plentiful; प्रचुर, विपुल, अत्यधिक।

programme (प्रोग्राम) *n.* a plan or schedule to be followed; कार्यक्रम, योजना।

progress (प्रोग्रेस) *n.* advance, development; उत्कर्ष, उन्नति, उत्थान।

prohibit (प्रॉहबिट) *v.t.* forbid; निषेध क., मना करना, वर्जित क.।

project (प्रॉजेक्ट) *n.* plan, undertaking; योजना, उपाय, परियोजना, उपाय।

prominent (प्रॉमिनेन्ट) *adj.* important, well known; प्रमुख, विख्यात।

promise (प्रॉमिस) *n.* an assurance given to a person that one will do as one says; वचन, प्रतिज्ञा, वादा, करार।

promote (प्रमोट) *v.t.* help the progress of, raise to higher level; उन्नति क., बढ़ाना, उन्नत क.।

promotion (प्रमोशन) *n.* promoting or being promoted; पदोन्नति, उत्कर्ष, अभिवृद्धि।

prompty (प्रॉम्प्टलि) *adv.* quickly; तत्काल, शीघ्र, सत्वर।

pronounce (प्रॉनाउन्स) *v.t.* declare; सुनाना, उच्चारण क., घोषणा क.।

proof (प्रूफ) *n.* evidence, trial, impression of printing; प्रमाण, सबूत, गवाही, छापे के प्रूफ।

propagation (प्रॉपगेशन) *n.* breed, reproduce from parent stock; वर्धन, संतानवृद्धि।

proper (प्रॉपर) *adj.* suitable, correct; उचित, ठीक, स्वाभाविक।

property (प्रॉपर्टि) *n.* things owned, real estate; सम्पत्ति, गुण, स्वभाव।

prophet (प्रॉफेट) *n.* person who tells the future, religious teacher inspired by God; पैगम्बर, भविष्यदृष्टा।

propose (प्रपॅज) *v.t./i.* put forward for consideration; सुझाव देना, प्रस्ताव रखना।

protection (प्रोटेक्शन) *n.* safety, keep from harm; सुरक्षा, संरक्षण।

protector (प्रोटेक्टर) *n.* one who protects; संरक्षक, रक्षक, त्राता।

protest (प्रोटेस्ट) *v.t./i.* disapproval by statement; विरोध क., प्रतिवाद क.।

proud (प्राउड) *adj.* (prouder, proudest) full of pride; अभिमानी, अहंकारी, घमण्डी।

prove (प्रूव) *v.t./i.* give proof; प्रमाणित क., सिद्ध होना, साबित क.।

proverb (प्रॉवर्ब) *n.* short, well known saying; कहावत, लोकोक्ति।

province (प्रॉविन्स) *n.* division of country; प्रदेश, भूभाग, प्रांत।

provisions (प्रॉविजन) supply of food, etc.; खाद्य, रसद।

provisional (प्रॉविजनल) *adj.* not permanent; अस्थायी, कच्चा।

psychology (साइकलॉजि) *n.* study of mind and how it works; मनोविज्ञान।

public (पब्लिक) *adj.* of people in general, members of a community in general; जनता, लोक, सार्वजनिक, आम।

publicity (पब्लिसिटि) *n.* process attracting attention; विज्ञापन, प्रचार।

publisher (पब्लिशर) *n.* one who publishes books; प्रकाशक।

pull (पुल) *v.t./i.* draw with force; खींचना, जोर लगाना, उखाड़ना।

pulp (पल्प) *n.* the sceeulent part of a fruit; गूदा, लुगदी, लोंदा।

pulse (पल्स) *n.* regular throbbing of the arteries; नाड़ी, नब्ज, धड़कन।

pump (पम्प) *n.* machine for forcing liquid, gas or air into, out of or through something; नल, पम्प।

punctuation (पन्चुयेशन) *n.* the system of using certain conventional marks in writing or printing such as commas, periods etc.; विरामचिह्न।

punish (पनिश) *v.t.* cause to suffer for offence; दण्ड देना, जुरमाना क.।

pupil (प्यूपिल) *n.* circular opening in the center of the iris of the eye that regulates the amount of light passing to the retire a by becoming larger or smaller; पुतली, आंख की पुतली।

puppet (पपिट्) *n.* पुतलिका, कठ-पुतली।

purchase (परचेज) *n.* buying, things bought; क्रय, खरीद।

pure (प्युअर) *adj.* (purer, purest) free from evil, not mixed; शुद्ध, पवित्र, निर्मल।

purpose (परपस) *n.* intention to act; उद्देश्य, प्रयोजन, अभिप्राय।

purse (पर्स) *n.* small pouch for keeping money; बटुआ, पर्स, मनी बैग।

push (पुश) *v.t.* move away, urge, sell; धकेलना, ठेलना, खिसकाना, जोर मारना।

put (पुट) *v.t.* (*p.t.* put) रखना, डालना, अंकित क., पेश क.।

puzzle (पजल) *n.* problem; पहेली, उलझन, हैरानी, परेशानी।

pyramid (पिरामिड) *n.* structure with a triangular or square base and sloping sides meeting at a point; पिरामिड, स्तूपाकार, शंक।

Q

quadruped (काड्रिपिड) *n.* four-footed animal; चौपाया।

qualification (क्वालिफिकेशन) *n.* qualifying; thing that limits a meaning; अर्हता, योग्यता, उपाधि, विशेषण।

quality (क्वालिटि) *adj.* degree of excellence; characteristic; गुण, स्वरूप, प्रकार, विशेषता, दर्जा।

quantity (क्वानटिटी) *n.* amount or number of things; मात्रा, परिमाण, राशि।

quarrel (क्वारेल) *n.* angry, disagreement; विवाद, कलह, तकरार, झगड़ा।

quarter (क्वाटर) *n.* one of four equal parts, direction, lodgings, चतुर्थांश, चौथाई, दिशा तरफ, निवास।

queen (क्वीन) *n.* king's wife, female ruler of a country, a chess piece; रानी, साम्राज्ञी, शतरंज का मोहरा।

quench (क्वेन्च) *v.t.* extinguish, satisfy one's thirst; बुझाना, गुल क., शमन क., प्यास शांत क., चुप क.।

question (क्वेशचन) *n.* sentence requesting an answer; प्रश्न, संदेह, सवाल, पूछताछ।

queue (क्यू) *n.* line of people waiting for something; पंक्ति, कतार, लाइन।

quick (क्विक) *adj.* (quicker, quickest) taking only a short time; शीघ्र, जल्दी, झट; **quicken**, उत्तेजित क., शीघ्रता क.; **quickly** तुरंत, शीघ्रता, झटपट, जल्दी।

quiet (क्वाइअट) *adj.* (quieter, quietest) with little or no sound, silent, subdued; शांत, मौन, नीख, मौना, निस्तब्ध।

quilt (क्विल्ट) *n.* padded bed cover; लिहाफ, रजाई।

quit (क्विट) *v.t./i.* (*p.t.* quitted) go away from, leave; जाना, छोड़ना, खाली क.।

quite (क्वाइट) *adj.* completely, actually; बिल्कुल, निहायत, पूर्णत:।

quotation (क्वॉटेशन) *n.* quoting, passage or price quoted; उद्धरण, कथित मूल्य, भाव, दर।

R

race (रेस) *n.* contest of speed, large group of people connected by common descent; दौड़, प्रतियोगिता, होड़, मुकाबला, मूलवंश, प्रजाति, जाति।

radio (रेडियो) *n.* (pl. radios) wireless telephoney or telegraphy; रेडियो, आकाशवाणी।

radish (रेडिश) *n.* the root of a plant; मूली।

radius (रेडियस) *n.* (*pl.* radii) distance from centre; त्रिज्या, अर्धव्यास।

rage (रेज) *n.* violent anger, craze, fashion; शेष, कोप, आसक्ति, व्यसन, फैशन।

rail (रेल) *n.* one of a pair of steel bars that provide the running surfaces for the wheels of locomotives and railroad cars; रेल की पटरी; *v.t.* अबे तबे कहना, डांट-फटकारना।

railway (रेलवे) *n.* tract with rails for trains to run on; रेलवे लाइन, रेलवे।

rain (रेन) *n.* shower of water or things; *v.t./i.* send down or fall like rain; वर्षा, बरसात; बरसना, गिरना, बौछार होना, झड़ी लगना।

rainbow (रेनबो) *n.* an arc of prismatic colours appearing in the sky opposite the sun, caused by the refraction and reflection of the sun ray's in drops of rain; इन्द्रधनुष।

rainy (रेनि) *adj.* (rainier, rainiest) having much rain; बरसाती।

raise (रेज) *v.t.* bring to higher level, rouse, bring up, procure; उंचा क., उठाना, उभारना, उकसाना, पोषण क., पालन क., इकट्ठा क.।

rally (रेलि) *v.t./i.* come together for a united effort, rouse, revive, recover strength; इकट्ठा होना, जुटना, पुनः संघर्ष क., स्वस्थ होना, बल प्राप्त क., परिहास क.।

range (रेंज) *n.* series of things, limit between which something operates, distance a thing can travel, place for shooting practice; माला, श्रेणी, क्षेत्र, परिसर, दूरी, सीमांतर, मार, चांदमारी।

rank (रेंक) *n.* place in a scale of quality etc., high social position; पंक्ति, स्थान, स्थिति, एद, ओहदा, दर्जा, मान।

rapid (रेपिड) *adj.* quick, swift; द्रुत, तेज, शीघ्र; **rapidness**, तेजी।

rare (रेअर) *adj.* not common, exceptionally good; दुर्लभ, अनूठा, विरल।

rascal (रास्कल) *n.* dishonest or mischievous person; गुंडा, दुर्जन, धूर्त।

rash (रेश) *n.* eruption on the skin, *adj.* (rasher, rashest) without consideration of risk; फोड़े-फुन्सियां, चकते; उतावला, उद्धत, अविवेकी।

rat (रैट) *n.* a long tailed rodent larger than a mouse; चूहा, मूषक।

rate (रेट) *n.* standard of reckoning; दर, भाव, मूल्य, हिसाब, दाम।

ratio (रेशिओ) *n.* relationship between two amounts; अनुपात।

ration (राशन) *n.* fixed allowance of food, रसद, राशन, खुराक।

rational (रैशनल) *adj.* able to reason, based on reasoning: बौद्धिक, विचारशील, तर्कशील, संगत।

raw (रॉ) *adj.* not ripe or cooked, untrained, lacking finish; अपक्व, कच्चा, अधूरा, नौसिखुआ, फूहड़।

ray (रे) *n.* single line or narrow beam of light; किरण, भुजा, रेखा, प्रकाश-किरण।

reach (रीच) *v.t./i.* extend, be continuous, go as far as, arrive at, achieve; बढ़ाना, बढ़ना, फैलाव, पंहुचना, हस्तगत क., प्राप्त क.।

reaction (रिएक्शन) *n.* reaction to an action or situation; प्रतिक्रिया, अभिक्रिया।

read (रीड) *v.t./i.* (*p.t.* read) पढ़ना, बांचना, अध्ययन क., अर्थ लगाना, समझना, जान लेना, उच्चारण क., **reader,** पाठक, वाचक, अध्येता।

ready (रेडि) *adj.* (readier, readiest) fit or available for action, willing, inclined; तत्पर, तैयार, अनुकूल।

real (रिअल) *adj.* existing as a thing, genuine, natural; यथार्थ, वास्तविक, असल, सच्चा, अकृत्रिम।

realize (रिएलाइज) *v.t.* become aware of; पूरा क., साकार क., अनुभव क., महसूस होना, समझ लेना।

realm (रेल्म) *n.* kingdom, field of interest; राज्य, देश, प्रांत, क्षेत्र।

reap (रीप) *v.t.* cut as harvest; फसल काटना, संग्रह क., फल भोगना।

rear (रिअर) *n.* back part; *v.t./i.* bring up, cultivate, set up, raise itself on hind legs; पीछे का, पृष्ठ भाग, पालन क., पैदा क., लगाना, उठाना, सीधा खड़ा क.।

reason (रीजन) *n.* motive, cause, justification, good sense; तर्कबुद्धि, आशय, कारण, हेतु, प्रज्ञा, ज्ञान।

reasonable (रीजनेबल) *adj.* Logical, ready to admit reason, युक्तिपूर्ण, तर्कसंगत, मर्यादापूर्ण।

rebel (रीबेल) *n.* person who rebels; *v.t.* (*p.t.* rebelled), fight against, refuse allegiance; विद्रोही, विद्रोह या बगावत क., **rebellion** विद्रोह।

rebuke (रिब्यूक) *v.t.* reprove; निन्दा क., उपालंभ देना, फटकारना।

recall (रिकॉल) *v.t.* summon to return, remember; लौटाना, पुनः बुलाना, स्मरण क.

recant (रिकान्ट) *v.t./i.* withdraw and reject; बात वापस लेना, रद्द क.; *recantation*, खण्डन, पूर्वभत त्याग।

receipt (रिसिप्ट) *n.* receiving or being received; रसीद, पावती।

receive (रिसीव) *v.t.* acquire, accept; पाना, स्वीकार क., हस्तगत क.।

recent (रिसेन्ट) *adj.* begun before the present; अर्वाचीन, अभिनव, हाल का, अभी-अभी का।

recess (रिसेस) *n.* temporary withdrawal or cessation from the usual work or activity; विश्रान्ति, अवकाश, दूरी, कटाव, खांचा।

recite (रिसाइट) *v.t.* repeat loudly from memory; पाठ क., स्मरणशक्ति से कविता पाठ क., सुनाना।

reckon (रेकन) *v.t./i.* count up, include in a total; गणना क., संख्या क., समझना, मानना।

recognize (रिकग्नाइज) *v.t.* know again from previous experience, admit, realize; पहचानना, मान्यता देना, मानना; **recognized**, मान्यताप्राप्त।

recollect (रिकलक्ट) *v.t.* remember; याद क., स्मरण क.।

recommend (रिकेमन्ड) *v.t.* advise, praise as worthy; सिफारिश क, प्रशंसा क., अच्छा समझना।

reconstruct (रीकन्स्ट्रक्ट) *v.t.* build again; पुनर्रचना क.।

record (रिकार्ड) *v.t.* set down in writing for reference; दर्ज क., लिखना, अंकित क.।

recover (रिकवर) *v.t./i.* regain possession; regain health; पुनः अधिकार क., दोबारा पाना, वसूल क., पुनः स्वास्थ्य लाभ क.।

recruit (रिक्रूट) *v.t.* new members esp. of the army; रंगरूट बनाना, भर्ती क.।

red (रेड) *adj.* (redder, reddest) of the colour of blood; लाल, सुर्ख, खूनी; **redhanded,** रंगे हाथ; **red-tape** दफ्तरी घिस-घिस।

reduce (रिड्यूस) *v.t./i.* make or become less, slim, subdue; लघु क., घटाना, नीचे लाना, क्षीण बनना, अधीन क.।

referee (रेफरी) *n.* umpire, मध्यस्थ, खेल में निर्णायक, रेफरी।

reference (रेफरेन्स) *n.* act of referring, mention, relation; संदर्भ, हवाला, निर्देशन, संबंध।

refine (रेफाइन) *v.t.* remove defects, make cultured; परिष्कार क., शुद्ध बनाना, संस्कार क.।

reflect (रिफ्लेक्ट) *v.t./i.* throw back light, etc., show an image of, bring discredit; परिवर्तित क., अक्स डालना, निन्दित क., विचार क., सोचना।

reformation (रिफॉर्मेशन) *n.* improvement; सुधार, धर्मसुधार; **reform**, सुधार क.।

refresh (रिफ्रेश) *v.t.* restore the vigour; तरोताजा क., प्रेरित क., अल्पाहार क.; **refreshment**, जलपान।

refuge (रिफ्यूज) *n.* shelter; आश्रय, शरण, आड़; **refugee**, शरणार्थी।

refund (रिफन्ड) *n.* repayment; लौटाना, वापसी, धन वापसी।

refuse (रीफ्यूज) *v.t./i.* show unwillingness to accept; *n.* waste material; अस्वीकार क., न मानना, नामंजूर क., कचरा, मैला, कूड़ा।

regard (रिगार्ड) *v.t.* consider to be; *n.* respect, (*pl.*) greetings; देखना, ध्यान देना, विचार क., मानना, आदर-सम्मान, अभिनन्दन, नमस्कार।

region (रीजन) *n.* an extensive part of a country with or without definite boundaries; क्षेत्र, प्रदेश, इलाका; **regional**, क्षेत्रीय, प्रादेशिक।

register (रजिस्टर) *n.* official list *v.t./i.* enter in a register, record in writing; पंजीकरण क., इन्दराज क., रजिस्टर में लिखना।

regret (रिग्रेट) *v.t.* repent, feel sorry; पश्चाताप क., खेद क., अफसोस मनाना।

regular (रेग्यूलर) *adj.* occurring at fixed and uniform interval; नियमित, सुव्यवस्थित; **regularity**, नियमितता।

regulate (रेग्यूलेट) *v.t.* control by rules; नियमित क.।

reign (रेन) *n.* rule; शासन, राज्य।

rein (रेन्) *n.* a leather strap fastened to each end of the bit of a bridle to control the horse; रास, लगाम, नकेल, बागडोर।

reject (रिजेक्ट) *v.t.* disapprove; अस्वीकार क., छोड़ देना, रद्द क.।

rejoice (रिजॉइस) *v.t./i.* feel great joy; प्रसन्न होना, आनंदित होना।

relative (रिलेटिव) *adj.* having a relation; *n.* person related to another; संबंधी, रिश्तेदार, सापेक्ष।

release (रिलीज) *v.t.* set free, issue, मुक्त क., छोड़ना, प्रकाशित क.।

relevant (रेलेवॅन्ट) *adj.* related to the matter; प्रासंगिक, संगत, सम्बद्ध।

relief (रिलीफ) *n.* ease, assistance in need, person replacing one who is on duty; शांति, शमन, राहत, आराम, उभार।

relieve (रिलीव) *v.t.* give relief; आराम या राहत देना।

religion (रिलीजन) *n.* concern over what exists beyond the visible world; धर्म, कर्त्तव्य, भक्ति, आस्तिकता, मत, मजहब।

religious (रिलिजस) *adj.* of religion; धार्मिक, आस्तिक।

remain (रिमेन) *v.t.* continue to exist or to stay; शेष रहना, बाकी बचना; **remainder**, शेषफल।

remark (रिमार्क) *n.* comment; टिप्पणी, कैफियत, **remarkable**,असाधारण।

remember (रिमेम्बर) *v.t.* keep in one's mind, recall; स्मरण रखना, याद करना, चर्चा क.।

remind (रिमाइन्ड) *v.t.* bring to mind; स्मरण कराना, याद दिलाना।

remove (रिमूव) *v.t.* take away from its place, dismiss, get rid of; हटाना, अलग क., नौकरी से निकालना, पदच्युत क.; **removal**, पदच्युति, निष्कासन।

renew (रिन्यू) *v.t.* bring to original condition; नया बनाना, नवीनीकरण, मरम्मत क.।

rent (रेन्ट) *n.* money paid periodically for the use of land, building, machine etc. by the tenant to the owner; किराया, भाड़ा, लगान; **rentfree**, बिना किराये।

repair (रिपेअर) *v.t.* make amends for, mending; सुधार क., मरम्मत क., दुरूस्त क.।

repeat (रिपीट) *v.t./i.* say or do again, tell to another person; दोहराना, पुनरावृत्ति क., आवृति क.।

repent (रिपेन्ट) *v.t./i.* feel regret; पश्चाताप क., खेद होना, अफसोस क.।

reply (रिप्लाइ) *n.* answer; उत्तर, जवाब।

report (रिपोर्ट) *n.* & *v.* spoken or written account, rumour, explosive sound, give an account, make complaint; सूचना देना, रपट क., प्रतिवेदन क., रिपोर्ट क., शिकायत क.।

represent (रिप्रजेन्ट) *v.t.* depict; वर्णन क., निरूपित क., रूप भरना, प्रतिनिधि होना; **representation**, प्रतिनिधित्व, निरूपण।

representative (रिप्रजेन्टिटिव) *adj.* a person who represents; प्रतिनिधि, प्रतिरूपक।

reproach (रिप्रोच) *v.t.* express disapproval to; बुरा भला कहना, निन्दा क.।

republic (रिपब्लिक) *n.* country where supreme power is held by the people; गणतंत्र, लोकतंत्र।

reputation (रेप्यूटेशन) *n.* general recognition for one's abilities; सम्मान, ख्याति।

reservation (रिजर्वेशन) *n.* reserving; आरक्षण; **reserve**, आरक्षण क., सुरक्षित क.।

reside (रिसाइड) *v.t.* dwell; वास करना, निवास क., रहना।

resident (रेजिडेन्ट) *n.* residing; वासी, निवासी, रहनेवाला, बाशिन्दा।

resign (रीजाइन) *v.t./i.* give up one's job, etc.; त्याग पत्र देना, पद त्याग क., छोड़ देना।

respect (रिस्पेक्ट) *n.* admiration felt towards a person, attention, consideration; सम्मान, आदर, संदर्भ।

responsible (रिस्पोंसिबल) *adj.* obliged to take care of something; उत्तरदायी, जिम्मेदार; **responsibility**, दायित्व, जिम्मेदारी।

rest (रेस्ट) *v.t./i.* be still, cease from activity, rely; *n.* sleep esp. to regain vigour; विश्राम क., आराम क., सुस्ताना, निश्चेष्ट होना, आश्रित होना, निर्भर क., विश्राम, नींद, आराम।

result (रिजल्ट) *n.* product of an activity, etc; परिणाम, फल, नतीजा।

retail (रिटेल) *n.* selling of things not for resale; फुटकर, परचून, खुदरा।

retire (रिटायर) *v.t./i.* give up one's regular work because of age, withdraw, retreat; रिटायर होना, सेवा निवृत होना, वापस होना, लौट पड़ना, पीछे हटना।

return (रिटर्न) *v.t./i.* come or go back, say in reply, elect as M.P. वापसी, उत्तर, फल, लाभ, आमदनी, निर्वाचित क., लौटाना।

revenge (रिवेंज) *n.* punishment, injury in return for what one has suffered; बदला, प्रतिकार, प्रतिशोध।

revenue (रेवेन्यू) *n.* country's income from taxes, etc; आय, राजस्व, मालगुजारी।

review (रिव्यू) *v.t.* re-examine and alter, study again; पुनः देखना, पुनरावलोकन क., समीक्षा क., फिर से विचार क.।

revolt (रिवॉल्ट) *v.t./i.* take part in a rebellion; विद्रोह क., बगावत क., बागी होना।

revolution (रिवोल्यूशन) *n.* revolving, complete change in government, etc. esp. by force; परिक्रमा, घुमाव, उथलपुथल, क्रांति।

reward (रिवार्ड) *n.* something given or received in return of merit; इनाम, पुरस्कार, फल।

rhyme (राइम्) *n.* similarity of sound of the last words of the lines of a verse; अंत्यानुप्रास, तुक, तुकान्त, कविता।

rhythm (रिद्म) *n.* regularity of accents in music, measured movement; ताल, लय, गाति।

rib (रिब) *n.* a covered bone extending from the backbone round the chest; पसली, उभरी हुई रेखा।

rich (रिच) *adj.* (richer, richest) having much wealth; धनवान, धनी, मालदार; **riches,** सम्पन्नता, विपुल धन; **richness,** सम्पन्नता।

ride *v.t./i.* (*p.t.* rode, *p.p.* ridden) sit on and be carried by, float; सवारी क., एक दूसरे पर चढ़ जना, आरूढ़ होना।

ridge (रिज) *n.* long narrow top or crest of a hill range; पर्वतमाला, भीटा, पहाड़ की संकरी लम्बी चोटी।

ridiculous (रिडिक्यूलस) *adj.* deserving to be laughed at; उपहास्य, उपहासनीय, हास्यादपद।

rifle (राइफल) *n.* gun; रायफल, एक तरह की बंदूक।

right (राइट) *adj.* morally good, proper, in accordance with justice, correct, true; नैतिक, उचित, उपयुक्त।

ring (रिंग) *n.* outline in a circle, thing shaped like this; *v.t./i.* (*p.t.* rang, *p.p.* rung) give a loud clear sound; वृत्त, चक्र, मुद्रिका, छल्ला, मंडल, घेरा, डालना, टनटनाहट, बजना।

rinse (रिन्स) *v.t.* wash lightly; खंगालना, पानी से धोना।

riot (राइट) *n.* wild disturbance by people, profuse display; बलवा, दंगा-फसाद, अतिचार, उछृंखलता।

rise (राइज) *v.t.* (*p.t.* rose, *p.p.* risen) come or go upwards, get up, get out of bed, come to life again, rebel; उठ बैठना, खड़ा होना, विस्तर छोड़ना, विद्रोह क., सिर उठाना, ऊंचा उठना, उदय होना, दिखाई देना।

risk (रिस्क) *n.* danger; जोखिम, खतरा, आपदा, हानिभय, जिम्मेदारी।

rival (रावल) *n.* person competing with another; प्रतिद्वन्दी, विरोधी प्रतियोगी।

river (रिवर) *n.* a large stream of water flowing over the earth; नदी, सरिता

road (रोड) *n.* way which people and vehicles may pass; सड़क, रास्ता, राजमार्ग

roar (रोअर) *v.t./i.* loud sound like that made by a lion; दहाड़ना, गरजना, हुंकार क., गुर्राना।

role (रोल) *n.* part in a function or play; भूमिका, कर्तव्य, अभिनेय अंश।

roll (रौल) *v.t./i.* move on wheels or by turning over, rock from side to side; *n.* register or list; लुढ़कना, डगमगाना, खिसकना, लपेटना, रजिस्टर, सूची, फेहिस्त।

roof (रुफ) *n.* top covering of building, bus, car, tent etc.; छत, तालु।

room (रुम) *n.* part of building enclosed by walls or partitions and with a floor and ceiling; कमरा, कक्ष, जगह, स्थान, ठौर, खाली जगह।

root (रुट) *n.* part of tree or plant that keeps it firmly in the soil and absorbs, water and food from the soil; जड़, मूल, मूल भाग, आरंभ, आधिकारण, आधार।

rope (रोप्) *n.* card, string; रस्सा, रस्सी, जेवड़ी।

rose (रोज) *n.* गुलाब, गुलाबी रंग।

rot (रोट) *v.t./i.* (p.t. rotted) perish through decay or lack of use; विकृत होना, नष्ट होना, गलना।

rough (रफ) *adj.* (rougher, roughest) having an uneven and rough surface, coarse, not gentle, not perfected or in detail; असम, उबड़-खाबड़, खुरदरा, मोटा, कच्चा, अनगढ़।

round (राउन्ड) *adj.* (rounder, roundest) circular, spherical, complete; गोलाकार, गोल, पूर्ण, सम्पूर्ण।

route (रूट) *n.* course or way from starting to finishing point; मार्ग, रास्ता, पथ।

routine (रुटीन) *n.* standard procedure, set activity; नित्यकर्म, नेम, बंधाबंधाया।

royal (रॉएल) *adj.* of or suited to a king or a queen, splendid; राजसी, शाही, शानदार, ठाठदार।

rub (रब) *v.t./i* (p.t. rubbed) press against a surface and slide to and fro, polish, clean, dry; स्वच्छ क., चमकाना, घिसना, रगड़ना।

rubber (रबर) *n.* hard elastic substance for making tubes, tennis balls, bladders etc.; रबड़।

rubbish (रबिश) *n.* waste or worthless material, nonsense; कूड़ाकरकट, कचरा, असंगत, मूर्खतापूर्ण।

ruby (रुवी) *n.* red gem, deep red colour; लाल, माणिक्य, गहरा लाल रंग।

rude (रूड) *adj.* (ruder, rudest) impolite, showing no respect, primitive, roughly done; अशिष्ट, अभद्र, आदिम, अपरिष्कृत, गंवारू, उज्जड़।

ruin (रूइन) *n.* destruction, complete loss of fortune, broken remains; विध्वंस, नाश, खंडहर, ध्वंसावशेष, बरबादी की हालत।

rule (रुल) *n.* custom, law, governing, control; रिवाज, कायदा, रीति, शासन, प्रभुत्व, शासक।

ruler (रूलर) *n.* person who rules, straight strip used for drawing lines; शासक, मापनी, रेखनी।

rumour (रूमर) *n.* information spread by talking but certainly not true; अफवाह, उड़ती हुई खबर, गप्प।

run (रन) *v.t./i* (p.t. ran, p.p. run) move with quick steps; go swiftly, flow, spread, exude liquid, function, travel, manage organize, दौड़ना, सरपट चलना, बहना, फैलना, घूमना, द्रवित होना, कार्य क., यात्रा क., प्रबंध क., चलाना; run after पीछा क.; run against, मुठभेड़ होना, run away, भाग जाना, फरार होना; run out, समाप्त होना; run the risk जोखिम उठाना।

runner (रनर) *n.* person or animal that runs, messenger, धावक, वाहक, हरकार, दूत, संदेशवाहक।

rupee (रूपी) *n.* monetary unit of India, Srilanka, Nepal, Pakistan etc.; रूपया।

rural (रूरल) *adj.* of the country-side ग्रामीण, ग्राम्य, दोहती, गांव का

rush (रश) *n.* rushing, period of great activity; *v.t./i.* go or come with great speed, act hastily; दौड़, झपट, तीव्र आगमन, भीड़, झपटना, टूट पड़ना, वेग से जाना, उतावली से भागना; rush at, धावा बोलना।

rust (रस्ट्) *n.* reddish-brown coating formed on metals by oxidation; जंग, मोर्चा

rustic (रस्टिक) *adj.* of or like country life; ग्रामीण, गाम्य, देहाती, गंवारू, असभ्य।

ruthless (रूथलैस) *adj.* having no pity निष्ठुर, कठोर, बेरहम।

S

sack (सैक) *n. & v.t.* large coarse fabric bag; dismissal from employment, plunder violently; बोरी, नौकरी से निकाल देना, बरखास्त क., लूटना, नष्ट भ्रष्ट क.।

sacred (सेक्रिड) *adj.* holy, connected with religion; पवित्र, धार्मिक, दैव-अर्पित।

sacrifice (सैक्रिफाइस) *n.* the slaughter of a man or animal, surrender; मनुष्य या पशु की बलि, त्याग, बलिदान।

sad (सैड) *adj.* (sadder, saddest) showing or causing sorrow; दुखी, खिन्न, उदास, मायूस।

safe (सेफ) *adj.* (safer, safest) free from risk; सुरक्षित, अभय, भयरहित; safety सुरक्षा बचाव।

sage (सेज्) *n.* holy person; साधु, यति पंडित, ज्ञानी, विचारक।

sailor (सेलर) *n.* seaman; नाविक, मल्लाह।

saint (सेन्ट) *n.* holy person: साधु, महात्मा

sake (सेक) *n.* cause; निमित्त, हेतु, कारण, उद्देश्य, प्रयोजन।

salary (सैलरि) *n.* payment for regular employment; वेतन, तनख्वाह, पगार।

sale (सेल) *n.* selling, event at which goods are sold; विक्रय, बिक्री, सेल लगाना।

salt (साल्ट) *n.* a crystalline compound sodium, chloride occurring as a mineral; नमक; salty नमकीन।

salutation (सेल्यूटेशन) *n.* gesture of respect; नमस्कार, अभिवादन।

salvation (सैलवेशन्) *n.* deliverance from sin; निस्तार, मोक्ष, त्राण, उद्धार, बचाव।

same (सेम) *adj.* वही, वैसा ही

sample (सेम्पल) *n.* specimen; बानगी, नमूना।

sanction (सैन्क्शन्) *n.* permission approval, penal imposed on a country, etc; मंजूरी, स्वीकृति, किसी देश के विरुद्ध पाबंदी।

sand (सैन्ड) *n.* dust: रेत, बालू मिट्टी।

sane (सेन) *adj.* (saner, sanest) not mad; समझदार, स्थिरचित्त, ठीक बुद्धि का।

sanitation (सेनिटेशन) *n.* protection of public health; स्वास्थ्य रक्षा; स्वास्थकर।

satisfy (सेटिस्फाइ) *v.t./i.* give somebody what he wants; संतुष्ट क., संतोष देना, तृप्त क.; satisfaction संतोष, तुष्टि।

savage (सेवेज) *adj.* uncivilized, wild and fierce; असभ्य, जंगली, बर्बर।

save (सेव) *v.t./i.* rescue, keep from harm, avoid wasting, keep for future use; बचाना, रक्षा क., किफायत क., व्यय न क., धन बचाकर रखना।

say (से) *v.t./i.* (p.t. said) utter, express in words; कहना, बोलना, प्रकट क., saying कहावत।

scale (स्केल) *n.* thing resembling this, esp. a loose flake of diseased skin; परत, पपड़ी, तराजू, तराजू का पलड़ा, क्रम, पैमाना।

scar (स्कार) *n.* mark left by damage or wound; दाग, धब्बा, घाव का निशान।

scarcely (स्केअर्सलि) *adv.* almost not, surely not; मुश्किल से, कठिनाई से, लगभग।

scatter (स्कैटर) *v.t./i.* throw here and there छितराना, फैलाना, बिखेरना, इधर-उधर क.।

scene (सीन) *n.* place of an event, scene in a film or play; घटना स्थल, दृश्य, नाटक या फिल्म का सीन।

scenery (सीन्रि) *n.* picturesque views presented by natural features; दृश्यावली, प्राकृतिक दृश्य, बहार।

scent (सेन्ट) *n.* pleasant smell, liquid perfume; सुगंध, खुशबू, इत्र, महक।

schedule (शेड्यूल) *n.* a programme of work to be done or of planned events; सूची, अनुसूचि, तालिका।

scheme (स्कीम) *n.* plan of work or action; योजना, व्यवस्था, पद्धति, प्रबंध।

scholar (स्कॉलर) *n.* person with great learning; विद्यार्थी, छात्र, विद्वान।

school (स्कूल) *n.* an educational establishment; विद्यालय, पाठशाला, स्कूल, मदरसा।

science (साइन्स) *n.* systematized knowledge; विज्ञान, शास्त्र, विद्या।

score (स्कोर) *n.* points gained in a game, set of twenty; खेल के अंक, प्राप्तांक, बीस, कोडी

scorn (स्कार्न) *n.* strong contempt; घृष्णा, उपेक्षा, तिरस्कार।

scythe (साइथ) *n.* an implement with a long curved blade used for cutting long grass, grain, etc.; दरांती, हंसिया।

sea (सी) *n.* ocean, vast expanse; स्मुंदर, सागर, विस्तार।

search (सर्च) *v.t./i.* look in order to find; ढूंढना, तलाशना, खोजना, पता लगाना।

season (सीजन) *n.* one of the divisions of the year according to the weather; ऋतु, मौसम, बहार, फसल, अवसर, काल।

seat (सीट) *n.* something on which to sit; आसन, कुर्सी, सीट, स्थान, बैठने की चीजें।

second (सेकण्ड) *adj.* next after the first, following the first; सेकण्ड, क्षण अल्पकाल, द्वितीय, दूसरा, अगला।

secondary (सेकण्डरि) *adj.* next after the first in importance; गौण, माध्यमिक, द्वितीय, दूसरा, अगला।

secret (सीक्रेट) *adj.* designed to escape notice, knowledge or observation; गुप्त, गोपनीय, रहस्यमय, गूढ़।

secretary (सेक्रिटॅरि) *n.* the officer appointment of state; सचिव, मंत्री, सहायक।

section (सेक्शन) *n.* distinct part; खण्ड, अनुभाग, धारा, विभाग।

secular (सेक्यूलर) *adj.* of worldly (not religious) matter धर्म-निरपेक्ष, लोकपरक।

secure (सिक्युअर) *adj.* safe; सुरक्षित, रक्षित।

see (सी) *v.t./i.* (p.t. saw, p.p. seen) perceive with the eyes, understand, consider, look at; देखना, दृष्टिपात क., समझना, निगाह डालना, परखना, दर्शन क.।

seed (सीड) *n.* reproductive germs of plants; बीज, संतति, मूल कारण।

seek (सीक) *v.t.* (p.t. sought) try to find; खोजना, तलाश क., पता लगाना, ढूंढ़ना

seldom (सेल्डम) *adv.* rarely; कभी-कभी, यदा-कदा।

select (सिलेक्ट) *v.t.* pick out as suitable; चुनना, छांटना, पसंद क., selection, चुनाव, चयन, वरण।

self (सेल्फ) (pl. selves); स्व, आत्म, आप अहंभाव; self-centred, स्वार्थी; self-respect, आत्म सम्मान, self-reliance आत्मनिर्भर।

send (सेन्ड) *v.t./i.* (p.t. sent) to permit or enable to go; भेजना, पहुंचाना, विदा क. send off, विदाई, send for, बुलाना, बुला भेजना।

senior (सीनिअर) *adj.* older, higher in rank; वरिष्ठ, ज्येष्ठ, बड़ा, उच्च, seniority, वरिष्ठता, वरीयता।

sense (सेन्स) *n.* any of the faculties to perceive stimuli originating outside or inside the body; इन्द्रिय, बोझ, ज्ञान, भावना; make sense, समझ में आने वाला; sense organ, ज्ञानेन्द्रिय।

sentence (सेन्टेन्स) *n.* a group of words conveying a complete sense; वाक्य, दण्ड, दण्डादेश।

separate (सेपरेट) *adj.* not joined or united with others; अलग, पृथक, विभक्त।

serious (सीअरिअस्) *adj.* solemn, sincere; गंभीर, विचारशील, चिंताजनक।

servant (सर्वेन्ट) *n.* person employed for doing household work; नौकर, चाकर, सेवक।

serve (सर्व) *v.t./i.* provide services for, be suitable, present food, etc., attend; सेवा क., उपयोगी होना, परोसना, खिदमत में होना।

service (सरविस) *n.* act of serving नौकरी, सेवा, काम।

set (सेट) *n.* people or things grouped, television or radio set, scenery; दल, समूह, वर्ग, बिठाना, गिलाना, जोड़ना, रेडियो सेट, आदि नाटक का सेट, जड़ा हुआ; setback, धक्का, हानि; set fire to, आग लगना।

settle (सेटल) *v.t./i.* establish, make one's home, occupy, come to rest, deal with, arrange; स्थापित क., बस जाना, ग्रहण क., स्थिर होना, शांत होना, निपटाना, तय क., हिसाब क., बस्ती बसाना।

seven (सेवन) *adj.* the number, 7; सात, सप्त, छह और एक।

seventeen (सेवन्टीन) *adj. the number, 17;* सत्रह।

seventy (सेवन्टी) *adj.* the original no. of 70; सत्तर।

sex (सेक्स) *n.* male or female; लिंग, स्त्री-पुरुष भेद।

shade (शेड्) *n.* shadow; छाया, परछाई, हल्का, अंधेरा, छांह।

shadow (शैडो) *n.* the shade cast by an object; छाया, परछाई, अक्ल, प्रतिरूप, झलक, असर, वस्तु।

shake (शेक) *v.t./t.* (*p.t.* shook, *p.t.* shaken) move quickly up and down or to and fro; हिलाना, झटकना, झुलाना, हिलाना-डुलाना; shake hands, हाथ मिलाना।

shame (शेम) *n.* strong feeling or humiliation; लज्जा, संकोच, शर्म, झिझक, निंदा, धिक्कार।

shape (शेप) *n.* outer appearance; आकार, रूप, डीलडौल, बनावट, आकृति।

share (शेअर) *n.* a portion of something; अंश, भाग, हिस्सा, शेअर।

sharp (शार्प) *adj.* (sharper, sharpest) having a very fine edge; तीक्ष्ण, तेज, पैना, भयंकर, उग्र।

shed (शैड) *v.t.* spread or send out; बहाना, फैलाना, रक्त बहाना, टपकाना।

sheep (शीप्) *n.* grass eating animal valuable for its woolly coat; भेड़।

sheet (शीट) *n.* a cloth used to cover a bed; चादर, पत्र, तख्ता, धातु पत्र।

shelter (शेल्टर) *n.* something serving as a protection against heat cold etc.; पनाह, आश्रयस्थल, छप्पर, शेड, अड़, बचाव।

shepherd (शेपर्ड) *n.* one that herds a large flock of sheep; गड़ेरिया, चरवाहा।

ship (शिप) *n.* a large ocean going vessel; जहाज, जलपोत।

shock (शॉक) *n.* sudden violent effect धक्का, सदमा, आघात, झटका।

shoe (शू) *n.* covering for the foot; जूता, पदत्राण, नाश shoemaker मोची।

shoot *v.t.* fire, hunt with a gun, put forth buds; गोली चलाना, बंदूक से शिकार क., गोली मारना, अंकुर फूटना, फूट पड़ना, बेग से निकलना, चित्र लेना।

short (शॉर्ट) *adj.* (shorter, shortest) opp. of long; अल्प, छोटा, लघु, कम समय का, न्यून ठिगना, अल्पकालिक।

should (शुड) *v.* aux. used to express duty or moral obliction; चाहिये।

shoulder (शोल्डर) *n.* that part of the body by which the arm of a man or the foreleg of an animal is connected with the body; कन्धा, पुट्टा।

shout (शॉउट) *n.* cry चीत्कार, शोर, चिल्लाहट।

show (शो) *v.t./t.* (*p.t.* showed, *p.p.* shown) cause to be seen, offer to view, point out, prove, cause to understand; दिखाना, प्रदर्शित क., बतलाना, समझाना, सिद्ध करना, निर्देश क., प्रमाणित क.।

shower (शॉउअर) *n.* brief fall of rain, show, bullet, etc. बौछार, फुहार, भरमार।

shrink (श्रिन्क) *v.t./i.* (*p.t.* shrank, *p.p.* shrunk) make or become smaller; सिकुड़ना, सिमटना, झुर्रियां पड़ना।

shut (शट) *v.t./i.*(*p.t.* shut) become closed; किवाड़ आदि बंद क., ढक्कन लगाना, बंद क., मूंदना, भेड़ना।

shy (शाइ) *adj.* timid and lacking self-confidence; शर्मीला, संकोची, डरपोक।

sick (सिक) *adj.* unwell, distressed; बीमार, अस्वस्थ, पीड़ित, परेशान।

side (साइड) *n.* surface of an object, part near an edge, slope of a hill, one of two opposing teams; पार्श्व दिशा, तरफ, भुजा, पहाड़ी की ढलान, खेलने वाले दलों में से एक, पक्ष, गुट।

sight (साइट) *n.* ability to see, seeing, things seen दृष्टि, नजर, निगाह, दर्शन, दृश्य।

sign (साइन) *n.* symbol used to represent something; चिह्न, निशान; *v.* हस्ताक्षर क., अंकित क.।

signal (सिग्नॅल) *n.* sign or gesture giving information; संकेत, सिगनल, ईशारा।

signature (सिग्नेचर) *n.* person's name written by himself; हस्ताक्षर, नामाक्षर, दस्तखत।

silence (साइलेन्स) *n.* absence of sound or speaking मूकता, चुप्पी, शांति, सन्नाटा, खामोशी।

silent (साइलेन्ट) *adj.* without sound; नीरव, शांत, चुप, खामोश।

silk (सिल्क) *n.* a fine fibre obtained as a filament from the cocoon of a silk worm; रेशम, सिल्क।

silver (सिल्वर) *n.* shining white precious metal; चांदी, रजत।

similar (सिमिलर) *n.* likeness; समान वस्तु, समतुल्य, समरूप।

simple (सिम्पल) *adj.* (simpler, simplest) easy to understand; सरल, साधारण, आसान, सादा।

sin (सिन) *n.* transgression of divine law; पाप, अपराध, दुराचार।

sincere (सिन्सीअर) *adj.* free from deceit; हार्दिक, सच्चा, असल, सत्यनिष्ठ।

single (सिंगल) *adj.* one only, for one person only; एक, इकहरा, अकेला, एकाकी, एक ओर का।

sink (सिन्क; *v.t./i.*(*p.t.* sank *p.p.* sunk) go down; डूबना, धंसना, नाशक क., बिगड़ना, धंसना, घुसना।

sir (सर) *n.* used as a polite way of addressing a man; श्रीमान, महोदय।

sister (सिस्टर) *n.* बहिन, भगिनी, दीदी, जीजा।

sit (सिट) *v.t./i.(p.t.* sat) rest with the body supported by the buttocks or thighs either on a seat or on the ground; बैठना, आसन ग्रहण क., तशरीफ रखना, स्थिर होना, टिकना, रुकना, थमना।

situation (सिट्यूएशन) *n.* place occupied, circumstances, position of employment; अवस्था, स्थिति, हालात, सूरत।

six (सिक्स) *adj.* the number, 6; छह, पांच और एक।

sixteen (सिक्सटीन) *adj.* the number, 16; सोलह।

sixty (सिक्सटि) *adj.* the number, 60; साठ।

size (साइज) *n.* magnitude; आकार, विस्तार, परिणाम, माप, नाप।

skin (स्कन) *n.* outer covering of an animal; त्वचा, खाल, चमड़ी।

sky (स्काई) *n.*region of the clouds; आकाश, व्योम, नभ, आसमान।

slack (स्लैक) *adj.* not tight or tense, slow; ढीला, निष्क्रियता, सुस्त।

slave (स्लेव) *n.* a bond servant; दास, गुलाम, चाकर।

sleep (स्लीप) *n.* condition of rest at night; निद्रा, नींद, विश्राम, मृत्यु, सोना, शांति।

slight (स्लाइट) *adj.* (slighter, slightest) not much, slender; थोड़ा, कम, मामूली, हलका, अपमान।

slim (स्लिम) *adj.* thin, not thick, small, क्षीण, दुर्बल, दुबला।

slip (स्लिप) *v.t./i.(p.t.* slipped) slide accidentally; फिसलना, सरकना, रपटना; *n.* परची।

slow (स्लो) *adj.* (slower, slowest) not quick or fast, stupid; मंद, धीमा, सुस्त, मूर्ख।

small (स्मॉल) *adj.* (smaller, smallest) not large or great, petty; छोटा, क्षुद्र।

smell (स्मॉल) *n.* scent; गंध, वास, महक, बू।

smile (स्माइल) *n.* an act of smiling; मुस्कान, मुस्कराहट।

smoke (स्मोक) *n.* धुआं, धूम, धुंध *v.t.* sooty visible vapour and gases given off by a burning or smouldering substance; धुंआ देना, धुम्रपान क.।

smooth (स्मूथ) *adj.* (smoother, smoothest) even surface, not harsh, moving softly; समतल, स्निग्ध, चिकना, हमवार, विनम्र।

snake (स्नेक) *n.* a reptile; सांप, सर्प, भुजंग।

snow (स्नो) *n.* soft, white flakes of frozen vapour that fall from sky; हिम, बर्फ, तुषार; snow-storm (बर्फानी तूफान)

social (सोशल) *adj.* of. society, sociable; सामाजिक, समाजमूलक, संघचारी, समाजोन्मुख।

society (सोसाइटी) *n.* organised community system; समाज, जाति, सोसाइटी, समिति, संख्या।

soft (सॉफ्ट्) *adj.* (softer, softest) not hard or rough; कोमल, नरम, मुलायम।

soldier (सोल्जर) *n.* member of an army सैनिक, सिपाही, योद्धा।

solution (सोल्यूशन) *n.* liquid, containing something dissolved, answer found, process of solving a problem; घोल, फल, समाधान, साधन, हल, उत्तर।

some (सम) *adj.* unspecified number of quantity, unknown, unnamed; कुछ, थोड़ा, कतिपय, थोड़ा-सा, कोई, किसी।

somebody (समबॉडि) *n. & pron.* any person; कोई व्यक्ति, कोई आदमी।

somehow (समहाउ) *adj.* by any means; किसी प्रकार, येन-केन प्रकारेण।

someone (समवन) *n. & pron.* a person, any person; कोई, कोई व्यक्ति।

something (समथिंग) *n. & pron.* some or any thing; कुछ, कोई बात या वस्तु।

son (सन) *n.* male in relation to his parents; पुत्र, बेटा।

song (सोंग) *n.* singing, music for singing; गीत, गाना, गान।

soon (सून) *adv.* (sooner, soonest) in a short time; तुरंत, जल्दी, शीघ्र, अविलम्ब, सत्वर।

sorrow (सॉरो) *n.* mental suffering संकट, दुख, मुसीबत, आफत, विपदा, शोक, चिन्ता।

sorry (सॉरि) *adj.* sad, wretched; खिन्न, उदास, दुखी, पछताउ, खेदजनक।

soul (सोल) *n.* person's spiritual element, mental or moral; आत्मा, रूह, अन्तःकरण, विवेक, चित्त।

sound (साउन्ड) *n.* sensation produced by stimulation of the organs of hearing by vibrations transmitted through the air or other medium; ध्वनि, शब्द, आहट, खटका।

spectacle (स्पेक्टेकल) *n.* impressive sight (*pl.*) pair of lenses set in a frame, worn to assist sight; दृश्य, कौतुक, नजारा, ऐनक, चश्मा।

speech (स्पीच) *n.* act of speaking. spoken communication; भाषण, व्याख्यान, तकरीर, भाषा, जबान, बोली।

speed (स्पीड) *n.* rate of time at which something moves; गति, चाल, क्षिप्रता, रफ्तार।

spell (स्पेल) *n.* a charm; मंत्र, जादू-टोना, आवेग, दौर, फिट, थोड़ी देर, जरा देर, *v.t.* वर्तनी, लिखना, हिज्जे क.।

spend (स्पेन्ड) *v.t.* (*p.t.* spent) pay out money in buying, use for certain purpose व्यय क., खर्च क., उपभोग क., व्यतीत क.।

spice (स्पाइस) *n.* an aromatic vegetable substance used for flavouring food; मसाला, गरम-मशाला, मिर्च-मशाला।

spin (स्पिन) *v.t./i* (*p.t.* spun) to draw out and twist into threads; चक्कर खाना, घूमना (लट्टू) फिराना, कातना, जाला बुनना।

spirit (स्पिरिट) *n.* mind, soul, ghost, person's nature, livliness; distilled extract; मस्तिष्क, आत्मा, सह, आत्मशक्ति, नैतिक गुण या स्वभाव, सारांश, सार, आशय, जोश, भावना, शराब।

spiritual (स्पिरिट्यूअल) *n.* of the human spirit or soul, आध्यात्मिक, अमूर्त, सूक्ष्म, धार्मिक, आत्मिक, पवित्र।

spoil (स्पॉएल) *v.t.* (*p.t.* spoilt or spoiled) damage, make useless, दूषित क., विकृत क., भ्रष्ट क., बिगाड़ देना।

spoon (स्पून) *n.* an implement having a long handle supporting a swallow bowl used for stirring, serving and taking up food; चम्मच, चमचा, करछुल।

sport (स्पॉर्ट) *n.* क्रीड़ा, मृगया, आखेट खेल, मनबहलाव; *v.t.* खेलना, आनंद मनाना, दिखावा क., पहनना।

spot (स्पॉट) *n.* strain, pimple, place; दाग-धब्बा, कलंक, स्थान।

spray (स्प्रे) *v.t./i* a jet of fine particles of liquid discharged from an automizer; छिड़कना, गीला करना।

spread (स्प्रेड) *v.t./i* (*p.t.* spread) open out, become wider; फैलना, बिछना, विस्तृत होना, तानना, बढ़ाना।

spring (स्प्रिंग) *v.t./i* (*p.t.* sprang, *p.p.* sprung) jump, move rapidly, issue, arise; *n.* spring season, waterfall उछलना, झपटना, लपकन, चौकड़ी भरना, फुटना, निकलना बसंत ऋतु, चश्मा, झरना।

spy (स्पाइ) *n.* person who collects secret information from rival countries, organizations, companies, etc.; गुप्तचर, भेदिया, जासूस, खुफिया।

square (स्क्वेअर) *n.* figure with four equal sides and four right angles, वर्ग, समकोण, चतुर्भुज, चौक, कटरा।

squeeze (स्क्वीज़्) *v.t./i* exert pressure on, force one's way crowd, produce by pressure; निचोड़ना, मसलना, मींजना, भींचना, दबाव डालना, ठूंसना, धक्कमधक्का करके बाहर आना, भीड़ में दबना।

stab (स्टेब) *v.t./i* (*p.t.* stabbed) pierce wound or kill प्रहार क., धाव क., छुरा या चाकू मारना, घायल क., आधात पहुंचाना, मार देना।

stable (स्टेबल) *adj.* (stabler, stablest) firmly fixed; *n.* building where horses are kept; स्थिर, दृढ़, पक्का, अचल, अस्तबल, घुड़शाला।

staff (स्टाफ़्) *n.* stick, support, rod, group of assistants; लाठी, छड़, डंडा, आधार, कर्मचारी वर्ग, अमला स्टाफ।

stage (स्टेज) *n.* मंच, मचान, चबूतरा, रंगमंच, नाटक करने की जगह, अवस्था, स्थिति, आसन।

stagnant (स्टेगनैन्ट) *adj.* गतिहीन, खड़ा थमा हुआ, सुस्त।

stain (स्टेन) *n.* spot, blemish धब्बा, दाग, कलंक, दोष।

stale (स्टेल) *adj.* (staler, stalest) not fresh, unpleasant बासी, अबस हुआ, अरुचिकर, नीरस।

stall (स्टॉल) *n.* a small shop; दुकान, भवन या कमरा, चौकी, तख्ता, अस्तबल।

stammer (स्टैम्र्) *v.t./i* to speak with involuntary breaks and pauses; हकलाना, तुतलाना, तोतला होना।

stamp (स्टैम्प) *v.t./i.* to strike or beat with a forcible; पांव मारना, ठप्पा लगाना, मोहर लगाना, अंकित क., छापना *n.* मोहर, ठप्पा, मुद्रांक, टिकट, स्टाम्प।

stand (स्टैंड) n. a cessation of motion; आधार, रैक, स्टैंड, धरनी, ढांचा, फ्रेम; *v.t./i.* to assume or keep an upright position on the feet; खड़ा होना, उठन, ठहरना, टिकना, डटे रहना; **stand chance**, सफलता की संभावना होना **standby**, तैयार रहना, **stand for,** प्रतिनिधित्व क.; **stand one's ground**, दृढ़ रहना; **stand to reason**, तर्क-संगत होना।

standard (स्टेन्डर्ड) *n.* required level, flag; स्तर, श्रेणी, कोटि, आदर्श, मान, ध्वजा, पताका।

star (स्टार) *n.* any of the heavenly bodies, except the moon, appearing as fixed luminous points in the sky at night; तारक, तारा, सितारा; film star प्रसिद्ध फिल्म अभिनेता।

stark (स्टार्क) *adj.* desolate, naked, bare; सूना, निपट, निरा, सरासर, अडिग।

start (स्टार्ट) *v.t./i* begin, make a sudden movement; प्रस्थान क., चलना, आरंभ क., छूटना, खिसकना, बिदकना, चमकना, चौंक-जाना।

starve (स्टार्व) *v.t./i* die or suffer acutely from lack of food; भूखें मरना, भोजन न मिलना, निर्धनता से दिन काटना, भूख लगना।

state (स्टेट) *n.* the condition of a person or thing as with respect to circumstances or attributes; राज्य, स्थिति, अवस्था, दशा, हालत; **stateless**, किसी भी देश का नागरिक न होना **stately** शाही, राजसी।

statement (स्टेटमेंट) *n.* expression in words; वक्तव्य, कथन, वर्णन, विवरण।

statesman (स्टेट्समैन) *n.* one who is experienced in the art of government; राजदर्शी, राजनीतिज्ञ, राज्यविशारद।

station (स्टेशन) *n.* the place at which something stops or is scheduled to stop; रेल का स्टेशन, केन्द्र स्थान, जगह, मुकाम, पड़ाव, मुख्य नगर।

stationary (स्टेशनरि) *adj.* not moving स्थिर, अचल, खड़ी, स्थायी, निश्चल।

statue (स्टैट्यू) *n.* a three dimensional work of art, as a representation of a person or animal or an abstract form; मूर्ति, प्रतिमा, पुतला, बुत।

status (स्टेटस) *n.* position or rank; स्थिति, पद, प्रतिष्ठा, हैसियत।

stay (स्टे) *v.t./i* continue in the same place or state, remain or dwell, रोक देना, ठहराना, थामना, रुकना, वास क., विराम देना; *n.* निवास, वास, रोकम, स्थगन।

steal (स्टील) *v.t.* (*p.t.* stole, *p.p.* stolen) to thieve; चुराना, चोरी क., चुपके से भागना, छिपना, उड़ा लेना।

steam (स्टीम) *n.* the vapour of bowling water; भाप।

steel (स्टील) *n.* a modified form of iron having a carbon content less than that of big iron and more than that of wrought iron and having qualities of hardness, elasticity and strength; फौलाद, इस्पात।

steep (स्टीप) *adj.* (steeper, steepest) vertical slope or pitch; सीधा, खड़ा, ढालू।

stem (स्टेम) *n.* a long slender part; नाल, डंडी, दण्ड, पेड़ का तना, पौधे का डंठल; *v.t.* to stop the force; गतिरोध क., रोकना।

stench (स्टेंच) *n.* foul smell; बदबू, दुर्गंध।

step (स्टेप) *n.* पग, डग, कदम, पैरों की आहट, उपाय, यत्न, पैड़ी।

sterile (स्टेराइल) *adj.* barren; बंजर, अनुए बांझ, बंध्य।

stern (स्टर्न) *adj.* (sterner, sternest) strict, not kind; सख्त, कठोर, निष्ठुर, रुख।

stick (स्टिक) *n.* short thin piece of wood, hockey stick; *v.t./i.* (*pl.* stuck) fix by a glue; छड़ी, डंडा, मल्टी, चिपकना, चिपकाना, सम रखना, जगह छोड़कर।

stiff (स्टिफ) *adj.* (stiffer, stiffest) rigid or firm; दृढ़, कठोर, खड़ा, हठी, सफल।

still (स्टिल) *adj.* motionless; अचल चित्र, स्थिर, वस्तुचित्र, शांत, चुप, अडोल, ठहरा हुआ।

sting (स्टिंग) *n.* dangerous wounds; डंक, वंश, सांप आदि का विषदंश, कांटा।

stink (स्टिंक) *n.* offensive smell; दुर्गंध, बदबू।

stir (स्टर) *v.t./i.* (*p.t.* stirred) move, mix; हिलाना, चलाना, मिलाना।

stitch (स्टिच) *n.* one complete movement of a threaded neddle through or fabric or material in sewing or knitting; सीलन, टांका, सिलाई,

stock (स्टॉक) *n.* godown, luggage; सामान, माल, शेष माल, वंश, पशुधन, खेरडंगर, धड़, सना; stock exchange, स्टाक एक्सचेंज, स्टाक मारकेट।

stomach स्टमॅक) *n.* belly; आमाशय, पेट, उदर।

stone (स्टोन) *n.* piece of rock; पत्थर, पाषाण, पत्थर का टुकड़ा।

stool (स्टूल) *n.* a single seat on legs or a pedestal and without arms or a back; स्टूल, पीठ, तिपाई, मल, टट्टी।

stop (स्टॉप) *v.t./i.* (*p.t.* stopped) put an end to movement; रोकना, निरोध क., विराम देना, बाधा देना; *n.* निरोध, विराम, रोक, ठहराव।

store (स्टोर) *n.* a hoard; भण्डार, गोदाम स्टोर; *v.t.* संचय क., संग्रह क., गोदाम में रखना।

storey (स्टोरि) *n.* (*pl.* stories) floor or level in a building; खन, तल, तुलना, मंजिल।

storm (स्टोर्म) *n.* thunder; तूफान, अंधड़, आंधी, हलचल, लड़ाई।

story (स्टोअरि) *n.* saga; कहानी, कक्षा, विवरण, बयान, बात।

stove (स्टोव) *n.* a portable or fixed cooking apparatus that furnishes heat for warmth, cooking etc. commonly using coal, oil, gas or electricity as a source of power; स्टोव, चूल्हा, अंगीठी, भट्ठी।

straight (स्ट्रेट) *adj.* not bent or curved सीधा, खड़ा, सरल, निष्कपट।

strain (स्ट्रेन) *v.t./i.* stretch, injure by over exertion, खींचना, साजना, फैलना, विकृत क.

strange (स्ट्रेंज) *adj.* not familiar; अजनबी, अनजान, निराला, अजीब।

stranger (स्ट्रेंजर) *n.* a person with whom one has or has had no personal acquaintance; अजनबी, अनजान, नया।

straw (स्ट्रॉ) *n,* the mass of stalks; घास, तिनका, भूला।

stray (स्ट्रे) *v.* to deviate from the direct course; भटकना, राह से हट जाना, पथभ्रष्ट होना, निष्प्रयोजन घूमना,*n.* भटका हुआ पालतू पशु।

stream (स्ट्रीम) *n.* current; स्रोत, धारा, झरना, नदी, जलधारा।

street (स्ट्रीट) *n.* road in a town or village; गली, राजमार्ग, बाजार, सड़क, पथ, रास्ता।

strength (स्ट्रेन्थ) *n.* strong, intense; दल, शक्ति, ऊर्जा, पराक्रम, हिम्मत, संख्या, **strengthen,** पुष्ट क., बलवान बनाना।

stretch (स्ट्रेच) *v.t./i.* pull out; फैलाना, खींचना, चौड़ा क., तानना।

strict (स्ट्रिक्ट) *adj.* सीमित, सख्त, कठोर, सुनिश्चित, नियमित।

strike (स्ट्राइक) *v.t./i.* (*p.t.* struck, *p.p.* stricken) आघात क., मारना, वार क., प्रभावित करना, आकर्षित क., हड़ताल क., काम न करना, चुभो देना, टकराना।

string (स्ट्रिंग) *n.* a slender chord or thick thread used for binding or tying; डोरी, रस्सी, लड़ी, शृंखला।

strive (स्ट्राइव) *v.t.* to try; (*p.t.* strove, *p.p.* stroven) hard; (प्रयास क., उद्योग क., परिश्रम क.।

stroke (स्ट्रोक) *n.* act of striking something; *v.t.* pass the hand gently; आधात, प्रहार, आक्रमण, चोट, धक्का, सदमा, सहलाना, गुदगुदाना, हाथ फेरना।

strong (स्ट्रांग) *adj.* (stronger, strongest) capable of exerting great power; प्रबल, तेजस्वी, सबल, बली, मजबूत, हृष्टपुष्ट, पक्का, ठोस।

structure (स्ट्रक्चर) *n.* way a thing is constructed निर्माण, रचना, संरचना, निर्मित, बनावट, कृति।

struggle (स्ट्रगॅल) *v.i.* fight; संघर्ष क., प्रबल चेष्टा क., हाथपैर मारना, छटपटाना, लड़ाई-झगड़ा क.।

student (स्टूडेन्ड) *n.* pupil at a school or college; विद्यार्थी, छात्र, शिक्षार्थी।

study (स्टॅडी) *n.* process of study; पठन, अभ्यास, अनुशीलन।

stuff (स्टफ) *n.* material, belongings; सामग्री, पदार्थ, वस्तु।

style (स्टाइल) *n.* manner of writing or speaking or doing; पद्धति, बोलने, लिखने आदि की शैली, रीति, तरीका।

sub (सब) *pref.* under, subordinate उप- अद्यो- sub-editor, sub-human.

subcontinent (सबकॉन्टिनेन्ट) *n.* a large, relatively self-contained land mass forming a subdivision of a continent; उपमहाद्वीप।

subject (सब्जेक्ट) *n.* matter; विषय, प्रसंग, बात का विषय, प्रज्ञात, उद्देश्य।

subordinate (सबॉरडिनेट) *n.* subject to the control or authority of another; अधीन, अधीनस्थ कर्मचारी, मातहत।

subscribe (सबस्क्राइब) *v.t./i.* pay a subscription; चन्दा देना, शुल्क भेजना, ग्राहक बनना।

subscription (सब्स्क्रिप्शन) *n.* amount subscribed; चन्दा, सहमति, अंशदान।

substance (सब्स्टेन्स) *n.* that of which a thing consists; द्रव्य, वस्तु, पदार्थ।

substantial (सब्स्टेन्शल) *adj.* of considerable amount; प्रचुर, पर्याप्त, ठोस, भारी, वजनी।

substitute (सब्स्टिट्यूट) *n.* in place of another प्रतिस्थापित, स्वामीपन्न।

subtract (सब्ट्रेक्ट) *v.t.* remove from a greater one; बाकी निकालना, घटाना।

succeed (सक्सीड) *v.t./i.* be successful सफल होना, सम्पन्न होना, काम बनना।

success (सक्सेस) *n.* favourable outcome; सफलता, उपलब्धि, अनुकूल, परिणाम।

such (सच्) *adj.* of the same kind or degree; एक ही प्रकार का, इस तरह का, जैसा, वैसा।

suck (सक) *v.t.* draw into the mouth; स्तनपान क., चूसना, छोटा-सा घूंट।

suffer (सफर) *v.t./i.* to sustain injury; क्षति होना, कष्ट उठाना, दुख भोगना, सहन क.।

sufficient (सफिशन्ट) enough; पर्याप्त, यथेष्ठ मात्रा में।

suffix (सफिक्स) *n.* an affix that follows the element to which it is added; प्रत्यय।

suffocate (सफ्फकेट) *v.t./i.* cause or feel difficulty in breathing; दम घुटना, सांस घोंटना, गला दबाना।

sugar (शुगर) *n.* a sweet substance obtained from cane; चीनी, शक्कर, शक्करा, खांड; **sugarcane**, ईख, गन्ना।

suggest (सजेस्ट) *v.t.* propose; सुझाना, सुझाव देना।

suicide (स्युसाइड) *n.* the intentional taking of one's own life; आत्मघात, आत्महत्या, खुदकुशी

suit (सूट) *n.* request made to a person in authority; दावा, मुकदमा, कपड़ों का जोड़ा, अनुरूप होना, जंचना, मेल खाना।

suitable (स्यूटेबल) *adj.* right for the purpose; उपयुक्त, अनुकूल, अवसर के अनुसार।

sultry (सल्ट्रि) *adj.* sweltering; गरम, उमसवाला।

sum (सम) *n.* the aggregate of two or more numbers; योगफल, संकलन, फल जोड़, राशि।

summary (समरि) *n.* brief; सारांश, संक्षेप, संक्षिप्त।

summer (समर) *n.* the season between spring and autumn; ग्रीष्म ऋतु, गरमी, ताप, ग्रीष्म का मौसम।

summit (समिट) *n.* highest point शिखर, चोटी, चरम सीमा।

sun (सन) *n.* the star that is the central body of the solar system, around which the planets revolve and from which they receive light and heat; सूरज, सूर्य।

Sunday (सनडे) *n.* the first day of the week; रविवार।

superficial (सुपरफिशल) *adj.* insubstantial or insignificant; ऊपरी, दिखाऊ, बाह्य, थोथा।

superior (सुपिरिअर) *adj.* higher in quality or rank, better, उत्कृष्ट, महत्तर, बेहतर, प्रवर।

superstition (सुपरस्टिशन्) *n.* a belief or notion not based on reason or knowledge; अंधविश्वास, अतिभक्ति।

supervise (सुपरवाइज) *v.t.* direct and inspect; देख रेख करना।

supply (सप्लाइ) *v.t.* provide with; पूर्ति करना, देने की क्रिया, रसद देना, भरना, हाजिर क.।

support (सपॉर्ट) *v.t.* keep from falling सहारा देना, आधार प्रदान क., टेक देना, सहायता क.।

suppose (सपोज) *v.t.* be inclined to think; कल्पना क., मान लेना।

suppress (सप्रेस) *v.t.* pull down; दबाना, कुचलना, दमन क.।

sure (स्युअर) *adj.* (surer, surest; convinced, reliablest) निश्चय, निस्संदेह, पक्का, नियत।

surface (सरफेस) *n.* the outer face of an object; सतह, तह, भूत, बाहरी हिस्सा।

surgeon (सरजन) *n.* physician who specialises in surgery; सर्जन, शल्यचिकित्सक।

surplus (सरप्लस) *n.* excess of something, बेशी, अतिरिक्त, अधिक।

surprise (सरप्राईज) *n.* unexpected thing or happening causing this; आश्चर्य, हैरानी, विस्मय, अचरज।

surround (सराउन्ड) *v.t.* come, be around; चारों ओर से आना, घेरना, अहाता बना लेना।

suspect (सस्पेक्ट) *v.t.* mistrust; संशय होना, भ्रम होना।

swallow (स्वॉलो) *n.* & *v.* a bird, a down one's throat अबाबील, गम उतारना, निगलना, उदरस्थ क., हार जाना।

swamp (स्वेम्प) *n.* marsh; दलदल, कर्द-कीचड़।

swan (स्वॉन) *n.* a large beautiful, long necked water bird; हंस, राजहंस।

swear (स्वेअर) *v.t./i.* (*p.t.* swore, *p.p.* sworn) शपथ लेना, शपथ दिलाना, कसम खाना, गुस्से में कसम खाना।

sweat (स्वीट) *n.* that which is scareted from sweat glands; पसीना, स्वेद, परेशान, श्रम।

sweep (स्वीप) *v.t./i.* (*p.t.* swept) clear away with as if with broom सफाई क., बहाना, झाड़ू, क., बुहारी देना, दौर, लपेट, समेट।

sweet (स्वीट्) *adj.* (sweeter, sweetest) मधु मीठा, प्यारा, रूचिक, आनंदमय; **sweetheart**, प्रेमी-प्रेमिका; **sweetmeat** मिठाई।

swim (स्विम) *v.t./i.* (*p.t.* swam, *p.p.* swum) move the body through water; (तैरना, पानी की सतह पर बहन संतरण क., पार क., पूरी क.।

swing (स्विंग) *v.t./i.* (*p.t.* swung) move or cause to move forwards and backwards; तैरना, पानी की सतह पर वहन संतरण क., पार क., पूरी क., झूला, झूलना।

symbol (सिम्बल) *n.* sign; प्रतीक, संकेत, निशा, अंक, चिह्न।

sympathy (सिम्पेथि) *n.* pity or tenderness, sharing other's emotions; सहानुभूति, दया, करुणा, समभाव, हमदर्दी।

synonymous (सिनॅनिमस्) *adj.* equivalent in meaning; समानार्थक, पर्यायवाची, एकार्थ।

syrup (सिरॅप) *n.* a highly concentrated solution of sugar in water; शरबत, शीरा, राव, चाशनी।

system (सिस्टम) *n.* set of rules, etc; प्रणाली, पद्धति, रीति, करने का ढंग, देह, शरीर, व्यवस्था।

T

table (टेबल) *n.* an article of furniture having four legs and flat top; पटल, मेज, टेबल।

tablet (टैबलिट) *n.* a small; flat or flattish cake or piece of some solid substance, as a drug; टिकिया, गोली, गुटिका, फलक, पटल, तख्ती।

tact (टेक्ट) *n.* skill in winning goodwill; चातुरी, कुशलता, होशियारी, सलीका।

tail (टेल) *n.* the hindmost part of an animal, flexible appendage to the trunk; पुच्छ, पूछ, पुच्छवत वस्तु, पृष्ठभाग, सिरा, पिछला हिस्सा।

tailor (टेलर) *n.* दर्जी।

take (टेक) *v.t./i* (*p.t.* took, *p.p.* taken) lay hold of , get possession of, capture, be successful, occupy, obtain, require; लेना, प्राप्त क., ग्रहण क., अपनाना, जीतना, अधिकार में लेना, स्वामित्व प्राप्त क., पकड़ लेना; **be taken ill**, बीमार होना; **take after**, अनुरूप होना; **take back**, वापस लेना; **take part**, हिस्सा लेना; **take sides**, पक्ष लेना; **take up**, शौक की तरह अपनाना।

tale (टेल्) *n.* a narrative that relates the details of some real or imaginary event, incident on case; कथा, कहानी, अफवाह, किस्सा, बात।

talk (टॉक) *v.t./i.* exchange of ideas by spoken words, express in words; वार्तालाप क., बातचीत क., बोलना, वक्तृत्व देना, संक्षिप्त भाषण देना, चर्चा क.; talk over, विचार विमर्श क.।

tall (टॉल) *adj.* (taller, tallest) of great height; लम्बा, ऊंचा, जन्नत, उच्च, बड़ा, अत्यधिक।

tamarind (टैमरिन्ड) *n.* a tropical tree; इमली।

tame (टेम) *adj.* (tamer, tamest) (of animals) gentle and not afraid of human beings; पालतू, घरेलू, पाला हुआ, विनीत, हिला हुआ, निस्तेज, दब्बू।

tank (टेन्क) *n.* a natural or artificial pool, pond or lake; कुंड, टंकी, हौज, तालाब, टैंक।

tap (टैप) *n.* a device for sleeping or releasing the flow of a liquid; नल, बम्बा, टोटी *v.t./i.* (*p.t.* tapped) थपकी देना, खटखटाहट क., दस्तक देना, खटखटाना।

tape (टेप्) *n.* a long narrow strip of cotton; फीता, निवार, पट्टा।

target (टारगेट) *n.* mark of shooting, aim, object; लक्ष्य, निशान, उद्देश्य; target date, नियत तिथि; target practice चांदमारी।

tariff (टैरिफ) *n.* duty to be paid शुल्क, तटकर, महसूल।

task (टास्क) *n.* work to be done; कार्य, कर्म, काम, कर्तव्य, पाठशाला का कार्य, सौंपा हुआ काम।

taste (टेस्ट) *n.* the sense by which the flavour or savour of things is perceived; स्वाद, जायका, रस, रुचि, पसंद, शौक; **tasteful**, स्वादिष्ट; **tasteless**, फीता; **tasty** स्वादिष्ट।

taunt (टॉन्ट) *v.t.* jeer at; उपालम्भ देना, कटाक्ष क., व्यंग्य क.।

tax (टैक्स) *n.* (कर, भाड़ा, महसूल, अत्यधिक मांग, अत्यधिक श्रम) **sales tax**, बिक्री कर; **tax collector**, कर-समाहर्ता; **tax free**, करमुक्त।

taxi (टैक्सि) *n.* a taxi cab; किराये के लिए कार का गाड़ी, टैक्सी।

tea (टी) *n.* चाय; **tea garden**, चाय बागान; **tea party**, चायपार्टी; **tea pot**, चायदानी; **tea set**, चाय का सेट; **tea time** चायकाल।

teach (टीच) *v.t./i.* (*p.t.* taught) impart education or skill; सिखाना, पढ़ाना, देना, सुझाना, बताना।

teacher (टीचर) *n.* instructor; अध्यापक, गुरू, शिक्षक, व्याख्याता।

team (टीम) *n.* set of people working together; टोली, टीम, दल, समूह।

tear (टीअर) *n.* a drop of the saline watery fluid from the eyes; आंसू, नयनजल, बूंद, कतरा।

tear (टेअर) *v.t./i.* (*p.t.* tore, torn) pull or snatch violently; चीरना, फाड़ना, विदीर्ण क., नोंच डालना, टुकड़े कर देना, झपटना।

tease (टीज्) *v.t.* try to provoke; चिढ़ाना, छेड़ना, सताना, दिक क., तंग क., पीछे पड़ना।

telephone (टेलीफोन) *n.* an electrical instrument for transmitting conversation over a distance; दूरभाष, टेलीफोन।

telescope (टेलीस्कोप) *n.* an optical instrument for viewing things at a distance; दूरदर्शक, दूरदर्शी, दूरबीन।

television (टेलीविजन्) *n.* the process by which images of distant moving or still objects are shown on a screen; चित्रवाणी, दूरदर्शन।

tell (टेल) *v.t./i.* (*p.t.* told) make known in written or spoken words; कहना, वर्णन क., सुनाना, बयान क.; **tell on**, असर डालना; **tell the tale**, कहानी गढ़कर सुनाना; **tell the world**, खुले आम कहना।

temper (टेम्पर) *n.* state of mind; स्वभाव, प्रकृति, मिजाज आवेश, खीज; **lose one's temper**, गुस्सा होना; **out of temper**, आपे से बाहर।

temperament (टेम्परामेन्ट) *n.* person's nature; स्वभाव, प्रकृति, संस्कार।

temperature (टेम्प्रेचर) *n.* intensity of heat or cold; तापमान, तापांश, ज्वर, हरारत, बुखार, गरमी to have a temperature, ज्वर होना।

temple (टेम्पल) n.building dedicated to god(s) देवालय, मंदिर, गिरिजाघर।

temporary (टेम्पररि) *adj.* not lasting; अस्थायी, अल्पकालिक, क्षणिक।

ten (टेन) *adj. & n.* the number 10; दस की संख्या, दहला।

tenant (टीनेन्ट) n. person who rents building or land, etc; किरायेदार, भाड़ेदार, काश्तकार, असामी, रैयत।

tender (टेन्डर) *adj.* soft, delicate; मुलायम, नाजुक, कोमल, कच्चा, वत्सल।

tender (टेन्डर) *v.t./i.* offer formally; निविदा देना, प्रस्तुत क., देना, पेश क.।

tense (टेन्स) *n.* form of a verb; क्रिया का काल (present, past, future) कालक्रम।

tense (टेन्स) *adj.* stretched tight as a card, fibre etc.; तनावपूर्ण, तना हुआ, बेचैन, उद्विग्न।

tension (टेन्सन) *n.* the act of stretching or straining; तनाव, क्षोभ, खिचाव, उत्तेजना, तनातनी।

tent (टेन्ट) *n.* portable shelter of canvas; तम्बू, डेरा, शिविर, छालेदारी।

term (टर्म) *n.* time for which something lasts, words or phrase, conditions; अवधि, मियाद, नियत समय, शब्द, पद शर्त।

terrible (टेरिबल) *adj.* distressing very bad; भयानक, भीषण, डरावनी, विकट, दारुण।

terrify (टेरिफाई) *v.t.* fill with terror; भयभीत होना या क., दहसना, डरना।

terror (टेरर) *n.* extreme fear आतंक, अत्यधिक भय, संत्रास, दहशत।

test (टेस्ट) *n.* exam.; परीक्षण, परीक्षा, परख, जांच; test-tube, परखनली *v.t.* परीक्षण कर. , जांच क., आजमाना, इम्तिहान लेना, ठोक बजाकर देखना।

text (टेक्स्ट) *n.* main body of a book, book prescribed; मूलपाठ, पाठ, मजमून, पाठ्यपुस्तक।

than (दैन) *conj.* to introduce that which is in the lower scale; से, अपेक्षा, तुलना में, वनिस्पत।

thank (थैंक) *v.t.* express gratitude to: धन्यवाद क., आभार प्रकट क., साधुवाद देना; thankful, धन्यवादी, कृतज्ञ; thankless, कृतघ्न, नमकहराम, thanksworthy, धन्यवाद के योग्य।

that (देट) *adj. & pron.* (*pl.* those) the thing referred to; ऐसा, इतना, वह उस, उसने, उसको, वे, उनको, ताकि, क्योंकि, अब, जबकि।

thatch (दैच) *n.* roof of straw, छाना, छप्पर, फूल की छत, छाजन।

thaw (थॅ) *v.t./i.* to melt; गलना, पिघलना, घुलना, नम्र होना, पसीजना।

the (दी) *adj.* def. art; वही, पूर्ववर्णित।

theatre (थियेटर) *n.* a building for housing dramatic presentations; stage entertainments or motion pictures; रंगशाला, रंगभूमि, थियेटर, नाटकगृह, कार्यक्षेत्र।

theft (थेफ्ट) *n.* stealing चोरी।

their (देअर) *poss. pron.* belonging to them; उनका।

them (देम्) *pron.* उनको।

theory (थेअरि) *n.* opinion, supposition; वाद, नियम, सिद्धांत।

there (देअर) *adv.* वहां, उस स्थान पर, उस जगह, वह जगह।

they (दे) *pron.* वे, वे लोग।

thick (थिक) *adj.* (thicker, thickest) dense; स्थूल, मोटा, घना, सटा, गाढ़ा, गहरा।

thief (थीफ) *n.* one who steals; चोर।

thin (थिन) *adj.* not fat; पतला, दुबला, महीन, बारीक।

thing (थिंग) *n.* any material object; वस्तु, पदार्थ, सामग्री, चीज, विचार, तथ्य, विषय।

think (थिन्क) *v.t./i.* (*pt.* thought) exercise the mind; सोचना, विचार क., मत होना, चिंतन क., समझना।

thirst (थर्स्ट) *n.* feeling caused by a desire to drink; प्यास, तृष्ण, चाह।

thirteen (थर्टीन्) *adj. & n.* a cardinal number; त्रयोदश।

thirty (थर्टि) *adj. & n.* the cardinal number, ten times three; तीस।

this (दिस) *pron.* used, preceeding a noun referring to 5th of someone that is closer; यह, इस, इसको।

thorn (थॉर्न) *n.* sharp pointed growth of twigs and branches of some trees; कांटा, कंटक, शूल।

thorough (थौरो) *adj.* detailed; सम्पूर्ण, सम्यक, पूरा; thoroughly, पूर्णतया।

thoroughfare (थोरोफेअर) *n.* a major road or highway; आम रास्ता।

though (दो) *conj.* in spite of; यद्यपि, हालांकि, चाहे, भले ही।

thousand (थाउजेन्ड) *n. & adj.* ten hundred; हजार, सहस्र।

thread (थ्रेड) *n.* spun cotton, silk, wool etc.; धागा, डोरा, सूत, तागा; threadworm सूत्रकृमि।

threat (थ्रेट) *n.* declaration of one's intention or determination to inflict punishment; धमकी, डांट, भय, आशंका।

three (थ्री) *adj. & n.* the number 3; तीन।

thrill (थ्रिल) *n.* adventure, heart beat; रोमांच, धड़कन, स्पंदन।

throat (थ्रोट) *n.* the passage from the mouth to the stomach or to the lungs; कंठ, गला, श्वास, नली।

throb (थ्रोब) *v.t.* (*p.t.* throbbed) beat with force, vibrate; धड़कना, कम्पन होना, स्पंदित होना।

throne (थ्रोन) *n.* seat for a king; सिंहासन, राजगद्दी, तख्त।

throng (थ्रोंग) *n.* crowd; भीड़, जमघट, रेलपेल।

through (थ्रू) *prep.* from end to end, side to side; में होकर, आरपार, बीच में, एक से दूसरे सिरे तक।

throw (थ्रो) *v.t./i.*(*p.t.* threw, *p.p.* thrown) fling, cast फेंकना, निराशा, पटकना, दे मारना; **throw away**, फेंक देना, लाभ न उठना **throw out** रद्द करना।

thrust (थ्रस्ट) *v.t./i.*(*p.t.* thrust) push forcibly; धकेलना, घुसेड़ना, भोंकना, छेदना।

thumb (थम्ब) *n.* shortest and thickest finger of the hand; अंगूठा, अंगुष्ठ।

thus (दस) *adj* to this way, as a result of this; इस प्रकार, यों, इस तरह, ऐसा, इतना, सो, इस कदर।

ticket (टिकिट) *n.* a slip, usually of paper or cardboard showing entitlement to some service, right etc.; टिकट, प्रवेश-पत्र।

tide (टाइड) *n.* sea's regular rise and fall; ज्वार-भाटा, समय, वक्त, जोर, गति।

tie (टाइ) *v.t./i.* attach or fasten with cord, etc; दाबना, जोड़ना, गांठ लगाना, संयुक्त क.।

tiger (टाइगर) *n.* a large carnivorous black striped feline; बाघ, चीता, नाहर।

tight (टाइट) *adj.* not loose, tense, strict; तंग, फिट, कसा हुआ, गठा हुआ, कठोर; **tightfisted**, कंजूस।

timber (टिम्बर) *n.* wood used in building house, ship etc.; काष्ठ, इमारती लकड़ी।

time (टाइम) *n.* duration; काल, समय, वक्त, अवधि, मौका, निश्चित समय, जमाना; **from time to time**, कभी-कभी **in time**, समय पर; **timeless**, अमर।

timid (टिमिड) *adj.* not bold डरपोक, भीरु, दब्बू, कव्वर, दीन।

tired (टाअर्ड) *adj.* exhausted; कलांत, थका हुआ, विश्रामोन्मुख।

title (टाइटल) *n.* name of a book, etc. work denoting rank; शीर्षक, नाम, पद, पदवी, किताब, उपाधि, हक।

today (टुडे) *n. & adv.* this present day, आज, आज का दिन, यह दिन।

toe (टो) *n.* one of the terminal digits of the foot in person; पैर की अंगुली।

together (टुगेदर) *adv.*one with another; साथ-साथ, एक साथ, मिलकर, सह, सहित।

toil (टॉइल) *v.t.* work laboriously; कठोर परिश्रम क., सख्त मेहनत क.।

toilet (टॉएलिट) *n.* process of washing and dressing oneself; प्रसाधन, स्नान आदि. शौच, स्नानगृह, शौचघर।

tolerance (टोलॅरिन्स) *n.* endurance; सहनशीलता, सहिष्णुता, परपाक्षत, उदारता, छूट।

tomato (टमॉटो) *n.* a red, mildy acid, pulpy fruit; टमाटर।

tomorrow (टुमारो) *n. & adv.* the day after today; कल (आने वाला), आगामी दिन।

tongue (टंग) *n.* a muscular organ of mouth; जिह्वा, जीभ, जवान, भाषा, बोली।

tonight (टुनाइट) *n. & adv.* the night of today; आज रात, इस रात, आज की रात।

too (टू) *adv.* in excess; अति, अधिक, जरूरत से ज्यादा।

tool (टूल) *n.* appliance of mechanical operation; औजार, यंत्र, हथियार, साधन।

tooth (टूथ) *n.* (pl. teeth) one of the hard bodies or processes usually attached in a row to each jaw of human beings and animals used to masticate food; दांत, दन्त, दशन, खूंटी, दांता; **toothbrush**, दांत-ब्रश; **toothpowder**, दंत-मंजन।

top (टॉप) *n.* highest point, part or position, upper surface; शीर्षस्थ, चरम, सर्वोच्च, श्रेष्ठ, सबसे बढ़कर, ऊपरी सतह।

topic (टॉपिक) *n.* the subject of discourse; विषय प्रस्ताव, प्रसंग, वृतांत, प्रकरण।

torch (टार्च) *n.* a small hand-held electric lamp; टार्च, मशाल, बत्ती, ज्ञान।

torrent (टॉरेन्ट) *n.* rushing stream or flow, downpour; प्रचण्ड स्रोत या धारा, मुसलाधार वर्षा, झड़ी, बौछार torrential, प्रचण्ड।

tortoise (टॉरटॉइस) *n.* a slow moving four-footed reptile with a hard shell; कछुआ, कच्छप।

torture (टॉरचर) *n.* severe mental or physical pain; यंत्रणा, यातना, संताप।

toss (टॉस) *v.t./i.* throw, lightly, spin a coin. उछालना, सिक्का उछालना, फेंकना, झटकना, करवटें बदलना।

total (टोटल) *adj.* including everything; कुल योग, जमा, जोड़, कुल जोड़।

touch (टच) *v.t./i.* to feel, handle; स्पर्श क., छूना, हाथ लगाना, धीरे से दबाना, प्रभावित क., आभास देना।

touchy (टचि) *adj.* quickly offended; तुनुक मिजाज।

tough (टफ्) *adj.* hard, firm, कठोर, कड़ा, दृढ़, सख्त, हठी, जिद्दी।

tour (टुअर) *n. & v.* journey from one place to another; पर्यटन, देशाटन, दौरा, यात्रा।

tourist (टूअरिस्ट) *n.* traveller; यात्री।

towel (टॉवेल) *n.* an absorbent cloth; तौलिया, गमछा।

tower (टावर) *n.* a structure very tall in proportion to its other dimensions and frequently forming a part of a large building; मीनार, बुर्ज, लाट।

town (टाउन) *n.* पुर, नगरी, कस्बा।

toy (टॉय) *n.* a playing; खिलौना, खेल, क्रीड़ा।

trace (ट्रेस) *n.* track or mark left behind; पदचिह्न, निशान, खोज, लीक, सुराग।

track (ट्रेक) *n.* line or series of marks left by a moving vehicle, person, animal etc.; पगडंडी, रास्ता, लीक, मार्ग, पथ।

trade (ट्रेड) *n.* act of process of buying or selling; व्यापार, सौदा, पेशा, कारोबार, व्यवसाय; **trade-mark**, ट्रेड-मार्क, छाप; **trade union** मजदूर संघ।

tradition (ट्रेडिशन्) *n.* belief, custom; परम्परा, रीति, रूढि;, रस्म; traditional, परम्परागत।

traffic (ट्रेफिक) *n.* vehicles, ships, etc. moving along a route; व्यापार, यातायात, आवागमन, आमदरफ्त।

tragedy (ट्रेजिडि) *n.* play with a sad ending; दुखान्त रचना, शोकान्त घटना, त्रासदी।

train (ट्रेन) *n.* a self-propelled, connected group of rolling stock; रेलगाड़ी, गाड़ी, रेल।

train (ट्रेन) *v.t./i.* प्रशिक्षण देना, ट्रेनिंग देना, सिखाना।

traitor (ट्रेटर) *n.* one who betrays a person, a cause or any trust; गद्दार, देशद्रोही, गद्दार, कृतघ्न।

transfer (ट्रांसफर) *v.t./i.* (*p.t.* transferred) change from one place to another; तबादला, स्थानांतरण, हटाव, बदली।

transform (ट्रांसफॉर्म) *v.t.* to convert the shape or form of; रूपांतरण क., परिवर्तन क., नया बनाना।

translate (ट्रांसलेट) *v.t.* to turn from one language into another; अनुवाद क., भाषान्तर क., **translation**, अनुवाद।

transport (ट्रांसपोर्ट) *v.t.* carry from one place to another; परिवहन क., ले जाना।

trap (ट्रेप) *n.* a snare; जाल, फंदा, पिंडा, कूट, छल।

travel (ट्रेवल) *v.t./i.*(*p.t.* travelled) go from one place to another; यात्रा करना, पर्यटन क., भ्रमण क., सफर पर जाना; **traveller**, यात्री, मुसाफिर।

tray (ट्रे) *n.* a flat, swallow container; थाली, प्लेट, रकाबी।

tread (ट्रीड) *n.* act or manner of walking; गीत, चास, पांव, कदम; *v.t./i.* (*p.t.* trod, *p.p.* trodden) set foot on; पग भरना, चलना, कुचलना, रौंदना।

treasure (ट्रेअर) *n.* wealth or riches stored or accumulated; खजाना, कोष, निधि, धनराशि खंजाची।

treasury (ट्रेजरि) *n.* the department of govt.which has control over the collection, management and disbursement of the public revenue; राजकोष, कोषागार, खजाना।

treat (ट्रीट) *n.* & *v.* to deal with, behaviour; आचरण, व्यवहार, भोजन, दावत, बर्ताव क., पेश आना, मानना।

treaty (ट्रीटि) *n.* &*v.* a formal agreement between two or more states in reference to peace, alliance, commerce, or other international relation; संधि, समझौता, संधिपत्र।

tree (ट्री) *n.* large perennial plant with woody trunk; वृक्ष, पेड़, काष्ठ-खण्ड, वंशचित्र या वृक्ष।

tremble (ट्रेम्बल) *v.t.* shake violently कांपना, सिहरना, थरथराना।

trible (ट्राइब) *n* racial group; जनजाति, कबीला, कुटुम्ब।

trick (ट्रिक) *n.* deception; कपट, छल, चाल, धोखा, फरेब।

trifle (ट्राइफल) *n.* of slight value; क्षुद्र वस्तु, नगण्य वस्तु, साधारण चीज।

triumph (ट्राइएम्फ) *n.* victorious; विजयी, जययात्रा, जीतप्राप्ति, विजयोल्लास।

trouble (ट्रबल) *n.* difficulty, distress; मुसीबत, आफत, परेशानी, विपदा, संकट, क्लेश, कष्ट।

true (ट्रू) *adj.* (truer, truest) faithful; सच्चा, सही, सत्य, बचाव, खरा, असली, पक्का।

trunk (ट्रंक) *n.* main stem of a tree; पेड़ का तना, धड़ा, कबन्ध, संदूक, हाथी की सूंड।

trust (ट्रस्ट) *n.* firm belief; आस्था, विश्वास, भरोसा, साख, आशा, उम्मीद, न्यास, ट्रस्ट **trustee**, न्यासी।

truth (ट्रूथ) *n.* something that is ture; सत्य, सच्चाई, ईमानदारी, यथार्थ; truthful, सच्चा; truthfulness, सत्यता।

try (ट्राइ) *v.t./i.* attempt, test; प्रयोग क., परीक्षा क., क्रोधित क., जांचना, विचार क., आजमाना।

trying (ट्राइंग) *adj. difficult;* कठिन, मुश्किल, परीक्षाकारी।

tube (ट्यूब) *n.* a hollow, usually cylindrical body of metal, glass, rubber or other material used esp. for conveying or containing liquids or gases; नली, सुरंग, नलिका।

tunnel (टनल) *n.* an underground passage; सुरंग।

turban (टरबन) *n.* an eastern head-dress made by winding a length of cloth, round the head; साफा, पगड़ी, पाग, फेंटा।

turn (टर्न) *v.t./i.* bend, move round a point; मोड़ना, घुमाना, फेरना, चलना, रूख बदलना।

turnip (टर्निप) *n.* large round edible root; शलगम।

tusk (टस्क) *n.* long pointed tooth, esp. of an elephant; हाथी के दांत।

twelve (ट्वेल्व) *adj./n.* the number 12; बारह।

twenty (ट्वेन्टि) *adj.* & *n.* the number 20; बीस, कोड़ी।

twig (ट्विग) *n.* small branch of a tree टहनी, शाखा।

twin (ट्विन) *n.* either of two children or animal brought forth at a birth; युगल, यमज, जुड़वां बच्चे।

twinkle (ट्विकंल) *v.i.* shine with flicker; टिमटिमाना, झपकना, जगमगाना, चमकना।

twist (ट्विस्ट) *v.t./i.* wind, turn, one around the other; मोड़ना, बल देना, बटना, तोड़ना- मरोड़ना।

two (टू) *adj.* & *n.* the number 2; दो, द्वि।

twofold (टूफोल्ड) *adj.* & *adv.* दोहरा, दुगना, दूना।

tyrant (टाइरेन्ट) *n.* cruel or unjust ruler; क्रूर, अत्याचारी शासक, निरंकुश शासक।

U

ugly (अग्लि) *adj.* (uglier, ugliest) unpleasant to look at; कुरूप, भद्दा, घृणास्पद।

ultimate (अल्टिमेट) *adj.* last, final; आधारभूत, अंतिम, चरम, परम।

umbrella (अम्ब्रेला) *n.* a small, light portable circular cover for protection from sun or rain; छतरी, छाता, छत्र।

umpire (अम्पाइअर) *n.* an arbitrator; अम्पायर, खेलों में निर्णायक।

un (अन) *pref.* not, reversing the action shown, नहीं, अ-, अन, निर, वि; un-lock, un-disputed, etc.

unable (अनएबल) *adj.* not able; अयोग्य, अक्षम, लाचार।

unanimous (अन्ॲनिमस) *adj.* all agreeing; एकमत से, एकराय, सर्वसम्मत।

unarmed (अन्आर्म्ड) *adj.* without weapons; निहत्था, निरस्त्र।

unavoidable (अनअवाएडॅवल) *adj.* unable to be avoided; अनिवार्य, अपरिहार्य।

unawares (अन्वेअर्स) *adj.* unexpectedly सहसा, अकस्मात, अचानक।

uncertain (अनसर्टेन) *adj.* not definitely ascertainable or fixed, vague; अनिश्चित, संदिग्ध, संशयग्रस्त।

uncover (अन्कवर) *v.t.* reveal, expose; उछाड़ना, प्रकट क., आवरण हटाना।

under (अन्डर) *prep.* below; निचला, कम, थोड़ा, के अधीन, के अनुसार, अवर, नीचे, तले।

underground (अंडरग्राउन्ड) *adv.* under the surface to the ground, in secret; जमीन के नीचे, भूमिगत, गुप्त संस्था।

underline (अंडरलाइन) *v.t.* draw a line under; रेखांकित क., नीचे रेखा खींचना।

understand (अंडरस्टैंड) *v.t.* & *i.* (*p.t.* understood) see the meaning or importance of; अर्थ समझना, अर्थ जानना, ग्रहण करना, समझना।

understanding (अन्डरस्टैंडिग) *n.* ablility to understand, intelligence; ज्ञान, बोध, बुद्धि, समझ।

undertake (अन्डरटेक) *v.t.* (*p.t.* undertook, *p.p.* undertaken), agree or promise to do something; वचन, प्रतिज्ञा, समारम्भ, व्यवसाय, जिम्मेदारी लेना।

underwear (अंडरविअर) *n.* garments worn under clothing; जांघिया, नीचे पहनने के कपड़े।

undesirable (अन्डिजाइरेबल) *adj.* not desirable; अवांछनीय, निरर्थक।

undeveloped (अन्डिवॅलप्ड) *adj.* not developed; अविकसित।

undo (अन्डू) *v.t.* ruin; नष्ट करना, बरबाद करना, मिटाना।

unearth (अनअर्थ) *v.t./i.* uncover or bring out from the ground; खोद निकालना, प्रकाश में लाना।

unearthly (अन्अर्थलि) *adj.* not of this earth; स्वर्गीय, असांसारिक, अद्भुत।

uneasy (अन्ईजि) *adj.* not comfortable; व्याकुल, बेचैन।

unemployed (अन्इम्प्लाएड) *adj.* having no employment; अभियुक्त, बेकार, बेरोजगार।

unequal (अनईक्वॅल) *adj.* not equal; विषम, असमान, बेमेल।

uneven (अनईवन) *adj.* not even. असमतल, उबड़-खाबड़, नीचा।

unexpected (अनइक्सपेक्टिड) *adj.* not expected; आशा के विपरीत, सहसा, अचानक।

unfair (अनफेअर) *adj.* unjust, not impartial; अनुचित, अयोग्य बेजा।

unfaithful (अनफेथफुल) *adj.* not loyal; नमकहराम, बेवफा, झूठा, दगाबाज।

unfit (अनफिट) *adj.* unsuitable; अयोग्य, अनुपयोगी, बेकार।

unfold (अनफोल्ड) *v.t./i.* open, spread out; उद्घाटित करना, प्रकट होना, खोलना, बताना।

unfortunate (अनफॉरट्यूनेट) *adj.* having bad luck; अभागा, भाग्यहीन, बदनसीब।

unhappy (अनहैपि) *adj.* (unhappier, unhappiest) not happy, sad; दुखी, नाखुश, अभागा, अप्रसन्न।

uniform (यूनिफार्म) *n.* distinctive clothing वेष, समवेष, वर्दी, समान, समरूप, एकरूप।

union (यूनियन) *n.* uniting, being united, association; संघ, सहयोग, संगति, सम्मेलन, संयोग।

unique (यूनिक) *n.* only one of its kind; अनुपम, अद्वितीय, अनन्य।

unit (यूनिट) *n.* individual thing, person or group; एकक, इकाई, कर्मचारी, दल, टुकड़ी।

unite (यूनाइट) *v.t./i.* join together, cooperate; मिल कर काम क., जुड़ना, संयुक्त करना, एक होना।

unity (युनिटि) *n.* state of being one; एकता, एकत्व, सम्मेलन।

universal (यूनिवर्सल) *adj.* of or for or done by all. सार्वभौम, सार्वत्रिक, सार्वदेशिक, सर्वव्यापी।

university (यूनिवर्सिटि) *n.* institution for higher education and research work; विश्वविद्यालय।

unjust (अनजस्ट) *adj.* not fair; अनुचित, अन्यायपूर्ण।

unkind (अनकाइन्ड्) *adj.* not kind; क्रूर, निष्ठुर, निर्दय, निर्मम।

unless (अनलेस) *conj.* if... not, except, when; अतिरिक्त, इसके कि, सिवाय इसके कि।

unlikely (अनलाइकली) *adj.* not likely to happen; असंगत, असंभाव्य।

unlimited (अनलिमिटिड) *adj.* not limited. असीमित, अपार, असंख्य।

unlock (अनलॉक) *v.t.* release the lock; ताला खोलना, कह देना, खोलना।

unnatural (अननेचुरल) *adj.* not normal कृत्रिम, अस्वाभाविक।

unnecessary (अननेसिसरि) *adj.* not necessary, अनावश्यक, आवश्यकता से अधिक।

unofficial (अनऑफिशल्) *adj.* not official; अशासकीय, गैर सरकारी।

unpleasant (अनप्लीजेन्ट) *adj.* not pleasant; अप्रिय, बेमजा, बुरा।

unpopular (अनपॉप्यूलर) *adj.* not popular अप्रिय, अप्रसिद्ध, बदनाम।

unprepared (अनप्रियपेअर्ड) *adj.* not ready; बिना तैयारी।

unrest (अनरेस्ट) *n.* restlessness; अशांति, गड़बड़, बेचैनी।

unruly (अनरूलि) *adj.* not easy to control, disorderly उच्छृंखल, अस्तव्यस्त, नियम-रहित।

unseen (अनसीन) *adj.* not seen; अपठित, अज्ञेय, अनदेखा।

unselfish (अनसेल्फिश्) *adj.* not selfish; निःस्वार्थ, निष्काम।

unsocial (अनसोशल) *adj.* not social; असामाजिक, गैरमिलनसार।

unsuccessful (अनसक्सेसफुल) *adj.* not successful असफल।

until (अनटिल) *prep./conj.* till; जब तक, तक।

untold (अनटोल्ड) *adj.* not told; अव्यक्त, अकथ, असीम, बेहद।

untouchable (अनटचेबल) *adj.* not able to be touched; अस्पृश्य, अछूत।

unusual (अनयूजुअल) *adj.* rare; विलक्षण, असाधारण।

unveil (अनवेल) *v.t./i.* remove a veil, disclose; आवरण हटाना, घूंघट उठाना खोलना।

unworthy (अनवर्दी) *adj.* worthless, not deserving अयोग्य, अनुचित, गुणहीन, नालायक।

up (अप) *adv.* to a higher place; उन्नत स्थिति, ऊंचाई, उठ जाना, ऊपरी।

upbringing (अपब्रिंगिंग) *n.* training in childhood; लालन-पालन।

uplift (अपलिफ्ट) *n.* being raised; उद्धार, उभार।

upper (अप्र) *adj.* higher in place or position; उच्च, अपरखा।

upset (अपसेट) *v.t./i.* overturn or be overturned; गड़बड़ा देना, घबरा देना, परेशान कर देना।

unstairs (अपस्टेअर्स) *adv. & adj.* to or on a higher floor; ऊपर, ऊपर की मंजिल का।

urban (अरबन) *adj.* of a city or town; नागर, शहरी, नगर का।

urgent (अर्जेन्ट) *adj.* needing immediate attention; आवश्यक, अत्यावश्यक, शीघ्र करने योग्य।

urinal (यूरिनल) *n.* place where are urinates; मूत्रालय, पेशाबघर।

urine (यूरीन) *n.* liquid waste matter excreted by kidneys; मूत्र, पेशाब।

us (अस) *pron.* objective form of we; हमलोग, हम, हमको, हमें।

use (यूस) *n.* using, being used; चलन, प्रयोग, उपयोग, उपयोगिता, लाभ।

use (यूज) *v.t./i.* to employ for something; उपयोग क., प्रयोग में लाना, भोगना, लाभ उठाना।

useful (यूजफूल) *adj. serviceable or helpful;* उपयुक्त, लाभप्रद, काम का।

useless (यूजलेस) *adj.* not usable; निकम्मा, सुस्त, लाभरहित, बेकाम।

usual (यूजुअल) *adj. commonly met with or observed in experience;* साधारण, प्रचलित, मामूली, आम।

utility (यूटिलिटि) *n.* usefulness; उपयोगिता, लाभ, फायदा।

utmost (अटमोस्ट) *adj. & n.* greatest; अतिशय, परम, बेहद, परले सिर का।

utter (अटर) *v.t.* make a sound with the mouth, speak; उच्चरित, बयान क., कहना।

V

vacancy (वेकॅन्सि) *n.* vacant place or position etc.; रिक्त स्थान, खाली जगह।

vacant (वेकॅन्ट) *adj.* empty, not filled; रिक्त, खाली, बेकार।

vacate (वेकेट) *v.t.* cease to occupy; खाली करना, अधिकार छोड़ना।

vacation (वेकेशन्) *n.* holiday; दीर्घावकाश, विरामकाल।

vaccination (वेक्सिनेशन) *n.* instance of vaccinating or being; टीका, टीका लगाना।

vacuum (वैक्युम) *n.* space; निर्वात, खोखलापन, शून्य।

vagabond (वैगावॉन्ड) *adj.& n.* person without a settled home; घुमक्कड़, आवारा, खानाबदोश।

vague (वेग) *adj.* (vaguer, vaguest) not clearly expressed; अस्पष्ट, गोलमोल।

vain (वेन्) *adj.* conceited; सारहीन, अहंकारी, टीम-टाम का।

valiant (वैलियन्ट) *adj.* brave; साहसी, निर्भय, शूर।

valid (वेलिड्) *adj.* having legal force; मान्य, न्याय संगत, कानूनी।

valley (वैलि) *n.* (*pl.* valleys) an elongated depression between hills or mountains; घाटी, वादी।

valuable (वैल्यूबल) *adj.* of great worth; मूल्यवान।

value (वैल्यू) *n.* amount of money considered equivalent to something, usefulness, मूल्य, महत्ता, मान।

vanish (वैनिश) *v.t.* disappear सुप्त, होना, गायब होना।

vanity (वैनिटि) *n.* worthlessness; निस्सारता, खोखलापन, मिथ्याभिमान, झूठा, घमण्ड।

vapour (वेपर) *n.* barely visible or cloudy diffused matter; वाष्प, भाप, कोहरा, कुहासा।

variety (वैराइटि) *n.* quantity of different things; प्रकार, विविधता, विभिन्नता।

various (वेरिअस) *adj.* of several kinds; विविध, भिन्न-भिन्न, तरह-तरह का।

vary (वेअरि) *v.t./i.* become different; हेर-फेर करना, विभिन्न करना, अलग होना।

vegetarian (वेजिटेरिअन्) *n.* person who eats no meat; शाकाहारी।

vegetation (वेजिटेशॅन) *n.* plants collectively; वनस्पतियां, पेड़-पौधे।

vehicle (विहिकल) *n.* conveyance; वाहन, सवारी।

veil (वेल) *n.* covering of fine net or fabric over a woman's face to hide or conceal it; घूंघट, पर्दा, कपट, वेष।

vein (वेन) *n.* blood vessel; नाड़ी, धमनी, धारी।

velvet (वेल्विट) *n.* a fabric of silk, nylon, etc. with a soft felt on one side; मखमल, नरम कपड़ा।

venom (वेनम) *n.* snake poison; विष, सर्प विष, जहर।

ventilator ((वेन्टिलेटर) *n.* an outlet for air; रोशनदान, वातायन, हवादान।

venture (वेन्चर) *n. & v.* undertaking that involves rise, dare, उद्यम, जोखिम, साहस करना, संकट उठाना, खतरे में डालना।

venue (वेन्यू) *n.* appointed place for meeting; मिलन-स्थान, वार्तालाप, स्थान।

venus (वीनस) *n.* प्रेम की देवी, शुक्र तारा

verb (वर्ब) *n.* word indicating action; क्रिया, क्रियापद।

verbal (वर्बल) *n.* of or in words spoken; मौखिक, शाब्दिक।

verdict (वर्डिक्ट) *n.* decision reached by a jury; निर्णय, पंच, फैसला।

verify (वेरिफाइ) *v.t.* check the truth; सत्यापन करना, सच्चाई जांचना।

versus (वर्सस) *prep.* against; विरुद्ध, बनाम।

very (वेरि) *adj.* in a high degree; अति, बिलकुल, अत्यन्त, एकदम; very good; बहुत अच्छा very well, बहुत ठीक।

veto (वीटो) (pl. vetoes) a power or right of rejecting, any authoritative prohibition; निषेषाधिकार।

vice (वाइस) *pref.* in place of; उप।

vice (वाइस) *n.* great wickedness; कलंक, पाप, दुर्गुण।

vicious (विसस) *adj.* brutal, savage, dangerous अधम, दुष्ट, दुराचारी, दुर्गुणी, खोटा।

victim (विक्टिम) *n.* one harmed or killed by other; शिकार।

victory (विक्टरि) *n.* success achieved by struggle; विजय, जीत, फतह।

view (व्यू) *n.* range of vision, fine scenery, opinion, *v.t./i.* survey with the eye of mind, watch things; दर्शन, मुआयना, नज, दृश्य, पर्यवेक्षण क., निरीक्षण क., सोचना, परखना।

vigil (विजिल) *n.* staying awake, to keep watch; सजगता, चौकसी, रत जगा।

vigilant (विजिलेन्ट) *adj.* watchful जागरूक, सावधान, खबरदार।

village (विलेज) *n.* collection of houses, etc.; ग्राम, गांव, बस्ती; villager, ग्रामीण, ग्रामवासी।

villain (विलेन्) *n.* wicked person; खलनायक, खल, दुर्जन, दुष्ट।

violate (वायलेट) *v.t.* break an oath or treaty etc.; उल्लंघन क., भंग क., तोड़ना।

violation (वायलेशन) *n.* the act of violating; उल्लंघन, अतिक्रमण।

violence (वायलेन्स) *n.* swift and intense force; हिंसा, उग्रता, जबरदस्ती।

violent (बायलेन्ट) *adj. characterised by uncontrolled, strong, rough force;* हिंसात्मक, हिंसापूर्ण, प्रचण्ड।

virgin (वर्जिन) *n.* a girl, woman, boy or man who has never had sexual intercourse; कुंआरी, कन्या, कुमारी।

virtue (वरट्यू) *n.* goodness, सदाचार, सद्गुण, नैतिक उच्चता।

virtuous (वर्टयूअस) *adj.* showing moral virtues; सदाचारी, सदगुणी, सज्जन।

visibility (विजिबिलिटि) *n.* state of being; दृश्यता, दृष्टिगोचरता।

visible (विजिबल) *adj. that can be seen;* दृश्य, दृश्यमान, प्रकट

vision (विजन) *n.* ability to see, sight; दर्शन, दृष्टि, निगाह, झांकी।

visit (विजिट) *v.t./i.* go or come to see; *n.* act of visiting; दर्शन करना, मिलना, मुलाकात करना, मुलाकात, साक्षात्कार।

vital (वाइटल) *adj.* essential of life; जीवनगत, महत्वपूर्ण, जीवाचार।

vitamin (विटामिन) *n.* organic substance occuring in natural food stuffs and essential to human being; जीवन तत्व।

vocal (वोकल) *adj.* of or for or uttered by the voice; उच्चरित, वाचिक, गायक, गाना।

vocation (वोकेशन) *n.* trade, profession; व्यवसाय, जीविका, पेशा।

vocational (वोकेशनल) *adj.* occupation; व्यावसायिक, रोजगार सम्बन्धी।

voice (वॉइस) *n.* the sound or sounds uttered through the mouth of living creatures esp. of humanbeings; स्वर, नाद, आवाज, भाषा, पुकार, हुक्म।

void (वॉइड) *adj.* empty, not valid; शून्य, खाली, अमान्य, प्रभावहीन।

valcano (वोलकेनो) *n.* (pl. volcanoes) a vent in the earth's crust through which lava etc. is discharged; ज्वालामुखी।

voluntary (वॉलन्टरि) *adj.* done of one's own free will; स्वैच्छिक; ऐच्छिक, बिना शर्त।

volunteer (वॉलन्टीअर) *n.* one who offers service of his own free will; स्वयंसेवक।

vomit (वॉमिट) *v.t./i.* (*p.t.* vomited) eject the contents of the stomach through the mouth; वमन होना, कै होना।

vote (वोट) formal expression choice; मत, मतदान।

vowel (वाउइल) *n.* a speech sound produced without occluding, diverting or obstructing the flow of air from the lungs; स्वर।

vulgar (वल्गर) lacking refinement; अशिष्ट, पैदारू, घटिया।

W

wade (वेड) *v.t./i.* walk through water; पानी में चल कर जाना।

wag (वेग) *n. v.t./i.* (*p.t.* wagged) shake briskly to and fro; चलाना, हिलाना डुलाना।

wage (वेज) *n.* (*pl.* wages) regular payment to an employee; मजदूरी, मजूरी, पगार।

waist (वेस्ट) *n.* the part of the body in man between the ribs and the hips; कटि, मध्य कमर।

wait (वेट) *v.t./i.* postpone an action until a specified time, pause; राह देखना, इंतजार क., ठहर जाना, प्रतीक्षा क., सेवा करना, **waiter** सेवा करने वाला, होटलों में परिचालक।

wake (वेक) *v.t./i.* (*p.t.* woke, *p.p.* woken) cease to sleep, evoke; नींद खुलना, जगाना, जागरूक रहना।

wake (वेक) *n.* structure of brick, stone etc. serving as fence; जागरण, रतजगा, उत्सव।

walk (वॉक) *v.t./i.* progress by setting down on foot; *n.* journey on foot; चलना, चहलकदमी, सैर, मार्ग, सड़क; घूमना, सैर करना, पैदल जाना।

wall (वॉल) *n.* act or period of being awake; दीवार, भीत, आड़, सुरक्षा।

wander (वॉन्डर) *v.t.* go from place to place with no settled route or purpose; विचरना, भटकना, डोलना, खानाबदोशी का जीवन बिताना।

want (वॉन्ट) *v.t./i.* desire, need; अभाव होना, कम होना, आवश्यकता होना।

war (वॉर) *n.* strife between countries; समर, युद्ध, लड़ाई, शत्रुता; **cold war**; शीतयुद्ध; **war path**, लड़ाई छेड़ना; **declare war**, युद्ध की घोषणा क.।

warm (वॉर्म) *adj.* (warmer, warmest) moderately hot, hearty, affectionate; गर्म, गुनगुना, उत्साही, जोशीला, स्नेहपूर्ण, गर्मागर्म; **warm hearted**, स्नेह; **warm up**, जोश लाना।

warmth (वॉर्म्थ) *n.* state of being warm; उष्णता, गर्मी।

warn (वॉर्न) *v.t.* inform about a present or future danger; सतर्क क., सचेत क., चेतावनी देना, मना क.।

warrior (वॉरिअर) *n* person who fights in a battle; योद्धा, बहादुर सैनिक, युद्धप्रिय।

wash (वॉश) *v.t./i.* cleanse with water or other liquid; धोना, पखारना, नहाना, भिगोना, washbasin, वॉशबेसिन।

waste (वेस्ट) *v.t./i.* fail to use; *adj.* left because not wanted; *n.* process of wasting; उड़ा देना, फजूल खर्ची क., बिगाड़ना, बरबाद क., बंजर, वीरान, व्यर्थ, बेकार, रेगिस्तान, क्षय, तबाही, कूड़ा करकट, अपव्यय।

watch (वॉच) *v.t./i.* look at, keep under observation, *n.* act of watching पहरा देना, जगते रहना, चौकसी रखना, सतर्कता, सावधानी, चौकीदार, पहरा, चौकी, पहर, घड़ी।

water (वॉटर) *n.* liquid (H2O) as in rivers, canals, wells, seas, oceans etc.; जल, पानी, आंसू, चमक, गुण; *v.t./i.* सींचना, पानी देना, भिंगोना, पानी भरना, डबडबाना; **watercarrier**, भिश्ती; **watercoarse**, झरना; **waterfall**, जलमार्ग; **waternut**, सिंघाड़ा।

wave (वेव) *n.* the raised ridge of water; तरंग, लहर, आवेग, रेखा; **waveless**, तरंगहीन।

way (वे) *n.* route, travelling distance, method, style, manner, पथ मार्ग, राह, ढंग, रीति, कायदा, व्यवहार, रिवाज, यात्रा; **by the way**, वैसे ही।

we (वी) *pron.* plural form of I; हम, हम सब, हमलोग, हमने।

weak (वीक) *adj.* (weaker, weakest) lacking strength; दुर्बल, मंद, कमजोर **the weaker sex**, नारी; **weak mind**, दुर्बल बुद्धि; **weaken**, मन्द क., कम क.; weakness, निर्बलता, कमजोरी।

wealth (वेल्थ) *n.* riches, धन सम्पत्ति; **wealthy** सम्पन्न, धनवान।

weapon (वेपॅन) *n.* an instrument of defence or offence, used for the killing or wounding of an enemy; शस्त्र, हथियार।

wear (वीअर) *v.t./i.* (*p.t.* wore, *p.p.* worn) have on the body, damage gradually, endure continued use; धारण क., पहनना, क्षय होना, क्षीण होना, घिसना, थकना, उकता जाना, टिकना।

weary (विअरि) *adj.* very tired; थका हुआ, सुस्त, निराश, उदासीन।

weather (वेदर) *n.* the state of the atmosphere with respect to wind, temperature, cloudiness, moisture etc. at the particular time over a particular area; ऋतु, मौसम, जलवायु, आब, हवा।

weave (वीब) *v.t./i.* (*p.t.* wove, *p.p.* woven) बुनना, वस्त्र बनाना, जोड़ना, गूंथना; weaver, बुनकर, जुलाहा।

week (वीक) *n.* a period of seven days; सप्ताह; **week day**, रविवार के अतिरिक्त दिन **weekend**, सप्ताहान्त **weekly**, साप्ताहिक।

weep (वीप) *v.t./i.* (*p.t.* wept) shed tears; रोना, विलाप क., आंसू बहाना।

weight (वेट) *n.* heaviness of a body as ascertained in a balance; भार, बोझ, वजन, बट्टा, बाट और बल।

welcome (वेलक्म) *n.* a kindly greeting or reception; सत्कार, स्वागत।

welfare (वेलफेयर) *n.* good health, prosperity, happiness etc. of a person; कल्याण, मंगल, हित।

well (वेल) *adj.* (better, best) in a good manner or style, kindly, उत्तम रूप से, भली भांति, पूर्णतया, ठीक, बिल्कुल; well balanced, संतुलित; well behaved, आचरणशील; well being, कल्याण; well done, शाबाश; well made, सुनिर्मित; well meaning, नेक नियत; well-to do, धनी।

west (वेस्ट) *n.* a cardinal point of the compass; पश्चिम, पछुआ; *adj.* पश्चिमी, पाश्चात्य; western, पश्चिमी।

wet (वेट) *adj.* (wetter, wettest) soaked in water or liquid; *v.t.* (*p.t.* wetted) make wet; गीला, नम, बरसाती, गीला क., भीगोना।

what (वॉट) *pron.& adj.* which कौन, कितना, क्या, किस।

wheat (वीट) *n.* an edible seed of a plant which is ground into flour; गेंहूं।

wheel (वील) *n.* a circular frame or dise revolving in a axis; चक्र, चक्का, पहिया।

when (वैन) *adv.* at what time, at which time, कब, किस समय।

where (वेयर) *adj. & conj.* at or in which place; कहां, किधर, किस जगह, जहां, जिस स्थिति में।

which (विच) *pron.* what; जो, जौनसा, जिसको।

whip (विप) *n.* an instrument used esp. for urging on an animal or for striking a person or an animal as a punishment; कोड़ा, चाबुक, हन्टर।

whisper (विस्पर) *v.t./i.* speak softly; फुसफुसाना, कानाफूसी क.।

white (वाइट) *adj.* (whiter, whitest) a colour witout hue; श्वेत, सफेद, निर्मल; white ant, दीमक; white elephant, सफेद हाथी।

who (हू) *pron.* what person; कौन, किसने, किस तरह का, जो, जिसने।

whole (होल) *adj. complete, entire;* सम्पूर्ण, समग्र, तमाम, अखण्ड।

wick (विक) *n.* a length of twisted cotton or other fibre used in a candle or in a vessel containing oil; बत्ती, बाती।

wicked (विकिड) *adj.* दुष्ट, पापी, खोटा, बदमाश।

wide (वाइड) *adj. broad* (wider, widest) विस्तृत, चौड़ा, बहुत बड़ा।

widow (विडो) *n.* a woman whose husband is dead, esp. one who has not remarried; विधवा, बेवा।

wild (वाइल्ड) *adj.* not domesticated; जंगली, वीरान, हठी, जिद्दी, बेलगाम।

will (विल) *v. aux.* गा, गे, गी।

will (विल) *n.* mental power by which we consciously desire and carry out our intentions; संकल्प, इच्छा, इच्छापत्र।

will (विल) *v.t.* to wish; कामना क., चाहना, इच्छा क.।

willing (विलिंग) *adj.* inclined; सहमत, इच्छुक, तत्पर।

win (विन) *v.t./i.* (*p.t.* won) to obtain by labour; विजयी होना, जीतना, प्राप्त क., पाना।

wind (विंड) *n.* gas in the stomach; पवन, हवा, वात।

wind (वाइन्ड) *v.t./i.* to cause to move in a curning course; बल देना, चाबी भरना, घुमाना।

window (विन्डो) *n.* opening in a wall etc.; खिड़की, झरोका, खुला हुआ भाग।

wine (वाइन) *n.* the fermented juice of grapes; मदिरा, आसव, शराब।

wing (विंग) *n.* the forelimb of a bird by which it flies; पंख, पल, बाजू, बगल खण्ड।

winter (विन्टर) *n.* season between autumn and spring; शीतकाल, सर्दी, जाड़ा।

wire (वायर) *n.* **wireless**, तार, बेतार, रेडियो।

wisdom (विजडम) *n.* soundness of judgement; बुद्धिमत्ता, विवेक, सावधानी।

wise (वाइज) *adj.* (wiser, wisest) learned, full of knowledge; ज्ञानी, बुद्धिमान, विवेकी।

wish (विश) *v.t./i.* have a wish; इच्छा क., कामना क., चाहना।

with (विद) *prep.* in the company of साथ, सहित, पक्षमय।

withdraw (विद्ड्रॉ) *v.t./i.*(*p.t.* withdrew, *p.p.* withdrawn) पीछे हटना, वापस क., रुपया निकालना।

witness (बिट्नेस) *n.* गवाह, साक्षी, प्रमाणित करने वाला व्यक्ति, गवाही।

wolf (वुल्फ) *n.* (*pl.* wolves) any of several large carnivorous animals; भेड़िया।

woman (वुमन) *n.* adult female humanbeing; महिला, नारी, स्त्री।

wonder (वन्डर) *n.*feeling of surpise and admiration; अद्भुत, चमत्कार, अचरज।

wood (वुड) *n.* timber; काठ, लकड़ी; वन, वनभूमि।

wool (वुल) *n.* soft hair of a sheep, goat or other similar animals; ऊन, रोआं।

word (वर्ड) *n.* combination of letter having some meaning; पद, शब्द, वचन, बोल।

work (वर्क) *n.* labour, exertion; कर्म, कार्य, काम, धन्धा, निर्माण।

world (वर्ल्ड) *n.* universe; विश्व, संसार, जगत, दुनिया।

worm (वॉर्म) *n.* creeping insect; कृमि, कीड़ा, सर्पिल।

worry (वरि) *n.* person who worries a lot; चिंता, परेशानी, विपत्ति।

worship (वर्शिप) *n.* a religious service & *v.* to offer praise or adoration to a diety; उपासना, पूजा, अर्चना क., भक्ति रखना, पूजना।

worth (वर्थ) *adj. of value equal to;* के मूल्य का, की कीमत का, के दाम का, **worthless**, निकम्मा; **worthy** श्रद्धेय, पूज्य।

wound (वून्ड) *n.* injury; घाव, जख्म, मानसिक आघात।

wrap (रैप्) *v.t./i.(p.t.* wrapped) cover or roll up; बांधना, पैक क., लपेटना।

wrath (रॉथ) *n.* anger; क्रोध, रोष, गुस्सा; **wrathful** कुपित, क्रोधी।

wrestle (रैसल) *v.t./i.* engage in wrestling; कुश्ति, दंगल, संघर्ष।

write (राइट) *v.t./i.* (*p.t.* wrote, *p.p.* written) person who writes; अंकित क., लिखना, वर्णन क.; **writer**, लेखक।

wrong (रॉन्ग) *adj. not correct;* अनुचित कार्य, भूल, अपकार, दोष।

X

X-mas (एक्समस) *n.* Christmas.

X-ray (ऐक्सरे) *n.* form of short wave ray that penetrates solids & makes it possible to see into or through them एक्स-किरण, एक्सरे।

Y

yard (यार्ड) *n.* measure of length; गज (3 फुट)

yard (यार्ड) *n.* enclosed space rear or round a building; आंगन, पशुओं का बाड़ा।

yarn (यार्न) *n.* any spun thread; सूत, सूत्र, तार।

year (यीअर) *n.* twelve months; वर्ष, बरस, साल, सन्; **yearly** वार्षिक।

yell (येल) *v.t./i. & n.* shout चीखना, कोलाहल क., शोर।

yellow (येलो) *adj. a colour* पीला, पीत, हलदिया, जर्द।

yeoman (योमन्) *n.* a small farmar; जमींदार, किसान, कृषक।

yes (येस) *adv. & n.* expression of agreement or consent; हां, हूं, अच्छा, अवश्य।

yesterday (येस्टर्डे) *n.* the day before today; बीता हुआ दिन, गत दिवस।

yield (यील्ड) *v.t./i.* give as fruit or gain, surrender; उपजाना, फल देना, लाभ देना, समर्पण क., झुकना।

yoke (योक) *n.* a wooden frame across the necks of pulling a cart etc.; जुआ, दास्ता।

you (यू) *pron.* तुम, आप।

young (यंग) *adj.* (younger, youngest) new, newly arrived; शिशु, वत्स, कुमार, छोटा, बच्चा, कम उमर का।

yourself (योरसेल्फ) *pron.* emphatee form of you; आप, स्वयं, तुम, स्वयं, तुमही।

youth (यूथ) *n.* youngman, being young; (यौवन, युवावस्था, नवयुवक, youthful; युवा, जवान; youthfulness, जवानी, यौवन।

Z

zeal (जील) *n.* great enthusiam; उत्साह, जोश।

zebra (जीबरा) *n.* a horse like animal with dark stripes; चित्र-गधा।

zenith (जेनिथ) *n.* the point in the sky exactly overhead; शिरो बिन्दु, शीर्ष बिन्दु।

zero (जीरो) *n.* the numerical symbol O; शून्य, बिन्दु, सिर्फ।

zest (जेस्ट) *n.* keep enjoyment or interest; रुचि, चस्का, दिलचस्पी।

zodiac (जोडिअक) *n.* an imaginary belt across the sky containing the path of the principal peanets; राशिचक्र।

zone (जोन) *n.* area; क्षेत्र, कटिबंध, मंडल, प्रदेश, इलाका।

zoo (जू) *n.* zoological garden; प्राणी उद्यान, चिड़ियाघर।

zoology *n.* science of animal life; जन्तुविज्ञान।

ABBREVIATIONS (अब्रीविएशन्स) संकेताक्षर

कम से कम समय, शक्ति, शब्दों आदि से अधिकतम लाभ प्राप्त करना मानव विशेषता है। समय की बचत और सुविधा की दृष्टि से अनेक प्रयोग बराबर होते रहते हैं। बड़ी-बड़ी पुस्तकों के संक्षिप्त संस्करण, मिनी वस्त्र, एकांकी नाटक, कहानी आदि लघु साहित्यिक विधाओं का जन्म इस बात का स्पष्ट प्रमाण है कि आज व्यस्त मानव के पास समय बहुत कम है और करने को बहुत कुछ। शब्दों के संक्षिप्त रूप भी इसी प्रयत्न का एक उदाहरण है। अनेक बहुप्रचलित और प्रतिष्ठित शब्दों को काट-छांट कर छोटा कर दिया गया है, जैसे–telephone से phone, advertisement से ad; examination से exam तो कहीं शब्दों के initial letters आद्य अक्षरों को लेकर उनके लघु रूप गढ़ लिए हैं, जैसे– All India Radio से A.I.R. और British Overseas Airlines Corporation से B.O.A.C. हम नीचे कुछ बहुप्रचलित और महत्त्वपूर्ण शब्दों के संक्षिप्त रूप दे रहे हैं, जिससे कि प्रयोक्ता उसका ठीक-ठीक प्रयोग कर सकें।

A.B.C.Countries-Argentina, Brazil and Chile
abinit. (Latin)-From the beginning
A.C.- Alternating
A.G.- Accountant General, Attorney General
a/c- account
A.D.- (Latin) Anno Domini (in the year of our Lord)
A.D.C.- Aide-de-camp
A.E.C.- Atomic Energy Commission
A.I.G.- All Inspector General
A.I.I.M.S.- All India Institute of Medical Sciences
A.M.S.- Army Medical Service
A./o.- Account Officer
A.P.O.- Army Post Office
aq.- Water
at.- Atomic
At. Gen.- Attorney General
B.A.- Bachelor of Arts
B.Agr.- Bachelor of Agriculture
C.M.- Chief Minister
Chem.- Chemical, Chemist
Chq- Cheque
C.I.D.- Criminal Investigation Department
cit.- cited, citizen
cld.- cleared, coloured
cm.- Centimetre
C.O.- Commanding Officer
Contd.- continued
Co-op.- Cooperative
C.R.P.- Central Reserve Police
D.A.- Dearness Allowance
D.C.- District Court; Deputy Commissioner
Dec.- December
Deg.- degree
Dent.- dental
Dept.- Department
D.G.- Director General
distt.-District
B.Arch-Bachelor of Architecture
B.B.C.- British Broadcasting Corporation
B.Ed- Bachelor of Education
B.M.- Current; Army Corps
B.C.- Before Christ
B.Com.- Bachelor of Commerce
B.D.S.- Bachelor of Dental Surgery
B.E.- Bachelor of Engineering
B.M. Bachelor of Medicine
B.Sc.- Bachelor of Science
C.- Centigrade, Cent. Current
C.A.- Chartered Accountant, Chief Accountant
Cap.- Capital Letters
Cat.- Catalogue
Cav.- Cavalary
C.A.- Current Account
C.C.A.- City Compensatory Allowance
Cent.- Centrigrade, Central, Century
Cert.- Certificate
cf.- compare
F.- Fahrenheit, Father, Formula
fam.- Familiar, family
F.A.O.- Food and Agricultural Organization
fep.- Foolscap
f.Co.- Fair copy
F.D.- Fixed Deposit
Fig.- Figurative, Figure
Fin.- at the end
F.O.- Field Officer, Foreign Office
Fr.- French, France
F.R.C.P.- Fellow of Royal College of Physicians
f.v.- On the back of the page
g.- gram, genetive
Gaz.- Gazette
g.c.m.- greatest common measure
G.M.- General Manager
G.O.C.-General Officer Commanding
G.P.O.- General Post Office

div.-Division,Divide, Divine,Dividend
D.Litt.- Doctor of Literature
D.M.-District Magistrate, Doctor of Medicine
do.-ditto, the same
doz.-dozen
Dr.-Doctor
D.Sc.- Doctor of Science
dyn.-Dynamics
ea.-each
E.& O.E.- Errors and Omission Excepted
E.C.M.- European Common Market
e.g.-for example
elec.-Electrical, Electricity
elem.- Elementary
eng.-Engineer, engineering
equiv.-Equivalent
esp.-Especially
Esq.-Esquire
etc.-(etcetera) and the rest
etym.-Etymological
ex.-Examined, example
ext.-External, Externally
Ltd.-Limited
LXX.-70
m.-male, married, masculine
M.A.-Master of Arts
Maj.-Major
M.C.C.-Marylebone Cricket Club
M.Com.- Master of Commerce
Mdme.-Madame
mg.-Milligrams
min.-minute, minister
M.L.A.-Member of Legislative Assembly
M.L.C.-Member of Legislative Council
M.O.- Money Order
M.P.-Member of Parliament
Mr.-Mister
Mrs.-Mistress
M.S.-Manuscript
M.Sc.-Master of Science
N.A.T.O.-North Atlantic Treaty Organisation
N.B.-Mark well
N.C.O.-Non-Commissioned Officer
n.p.-New paragraph
O.-Oxygen
O.C.-Officer Commanding
o/c.-Overcharge
O/D.-Overdraft
O.K.-All right, Very well, All correct
op.cit.-In the work cited
Gr.- Greek, Greece
H.-Hydrogen
hrs.-hours
h.c.f.-Highest Common Factor
hdqrs.-Headquarters
H.H.H.-Very hard (Pencils)
H.P.- Half-pay, Hire-Purchase
i.b.-in the same place
i./c.-Incharge
I.C.B.M.-Inter Continental Ballistic Missile
I.D.-Intelligence Department
I.L.O.-International Labour Organization
I.M.F.-International Monetary Fund
inc.-Incorporated
I.Q.-Intelligence Quotient
Ital.-Italics
Jr.-Junior
kg.-Kilogram
L.-50. 50th, pound
l.b.-pound
l.c.m.-least common multiple
Leg.-Legislature
L.P.C.-Last Pay Certificate
Lt.-Lieutenant
Q.M.-Quarter Master
R.M.S.-Railways Mail Services
Rs.-Rupees
Re.-Rupee
R.S.V.P.-Please Reply
Sansk.-Sanskrit
S.C.-Scheduled Caste, Supreme Court
sess.-Session
S.O.S.-Save Our Soul
St.-Saint, Street
Subj.-Subject
T.B.-Tuberculosis
Tech.-Technical
T.V.-Television
U.S.A.-United States of America
U.S.S.R.-Union of Soviet Socialist Republics
U.D.C.- Upper Division Clerk
U.K-United Kingdom
U.P.S.C.-Union Public Service Commission
V.-Versus
Vb.-Verb
Vid.-Vide, see
Viz.-namely
V.P.-Vice President
W.-West
Wed.-Wednesday

O.S.D.-Officer on Special Duty
P.& T.-Post and Telegraph
P.C.-Post-card, per cent
P.E.N.-Poets, Playwrights, Essayists, Editors and Novelists Club
per cent-by the hundred
per pro.-On behalf of
Ph.D.-Doctor of Philosophy
P.M.-Post Master, Prime Minister
P.M.G.-Post Master General
P.O.W.-Prisoner of War
P.R.O.-Public Relation Officer
P.S.-Postscript
P.T.O.-Please turn over
P.W.D.-Public Work Department
W.F.-Wrong Font
W.H.O.-World Health Organization
Wt.-Weight
X.-10(ten)
X-mas.-Christmas
Xt.-Christ
Yr.-year
Y.M.C.A.-Young Men's Christian Association
Y.W.C.A.-Young Women's Christian Association
Zn.-Zinc.

Words Indicating Young Ones of Animals

(वर्ड्स इंडिकेटिंग यंग वन्स ऑफ एनिमल्स)

जानवरों के बच्चों को दिखाने वाले शब्द

Animal जानवर	Young one बच्चा
1 ass (ऐस) गधा	foal (फोल) बछड़ा।
2 bear (बियर) भालू	cub (कब) भालू-शावक।
3 cow (काउ) गाय	calf (काफ) बछड़ा।
4 cat (कैट) बिल्ली	kitten (किटन) बिलौटा।
5 deer (डिअर) हिरन	fawn (फॉन) हिरनौटा, मृगछौना।
6 dog (डॉग) कुत्ता	puppy (पपी) पिल्ला।
7 duck (डक) बत्तख	duckling (डकलिंग) बत्तख का बच्चा।
8 frog (फ्रॉग) मेंढक	tadpole (टैडपोल) बेंगर्चा।
9 goat (गोट) बकरी	kid (किड) मेमना।
10 hen (हेन) मुर्गी	chicken (चिकन) चूजा।
11 horse (हॉर्स) घोड़ा	colt (कोल्ट) बछेड़ा।
12 lion (लॉयन) शेर	cub (कब) सिंहशावक।
13 sheep (शीप) भेड़	lamb (लैम्ब) मेमना
14 swan (स्वान) हंस	cygnet (सिगनिट) हंस-शावक।
15 tiger (टाइगर) बाघ	cub (कब) बाघ-शावक।
16 wolf (वूल्फ) भेड़िया	cub (कब) भेड़िये का बच्चा।

Classified Glossary (क्लासिफाइड ग्लॉसरि) वर्गीकृत शब्दावली

Parts of the Body शरीर के अंग

limb अंग
palm (पाम) हथेली
thumb (थम्ब) अंगूठा
bone (बोन) हड्डी
finger (फिंगर) अंगुली (हाथ की)
hand (हैंड) हाथ
toe (टो) अंगुली (पैर की)
collar bone (कॉलर बोन)-हड्डी
eye (आइ) आंख heart (हार्ट) ग2दय

intestine (इंटस्टाइन) आंत
wind pipe (विंड पाइप) श्वासनली
shoulder (शोल्डर) कंधा
chin (चिन) ठुड्डी
wrist (रिस्ट) कलाई
index finger (इंडेक्स फिंगर) तर्जनी अंगुली
sole (सोल) तलवा
elbow (एलबो) कांख
teeth (टीथ) दांत
neck (नेक) गरदन
brain (ब्रेन) दिमाग
whiskers (विस्कर्स) गलमुच्छ
nail (नेल) नख-नाखून
anus (ऐनस) गुदा
nose (नोज) नाक
lap (लैप) गोद
eyelid (आइलिड) पलक
skin (स्किन) चमड़ी
foot (फूट) पांव
face (फेस) चेहरा
muscle (मसल) पेशी
jaw (जॉ) जबड़ा
hair (हेयर) बाल
tongue (टंग) जीभ
eye-lash (आइलैश) बरोनी
backbone (बैकबोन) रीढ़
hair (हेयर) रोम
forehead (फोरहेड) माथा
blood (ब्लड) लहू

penis (पेनिस) लिंग
lip (लिप) ओंठ
joint (जॉयंट) जोड़
waist (वेस्ट) कमर
leg (लेग) टांग
armpit (आर्मपिट) कांख
spleen (स्प्लीन) तिल्ली
ankle bone (ऐन्कल बोन) गट्टा
beard (बिअर्ड) दाढ़ी
uterus (यूटॅरस) गर्भाशय
artery (आर्टरी) धमनी
cheek (चीक) गाल
vein (वेन) नस
kidney (किडनी) गुर्दा
naval (नेवल) नाभि
knee (नी) घुटना
stomach (स्टमॅक) पेट अमाशय
buttocks (बटक्स) चूतड़
pupil (प्यूपिल) पुतली
breast (ब्रेस्ट) छाती (स्त्री)
arm (आर्म) बांह
liver (लीवर) जिगर
eye brow (आइ ब्रो) भौंह
moustache (मस्टाश) मूंछ
gum (गम) मसूड़ा
forehead (फोरहैड) ललाट
fist (फिस्ट) मुट्ठी

heel (हील) एड़ी
head (हैड) सिर
temple (टेम्पल) कनपटी
ankle (ऐंकल) टखना
ear (ईयर) कान
little-finger (लिटल फिंगर) कानी अंगुली
palate (पैलेट) तालु
skull (स्कल) खोपड़ी
grinder (ग्राइंडर) दाढ़
womb (वूम) गर्भ
trunk (ट्रंक) धड़
throat (थ्रोट) गला
nostrils (नास्ट्रिल्स) नथुने
nape (नैप) गुम्दी
pulse (पल्स) नाड़ी
gland (ग्लैंड) ग्रंथि
rib (रिव) पसली
teat (टीट) चूचक breast (ब्रेस्ट)
calf-leg (काफ लेग) पिंडली
chest (चेस्ट) छाती (पुरुष)
lung (लंग) फेफड़ा
thigh (थाइ) जाँघ
vagina (वैजिना) भग
urinary bladder (यूरिनरी ब्लैडर) मूत्राशय
embryo (एम्ब्रायो) भ्रूण
middle finger (मिडिल फिंगर) मध्यमा
pore (पोर) रोमकूप
mouth (माउथ) मुंह
saliva (सलाइवा) लार

Ailments रोग (बीमारी)

hydrocle (हाइड्रोसिल) अंडवृद्धि
sinus (साइनस) नासूर
acidity (एसिडिटी) अम्लपित्त
pneumonia (न्यूमोनिया) न्यूमोनिया
migraine (माइग्रेन) आधासीसी
insanity (इनसेनिटी) पागलपन
nausea (नॉस्इ) ओकाई
pus (पस) पीव

epitexis (एपिटेक्सिस) नकसीर
indigestion (इंडाइजेसन) अजीर्ण
insomnia (इन्सोमनिया) नींद न आना
syphilis (सिफलिस) आतशक
cacule (ककूलि) पथरी
fracture (फ्रैक्चर) अस्थिभंग
jaundice (जॉन्डिस) पीलिया
phlegm (फ्लैम) कफ

blindness (ब्लाइंडनेस) अंधत्व
nocrolepsy (नक्रोलेप्सी) निद्रारोग
diarrhoea (डायरिया) अतिसार
sterilization (स्टरलाइजेशन) नसबंदी
paralysis (पेरेलिसिस) अधरंग
eczema (एक्जिमा) चर्मरोग
mumps (मम्प्स) कनफेड़ा
dysentery (डिसेंट्री) पेचिश

vomiting (वामिटिंग) कै
plague (प्लेग) प्लेग
leprosy (लेपरोसी) कोढ़
cough (कफ) बलगम
scabies (स्कैबीज) खाज
hunger (हंगर) भूख
bleeding (ब्लीडिंग) खून-स्राव
malaria (मलेरिया) मलेरिया
abortion (एबार्शन) गर्भपात
epilepsy (एपिलिप्सी) मिरगी
wound (वुन्ड) घाव
sun stroke (सन स्ट्रोक) लू लगना
smallpox (स्माल पाक्स) चेचक
lucoderma (ल्यूकोडर्मा) श्वेत कुष्ठ
bad cold (बैड कोल्ड) जुकाम
gonorrhea (गोनोरिया) सूजाक
asthma (अस्थमा) दमा
cholera (कॉलेरा) हैजा

leucorrhoea (लिकोरिया) प्रदर
cancer (कैंसर) कैंसर
boil (बॉयल) फोड़ा
cough (कफ) खांसी
fistula (फिस्टुला) भगंदर
anemia (एनिमिआ) खून की कमी
diabetes (डाइबिटीज) मधुमेह
whitlou (बिटलो) गलका
epidemic (ऐपिडेमिक) महामारी
tumour (ट्यूमर) गांठ
cataract (कॅटेरेक्ट) मोतियाबिंद
hurt (हर्ट) चोट
smallpox (स्मॉल पॉक्स) शीतला
dropsy (ड्राप्सी) जलोदर
swelling (स्वेलिंग) सूजन
fever (फीवर) ज्वर
hiccup (हिकप) हिचकी
ringworm (रिंगवार्म) दाद

constipation (कान्स्टिपेशन) कब्ज
pimple (पिंपल) फुंसी
measles (मीजल्स) खसरा
piles (पाइल्स) बवासीर
itch (इच) खुजली
dyspepsia (डिसपेस्आि) मंदाग्नि
gout (गाउट) गठिया
wart (वार्ट) मस्सा
sore throat (सोर थ्रॉट) गलदाह
fainting (फेंटिंग) मूर्छा
giddiness (गिडीनेस) चक्कर आना
tuberculosis (टुबरकुलोसिस) यक्ष्मा
sneeze (स्नीज) छींक
headache (हैडेक) सिरदर्द
ague (एग्यू) जूड़ी
elephant feet (एलिफेंट फीट) हाथी पांव
pain (पेन) दर्द
lean (लीन) दुबला

Relation सम्बन्ध

uncle (अंकल) काका, चाचा
aunt (आंट) काकी, चाची
cousin (कजिन) चचेरा
disciple (डिसाइपल) चेला, चेली
brother-in-law (ब्रदर इन लॉ) जीजा, साला
sister-in-law (सिस्टर इन लॉ) जेठानी
adopted son (एडॉप्टेड सन) दत्तक पुत्र
grand father (ग्रांड फादर) दादा
grand mother (ग्रांड मदर) दादी
son-in-law (सन-इन-लॉ) दामाद
husband's sister's husband (हॅज्बॅन्ड्स सिस्टर्स हॅज्बैन्ड) नंदोई
grand daughter (ग्रांड डॉटर) नातिन
maternal grand father (मेटरनल ग्रांड फादर) नाना
maternal grand mother (मेटरनल ग्रांड मदर) नानी
husband (हॅज्बॅन्ड) पति
wife (वाइफ) पत्नी
great grand father (ग्रेट ग्रांड फादर) परदादा
great grand mother (ग्रेट ग्रांड मदर) परदादी
great grand son (ग्रेट ग्रांड सन) परपोता
father (फादर) पिता
son (सन) बेटा

daughter (डॉटर) पुत्री
beloved (बिलव्ड) प्रेमिका
lover (लवर) प्रेमी
sister (सिस्टर) बहन
brother-in-law (ब्रदर इन लॉ) बहनोई
nephew (नेफ्यू) भतीजा
niece (नीस) भतीजी
brother's wife (ब्रदर्स वाइफ) भाभी
mother (मदर) मां
maternal uncle (मेटरनल अंकल) मामा
maternal aunt (मेटरनल आंट) मामी
mother's brother-in-law (मदर्स ब्रदर इन लॉ) मौसा
mother's sister (मदर्स सिस्टर) मौसी
kept (केप्ट) रखैल
heir (एअर) वारिस
pupil (प्यूपिल) शिष्य
father-in-law (फादर इन लॉ) ससुर
mother-in-law (मदर इन लॉ) सास
step (स्टेप) सौतेला
wife's sister (वाइफ्स सिस्टर) साली

Household goods घरेलू साज-सामान

almirah (अलमिरा) अलमारी
earthen lamp (अर्थेन लैंप) दीया
mirror (मिरर) आईना
sauce pan (सॉस पैन) देगची
fuel (फ्यूल) इंधन
twig brush (ट्विग ब्रुश) दातुन
canister (कैनिस्टर) कनस्तर
tap (टैप) नल
book (बुक) किताब
palanquin (पॅलन्क्विन) पालकी
cream (क्रीम) क्रीम
bowl (बोल) प्याला
funnel (फनल) कीप
plate (प्लेट) प्लेट
watch (वाच) घड़ी
purse (पर्स) बटुआ
key (की) चाबी
bucket (बकट) बाल्टी
tongs (टांग्स) चिमटा
bottle (बॉटल) बोतल
spoon (स्पून) चम्मच
sack (सैक) बोरा
bed sheet (बेड शीट) चादर
reed chair (रीड चेयर) मोढ़ा
swing (स्विंग) झूला
churn staff (चर्न स्टाफ) मथानी
cobweb (कॉबवेब) जाला
rope (रोप) रस्सा
desk (डेस्क) डेस्क
lantern (लेन्टर्न) लालटेन
pillow (पिलो) तकिया
phial (फाइअल) शीशी
soap (सोप) साबुन
lock (लॉक) ताला
box (बॉक्स) सन्दूक
safe (सेफ) तिजोरी
dressing box (ड्रेसिंग बॉक्स) शृंगारदान
diwan (दीवान) दीवान
thimble (थिंबल) अंगुस्ताना
curd (कर्ड) दही
iron (आइरन) इस्त्री
tooth powder (टूथ पाउडर) दंतमंजन
ladle (लैडल) करछुल
censer (सेन्सर) धूपदानी
paper (पेपर) कागज
bed stead (बेड स्टीड) पलंग
kettle (केटल) केतली
Spittoon (स्पीटून) पीकदान
fork (फार्क) कांटा
saucer (सॉसर) पिरच
pitcher (पिचर) घड़ा
flower vase (फ्लावर वेज) फूलदान
spinning wheel (स्पिनिंग व्हील) चरखा
bulb (बल्ब) बल्ब
cot (कॉट) चारपाई
roller (रोलर) बेलन
stove (स्टोव) चूल्हा
wick (विक) बत्ती
sieve (सीव) चलनी
table (टेबल) मेज
broom (ब्रूम) झाड़ू
bolster (बोलस्टर) मसनद
umbrella (अंब्रेला) छाता
string (स्ट्रिंग) रस्सी
basket (बास्केट) टोकरी
pen (पेन) लेखनी
lid (लिड) ढकना
sorapang (सोरापंग) लुंगी
scale (स्केल) तराजू
pan (पैन) तवा
stool (स्टूल) स्टूल
wire (वायर) तार
knitting stick (निटिंग स्टिक) सलाई
platter (प्लैटर) थाली
hearth (हर्थ) अंगीठी
milkpot (मिल्क पॉट) दूधदानी
mortar (मोरटर) ओखली
tooth pick (टूथ पिक) दंतखोदनी
frying pan (फ्राइंग पैन) कड़ाही
thread (थ्रेड) धागा
comb (काम्ब) कंघी
pan (पैन) पतीला
axe (ऐक्स) कुल्हाड़ी
foot mat (फुट मैट) पायदान
chair (चेयर) कुर्सी
cradle (क्रेडल) पालना
glass (ग्लास) गिलास
chandelier (चॅन्डलियर) फानूस
pastry board (पेस्ट्री बोर्ड) चकला
pot (पॉट) बरतन
tea pot (टी पॉट) चायदानी
bench (बेंच) बेंच
bangle (बैंगल) चूड़ी
button (बटन) बटन
mat (मैट) चटाई
pestle (पेसॅल) मूसल
chimney (चिमनी) चिमनी
candle (कैंडल) मोमबत्ती
stick (स्टिक) छड़ी
kerosene (कैरोसीन) मिट्टी का तेल
tub (टब) टब
ash (ऐश) राख
box (बॉक्स) डिब्बा
lota (लोटा) लोटा
pillow cover (पिलो कवर) तकिये का गिलाफ
sofa (सोफा) सोफा
oil (ऑयल) तेल
nut-cutter (नट कटर) सरौता
oven (ओवन) तन्दूर
jug (जग) सुराही

match stick (मैच स्टिक) दियासलाई
pincers (पिन्सर्स) संडसी
hubblebubble (हबलबबल) हुक्का
needle (नीडल) सुई
scythe (स्किथ) हंसिया
match box (मैच बॉक्स) दियासलाई की डिबिया

Clothes and Ornaments वस्त्राभूषण

ring (रिंग) अंगूठी, मुद्रिका
curtain (कर्टेन) परदा
tunic (ट्यूनिक) अंगरखा
pyjamas (पजामाज़) पायजामा
blanket (ब्लैंकेट) कंबल
shirt (शर्ट) कमीज
lace (लेस) फीता
coat (कोट) कोट
overcoat (ओवर कोट) बड़ा कोट
girdle (गर्डल) करघनी
veil (वेल) बुरका
cushion (कुशन) गद्दी
armlet (आर्मलेट) बाजबंद
cover (कवर) गिलाफ
muslin (मसलिन) मलमल
sheet (शीट) चादर
darn (डार्न) रफू
chintz (चिन्ट्ज) छींट
silk (सिल्क) रेशम
pocket (पॉकेट) जेब
petticoat (पेटिकोट) लहंगा
frill (फ्रिल) झालर
surge (सर्ज) सर्ज
cap (कैप) टोपी
chemise (शमीज) समीज
towel (टॉवेल) तौलिया
slipper (स्लीपर) स्लीपर
scarf (स्कार्फ) दुपट्टा
suit (सूट) सूट
half pant (हाफ पैन्ट) निकर
turban (टर्बन) पगड़ी
sleeve (स्लीव) आस्तीन
broach (ब्रोच) पिन जड़ाऊ
woolen clothes (वूलन क्लोथ्स) ऊनी कपड़ा।
frock (फ्रॉक) फ्रॉक
kurta (कुर्ता) कुरता
button (बटन) बटन
canvas (केनवस) किरमिच
bedding (बेंडिग) बिस्तर
bracelet (ब्रेसलिट) कंगना
boot (बूट) बूट
gown (गाउन) गाउन
border (बॉर्डर) मगजी
veil (वेल) घूंघट
quilt (क्विल्ट) रजाई
blouse (ब्लाउज) चोली
handkerchief (हैंडकरचीफ) रूमाल
drill (ड्रिल) जीन
longcloth (लॉन्ग क्लॉथ) लट्ठा
socks (सॉक्स) जुराब, मोजे
waistcoat (वेस्टकोट) बास्कट
jacket (जैकेट) जैकिट
turban (टर्बन) साफा
pillow (पिलो) तकिया
sari (सारी) साड़ी
gloves (ग्वोव्ज) दस्तानें
yarn (यार्न) सूत
dhoti (धोती) धोती
holdall (हॉल्डॉल) होल्डाल
lining (लाइनिंग) अस्तर
nose ring (नोज रिंग) नथ
napkin (नैपकिन) अंगोछा
stud (स्टड) फुलिया
dress (ड्रेस) पोशाक
collar (कॉलर) कालर
vest (वेस्ट) बनियान
belt (बेल्ट) कमरबंद
breeches (ब्रीचेज) बिरजिस
ear ring (इअर रिंग) कुंडल
bushirt (बुशर्ट) बुशर्ट
muffler (मफलर) गुलबन्द
velvet (वेलवेट) मखमल
skirt (स्कर्ट) घाघरा
stockings (स्टोकिंग्स) मोजे बड़े
cloak (क्लाक) चोगा
cotton (काटन) रुई
underwear (अण्डरवियर) जंघिया
cloak (क्लोक) लबादा
chain (चेन) जंजीर
uniform (यूनिफॉर्म) वर्दी
shoe (शू) जूता
satin (साटिन) साटन
hat (हैट) टोप
salwar (सलवार) सलवार
laces (लेसेस) तस्में
sweater (स्वेटर) स्वेटर
shawl (शॉल) दुशाला
necklace (नेकलेस) हार
trousers (ट्राउजर्स) पतलून

Eatables खाद्य पदार्थ

egg (एग) अंडा
cheese (चीज) पनीर
pigeon pea (पिजिन पी) अरहर
poppy (पॉपी) पोस्त
saltydish (साल्टीडिश) नमकीन
cereal (सिरल) अनाज
bread (ब्रेड) पावरोटी
flour (फ्लोर) आटा
pickle (पिकल) अचार
betel leaf (बीटॅल लीफ) पान
arrowroot (ऐरॉरूट) अरारूट
pastry (पेस्ट्री) पेस्ट्री

tamarind (टैमरिन्ड) इमली
pearl millet (पर्ल मिलेट) बाजरा
curry (करी) कढ़ी
food (फूड) भोजन
pepper (पेपर) काली मिर्च
pea (पी) मटर
rick milk (राइस मिल्क) खीर
lentil (लेन्टिल) मसूर
wheat (व्हीट) गेहूं
mutton (मटन) मांस (बकरा)
sauce (सॉस) चटनी
sugar candy (शुगर कैंडी) मिश्री
rice (राइस) चावल
kidney bean (किडनी बीन) मूंग
sugar (शुगर) चीनी
licuorice (लिकरिस) मुलैठी
cheese (चीज) छेना
supper (सपर) रात का भोजन
millet (मिलेट) ज्वार
wine (वाइन) शराब
oil (ऑयल) तेल
mustard (मस्टर्ड) सरसों
pulse (पल्स) दाल
dry ginger (ड्राइ जिंजर) सोंठ
salt (साल्ट) नमक

ice (आइस) बर्फ
comfit (कम्फिट) इलायची दाना
corn ear (कॉर्न इयर) भट्टा
icecream (आइसक्रीम) कुल्फी
butter (बटर) मक्खन
saffron (सैफरन) केसर
cream (क्रीम) मलाई
cluster bean (क्लस्टर बीन) ग्वार
pork (पोर्क) मांस (सुअर)
clarified butter (क्लेरिफाइड बटर) घी
sweetmeat (स्वीट मीट) मिठाई
cake (केक) चपाती
puffed rice (फ्फ्ड राइस) मुरमुरा
beaten paddy (बीटन पैडी) चिवड़ा
buck wheat (बक वीट) मेथी
chocolate (चाकलेट) चाकलेट
castor-seed (कैस्टर सीड) रेंडी
barley (बारली) जौ
butter milk (बटर मिल्क) लस्सी
sesamum (सीसेमम) तिल
honey (हनी) शहद
curd (कर्ड) दही
betelnut (बीटल नट) सुपारी
paddy (पैडी) धान
sweet pudding (स्वीट पुडिंग) हलवा

cardamom (कार्डमम) इलायची
biscuit (बिस्किट) बिस्कुट
coffee (कॉफी) कहवा
maize (मेज) मकई
cake (केक) केक
whey (व्हे) मट्ठा
jaggery (जैगरी) गुड़
meat (मीट) मांस
field pea (फील्ड पी) गोल मटर
beaf (बीफ) मांस (गाय)
gram (ग्राम) चना
jam (जैम) मुरब्बा
tea (टी) चाय
fine flour (फाइन फ्लोर) मैदा
bran (ब्रान) चोकर
molasses (मैलॅस्इज) राब
oat (ओट) जई
bread (ब्रेड) रोटी
vegetable (बेजिटेबल) तरकारी
syrup (सिरप) शर्बत
porridge (पॉरिज) दलिया
vinegar (विनेगर) सिरका
milk (मिल्क) दूध
turmeric (टरमरिक) हल्दी

Fruits फल

grapes (ग्रेप्स) अंगूर
currant (करेन्ट) दाख
pine-apple (पाइन-एपल) अनन्नास
lemon (लेमन) नींबू
peech (पीच) आड़ू
pistachio (पिस्टैशिया) पिस्ता
raisin (रेजिन) किशमिश
plum (प्लम) बेर
date (डेट) खजूर
groundnut (ग्राउंडनट) मूंगफली
apricot (एप्रिकोट) खुबानी
custard apple (कस्टर्ड एपल) शरीफा
sapodilla (सैपोडिला) चीकू

water melon (वाटर मेलन) तरबूज
walnut (वालनट) अखरोट
orange (ऑरेंज) नारंगी
guava (गुआवा) अमरूद
papaya (पपाया) पपीता
plum (प्लम) आलूबुखारा
almond (आल्मन्ड) बादाम
cashewnut (केश्यूनट) काजू
raisin (रेजिन) मुनक्का
cucumber (क्यूकम्बर) खीरा
lichi (लीची) लीची
pinus gerardiana (पाइनस गरर्डियाना) चिलगोजा

fig (फिग) अंजीर
coconut (कोकोनट) नारियल
pomegranate (पॉमेग्रेनेट) अनार
pear (पीयर) नाशपाती
mango (मैंगो) आम
gromia (ग्रोमिया) फालसा
banana (बनाना) केला
malta (माल्टा) माल्टा
melon (मेलन) तरबूज
mozambique (मोजिम्बीक) मौसमी
pompelmoose (पोंपल मज) चकोतरा
mulberry (मलबेरी) शहतूत
waternut (वाटर नट) सिंघाड़ा

rose apple (रोज एपल) जामुन
apple (एपल) सेब
orange (ऑरेंज) संतरा
olive (ऑलिव) जैतून
crab apple (क्रेव एपल) जंगली सेब

Flowers फूल

oleander (ओलिएन्डर) कनेर
lotus (लोटस) कमल
lily (लिली) कमलिनी
coxcomb (कॉक्स्कोम) कलंगा
pandanus (पैन्डेनॅस) केवड़ा
mushroom (मशरूम) कुकुरमुत्ता
gilly flower (जिली फ्लावर) गुल खैरा
moon flower (मून फ्लावर) गुल चांदनी
small chrysanthemum (स्माल क्रिसैंथमम) गुल दाउदी
balsam (बॉलसम) गुल मेंहदी
tulip (ट्यूलिप) गुल लाला
marigold (मेरिगोल्ड) गेंदा
daisy (डेजी) गुलबहार
rose (रोज) गुलाब
magnolia (मैग्नोलिया) चंपा
jasmine (जैसमिन) चमेली
sweet jasmine (स्वीट जैसमिन) जूही
dehlia (डेहलिया) डेहलिया
basil (बेसिल) तुलसी
narcissus (नार्सिसस) नरगिस
poppy (पोपी) पोस्त
peruflower (पेरुफ्लावर) फूल दुपहरी
daisy (डेजी) मोगरा
round jasmine (राउण्ड जैसमिन) मोलिया
sun flower (सन फ्लावर) सूरजमुखी
holly hock (हॉलिहॉक) हॉलिहॉक

Vegetables सब्जियां

ginger (जिंजर) अदरक
colocasia (कोलोकेशिया) अरबी
potato (पोटैटो) आलू
tamarind (टैमरिंड) इमली
long cucumber (लांग क्यूकम्बर) ककड़ी
jack fruit (जैक फ्रूट) कटहल
pumpkin (पम्पकिन) कद्दू
bitter gourd (बिटर गुअर्ड) करेला
evy gourd (इवी गुअर्ड) कुंदरु
squash gourd (स्क्वैश गुअर्ड) कोहड़ा
carambola (कैरम्बोला) कमरख
carrot (कैरट) गाजर
citron (सिट्रन) गलगल
cauliflower (कॉलि फ्लावर) गोभी
knolkhol (नोलखोल) गांठ गोभी
cluster beans (कलस्टर बींस) ग्वार फली
luffa (लूफा) घिया
snake gourd (स्नेक गुअर्ड) चिचिंड़ा
beet root (बीट रूट) चुकन्दर
amaranthus (एमरेंथस) चौलाई
yam (याम) सूरन
coriander (कोरिअंडर) धनिया
spinach (स्पिनक) पालक
mint (मिंट) पुदीना
ash pumpkin (एश पम्पकिन) पेठा
onion (ओनियन) प्याज
lilac (लिलैक) बकाइन
cabbage (कैबेज) बंद गोभी
brinjal (ब्रिंजल) बैगन
lady's finger (लेडीज फिंगर) भिंडी
corn ear (कॉर्न ईयर) भुट्टा
pea (पी) मटर
chillies (चिलीज) मिरची
radish (रैडिश) मूली
fenugreek (फेन्ग्रीफ) मेथी
potato palm (पोटैटो पाम) रतालू
garlic (गारलिक) लहसुन
sweet potato (स्वीट पोटैटो) शकरकन्द
turnip (टर्निप) शलजम
lettuce (लेट्यूस) सलाद
bean (बीन) सेम
drumstick (ड्रमस्टिक) सहजन की फली

Spices मसाले

aloes (अलोज) अगर
salt (साल्ट) नमक
alum (एलम) फिटकरी
cardamom (कार्डमम) इलायची
soap nut (सोप नट) रीठा
saffron (सैफरन) केसर
vinegar (विनेगर) सिरका
nutmeg (नटमेग) जायफल
sago (सागो) साबुदाना
cassia (कैसिया) तेजपात
coriander seed (कॉरिएन्डर सीड) धनिया
linseed (लिनसीड) अलसी
chillies (चिलीज) मिर्च
black pepper (ब्लैक पेपर) कालीमिर्च
betelnut (बीटल नट) सुपारी
poppy seed (पोपी सीड) खसखस
aniseed (ऐनिसीड) सौंफ
cumin seed (कमिन सीड) जीरा
asafoetida (एसोफोटिडा) हींग
caraway (करावे) अजवाइन
ginger (जिंजर) अदरक
hemp (हेम्प) भांग
nigella (निगेला) कलौंजी
clove (क्लोव) लौंग
yeast (यीस्ट) खमीर
dry ginger (ड्राइ जिंजर) सोंठ
mace (मेस) जावित्री
turmeric (टरमेरिक) हल्दी
cinnamon (सिनमॅन) दालचीनी

Birds पक्षी

swallow (स्वैलो) अबाबील
parrot (पैरट) तोता
pigeon (पिजिअन) कबूतर
weaver bird (वीवर बर्ड) बया
cuckoo (कक्कू)कोयल
falcon (फॉल्कन) बहरी
vulture (वल्चर) गिद्ध
peacock (पीकॉक) मोर
red legged partridge (रैड लेग्ड पारट्रिज) चकोर
crane (क्रेन) सारस
pewit (पीविट) टिटहरी
partridge (पारट्रिज) तीतर
wood pecker (वुडपैकर) कनफोड़ा
duck (डक) बत्तक
heran (हेरन) कुंज
hawk (हॉक) बाज
eagle (ईगल) गरुड़
hen (हैन) मुर्गी
ruddy goose (रडी गूज) चकवा
canary (कैनरी) मैना
lark (लार्क) लवा
chicken (चिकन) चूजा
swan (स्वॉन) हंस
owl (आउल) उल्लू
magpie (मॅगपाइ) नीलकंठ
cockatoo (कौकॅटू) काकातुआ
quail (क्वेल) बटेर
crow (क्रो) कौआ
cock (कॉक) मुर्गा
sparrow (स्पैरो) गोरैया
thrush (थ्रश) मुनिया
bat (बैट) चमगादड़
kite (काइट) चील
ostritch (ओस्ट्रिच) शुतरमुर्ग

Animals and Insects पशु और कीट पतंग

boa (बोआ) अजगर
she-goat (शी गोट) बकरी
musk deer (मस्क डियर) कस्तूरी मृग
she-calf (शी-काफ) बछिया
bitch (बिच) कुतिया
kitten (किटन) बिल्ली का बच्चा
hare (हेअर) खरगोश
tiger (टाइगर) बाघ
cow (काउ) गाय
bear (बिअर) भालू
rhinoceros (राइनोसॅरॅस) गैंडा
lamb (लैम्ब) भेड़ का बच्चा
snail (स्नेल) घोंघा
ram (रैम) मेंढ़ा
mouse (माउस) चूहा
crocodile (क्रोकोडाइल) मगरमच्छ
he-goat (ही गोट) बकरा
turtle (टर्टल) कछुआ
calf (काफ) बछड़ा
dog (डॉग) कुत्ता
cat (कैट) बिल्ली
mule (म्यूल) खच्चर
chimpanzee (चिन्पांजी) वनमानुष
beatle (बीटल) गोबरेल
ox/bullock (आक्स/बुलाक) बैल
ass (ऐस) गधा
sheep (शीप) भेड़
mare (मेअर) घोड़ी
kid/lamb (किड/लैम्ब) मेमना
panther (पैंथर) चीता
fly (फ्लाई) मक्खी
giraffe (जिराफ) जिराफ
camel (कैमल) ऊंट
kid (क्डि) बकरी का बच्चा
kangaroo (कंगारु) कंगारु
colt (कोल्ट) बछेड़ा
crab (क्रैब) केकड़ा
monkey (मंकी) बंदर
bug (बग) खटमल
stag (स्टैग) बारहसिंघा
squirrel (स्क्विरिल) गिलहरी
wolf (वोल्फ) भेड़िया
horse (हार्स) घोड़ा
buffalo (बुफैलो) भैंस
alligator (ऐलिगेटर) घड़ियाल
spider (स्पाइडर) मकड़ी
mole (मोल) छछूंदर
mosquito (मासकीटो) मच्छर

lizard (लिजार्ड) छिपकली
bee (बी) मधुमक्खी
cricket (क्रिकिट) झींगुर
silkworm (सिल्कवर्म) रेशम का कीड़ा
pony (पोनी) टट्टू
hyena (हाइना) लकड़बघा
leopard (लिओपार्ड) तेंदुआ
shark (शार्क) शार्क मछली
hippopotamus (हिपोपोटामस) दरियायी घोड़ा
porcupine (प्रोक्युपाइन) साही
puppy (पप्पी) पिल्ला
pig (पिग) सूअर
fawn (फान) हरिन का बच्चा

fish (फिश) मछली
leech (लीच) जोंक
tadpole (टेडपोल) मेढक का बच्चा
spenial (स्पैनियल) झबरा कुत्ता
fox (फाक्स) लोमड़ी
locust (लोकस्ट) टिड्डी
hound (हाउंड) शिकारी कुत्ता
butterfly (बटरफ्लाई) तितली
oyster (आयेस्टर) सीप
bull (बुल) सांड
mongoose (मॉन्गूस) नेवला
lion (लायन) सिंह
scorpion (स्कारपिअन) बिच्छु
deer (डियर) हरिन

lice (लाइस) जू
frog (फ्राग) मेढक
zebra (जेबरा) ज़ेबरा
egg of louse (ऐग आफ लाउस) लीख
grass-hopper (ग्रास होपर) टिड्डा
ape (ऐप) लंगूर
wasp (वास्प) ततैया, भिड़
snake (स्नेक) सांप
termite (टरमाइट) दीमक
bluebull (ब्लूबुल) नीलगाय
jackal (जैकल) सियार
flea (फ्ली) पिस्सू
swine (स्वाइन) सुअरी
elephant (एलिफेंट) हाथी

Professions व्यवसाय

news agent (न्यूज एजेंट) अखबार वाला
engineer (इंजीनियर) अभियंता
actor (एक्टर) अभिनेता
advocate (एडवोकेट) अधिवक्ता
petition writer (पीटिशन राइटर) अरजीनवीस
orderly (आर्डरली) अर्दली
commission agent (कमीशन एजेंट) आढ़तिया
overseer (ओवरसीयर) ओवरसीयर
artist (आर्टिस्ट) कलाकर
poet (पोएट) कवि
butcher (बूचर) कसाई
artisan (आर्टिजन) कारीगर
farmer (फारमर) किसान
green-grocer (ग्रीन ग्रोसर) कुंजड़ा
potter (पॉटर) कुम्हार
porter (पोर्टर) कुली
boatman (बोटमैन) केवट
coachman (क़ौचमैन) कोचवान
cashier (कैशियर) खजांची
hawker (हॉकर) खोमचेवाला
perfumer (परफ्यूमर) गंधी
shepherd (शेफर्ड) गड़रिया
musician (म्यूजिशियन) गवैया
cowherd (काउहर्ड) ग्वाला
peon (पीअन) चपरासी
watchman (वाचमैन) चौकीदार
surgeon (सर्जन) सर्जन

agent (एजेंट) अभिकर्ता
plumber (प्लम्बर) नलसाज
barber (बारबर) नाई
baker (बेकर) नानबाई
sailor (सेलर) नाविक
inspector (इंसपेक्टर) निरीक्षक
journalist (जर्नलिस्ट) पत्रकार
examiner (एक्जामिनर) परीक्षक
manager (मैनेजर) प्रबंधक
trainer (ट्रेनर) प्रशिक्षक
pedlar (पैडलर) फेरीवाला
draper (ड्रेपर) बजाज
carpenter (कारपेंटर) बढ़ई
general merchant (जनरल मर्चेन्ट) बिसाती
bearer (बेअरर) बैरा
sweeper (स्वीपर) भंगी
storekeeper (स्टोरकीपर) भण्डारी
grain parcher (ग्रेनपारकर) भड़भूजा
beggar (बेगर) भिखारी
water carrier (वाटर कैरियर) भिश्ती
fisherman (फिशरमैन) मछुआरा
labourer (लेबरर) मजदूर
boatman (बोट मैन) मल्लाह
money-lender (मनी लेंडर) महाजन
gardener (गार्डनर) माली
mechanic (मैकेनिक) मिस्त्री
printer (प्रिंटर) मुद्रक

detective (डीटैक्टिव) जासूस
binder (बाइंडर) जिल्दसाज
weaver (वीवर) जुलाहा
cobbler (कॉबलर) जूतासाज
jeweller (ज्वैलर) जौहरी
sweeper (स्वीपर) झाड़ूकश
typist (टाइपिस्ट) टंकक
contractor (कंट्रेक्टर) ठेकेदार
postman (पोस्टमैन) डाकिया
doctor (डॉक्टर) डाक्टर
drummer (ड्रमर) ढोलकिया
tabla player (तबला प्लेअर) तबलची
oilman (आइलमैन) तेली
tailor (टेलर) दर्जी
broker (ब्रोकर) दलाल
druggist (ड्रगिस्ट) दवाफरोश
dentist (डेंटिस्ट) दांत बनानेवाला
shopkeeper (शॉपकीपर) दुकानदार
carder (कार्डर) धुनिया
washerman (वाशरमैन) धोबी
nurse (नर्स) नर्स

accountant (एकाउंटेंट) मुनीम
sculptor (स्कल्पटर) मूर्तिकार
cobbler (काबलर) मोची
sweeper (स्वीपर) मेहतर
dyer (डायर) रंगरेज
chemist (केमिस्ट) रसायनी
cook (कुक) रसोइया
cashier (कैशियर) रोकड़िया
author (ऑथर) लेखक
blacksmith (ब्लैकस्मिथ) लोहार
lawyer (लॉयर) वकील
physician (फीजिशयन) वैद्य
teacher (टीचर) शिक्षक
reporter (रिपोर्टर) संवाददाता
policeman (पुलिसमैन) सिपाही
goldsmith (गोल्डस्मिथ) सोनार
merchant (मरचेंट) सौदागर
confectioner (कन्फैक्शनर) हलवाई
wrestler (रैसलर) पहलवान
clergyman (क्लर्जीमैन) पादरी
priest (प्रीस्ट) पुरोहित

Designation पदनाम

officer (ऑफिसर) अधिकारी
superintendent (सुपरिन्टेन्डेंट) अधीक्षक
head (हेड) अध्यक्ष
senior (सीनिअर) अपर
additional (एडीशनल) अतिरिक्त
professor (प्रोफेसर) आचार्य
commissioner (कमिश्नर) आयुक्त
stenographer (स्टेनोग्राफर) आशुलिपिक
officiating (ऑफिसिएटिंग) कार्यकारी
vice chancellor (वाइस चांसलर) कुलपति, स्थानापन्न
registrar (रजिस्ट्रार) पंजीकृत
chancellor (चांसलर) कुलाधिपति
treasurer (ट्रेजरर) कोषाध्यक्ष
district magistrate (डिस्ट्रिक्ट मजिस्ट्रेट) जिलाधीश
sub-inspector of police (सब इन्सपैक्टर ऑफ पुलिस) दरोगा
member (मेम्बर) सदस्य
chairman (चेयरमैन) अध्यक्ष
collector (कलैक्टर) जिलाधीश

assistant (एस्टिंट) सहायक
director (डाइरेक्टर) निदेशक
controller (कंट्रोलर) नियंत्रक
judge (जज) न्यायाधीश
attorney (अटॉरनी) न्यायवादी
registrar (रजिस्ट्रार) पंजीयक
lecturer (लेक्चरर) प्रवक्ता, प्राध्यापक
administrator (एडमिनिस्ट्रेटर) प्रशासक
principal (प्रिंसिपल) प्राचार्य
observer (ऑवजर्वर) प्रेक्षक
minister (मिनिस्टर) मंत्री
mayor (मेअर) महापौर
ambassador (एम्बेसेडर) राजदूत
governor (गवर्नर) राज्यपाल
president (प्रेसिडेंट) राष्ट्रपति
clerk (क्लर्क) लिपिक
accountant (एकाउन्टेंट) लेखापाल
secretary (सेक्रेटरी) सचिव

❑

PART EIGHTH
आठवां भाग (परिशिष्ट–2)

आप इसमें पाएंगे–

- वार्तालाप के दौरान सामने वाले के साथ अपनी मस्तिष्कीय तरंगों का तालमेल कैसे बैठाएं?
- अपनी बातें सरल, सुस्पष्ट और प्रभावशाली कैसे हों?
- अपने हाव–भाव व शालीनता को कैसे प्रस्तुत करें?
- अपनी मेमोरी पावर (स्मृतिशक्ति) कैसे बढ़ाएं?

आवश्यक बातें

आप जो कुछ भी पढ़ते–लिखते या बोलते हैं उसका मुख्य आधार आपकी स्मृतिशक्ति (मेमोरी पावर) है। हां! यदि आप पढ़ने अथवा याद करने की मेमोरी तकनीक विकसित कर लें तो निश्चय ही कम–से–कम समय में बहुत कुछ बेहतर कर सकते हैं। प्रस्तुत भाग में तरह–तरह के स्मृतिवर्धक टिप्स दिए गए हैं, अवश्य ही ये आपके पूरे जीवन के लिए बहुत उपयोगी हैं।

स्मृतिवर्धक टिप्स

अपनी मस्तिष्कीय तरंगों में तालमेल बैठाएँ: आप पूर्ण एकाग्रता की अवस्था प्राप्त करने के लिए अपनी मस्तिष्कीय तरंगों में तालमेल बैठाएं। फर्श पर लेटकर बाजुओं को इस तरह फैलाएं कि दोनों हथेलियाँ ऊपर की ओर हों। सिर को गद्दे के ऊपर रखें। दोनों पैरों को ढीला छोड़ दें और आँखें बंद कर लें। नाक से हल्की तथा गहरी सांस लें और मुंह से छोड़ें। आपका ध्यान काल्पनिक छोटे और चमकीले प्रकाश पर होना चाहिए जो आपकी आँखों के पीछे बनता है। जब आप सांस अन्दर लेते हैं तो यह प्रकाश चमकीला होता है और जब सांस बाहर छोड़ते हैं तो यह धुंधला हो जाता है। इसे हर सुबह दोहराएँ और नियमित रूप से जब तक संभव हो करते रहें।

याद रखने वाले जन्म दिन: आपको अपने परिवार के लोगों का, दोस्तों का और अपने निकट संबंधियों का जन्मदिन कभी नहीं भूलना चाहिए क्योंकि यह लापरवाही की निशानी है। उन सबकी छवि को उनके जन्मदिन की तारीख के अनुसार तय कर लें। इसके लिए जनवरी से दिसम्बर तक मौसम के अनुसार वस्त्रों में उस आदमी का मानसिक चित्र बनाएँ। कल्पना कीजिए कि वे सभी एक लाइन में खड़े होकर जन्मदिन मना रहे हैं।

भाषण को सरल बनाएं: कुछ लोग भाषण देते समय घबराहट के कारण भूल जाते हैं। इस समस्या से छुटकारा पाया जा सकता है। कुछ मिनट पहले या कुछ देर पहले गहरी सांस लेकर आप श्रेणी पद्धति की सहायता से मुख्य बिन्दुओं को याद कर लें। आप मुख्य बिन्दुओं को अपने घर में बने अलग-अलग कमरों से जोड़ सकते हैं। इसके अलावा उन बिन्दुओं से संबंधित काल्पनिक चित्र बनाकर भी आप उन्हें याद रख सकते हैं। उदाहरण के लिए यदि आपके भाषण का पांचवां बिन्दु उद्योगपतियों और उद्यमियों को धन्यवाद देना है तो इसके लिए आप कल्पना कर सकते हैं सारे उद्यमी आपकी कार के अलग-अलग पुर्जे बनाते हैं। जब आप अपने मन में घर के चारों ओर चक्कर लगाएंगे तो आपको याद आने लगेगा प्रत्येक कमरे के लिए निश्चित किया गया काल्पनिक चित्र और यह ठीक प्वाइंट याद करने में आपकी मदद करेगा।

दोगुना फुर्तीला: मूल पाठ के मुख्य बिन्दुओं को जल्दी और दक्षतापूर्वक आत्मसात करने के लिए तेजी के साथ पढ़ें। आप जिन पंक्तियों को पढ़ रहे हैं उसके ठीक नीचे पेंसिल रखते हुए चल सकते हैं। अपनी आंखों के मार्गदर्शन के लिए निरंतर प्रवाह से बिना अटके पढ़ते हुए शब्दों/बिन्दुओं पर अपना ध्यान केन्द्रित करें। बाद में इन शब्दों पर प्वाइंट डालें। इसे दोहराएँ। आधे घंटे बाद अपनी अवधारणा की जाँच करें। कुछ अभ्यास के बाद आप अपने में मानसिक पुनरीक्षण करने की कोशिश करें। आत्मविश्वास पाएंगे बजाए लिखे हुए पर।

भोजन में मछली : मानसिक चुस्ती के लिए यह अति उत्तम भोजन है। तैलीय मछली में फॉलिक एसीड होते हैं और कई तरह के स्वास्थ्यप्रद वसा युक्त एसीड जो मस्तिष्क की कार्यप्रणाली को विकसित करते हैं। इसलिए अपने भोजन में तरह-तरह की मछलियाँ शामिल करें। इसके कुछ अंश पटसन के बीज या उसके तेल में पाए जाते हैं। आप इसको सलाद या अनाज में छिड़क कर ले सकते हैं।

स्मृति घर : इस तकनीक की खोज यूनानियों ने की थी। इसे वास्तुशिल्प में सांचे के तौर पर उपयोग करते हैं। इस तकनीक के अंतर्गत अपने घर में बने एक कमरे से दूसरे कमरे में घूमने का कार्यक्रम तर्कसंगत ढ़ंग से बनाएं। इससे दृष्टि पृष्ठों की एक निश्चित संख्या बन जाएगी जिसमें आपको आँकड़ा लगाना है। आप अपने मन में असामान्य कल्पना के आधार पर उन सभी चीजों का चित्र बनाएँ जो आपके घर के चारों ओर हैं। उदाहरण के लिए, हैट के उपर स्पेगेटी लटकता है जो हाल में खड़ा है, रिहायशी कमरे में चूहे को पनीर आकर्षित करता है, इत्यादि। खरीदारी करने के लिए जाने से पहले मानसिक तौर पर हर कमरे का अवलोकन कर लें, इससे आपको याद आ जाएगा कि आप को कहाँ क्या रखना है या किस वस्तु की कमी है।

रात की अच्छी नींद : अच्छी नींद लेना शरीर और मस्तिष्क दोनों के लिए समान रुप से आवश्यक है। इससे आप काम अच्छी तरह कर पाएँगे। इसलिए आप को अच्छी नींद लेना चाहिए और ताजा स्फूर्ति के साथ उठना चाहिए। सोने के लिए एक नियमित अवधि बनानी चाहिए। आपको उत्तेजक चीजों जैसे कॉफी, चाय, शराब इत्यादि से दूर रहना चाहिए क्योंकि ये आपकी नींद में

बाधा डालती हैं। इसके बजाय आपको संतुलित व स्वास्थ्यवर्धक भोजन लेना चाहिए तथा खुली व ताजी हवा में व्यायाम करना चाहिए। यह आपको अच्छी नींद के लिए तैयार करेगा। अपनी सुविधानुसार बेडटाइम बनाएँ, जो आपको अच्छी नींद के लिए तैयार करेगा। इसके अंतर्गत गुनगुने पानी से स्नान, तत्पश्चात गहरी-गहरी सांसें लेने का व्यायाम करना चाहिए जो दिन भर की थकान और तनाव को दूर करेगा।

सोने के समय की समीक्षा : अपनी स्मरण शक्ति को तेज करने के लिए सोने से पहले 15 मिनट तक इस अभ्यास को करें। आत्मविश्लेषण जरूरी है। सुबह शुरू करके पुरे दिन में घटित होने वाली घटनाओं को क्रम से देखना शुरू कीजिए। एक बार आपके ऐसा करने से आप घटनाओं के निकट आ जाएँगें। विशेष वार्तालाप, आस-पड़ोस, अपनी सोच और भावों को याद करने का प्रयास करें। इस अभ्यास से आप दिनभर का ब्योरा अधिक तत्परता से याद कर पाने में सक्षम हो जाएंगे।

स्मृति खोज : समय-समय पर कुछ चीजों को अवश्य भूल जाते हैं। इन्हें खोजना एक मानसिक प्रक्रिया है न कि शारीरिक। ऐसी अवस्था में आपको स्वयं अपनी याददाश्त पर जोर डालना चाहिए कि भूली हुई चीज को आपने आखिरी बार कहां और कब देखा था। उसके बाद याद कीजिए कि वह चीज कहाँ-कहाँ जा सकती है। हर उस स्थान के बारे में सोचिए जहाँ आपके जाने की सम्भावना थी और जहाँ वह वस्तु आपसे छूट सकती है। शारीरिक खोज के दौरान यदि आवश्यक हो तो क्रमबद्ध तरीके से कार्य करें। उन स्थानों की एक सूची बनाएँ जहाँ-जहाँ आपको वह वस्तु खोजनी है, उन स्थानों को ठीक से देखें और एक ही स्थान पर दुबारा खोजने की क्रिया को दोहराएं नहीं।

अपनी कल्पना शक्ति का प्रयोग करें : कभी-कभी आपके मस्तिष्क में कोई नया विचार आता है या आप उसे याद करते हैं। इसलिए ऐसी किसी आम बात को याद करने के लिए उसका एक असाधारण रूप में रूपांतरण कर लें। मान लीजिए आपको किसी लेन-देन के काम से बैंक जाना है तो आप उस बैंक की इमारत का, उस व्यक्ति का जिससे आप मिलना चाहते हैं और वह सड़क जिस पर बैंक स्थित है। इन सब का एक काल्पनिक चित्र खींच लें जब आप सड़क का नाम, व्यक्ति का नाम अथवा बैंक का नाम कहीं देखेंगे तो तुरंत आपके मस्तिष्क में एक ज्योति आएगी जो आपको अपना काम याद दिलाएगी।

वर्तनी सुधारें : आपकी वर्तनी और उच्चारण आपकी याददाश्त पर निर्भर करता है। अंग्रेजी में बहुत सारे शब्द ऐसे हैं जिनमें बुनियादी नियम लागू नहीं होते। ऐसे शब्दों की वर्तनी तर्क के आधार पर बनाना विश्वसनीय नहीं रह पाता। आपको हमेशा शब्दकोश का प्रयोग करना चाहिए और जो कुछ आपने वर्तनी पढ़ी उसे याद करने का प्रयास करना चाहिए। जिन शब्दों की वर्तनी याद करने में आपको कठिनाई होती है, उनके लिए याददाश्त बढ़ाने वाले तरीकों का प्रयोग करें। उदाहरण के लिए मान लीजिए च्तंससमस शब्द की वर्तनी याद करने में आपको कठिनाई हो रही है कि शब्द के मध्य में एक L है या दो L और दो L को एक समान्तर लींक के रूप में कल्पना में लाएं। दूसरा उदाहरण Separate शब्द का लें। मान लीजिए, आपको इसकी वर्तनी में यह भ्रम होता है कि यह Separate है या Seperate अब ऐसी कल्पना कर सकते हैं कि Separate में दो 'a' एक-दूसरे से अलग होते हैं इस प्रकार आप का 'a' या 'e' का भ्रम मिट जाएगा।

PQRST पद्धति से उच्चारण: ये अक्षर क्रमश: Preview (अग्रप्रदर्शन), Question (प्रश्न), Read (पढ़ना), Self Recitation (स्वयं जोर से पढ़ना), Test (मूल्यांकन) का पहला अक्षर है। पहले आप सरसरी निगाह से पूरे विषय के एक खंड या अध्याय का अग्रप्रदर्शन करें। तब आप हर विषय से उठने वाले प्रश्न पूछें। उसके बाद हर विषय का ध्यानपूर्वक अध्ययन करें और अपने प्रश्नों का उत्तर देने का प्रयास करें। उसके बाद उस विषय से संबंधित मूल बातों को अपने शब्दों में व्यक्त करें। अंत में पूरे अध्याय के खंड का अध्ययन करने के बाद उससे संबंधित जितने तथ्यों को आप याद कर सकते हैं, उन्हें मूल विषय-वस्तु में शामिल करके याद करने का प्रयास करें। इस पद्धति का इस्तेमाल व्यापार, स्वाध्याय के साथ-साथ स्कूल के लिए भी कर सकते हैं।

अपने को आकार देना (सुडौल): मस्तिष्क में रक्त प्रवाह को बढ़ाकर उसे ऑक्सीजन से पोषित करता है। यह अतिरिक्त पोषण आपके मस्तिष्क की कार्यप्रणाली को मजबूत बनाकर स्मृति का विकास करता है। आपको स्वयं नियमित व्यायाम से इसका अनुकूलन करना चाहिए। नियमित रूप से प्रत्येक दिन या एक दिन छोड़कर किसी व्यायामशाला में जाएं या तेजी से कुछ दूर तक टहलने का अभ्यास बनाएं। यह आपके अंगों को हरकत देता है और आपकी हृदय गति को एक समय में बीस मिनट तक के लिए बढ़ा देता है। व्यायाम आपके स्वास्थ्य को सुधारता है और आपके मस्तिष्क को अधिक चुस्त बना देता है।

अज्ञात से स्मरण: अगर आप क्षमता से अधिक काम करने से बचें तो आपकी याददाश्त अच्छी बनी रहेगी। जब आप विश्राम की अवस्था में होंगे तो स्मृति आपके मस्तिष्क पटल पर स्वत: ही उतरने लगेगी। मनन करें और स्मृति में न आने वाली बातों के लिए अगले आधे घंटे तक अपने अवचेतन को मुक्त रखें। अगर आपको अपनी स्मृति पर सचमुच विश्वास है तो यह तरीका अवश्य काम करेगा। स्वयं में ऐसा एहसास करें कि यह उस बात को याद करने की आपकी पहली कोशिश है जो आपके दिमाग से निकल चुकी है भले ही आप दर्जनों असफल प्रयास कर चुके हैं।

कविता द्वारा हल: मानसिक स्फूर्ति आपकी स्मृति को अच्छी अवस्था में रखती है। कोई व्यक्ति एक छोटी कविता को कई तरह से याद करता है। कई बार उसको पढ़कर और कई बार उसको अपने मन में बिठाकर। अब जोर से कविता पढ़ें और उसको लय में गाएं और फिर उसका मनन करें। अपने मस्तिष्क को कविता के मुख्य पदबंध पर केन्द्रित करें जिसमें पूरी कविता का भाव छिपा होता है। अगर आप ऐसा करने में सफल हो गए तो कविता का शेष भाग भी स्वत: ही आपके ध्यान में आ जाएगा।

कौन, कहाँ और कब: अक्सर आपको ऐसा लगता होगा कि अमुक व्यक्ति से आप पहले कहीं मिल चुके हैं। परंतु आप याद नहीं कर पाते कि वह कौन है। ऐसी स्थिति में आप उस स्थान को याद करने की कोशिश करें, जहाँ आप उससे मिले थे। सरसरी तौर पर सम्भावित स्थानों, जैसे-काम करने का स्थान, स्कूल, व्यायामशाला, समुद्र तट अथवा होटल इत्यादि पर ध्यान केन्द्रित करें या फिर उस व्यक्ति को अलग-अलग कपड़ों और अलग-अलग रूपों में, जैसे- कारोबारी लिबास में, ट्रैकसूट में या तैराकी के लिबास में पहचानने की कोशिश करें। कोई विवाद याद करने की कोशिश करें, जो उस व्यक्ति के साथ हुआ हो। वह दोस्त जैसा था या दुश्मन जैसा, रोचक था या अरोचक। जब आप अपनी स्मृति पर सूक्ष्मता से ध्यान देंगे तो अचानक उसका पूरा ब्यौरा आपके सामने आ जाएगा।

यथार्थवादी बनें: जब तक आप स्वयं को आइंस्टीन मानकर नहीं चलते, आप चिंतामुक्त होकर परीक्षा में शामिल नहीं हो सकते। इसलिए अपने को विश्राम दें। तनाव का अनुभव करना एक प्राकृतिक नियम है।

रूढ़ धारणा को बदलें: ऐसा सोचें कि यह समय घिसी-पिटी धारणा को नकारने का है। आप समय के अभिलेख को किसी भी समय, जब चाहें बदल सकते हैं।

शांत रहें: आप जो कुछ कर रहे हैं उसे रोककर अपने को शांत अनुभव करें। फिर मन में शांत प्राकृतिक दृश्यों को बिठाएँ। अपनी मनपसंद छुट्टी बिताने वाली जगह को अपनी कल्पना में लाएं।

वरीयता क्रम: कठिनाई से बचना मनुष्य का स्वभाव है इसलिए कठिन काम को वरीयता दें और उसे समाप्त कर के ही छोड़ें। अपनी कल्पनाओं का सहारा लें। अपने आपको घंटों उलझनों में रखने के लिए विवश न करें। सूचनाओं को सशक्त दिखाई देने वाली छवि में देखें। छवि जितनी सशक्त होगी, आप उसे उतना अच्छा याद रख सकेंगे।

अपने जीवन को उज्ज्वल बनाएं: ऐसा विश्वास किया जाता है कि आपके चारों ओर बिखरे हुए कुछ रंग तनाव से संबंधित समस्याओं को समाप्त कर देते हैं। लाल रंग आत्मविश्वास लाता है, पीला अच्छी सोच, और बैंगनी रंग शांत रहने में मदद करता है।

यथार्थपूर्ण सोचें: अपने आपको काम में लगाएँ और समय पर उसे समाप्त करें इस प्रकार आपके पास हमेशा करने के लिए कुछ न कुछ होगा। नियोजन अनभिज्ञता के डर से छुटकारा पाने में मदद करता है।

दोस्तों से सहायता: जब आप अध्ययन करते हैं उस समय दोस्तों की परख आपकी मदद करती है। दूसरे लोगों से प्रश्न पूछना वास्तव में आपको उत्तर याद रखना आसान कर देता है।

स्वच्छ वायु स्वच्छ मस्तिष्क: अपनी खिड़की खुली रखें। आप जितनी ऑक्सीजन ग्रहण करते हैं उसका 20 से 50 प्रतिशत आपका मस्तिष्क उपयोग करता है, इसलिए मानसिक और शारीरिक थकान को दूर करने के लिए आपको स्वच्छ और ताजी हवा की आवश्यकता है।

जीवन के लिए सांस: सांस लेना याद करो। जब आप तकलीफ में होते हैं तो ठीक से सांस लेना भूल जाते हैं। अगर आप किसी समय सांस लेने में कठिनाई अनुभव करें तो अपने सिर को दोनों घुटनों के बीच रखकर आहिस्ता से तीन बार गहरी सांस लें।

उत्तेजित न हों: आपको अपने स्वभाव पर नियंत्रण रखना चाहिए। साथ-साथ अपने तापमान को ठंडा रखें। अगर आपका कमरा बहुत गर्म है या आप ने बहुत सारे कपड़े पहन रखे हैं तो केवल कपड़े को ढ़ीला कर देने से ही आपको बहुत अधिक आराम मिलेगा।

फैलाव: आपका अध्ययन क्षेत्र खुला और विस्तृत होना चाहिए। फेंगसुई के सिद्धांत के अनुसार संकुचित जगह का मतलब संकुचित मस्तिष्क, खुली और विस्तृत जगह का मतलब खुला और विस्तृत मस्तिष्क।

विशेष अवसर का पहनावा: आपको पायजामा पहनने और बिस्तर पर पढ़ने से बाज आना चाहिए क्योंकि इससे आपके मस्तिष्क में कोई बात नहीं आएगी, यद्यपि आप कार्य के प्रति गंभीर हैं।

शुद्ध विचार: जब आपके मस्तिष्क में हजारों तरह की बातें कुलबुलाने लगें तो आप अध्ययन नहीं कर सकते। इसलिए आपको अपना मस्तिष्क पूरी तरह साफ रखना चाहिए जिससे आप पूरा ध्यान काम पर केन्द्रित कर सकें।

मधुर सपना: जब आप सो जाते हैं उस समय भी आपका मस्तिष्क सीखने का क्रम जारी रखता है। अनुसंधान के अनुसार आप जितने भी सपने देखते हैं उसका 75 प्रतिशत आपके पूरे दिन के क्रियाकलाप से जुड़ा होता है। पुनरीक्षण और सूक्ष्म अन्तराल के सचेत मेल से इस पूरे दिन के समय को भरने का प्रयास करें, ताकि आपका मस्तिष्क सोने के समय भी अपने कार्य जारी रख सकें।

स्वयं से अच्छा बर्ताव करें: परीक्षण के उपरांत स्वयं को पुरस्कृत करना चाहिए। यह आपके अध्ययन के रास्ते की बाधाओं को दूर करेगा। अच्छा और मनपसन्द भोजन करने, टेलीविजन देखने और दोस्तों से बातें करने का प्रयास करें।

कड़ी मिलाना: आलेख बनाकर आप अपने पुनरीक्षण में मदद कर सकते हैं। विषयों का अध्ययन करते समय आपको उसमें सामंजस्य बनाए रखना चाहिए। आप फ्लो चार्ट, मानसिक चित्र, शब्द और चित्रात्मक संबंधों पर निर्भर रह सकते हैं। आप बेतुकी कविता सोच सकते हैं जो आपकी स्मृति को वापस लाने में आपकी मदद करेगी।

बातचीत करें: परीक्षाओं की चिंता को एक ओर रखें। अपनी परेशानी दूसरों पर प्रकट न होने दें। इससे काम बिगड़ता है। ऐसी स्थिति पर काबू पाने के लिए एक साथी तलाश करना चाहिए या अपने माता-पिता से इस विषय पर बात करनी चाहिए।

एक समय में एक काम: अगर आप सारे विषयों को एक साथ पढ़ेंगे तो इस बात की सम्भावना है कि आप दुविधा में पड़ जाएंगे। एक समय में आप केवल एक विषय पर ध्यान केन्द्रित करें। दिन के दूसरे आधे भाग में आप अपना विषय बदल सकते हैं लेकिन ध्यान रहे कि यह बिल्कुल भिन्न विषय हो।

समय अन्तराल: लगातार अध्ययन से आप थकावट और तनाव महसूस कर सकते हैं। ऐसी परिस्थिति में आप दिनभर की छुट्टी ले लें। इस प्रकार आप अपने शरीर और मस्तिष्क को एक तरह का उपहार देंगे। आप अपने मस्तिष्क को आत्मसात और तथ्यों से संबंध जोड़ने की भी छूट देंगे।

थोड़ा भी अधिक होता है: अध्ययन के अनुसार, जो विद्यार्थी ढेरों नोट्स बनाने के बजाय मुख्य शब्दों पर ध्यान केन्द्रित करते हैं वे सूचनाओं को अधिक सफलतापूर्वक याद रख लेते हैं।

लचीला बनें: कुर्सी पर अधिक देर तक बैठने से आपके मस्तिष्क तक कम मात्रा में रक्त पहुँच पाता है। इस कमी को पूरा करने के लिए आप अपने कन्धों को मोड़ सकते हैं और गर्दन को ढीला छोड़ दें।

पूर्णतया: आपको यह बात अवश्य समझनी चाहिए कि स्वस्थ शरीर, स्वस्थ मस्तिष्क और स्वच्छ दृष्टिकोण के समान है। कुछ व्यायाम से आपको अपना शरीर स्वस्थ बनाए रखना चाहिए। अपने ब्लाक के चारों ओर एक छोटी सैर भी आपके मस्तिष्क को स्वच्छ और स्वस्थ रखने में मदद करेगी।

साफ (टिप्पणी) नोट्स: आपकी स्मृति को जगाने का यह तरीका बिल्कुल नया है। एक छोटी सी पर्ची में मुख्य शब्दों को लिख कर उसको उस स्थान पर चिपकाएँ जहाँ आप पूरे समय आते-जाते रहते हैं।

अपने मस्तिष्क की क्षमता को अधिक से अधिक बढ़ाएँ: अगर आप प्रातः काल अपने मस्तिष्क का व्यायाम करते हैं आप पूरे दिन अच्छी स्मृति का आनंद ले सकते हैं लेकिन ध्यान रहें कि कठिन विषयों का अध्ययन प्रातःकाल करना चाहिए।

प्रेरणा: अधिकांश छात्र उत्साह खोकर उदासीन हो जाते हैं खासकर उस समय जब परीक्षा निकट आ जाती है। ऐसी अवस्था में आपको अपने मस्तिष्क में संदेश भेजना चाहिए कि एक महीने के अन्दर सब समाप्त हो जाएगा।

उत्साह: सकारात्मक सोच सचमुच आपके सफल होने की संभावना को बढ़ाती है अपने आपकी मदद करने के लिए आप दूसरों को प्रेरित करें कि वे सफल हो सकते हैं।

देर कभी नहीं होती: ऐसा कभी न सोचें कि आपने अध्ययन और पुनरीक्षण शुरू करने में देर कर दी क्योंकि परीक्षा की तैयारी या किसी से मदद मांगने में कभी देर नहीं होती।

आत्मविश्वासी बनें: आप अपने विचारों और अपने दृष्टिकोण पर स्वयं नियंत्रण रखें, राक्षस रूपी उदासीन और नकारात्मक विचारों को अपने अन्दर स्थान न दें। वह आपके आत्मविश्वास को नष्ट कर देगा।

संकोची न बनें: अपने 5 सकारात्मक बिन्दुओं की सूची आपके डेस्क के ऊपर होनी चाहिए। यह आपको याद दिलाएगी कि आप असफल नहीं हो सकते क्योंकि अमुक विषय पर आपकी पकड़ नहीं है।

हार न मानें: अगर आपकी परीक्षा ठीक नहीं गई तो भी आप उसे अंतिम प्रयास मानकर हार स्वीकार न करें क्योकि संसार का अंत यहीं नहीं हो जाता। जितनी जल्दी संभव हो, सामान्य अवस्था में पहुँचे और सकारात्मक सोच बनाए रखें। आगे के लिए कार्यक्रम निर्धारित करें।

अच्छे विचार रखें: अविवेकपूर्ण और नकारात्मक सोच के स्थान पर अच्छे विचार मन में लाइये। अपनी असफलता के दस कारण सोचने में समय नष्ट करने के स्थान पर सफलता के दस कारणों को सोचें। सकारात्मक और सुखद विचार नकारात्मक भावनाओं को दूर करती है और मानसिक शक्ति प्रदान कर आपमें आत्मविश्वास जगाती है।

अपने खान-पान पर ध्यान दें: अगर आप ऐसा सोचते हैं तो अपने खान-पान को बदलें। कार्बोहाइड्रेट और वसा जो सुस्ती और ढ़ीलापन लाता है, के बजाय मछली का अधिक सेवन करें, क्योंकि इसमें फॉस्फेटीडाइल्कोलीन होता है जो याददाश्त के लिए अति उत्तम है।

उचित भोजन: अपने भोजन में पनीर, मांस, दूध और अनाज की मात्रा बढ़ाएँ क्योंकि इसमें विटामिन बी होती है, जो आपकी याददाश्त, एकाग्रता, और उर्जा स्तर के लिए उत्तम है।

अपने आपको गतिशील बनाएँ: अगर आप थकान और ऊब महसूस करते हैं तो शर्करा के स्तर में संतुलन बनाए रखने के लिए हल्का भोजन करें।

हल्की मुद्रा: उत्तेजित करने वाले कुछ संगीत का चयन करें जो आपके ऊर्जा स्तर को गतिशील बनाए और जो आपको हल्कापन अनुभव कराएं। उदासी के समय इसका आनंद लें।

शक्तिवर्धक नाश्ता: दिनभर के भोजन में नाश्ते का महत्वपूर्ण स्थान है यह ऊर्जा स्तर को बढ़ाने में मदद करता है। इसलिए नाश्ता कभी भी न छोड़ें।

दूसरों से बातें करें: आपको अतिरिक्त सहारे की आवश्यकता पड़ सकती है या नहीं इसकी जाँच करें। अपने परिवार के सदस्य या दोस्तों को मदद के लिए तैयार करें। यह मदद परामर्श या सलाह की भी हो सकती है और विपत्ति के समय सांत्वना के रूप में भी।

पिछली परीक्षा को भूल जाइए: यह बात आप अवश्य जानते होंगे कि भूतकाल की परीक्षाओं के बारे में वाद-विवाद करना आपकी चिंता का कारण बन सकता है। इसलिए उन परीक्षाओं की बात न करें। इन्हें भूल जाएं। सामूहिक वाद-विवाद से अपने को प्रताड़ित करने से बचें।

मस्तिष्क को रिचार्ज करें: अपने मस्तिष्क की बैट्री को रिचार्ज करने के लिए आपको कुछ करना चाहिए, दिन में एक बार पढ़ाई से दूर रहें। देर तक स्नान करने, दौड़ पर निकलने अथवा फिल्म आदि देखने की कोशिश करनी चाहिए।

आखिरी झलक: परीक्षा से संबंधित विषय की कोई पाठ्यपुस्तक लें। उसका कोई पन्ना खोलें। केवल एक पैराग्राफ पढ़ें और पुस्तक बन्द कर दें यह आपके मस्तिष्क को विषय पर ध्यान केन्द्रित करने में मदद करेगा।

बहुमूल्य घड़ियाँ: अंतिम समय का गहन अध्ययन सूचनाओं को याद रखने में बहुत ज्यादा मददगार होता है। ऐसे लोगों से बचें जो कहते हैं बहुत देर हो गई। किसी चीज को सीखने के लिए कभी देरी नहीं होती।

अपने बारे में सोचें: इस बात को समझने की कोशिश कीजिए कि आप परीक्षा अपने लिए दे रहे हैं। आप परीक्षा में अपने लिए ही सफल होना चाहते हैं न कि अपने माता-पिता अथवा शिक्षक के लिए। इन बातों से आप अपने अध्ययन में बल प्रदान करेंगे।

आप अकेले नहीं हैं: परीक्षा की चिंता आपको नीचे धकेल देगी। ऐसा न होने दें। अपनी परीक्षा को अभिवृत्ति क्षमता का परीक्षण समझें जो बार-बार आ सकता है। यह छोर नहीं है। अगर आप परिस्थिति को काबू में लाने में अपने को सक्षम नहीं पाते हैं तो अपने माता-पिता, शिक्षक अथवा मित्र से कहें। चुप रहकर इसे मत झेलते जाएं।

हमेशा याद रखें: आपकी अहमियत परीक्षा के परिणाम से कहीं अधिक है। इस तकनीक का अभ्यास कहीं भी कर सकते हैं। केवल एक-दो सप्ताह तक लगातार अभ्यास से आपकी ऊर्जा नाटकीय ढ़ंग से बढ़ने लगेगी। यह आपकी एकाग्रता को भी बढ़ाएगा। इस प्रक्रिया का सिद्धांत यह है कि दो गिनने तक सांस लें, आठ गिनने तक सांस रोकें और चार गिनते हुए मुक्त रूप से सांस छोड़ें। इसे चलते हुए कदमों की सहायता से भी कर सकते हैं। आप सांस लेते हुए दो कदम चलिए, अगले आठ कदम तक सांस रोक कर रखिए और अगले चार कदम चलते हुए पूरी तरह सांस छोड़ दीजिए। जल्द ही आपको अपने ऊर्जा स्तर में फर्क महसूस होने लगेगा परिणामस्वरूप आपके स्वास्थ्य का स्तर भी बेहतर बनेगा।

पम्प: परीक्षा अथवा सभा के तुरंत पहले अपनी ऊर्जा को बढ़ाने के लिए आप इस तकनीक का उपयोग कर सकते हैं। सरलता के साथ बैठ जाएं और अपने हाथों को पेट के ऊपर ऐसे रखें मानो हवा से भरा हुआ गुब्बारा दबा रहे हों। अब अपनी नाभि के आस-पास वाले क्षेत्र को दबाएं और जोर से नाक द्वारा सांस छोड़ें, फिर नाक से सांस लें और पेट को ऊपर की तरफ दबाएं। इस क्रिया को 20 बार जल्दी-जल्दी दोहराएं। आपको अधिकाधिक आराम मिलेगा।

ठीक तरह से चबाकर खाएं: पाचन क्रिया में ऊर्जा की आवश्यकता पड़ती है। ठीक ढंग से और धीरे-धीरे चबाना अच्छी पाचन क्रिया के लिए अति आवश्यक है और इस प्रकार कम ऊर्जा खर्च होती है। यह अनावश्यक आवाज तो उत्पन्न करेगा, परन्तु यह जोशीले स्वास्थ्य के लिए बहुत जरूरी है। दीर्घायु होने का अच्छा सिद्धांत यह है कि कम मात्रा में अच्छे भोजन का सेवन करें बजाय इसके कि भोजन की मात्रा तो अधिक हो लेकिन उसकी गुणवत्ता शून्य हो।

कम सोएं: चुस्त और सतर्क बनने के लिए कम से कम सोएं। अधिकांश विद्यार्थियों को अपने स्वास्थ्य को बनाए रखने के लिए 6 से 7 घंटा सोने की आवश्यकता पड़ती है। अगले 30 दिन तक एक घंटा पहले उठने की कोशिश करें। आगे चलकर यह आपकी आदत बन जाएगी। सदा याद रखें, गुणवत्ता महत्वपूर्ण है न कि मात्रा। कल्पना करें, आपके पास 30 घंटे अतिरिक्त आ जाने से आप उन्हें महत्वपूर्ण कामों में लगा सकते हैं।

रबड़ बैण्ड पद्धति: अपने मस्तिष्क को जीवन के सकारात्मक तत्वों पर केंद्रित करने के लिए रबड़ बैण्ड पद्धति का उपयोग करें। अपनी कलाई में रबड़ बैण्ड डालें। हर बार नकारात्मक ऊर्जा के क्षीण होने का विचार आपके मस्तिष्क में प्रवेश करता है, रबड़ बैण्ड को खींचें, यह आपको इस तरह के विचारों से पीड़ा तो देगा लेकिन हर झटके के तुरंत बाद आपमें सशक्त विचार आने लगेंगे।

दर्पण और आप : प्रात:काल दर्पण के सामने खड़े होकर अपने आप पर हंसें। हंसी आपके शरीर के रसायन को सक्रिय कर आपको आनन्दपूर्ण स्थिति में लाती है। यह आपके शरीर और मस्तिष्क को संतुलित करती है। ऐसे सामान्य वयस्क भाग्यशाली हैं जो दिन में 15 बार हंस लेते हैं। हंसने की आदत डालकर जीवन की नीरसता को दूर करें।

सकारात्मक सोच वाले लोगों के साथ रहें: आप केवल सकारात्मक सोच और ध्यान केंद्रित करने वाले लोगों के साथ रहें। आप उनसे सीख सकते हैं और वे आपकी बहुमूल्य ऊर्जा को शिकायत करने और प्रेरणाविहीन मानसिकता में बर्बाद नहीं करेंगे। यह संगति अच्छी चीजों का संग्रह करने में आपकी मदद करेगी। इससे आप लगातार सफलता की चोटी की ओर बढ़ते जाएंगे।

अपने को अपमानित महसूस न करें: क्योंकि आपकी आज्ञा के बिना आपको नुकसान पहुँचाने या अपमानित करने वाला कोई नहीं है। यह इस बात पर निर्भर करता है कि अपने साथ घटित घटनाओं को आप किस रूप में लेते हैं। नकारात्मक घटना को चुनौती के रूप में लें और सकारात्मक साहस के साथ उसका मुकाबला करें। याद रखें असफलता कोई चीज नहीं है, बल्कि यह एक सबक (पाठ) है।

पढ़ने की आदत का विकास करें: बहुत सारे वर्षों के अनुभवों को कुछ घंटों में प्राप्त करने का सबसे सशक्त उपाय पढ़ाई है। महान लोगों के दर्शन और उनकी नीतियों को समझने के लिए उनकी जीवनी को पढ़ना शुरू करें। उन्हें पढ़कर वैसा ही बनने का प्रयास करें।

उपवास रखें: हर दो हफ्ते में एक दिन उपवास रखें। उस दिन फलों और फलों के रस का सेवन करें। यह आपको कर्मठ, बलवान और फुर्तीला बनाएगा। उपवास के समय खाने की इच्छा को नियंत्रण में रखकर आप अपनी इच्छा शक्ति को भी बढ़ा सकते हैं।

खाएं और सोएं: सोने से तीन घंटा पहले तक न खाएं। इससे पाचन क्रिया अच्छी होगी और नींद भी अच्छी आएगी। नियमित व्यायाम से और सोने से एक घंटा पहले एक घंटे तक हाथ-पैरों को ढीला छोड़ने से आपको गहरी नींद आएगी।

आपके अंदर एक सचेतक (अलार्म) घड़ी होनी चाहिए: आपका मस्तिष्क अब तक की सबसे दक्ष अलार्म घड़ी है। इस बात पर विश्वास करने के लिए निम्नलिखित प्रयास करें-

- बिस्तर पर जाने से करीब दस मिनट पहले आराम कुर्सी पर बैठें।
- अपनी आंखों को बंद करके अपने हाथों को धीरे से घुटनों पर रखें।
- कुछ मिनट तक गहरी सांस लें।
- अंत में निम्नलिखित को 20 बार दोहराएं-

''मैं (इच्छित समय पर) नई उमंग के साथ जागूँगा।''

आप इस तरह की अनुभूति और भावना को अपने अंदर डालें। तब इच्छित समय पर जागने की कल्पना करें। अपने आपको 'महान' अनुभव करें। मैं शर्तिया कह सकता हूँ कि थोड़े से अभ्यास के बाद ही आप अनुबंधित समय पर जागना शुरू कर देंगे।

सम्मान अर्जित करें: आपको अपने व्यवहार और शिष्टाचार पर नियंत्रण रखकर उसे सकारात्मक दिशा देने में समर्थ होना चाहिए। ऐसा व्यवहार न अपनाएं जिससे लोग आपको नकारना शुरू कर दें। ऐसी कल्पना करें कि लोग आपको पूरा सम्मान देते हैं।

जीवन को उद्देश्यपूर्ण बनाएं: अपने जीवन के उद्देश्य निश्चित करें। यह मार्गदर्शक सिद्धांतों का एक समूह हो सकता है, जिसमें यह बात होनी चाहिए कि आप अपने जीवन में क्या बनना चाहते हैं। इसके अंदर आपके मूल्यों को भी सम्मिलित किया जाना चाहिए। यह प्रकाशघर की तरह आपके जीवनभर के क्रियाकलापों का मार्गदर्शन करेगा।

एकाग्रता बढ़ाएँ: चलते समय अपमे कदमों को गिनें। आपकी एकाग्रता को बढ़ाने का यह बहुत ही कारगर तरीका है।

विचारों का आदान-प्रदान: आपके जीवन की खूबी इस बात पर निर्भर करती है कि आप अपने विचारों का आदान-प्रदान किस प्रकार करते हैं। इसमें दोनों तरह की बातें शामिल हैं- दूसरों के साथ विचारों का आदान-प्रदान और स्वयं के साथ विचारों का आदान-प्रदान। इस प्रकार जिस चीज पर आप ध्यान केंद्रित करते हैं, वह आपको प्राप्त हो जाता है।

जुबान की नोक पर: जब काफी कोशिश के बाद भी आप किसी नाम या शब्द को याद कर पाने में स्वयं को असमर्थ पाते हैं तो उसके लिए सबसे अच्छा तरीका यह है कि वर्णमाला के अक्षरों को बारी-बारी से पढ़ें। जैसे ही आप ठीक अक्षर पर पहुँच जाएंगे आपको अपना उत्तर मिल जाएगा। इसके अतिरिक्त आप ऐसे कुछ लम्बे-लम्बे वाक्य बना सकते हैं, जिसमें वह शब्द भी शामिल हो जाए जिसे आप ढूँढ़ रहे हैं। अपनी स्मृति पर विश्वास रखें और ऐसे कुछ जोर से बोलें सब ठीक हो जाएगा। अगर यह किसी व्यक्ति का नाम है, कल्पना कीजिए कि वह व्यक्ति सड़क पार कर रहा है और आपको जोर से उसका नाम पुकारकर सावधान करना है कि कार आ रही है। यह प्रक्रिया कहलाती है जुबान की नोक पर।

साक्षात्कार पत्र: साक्षात्कार के लिए आपको अच्छी तरह तैयारी करनी चाहिए। इस तरह आप अपने को शांत अनुभव करेंगे जिसका आपके साक्षात्कार पर अच्छा प्रभाव पड़ेगा। आप दो सूचियाँ बना लें। पहली सूची में स्वयं से संबंधित उन बिन्दुओं को सम्मिलित करें जिसको आप अधिक महत्व देते हैं। दूसरी सूची में ऐसे प्रश्न होने चाहिए जिसको आप पूछना चाहते हैं। प्रत्येक सूची में दस से अधिक बिन्दु नहीं होने चाहिए और हर बिन्दु मूल शब्द की सहायता से निर्धारित होना चाहिए। इन मूल शब्दों को याद रखने के लिए आप श्रेणी पद्धति का उपयोग कर सकते हैं या मूल शब्द के शुरुआती अक्षर को याद करके भी आप ऐसा कर सकते हैं। उदाहरण के लिए ब (अनुकूलन) ब (व्यापार बोध) इत्यादि। इसके अतिरिक्त आपको लगे कि मूल शब्द के शुरुआती अक्षरों को एक वाक्य में मिलाते हुए उन्हें रेखांकित कर सकते हैं। साक्षात्कार के समय समय की बर्बादी से बचने के लिए आप इस तरह का अभ्यास अवश्य करें। अगर आपको लगे कि यह सम्भव नहीं हैं या आपके पास यह सब करने का समय नही है तो आप बस मूल शब्द को कंठस्थ करें।

ताश के पत्तों को याद रखना: ताश का कोई खेल खेलने के समय यदि आप पहले देखे गए पत्तों को याद रख सकें तो यह आपके लिए काफी सुविधा जनक हो सकता है। इसके लिए आप व्यक्ति-आधारित तकनीक का सहारा ले सकते हैं। इस तकनीक के अंतर्गत आप हर पत्ते की पहचान अलग-अलग व्यक्ति के रूप में निश्चित कर सकते हैं। इसके लिए चित्र वाला कार्ड आसान है। उदाहरण के लिए बेगम को ऐश्वर्या राय के रूप में और बादशाह को अमिताभ बच्चन के रूप में निश्चित कर सकते हैं। शेष कार्ड को लोगों के नाम के शुरू के अक्षरों में निश्चित करें। उदाहरण के लिए तीन क्लब बनते हैं, जैसे CC (C अंग्रेजी वर्णमाला का तीसरा अक्षर है) चाचा चौधरी के नाम से निश्चित कर सकते हैं। इस तकनीक का लाभ आपको खेल के समय पत्तों के सामने आने पर उनका क्रम याद रखने में मिलेगा।

❑

PART NINTH
नौवां भाग (परिशिष्ट-3)

आप इसमें पाएंगे–

- ❑ अंग्रेजी सीखने की प्रभावी तकनीकों की बेहतर जानकारी।
- ❑ एक-एक हेडिंग्स आपको धारा-प्रवाह अंग्रेजी बोलने के लिए तैयार करने में गाइड (मार्गदर्शक) का कार्य करेंगे।
- ❑ अध्ययन की वह सामग्री जो बदल देगी आपको और आपके हिचक को।

आवश्यक बातें

प्रस्तुत नौवें भाग में फर्राटेदार अंग्रेजी बोलने के लिए जिन असरदार बातों का प्रारंभिक ज्ञान होना आवश्यक है, उनकी सटीक जानकारी दी गई है। आप इसे यों समझें–लंगड़े को लाठी का सहारा मिल जाए तो वह उठ खड़ा हो जाता है, उसी सहारे की तरह ही इस भाग के एक-एक हेडिंग्स हैं जो कर देंगे आपको तैयार अंग्रेजी बोलने के लिए।

दो दिवसीय कोर्स

अंग्रेजी सीखने की प्रभावी तकनीक

❑ हमारा मस्तिष्क किस प्रकार काम करता है?

कई बार नई पुस्तकें या नए कपड़े खरीदकर घर में रखने के बाद आप तुरंत उन्हें ढूँढ़ नहीं पाते। आप घर का कोना-कोना छान मारते हैं। अभी तो यहीं रखा था, फिर क्यों नहीं ध्यान आ पाता?

मस्तिष्क का एक भाग ऐसी सूचनाओं तथा योजनाओं को इकट्ठा करता है, जो स्मृति का अस्तित्व बनाए रखने के लिए आवश्यक है। अगर आपने अपने उद्देश्य को स्पष्ट रूप से परिभाषित नहीं किया है, इसका मतलब अपने सपनों को साकार करने के लिए आपने अपने मस्तिष्क को ठीक से कार्यबद्ध नहीं किया है।

जब आप अपने मस्तिष्क को प्रशिक्षित करते हैं तो आप रेक्टिलर एक्टीवेटिंग सिस्टम को संचालित करते हैं। आपके मस्तिष्क का एक विशेष भाग चुम्बक की तरह बन जाता है, जो सूचनाओं तथा अवसरों को आकर्षित करता है। अपने जीवन का कायाकल्प करने के लिए अपने मस्तिष्क के स्विच को ट्रिप देना सीखें।

❑ अंग्रेजी बोलने के अपने उद्देश्य को सामने रखें

कल्पना करें कि अब से चार महीने में आपने अपने अंग्रेजी बोलने के उद्देश्य में सफलता पा ली है। ऐसा सोचकर आप अपनी जिंदगी के बारे में कैसा अनुभव करते हैं? ये प्रश्न आपके उद्देश्यों की प्राप्ति में सहायक होंगे। आपको 'क्यों' की जरूरत है तथा 'कैसे' आपको अपने आप मिल जाएगा।

आप अपने अंग्रेजी सीखने के कारणों, अपनी प्रतिबद्धता के स्तर एवं इन उद्देश्यों को प्राप्त करने के लिए क्या कदम उठाने की जरूरत है, पर एक पैराग्राफ लिखें।

❑ अंग्रेजी बोलने की आपकी असफलता में ही सफलता छिपी है

अगर आप अंग्रेजी बोलने की अपनी पहली कोशिश में अपने उद्देश्य में सफल नहीं हो पाए तो क्या आपको अंग्रेजी सीखने का ख्याल छोड़ देना चाहिए? या अपनी कोशिश लगातार जारी रखनी चाहिए? जी हां, आप्को जब तक सफलता न मिल जाए उसका पीछा नहीं छोड़ना चाहिए।

दृढ़ता एवं प्रतिबद्धता आपके व्यक्तित्व का महत्त्वपूर्ण स्रोत है। किसी कार्य में रुचि लेना ही काफी नहीं होता, बल्कि उस कार्य में सफलता प्राप्त करने के लिए प्रतिबद्धता बहुत जरूरी है। यह संभव है कि आपकी अल्पकालिक असफलता भविष्य की सफलता के लिए आपमें दृढ़ निश्चय का विकास करे।

❑ अंग्रेजी सीखने के प्रत्येक अवसर का आनंद लें

सुखी जीवन के लिए प्रसन्नता को नजरअंदाज नहीं किया जा सकता। आपको जिंदगी का आनंद लेने के लिए उद्देश्य की प्राप्ति तक इंतजार करने की आवश्यकता नहीं। जीवन का एक-एक क्षण महत्त्वपूर्ण है। अपने वर्तमान पर ध्यान दें, हर दिन को पूर्णता से तथा हर क्षण को उसकी सीमा तक जीएं।

आपके जीवन में खुशी एवं उन्नति किसी एक उद्देश्य की सफलता की मोहताज नहीं है। आपके उद्देश्य का चुनाव उतना महत्त्वपूर्ण नहीं है जितना कि उसको पाने के लिए चुना गया रास्ता। अपने उद्देश्य की दिशा पहचानिए तथा उसकी तरफ चल

पड़िए। अंग्रेजी बोलने का लक्ष्य पाने के लिए खुद को प्रोत्साहित कैसे करें अपने उस उद्देश्य को याद करें, जिसे प्राप्त करने में आपने सफलता पाई है। किस तरह रास्ते में रुकावटें आई थीं और आपने दृढ़ता से उन रुकावटों का मुकाबला करके उन्हें रास्ते से हटा दिया था।

जब आप अंग्रेजी बोलने की अपनी इच्छाओं और उसके आनंद को अनुभव करें तो रुकावटों के बारे में चिंता करना छोड़ दें, क्योंकि आप पहले भी रास्ते में आने वाले बड़े-बड़े पत्थरों को हटा चुके हैं।

आपको अंग्रेजी बोलने की प्रबल इच्छा, सफलता का निर्णय, अपने जीवन पर नियंत्रण तथा अपने उद्देश्य के प्रति समर्पण भाव से अवश्य सुसज्जित रहना होगा। सबसे पहले अपने उद्देश्यों को पहचानें तथा मन में यह विश्वास लाएं कि कोई रुकावट आपको रोक नहीं सकती। अपने उद्देश्यों की सफलता के लिए दृढ़ प्रतिज्ञ बनें।

❑ जीवन सुख-दु:ख का खेल है

दु:ख तथा सुख किस प्रकार हमारे भाग्य की दिशा तय करते हैं? हमारे पास दु:ख का सामना करने के सरल उपाय हमेशा मौजूद होते हैं। कभी हम शराब पीते हैं तो कभी सिगरेट। कभी ज्यादा खाने लगते हैं।

जबकि कुछ ऐसे भी लोग हैं, जो मानसिक दबाव का मुकाबला व्यायाम, सैर आदि उपायों द्वारा या मधुर संगीत सुनकर अथवा सीखकर करते हैं। अपनी परेशानियों को दूर करने वाले तथा आनंद बढ़ाने वाले उपायों को पहचानकर उनकी एक सूची बनाएं।

क्या इसके अलावा और भी ऐसे सकारात्मक उपाय हैं जो हमें आनंद दिलाने में सहायक हो सकते हैं ?

❑ गलत संयोजन

हमारे सपनों पर अक्सर असफलता के बादल छाए रहने की कोशिश करते हैं। हम अपने सपनों तथा उद्देश्यों के लिए जोखिम उठाने की अपेक्षा अपने पास जो कुछ है, उससे चिपके रहना चाहते हैं। आपके लिए क्या ज्यादा महत्त्वपूर्ण होगा, बिना अंग्रेजी सीखे सीमित संसाधनों से गुजारा करना या अंग्रेजी सीखकर अपने संसाधनों में वृद्धि करके जीवन को बेहतर और फिर बेहतरीन बनाना।

❑ चिंता या आनंद की परिभाषा

परेशानियों/दु:खों को दोस्त के रूप में स्वीकार करें। क्या आप यह सोचते हैं कि कुछ भी करें उससे कोई फर्क नहीं पड़ता, ऐसा करके तो आप सिर्फ दु:ख ही पाएंगे। संबंधों में बंधे रहना दुखद तो है लेकिन यदि आप इससे बाहर निकलते हैं, तब आप ज्यादा अकेले तथा अभागे हैं।

पुराने दुखद अनुभवों को याद करें। इस बारे में कुछ करने के लिए उसकी गंभीरता को महसूस करें। जब आप इस बारे में कुछ नहीं कर पाते, तो आप भावुकता की दहलीज पर होते हैं। भावुकता के चरम बिंदु को छूने के बाद ही आप परेशानियों का सामना करने में समर्थ हो पाते हैं।

दु:ख-दर्द की परिभाषा को ही बदल डालें। कई बार आप खान-पान पर विशेष ध्यान देने की कोशिश करते हैं, उससे भी बात नहीं बनती। भोजन को त्यागना भी दुखद है तथा मस्तिष्क ज्यादा समय तक यह सब बर्दाश्त नहीं कर सकता।

भूख से लड़ने के बजाय अपने दर्द की जांच करें। अति भोजन के बाद की नकारात्मक सोच को याद करने,की कोशिश करें। एक बार जब आपको यह अनुभव हो जाएगा कि व्यायाम सुखदायक है तथा अति भोजन दुखदायक, तब आपकी समझ में स्वयं ही आ जाएगा कि क्या सही है और क्या गलत।

कृपया ध्यान दें

हम प्राय: टाल-मटोल का रवैया अपनाकर अंग्रेजी सीखने के अपने उद्देश्य के प्रति लापरवाही करते हैं, जो बाद में हमारी समस्याओं को सिर्फ बढ़ाने का ही काम करता है। अगर आप किसी काम को शुरू करने में देरी करते हैं तो अपने लिए और अधिक परेशानी पैदा करने के अलावा और कुछ नहीं करते।

ऐसी कौन सी चार बातें हैं, जिन पर अच्छी अंग्रेजी बोलने के लिए तुरंत ध्यान देने की जरूरत है लेकिन उन्हें टालते आ रहे हैं? एक सूची बनाएं, फिर निम्नलिखित प्रश्नों के उत्तर दें-

1. मैंने अंग्रेजी सीखने के इन नियमों पर पहले क्यों ध्यान नहीं दिया? ऐसा करने से भूतकाल में किस तरह की परेशानियां पैदा हो गई थीं?
2. इस तरह का नकारात्मक रवैया अपनाने से क्या पहले कभी मुझे आनंद की अनुभूति हुई है?
3. अगर मैं कोई बदलाव नहीं लाता हूं तो मेरा कितना नुकसान होगा?
4. अगर मैं अभी इन कार्यों को करना शुरू करता हूं तो मुझे कितना आनंद आएगा?

हम सभी अपने मन में यह आशा संजोए रहते हैं कि एक न एक दिन, जब हमारे पास बहुत सा पैसा आ जाएगा, जब हमारे सबसे अच्छे रिश्ते होंगे, जब हम पूर्णतया स्वस्थ होंगे, जब हम प्रसिद्धि पाएंगे तो आखिरकार हम बहुत खुश होंगे।

ये सभी लाभप्रद स्थितियां अल्पकालिक हैं, जो आपको हमेशा संतुष्ट नहीं रख सकतीं। यह आपकी मानसिक स्थिति है, जो आपका चित्त प्रसन्न रखती हैं। तो क्यों न अभी से प्रसन्न रहने की आदत डालें।

❑ खुश रहने की तकनीक

आप अपने आपको कैसे प्रसन्न रख सकते हैं? क्या आप इस स्थिति में हैं कि ठीक अभी हर्ष, आनंद और विशुद्ध प्रसन्नता का अनुभव कर सकें?

उस क्षण, उस घटना के बारे में सोचें जिसने आपको पूर्णतया प्रसन्न कर दिया था। उस खास समय का रेखाचित्र अपने मन-मस्तिष्क में खीचें, फिर अपने उन हाव-भावों को चेहरे पर लाएं। अपनी सांस के आने व जाने की प्रक्रिया वैसी ही रखें जैसी उस समय थी। अपनी नसों के स्पंदन को जांचें तथा अपनी शारीरिक क्रियाओं को पहले की ही भाँति संचालित करें। क्या आप उसी तरह की चपलता और उत्साह दुबारा महसूस कर रहे हैं? क्या ऐसा संभव है कि उसी तरह के क्षण आप जब चाहें महसूस कर सकते हैं?

जरा अपना ध्यान केंद्रित करें, आप फौरन प्रसन्नता का अनुभव करेंगे। किसी भी अनुभव को कई तरीकों से महसूस किया जा सकता है। यह सब हमारी सोच पर निर्भर करता है। हमारे पूरे शरीर में उत्तेजना और चपलता हर समय विद्यमान रहती है।

निम्नलिखित दो रहस्य आपके लिए लाभप्रद हो सकते हैं-

1. अपने ध्यान के केन्द्र बिन्दु में परिवर्तन लाएं।
2. अपनी मूल्यवान स्मृति का मानसिक चित्रण करें।

❑ भावना-शरीर विज्ञान

शारीरिक अवस्था में बदलाव भी महत्त्वपूर्ण होता है। जब कोई गुस्सा, तनाव या अवसाद की स्थिति में होता है, तब प्राय: वह धूम्रपान, मद्यपान आदि नकारात्मक क्रियाओं की तरफ मुड़ जाता है। नकारात्मक अवस्था का इलाज है-ध्यान, व्यायाम, संगीत आदि। कंधे उचकाना, सिर झटकना आदि निम्न भावनात्मक पहलू को दर्शाते हैं। जब हम जोश में होते हैं, प्रसन्न मुद्रा एवं आत्म-विश्वास में होते हैं तो हमारा शरीर गर्व से उठ जाता है, कंधे ऊपर उठ जाते हैं और सांसें बेहतर हो जाती हैं।

अपनी शारीरिक प्रतिक्रियाओं में बदलाव लाकर आप अपने भावनात्मक पहलू को बदल सकते हैं, क्योंकि हमारी प्रत्येक भावना का शारीरिक क्रियाओं से सीधा संबंध होता है।

❑ मुस्कराहट

मुस्कराइए और पूरी दुनिया आपके साथ मुस्कराने लगेगी। एक सप्ताह तक, रोजाना दिन में पांच बार एक मिनट के लिए शीशे के सामने खड़े होकर जी भरकर मुस्कराएं। आपको थोड़ा सा पागलपन तो लगेगा, लेकिन जब आपकी मुस्कराहट बनावटी न होकर मौलिक तथा चमकदार होगी तब आप अंदर से अच्छा महसूस करेंगे। अब पांच मिनट तक अपने आप से अंग्रेजी में बात करने का अभ्यास करें।

❑ आपकी भावनाएं आपकी शारीरिक क्रियाओं का हिस्सा हैं?

ऐसा अनुभव कीजिए कि आप अपनी भावनाओं के दायरे को बढ़ाकर और अपनी कोशिश तथा उद्गम केन्द्र में बदलाव लाकर, अपनी खुशी को बढ़ा सकते हैं। आप अपनी स्वाभाविक तथा सकारात्मक भावनाओं में से किसी एक को चुनें तथा विभिन्न मुद्राओं, हरकतों एवं अपने हाव-भाव से उस भावना का आनंद लें।

❑ जब कभी आप चिंतित हों, इसे स्मरण करें

जीवन में आपने कभी न कभी स्वयं को क्रुद्ध, कुंठित तथा संकट में पड़ा हुआ अवश्य महसूस किया होगा। यदि आप उन लम्हों को याद करें, जब अंग्रेजी सीखने से पहले आपको चिन्ता थी कि आपकी टूटी-फूटी अंग्रेजी को सुनकर लोग आप पर हसेंगें, तो शायद आपको हंसी आए कि बेकार में परेशान थे, जबकि ऐसी कोई बात ही नहीं थी। दोबारा उन भयानक परिस्थितियों पर हंसे। इस प्रकार आप तुरंत ऐसी परिस्थितियों को अपने नियंत्रण में महसूस करेंगे।

❑ केन्द्रित ध्यान-भावना क्रिया-प्रतिक्रिया

जीवन में ऐसा कई बार हो जाता है कि आप इस आशा में बैठे हों कि आपका साथी सही समय पर घर पहुँच जाएगा, लेकिन वह देरी से पहुंचता है। ऐसे समय में आपने कैसा महसूस किया? वह आपके प्रति लापरवाह है? या आपने समझ लिया कि उसकी आदत ही ऐसी है? या इंतजार के समय आप व्याकुल हो जाते हैं? क्या आपकी व्याकुलता का स्तर इतना बढ़ जाता है कि आपके मन में बुरे ख्याल आने लगते हैं कि कहीं कोई दुर्घटना तो नहीं हो गई? क्या आपने ऐसा भी सोचा कि हो सकता है, वह मेरे लिए फूल खरीदने के लिए रास्ते में कहीं रुका होगा।

1. हमारा केंद्रित ध्यान, हमारी भावनाओं को निश्चित करता है।
2. हमारी भावनाएं, सोच और हमारे ख्याल, हमारी क्रियाओं को नियंत्रित करते हैं।
3. सही प्रश्न पूछकर अपने आपको दिमागी रूप से मजबूत बनाएं।

❑ कहां ध्यान केन्द्रित करें?

अगर आप लगातार अपना ध्यान नकारात्मक सोच पर केंद्रित करेंगे तो पूरी संभावना है कि सबसे खतरनाक घटना आपके साथ घट जाए। उदाहरण के लिए, यदि आप अंग्रेजी बोलते समय सोचते हैं कि आप बोलते-बोलते अटक जाएंगे या आप हकलाने लगेंगे, तो आप महसूस करेंगे कि आपके साथ बार-बार ऐसा ही होता है।

डरने की जरूरत नहीं, अपने जीवन को डर से दूर रखें और आसमान की ऊँचाई तक की दिशा निश्चित कर आप जो चाहते हैं उस पर ध्यान केंद्रित करें न कि कहीं और। आप प्राकृतिक तौर पर आप अपने आप कार्य करने लग जाएंगे। जो आपकी इच्छा है, जिसके आप लायक हैं, उस पर ध्यान केंद्रित करें।

❑ सही प्रश्न-सही निर्णय

एक दिन एक लड़के को नवीं कक्षा के एक दबंग लड़के ने पीटा। गुस्से में उसने उस दबंग लड़के से बदला लेने की ठानी और पिस्तौल लेकर उस पर तान दी। फायर करने से पहले उसने अपने आपसे पूछा, 'अगर मैंने इसे गोली मार दी तो फिर क्या होगा?' उसकी आंखों के सामने जेल का दृश्य घूमने लगा। उसने उसे मारने के बजाय पेड़ पर फायर कर दिया। उस लड़के का नाम बो जैक्सन था। थोड़ी सी समझ-बूझ ने दर्द को खुशी में बदल दिया तथा एक ऐसा लड़का, जिसका कोई भविष्य न था और एक ऐसा लड़का जो बाद में चलकर खेलों में सितारा बना, में फर्क पैदा कर दिया। अपने आपसे सही प्रश्न करें, अपने आपको बदलें।

❑ ध्यान केंद्रित करने की प्रक्रिया

आइए, हम कुछ ऐसे उपायों की सूची बनाएं, जो बिना सिगरेट, शराब, क्रेडिट कार्ड का दुरुपयोग किए आपके मूड को बदल सकें तथा आपके मस्तिष्क की अंग्रेजी बोलने की सकारात्मक स्थिति में वृद्धि कर सके।

1. उन श्रेष्ठ उपायों को लिखें जो आपकी अंग्रेजी बोलने की नकारात्मक सोच को सकारात्मक सोच में बदल सकते हैं।
2. उन नए विचारों/उपायों को भी इसमें शामिल करें, जिन्हें आपने अभी तक नहीं आजमाया है। निश्चित रूप से आप बेहतर महसूस करेंगे। जब तक आप 15 से 30 तक नए विचार न लिख लें तब तक रुके नहीं। हालांकि इस विषय पर सैकड़ों स्वस्थ विचार लिखे जा सकते हैं। इन्हें अभी लिखने की कोशिश करें। प्रसन्नता का अनुभव करने के कितने ही तरीके हैं, किसी एक को चुनें।

अपना कोई मनपसंद गाना सुनें, कोई कर्णप्रिय धुन बजाएं, कोई हंसी-मजाक वाली फिल्म या नाटक देखें, दोस्तों के साथ भोजन करें, फूलों से अपना घर सजाएं, अपने रजिस्टर या कॉपी में अंग्रेजी बोलने के अपने अनुभव लिखें, दोपहर की ऊंघ लें, आदि-आदि।

❑ असम्भव सिर्फ सोच का कमाल

वर्षों तक, चार मिनट में एक मील दौड़ना असंभव कार्य माना जाता था। लेकिन रोजर बैनिस्टर ने 3 मिनट 59 सेकंड में एक मील भागकर इस मिथक को तोड़ दिया। उसने इस तरह से अपनी विजय का मानसिक चित्रण किया कि शरीर की नर्वस प्रणाली ने इस प्रकार सिग्नल ग्रहण किए कि उसे यह विश्वास हो गया कि मुझे सफलता अवश्य मिलेगी। बैनिस्टर की सफलता ने औरों का भी रास्ता खोल दिया तथा एक साल में ऐसे कई धावक हो गए जिन्होंने इस असंभव कार्य को कर डाला। अगर आप सोचते हैं कि आप की शिक्षा अंग्रेजी के माध्यम से नहीं हुई है इसलिए आप अच्छी अंग्रेजी नहीं बोल सकते, तो आपको अपने मस्तिष्क में पड़े रुकावटों के घेरे को तोड़ने की जरूरत है, तथा असंभव को संभव बनाकर चलने की जरूरत है। इससे आपके तथा आपके इर्द-गिर्द के लोगों की जन्म कुण्डली ही बदल जाएगी।

❑ मस्तिष्क की समतल प्रक्रिया

जब कभी हम किसी घटना से दो-चार होते हैं तो हमारा मस्तिष्क उसे दर्द या आनंद के रूप में ग्रहण कर लेता है। यह वर्गीकरण इस विश्वास पर होता है कि आप किसी घटना को किस तरह दर्द या आनंद के रूप में महसूस करते हैं। यह ठीक है कि हमारी सामान्य स्थिति हमसे कार्य कराती है लेकिन उसकी भी एक सीमा है। कुछ लोग अपने आपको नालायकों की श्रेणी में रखते हैं: क्योंकि वे कई बार असफलता का मुंह देख चुके होते हैं। इस तरह से अपने आपको श्रेणी में बांटना एक आदत बन सकती है, जो संभव को भी असंभव बनाने का रास्ते खोलती है?

❑ सही प्रश्न पूछकर अपनी बुरी आदत को बदलें

आपने अनेक बार अपना वजन घटाने की कोशिश की होगी लेकिन हो सकता है हर बार असफलता हाथ लगी हो। क्या आपने अपने आपसे पूछा? मेरा पेट कैसे भरेगा? मेरा मनपसंद तला हुआ भोजन कौन-सा है? इसके अलावा अपने आपसे पूछा जाए, किस भोजन से मुझे ताकत मिलेगी? कौन-सा हल्का सूप मुझे ऊर्जा प्रदान करेगा? अगर आप भी खाने के लिए लालायित हों कि इसे खाने से मेरा वजन कितना बढ़ेगा? फिर क्या मैं अपने उद्देश्यों में सफल हो पाऊंगा?

प्रश्नों में बदलाव आपकी गलत आदतों में बदलाव लाएगा और इससे आपके जीवन की गुणवत्ता में सुधार होगा। आप क्या चाहते हैं कि इस विषय पर सोचें या न सोचें। उदाहरण के लिए अंग्रेजी बोलने के बारे में सोचने की बजाय यह सोचें कि किस तरह आप ज्यादातर लोगों से बात कर सकते हैं। इससे आपको मुख्य बिन्दु पर ध्यान केन्द्रित करने में सहायता मिलेगी तथा उद्देश्य को प्राप्त करना आसान होगा। आप क्या चाहते हैं तथा इसमें क्या रुकावट है इसे पहचानिए।

❑ सही प्रश्न

अंग्रेजी सीखने से आए बदलाव को खुशी से जोड़ें। लेकिन अपने दु:खों को किसी बदलाव से जोड़ने की कोशिश न करें।

1. अगर मैं बदलाव नहीं लाऊँ तो इसका मुझ पर क्या असर पड़ेगा?
2. मेरे लिए यह बदलाव कितना महत्त्वपूर्ण है? क्या मैं कुछ खोऊंगा?
3. अपने भावनात्मक, शारीरिक, आर्थिक तथा आध्यात्मिक पहलू का मूल्यांकन करें।
4. क्या यह मेरे कार्य तथा संबंध को प्रभावित करेगा?

❑ अब अपने आपसे प्रश्न पूछें

1. जब मैं बदलाव लाऊंगा तो खुद के बारे में कैसा महसूस करूंगा?
2. मेरा सबसे अधिक प्रिय कैसा महसूस करेगा?
3. मैं कितना खुश रह पाऊंगा?

किसी से अंग्रेजी बोलने की प्रेरणा लेकर या किसी को रोल मॉडल बनाकर इस क्षेत्र में सफलता पाने का प्रयास आपके लिए नया अनुभव है। ऐसा अनुभव, जिसे आप आत्मसात करने की इच्छा रखते हैं।

❑ सही प्रश्न प्रणाली किस तरह काम करती है?

आप जो कुछ ढूंढ़ रहे हैं, उसके प्रति जागरुक रहें। निम्नलिखित अनुभव को उदाहरण के तौर पर अपनाने का प्रयास करें। इसे एक अपरिचित क्षेत्र में करें। कोई नया शब्द सीखते ही अपने इर्द-गिर्द के माहौल पर विचार करें तथा अपने आपसे पूछें:

''मैं यह शब्द कहां देखता या सुनता हूं?'' उस शब्द से संबंधित सभी जानकारियां नोट कर लें। फिर अपनी आंखें बंद कर लें। अपने आपको उस शब्द को बोलते हुए महसूस करें। संभावनाएं यह होंगी कि आपको उस शब्द से संबंधित सभी बातें याद रहें। अब अपनी आंखें खोलें, आपको वह शब्द बहुत ही जाना पहचाना प्रतीत होगा।

❑ ''जिसे ढूंढ़ोगे, उसे पा जाओगे।''

इसे अपने बाथरूम के शीशे पर चिपकाएं।

1. इस समय अपने जीवन में मैं किस वजह से खुश हूं? किस वजह से मुझे खुशी होती है?
2. इस समय अपने जीवन में मैं किस वजह से आन्दोलित हूं? वह क्या चीज है, जो मुझे आन्दोलित करती है?
3. मैंने आज क्या दिया है? किस तरह मैं उसमें सहयोगी हूं?
4. मैंने आज अंग्रेजी में क्या सीखा? मैंने क्या खास अनुभव किया है?
5. किस तरह आज अंग्रेजी बोलने से मेरे जीवन की गुणवत्ता में बढ़ोतरी हुई है? आज किया गया निवेश भविष्य मे किस प्रकार काम आएगा?

❑ प्रश्नों को असरदार बनाएं

नकारात्मक क्षणों में व्यवधान डालने के लिए अपने आपसे पूछें ''इसमें क्या खासियत है''? याद रखें, हम अपने अनुभ्व के साथ कोई भी संबंध या अर्थ स्थापित कर सकते हैं। दूसरा पूछा जाने वाला प्रश्न है-'क्यों' की अपेक्षा 'कैसे' पर, केन्द्रित ध्यान (फोकस) का प्रयोग समाधान के लिए किस प्रकार किया जा सकता है?

इन्हें सुबह के प्रश्नों में शामिल करें। अपने जीवन की विशेष घटनाओं के साथ अर्थ एवं संबंध जोड़ने के लिए सिर्फ हम ही जिम्मेदार हैं। यह हमारे ऊपर निर्भर करता है कि हम नकारात्मक परिस्थितियों का सामना नकारात्मक तरीके से करते हैं या इसके उलट। अगर आपको दर्द मिला है तो यह चुनना आपके ऊपर है कि बदले में दर्द देना चाहेंगे या संसार को बेहतर जगह बनाने को कोशिश करेंगे। या अगर आपके साथ ठीक व्यवहार किया गया है तो आप दूसरों के प्रति अधिक संवेदनशील होना चाहेंगे।

❑ अपने कल्पना संसार में असीमित ब्रह्मांड विकसित करें

अपने आप पर विश्वास करें। अगर आप यह विश्वास करते हैं कि आप ईमानदार हैं तो आप अवश्य निश्चिंत रहें कि आप ईमानदार हैं। आपने यह निश्चिंतता कैसे पाई?

अपने विचार को मेज का ऊपरी भाग समझिए। वह मेज, जो चार टांगों पर टिकी हुई है। ये निश्चिंतता की टांगें आपको अनुभवों के द्वारा प्राप्त हुई हैं। जैसे, जब आपने स्कूल में अच्छा प्रदर्शन किया तो आपको चतुर व तीक्ष्ण बुद्धि वाला कहा गया, लेकिन, फिर भी हम पिछले अनुभवों के संदर्भ पर निर्भर नहीं हैं। हम अपनी कल्पना शक्ति के द्वारा संदर्भों का निर्माण कर सकते हैं। जैसे श्री चंद्रशेखर तिवारी ने घातक बीमारी का मुकाबला करने के लिए कल्पना शक्ति का प्रयोग किया था। रोजर बैनिस्टर ने काल्पनिक संदर्भ का प्रयोग किया कि वह एक मिनट से भी कम समय में एक मील दौड़ सकता है।

❑ विश्वास/विचार/सिद्धांत

किसी उद्देश्य की सफलता हमारे विश्वास पर निर्भर करती है कि हम उस उद्देश्य की सफलता के लायक हैं या नहीं। आपका विश्वास और फोकस, आपके पिछले अनुभवों पर निर्भर करता है, जो नकारात्मक या भावनात्मक विचारों पर आधारित हो सकते हैं। ज्यादातर सूरतों में दोनों ही तरह के विचार हमारे अंदर समाहित होते हैं।

कोई भी विचार एक विश्वास का रूप ले सकता है, अगर हम संदर्भों और अनुभवों को इसमें सहायक बनाएं। निम्नलिखित वाक्यों पर विचार करें-

1. लोग साधारणतया ईमानदार तथा बेहतरीन होते हैं।
2. लोग अपने लिए ही बेईमान होते हैं।

हो सकता है, आपको यह विश्वास करने का पर्याप्त समय हो, लोग दिल के खराब होते हैं। अगर आप अन्य अनुभवों पर ध्यान दें तो आपको आसानी से लगेगा कि लोग दिल के अच्छे और ईमानदार होते हैं। आपके पास यह विश्वास करने के पर्याप्त कारण होते हैं।

❑ अपने विश्वास को समझें

विश्वास हमें निर्णय लेने में सक्षम बनाता है कि दु:ख को कैसे टाला जाए। कभी-कभी सबसे ज्यादा दु:ख या डर की घड़ी में, हम विश्वास के रूप में राहत ढूंढ़ते हैं। क्या आप जानते हैं कि अगर कोई जबरदस्त मानसिक यंत्रणा व आघात से गुजरा हो तो उसका प्यार पर से विश्वास उठ जाता है?

कुछ लोग इस तरह की विचारधारा के कारण बहुत अड़ियल हो जाते हैं तथा इस नकारात्मक विचारधारा को त्यागने के बजाय ये लोग अकेला रहना, अवसाद, यहां तक कि मृत्यु को गले लगाना ज्यादा पसंद करते हैं। क्या आपका दृढ़ विश्वास आपको शक्तिशाली बनाता है या अशक्तिशाली?

❑ सफलता का रहस्य

क्या विशिष्टता सफलता का रहस्य है? सच्ची विशिष्टता अपनी सारी सामर्थ्य को निश्चितता की स्थिति में डालने में है।

हार्वर्ड में, बिल गेट्स ने कभी कम्प्यूटर देखा भी नहीं था, फिर भी सॉफ्टवेयर देने का वादा किया। यह उसकी निश्िंचतता की समझ थी, जिससे उसने अपने स्रोतों को गतिशील बनाया तथा अपना भविष्य बनाया।

सफलता प्राप्त करने के लिए अपने आपको समर्पित करें।

❑ कल्पना असंभव को संभव बनाती है?

प्राय: हमारा मस्तिष्क सच्चे अनुभवों तथा कल्पना में भेद नहीं कर पाता। जैसा कि आइंस्टीन ने कहा था कि ''ज्ञान से ज्यादा ताकतवर कल्पना शक्ति है।''

ऐसे बहुत से लोग हैं जो नए अनुभवों से डरते हैं जबकि अन्य लोग इन अनुभवों को अपनाने का प्रयास करते हैं, क्योंकि उन्होंने इच्छित परिणामों को प्राप्त करने के लिए विभिन्न कल्पनाओं का सहारा लिया है।

ऐसा उद्देश्य निश्चित करें जो आपको उद्वेलित करे। एक नया अनुभव होने दें। अपनी सफलता की कल्पना करें।

❑ विपत्ति का सामना

यह जानना अत्यंत आवश्यक है कि विपरीत परिस्थितियों का सामना कैसे करें। सफल व्यक्ति परेशानियों को अस्थायी मानते हैं, जबकि असफल व्यक्ति इन्हें स्थायी मानते हैं। डॉ. मार्टिन ने इसे 'प्रबुद्ध असहाय स्थिति' की संज्ञा दी है, जो निम्नलिखित सोच का परिणाम है-

1. समस्या अस्थायी की अपेक्षा स्थायी है।
2. समस्या व्यापक है।
3. समस्या व्यक्तिगत है।

❑ विश्वास सफलता की कुंजी

आशाएं काम करने की क्षमता को बढ़ाती हैं, जिसे 'पिगमैलियन प्रभाव' कहते हैं। हमने अपने रिसर्च में अध्यापकों को कहा कि कुछ बच्चे अपनी कक्षा में प्रतिभा सम्पन्न हैं तथा उनकी प्रतिभा को विकसित करने के लिए उन्हें लगातार तराशने की जरूरत है। अध्यापकों ने ऐसा किया तथा विद्यार्थी, जिन्हें मेधावी समझ कर छांटा गया था, उन्होंने अच्छे परिणाम दिखाए। यहां यह बताना जरूरी है कि पहले से ऐसा कोई अध्ययन नहीं किया गया, जो यह बताए कि कौन से बच्चे प्रतिभा सम्पन्न हैं या कौन से कमजोर। यह अध्ययन यह दिखाता है कि विश्वास का कितना महत्त्व है।

❑ बदली हुई क्रिया विधि

बदलाव कैसे होते हैं? जब हम अपने कार्य करने के तरीके में बदलाव लाते हैं तथा अपने को नर्वस सिस्टम से जोड़ते हैं तब ऐसा होता है। फिर अनुभव में भी बदलाव आ जाता है। जब तक मद्यपान आपको खुशी देता है, तब तक आप प्रयोग करते रहेंगे। ऐसा इसलिए होता है क्योंकि आप शराब को अपनी कुंठा, सड़क दुर्घटना और यहां तक कि मृत्यु को इसके साथ जोड़ते हैं। पीड़ा तथा खुशी का एहसास होना हमारे नर्वस सिस्टम से जुड़ा होता है। नर्वस सिस्टम से जुड़ाव हमारे व्यवहार को निश्चित करता है। अंग्रेजी सीखते समय आप विश्वास रखिए कि आप अंग्रेजी सीख जाएंगे और आप अंग्रेजी जरूर सीख जाएंगे।

❑ एक क्षण भी काफी है

जितनी तेजी से समस्या उत्पन्न होती है, उसका समाधान भी उतनी ही तेजी से निकाला जा सकता है। जब कभी आपने अपनी आदत में बदलाव लाने के लिए ज्यादा समय लिया है तो इसका कारण यह है कि आपने यह महसूस करने में काफी समय लिया है कि आपको अवश्य बदलना चाहिए। विश्वास करें कि आप अभी भी अपने आपको बदल सकते हैं।

लोग अंग्रेजी बोलने की अपनी पिछली असफलताओं के साथ बदलाव को जोड़ते हैं तथा सोचते हैं कि आदत में बदलाव लाने में लंबी प्रक्रिया से गुजरना होगा।

इस तरह की मानसिक रुकावटें बदलाव लाने में ज्यादा समय लेती हैं। उन रुकावटों को अभी बाहर निकाल फेंकें तथा महसूस करें कि नए बदलाव या नये कार्य नये परिणामों को जन्म देंगे। यद्यपि आप इसे नकारने की कोशिश करेंगे लेकिन यही सत्य है।

❑ परिवर्तन में दक्षता

क्या आपने कभी कमरे की खिड़की में मक्खी को फंसते हुए देखा है? वह बच निकलने की कोशिश में लगी रहती है तथा खिड़की से टकराती रहती है। यही स्थिति मनुष्य के साथ भी है। जैसे कि हो सकता है कि वे प्रेरित हों लेकिन यदि वे अंग्रेजी बोलने के लिए ऐसी दिशा में कोशिश करेंगे, जहां असफलता निश्चित हो तो अपने उद्देश्य में कामयाब नहीं हो सकते।

अपनी व्यावहारिक आदतों को छोड़ें। मौजपूर्ण तरीके से इन सीमाओं को तोड़ें। जहाँ भी मौका मिले, अंग्रेजी बोलकर अभ्यास करें।

हम अपने दिमाग तथा शरीर को तब तक ढालने की कोशिश करते रहते हैं, जब तक वह हमारी आदत न बन जाएं। हम रोजाना बाहर निकलने के लिए एक ही रास्ते का प्रयोग करते हैं फिर दूसरे रास्ते पर निकल पड़ते हैं तथा इस पर चलते जाते हैं।

हमारी भावना तथा व्यवहार संबंधी आदतें वैसी ही होती हैं, जैसी हम कल्पना करते हैं। नकारात्मक प्रतिक्रिया, गुस्सा और अवसाद आदि हमारी आदतों में शामिल हैं। अपने आपको खुश रखने व आभार व्यक्त करने के लिए प्रशिक्षित करें।

आप अपनी पुरानी भावना-संबंधी आदतों की जगह नए बदलावों को अपनाएं।

अपने आपको पारितोषिक दें।

क्या आप बंदर को नाचना सिखा सकते हैं? अचम्भे की बात तो यह है कि आप अवश्य सिखा सकते हैं, क्योंकि इंसानों तथा जानवरों में परिवर्तनशील व्यावहारिकता होती है। ये नई परिस्थितियों के अनुसार ढलना जानते हैं।

प्रशिक्षक बंदर को बारीकी से देखते हैं। जब वह भोजन की तरफ बढ़ता है तो वे डंडे का प्रयोग करते हुए भोजन की दिशा बदल देते हैं तथा अधिक भोजन से ललचाते हैं।

इस प्रकार बंदर इच्छित दिशा में पलटने के लिए आदत में आ जाता है तथा इस तरह उसके उलटने-पलटने की हरकतें नाच की तरह नजर आती हैं।

खुशनुमा पारितोषिक की एक सूची बनाएं। जब आप अंग्रेजी का कोई नियम या शब्द सीखें तो उन पारितोषिकों का निर्माण करें, जिन्हें आप अपने मन से अपने आपको प्रदान कर सकें।

❑ पढ़ने की मेज पर चिपकाएं

1. अपनी पुरानी भावनात्मक या व्यावहारिक आदतों के बारे में सोचें जिन्हें आप अपने दु:ख-दर्द के साथ जोड़ते हों।
2. अपने नए अंदाजों को, खुशी या आनंददायक परिस्थितियों के साथ जोड़ें।
3. क्या आपका नया अंदाज या पैटर्न आपके उद्देश्य तथा विश्वास के साथ मेल खाता है तथा उन्हें प्राप्त करने में सहायक है?
4. पुराने पैटर्न के फायदों को सम्भाल कर रखें। अगर आप पहले अपने तनाव को कम करने के लिए धूम्रपान करते थे तो अब उसके स्थान पर कोई स्वास्थ्यवर्धक उपाय करें।
5. कल्पना करें कि आप बदली हुई प्रकृति के अनुसार व्यवहार कर रहे हैं तथा आपकी पुरानी आदतें बदल रही हैं।

❑ नकारात्मक दृष्टिकोण को छोड़ें

हम विभिन्न परिस्थितियों को परिभाषित करने के लिए लगातार विभिन्न अलंकरणों का प्रयोग करते हैं जैसे जिंदगी एक जुआ है या जिंदगी एक युद्ध है, आदि! इस तरह के अलंकरण हमारी जिन्दगी के विभिन्न क्षेत्रों को प्रभावित करते हैं। अगर जीवन युद्ध होता तो जीना मुश्किल होता। इसका मतलब है कि आपके जीवन में युद्ध का अर्थ हारने या मारे जाने का प्रतीक है।

क्या प्राकृतिक ताल के साथ जिंदगी का गाना और नाचना भी हो सकता है? सफल व्यक्तियों के शब्दकोश में नकारात्मक शब्द बहुत कम होते हैं। शब्द भावनाओं को अधिक शक्तिशाली बनाते हैं। आप जैसे ही भावनाओं को शब्दों में व्यक्त करते हैं, तो यह आपकी भावना को एक अर्थ प्रदान करते हैं। सफलता की डगर पर चलने के लिए जहां तक संभव हो नकारात्मक शब्दों को अपने जीवन में इस्तेमाल करने से परहेज करें।

प्रयोग न करें	**प्रयोग करें**
मैं चिंतित हूँ।	मैं आनंदित हूँ।
मैं अवसाद की स्थिति में हूँ।	मैं स्थिर हूँ।
मैं गुस्से में हूँ।	मैं विचारवान हूँ।
मैं बोर हो रहा हूँ।	सुधार की जरूरत है।
मैं असफल हूँ।	मैं सफल हूँ।

❑ थॉमस एडीसन ने अपनी सफलता को कैसे परिभाषित किया?

10,000 असफल परीक्षण करने के बाद लीड बैटरी का आविष्कार करने पर एक पत्रकार ने थॉमस एडीसन से पूछा कि आप अपने असफल परीक्षणों के बारे में कैसा महसूस करते हैं। एडीसन ने जवाब दिया, यह असफलता नहीं है, अब मुझे उन 10,000 तरीकों का पता चल गया हैं, जिनसे बैटरी का आविष्कार नहीं किया जा सकता।

❑ नियंत्रित शब्दकोश

अपनी बातचीत में से निम्नलिखित छः शब्दों को भी निकाल दें:

1. काम के बोझ से दबा हुआ
2. अकेलापन
3. अपराध बोध
4. अपूर्णता
5. हताशा
6. निष्फल

निम्नलिखित शब्दों को याद कर अपना जीवन मजबूत बनाएं।

1. प्यार
2. गर्मजोशी
3. आत्मविश्वास
4. लचीलापन
5. सामर्थ्य
6. उत्तेजना
7. कामोन्माद
8. प्रशंसा
9. आभार
10. दृढ़ संकल्प
11. उत्सुकता

❑ भले ही देर से पर अंग्रेजी बोलने में सफलता जरूर मिलेगी

अपनी सोच में हमेशा दृढ़ता रखें। जरा स्टोन कटर के बारे में सोंचे। किस प्रकार बड़े से बड़े पत्थर को वह दो भागों में बांट देता है? वह पूरी ताकत से इस पर प्रहार करता है। अगर पहले प्रहार से पत्थर पर निशान न भी पड़े तब भी प्रहार करता जाता है।

वह जानता है कि उसकी कोशिश बेकार हो रही है फिर भी दृढ़ता से अपने कार्य में लगा रहता है। केवल इसलिए कि हमें परिणाम तुरंत नजर नहीं आया, इसका यह मतलब नहीं कि हमें कुछ प्राप्त नहीं हो रहा है।

पत्थर तोड़ने वाला लगातार प्रहार करता रहता है, एक समय ऐसा आता है कि पत्थर टुकड़ों में बंट जाता है। क्या यह उसका आखिरी प्रहार था, जिससे कार्य को अंजाम मिला? निश्चित रूप से नहीं। यह प्रहारों का संयुक्त प्रभाव था, जिससे पत्थर दो हिस्सों में टूट गया। दूसरे शब्दों में यह लगातार कोशिश ही थी, जिसके कारण आखिर में सफलता मिली।

❑ अच्छा अनुभव करना कठिन नहीं

अगर आप जीवन में तकलीफ महसूस कर रहे हों तो यह वर्तमान कार्य का परिणाम हो सकता है या आपके सोचने के ढंग का परिणाम हो सकता है। हम इसे आपका रीतिशास्त्र कह सकते हैं।

यदि आप अपने महसूस करने के तरीके को पसंद नहीं करते तो आप अपने तरीके को बदलें या फिर अपनी कार्यशैली बदलें।

आपको यह जानकर हैरानी होगी कि ज्यादातर लोगों ने ऐसी परिस्थितियों का निर्माण स्वयं किया है, जो उन्हें नकारात्मक पहलू महसूस कराती हैं। जबकि कुछ लोग सकारात्मक सोच के द्वारा अपना जीवन सुखद बनाते हैं।

तो क्यों न आप सुखद महसूस करने के लिए प्यार करने, प्यार देने, सकारात्मक सोच और आनंदपूर्ण जीवन जीने के आसान नियम अपनाएं?

सकारात्मक सोच अपनाएं ताकि जीवन में अधिक प्यार, सुख व आनंद प्राप्त हो सके।

❑ संबंध घनिष्ठ बनाएं

यदि हर समय आप दूसरे लोगों से क्षुब्ध रहे हो तो इसका कारण यह है कि आपके जीवन के प्रधान एवं आधारभूत नियम गड़बड़ा चुके हैं। आप जो परेशान हैं वह किसी व्यक्ति की वजह से नहीं बल्कि अपने विश्वास, अपने स्तर या नियमों का उल्लंघन करने की वजह से। शायद आपने अपने व्यावहारिक नियमों को भी ताक पर रख दिया है। अगली बार यह ध्यान रखें कि आप किसी व्यक्ति से क्षुब्ध नहीं हों बल्कि वर्तमान परिस्थितियों के साथ सामंजस्य बैठाने की कोशिश करें। अपने आप से पूछें, मेरे नियम ज्यादा महत्त्वपूर्ण हैं या व्यक्ति के साथ संबंध। आपकी पुरानी स्थापित आदतों में किसी प्रकार की रुकावट द्वन्द्व की स्थिति का निर्माण कर देती है।

यह कहने की आवश्यकता नहीं कि सीमित अभिव्यक्ति जीवन को सीमित बनाती है। तरक्की तथा विकास के लिए अपनी घिसी-पिटी आदतों को छोड़कर नयापन अपनाएं। महान विचार बिजली के करेंट की तरह चोट नहीं करेगा, बल्कि आपको अपने जीवन के मूर्तरूप से उसे उतारना होगा।

❑ आपकी विशिष्ट पहचान

आपको विशिष्ट पहचान कैसे मिलती है? आप अपने आप में बेजोड़ हैं, अद्वितीय हैं, यह आपके अनुभवों की वजह से है। आपके कार्य आपके नर्वस सिस्टम में रिकार्डिड हैं न कि आंपकी जागृत स्मृति में हैं।

यह संपूर्ण जागृत या सुशुप्त स्मृतियां संदर्भ कहलाती हैं, जो कुछ आपने देखा, सुना, सूँघा या महसूस किया, वह आपकी विशाल हार्ड-डिस्क, यानी दिमाग में छिपा है। ये संदर्भ तथा अभिव्यक्तियां वही हैं, जिन पर हम निर्भर करते हैं, विश्वास करते हैं या सामर्थ्य रखते हैं। ये संदर्भ वही हैं, जो हमारे जीवन को आकार देते हैं, बल्कि ये वे अर्थ हैं जिनके साथ हम सम्बन्धित हैं।

❑ फोकस अनुपात-95: 5 सिद्धांत

भावनात्मक उथल-पुथल की स्थिति में भी सफल मनुष्य स्पष्ट, मजबूत तथा केंद्रित रहता है। इसलिए मुख्य बात यह है कि इनमें संतुलन कैसे बनाया जाए।

कम से कम 95% भाग अपने समय का समाधान खोजने में खर्च करें।

❑ अंग्रेजी सीखने में आप कभी असफल नहीं हो सकते

कोई भी मनुष्य जीवन में सफलता का स्वाद चखने से पहले निश्चित रूप से असफलता, अस्थायी हार का सामना करता है। जब हार मनुष्य पर हावी हो जाती है तो लोग सबसे आसान तरीका ढूंढ़ते हैं कि मैदान छोड़कर हट जाओ।

ज्यादातर मनुष्य यही करते हैं।

सफल आदमियों के बारे में एक सर्वे में यह पता चला है कि बड़ी सफलता, असफलता के एक कदम पीछे होती है। असफलता में ही सफलता छिपी होती है। इसी तरह यदि आप अच्छी अंग्रेजी बोलना चाहते हैं तो अपनी असफलता की दर दुगुनी कर दें अर्थात् उद्देश्य प्राप्ति तक प्रयासरत् रहें। अगर कोई कार्य आपके अनुसार ठीक है तथा आपका उसमें पूर्ण विश्वास है तो आगे बढ़कर उसे शीघ्र आरंभ करें। अपने उद्देश्य को सामने रखें। यदि अस्थायी हार या असफलता का सामना करना पड़े तो विचलित न हों। कोई भी तब तक नहीं हारता, जब तक कि वह मन से वास्तव में हार स्वीकार नहीं कर लेता।

❑ नकारात्मक सोचना क्यों गलत है?

जब मनुष्य विचारों को अपने मस्तिष्क में बैठाता है तथा भावनाओं के साथ उसका तालमेल करता है तो एक प्रेरणादायक शक्ति का निर्माण होता है, जो मनुष्य के प्रत्येक कार्य, क्रिया तथा मनोवेग को संचालित तथा नियंत्रित करती है।

विचार, जो भावनाओं के साथ मिश्रित हो जाते हैं चुम्बकीय शक्ति का निर्माण करते हैं। फिर उसी तरह के अन्य विचारों को यह शक्ति अपनी ओर आकर्षित करती है।

इस प्रकार विचारों को भावना के साथ चुम्बकीय बल प्रदान करें। उसके बाद बीज के साथ उसकी तुलना करें, उपजाऊ मिट्टी में दबा दिए जाने के बाद अंकुरित हो जाता है और धीरे-धीरे विभिन्न शाखाओं व बीजों में फैलता जाता है। यह प्रक्रिया तब तक चलती रहती है, जब तक कि उस एक बीज के असंख्य बीज न बन जाएँ। इसी प्रकार अगर आप नकारात्मक विचार दिमाग में लाएंगे तो यह कई गुणा पल्लवित होकर आपके दिमाग को घेरे रखेगा। तो क्यों न सकारात्मक सोच अपनाई जाए।

❑ भीतरी प्रेरणा द्वारा निश्चय-तात्कालिक सफलता की कुंजी

25,000 से अधिक ऐसे पुरुषों तथा महिलाओं का विश्लेषण किया गया, जिन्होंने असफलता का सामना किया था। उन्होंने यह बताया कि निश्चय तथा निर्णय लेने में कमी उनकी असफलता के कारणों में मुख्य थीं। विभिन्न विश्लेषणों से ज्ञात हुआ कि लगभग सभी में तुरंत परिणाम तक पहुंचने की जल्दी थी। जब उन्होंने धीरे-धीरे रवैए में बदलाव किया तो वे भी आगे बढ़ते गए। कुछ अपवादों को छोड़कर ज्यादातर लोगों में तुरंत परिणाम तक पहुंचने की प्रवृत्ति थी।

जो लोग तुरंत निर्णय लेना जानते हैं वे इस बारे में निश्चिंत होते हैं कि वे क्या चाहते हैं। ऐसे लोग साधारणतया सफलता पा लेते हैं। नेता जीवन के हर क्षेत्र में तुरंत निर्णय लेता है। यही कारण है कि वह नेता है। दुनिया में ऐसे लोगों के लिए जगह होती है जिनके कर्म तथा बातें यह बताते हैं कि उन्हें कहां जाना है।

❑ प्रार्थना का वैज्ञानिक आधार

अगर आप अवलोकन करने वाले व्यक्ति हैं तो आपने एक बात पर जरूर गौर किया होगा कि ज्यादातर लोग प्रार्थना की तरफ तभी मुड़ते हैं, जब सब तरफ से निराश हो चुके होते हैं। ऐसे लोग अर्थहीन शब्दों द्वारा मनन करते हैं। सब तरफ से निराश हो चुकने के कारण तो प्रार्थना की तरफ भी वे संदेह, शक तथा डर के साथ ही अग्रसर होते हैं।

अगर आप किसी चीज को पाने के लिए प्रार्थना करते हैं लेकिन मन में अविश्वास भी रखते हैं-अगर वह न मिली या प्रार्थना फलित न हुई, तब क्या होगा। इसका मतलब है, आपकी प्रार्थना में विश्वास की कमी है।

अगर आपको पूर्व की किसी ऐसी प्रार्थना का अनुभव है, जिसके करने से मनचाही मुराद मिल गई थी, तो वापस उसी स्थिति तथा स्मृति में पहुंचें तथा उन परिस्थितियों को याद करें। तब आप पाएंगे कि आप सकारात्मक मनोस्थिति के साथ प्रार्थना करने के लिए तैयार हो रहे हैं।

अगर आप रेडियो के कार्य सिद्धान्त को समझते हैं तो जरूर जानते होंगे कि ध्वनि को तब तक संप्रेषित नहीं किया जा सकता जब तक कि तरंगों की दर में इस प्रकार बदलाव न किया जाए कि उन्हें कान ग्रहण कर सकें। रेडियो स्टेशन मनुष्य की आवाज ग्रहण करके तरंगों के रूप में भेजता है। इस तरह आकाश द्वारा ही ध्वनि ऊर्जा को संप्रेषित किया जा सकता है। इसके बाद बदलाव की प्रक्रिया होती है। ऊर्जा, जो तरंगों के रूप में थी, उसे ध्वनि के रूप में पहचाना जाता है।

इस प्रकार इंसान का अवचेतन मन बिचौलिए या प्रसारण केन्द्र की भूमिका निभाता है, जो प्रार्थना को असीमित समझ के रूप में पहचानकर, सूचना भेजता है फिर विशिष्ट योजना के रूप में उसे वापस ग्रहण करता है। इस सिद्धांत को समझें तब आप यह जान पाएंगे कि प्रार्थना की जगह बैठकर कुछ मन्त्र उच्चारण करने से आपके मस्तिष्क आपकी तथा असीमित समझ में संप्रेषण के तार जुड़ नहीं पाएंगे।

❑ भय पर काबू पाएं

भय मानसिक विकृति के अलावा और कुछ नहीं है। मानसिक विकृति को नियंत्रित करना तथा उसे नई दिशा देना मनुष्य के अपने हाथ में है।

मनुष्य जब तक अपने अन्तःकरण में किसी विचार को जन्म नहीं देता, वह तब तक कुछ भी निर्माण नहीं कर सकता। मनुष्य के अन्तःकरण में आए विचार चाहे वे इच्छित हों या अनिच्छित उनमें बदलाव की प्रक्रिया शुरू हो जानी है। अंतःकरण विचार की बातें जो संयोगवश दिमाग में आ जाती हैं किसी के लिए आर्थिक समृद्धि, सामाजिक प्रतिष्ठा, व्यापार आदि में सहायक हो सकती हैं जैसे कि खुद के द्वारा निर्मित विचार ऐसा करने में सहायक होते हैं।

हम आपको एक महत्त्वपूर्ण बात बताना चाहते हैं कि कुछ लोग भाग्यशाली क्यों नजर आते हैं जबकि अन्य व्यक्ति उतनी ही काबिलीयत रखने के बावजूद भाग्यहीन कहलाते हैं। इस सच्चाई को हम इस प्रकार कह सकते हैं कि प्रत्येक मनुष्य में अपने दिमाग को बेहतर ढंग से नियंत्रित करने की योग्यता होती है तथा इस नियंत्रण के द्वारा वह अपने मस्तिष्क को मनचाही दिशा दे सकता है।

प्रकृति ने मनुष्य को जिस चीज पर पूर्ण नियंत्रण की छूट दी है, वह है उसके विचार। इसके साथ एक सच्चाई यह भी जुड़ी है कि मनुष्य जो भी निर्माण करता है उसका विचार पहले उसके मस्तिष्क में उपजता है। इस दौरान यह भी हो सकता है कि भय अपनी गिरफ्त में ले ले। यह भी सच है कि सभी विचारों में शारीरिक समता की प्रवृत्ति होती है तथा यह भी उतना ही सच है कि अंत:करण में समाए एवं गरीबी को साहस व आर्थिक लाभ में नहीं बदला जा सकता।

❑ नकारात्मक लोगों को नकारना आपका अधिकार है

नकारात्मक सोच के लोगों ने थॉमस एडीसन को समझाने की पूरी कोशिश की कि वह मनुष्य की आवाज को रिकार्ड करने की मशीन नहीं बना सकता। उनका कहना था कि अभी तक किसी ने भी मशीन नहीं बनाई है। एडीसन ने उनकी बातों की परवाह नहीं की। वह जानता था कि मस्तिष्क एक ऐसा यंत्र है, जो किसी भी असंभव को संभव बना दे। यह कुछ भी खोज सकता है, सृजन कर सकता है। ज्ञान तथा समझ ने महान एडीसन को सामान्य झुण्ड से ऊपर उठा दिया। जो लोग आपको समझाते हैं कि आप अच्छी अंग्रेजी नहीं बोल पाएंगे क्योंकि आपने बचपन से इसका अभ्यास नहीं किया है, उन्हें नकारना सीखिए। अपने मार्ग पर लगातार आगे बढ़कर दूसरे लोगों से अलग बनिए।

जल्दी अंग्रेजी सीखने के लिए

भली-भांति अंग्रेजी सीखने के लिए हमें इन प्रमुख सिद्धांतों का पालन करना चाहिए-

1. स्मृति में विश्वास: आपको अपनी स्मृति में विश्वास रखना चाहिए। कुछ करने से पूर्व आपको अपनी स्मृति में विश्वास रखना चाहिए। आपकी स्मृति में निम्नांकित शब्द दृढ़तापूर्वक स्थापित हो जाने चाहिए।

"मेरा मस्तिष्क इस संसार के सर्वोत्तम कम्प्यूटर से भी अधिक अच्छा है।"

यदि आप यह सोचते हैं कि आप किसी चीज को भली-भांति याद नहीं रख पाएंगे तो आप उसे भली-भांति याद नहीं रख सकते। आपने 45 वर्ष से अधिक आयु के लोगों को यह कहते हुए सुना होगा, क्षमा कीजिए, मेरी स्मरण शक्ति कमजोर है, या किसी को यह कहते हुए सुना होगा कि मुझे आपका नाम याद नहीं आ रहा है, या मेरी स्मृति ठीक नहीं है।

सुबह उठने से पूर्व और उसके बाद हमें स्वयं से कहना चाहिए। "मैं अपनी स्मृति पर विश्वास करता हूँ क्योंकि मैं जानता हूँ कि यह एक कम्प्यूटर की भांति ही कार्य कर सकती है।"

सोचिए, यदि आप प्रत्येक से यह कहते हैं कि "मेरी स्मृति ठीक नहीं है" तो फिर आप यह आशा कैसे कर सकते हैं कि आपकी स्मृति आपको उत्तम सेवा दे सकती है? अपनी स्मृति में आत्मविश्वास रखना इतना महत्वपूर्ण है कि मैं चाहता हूँ कि आप इस वाक्य को निम्न रिक्त स्थान में लिखें-

....

....

....

2. एसोसिएसन (सहचर्य): हम जानते हैं कि रेखा क्या होती है। यदि हम चार समान रेखाएं मिलाएँ तो हम वर्ग बना लेते हैं। यदि छ: वर्गों को साथ में मिलाएं तो एक क्यूब बन जाता है। यह सब करना कितना सरल है लेकिन बिना यह जाने कि रेखा क्या है और वर्ग क्या है, कोई भी यह नहीं जान सकता कि एक क्यूब क्या है।

जो बात ज्यामिति में सही है, वही जीवन के प्रत्येक पक्ष में सही है। हम प्रत्येक नई चीज को सीखते और याद रखते हैं। उसे पहले से जानी हुई चीज के साथ जोड़ने के अतिरिक्त ज्ञानार्जन की कोई अन्य विधि नहीं है।

यदि आप संस्कृत के शब्दों को सीखने के बारे में सोचें तो आप तुरंत इस कथन की सत्यता को देख पाएंगे। यह सीखने के लिए कि पानी को संस्कृत में 'जल' कहते हैं हमें पानी और जल के मध्य एक संबंध बनाना होगा। और यदि यह संबंध मजबूत होगा तभी आवश्यकता पड़ने पर हम उस संस्कृत शब्द को एक बार हमारे मस्तिष्क में पानी और जल के बीच संबंध दृढ़तापूर्वक स्थापित कर पाएँगे और इनमें से किसी भी शब्द को याद रख सकते हैं।

मैं भली-भांति जानता हूँ कि अब तक आपने ऐसा संबंध (साहचर्य) नहीं बनाया है। कई बार हम ऐसे साहचर्य बनाने के प्रति जागरूक नहीं होते। हम ऐसा अज्ञात रूप से करते हैं। जैसे एक छोटा बालक डैडी शब्द को अपने पिता से जोड़ लेता है जबकि वह इस संबंध या साहचर्य के बारे में कुछ नहीं जानता।

जब भी हम अंग्रेजी का कोई शब्द या नियम याद रखना चाहें उस शब्द या नियम पर ध्यान केंद्रित करते हुए हमें उसे अपने मस्तिष्क में भली प्रकार जोड़ देना चाहिए। यह संयोग भी हो सकता है और अजीबोगरीब भी। यदि आप नियमों के बीच कोई तर्क देखते हैं तो उस तर्क के द्वारा उन नियमों को अच्छी तरह अपने मस्तिष्क में जोड़ लें।

कई बार आप किसी तर्क को नियमों के साथ नहीं देख पाते तो आप आकर्षित होकर एक मजाकपूर्ण ढंग से अपने मस्तिष्क से जोड़कर उसे हमेशा के लिए आसानी से याद रख सकते हैं।

उदाहरण :

नियम-1: Weak verbs वे क्रियाएँ हैं जो अपनी Second form यानी भूतकाल- ed, या d या t के साथ बनती हैं। जैसे- sell/ bring/catch और teach। इनके second form sold/brought/ caught और taught होगी।

स्मृति सूत्र: इस नियम को अपने मस्तिष्क में संयोजित करने के लिए आप ऐसा कर सकते हैं-

Weak verbs -ed, d, t

उपरोक्त ed, d और t को यदि आप एक साथ पढ़ें तो यह आपको अंग्रेजी के शब्द 'edit' से मिलता-जुलता लगेगा। अब आप ऊपर लिखे नियम को याद रखने के लिए weak verbs की तुलना weak अर्थात कमजोर लोगों से कर सकते हैं और अपने मस्तिष्क में कल्पना कर सकते हैं कि आप weak लोगों (weak verbs) को edit (ed, d, t) अर्थात सुधार रहे हैं।

नियम-2: Strong verbs वे क्रियायें हैं, जिनके अन्त में कुछ जुड़ता नहीं परंतु Second form बनाते समय उनमें आंतरिक स्वर परिवर्तन होता है।

स्मृति सूत्र: इस नियम को याद रखने के लिए पहले तथ्य पर ध्यान दीजिए-

Strong verbs–अन्त में कुछ जुड़ता नहीं यहां आप 'Strong verbs' की तुलना Strong लोगों अर्थात शक्तिशाली लोगों से कर सकते हैं। आप यहां कल्पना कर सकते हैं कि Strong लोगों के साथ आप कुछ नहीं जोड़ सकते क्योंकि वे शक्तिशाली हैं और यह पसन्द नहीं करते कि उनके साथ कोई जुड़े।

नियम-3: यदि हम भूतकाल की बात करते हैं और एक काम समाप्त होने के बाद दूसरा काम आरम्भ होता है तो पहले समाप्त इस कार्य के लिए Past perfect tense व इसके बाद हुए कार्य के लिए Simple past tense का प्रयोग करते हैं। जैसे- The patient had died before the doctor came.

स्मृति सूत्र: यहां पर हम तर्कसंगत होकर इस प्रकार सोच सकते हैं क्योंकि हम बात भूतकाल की कर रहे हैं तो पूरे Sentence में Past tense का प्रयोग करेंगे।

पास्ट में दूसरा कार्य होने से पहले पहला कार्य समाप्त हो चुका है तो जो कार्य समाप्त अर्थात पूरा अर्थात Perfect हो चुका है, उसमें हम Past perfect tense का प्रयोग करेंगे और दूसरे कार्य के लिए Simple past का प्रयोग करेंगे।

इसी प्रकार हम अपने स्वयं के एसोशिएसन अपनी आवश्यकता के अनुसार बनाकर अपने ऐच्छिक विषय को आसानी से याद रख सकते हैं। अगले अध्यायों में इन्हीं सिद्धांतों को आधार मानकर अंग्रेजी Vocabulary व Spellings को याद रखने का तरीका विस्तार से बताया गया है।

3. ध्यान केन्द्रित करना: ध्यान के केन्द्रीकरण का अर्थ है एक समय में एक ही वस्तु पर दृढ़ता से विचार करना। जो कुछ आप देख या सुन रहे हैं उसके अतिरिक्त अन्य सभी चीजों को अपने मस्तिष्क से हटा दें। अपने विचारों को भटकने न दें। अन्त में यह देखें कि आपकी स्मृति आपका मानसिक बैंक हैं। अगर आप ऐसा कर सकते हैं तो आप अपना ध्यान केन्द्रित कर रहे हैं। जिस प्रकार हम जितना ज्यादा एक गधे को खींचते हैं उतना ही वह अवरोध करता है। ऐसा ही ध्यान केंद्रीकरण के बारे में है,

अर्थात जितना अधिक आप बिखरे विचारों पर ध्यान केन्द्रित करना चाहते हैं, उतना ही आपके विचार इधर-उधर भागते हैं एक गधे को आगे चलाने की युक्ति यह है कि उसके आगे एक सब्जी लटकाएं और वह आपके पीछे चलेगा, जहां कहीं भी आप उसे ले जाना चाहेंगे। अतः अंग्रेजी पर ध्यान केन्द्रित करने के लिए हमें इस विषय में रुचि का निर्माण करना चाहिए।

4. अजीबो-गरीब बातें: मान लीजिए कि आप एक विद्यार्थी हैं और एक दिन आपके अध्यापक अपने सिर पर हैल्मेट पहनकर अपना भाषण देते हैं। आप मुझसे सहमत होंगे कि आप उस दिन को कभी नहीं भूल पाएंगे। वह एक अजीबोगरीब बात थी।

मस्तिष्क की यह विशेषता है कि वह अजीबोगरीब चीजों को शीघ्र स्वीकार कर लेता है और लम्बे समय तक याद रखता है। अतः क्यों न हम इसका प्रयोग चीजों को याद करने में करें?

जीवन में कोई भी चीज इतनी बेकार या गंभीर नहीं होती कि उसे याद करने योग्य रोचक न बनाया जा सके। जब हम किसी बात को हास्य के रूप में कहते हैं तो वह याद करने योग्य बन जाती है। जब कोई बात हास्यपूर्ण होती है तो उसे याद रखना आनन्ददायक बन जाता है।

5. बढ़ा-चढ़ाकर प्रस्तुत करना: हमारे मस्तिष्क की यह विशेषता है कि वह बढ़ा-चढ़ाकर कही गई बातों को अधिक शीघ्रता से याद रख लेता है और उन्हें हमारे जागृत मस्तिष्क में अधिक लम्बे समय तक स्थिर रखता है।

तो फिर क्यों न हम इस विशेषता को सकारात्मक भाव (Positive sense) में काम में लें; क्यों न मस्तिष्क की सुंदरता को हम चीज़ों को अधिक लम्बे समय तक याद रखने के लिए काम में लें?

अतः जहां तक संभव हो, मानसिक चित्र को गहराई से देखने का प्रयास करें।

यह कल्पना कीजिए कि एक मोटे आदमी को हम कैसे भूल पायेंगे, यदि हम उसके पेट को एक बड़े बर्तन और चेहरे को फुटबॉल के रूप में मस्तिष्क में छवि बनाएं।

6. विचार: आप यह मानेंगे कि अमूर्त बातों को याद रखना बहुत कठिन होता है। अतः यह आवश्यक है कि अमूर्त विचारों को किसी मानसिक तस्वीर में बदल दिया जाए और तब यह मानसिक तस्वीर हमें उन अमूर्त विचारों को याद रखने में मदद करेगा।

मूलतः हम अपनी स्मृति में कोई भी बात जमा नहीं कर सकते जब तक कि हम उसे किसी ऐसी चीज में बदल न दें, जिसे हम देख सकें या चित्रित कर सकें। विदेशी मुद्रा को अपने खाते में जमा करने से पहले हमें उसे उसके समान मूल्य की भारतीय मुद्रा में बदलना तो होगा ही।

इसी प्रकार एक अमूर्त विचार को अपनी स्मृति में जमा करने के लिए यह आवश्यक है कि उसे किसी एक रूप में बदला जाए जिसे हम समझ सकें, जिसे हम देख सकें, तभी हमारा मस्तिष्क उसे प्रभावपूर्ण ढंग से ग्रहण करेगा।

इस अध्याय में एसोशिएसन के द्वारा हमने यह समझाने का प्रयास किया कि कैसे अमूर्त अंग्रेजी के नियमों को ऐसे रूप में बदला जाए जिन्हें हमारा मस्तिष्क रोचक तरीके से याद रख सके।

शब्दकोश के लिए संपर्क सूत्र विधि (Vocabulary)

शब्दकोश किसी भी भाषा की आधारशिला है। यदि हमारा शब्दकोश कमजोर है तो अंग्रेजी बोलने के नियमों को जानते हुए भी हम प्रभावपूर्ण ढंग से अंग्रेजी नहीं बोल सकते। शब्दकोश को याद रखना भी कोई आसान काम नहीं हैं। कारण है कि हम शब्द को साधारण तरीके से याद करते हैं। साधारण तरीका अर्थात रटकर याद किए गए शब्दों की स्मृति भी साधारण ही होती है।

किसी भी वस्तु या विषय को याद रखने के लिए साधारण सा नियम है कि आप उस वस्तु या विषय की छवि को अपने दिमाग में दृढ़ता से अंकित करें। यदि आप ऐसा करते हैं तो बड़ी सुगमता से उसे याद ही नहीं कर सकते, वरन हमेशा के लिए स्मृति में रख भी सकते हैं।

यह नियम शब्दकोश याद करने में भी पूरी तरह सत्य उतरता है। जब भी आप किसी शब्द व उसके अर्थ को याद करें तो आप पाएंगे कि शब्द ही आपको अनजाना प्रतीत होता है, उसका अर्थ आपके लिए जाना-पहचाना है।

जैसे :	शब्द	अर्थ
	Ablution	Washing (धोना)

यहां शब्द Ablution आपके लिये नया है परंतु इसके अर्थ Washing से आप परिचित हैं।

Ablution का अर्थ Washing होता है, यह सम्पर्क सूत्र विधि से याद करने के लिये हमें Ablution व Washing में एक सम्पर्क स्थापित करना होगा। संपर्क स्थापित करने के लिए हमें अपनी कल्पनाशक्ति का प्रयोग करना होगा। परंतु कल्पना हम परिचित वस्तुओं या नामों की ही कर सकते हैं। यहाँ पर भी Washing (धोना) की कल्पना हमारे लिए आसान है परंतु Ablution को सोचना हमारे लिए कठिन है क्योंकि यह शब्द हमारे लिए नया है।

इस कठिनाई को दूर करने के लिए हम Ablution से मिलता जुलता एक ऐसा शब्द ढूँढ़ेंगे जिससे हमें Ablution शब्द याद आए।

जैसे कि Ablution से मिलता-जुलता शब्द lotion हो सकता है। अब इस मिलते-जुलते शब्द lotion को हम Ablution के शाब्दिक अर्थ washing (धोना) से जोड़कर याद रख सकते हैं कि Ablution का अर्थ washing है।

	शब्द	अर्थ
	Ablution	Washing
मिलता जुलता शब्द	Lotion	Washing

कल्पना कीजिए - आप Lotion से Washing कर रहे हैं।

अब जब भी आप कहीं Ablution शब्द पढ़ेंगे तब आपको इसका मिलता-जुलता शब्द lotion, washing शब्द की याद दिलायेगा जो कि Ablution का अर्थ होगा।

इसी प्रकार शब्दों व उनके अर्थों में अपनी कल्पना शक्ति के द्वारा एक सम्पर्क स्थापित कर 'सम्पर्क सूत्र विधि' से आप बहुत से शब्दार्थ आसानी से याद रख सकते हैं।

यहां पर यह ध्यान देने योग्य है कि 'सम्पर्क सूत्र विधि' से केवल शब्द व उनके अर्थ ही याद किये जा सकते हैं। शब्दों का अपनी भाषा तथा लेखन में प्रयोग के लिए अभ्यास वांछनीय है। अत: जैसे ही 'सम्पर्क सूत्र विधि' से आप किसी शब्द का अर्थ सीखते हैं, वैसे ही उस शब्द को प्रयोग करते हुए कई वाक्य अंग्रेजी में लिखने व बोलने का प्रयास करें।

यहां पर 'सम्पर्क सूत्र विधि' से याद करने के लिए उदाहरण के तौर पर कुछ शब्द दिए गए हैं। इनके अलावा आप जो भी शब्द याद करना चाहें, इस विधि से स्वयं याद कर सकते हैं-

यहां 100 word-meanings vocab. @ 100 words per hour से लिख लीजिए।

1. **Abeyance**—— suspended action, फिलहाल रोक,
   सम्पर्क सूत्र- यान
   कल्पना कीजिए - यान पर फिलहाल रोक लगा दी गई है।

2. **Abortive** — unsuccessful, असफल,
   सम्पर्क सूत्र- आरती
   कल्पना कीजिए - आप असफल न होने के लिए आरती कर रहे हैं।

3. **Acclimatize** — to adjust to climate, वातावरण से समन्वय बैठाना।
   सम्पर्क सूत्र- क्लाइमेट-वातावरण
   कल्पना कीजिए - आप नए वातावरण अर्थात क्लाईमेट से समन्वय बैठा रहे हैं।

4. **Accord**—— agreement, सहमति
   सम्पर्क सूत्र- Accord car
   कल्पना कीजिए - Accord car लेने के बाद सभी अपनी सहमति प्रदान कर रहे हैं।

5. **Acerbity** ——Bitterness of speech and temper भाषा या स्वभाव की कड़वाहट,
   सम्पर्क सूत्र- 'शरबत'
   कल्पना कीजिए - एक आदमी शरबत पीने के बाद कड़वी बातें बहुत गुस्से के साथ बोल रहा है।

6. **Acme** — peak, सर्वोच्च
   सम्पर्क सूत्र- लेक्मे कॉस्मैटिक्स
   कल्पना कीजिए - लेक्मे कम्पनी के कॉस्मैटिक्स की बिक्री सर्वोच्च है।

7. **Acrimonious** — Bitter in words, शब्दों की कड़वाहट
सम्पर्क सूत्र- cry of मुनि
कल्पना कीजिए – एक मुनि cry कर रहा है और साथ में कड़वे शब्द बोलता जा रहा है।

8. **Adamant** — Hard, Inflexible, अटल
सम्पर्क सूत्र- आदम-Ant
कल्पना कीजिए . एक आदमकद ant (चींटी) बिल्कुल अटल है, कोई उसे हिला नहीं पा रहा है।

9. **Admonish** — to warn, चेतावनी
सम्पर्क सूत्र- Ad-मुनि
कल्पना कीजिए. एक मुनि Ad (विज्ञापन) दे रहा है सबको चेतावनी देने के लिए।

10. **Adroit** — Skilful, चतुर
सम्पर्क सूत्र- Ad-write
कल्पना कीजिए. आपने अपना Ad (विज्ञापन) Write (लिखने) करने के लिए एक चतुर आदमी को देने का फैसला किया है या एक चतुर आदमी एक Ad को Write कर रहा है।
इसके आगे हमने शब्द, अर्थ व शब्द के आगे उसका सम्पर्क सूत्र लिखा है। आप संपर्क सूत्र को शब्द के अर्थ के साथ अपनी कल्पना के द्वारा जोड़कर शब्द और अर्थ याद करने का प्रयास कीजिए-

11. **Aegis** — shield, protection, संरक्षण
सम्पर्क सूत्र- Aged माता-पिता-
कल्पना कीजिए- ....

12. Aghast — horrified, डरावना,
सम्पर्क सूत्र- एक Ghost, भूत
कल्पना कीजिए- ....

13. **Acrity** — cheerful, खुश
सम्पर्क सूत्र- एक लाख रुपए -
कल्पना कीजिए- ....

14. **Altruistic** — concerned for others, दयावान
सम्पर्क सूत्र- All tourists
कल्पना कीजिए- ....

15. **Ambrosia** — food for God,अमृत
सम्पर्क सूत्र- अम्बर-में- rose
कल्पना कीजिए- ....

16. **Amicable** — agreeable, friendly, मित्रवत
सम्पर्क सूत्र- अम्मी-केबल (T.V.)
कल्पना कीजिए- ....

17. **Aphasia**— loss of speech due to injury or illness, चोट या बीमारी के कारण बोलने में अक्षमता
सम्पर्क सूत्र- फॉस
कल्पना कीजिए- ....

18. **Babble** — to talk foolishly like a child बेवकूफों या बच्चों जैसी बातें करना
सम्पर्क सूत्र- बुलबुले
कल्पना कीजिए- ....

19. **Balmy** — mild, fragrant, खुशबूदार
सम्पर्क सूत्र- 'बाम'
कल्पना कीजिए- ....

20. **Bamboozle** — cheat, धोखेबाज
सम्पर्क सूत्र- Bamboo बाँस-जल
कल्पना कीजिए- ....

21. **Banter** — playful teasing, चिढ़ाना
सम्पर्क सूत्र- बन्दर
कल्पना कीजिए- ....

22. **Baroque** — fashionable, फैशनेबल
सम्पर्क सूत्र- बेरोक
कल्पना कीजिए- ....

23. **Bedazzle** — confuse, उलझन में
सम्पर्क सूत्र- Bed
कल्पना कीजिए- ....

24. **Behemoth** — any huge or powerful animal, बहुत बड़ा या ताकतवर जानवर
सम्पर्क सूत्र- बे-मौत
कल्पना कीजिए- ....

25. **Benign** — good nature, अच्छा स्वभाव
सम्पर्क सूत्र- बनिया
कल्पना कीजिए- ....

Spelling के लिए तीक्ष्ण स्मृति

मैं कई बार दुविधा में फंस जाता हूँ कि म से पहले प आता है या प से पहले म आता है। क्या यह ocassion है या occassion है या occasion है। Principle का मतलब 'नियम' होता है, 'मुख्य' होता है। जिसकी चित्रण स्मृति अच्छी होती है वही शब्दों को अच्छी तरह 'हिज्जे' लगाने या spell करने में समर्थ होता है। उसकी क्षमता औरों से बेहतर होती है। हम जानते हैं कि हम बोलते हैं अलग तरह की इंग्लिश जबकि लिखते दूसरी तरह की इंग्लिश हैं। बेहतर मानसिक चित्रण वाला व्यक्ति साधारणतया शब्द लिखने में गलती नहीं करता क्योंकि वह ध्वनि सुनकर भांप जाता है कि क्या स्पेलिंग है।

शब्द विन्यास में गलती से बचने के लिए अपनी कल्पनाशक्ति, मानसिक चित्रण को वापस काम पर लाएं। मैं आपको यह बताने जा रहा हूं कि मानसिक चित्रण सिद्धांत किस तरह इस दुविधा से बचा सकता है।

विधि-1: एक गलत अक्षर बीच में डला हुआ है। उदाहरण के लिए, calendar की जगह calander

सुझाव: calendar शब्द को पांच बार लिखें तथा अक्षर को कैपिटल में लिखें। calEndar, calEndar, calEndar, calEndar, calEndar अब आपने a की जगह e लिखा वह भी कैपिटल में अब E अक्षर आपके मानसिक चित्रण में बस जाता है।

विधि-2: शब्द के अन्त में अनावश्यक अक्षर जोड़ दें। उदाहरण के लिए develope

सुझाव: अशुद्ध शब्द लिखें।

जी हां, इसका मतलब है। अशुद्ध शब्द पांच बार लिखने के बाद अन्त में अक्षर पर पैंसिल से बड़ा-बड़ा (क्रास) गलत का निशान लगा दें-

develope, develope, develope, develope, develope

इस प्रकार आपने गलती को ध्यान कर लिया तथा भूलकर भी अब यह गलती दोहरा नहीं पाएंगे।

❑ स्मृति सहयोग से स्पैलिंग सुधार

इस अध्याय में हमने कुछ मेमोरी टिप्स के बारे में जिक्र किया गया है ताकि स्पेलिंग लिखने में कम से कम गलतियां हों। हम अक्सर चकरा जाते हैं कि यह privilage होना चाहिए या privilege, क्या यह drunkenness है या drunkeness यहां कुछ और स्मृति तकनीक के बारे में बताया जा रहा है।

तकनीक-1

1. कन्फ्यूज करने वाले शब्द को लिख लें। उदाहरण के लिए repitition या repetition
2. जो अक्षर दुविधा में डालता है, उसके साथ एसोशिएसन करें। जैसे, पहला pet लें, फिर दूसरा pet, फिर तीसरा pet. यह है repetition। इसी तरह sarprise की जगह surprise याद करें तथा ध्यान रखें। सोचें जो surprised रहता है वह surrender करता है।

कुछ और उदाहरण:

coolly : Double the o, double the l. And coolly you will spell.
supersede: Supersede means set aside.
disappear: Two partners were disappointed and disappeared.
and
disappoint:
Inimitable: The table at the party was set in an inimitable way.

❑